Wealth Manager를 위한

자산배분

미래에셋증권 자산배분센터 지음

서울경제경영

추천사

투자의 건전한 상식, 글로벌 자산배분

"미래에셋은 고객을 위해 존재합니다."

"고객우선의 경영"이 미래에셋의 첫 번째 핵심가치입니다. 미래에셋은 고객의 성공이 곧 우리의 성공이라는 신념으로 고객의 니즈에 맞는 전문화된 금융서비스를 제공하고 고객의 안정적인 수익 창출을 위해 장기적 관점에서 기대 수익과 위험을 함께 살피는 투자원칙을 일관성 있게 지켜가고 있습니다.

자산배분은 투자의 기본이자 핵심입니다. 글로벌 금융위기에서 경험한 바와 같이 단기적 안목의 시장 전망, 자산가격 예측은 인간의 능력을 뛰어넘는 영역일 수 있습니다. 그렇기 때문에 불확실성이 지배하는 투자세계에서 특정 자산에 집중 투자하는 것보다 다양한 지역과 자산에 분산 투자하는 것이 바람직한 투자행태입니다. 하지만 단순한 분산 투자를 진정한 의미의 자산배분이라고 볼 수는 없습니다.

자산배분은 유망해 보이는 자산을 선별하거나 자산을 고르게 나누어 투자하는 것과는 구별됩니다. 단일 자산에서 발생할 수 있는 위험은 줄이고, 전체 포트폴리오의 위험 대비 수익률을 높이는 것이 자산배분의 핵심이며, 투자자 개인의 연령과 자산 규모, 투자 성향 등을 고려하여 금융회사와 투자자가 함께 최적의 포트폴리오를 만들어가는 과정이 바로 자산배분입니다.

미래에셋증권은 설립 당시부터 단순 브로커리지 업무에서 벗어나 종합자산관리서비스를 통해 고객의 소중한 자산을 안정되게 키워나가는 것을 핵심사업으로 인식하고 일관되게 추진해 오고 있습니다. 그동안의 자산관리 노하우의 결실로 2013년에는 업계 최초로 자산배분센터를 출범시켰습니다. 고객의 소중한 자산 증식에 기여하기 위해 자산배분센터는 글로벌 자산배분에 입각하여 고객의 자산상태, 투자성향에 맞는 다양한 포트폴리오를 제안하고 있습니다. 또한 2015년에는 자산배분, 연금사업, 리서치를 아우르는 투자솔루션 부문을 업계 최초로 발족하여 고객 관점에서 투자에 대한 다양한 최적의 솔루션을 연구하고 고객의 평안한 노후에 기여하는 고객우선의 경영을 실천하고 있습니다.

미래에셋은 설립 이래로 투자자들의 종합자산관리에 도움이 되고자 늘 힘써 왔습니다. 업계 최초로 투자교육총서, 글로벌경제총서, 퇴직연금총서 등 다양한 서적을 출간했고, 해외 선진 금융시장에서 바이블로 인정받는 도서들을 번역하여 투자자 여러분과 공유해 왔습니다. 그리고 이번에 자산배분에 대한 새로운 기획물로 『Wealth Manager를 위한 자산배분』을 선보입니다.

그간 출간된 Wealth Management에 관한 책들은 개인 자산구조의 분석, 자산 리모델링(remodeling)과 같은 자산관리가 주를 이루었다면, 이번에 출간되는 『Wealth Manager를 위한 자산배분』은 글로벌 투자 관점에서 어떻게 자산을 나누고 포트폴리오 형태로 운용할 것인지 구체적 방법론을 제시하는 이론서이자 실무서라는 점에서 차별화됩니다.

고객과 동맹을 맺는다는 마음가짐으로 고객 자산을 관리하는 금융회사 실무자에게 이 책은 훌륭한 참고서가 될 것으로 기대합니다. 나아가 평안한 노후를 꿈꾸는 일반 투자자에게도 이 책은 투자 시 유용한 등대 역할을 해줄 것으로 믿습니다. 『Wealth Manager를 위한 자산배분』이 여러분의 자산배분, 더 나아가 성공적 투자에 도움이 되길 바랍니다.

미래에셋 그룹 수석부회장

최 현 만

머리말

고령화, 저성장, 저금리... 한국 경제 상황을 나타내는 말들입니다. 이러한 현실에서 투자 대상을 찾는 것은 어려워졌고, 은퇴 이후를 대비한 금융자산 운용의 필요성은 더욱 커졌습니다. 과거와 다른 투자환경에서 한국의 금융회사와 자산관리사들은 가계자산, 특히 노후를 준비하는 연금자산이 안정적으로 규모를 키워갈 수 있도록 방법을 찾고 있습니다. 미래에셋증권은 수년간의 고객 자산관리 경험과 자산배분 노하우를 바탕으로 그 해답이 자산배분에 있다는 것을 확신하게 되었습니다.

왜 자산배분이며, 자산배분이 추구하는 바는 무엇일까요? 자산배분은 유망한 자산을 선별하는 것과는 다른 문제입니다. 투자자산이 본질적으로 가지고 있는 변동성을 줄이는 과정에 더 가깝습니다. 주식, 채권, 원자재 등 투자자산을 적절히 나누되, 예상되는 수익률 수준에서 변동성을 낮추는 배분을 찾는 과정이라고 생각하면 됩니다(또는 투자자가 감수할 수 있는 변동성 하에서 기대수익률을 높이는 과정입니다). 자산을 분산하여 투자하는 것만으로도 어느 정도 변동성을 관리할 수 있지만, 좀 더 효과적으로 위험을 낮추고 수익률을 높이는 방법이 자산배분입니다.

이렇게 보면 어떤 분들에게는 자산배분이 자칫 재미없어 보일 수도 있지만, 장기 투자의 결과물은 어떨까요? 변동성이 관리된 투자는 손실 가능성을 낮추고, 차곡차곡 쌓인 수익은 시간이 지나면 복리효과가 작용해 눈덩이처럼 불어납니다. 전 세계적으로 엄청난 운용 규모를 자랑하는 캐나다, 호주, 노르웨이, 싱가폴 등 선진국 연기금들이 무엇보다도 명확한 자산배분 정책을 세우는 것을 우선으로 하고, 그에 맞춰 체계적인 운용 프로세스를 갖춘 데에는 그 이유가 있습니다.

『Wealth Manager를 위한 자산배분』은 자산배분의 이론적 배경, 실무 적용 프로세스를 순서대로 안내합니다. Chapter 1, 2, 3에서는 한국의 자산관리 현실을 다시 한번 환기시키고, 자산과 금융상품을 다양한 사례로 소개합니다. Chapter 4, 5, 6에서는 경제, 금융학적 이론을 실무에 적용하여 금융시장을 해석하고, 블랙-리터만 자산배분 모형 등을 통해 최종 자산배분 결과를 도출하는 과정을 보여줍니다. Chapter 7, 8에서는 금융상품 선택과 포트폴리오 구성 노하우를 알려드립니다.

시중에도 경제학, 금융시장 관련 전문서적은 많습니다. 국내외 석학들의 장기간 연구를 통해 나온 훌륭한 결과물들입니다. 그러나 『Wealth Manager를 위한 자산배분』은 이론을 설명하는 목적으로 쓰여진 것은 아닙니다. 실무 위주의 참고서적을 독자들에게 제공하는 것이 집필의도였던 만큼, 현업에 종사하는 실무자들의 조언을 충실하게 반영하고자 노력하였습니다. 현장에서 알게 된 노하우들, 여러 경제학 이론들을 현실에 접목하는 방법을 보실 수 있을 것입니다. 학습 과정에서 지적 탐구의 호기심이 생기신다면, 이론서들을 다시 찾아보셔도 좋습니다. 하지만 이 책은 이론을 통해 알게 된 것들을 실무에 적용하고 싶은 Wealth Manager, 그리고 자산관리 시장을 공부하는 모든 독자들에게 적절한 길을 효과적으로 안내해 줄 것으로 생각됩니다. 이 책을 통해 이론서에서는 볼 수 없었던 살아있는 지식을 얻게 되시길 기대합니다.

책의 저술 과정에서 도움을 준 자산배분센터 모든 직원들과 책의 완성도를 높이기 위해 기꺼이 교정에 참여한 김현재, 김현구, 김지원 연구원에게도 고마운 마음을 전합니다. 또한 한국의 금융산업 발전을 위해 현업의 노하우들을 독자들과 공유할 수 있도록 허락해 주신 조웅기, 변재상 대표이사님께도 감사의 말씀을 드립니다. 마지막으로 책의 출판을 도와주신 서울경제경영에 감사드립니다.

미래에셋증권 자산배분센터장

이 진 명

차례

CHAPTER 1

자산관리 개요

SECTION 01

한국의 자산관리: 환경 변화와 대안은?

1 한국의 자산관리 환경의 변화

1980~1990년대 한국에서 '자산관리'라는 개념은 명확하지 않았다. 하지만 가계자산을 증식하는 것은 그다지 어려운 일이 아니었다. 은행 예금만으로도 자산을 충분히 불릴 수 있었고, 특별한 노력이 없어도 소위 '재테크'에 성공했던 사례도 종종 있었다. 투자 전문 서적을 탐독하거나 각종 세미나에 참석해서 공부해도 연 5~6%의 성과를 꾸준히 내는 것이 만만치 않은 요즘 현실과는 매우 달랐다.

왜 자산을 증식하는 일이 어려워졌을까? 우선 성장률의 변화에 기인한다고 볼 수 있다. 1990년 한국의 연간 실질 GDP 성장률은 9.8%였다. 성장률이 높다는 것은 기업이 이익을 많이 내고, 새로운 투자 기회도 많다는 것을 의미한다. 이는 돈(자본)에 대한 수요가 큰 환경을 만들고, 동시에 돈을 맡기는 데 따른 대가인 이자 수준이 높아지는 것을 의미하기도 한다. 1996년 한국의 시중은행 예금 금리는 10.02% 였다.[1] 원금을 보장해 주면서 두 자리 수 초반대 이자를 받을 수 있는 곳이 있다면 굳이 다른 투자 대상을 찾느라 애쓰지 않아도 된다. 자산관리에 있어 '얼마나 절약하느냐'가 '어디에 투자하느냐'보다 중요한 요소가 된다. 당시에는 소비를 적게 하고 저축을 많이 하는 것만으로도 충분히 성공할 수 있었다.

물론 1980~1990년대라고 해서 투자가 없었던 것은 아니다. 여기에서 투자란 원금 손실위험이라는 불확실성을 감수하고 미래의 수익을 얻기 위해 자금을 투하하는 행위이다. 대부분 투자 대상 자산의 가격이나 이자/배당에 따라 미래의 수익이 결정된다. 1990년대 한국의 가장 대표적인 투자 대상은 부동산이었다. 특히 1987~1991년 전국 부동산 가격은 연간 10~20% 가량 상승할 정도로 호황이었고 2000년대 중반까지도 빠른 가격 상승을 보였다.[2] 저축한 돈 전부에 추가로 대출을 받아 투자를 해도 크게 걱정할 것이 없었다. 부동산 투자 수익은 대출 이자 비용을 넘었고, 대출을 포함하여 투자하는 것은 레버리지 효과를 일으켜 수익을 높였기 때문이다. 지난 20~30년간 부동산

---

1 한국은행 발표, 정기예금 1년 이상 2년 미만 만기, 신규취급액 기준, 시중은행 가중평균금리

2 국민은행 전국 부동산 가격지수 기준 상승률: 1987년 7.1%, 1988년 13.2%, 1989년 14.6%, 1990년 21.0%

가격은 꾸준히 상승해 왔기 때문에 대표적 투자 자산인 주식과 비교해봐도 수익성과 안정성 측면에서 뒤떨어지지 않았다. 1990~2000년대 중반까지 한국 가계 재테크의 성공은 부동산 투자 여부에 달려 있었다고 해도 과언이 아니었다. 이러한 경험은 한국 가계자산의 대부분이 부동산으로 구성되도록 하는데 일조했다.

[그림 1-1] 한국의 안전자산: 예금금리 추이

출처: 한국은행

주: 시중은행 가중평균금리, 만기 1년 이상 2년 미만, 신규취급액 기준

[그림 1-2] 한국의 투자 자산: 부동산 가격과 주가 추이

출처: KRX, KB부동산 통계

하지만 2000년대 중반을 지나면서 상황은 달라졌다. 미국발(發) 금융위기와 남유럽 재정위기를 겪으면서 선진국의 과잉 소비는 정상화되기 시작했고, 이 과정에서 글로벌 수요는 줄어 들고 있다. 주요 제조업 생산기지 역할을 했던 한국 역시 그 영향권에서

벗어날 수 없다. 여기에 중국 등 주변 신흥국의 빠른 성장은 한국 기업의 글로벌 경쟁을 어렵게 만들고 있다. 고령화 문제도 가세하고 있다. 인구의 고령화는 생산 가능 인구의 감소, 잠재 성장률의 하락으로 이어진다.

낮은 경제 성장률은 고성장 시대와 다른 자산관리 환경을 만든다. 성장률이 낮아지면 돈(자본)에 대한 수요가 많지 않고, 저축의 대가인 예금 이자 수준 역시 낮아질 수 밖에 없다. 실제로 1990년대 중반 10%를 넘었던 한국 시중은행의 예금금리는 2014년 12월 기준 2.26%까지 하락했다. 낮은 성장률이 단지 금리에만 영향을 주는 것은 아니다. 투자 자산인 주식, 부동산의 가격 상승률 역시 낮아지고 있다. 한국 주식시장은 MSCI Index 기준으로 여전히 신흥국으로 분류되어 있으나, 최근 2~3년간 KOSPI는 선진국 주가 지수처럼 수익률과 변동성이 낮아지는 경향을 보이고 있다. 부동산 시장도 연 10%씩 상승하던 과거의 영화를 다시 누리기는 어려워 보인다. 한국의 저성장, 저금리 현상이 국내 자산을 주요 투자 대상으로 하는 우리의 자산관리에 직접적으로 영향을 주고 있는 것이다.

고령화의 출발점인 평균 수명의 연장 역시 우리의 자산관리 환경을 만만치 않게 만든다. 평균 수명의 연장은 일생 동안 돈을 벌 수 있는 기간보다 돈을 쓰기만 해야 하는 기간이 더 길어질 수 있음을 의미한다. 돈을 버는 기간에 충분히 노후를 대비해야 함은 물론이거니와 은퇴 후 수십 년 동안 자산을 운용하는 방법도 중요해졌다. 공적 연금만을 가지고 노후 준비가 충분할 수 없는 한국 사회에서 그 부족분은 사적 연금을 통해 충당할 수 밖에 없다. 퇴직연금 제도를 적극적으로 활용해야 하고, 개인연금을 통해 직접 노후준비를 해야 한다. 또한 은퇴 후 매월 소비를 감당해야 하니, 부동산과 같은 실물 자산보다는 금융자산을 갖고 있어야 한다.

2 환경 변화의 대안, 자산배분에 있다

앞서 살펴본 환경 변화로 인해 우리가 직면한 과제는 크게 두 가지이다. 하나는 국내 자산에만 투자해 재산을 증식하기 어렵기 때문에 해외에서 새로운 투자 대상을 찾아야 한다는 것이다. 다른 하나는 은퇴 후 20~30년 이상 사용할 금융자산을 직접 모으고 관리해야 하는 것이다.

이 두 가지 과제를 해결하기 위해 우선 투자 대상을 보는 시야를 넓혀야 한다. 한국의 주식시장과 채권시장이 글로벌 시장에서 차지하는 비중은 2%가 채 되지 못한다. 투자 기회는 2%의 시장보다는 98%의 시장에서 찾는 것이 더 나아 보인다. 한국의 성장률은 3%대로 내려 앉았으나 전세계를 둘러 보면 여전히 6~7%씩 성장하는 국가도 있고, 과거 한국처럼 금리 수준이 10% 내외인 국가도 있다.

물론 한국 밖에 있는 98% 시장이 모두 좋은 성과를 안겨 주지는 않는다. 한국 시장보다 더 나은 투자 대상도 있고, 그렇지 못한 투자 대상도 있다. 전문적 분석과 동물적 감각으로 투자 대상과 투자 타이밍을 잘 저울질하고 선택할 수도 있지만, 매번 성공으로 귀결되기란 결코 쉽지 않다. 실제로 지난 10년간(2005~2014년) 국내외 주식과 채권, 원자재 등 글로벌 자산군의 연간 성과를 비교해 보면 [그림 1-3]에서 나타나는 것처럼 수익률 순위는 매년 바뀌었다. 특히 한 해에는 성과가 가장 좋았던 자산이 이듬해에는 가장 성과가 안 좋았던 경우도 있었다.

[그림 1-3] 지난 10년간(2005~2014년) 글로벌 자산군별 연간 수익률과 기간 누적 수익률

2005	2006	2007	2008	2009	2010	2011	2012	2013	2014	누적
국내주식 54.0%	중국주식 94.0%	중국주식 55.9%	선진국채권 10.9%	중국주식 62.1%	국내주식 21.9%	선진국채권 6.8%	일본주식 18.0%	일본주식 51.5%	미국주식 11.4%	중국주식 152.8%
일본주식 43.5%	유럽주식 16.5%	국내주식 32.3%	국내채권 10.1%	국내주식 49.7%	원자재 18.9%	국내채권 5.4%	중국주식 15.1%	미국주식 29.6%	중국주식 10.8%	국내주식 113.8%
유럽주식 22.8%	분산투자 16.1%	원자재 24.9%	단기자금 4.9%	유럽주식 27.1%	미국주식 12.8%	단기자금 3.7%	미국주식 13.4%	유럽주식 16.4%	일본주식 8.1%	분산투자 74.0%
분산투자 16.6%	미국주식 13.6%	분산투자 13.7%	분산투자 -26.0%	원자재 26.0%	분산투자 8.5%	미국주식 0.0%	유럽주식 13.4%	분산투자 9.9%	국내채권 6.7%	미국주식 69.9%
원자재 16.4%	선진국채권 6.2%	선진국채권 10.7%	미국주식 -38.5%	미국주식 23.5%	유럽주식 8.0%	분산투자 -6.0%	국내주식 9.4%	단기자금 3.1%	유럽주식 4.1%	국내채권 64.5%
중국주식 12.4%	국내채권 5.9%	단기자금 4.9%	국내주식 -40.7%	분산투자 22.5%	국내채권 7.4%	원자재 -7.0%	분산투자 9.2%	국내채권 2.3%	단기자금 2.9%	단기자금 42.0%
단기자금 3.4%	단기자금 4.3%	미국주식 3.5%	일본주식 -41.8%	일본주식 5.6%	선진국채권 5.6%	유럽주식 -10.9%	국내채권 5.7%	국내주식 0.7%	분산투자 1.9%	선진국채권 37.3%
미국주식 3.0%	국내주식 4.0%	국내채권 2.9%	원자재 -42.1%	국내채권 4.3%	단기자금 2.9%	국내주식 -11.0%	단기자금 3.7%	선진국채권 -4.3%	선진국채권 0.2%	유럽주식 31.1%
국내채권 0.7%	일본주식 1.9%	유럽주식 0.1%	유럽주식 -45.5%	선진국채권 2.3%	중국주식 -0.8%	일본주식 -18.9%	원자재 1.9%	원자재 -4.5%	국내주식 -4.8%	일본주식 22.4%
선진국채권 -6.5%	원자재 -1.2%	일본주식 -12.2%	중국주식 -51.1%	단기자금 2.0%	일본주식 -1.0%	중국주식 -21.7%	선진국채권 1.7%	중국주식 -5.4%	원자재 -22.2%	원자재 -12.4%

출처: Bloomberg, BofA Merrill Lynch

주1: 자산별 기준 지표는 다음과 같음. 국내주식 KOSPI, 미국주식 S&P500, 유럽주식 MSCI Europe, 일본주식 TOPIX, 중국주식 H-share, 국내채권 KIS All Bond(2005~2009년) 및 Korea Asset Pricing All Bonds(2010~2014년), 선진국채권 BofA Merrill Lynch Global Government Bond, 원자재 Rogers International Commodity Index, 현금 KIS Korea Call(2005~2009년) 및 Korea Asset Pricing Money Market(2010~2014년)

주2: 분산 투자 포트폴리오는 연간 리밸런싱을 가정하되 투자 비중은 1/N로 함

이에 비해 글로벌 자산군을 동일한 비율로 나눠 담는 전략인 (단순) 분산투자를 보면, 그 성과는 항상 1등은 아니어도 중상위권에 위치했고, 특히 10년간 누적 성과가 양호했음을 알 수 있다. 보다 주목할 점은 [그림 1-4]가 보여 주듯이 분산투자가 투자의 위험을 낮춰주는 역할을 한다는 것이다. 예를 들어, 분산투자 케이스와 미국 주식 투자

케이스를 비교해 보면, 연수익률은 각각 5.7%와 5.4%로 엇비슷한데, 투자 위험척도인 변동성을 보면 전자는 후자의 절반 수준에 그치고 있다.

[그림 1-4] 개별 자산과 분산투자의 수익률-변동성 비교

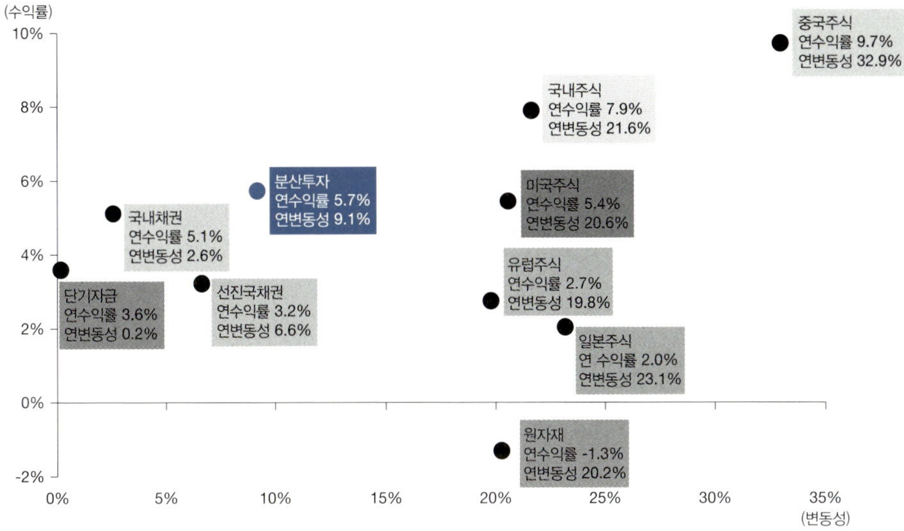

출처: Bloomberg, BofA Merrill Lynch

주1: 국내주식 KOSPI, 미국주식 S&P, 유럽주식 MSCI Europe, 일본주식 TOPIX, 중국주식 H-share, 국내채권 KIS All Bond(2005년~2009년), Korea Asset Pricing All Bond (2010년~2014년), 선진국채권 BofAML Global Government Bond, 원자재 Rogers International Commodity Index, 현금 KIS Korea Call(2005년~2009년) 및 Korea Asset Pricing Money Market(2010년~2014년)

주2: 연 수익률은 10년 누적성과를 연환산하였으며, 연 변동성은 일간 수익률의 변동성을 연율화 했음

분산투자보다 한 걸음 더 나아간 투자 방법이 바로 자산배분이다. 여러 자산에 나눠서 투자하되, 효과적으로 나누는 방법을 찾는 것이다. 자산 간의 관계, 자산별 속성을 감안하여 투자 위험과 수익률 간의 효율적인 접점을 찾아 배분비율을 결정하는 과정이 자산배분이다.

실무에서 자산배분은 어떤 과정으로 이루어질까? 과정을 살펴봄에 앞서 우선 '투자 자산'에 대한 이해가 선행되어야 한다. 투자 자산은 크게 주식, 채권, 실물자산, 대체투자 자산 등으로 나눌 수 있고 지역이나 국가 기준으로도 세부 구분이 가능하다. 각각의 투자 자산이 갖고 있는 기본적 속성, 가격 변화의 원리를 우선 이해해야 한다. 또한 투자 자산을 담는 그릇에 비견될 수 있는 투자 수단에 대해서도 이해하는 작업이 필요하다. 투자 자산과 투자 수단에 대한 이해는 자산관리, 자산배분을 위한 기초이다. 이에 관련된 내용은 Chapter 2와 Chapter 3에서 서술한다.

자산배분은 크게 네 단계의 과정을 거쳐 이루어진다. 첫 번째 단계는 향후 자산군별 전망을 도출하는 작업이다. 경기, 정부의 정책, 기업의 실적과 이익 전망, 수급 동향 등에 대한 분석을 기초로 향후 자산 가격이 어떻게 변화할 것인지에 대해 투자 의견을 정리한다. 이와 관련된 내용은 Chapter 4와 Chapter 5에서 다룬다. 두 번째 단계는 자산배분 모형을 활용해 자산별 투자 비중을 결정하고 모델 포트폴리오를 만드는 작업이다. 여러 가지 자산배분 모형 중 어떤 것을 선택할지, 모형의 입력 데이터와 제약 조건 등을 어떻게 규정할지 등을 정하고 실행하는 단계로, 이에 관련된 내용은 Chapter 6에서 자세히 소개한다. 세 번째 단계는 각 자산별로 실제 투자 가능한 금융상품들 가운데 최적의 상품을 선정하여 포트폴리오를 구성하는 작업이다. 여기에서는 각종 정량적 지표들뿐 아니라 정성적 지표도 활용될 수 있다. 마지막 네 번째 단계는 모델과 상품 포트폴리오에 맞추어 투자를 실행하고 그 결과물을 점검해 나가는 작업이다. 여기에서는 성과가 과연 자산배분 효과에 기인한 것인지, 상품 선택 효과에 기인한 것인지를 판단하고 필요할 경우 리밸런싱을 진행한다. 이와 관련된 내용은 Chapter 7에서 다루도록 한다. 이 네 단계의 자산배분 과정은 사례를 통해 Chapter 8에서 종합적으로 살펴본다.

자산배분 과정에 대한 본격적인 이해에 앞서 Chapter 1의 나머지 부분에서는 자산관리사가 숙지하고 있어야 하는 국내외 자산관리 시장의 현황, 자산관리 채널의 현재와 미래, 자산배분을 위한 자산관리사의 역할에 대해 대해 알아보도록 한다.

SECTION 02

국내외 자산관리 현황

1 한국의 자산관리 현황

한국의 가계자산에서 가장 큰 비중을 차지하는 것은 부동산이다. 2006년에는 부동산 비중이 79%, 금융자산 비중이 21%로 부동산에 편중되어 있었다. 하지만 부동산 가격이 정체 흐름을 보이고 베이비붐 세대의 은퇴에 따른 금융자산 보유 필요성이 높아지면서 가계자산에서 부동산이 차지하는 비중은 줄어들고 있다. 한국은행에 따르면, 2014년 국내 가계자산에서 부동산 비중은 73%까지 줄어든 반면 금융자산 비중은 27%로 늘어났다.

[그림 1-5] 한국 가계의 금융자산과 실물자산 구성 비중

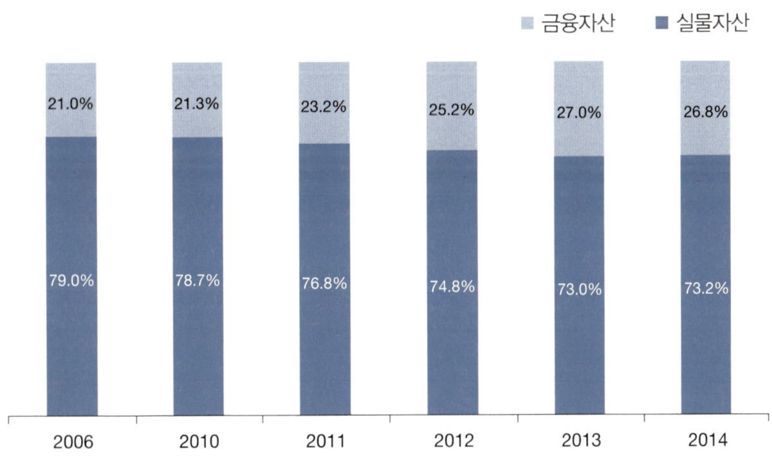

출처: 2006년은 통계청의 2006년 가계자산조사. 2010~2011년은 통계청, 한국은행, 금융감독원의 가계금융조사. 2012~2014년은 통계청, 한국은행, 금융감독원의 가계금융복지조사

그 중 가계 금융자산을 보면 안전자산 비중이 높고 투자성 자산 비중이 낮다. 한국은행 조사[3]에 따르면, 2013년 국내 가계 및 비영리단체의 금융자산에서 약 45%가 현

[3] 한국은행 자금순환, 1993 SNA(System of National Accounts) 기준

금 또는 예금성 자산이고, 약 25%만이 주식과 채권을 포함한 투자성 자산이다. 금융자산이 꾸준히 증가하고 있긴 하나, [그림 1-6]에서 보는 것처럼 2008년 금융위기 이후 대체로 현금/예금성 금융 자산이 증가하고 투자성 금융 자산의 성장세는 정체되어 있다. 현재 한국의 가계 금융자산 구성은 1990년대 장기 불황기로 진입하던 일본의 가계 금융자산 구성과 흡사하다. 일본에서는 1990년대 초반 부동산 거품 붕괴 이후 일본은행(BoJ)이 기준금리를 상당히 낮췄음에도 예금에 대한 높은 선호도가 지속되었고 이는 일본 가계자산의 수익률 하락으로 이어졌다. 반면 미국은 가계자산에서 투자성 자산의 비중이 높은 수준으로 유지되고 있는데, 이 점이 미국 주가의 장기 상승과 가계 부(富) 증대로 이어졌다.

[그림 1-6] **한국 가계 및 비영리단체 금융자산 구성**

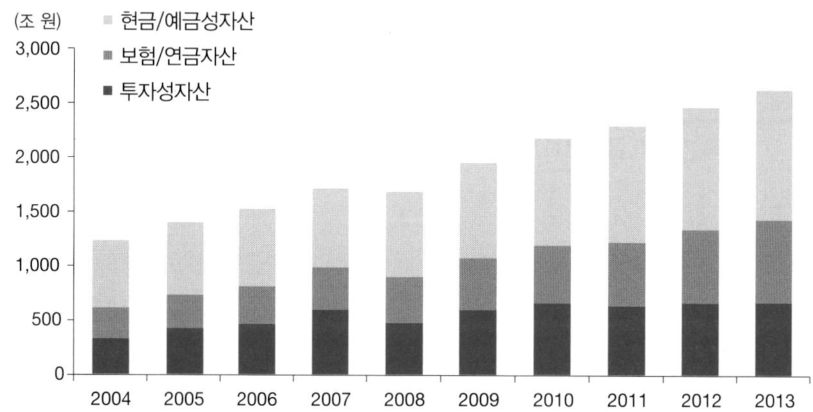

출처: 한국은행 자금순환, 1993 SNA(System of National Accounts) 기준(2002~2013)

주: 금융자산부채잔액표 중 금과 SDRs, 현금통화와 예금 항목은 현금/예금성자산으로 구분. 채권, 주식 및 출자지분, 직접투자는 투자성자산으로 구분. 보험 및 연금은 보험/연금자산으로 구분. 기타금융자산부채항목은 포함되지 않음

한국 가계의 투자성 자산에서는 국내 비중이 해외 비중보다 월등히 높다. 금융투자 상품의 대표 주자인 주식형펀드에서 국내 주식 투자 비중은 80%이고 해외 투자 비중은 20% 수준이다.[4] 글로벌 주식시장에서 한국이 차지하는 비중이 채 2%가 되지 않는다는 점과는 꽤 차이가 있다. 한국보다 20여년 앞서 고성장에서 저성장 사회로의 변화를 경험했던 일본에서도 2000년대 이후부터는 가계의 해외 투자가 현저히 늘어났던 점은 참고할 만하다.

[4] 금융투자협회(2014.12.31 기준)

[그림 1-7] 한국 금융투자상품별 순자산 규모 추이

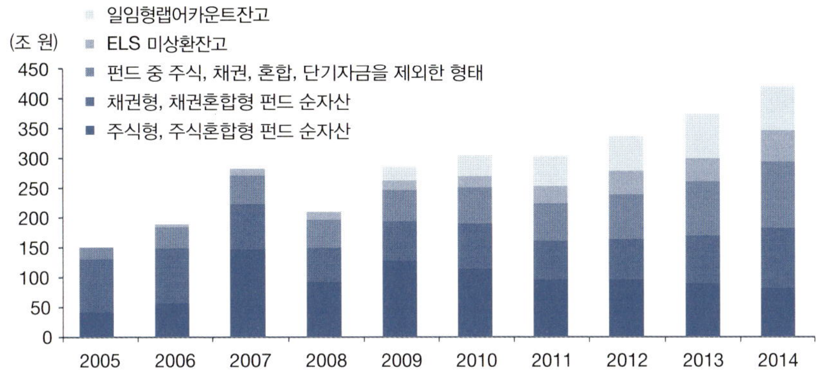

출처: 금융투자협회(2014.12.31 기준)
주: 랩어카운트 내 펀드 투자 자산은 펀드와 랩어카운트 잔고에 중복 포함

투자 상품의 변화를 보면, 한국 가계의 중위험 · 중수익 투자 선호가 뚜렷해지고 있음을 알 수 있다. 주식형 펀드 자산 규모는 점차 감소하고 있지만 ELS(Equity Linked Securities, 주식연계증권)나 자산배분 투자가 가능한 랩어카운트, 재간접 펀드, 파생상품 펀드 등의 규모는 꾸준히 증가하고 있다. 특히 2008년 금융위기를 거치면서 국내 투자자들은 기대수익률은 높아도 손실 가능성이 높은 투자보다는 시중은행 금리에 플러스 알파 정도의 수익을 얻고 손실 가능성은 크지 않은 투자를 선호하는 경향을 보이고 있다. 중수익의 성과를 내기 위해서는 고위험자산인 주식과 저위험자산인 채권을 적절하게 자산배분하거나, 구조화하거나, 파생상품을 활용한 전략이 필요하다. 향후 금융상품은 좀 더 고도화 될 수 있고, 포트폴리오 투자는 더욱 강조될 것으로 보인다.

2 해외 선진국의 자산관리 현황

1. 미국의 자산관리 시장과 특징

미국은 전세계에서 금융 시스템과 자산관리 시장이 가장 잘 발달된 국가이다. 투자 자금 유입이 주식시장의 장기 상승세를 이끌었고, 주가 상승이 가계 부(富)의 증가로 이어지는 선순환 구도 속에 자본시장이 발달해 왔다. 법률, 제도 등의 투자 환경 측면에서 한국과 미국은 다른 점이 많다. 미국의 자산관리 시장이 우리에게 주는 시사점은 적지 않다. 특히 미국은 투자 자산의 비중이 높고 연금 시장이 발달되어 있는 점을 주목해서 볼 만하다.

미국의 가계자산 구성을 보면, 금융자산 비중이 높다. 금융자산 안에서도 주식과 채권 등 투자성 자산의 비중이 높다. [그림 1-8]을 보면, 2014년 기준 미국의 전체 가계 자산 가운데 금융자산이 차지하는 비중은 70% 수준이다. [그림 1-9]를 보면 미국 금융자산 안에서 주식, 채권, 펀드 등 투자성 자산이 차지하는 비중은 절반을 넘어서고 있는 반면 예금이나 현금성 자산의 비중은 전체 금융자산의 약 15% 수준이다.

[그림 1-8] 미국 가계 및 비영리기관 금융자산과 비금융자산 구성 비중

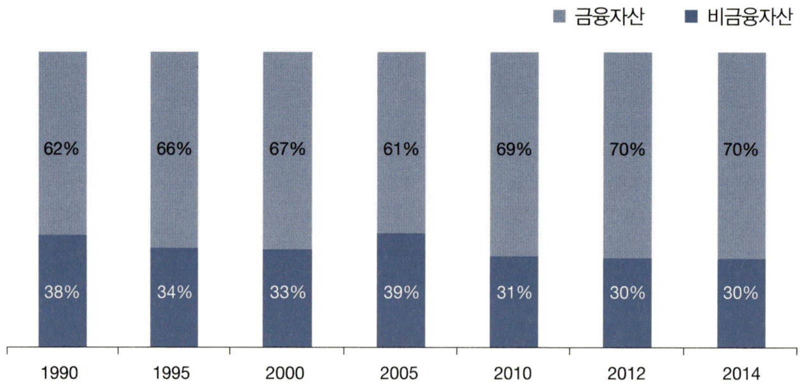

출처: FRB, flow of fund.

[그림 1-9] 미국 가계 및 비영리기관 금융자산 중 세부 자산별 구성

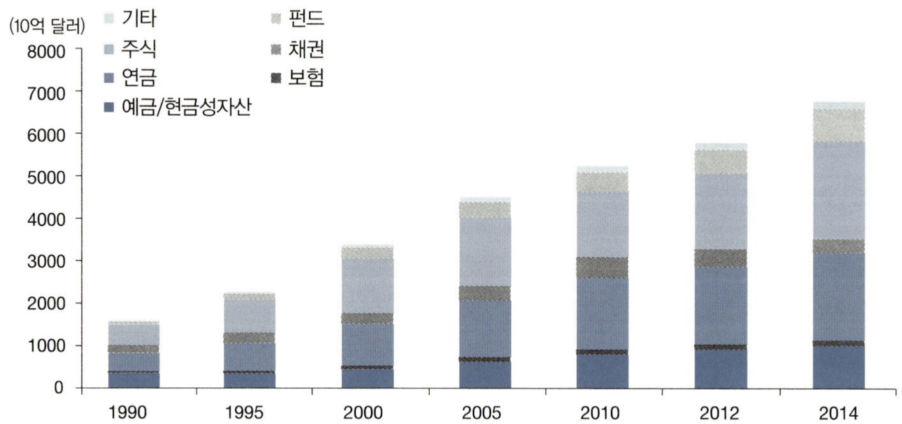

출처: FRB, flow of fund.

주: 채권에는 CP(Commercial Paper), BA(Banker's Acceptance), 국공채, 지방채, 회사채, 해외채권, 대출채권 등이 포함. 연금에는 DC, DB, IRA 등이 포함

한편, 미국 자산관리 시장의 큰 특징 중 하나는 연금자산이 잘 형성되어 있다는 점이다. 연금 시장의 발달은 40여 년 전으로 거슬러 올라간다. 1974년 종업원퇴직소득보장법 등 연금제도 개혁 이후 퇴직연금 자산이 형성되기 시작했다. 미국의 대표적 연금

제도는 401(k)와 IRA(Individual Retirement Account)이다. 401(k)는 DC형 퇴직연금[5]의 한 형태로 근로소득의 일정 부분이 과세 없이 퇴직연금 계좌로 저축되고, 운용기간 동안 이자 · 배당소득세를 이연시킬 수 있다. 경우에 따라 퇴직연금 납입액의 일정 비율을 회사가 추가 납입하는 유인책도 있다. IRA는 한국의 IRP(Individual Retirement Pension, 개인형 퇴직연금)나 개인연금과 유사하다. 납입액에 대한 소득공제 혜택이 있고, 운용기간 동안 과세가 이연된다.[6]

401(k)와 IRA는 투자 가능한 자산의 범위가 넓다. 다양한 자산 · 상품을 한 계좌에서 관리할 수 있는 점도 포트폴리오 투자 문화가 정착하는데 기여했다. 401(k)에서 가입가능한 상품은 자기 회사 주식, 주식형 펀드, 채권형 펀드, 혼합형 펀드(ex. Target date funds, 은퇴 시점에 따라 주식과 채권 비중이 달리 정해지는 펀드), 단기성 자금, 원금 보장형 상품 등이다. IRA의 경우 부동산, 미술품 등 일부 실물 자산을 제외하면 거의 모든 자산에 투자가 가능하다. 개별 주식과 채권, 펀드, ETF(Exchange Traded Funds, 상장지수펀드), 보험, 예금까지 한 계좌 안에서 관리할 수 있도록 되어 있다. [그림 1-10]은 미국 401(k)와 IRA의 금융상품별 투자 비중을 보여준다. 그림과 같이 나타난 포트폴리오 구성은 변동성이 커지는 금융 환경에서도 노후 자산이 안정적으로 성장할 수 있도록 도와준다.

[그림 1-10] 미국 401(k)와 IRA 금융상품 투자 비중(2012년 기준)

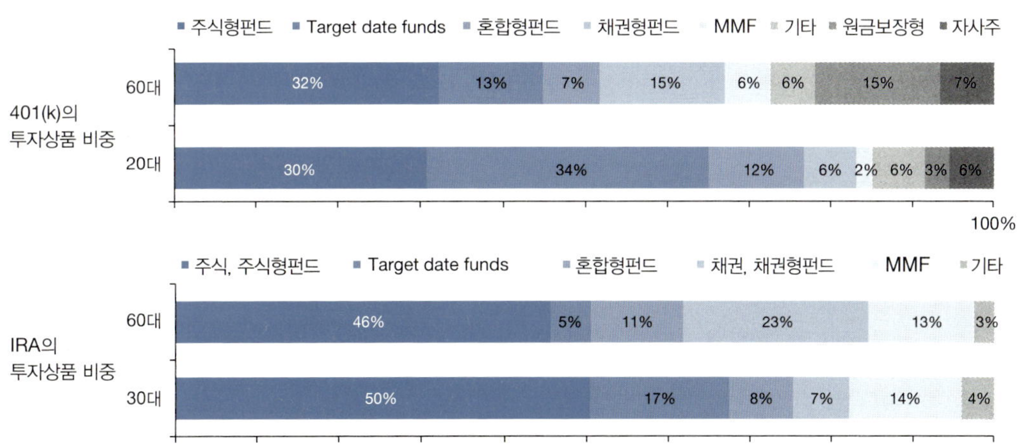

출처: ICI, "2014 Investment Company Fact Book," 131, 143.

주: 소수점 이하에서 반올림했음

[5] 확정기여형 퇴직연금. 회사는 일정금액을 종업원의 퇴직연금으로 납입하고, 자금의 운용책임은 종업원에게 있는 형태

[6] IRA는 여러 형태가 있음. Roth IRA는 소득공제를 받지 않는 대신 연금 지급될 때 비과세 적용받는다.

2. 일본의 자산관리 시장과 특징

일본은 한국보다 먼저 고령화 사회를 경험했다. 가계의 투자 성향이 한국처럼 보수적이어서 예금을 선호한다. 여기에 1990년대 초반 고성장에서 저성장 기조의 변화를 경험했다는 점에서 한국이 참고할 만한 점이 많다.

2012년 기준 일본 가계자산에서 부동산이 차지하는 비중은 약 40%이다. 1980년대 말~1990년대 초 부동산 시장이 호황이었을 때는 일본 가계자산에서 부동산이 차지하는 비중이 월등히 높았다. 하지만 1990년대 부동산 시장 거품 붕괴, 2000년대 들어 빠른 고령화를 경험하면서 일본 가계의 부동산 투자 비중은 점진적으로 줄어들고 있다.

일본은 가계 금융자산 운용에 있어서 예금 선호 현상이 장기간 이어졌다. 1990년대 경기 침체와 낮은 인플레이션을 경험하면서 일본 투자자들의 안전자산 선호도가 높아졌기 때문이다. 1990년대에 일본은 경기 침체에서 벗어나기 위해 1991년 6월 6%였던 기준금리를 1995년 10월에는 0.5%까지 낮췄다. 그럼에도 가계의 예금 선호는 이어졌다. 일본 투자자들이 변하기 시작한 때는 2000년대 들어서이다. 장기간 저금리로 가계의 자본 소득이 낮아지자, 좀더 높은 수익이 나는 곳을 찾기 시작했고, 대안으로 찾은 것이 해외 투자였다. 특히 일본 가계는 해외 채권에 많이 투자했고, 외화예금과 외화MMF, 리츠, ETF, 하이일드 채권, 해외 주식형 펀드 등에 대해서도 투자를 늘렸다. 2012년 기준, 일본에서는 전체 펀드 가운데 해외 채권형 펀드가 50% 이상을 차지하고 있다. 해외 채권형 펀드 중에서는 하이일드 채권이 20.9%, 신흥국 채권이 26.2%의 비중을 차지했다.[7] 전체 펀드 중 일본 국내에 투자하는 펀드는 14% 정도에 그쳤다. 장기 저성장을 경험한 일본 투자자들이 선택한 투자 대상이 해외 자산이었다는 점은 참고할 만한 부분이다.

한편, 은퇴 인구가 늘어나면서 고정적인 현금 흐름에 대한 수요도 증가했다. 일본 가계는 미국 가계처럼 사전에 연금 자산을 따로 준비해 두지 못했기 때문에, 보유 중인 목돈을 잘 운용하면서 매월 소비 니즈(needs)를 충족시킬 수 있는 금융상품이 필요했다. 이에 목돈을 넣어두면 월 지급액을 받는 구조인 월 지급식 펀드가 크게 성장한 것도 일본 자산관리 시장의 특징 중 하나이다.

---

[7] 금융투자협회 조사연구실(2013.2), "지난 20년간 일본 금융투자상품의 변화".

[그림 1-11] 일본 가계의 금융자산과 비금융자산 구성 비중

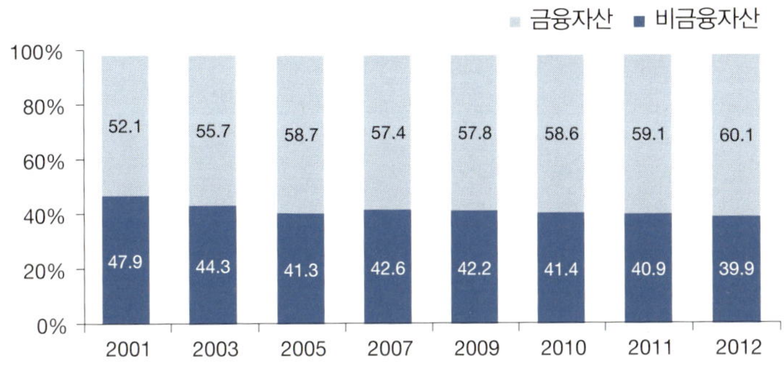

출처: 일본 내각부, '國民經濟計算'(2013.01.18), 금융투자협회 주요국 가계 금융자산 비교 p.4 재인용.

[그림 1-12] 일본 가계 금융자산에서 세부 자산별 구성 비중

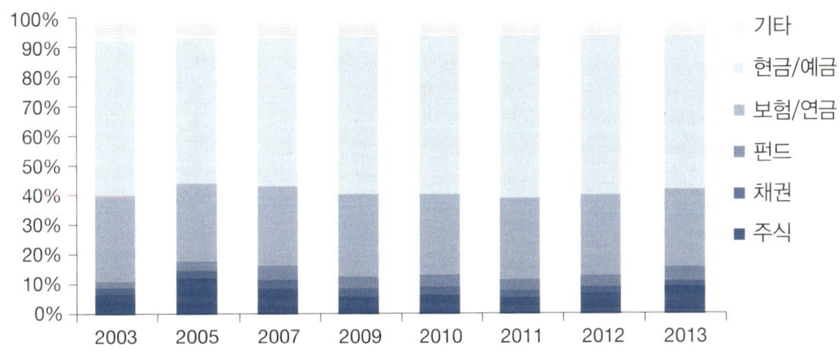

출처: 일본은행, '資金循環統計'(2014.01.18), 금융투자협회 주요국 가계 금융자산 비교 p.4 재인용.

SECTION 03 자산관리 채널의 현재와 미래

[그림 1-13] **금융상품 판매채널**

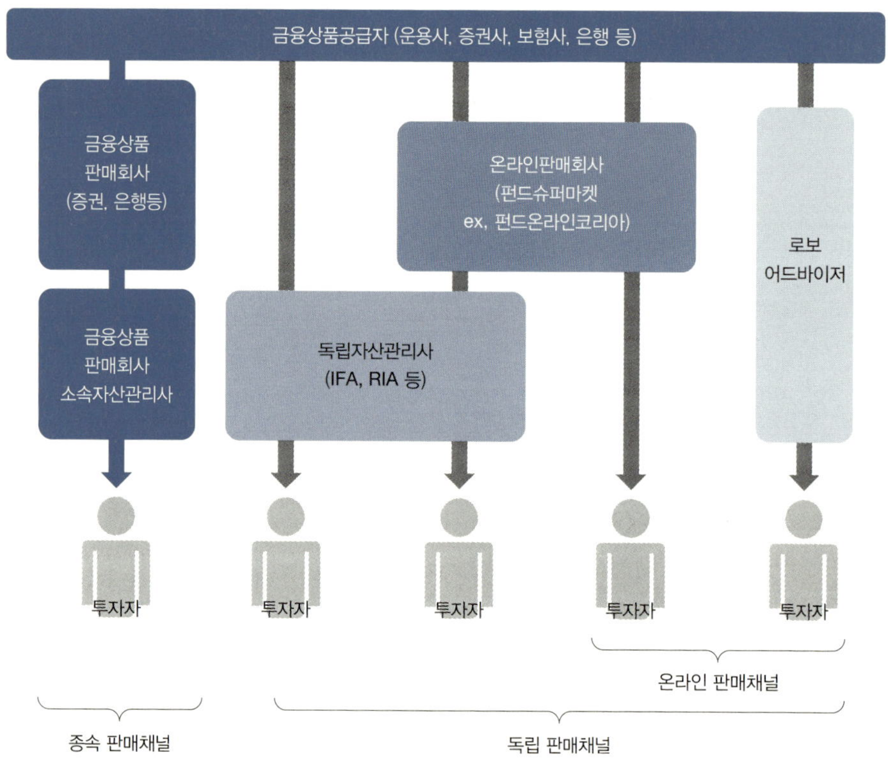

1 전통적(종속) 자산관리 채널

주식이나 펀드 등 금융투자상품에 가입하기 위해서는 금융상품을 판매하는 곳으로 가야 한다. 전통적 자산관리 채널은 은행, 증권사, 보험사 등의 금융상품 판매회사, 그리고 그 회사에 소속된 자산관리사를 의미한다. 금융상품 판매회사와 자산관리사는 업종, 자격 보유 여부에 따라 판매 가능한 금융상품이 법적으로 정해지고, 그 안에서 각 회사별로 판매 상품을 결정한다. 금융회사에 소속된 자산관리사들은 해당 회사에서 판매 가능한 상품을 다루며, 회사로부터 자산관리에 필요한 정보, 교육, 시스템 등의 지원을 받는다. 고객에게 자산관리 서비스를 제공하고 상품중개 기능을 하는 대신 상품 판매 대가인 판매보수(fee) · 판매수수료(commission)를 받는 것이 일반적이다.

한국의 금융회사는 은행, 증권사, 보험사 고유의 영역에 따라 금융상품을 개발하고 판매하는 기능을 갖고 있다. 점차 업권별 취급 가능한 상품의 경계선이 허물어지고 있으나, 전통적으로 은행은 정기예금 등 금리 연동형 상품, 안정형 상품에 특화되어 있다. 투자 기간별로 사전에 정해진 이자를 만기에 받을 수 있고, 원금보장과 예금자보호가 가능한 예금을 취급할 수 있다. 보험사의 경우 보장성 보험(생명, 손해보험 등)과 저축성 보험(연금저축보험, 변액연금보험 등)을 중심으로 장기성 상품에 특화되어 있다. 사망 시까지 연금이나 보장을 받을 수 있는 종신형 상품을 설계하고 판매하는 데 강점을 보인다. 증권사는 주식, 채권, 펀드, ELS 등 투자 상품에 특화되어 있다. 증권사들은 리서치 조직을 보유하고 있어 투자 자산과 상품에 대해 전문성을 보인다는 강점이 있다. 한국은 판매 채널에서 은행의 비중이 매우 높은 편이다. 과거 대부분 가계자산관리가 예금으로 이루어져 왔다는 점, 은행의 주택담보대출을 통한 부동산 투자가 많았던 점 등이 자산관리 시장이 은행 중심으로 형성되도록 만들었다.

전통적 자산관리 채널은 뒤이어 다룰 온라인 자산관리 채널보다 판매 비용은 높지만 고객 자산을 관리하는 기관이 갖추어야 할 신뢰성과 안정성 측면에서 우수하기 때문에 미국, 영국 등 금융 선진국을 제외한 많은 국가에서 가장 보편적인 자산관리 채널로 자리잡고 있다. 특히 대형 판매회사가 보유한 지점망 덕분에 접근성이 뛰어나고, 저축 · 투자 관련 다양한 부가 서비스, 상품 발굴 · 소싱(sourcing) 능력에 따른 혜택을 받을 수 있다는 점이 강점이다. 굴지의 글로벌 금융회사들을 보면 해외 네트워크와 방대한 리서치 조직을 근간으로 글로벌 투자 상품을 적시에 공급해 주고 있다. 특히 거액 자산가의 자산관리에 있어서는 전통적(종속) 자산관리 채널이 경쟁력을 갖고 있는 편이다. 단순한 상품 판매가 아니라 투자, 세금, 상속, 법률 등 다양한 분야에 대한 서비스를 효과적으로 제공할 수 있기 때문이다.

한국에서는 전통적 자산관리 채널이 시장의 대부분을 장악하고 있다. 2014년 한 해 동안 펀드 기준으로 판매 비중을 보면 증권사 51.7%, 은행 41.7%, 보험사 3.2%로 전통적 자산관리 채널이 총 96.6%를 차지하고 있다.[8] 하지만 미국, 영국 등 자본시장이 발달한 나라들에서는 한국과 매우 다른 구조로 자산관리 채널이 형성되어 있다.

[8] 금융투자협회

2 독립 자산관리 채널

독립 자산관리 채널은 특정 금융회사에 고용 관계로 소속되지 않고 여러 대형 판매회사들과 계약을 맺거나 온라인 판매 채널, 운용사 직판 등을 이용해 자산관리 서비스를 제공하는 법인 또는 법인에 속한 자산관리사, 개인 등을 의미한다.

독립 자산관리 채널의 장점은 회사와 고객간 이해 상충 가능성이 낮다는 점이다. 즉, 특정회사 상품에 치우치지 않고 전체 금융상품을 판매하기 때문에 좀 더 객관적인 상품 추천이 가능하다.[9] 반면 소규모 조직인 경우가 많아서 대형 금융회사가 보유한 네트워크, 리서치 능력, 신규상품 조달 측면에서 한계가 있을 수 있다. 물론 미국이나 영국에서는 독립 자산관리 회사가 자체적으로 컨텐츠 개발 경쟁력을 갖거나, 온라인 자산관리 채널과 결합하여 수준 높은 자산관리 서비스를 제공하고 있다. 한국의 독립 판매채널은 아직 걸음마 단계이다. 판매 채널이 발달된 미국과 영국의 사례를 통해 이들의 역할이 어떠한지 참고해보자.

영국에서는 독립 자산관리 채널이 판매 채널로 차지하는 비중이 상당히 높다. 펀드 판매 기준으로 보면 전체의 55.6%[10], 생명보험/연금 판매 기준으로 보면 전체의 63%가 독립 판매채널을 통해 이루어지고 있다.[11] 영국의 독립 판매채널은 IFA(Independent Financial Adviser)라고 부르는데, 대부분 IFA 법인을 설립하여 사업을 영위한다. IFA는 고객에게 투자자문 등 자산관리 서비스를 제공하고, 고객은 판매수수료가 낮은 온라인 판매채널(펀드 슈퍼마켓, 랩 플랫폼)을 통해 금융상품에 투자한다. 자산관리 서비스에 대한 대가는 고객에게 자문보수(fee)의 형태로 직접 받는다.[12] IFA가 취급하는 상품은 저축, 증권, 펀드, 보험, 연금 등으로 다양하다. 서비스도 세무상담, 은퇴계획, 학자금 계획, 부동산 컨설팅 등 광범위하다.

과거 영국에서는 전통(종속) 판매채널인 대형 보험사가 금융상품 판매 시장의 대부분을 차지했다. 이러한 환경에서 독립 자산관리 채널이 성장할 수 있었던 데에는 정부의 정책적 노력이 큰 몫을 했다. 1980년대 금융회사의 불완전판매로 투자자가 피해를 보는 사례가 빈번하게 발생하자 영국 정부는 1988년 투자상품 판매에 있어서 종속 채

---

9 open architecture(오픈 아키텍처): 모든 상품을 판매하는 개방형 구조

10 *UCITS Fund Distribution 2012* (September 2012), 15.

11 Association of British Insurers, *UK Insurance KEY FACTS* (2014), 14.

12 2012년말 RDR(Retail Distribution Review, 소매판매채널 개선방안) 법안이 시행된 이후 IFA는 고객에게 자문보수를 직접 받아야 한다. 그 전까지는 고객이 상품 판매의 대가로 상품공급업자(운용사, 펀드슈퍼마켓 등)에게 판매보수를 지급하면 그 중 일부를 IFA에게 주는 형태가 많았다.

널과 독립 채널을 구분하는 양극화 규정을 시행했다. 금융상품 판매 과정에서 대형 판매사에 소속된 종속 자산관리사인지 독립된 자산관리사인지를 고객에게 명시해야 했고, IFA의 자격과 활동을 엄격히 규정했다. 특히 뒤에서 살펴볼 저비용구조의 온라인 판매채널과 결합하면서 IFA의 판매비중은 빠르게 증가했다. 영국에는 약 28,000여 개의 IFA 회사가 있으며 소속 IFA가 10,000명이 넘는 대형사도 있다.[13]

미국은 영국이나 한국과 달리 금융 규제 법체계가 네거티브(negative) 방식[14]이었고, 지역별로 여러 중소형 증권사가 있었기 때문에 애초부터 다양한 독립 자산관리사가 나올 수 있었다. 미국의 판매 채널 중 대표적인 독립 자산관리 채널은 RIA이다.

RIA(Registered Investment Advisor)는 유가증권관련 자문, 운용, 일임, 자기매매 등 광범위한 업무수행이 가능하고, 주식, 펀드, 채권, 보험, 예금, 연금, 대출까지 다양한 상품을 다룬다. 주로 판매 보수가 낮은 증권사(찰스 슈왑 Charles Schwab 등)나 전문 솔루션 업체와 파트너십을 맺고, 이들이 제공하는 온라인 플랫폼을 이용한다. 고객에게 자산관리 서비스를 제공한 후, 상품 매매는 온라인 플랫폼을 통해 이뤄진다. 보수는 자문 시간 또는 자산 규모를 기준으로 수취하는 형태를 지향한다.

한국은 독립 자산관리 채널을 확대하기 위한 제도를 정비하고 있다. 2014년 4월에는 독립 자산관리사가 활용할 수 있는 온라인 펀드 판매채널인 '펀드 온라인 코리아(Fund Online Korea)'가 출범했다. 선진국 사례에 비춰 볼 때 독립 자산관리 채널이 한국에 자리잡기까지에는 상당한 시간이 걸릴 수 있다. 하지만 이러한 제도 변화를 감안하면 향후 자산관리사가 다루어야 할 상품과 서비스의 종류와 범위가 넓어지고, 자산관리사의 경쟁력이 보다 중요해질 것으로 예상된다.

---

13 서영미(2013. 6), "영국 IFA 사업동향 및 RDR 시행 이후 전망," 금융투자협회.

14 법에서 명시한 금지항목 외에 모두 허용하는 방식. 반대로 포지티브(positive) 방식은 법에서 명시한 것만 허용하는 것을 의미

Box

패밀리 오피스(Family Office)의 기원과 역할

패밀리 오피스는 한 집안의 자산을 전속으로 관리하는 소규모 자산관리 회사이다. 패밀리 오피스는 여러 세대에 걸쳐 축적된 자산을 보전하고 관리하는 것을 목적으로 한다. 단순히 자산을 증식시키는 투자 관리를 넘어 세금, 상속, 기업 승계, 경영 컨설팅, 가문 평판 관리, 자녀 교육과 가족 이벤트, 사회 공헌에 이르기까지 광범위한 부분을 담당하는 것이 패밀리 오피스의 역할이다.

보통 금융회사의 VIP 고객 서비스가 자산 규모 1백만 달러 이상인 고객을 주요 타겟으로 삼는 반면 패밀리 오피스는 최소 1억 달러 이상의 대규모 자산을 관리한다고 보면 된다. UBS와 Campden Wealth Research가 공동으로 발간한 "The Global Family Office Report 2014"에서는 전세계 205개의 패밀리 오피스를 조사했는데, 미국 패밀리 오피스의 평균 자산관리 규모는 8.9억 달러였다.

패밀리 오피스에서는 대규모로 자산을 운용하고, 절세와 자산 보전에 주요 목적이 있는 만큼 포트폴리오 역시 일반적 포트폴리오와 다른 구성을 보인다. "The Global Family Office Report 2014"에서 조사한 2013년 포트폴리오 구성 비중을 살펴 보면 주식이나 채권 외에도 실물자산, PEF(Private Equity Fund, 사모투자펀드), 헤지 펀드 등 대체 자산이 높은 비중을 차지하고 있다.

패밀리 오피스의 기원은 왕가, 귀족 가문의 자산관리와 집안 업무를 총괄하는 집사 사무실로 볼 수 있다. 18세기 유럽의 로스차일드 가문(Familie Rothschild), 19세기 모건 가문의 '하우스 오브 모건(House of Morgan)' 등이 초기 패밀리 오피스이다. 현대에는 빌 게이츠의 '캐스케이드 인베스트먼트(Cascade Investment)'나 존 F. 케네디 전(前) 미국 대통령 집안의 '조셉 케네디 엔터프라이즈'(Joseph P. Kennedy Enterprises) 등이 대표적 패밀리 오피스이다.

패밀리 오피스는 그 역할을 수행하기 위해 다양한 분야의 전문가들이 모여 독립 법인 조직으로 구성되는 경우도 있고, UBS나 HSBC와 같은 글로벌 PB들을 통해 해당 서비스를 제공하기도 한다. 한국에서 패밀리 오피스가 생겨난 것은 2011년부터이다. 다만 아직 도입 초기에 있어 대형 금융회사들이 VIP 서비스 중 일부로 제공하고 있다.

글로벌 패밀리 오피스의 포트폴리오 구성 비중(2013년 기준)

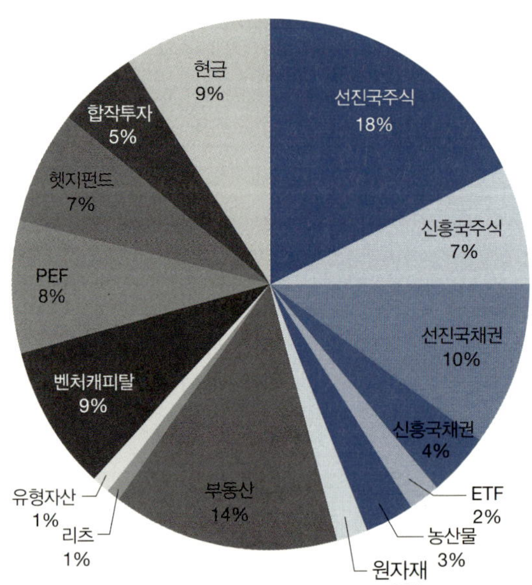

참고: UBS & Campden Wealth Research, "The Global Family Office Report 2014".

3 온라인 자산관리 채널

온라인 자산관리 채널은 자산관리사를 통하지 않고 온라인에서 직접 금융상품을 매매할 수 있도록 해주는 채널이다. 우리나라에서 가장 쉽게 접할 수 있는 채널로는 금융회사의 온라인 홈페이지가 있다. 각 금융상품 판매회사(은행, 증권사 등)에서는 홈페이지를 통해 예금, 펀드 가운데 일부를 직접 가입할 수 있도록 서비스를 제공한다. 통상 인터넷을 통해 가입하는 상품의 경우 영업점보다 금리가 소폭 높거나 수수료·보수가 낮아 투자자에게 보다 유리하다. 하지만 아직까지 상품의 종류가 제한적이고, 자산관리사의 대면 상담을 받을 수 없기 때문에 상품에 대한 기본적 지식이 부족하다면 이용하기 쉽지 않다는 한계점이 있다.

진정한 의미의 온라인 자산관리 채널은 하나의 온라인 홈페이지를 통해 주식, 채권, 펀드, 예금, 보험 등 다양한 상품에 투자하고 관리할 수 있는 형태이다. 또한 온라인 자산관리 채널 안에서 포트폴리오 서비스, 재무 설계, 리서치 자료, 투자 성과 보고서 등까지 다양한 서비스를 제공받을 수 있어야 한다. 이와 같은 온전한 형태의 온라인 자산관리 채널이 아직 한국에는 존재하지 않는다. 가장 가까운 형태를 찾자면, 2014년 4월에 출범한 '펀드 온라인 코리아'가 있다. '펀드 온라인 코리아'를 통해 투자자들은 다양한 운용사들이 제공하는 펀드를 저가의 판매 수수료에 가입할 수 있다. 다만 아직 펀드 매매만 가능하고, 온라인 채널과 투자자를 연결시켜 줄 독립 판매채널이 부족한 상황이다.

온라인 판매채널이 가장 발달한 곳은 영국과 미국이다. 이는 독립 판매채널이 활성화되어 있는 덕분이다. 영국에서 가장 큰 펀드 수퍼마켓으로 Fidelity Funds Network를 들 수 있다. 이 곳에는 펀드, 국내외 채권, 연금, 신탁, CMA까지 광범위한 상품을 취급하고 고객 성향에 따른 포트폴리오를 제안해 주는 기능이 있다. 또한 세금, 은퇴설계와 전문가의 온라인 강의 등도 제공된다. 영국의 펀드 수퍼마켓은 IFA가 사용하기에 편리하도록 특화되어 있다. IFA가 고객분석에 사용할 수 있도록 전산 시스템을 제공하고, 정기적으로 IFA 대상 세미나도 개최한다.

미국의 펀드 수퍼마켓은 중소형 증권사였던 찰스 슈왑(Charles Schwab)이 온라인으로 다양한 상품을 저렴한 수수료에 판매하면서 시작되었다. 찰스 슈왑은 홈페이지를 통해 개별 상품 매매뿐 아니라 자체 연구조사자료나 시장 리포트, 상품에 대한 평가와 추천, 포트폴리오, 성과 분석 등 다양한 서비스를 제공하고 있다. 또한 최소 가입금액이나 수수료 등을 차등화하여 그에 맞는 서비스를 제공하고 있다. 이러한 서비스는 투자자가 홈페이지를 통해 스스로 투자할 수 있도록 해준다.

온라인 자산관리 채널은 독립 자산관리 채널이 잘 갖춰져 있을 때 보다 활성화된다. 온라인에서 상품에 대한 수많은 정보를 제공하고, 투자 가능한 모든 상품이 거래될 수 있도록 시스템이 구축되어 있다 하더라도 개인 투자자들이 혼자서 온라인 상으로 투자 결정을 내리고, 투자 자산과 상품을 선택하고, 포트폴리오를 구성하고, 리밸런싱까지 하는 작업을 수행하기란 쉽지 않다. 따라서 투자 대상에 대한 전문적 지식을 갖추고 있고, 시장 변화를 늘 모니터링 하는 중간 매개자가 필요하다. 자산관리사가 필요한 이유 중 하나이다. 실제로 미국이나 영국에서 개인 투자자가 중간에 자산관리사를 통하지 않고 직접 금융상품을 매매하는 비중은 채 10%를 넘지 않는다. 또한 미국 찰스 슈왑의 비즈니스 모델이 성공할 수 있었던 데에는 콜 센터나 인터넷 채팅창을 통한 실시간 상담 등 다양한 채널이 존재했기 때문이다. 온라인 자산관리 채널이 발달하더라도 고객을 직접 대면하는 자산관리사의 역할은 여전히 중요하다.

Box 로보 어드바이저(Robo Advisor), 소프트웨어가 사람을 대체할까?

로보 어드바이저는 투자상품 포트폴리오 제시와 투자 관리 등 전통적으로 자산관리사가 했던 서비스를 컴퓨터 프로그램이 대신하는 것이다. 실리콘밸리의 IT 전문가들이 모여 자산배분 프로그램을 만들면서 시작되었는데, 투자자들은 온라인에서 제공된 포트폴리오에 맞춰 스스로 투자하도록 되어 있다.

온라인을 통해 계좌 개설을 하고, 투자 성향 진단을 하면 투자자 개인의 투자 목적과 위험성향에 적합한 포트폴리오가 제공된다. 자산배분 결정은 평균 분산 모형, 블랙 리터만 모형 등 자체적인 금융공학 모형에 의해 산출된다. 각 로보 어드바이저 회사는 포트폴리오 개수가 약 20~30개부터 100개까지 다양하며, 포트폴리오는 ETF로 구성된다. 로보 어드바이저 회사에서는 ETF 중에서도 최대한 시장과 가격이 유사하게 움직이고, 비용이 낮은 것을 선택한다. 즉, 액티브 운용을 통해 초과수익을 추구하지 않는다. 투자 기간 동안 일정 기준에 의해 리밸런싱이 자동으로 진행되어 계좌관리도 가능하다. 로보 어드바이저는 이러한 모든 과정이 온라인에서 자동으로 이뤄지며 자산관리사와 투자자가 오프라인에서 직접 대면하지 않기 때문에 투자 비용이 저렴하다는 장점이 있다. 세금, 법, 부동산까지 종합적인 관리가 필요한 거액자산가에게는 부족함이 있지만, 일반 소액 투자자들은 저렴한 비용에 자산관리 서비스를 받을 수 있다는 장점이 있다.

로보 어드바이저는 미국의 핀테크 열풍에 힘입어 빠르게 자산 규모를 늘려가고 있다. 하지만 역사가 길지 않은 만큼 시장 급변동 시 대응 등 성과가 검증되지 않았다는 한계는 있다. 또한 투자자의 상품/자산에 대한 선호도나 시황을 반영하기 어렵고, ETF로만 구성되어 있어 액티브 펀드 투자를 통한 초과 수익 추구도 어렵다. 소프트웨어가 대체할 수 없는 투자전문가나 자산관리사의 노하우, 전문성을 바탕으로 한 투자자문에 있어서는 여전히 오프라인 판매채널이 우위에 있다.

참고: Wealthfront, Betterment

SECTION 04 자산배분을 위한 자산관리사의 역할

지금까지 살펴보았듯이 한국의 가계자산은 실물자산에서 금융자산으로, 예금자산에서 투자자산으로 이동할 가능성이 높다. 고령화 사회로 진입하면서 장기성 연금자산이 축적될 가능성도 높아지고 있다. 또한 자산관리 채널 역시 지금보다 다양해질 것이다.

이러한 변화 속에 자산관리사의 역할은 보다 중요해질 것이다. 자산관리사의 역할은 무엇인가? 자산관리에서 '자산'에는 주식, 채권 등과 같은 투자성 자산에 예금과 보험까지 포함된 금융자산뿐 아니라 부동산 같은 실물자산도 포함된다. '관리'는 자산을 선택하고, 투자 비중을 결정하고, 매수/매도 시기를 저울질하고 실행하는 모든 과정을 의미한다. 광범위하게는 가계자산에서 부채나 지출, 현금 흐름이 과연 적정 수준인지를 판단하고 설계하는 과정, 목표 자금을 마련하기 위한 저축 플랜을 세우는 과정, 세금, 상속, 은퇴 후 생활 플랜 등까지 자산관리에 포함된다. 다만, 여기에서는 '투자'에 초점을 두고, 협의의 자산관리로 투자 설계 그리고 투자 방법 중에서도 자산배분과 관련된 부분을 위주로 자산관리사의 역할을 다뤄 본다.

1 고객 바로 알기(KYC, Know Your Customer)

고객 자산을 관리하는 데 있어서 첫 번째 단계이면서 가장 중요한 작업은 고객의 재무 상태, 투자 니즈를 파악하는 것이다. 이를 위해 고객의 투자 목적, 투자 기간, 투자 성향, 세무, 부동산, 상속, 은퇴 등 종합적 정보를 상세하게 파악해야 한다. 하지만 단순히 투자 상담만을 하는 경우, 투자 컨설팅에 필요한 정보를 파악하고 이에 해당하는 자산관리를 진행할 수도 있다. 한국에서는 금융투자협회가 '표준투자권유준칙'을 제정하고, 각 금융회사에서 적합한 설문을 만들어 고객이 금융상품에 투자하기에 앞서 작성하도록 하고 있다. 설문 내용에는 전체 자산 중 금융자산의 비중, 소득 수준, 연령대, 과거 투자 경험, 투자 목적, 투자 기간, 위험에 대한 태도 등이 포함된다. 설문을 통해 고객의 위험 성향이 다섯 단계 중 어디에 포함되어 있는지 파악한 후 해당 위험 성향에 적합한 금융상품만 권유하도록 되어 있다.

금융상품을 가입하기 전에 확인해야 하는 고객 정보 중에서도 자산배분 측면에서 주의 깊게 확인해야 할 정보가 있다. 우선 투자자의 기대수익률과 위험 감내 수준을 알아야 한다. 투자자가 원금 손실 가능성을 감수하고서라도 고수익을 원하는지 아니면 수익은 다소 낮더라도 원금을 지키고 싶어하는 욕구가 강한지 투자자 성향을 정확히 파악해야 적합한 투자 솔루션을 제공할 수 있다. 물론 이 과정에서 자산관리사는 투자자의 기대수익률과 관련해 높은 수익에는 높은 손실 가능성, 낮은 수익에는 낮은 손실 가능성이 수반되기 마련이라는 수익-위험 간의 상충관계를 고객에게 이해시킬 필요가 있다.

고객 성향을 파악하는 과정에서 투자 능력(ability to invest)도 함께 고려할 수 있다. 투자 능력에는 고객의 총 자산 규모, 현금흐름 창출 능력(수입) 등이 포함된다. 전체 금융자산 규모가 클수록, 전체 자산 중 투자자산 비중이 작을수록, 평소 근로 소득이나 사업 소득 등 정기적 수입이 많을수록, 투자 기간이 길수록 투자 능력은 높은 것으로 볼 수 있다. 반대로 자산 규모가 작고, 그 중 투자자산 비중이 크고, 추가 소득이 없으며, 투자 기간이 짧을수록 투자 능력은 낮은 것으로 본다. 만일 고객의 투자 성향은 위험자산 비중이 높은 투자를 지향하지만, 고객의 현재 상황은 은퇴 후로 추가 소득이 없고 자산 규모도 적어 위험자산 투자가 적합하지 않을 수도 있다. 이 경우에는 고객과 투자의 위험에 대한 더욱 심도있는 커뮤니케이션이 필요하다.

투자 기간도 중요하다. 투자 기간이 길수록 좀 더 다양한 투자를 통해 수익을 높일 수 있는 기회가 많지만 투자 기간이 짧으면 환금성을 고려한 포트폴리오 구성이 필요하다. 투자 기간은 투자자가 직접 정할 수 있고, 노후 자산일 경우 투자자의 연령과 은퇴 시기 등을 감안해 정할 수 있다. 주식, 만기가 길고 신용등급이 낮은 채권, 원자재, ELS 등은 투자 기간이 긴 포트폴리오에 들어가야 할 상품이다. 투자 기간이 3개월 이하라면 만기가 짧고 신용등급이 높은 채권 등을 중심으로 포트폴리오를 구성해야 한다. 투자 기간이 3년이라면 초반에는 위험자산 비중이 높아도 되지만, 인출 시기가 3~6개월 가량 남은 시기에는 위험자산의 매도 시점 등도 고려해야 하며 변동성이 크지 않은 자산을 중심으로 구성해야 한다.

[예시 1-1]은 미국의 로보 어드바이저 회사 두 곳에서 투자자에게 받는 설문 내용이다. 로보 어드바이저는 자산관리사가 투자자를 직접 만나지 않는 만큼, 아래 설문은 포트폴리오를 구성하기 전에 최소한으로 파악해야 하는 투자자 정보로 볼 수 있다. 물론 메릴 린치나 UBS 등 해외 PB 회사들은 보다 다양하고 복합적으로 투자자 정보 파악을 한다. 자산배분을 넘어 투자자의 종합자산관리를 위해서는 투자 성향이나 투자 여건 외에도 심도 있는 정보 파악이 필요하다.

[예시 1-1] 로보 어드바이저 자산배분의 투자 성향 질문

Wealthfront

1. 자산관리사를 찾는 이유는 무엇입니까?
   - 분산된 포트폴리오를 구성하기 위해
   - 세금을 줄이는 투자방법을 찾기 위해
   - 전체적인 투자관리가 필요
   - 시장 대비 초과수익률을 달성하기 위해
2. 현재 나이가 어떻게 됩니까?
3. 연간 세후 소득은 얼마나 됩니까?
4. 현재 보유한 현금 또는 투자 가능한 자산규모는 어느 정도입니까?
5. 투자할 때 가장 신경 쓰는 부분은 무엇입니까?
   - 수익최대화
   - 손실최소화
   - 수익과 손실의 균형
6. 투자 후 10% 손실이 발생했다면 어떻게 할 것입니까?
   - 투자자산 전액 매도
   - 일부 매도
   - 그대로 유지
   - 추가 매수

Betterment

1. 현재 나이, 은퇴여부, 연간 소득수준
2. 투자 목적: 단기자금/은퇴/절세여부/일반투자

출처: Wealthfront, Betterment

2 맞춤형 포트폴리오 솔루션 제공

1. 투자 성향에 따른 포트폴리오

자산관리사는 투자자의 투자 성향과 니즈를 분석한 후 적합한 포트폴리오를 제시한다. 금융회사마다 제안하는 포트폴리오의 개수와 구분 기준은 상이하다. 다만, 기대수익률과 투자위험 부담 정도를 기준으로 위험자산 투자 비중이 크고 기대수익률과 변동성이 높은 포트폴리오에서부터 안전자산 투자 비중이 크고 기대수익률과 변동성이 낮은 안정적인 포트폴리오까지 3~5개 가량의 유형을 제시하는 것이 일반적이다. 투자 성향뿐 아니라 라이프 사이클을 기준으로 자산배분을 하기도 한다. 미국, 영국 등에서는 은퇴 시점을 기점으로 은퇴까지 남은 기간에 따라 위험자산과 안전자산의 투자 비중을 조절해 나가는 상품이나 서비스도 보편적으로 활용되고 있다. [그림 1-14]는 온라인 판매 채널인 미국의 Wealthfront 로보 어드바이저 회사의 포트폴리오인데, 위험 수준을 0.5 단위로 0.5부터 10까지 총 20개로 나누고, 이 중 하나의 포트폴리오를 선택하게끔 하고 있다.

[그림 1-14] **Wealthfront 로보 어드바이저의 투자 성향별 포트폴리오 예시**

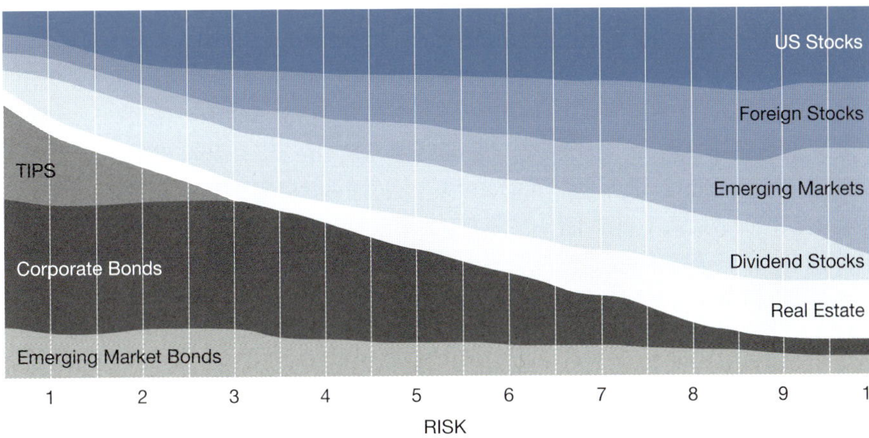

출처: Wealthfront
주: 그림의 가로축은 위험 척도를 표시. 숫자가 낮을수록 안정적인 포트폴리오임

2. 절세 포트폴리오

투자 시 세금은 중요한 고려 사항이다. 특히 자산 규모가 클수록 높은 세율이 적용될 가능성이 커서 고액 자산가, 고소득자에게는 세금을 줄여주는 투자안에 대한 고려가 반드시 필요하다. 고액 자산가의 경우 수익률이 높은 상품보다 수익률이 낮더라도 절세 혜택이 있는 상품을 선택하는 편이 유리할 수도 있기 때문이다. 이에 미국, 영국 등에서는 절세 포트폴리오가 따로 제시된다. 가령 5개 유형의 상품 포트폴리오를 제시하고, 여기에 맞춰 절세 상품이 포함된 절세 포트폴리오를 보여주는 식이다. 미국의 경우 지방채 투자는 세금을 줄일 수 있는 수단이기 때문에 절세 포트폴리오에 많이 편입되고 있다. 한국의 경우 이자가 낮은 채권이나 국내 주식 매매는 절세 상품에 포함된다. 해외 주식 직접매매와 같이 양도소득세를 적용 받는 경우에도 세율이 높은 고액 자산가들에게는 절세상품이 될 수 있다. 소득공제와 과세 이연 효과가 있는 연금저축계좌와 IRP도 절세 관점에서 잘 활용할 수 있다.

Box

선진국의 절세 계좌

영국, 일본, 미국, 캐나다 등에서는 가계의 자산형성을 지원하기 위해 금융자산 투자에 세제혜택을 주는 정책을 시행하고 있다. 대표적인 형태가 영국의 ISA(Individual Savings Account)이다. 영국의 ISA는 예금형(cash ISA)와 증권형(stocks and shares ISA) 두 가지로 구분된다. 예금형 ISA는 예금/적금, MMF에 투자 가능하고, 이자소득에 대해 비과세를 적용 받는 것으로 16세 이상부터 가입 가능하다. 증권형 ISA는 주식, 채권, 펀드, 보험 등에 투자 가능한 것으로 양도차익과 채권이자에 대해서는 비과세되고, 배당소득에 대해서만 10% 원천징수 되는 것으로 18세 이상부터 가입 가능하다. 연 15,000파운드까지 세제혜택을 받을 수 있는데, 세제혜택을 받기 위한 최소보유기간이 없고 자유로운 입출금이나 ISA 유형간 상호 이전도 가능하다. 영국에서는 18세 이상 인구 중 약 46.8%(2013년 기준)가 ISA를 보유하고 있을 정도로 ISA의 활용도가 높다.

일본은 2014년부터 NISA(Nippon Individual Savings Account) 제도를 시행했다. 20세 이상 거주자가 1인 1계좌씩 보유 가능한 절세계좌이다. 연간 한도는 100만엔이며, 상장주식, 공모주식투자신탁, ETF, 리츠 등 증권거래소에 상장된 금융투자상품이 투자 대상이다. 다만 예금, 공사채, 공사채투자신탁은 투자대상에서 제외된다. 일본은 가계자산 중 현금/예금 비중이 높기 때문에 투자 자산으로의 이동을 유도하기 위한 방법으로 NISA 제도를 만든 것이다. 제도 시행 이후 계좌 자산은 빠르게 증가하고 있다.

미국의 경우 영국 ISA나 일본의 NISA처럼 가계의 일반적인 재산형성을 위한 절세계좌는 없지만, 은퇴자산 형성을 지원하는 IRA 제도가 있다. IRA는 여러 종류가 있으나, 기본적으로 5,500달러까지(50세 이상은 6,500달러) 납입 가능하고 소득공제 된다.[15] 운용상품에 특별한 규제가 없어 대부분의 금융상품에 투자 가능하며 과세도 이연된다. 대신 59.5세 이후부터 인출이 가능하고 그 이전에 인출하는 경우 소득세와 인출금액의 10%를 페널티로 세금을 내야 한다. 2014년 기준 미국 가계의 1/3이 1개 이상의 IRA를 보유하고 있을 정도로 보편되어 있다.

한국은 ISA와 유사한 형태의 절세계좌는 아직 없으나(2014년말 기준) 향후 ISA(Individual Savings Account, 개인종합자산관리계좌)라는 이름으로 제도화를 준비하고 있다. 은퇴자산형성을 지원하는 제도로 연금저축계좌와 IRP가 있다. 두 계좌의 적립금을 합산하여 총 700만원까지 소득공제 받을 수 있으며, 과세는 인출 시까지 이연된다. 다만 미국이나 영국과 달리 투자 가능한 상품이 제한적인 편이다. 연금저축계좌에서는 펀드/예금/보험 중 하나를 선택하여 투자할 수 있고, 각각 다른 금융기관에서 가입할 수 있도록 되어 있다. IRP에서는 펀드, 예금, 보험, 원금보장형 ELB 등으로 투자대상이 제한되어 있다. 또한 위험자산 등 운용상 제약도 있다.

참고: 서영미(2015), "주요국 가계금융자산 형성 지원 제도 및 시사점-금융투자상품 활용을 중심으로", 금융투자협회.

[15] 소득공제 받지 않는 대신 인출 시 비과세 적용받는 Roth IRA도 있다.

3 지속적인 모니터링과 리밸런싱

투자자와 최종 포트폴리오를 결정하고 투자를 시작한 이후에는 모니터링이 필요하다. 수익과 손실이 어디에서 발생했는지를 파악해야 한다. 성과가 부진한 자산은 없는지, 상품 운용성과가 저조한 것은 없는지 등을 점검해야 한다. 원인이 특정 자산의 가격 하락에 있다면 해당 자산에 대한 전망을 다시 점검해 보아야 한다. 단기적 요인인지, 장기적 요인인지에 대한 판단도 필요하다. 상품 운용에 문제가 있다면 상품 교체 여부를 판단해야 한다. 이러한 리밸런싱 작업을 자산재배분이라고 한다.

투자한 이후에 포트폴리오 성과가 양호하더라도 시간이 지나면 자산가격 변화에 따라 자산별 투자 비중은 처음과 달라지기 마련이다. 처음에 주식 투자 비중을 60%로 시작했더라도 시장 상황 변화에 따라 비중이 늘어날 수도 반대로 줄어들 수도 있기 때문이다. 이 경우 처음 비중대로 다시 맞춰주는 자산재조정도 필요하다. 이러한 리밸런싱 작업은 가격이 상승하여 수익이 발생한 자산을 매도하고 가격이 하락하여 저평가된 자산을 매수하는 기능도 해 준다. 방법에는 여러 가지가 있으나 비용을 감안한다면 투자된 자산에서 발생하는 배당, 이자, 추가 투자금액을 활용하는 것도 효과적이다. 리밸런싱에 대한 내용은 Chapter 7에서 상세히 다룬다.

CHAPTER 2

투자자산의 종류

"종목별 변동성이 확대되는 시점이기 때문에 이에 대한 대비 차원에서 경기 민감 대형주와 경기 방어 성격을 갖고 있는 배당주로 양쪽에 포지션을 가져가는 투 트랙(two track) 전략이 필요하다."

신문을 읽으면서, 방송을 들으면서 우리는 성장주와 배당주, 경기 민감주와 경기 방어주 같은 용어를 쉽게 접한다. 그런데 이러한 용어는 어떻게 정의되고, 어떤 기준으로 나뉘는 것일까? 나아가 주식을 비롯한 투자자산은 어떤 기준으로 나뉘는 것일까? 손자병법(孫子兵法) 모공편(謀攻篇)은 "적과 아군의 실정을 비교 검토한 후 승산이 있을 때 싸운다면 백 번을 싸워도 위태롭지 않다(知彼知己 百戰不殆)"고 이야기한다. 이 말은 투자 세계에도 그대로 적용해 볼 수 있다. 투자에 앞서 자신이 투자하려는 대상의 속성을 명확히 이해하는 작업은 선결 과제이다.

일반적으로 투자자산은 아래와 같은 잣대로 나뉘고 있다.

- 전통 vs. 비전통 자산: 전자는 주식과 채권, 후자는 파생상품과 헤지펀드가 대표적임
- 장기성 vs. 단기성 자산: 투자 기간에 따른 분류
- 과세형 vs. 비과세형 자산: 과세 여부에 따른 분류
- 위험 vs. 안정형자산: 위험 수준에 따른 분류

이 책에서는 '전통 자산과 비전통 자산,' '위험자산과 안정형자산'이라는 두 잣대로 투자자산을 나누어 보고 각 자산별 속성을 살펴보도록 하겠다.

“누군가 확실성에서 출발하면 의심으로 귀결될 수 밖에 없을 것이나
기꺼이 의심에서 출발한다면 결국 확실성에 안착할 것이다.”

-프랜시스 베이컨(Francis Bacon)-

『학문의 진보(The Advancement of Learning)』中

SECTION 01

전통자산

1 주식

주식이란, 주주가 주식회사에 출자할 때의 소유 지분을 나타낸다. 보통 주식 증권(equity securities) 혹은 보통주(common stock)라고 한다. 투자자산 가운데 가장 흔하게 접할 수 있고 손쉽게 투자할 수 있는 수단이 바로 주식이다. 투자자들은 대개 고수익을 기대하고 주식에 투자하는 경향을 보인다. 하지만 주식은 다른 투자자산에 비해 변동성이 높은 편이어서 투자 시 주의를 요한다.

1. 주식의 종류

본 Chapter의 서두에서 언급한 성장주와 배당주, 경기 민감주와 경기 방어주 등의 분류는 이론적 또는 법적 분류라기보다 실제 투자 세계에서 사용되는 분류로 볼 수 있다. 상법(商法)에 기초한 분류로 주식은 보통주/우선주/후배주, 의결권주/무의결권주, 기명주/무기명주, 상환주/전환주 등으로 나누어 볼 수 있다.

1) 성장주, 가치주, 배당주

성장주(growth stock)를 보는 기준은 현재 기업 가치가 고평가 되어 있는지 저평가 되어 있는지 여부보다 이익 성장률이 높은 수준을 보이는지 여부이다. 현재 이익 성장률이 높은 기업의 주식뿐 아니라 향후 이익 성장이 기대되는 기업의 주식을 보통 성장주로 부른다. 특정 기업이 속한 해당 산업의 전망이 낙관적인 경우, 신제품 출시나 신기술 개발로 이익 창출 기회가 확대되는 경우 시장에서는 그 기업의 이익 성장 가능성이 높다고 평가한다. 성장주 투자 시 투자자들은 주가가 '현재'의 기업 가치보다 높게 형성되어 있더라도 '미래'의 이익 성장 가능성에 주목한다. 따라서 성장주는 뒤에 언급할 가치주와 비교하면 주당순이익(EPS, earnings per share)[1]이나 주당순자산가치(BPS,

---

[1] 기업이 벌어들인 당기순이익을 그 기업이 발행한 주식의 총 수로 나눈 값이다. 1주당 이익을 얼마만큼 창출하는지를 나타내는 지표로, EPS가 높을수록 경영 실적이 양호하다고 볼 수 있다. 또한 배당 여력 역시 높아지게 되므로 주가에는 긍정적 재료가 될 수 있다.

book-value per share)[2] 대비 주가가 높은 수준을 보이는 경향이 있다.

가치주(value stock)는 순이익이나 영업이익 등 기업 실적, 또는 자산가치에 비해 주가가 낮은 수준에 형성되어 있으나 경쟁력을 갖추고 있기 때문에 장기적으로 주가 상승을 기대해 볼 수 있는 주식을 의미한다. 오마하의 현인(Oracle of Omaha)이라는 별칭으로 잘 알려져 있고 대표적 가치 투자자로 손꼽히는 버핏(Warren E. Buffett)은 "모든 기업의 주식은 궁극적으로 본래의 가치를 찾아간다"라는 원칙 하에 가치주 투자를 강조한 바 있다.

배당주(high-yield stock)는 다른 주식에 비해 배당 성향[3]이 높아서 주식매매차익 외에도 상대적으로 높은 배당 수익까지 기대해 볼 수 있는 주식을 말한다. 어떤 기업이 한 회계년도에 순이익을 많이 내거나 사내 유보금이 많아질수록 주주에게 돌아갈 수 있는 배당금의 몫은 커지게 된다. 국가별로, 기업별로 배당금 지급 횟수와 시기는 다양하다. 한국에서는 배당 성향이 높은 기업들 대부분이 연말에 한 차례 배당을 한다. 따라서 매해 4/4분기(10~12월)가 되면 시장 전문가들의 리서치 자료나 언론 보도 등을 통해 연말 배당락 전에 배당주를 매수하고 배당기준일 이후 그 주식을 매도하여 배당 수익을 얻는 전략을 권고하는 것을 쉽게 접하게 된다.

2) 경기 민감주, 경기 방어주

경기 민감주(cyclical stock)란 기업의 실적과 주가가 경기 싸이클(cycle)과 같은 방향으로 연동되는 성향이 강한 주식으로 볼 수 있다. 예를 들어, 국내 건설 경기가 안 좋은 경우 대다수 건설주 주가는 약세를 보인다. 건설주 이외에도 각 산업의 경기 흐름을 타는 경기 민감주 대표 주자로는 IT주(정보기술 관련주), 금융주, 자동차/부품주 등이 있다.

경기 방어주(defensive stock)는 기업의 실적과 주가가 경기 싸이클에서 상대적으로 자유로운 주식으로 볼 수 있다. 통상 금융시장에서는 경기가 위축되더라도 주가가 영향을 덜 받는 주식을 경기 방어주로 분류하는데, 필수 소비재 섹터나 유틸리티 섹터(전력/가스 관련주)가 대표적이다. 경기가 안 좋아지거나 가계 소득이 줄어들 때 사람들의

---

[2] 기업의 총자산에서 총부채를 제외한 것이 자기자본이다. 자기자본에서 상표권, 영업권, 배당금, 임원상여금 등을 제외하면 순자산이 되는데, 이 순자산을 그 기업이 발행한 주식의 총 수로 나눈 값이 바로 BPS이다. 기업의 BPS가 높다는 것은 결국 자기자본의 비중이 크고 실제 투자 가치가 높다는 의미로 해석해 볼 수 있다.

[3] 당기순이익 중 현금으로 지급된 배당금 총액의 비율이다. 배당금 지급 능력을 나타내는 지표로, 높을수록 배당금 지급 비율이 크다는 것을 의미한다.

사치품이나 기호품 소비는 줄어들 수 있어도 의식주 관련 필수 소비가 현저히 줄어들기 어려운 점을 생각해 보면 될 것이다.

3) 보통주, 우선주, 후배주

보통주(common stock)는 주주의 권리인 이익배당청구권, 경영참가권, 잔여재산분배청구권 등을 평등하게 보유하는 주식이다. 보통주의 두 가지 특징은 잔여청구권과 유한 책임이다. 잔여청구권이란 기업의 자산이나 이익에 대한 청구권에서 그 우선 순위가 가장 낮다는 것을 의미한다. 유한 책임이란 기업이 파산했을 때 주주로서 보통주 투자자의 책임이자 최대 손실은 투자 원금에 한정된다는 것을 의미한다.

우선주(preferred stock)는 주식이면서 채권의 속성도 띤다. 채권과 마찬가지로 주식 보유자에게 고정된 소득 흐름을 준다는 점에서이다. 우선주는 보통주보다 이익배당과 잔여재산분배에 대한 청구권 순위가 앞선다. 하지만 우선주에는 의결권이 없기 때문에 기업의 인수/합병과 같은 중대 사안 발생 시 경영 참가권이 없다. 반드시 그러한 것은 아니지만, 통상 우선주 가격은 보통주 가격에 비해 낮은 수준에서 형성되는 경향이 있다. 이는 보통주와 달리 우선주에는 의결권이 없기 때문으로 볼 수 있다.

후배주(deferred stock)는 보통주에 비해 이익배당, 잔여재산분배 순위가 후순위인 주식으로, 배당 후 잔여 미처분 이익이 있는 경우에 한하여 배당을 준다.

4) 의결권주, 무의결권주

회사가 주식을 발행할 때, 보통 한 주에 대해 한 개의 의결권이 부여되는데 이를 **의결권주**라고 한다. 하지만 정관(定款)에 정해져 있고 주주총회의 승인 절차를 거치면 의결권이 부여되지 않은 주식, 즉 **무의결권주**를 발행할 수 있다. 의결권주는 회사 경영에 관한 의결권을 행사하기 위한 목적으로 발행된다. 반면 무의결권주는 회사 경영에는 관심이 없고 이익 배당에만 관심이 있는 투자자들을 겨냥해 발행되어 기업의 자금조달에 활용된다.

한편, 미국과 유럽 등지에는 **차등의결권주** 제도가 있다. 이는 한 주에 대해 한 개의 의결권이 부여되는 원칙의 예외를 인정해 보통주의 몇 배에 해당하는 의결권을 가진 주식을 보통주와 함께 발행하는 제도이다. 이 경우 차등의결권주는 대주주가 보유하는 경우가 대부분으로 기업의 경영권 안정에 기여할 수 있다. 예를 들어, 미국에서는 2004년 구글(Google)이 상장될 때 보통주보다 의결권이 10배나 많은 차등의결권주가 발행된 바 있다.

5) 기명주, 무기명주

기명주는 주주의 이름이 주권이나 주주명부에 기재되어 있는 주식이다. 기명주 발행의 장점은 편리성과 명확성에 있다. 주주명부가 있기 때문에 주주의 구성 현황을 쉽게 파악할 수 있고, 중요 사안 발생 시 주주에 대한 통지가 용이하며, 주주로서의 권리 행사자를 명확히 할 수 있다.

무기명주는 주주의 이름이 주권에 기재되지 않고 주권의 소지 만으로 주주의 자격을 인정받는 주식이다. 우리나라에서 무기명주는 1963년 도입된 이래 한 차례도 발행된 사례가 없다. 주권의 소유자 파악이 쉽지 않아 유지할 실익이 없어진 무기명주는 2014년 5월 개정 상법 상 폐지되고 기명주로 일원화되었다.

6) 상환주, 전환주

상환주는 기업이 발행한 주식 가운데 일정 기간이 지난 뒤에 다시 매입하여 소각한다는 조건이 붙은 특수한 주식이다. 우리나라는 상법 상 우선주에만 상환주 발행이 인정된다. 투자자 입장에서 상환주의 실익은 채권처럼 일정 기간이 지난 후 정해진 가격으로 팔 수 있는 권리가 정해져 있어서 비교적 안정적 투자 대상인데 있다. 배당에 대한 우선권 역시 강점으로 볼 수 있다.

전환주는 기업이 권리 내용이 상이한 여러 가지 종류의 주식을 발행하는 경우 다른 종류의 주식으로 전환할 수 있는 권리, 즉 전환권이 인정된 주식이다. 우선주를 보통주로 전환하는 것이 일반적 형태이다. 주주가 전환권을 행사하면, 전환주는 소멸되고 신주가 발행되어 주주에게 교부된다.

2. 주식의 밸류에이션

밸류에이션(valuation)이란 애널리스트와 같은 시장 전문가가 특정 기업의 가치를 판단하여 적정 주가를 산출해내는 기업가치 평가 작업이다. 어떤 기업의 주가 수준이 실적과 같은 펀더멘털에 비해 적정하게 형성되어 있는지를 따져 보는 작업으로 기업의 매출, 영업이익, 순이익, 자산가치, 현금흐름, 배당 등 다양한 지표가 활용된다.

적정 주가를 산출하는 방법에는 여러 가지가 있는데, 크게 기본적 분석과 기술적 분석이 있다. 기본적 분석이란, 기업의 현재와 미래의 수익성과 같은 펀더멘털 요인 분석에 의존하는 방법이다. 기술적 분석이란, 과거부터 현재까지의 주가 흐름에서 변동 추세를 도출해 이를 미래 주가 예측에 사용하는 방법이다. 여러 가지 방법이 있는데다 사람마다 구하는 방식과 수치는 서로 다를 수 있다. 따라서 어떤 방법 하나만이 정답이고, 특정 방법에 의해 구해진 주가만이 100% 적정 주가라고 얘기할 수 없다.

여기에서는 기본적 분석에 초점을 맞춘다. 비교적 잘 알려지고 널리 쓰이는 밸류에이션 방법들 가운데 배당할인모형(DDM), 주가수익비율(PER), 주가순자산비율(PBR), 주가현금흐름비율(PCR), 주가매출비율(PSR), 주가이익성장비율(PEGR), EV/EBITDA(기업가치/세금 및 이자 지급전 이익 비율)의 순서로 살펴보도록 하자.

1) 배당할인모형

배당할인모형(DDM, dividends discount model)에서 기업의 적정 주가는 미래 배당을 현재가치화 한 것이라고 보고, 미래 배당의 성장률과 요구수익률(할인율)을 가정하여 주식 가치를 산출해낸다. 배당할인모형은 크게 두 가지로 나뉜다. 하나는 고정성장 배당할인모형(constant growth DDM)이고 다른 하나는 다단계 배당할인모형(multi-stage DDM)이다.

고정성장 배당할인모형은 잘 알려진 모형 중 하나이나, 유용성이 크지 않아 실무적으로 많이 사용되지 않는다. 모형의 가정이 현실과 다소 거리가 멀기 때문이다. 이 모형은 무한한 기간에 대해 배당이 지급되고 그 배당이 매해 일정한 성장률로 증가한다고 가정한다. 하지만 현실에서 배당을 지급하지 않는 기업도 있고, 배당을 지급하더라도 일정한 성장률로 매해 증가하기보다 그 성장률이 달라지면서 배당은 늘어나기나 줄어들 수도 있다. 또한 [식 2-1]을 보면 알 수 있듯이 고정성장 배당할인모형은 배당성장률이 요구수익률보다 작은 경우에만 성립될 수 있다.

다단계 배당할인모형은 위와 같은 고정성장 배당할인모형의 한계를 일부 극복하고자 하는 시도에서 나왔다. 즉, 배당성장률이 변하지 않는다는 가정에서 벗어나 기업의 성장 단계마다 배당이 다른 양상을 보인다는 점에 주목하는 모형이다. 다만, 이 모형 역시 기업의 핵심 활동인 영업 활동이 아니라 배당에 초점을 두고 있다는 점에서 실무상 유용성이 떨어진다. 배당성장률(g)이 일정하다고 가정하면 모형은 [식 2-1]과 같다.

[식 2-1] 배당할인모형

$$V_0 = \frac{D_0(1+g)}{k-g}$$

V_0 : 주식의 가치 D_0 : 최근의 배당 g : 배당성장률 k : 요구수익률

2) 주가수익비율(PER)

주가수익비율(price-earnings ratio, 이하 PER)은 주가를 주당순이익(EPS)으로 나눈

값이다. 예를 들어, 어떤 기업의 주식이 PER 9배로 거래되고 있다면, 이는 투자자가 그 주식이 창출하는 이익의 9배를 주고 주식을 매수한 것으로 볼 수 있다. 결국 투자자 입장에서 보면 PER은 투자 원금을 회수하는데 걸리는 기간으로도 볼 수 있다.

PER은 주식(시장) 평가에 있어 실무적으로 가장 흔히 쓰이는 지표 중 하나이다. 직관적 지표인 주가와 순이익을 활용해 비교적 개념이 명쾌하고 계산이 쉽다는 점이 최대 강점이다. 실무에서 애널리스트의 주요 임무는 특정 주식의 적정 PER은 얼마인지, 현재 PER이 과연 적정한 수준인지를 평가하는 작업으로 볼 수 있다.

다만 PER을 활용할 때 몇 가지 유의할 점이 있다. 우선, 분자에 해당되는 주가와 분모에 해당되는 순이익을 어떤 시점의 주가와 순이익으로 활용할 지의 문제이다. 주가에는 미래에 대한 기대가 녹아 있는데, 순이익은 지난 해의 연간 순이익을 사용하는 경우 시점의 불일치 문제가 발생할 수 있다. 애널리스트 보고서를 보면 실무적으로는 12개월 예상 EPS(12 month forward EPS)를 활용한 12개월 예상 PER이 주로 사용되고 있는데, 관건은 역시 예상 EPS를 어떻게 추정할 것인지에 있다. 또한 예상 기업이익을 잘 추정했다고 해도, 그 이익이 경상적 이익이 아닌 특수한 경우 적정 PER 추정에 착시 효과를 야기할 수 있다는 점도 기억해야 할 것이다.

통상 어떤 기업의 PER이 그 기업의 과거 역사적 PER에 비해 낮은 수준에 형성되어 있거나, 동종 그룹(peer group)의 PER과 비교할 때 그 수준이 낮은 경우 저평가되어 있다고 한다. 이처럼 상대적으로 낮은 PER을 통해 향후 주가 상승 가능성이 높다고 판단할 수 있을 것이다. 다만 PER 값이 낮은 배경도 함께 따져 보며 접근할 필요가 있다.

3) 주가순자산비율(PBR)

주가순자산비율(price to book-value ratio, 이하 PBR)은 주가를 주당순자산가치(BPS)로 나눈 값이다. 주당순자산은 기업의 순자산가치(자기자본에서 무형자산을 차감한 것)를 발행 주식수로 나눈 것으로 장부가치에 기초하여 계산된다.

PBR의 장점은 우선 PBR에서 활용되는 장부가치가 PER에서 활용되는 순이익에 비해 상대적으로 안정적이고 객관적 수치라는 데서 찾을 수 있다. 또한 순이익이 마이너스인 경우 PER의 계산은 무의미하나 PBR은 사용될 수 있다.

다만, PBR은 장부가치의 속성상 한계도 있다. 즉 기업을 평가하는데 있어 자산들간의 단순 합계가 아니라 자산들간의 유기적 결합물인 이익이 중요하다고 볼 수 있는데, 장부가치는 자산들간의 유기적 결합은 반영하지 못한다는 점에서이다.

실무적 관점에서 PBR은 주로 유형 자산이 중시되는 제조업체 이외에도 금융회사나 비상장 기업의 주식가치 평가 시 유용하다. 또한 PBR은 '1배'라는 수준을 눈 여겨 볼 필요가 있다. PBR은 시장가치를 장부가치로 나눈 값인데, 이 값이 1배 미만인 것은 어떤 기업의 시장가치가 그 기업의 파산시 청산가치에도 미치지 못할 정도로 저평가되어 있다는 의미로 볼 수 있다. PBR이 화두가 되는 때는 금융위기와 같은 시장 위기 국면에서이다.

4) 주가현금흐름비율(PCR)

주가현금흐름비율(price to cash flow ratio, 이하 PCR)은 주가를 주당현금흐름으로 나눈 지표이다. 현금 흐름은 현금의 유입에서 유출을 뺀 값이다. 기업의 영업활동으로 인해 실질적으로 들어온 현금의 규모를 나타내기 때문에 당기순이익처럼 기업의 영업 성과를 판단하는데 중요한 기준이 된다.

PCR은 그 값이 작을수록 해당 기업의 주가가 저평가되어 있다고 볼 수 있다. PER이 다소 높은 수준을 보이더라도 PCR이 낮은 경우에는 해당 기업 주가가 고평가되어 있다고 단정짓기 어렵다.

5) 주가매출액비율(PSR)

주가매출비율(price to sales ratio, 이하 PSR)은 주가를 주당매출액으로 나눈 지표이다. PSR 값이 크면 클수록 주가가 고평가 되어 있는 것으로 볼 수 있지만, 시장 참여자들이 해당 기업의 미래의 성장 가능성에 후한 점수를 주고 있는 것으로도 평가해 볼 수 있다. 따라서 현재 눈앞의 수익성보다 미래 가치가 중시되는 벤처 기업이나 중소 기업 평가 시 유용한 지표로 볼 수 있다.

이 지표의 장점으로는, 우선 PER이나 PBR 값이 마이너스를 보이고 있는 기업에 적용할 수 있다는 점을 꼽을 수 있다. PSR은 매우 극단적인 경우를 제외하고는 대부분 플러스 값을 가지기 때문이다. 또한 기업의 순이익이나 장부가치에 비해 매출액은 회계처리 방법에 따라 임의로 조작하는 것이 힘들다는 점에서 이 지표의 신뢰성은 높다고 볼 수 있다. 다만 기업들 사이에 매출액 이익률의 차이를 조정하지 않으면 가치 평가 시 오류가 생길 수 있다.

6) 주가이익성장비율(PEGR)

주가이익성장비율(price to earnings growth ratio, 이하 PEGR)은 앞서 살펴본 PER을 EPS 성장률로 나누어 산출한 지표이다. PER이 직관적이기는 하지만 기업의 성장성을 반영하지 못하는 단점을 보완한 지표로 볼 수 있다. 만약 어떤 기업들이 비슷한 수준의

PER 값을 보이고 있다면, 성장률이 더 높은 기업의 PEGR이 상대적으로 더 낮을 것이기 때문에 이 기업이 상대적으로 저평가되어 있는 것으로 판단해 볼 수 있다.

7) 기업가치/세금 및 이자 지급전 이익 비율(EV/EBITDA)

기업가치/세금 및 이자 지급전 이익 비율(enterprise value/earnings before interests, taxes, depreciation and amortization, 이하 EV/EBITDA)은 기업가치(EV)가 영업활동을 통해 얻은 이익(EBITDA)의 몇 배인가, 즉 어떤 기업을 인수하게 될 때 (주주와 채권자의 지분을 모두 인수하는 경우) 영업현금흐름으로 몇 년 안에 투자원금을 회수할 수 있는지를 나타내는 지표이다.

우선 EV(=FV, firm value)[4]는 시가총액과 순차입금을 합친 값이다. 어떤 기업을 온전히 자기 소유로 하기 위해서는 지분을 100% 인수하는 동시에 부채도 모두 상환해야 하기 때문이다. EBITDA는 세전, 이자비용 차감 전 이익인 영업이익(EBIT)에 유형자산감가상각비와 무형자산감가상각비를 더해서 구한다. EBITDA는 특정 기업의 영업력, 현금창출능력을 보여준다.

EV/EBITDA 값이 낮다면 이는 기업 인수 시 투자원금의 회수 기간이 빠르다는 의미로, 그 기업의 가치가 저평가되어 있다고 해석할 수 있다. 또한 이 값이 낮은 경우 영업력과 재무구조가 좋음에도 주가가 낮은 수준에 머물러 있는 기업으로 해석해 볼 수 있다.

이 지표의 장점은 우선 기업 투자 시 시장가치와 부채를 종합적으로 고려한다는데 있다. 또한 PER을 사용할 경우 국가별 회계기준, 법인세, 이자율 등이 상이한 점이 고려되지 않지만 EBITDA를 사용하게 되면 이런 요소들이 자연스럽게 해소된다. 하지만 이 지표는 기본적으로 연결재무제표를 전제로 하고 있다는 점, 그리고 사업 모델이 유사한 기업간 비교 시 적합하다는 점을 기억해야 한다. 또한 영업 측면에서 유의미한 부외거래(선물환거래에 따른 파생상품 손익과 같은 파상상품거래 등)가 영업외 손익으로 처리되어 EBITDA를 사용하는 취지에서 벗어나는 점은 한계로 볼 수 있다.

---

[4] 연결재무제표에서 EV = 시가총액 + 순차입금 + 소수주주지분(minority interest)

Box

인수 · 합병(M&A) 시 주가는 어떻게 결정되나

기업의 적정 주가 산출이 이슈가 되는 대표적인 이벤트로 인수 · 합병이 있다. 여기에서는 2014년에 합병한 미래에셋제2호스팩과 콜마BNH의 사례를 통해 주식의 가치 평가에 대해 알아보고, 합병 가액 산정과 합병 비율에 대해서도 살펴보도록 한다.

피합병법인의 합병 가액(본질 가치)을 산정하려면 '증권의 발행 및 공시 등에 관한 규정' 제5-13조와 '동 규정 시행세칙' 제4조 내지 제8조를 적용하여 자산가치와 수익가치를 1과 1.5의 비율로 가중산술평균한 금액으로 산정한다. 실무상 1주당 자산가치는 주요사항보고서를 제출하는 날이 속하는 사업연도의 직전 사업연도말 현재의 국제회계기준(IFRS: International Financial Reporting Standards)에 의해 감사받은 별도 재무제표상의 자본총계에서 일부 조정항목을 가감하여 산정한 순자산가치를 분석기준일 현재의 발행주식총수로 나누어 산정한다.

콜마BNH의 재무제표 (단위: 원)

과목	제 12기 3분기(2014년 7~9월)	제 11기(2013년)
자산		
유동자산	39,695,122,295	**33,467,544,743**
현금및현금성자산	3,130,426,572	2,686,741,520
매출채권및기타채권	6,855,523,431	3,945,584,764
기타금융자산(유동)	15,522,535,887	16,809,026,111
기타유동자산	610,371,318	713,348,133
재고자산	13,576,265,087	9,312,844,215
비유동자산	36,726,683,388	**26,192,333,351**
종속기업투자주식	2,000,000,000	1,000,000,000
관계기업투자주식	1,496,478,571	
기타금융자산(비유동)	1,245,071,500	997,887,409
유형자산	31,316,977,822	23,269,698,842
무형자산	496,938,823	555,002,243
이연법인세자산	171,216,672	369,744,857
자산총계	76,421,805,683	**59,659,878,094**
부채		
유동부채	22,661,592,421	**18,466,825,615**
매입채무및기타채무	17,400,142,624	10,337,296,239
단기차입금	3,000,000,000	5,200,000,000
기타금융부채(유동)	445,459,933	1,079,067,502
기타유동부채	68,482,901	63,781,066
당기법인세부채	1,747,506,963	1,786,680,808
비유동부채	1,319,142,556	**2,406,931,218**
확정급여채무	813,642,556	579,767,618
장기차입금		300,000,000
장기매입채무및기타채무	157,500,000	1,235,163,600
기타금융부채(비유동)	348,000,000	292,000,000
부채총계	23,980,734,977	**20,873,756,833**

자본		
자본금	2,351,780,000	2,351,780,000
자본잉여금	3,777,731,349	3,777,731,349
이익잉여금	46,311,559,357	32,656,609,912
자본총계	52,441,070,706	**38,786,121,261**
자본과부채총계	76,421,805,683	**59,659,878,094**

일부 조정항목

- 분석기준일 현재 실질가치가 없는 무형자산 및 회수가능성이 없는 채권을 차감
- 분석기준일 현재 투자주식 중 취득원가로 평가하는 시장성 없는 주식의 순자산가액이 취득원가보다 낮은 경우에는 순자산가액과 취득원가와의 차이를 차감
- 분석기준일 현재 퇴직급여채무 또는 퇴직급여충당부채의 잔액이 회계처리기준에 따라 계상해야 할 금액보다 작을 때에는 그 차감액을 차감
- 최근사업연도말 이후부터 분석기준일 현재까지 손상차손이 발생한 자산의 경우 동 손상차손을 차감
- 분석기준일 현재 자기주식을 가산
- 최근사업연도말 이후부터 분석기준일 현재까지 유상증자, 전환사채의 전환권 행사 및 신주인수권부사채의 신주인수권 행사에 의하여 증가한 자본금을 가산하고, 유상감자에 의하여 감소한 자본금 등을 차감
- 최근사업연도말 이후부터 분석기준일 현재까지 발생한 주식발행초과금 등 자본잉여금 및 재평가잉여금을 가산
- 최근사업연도말 이후부터 분석기준일 현재까지 발생한 배당금지급, 전기오류수정손실 등을 차감
- 기타 최근사업연도말 이후부터 분석기준일 현재까지 발생한 거래 중 이익잉여금의 증감을 수반하지 않고 자본총계를 변동시킨 거래로 인한 중요한 순자산 증감액을 가감

본 사례에서 피합병법인인 콜마BNH의 1주당 자산가치는 자본총계(38,786,121,261원)에서 일부 조정항목(623,320,400원)을 차감하여 산정한 순자산가치를 발행 주식 총수(470,356주)로 나누어 구한 값인 81,136원이다.

한편, 1주당 수익가치는 증권의 발행 및 공시 등에 관한 규정 시행세칙 제6조에 따라 배당할인모형, 이익할인법, 현금흐름할인모형 등 다양한 평가방법이 있는데, 본 사례에서는 현금흐름할인모형이 적용되어 산출되었다. 현금흐름은 다양하게 정의될 수 있는데 일반적으로 주주에게 귀속되는 잉여현금흐름, 기업 전체에 귀속되는 잉여현금흐름 등이 사용된다. 기업잉여현금흐름할인법은 일정 기간 동안의 기업 현금흐름을 추정하고, 추정 기간의 기업잉여현금흐름과 추정 기간 이후의 기업잉여현금흐름을 가중평균자본비용(WACC: Weighted Average Cost of Capital)으로 할인한 현재 가치의 합으로 영업 가치를 산정한 후 비영업용자산을 가산하여 기업가치를 산출해내는 방법이다. 산출된 기업 가치에서 이자부부채만큼 차감함으로써 최종적으로 자기자본가치를 산정한다. 다음 표에 나타난 것처럼 피합병법인 콜마BNH의 1주당 수익가치를 구하면 570,570원이 된다.[5]

구분	금액
A. 추정기간 동안의 현재가치	72,662,000,000
B. 영구현금흐름의 현재가치	179,015,000,000
C. 영업가치(A+B)	251,677,000,000
D. 비영업자산의 가치	22,194,000,000
E. 기업가치(C+D)	273,871,000,000
F. 이자부부채의 가치	5,500,000,000
G. 수익가치(E−F)	268,371,000,000
H. 발행주식수	470,356주
I. 1주당 수익가치(G/H)	**570,570원**

[5] 금융감독원 전자공시(http://dart.fss.or.kr/dsaf001/main.do?rcpNo=20141113000408) 참조

피합병법인의 합병 가액은 자산가치와 수익가치를 1과 1.5의 비율로 가중산술평균한 가액이므로, 콜마BNH의 합병 가액은 (1 X 81,136 + 1.5 X 570,570)/(1 + 1.5) = 374,796원이 된다.

마지막으로 미래에셋제2호스팩의 기준 주가는 자본시장법 시행령 제176조의 5에 따라 합병을 위한 이사회 결의일과 합병계약을 체결한 날 가운데 앞서는 날의 전일을 기산일로 최근 1개월간의 거래량 가중산술평균종가, 최근 1주일간의 거래량 가중산술평균종가, 최근일의 종가를 산술평균한 가액을 기준으로 100분의 10의 범위에서 할인 또는 할증한 가액(본 사례의 합병에서는 9.987% 할인한 가액)으로 산정한다.

구분	금액(원)
1개월 가중평균 주가	2,775
1주일 가중평균 주가	3,113
최근일 종가	3,100
산술평균 주가	2,996 = (2,775+3,113+3,100)/3
할인율	9.987%
기준 주가	**2,697** = 2,996 x (1−9.987%)

본 사례에서 합병 당사회사들의 주당평가액을 보면, 피합병법인 콜마BNH는 374,796원이고, 합병법인인 미래에셋제2호스팩은 2,697원이다. 따라서 합병 비율을 보면 미래에셋제2호스팩 : 콜마BNH = 1 : 139이다. (실제 합병 비율은 1:138.9677419) 미래에셋제2호스팩이 콜마BNH를 인수합병함에 따라 합병 비율 1 : 139로 미래에셋제2호스팩은 139주가 신규 발행되고. 총 65,364,311(신규 발행주식수 138.9677419주 X 기존 발행주식수 470,356주)주가 신규 상장된다. 따라서 미래에셋제2호스팩의 발행주식 총수는 기존 7,000,000주를 포함해 72,364,311(= 65,364,311 + 7,000,000)주로 늘어난다.

2 채권

채권은 자금을 빌리는 것과 연관되어 발행되는 증권이다. 채권은 자금을 빌렸음을 증명하는 증서이다. 정부, 공공기관, 특수법인, 주식회사 형태를 갖춘 사적 기업 등 자금을 빌리는 쪽(채무자)은 자금을 빌려주는 쪽(채권자)에게 일정 금액의 현금에 대해 채권을 발행한다. 채권 발행자는 채권 보유자에게 정해진 날짜에 미리 정해진 금액을 지급할 의무를 지게 된다.

투자 세계에서 통상 채권은 안전한 자산으로 간주되고 있다. 채권을 보유하고 있으면 만기 시까지 일정 기간마다 이자라는 정기적 수익을 얻는다는 점에서이다.[6] 하지만 채권의 종류는 다양하고, 이 중 어떤 채권은 주식보다 큰 변동성을 보이는 경우도 있다. 또한 채무자의 파산과 채무불이행으로 투자 원금을 회수하지 못하는 상황이 발생할 수도 있다.

여기에서는 투자 관점에서 채권의 종류에 대해 알아보고, 채권 가치 평가 시 중요한 요소인 채권의 듀레이션(duration)과 컨벡시티(convexity)에 대해 살펴보도록 한다.

1. 채권의 종류

투자 관점에서 채권은 국채, 회사채, 물가연동국채, 전환사채, 신주인수권부사채, 교환사채, 해외채권 등으로 나누어 볼 수 있다.

- **국채(government bond)**는 정부가 의회의 의결을 구해 공공 목적 달성에 필요한 자금을 확보하기 위해 발행하는 채권이다. 우리나라 국채에는 크게 세 가지 종류가 있다. 국고채(국고채권), 외평채(외국환평형기금채권), 국민주택채권으로 이 중 3년 만기 국고채 금리는 시중 자금 시장의 지표 금리 역할을 하고 있다.
- **회사채(corporate bond)** 또는 사채는 상법 상 주식회사가 자금을 조달하기 위해 직접 발행하는 채권이다. 국채 금리에 비해 회사채 금리는 높은 수준에 형성되어 있다. 이는 국가보다 일반 사기업의 부도, 채무불이행 리스크가 크기 때문이다. 신용등급 기준으로 BBB− 이상인 등급의 채권을 투자적격등급 채권이라 하고, BB+ 이하 등급의 채권을 투기등급채권 또는 하이일드(high yield) 채권이라 한다.

---

6 채권에는 이표 채권(coupon bond)과 무이표 채권(zero−coupon bond)이 있다. 이표 채권은 채권 만기 시까지 채권 발행자가 채권 보유자에게 일정 기간마다 이자를 지급하게끔 하는 의무를 부과한다. 이 이자를 액면 이자 또는 이표 이자(coupon payment)라고 하는데, 이표(coupon)라는 용어는 과거에 채권 보유자가 채권에서 이표를 떼어 내어 채권 발행자에게 보내는 방식으로 이자를 청구한데서 유래한다. 무이표 채권은 이표 이자가 전혀 없는 채권이다.

- **물가연동국채(inflation-indexed government bond)**는 원금과 이자를 인플레이션에 연동시켜 지급하는 방식으로 채권의 실질 가치를 보전해 주는 국채이다. 만기 보유를 조건으로 원금은 기간별로 인플레이션에 따라 움직이고, 이자는 일정 기간마다 인플레이션을 감안해 지급된다. 미국에서는 1997년에, 한국에서는 2007년에 처음 발행됐다.
- **전환사채(CB, convertible bond)**는 기업이 발행하는 특수 회사채의 일종으로, 그 소유자의 의사에 따라 발행 기업의 다른 종류의 증권(통상 보통주이나 때로는 우선주가 되기도 함)으로 전환할 수 있는 권리가 붙어 있는 사채이다. 채권자는 미리 정해진 수만큼 주식과 교환할 수 있는 선택권을 갖게 된다. 전환사채의 장점은, 주식시장의 변동성이 심할 때 채권 형태로 보유해 이자 수익를 얻고 주식시장이 랠리를 보일 때 주식으로 전환해 자본 차익을 노릴 수 있다는 점이다. 단, 전환사채의 초기 표면이자는 일반적인 여타 채권에 비해 낮거나 아예 없는 경우도 있다.
- **신주인수권부사채(BW, bond with subscription warrant)**는 사전에 정해진 가격으로 일정 수량만큼 신주를 인수할 수 있는 권리가 붙어 있는 채권이다. 전환사채와 비슷하나 차이점이 있다. 전환사채는 전환권의 행사에 의해 사채가 없어지는 반면 신주인수권부사채는 인수권의 행사에 의해 사채가 없어지지 않는다. 즉 신주인수권부사채는 인수권 부분만 사라지게 되고 사채로서의 효력은 남게 된다. 따라서 인수권 행사로 신주를 인수할 때 그 대금은 따로 지급해야 한다.
- **교환사채(EB, exchangeable bond)**는 발행 기업이 보유하고 있는 다른 기업의 주식과 교환할 수 있는 권리가 붙은 채권이다. 전환사채와 마찬가지로 미래의 주가 상승에 따른 투자 수익을 기대할 수 있으나 통상 이자율이 낮은 편이다.

2. 채권 가격의 계산

채권에서 이자와 원금은 모두 장래 특정 시점에 상환된다. 따라서 채권자가 지불하려는 가격은 장래의 현금 흐름의 현재 가치에 달려 있고, 이 현재 가치는 유통시장에서의 해당 채권 시장금리로 할인되어 계산된다. 이를 표현한 채권 가격 계산 기본식은 [식 2-2]와 같다. 식을 보면, 분모에 있는 채권 금리[7]가 상승하면 채권자가 받을 현금 흐름의 현재 가치는 줄어들게 된다. 따라서 채권 금리 상승은 채권 가격 하락으로 이어진다.

---

[7] 별도의 부연설명이 없는 한 본 책에서 채권 금리가 뜻하는 바는 채권의 시장금리, 즉 유통수익률(금리)을 의미한다.

[식 2-2] 채권 가격 계산식

$$P_0 = \sum_{t=0}^{T} \frac{C}{(1+r)^t} + \frac{F}{(1+r)^T}$$

P_o: 현재 채권의 가격 F: 액면금액 C: 이자(이표) r: 채권 금리

t: 현금흐름 발생시점

주: 이표에 의한 이자 지급주기 및 투자기간 단위는 1년으로 가정함

분자에는 이표에 의해 액면금액의 일정률만큼 정기적으로 지급받는 이자가 있는데, 이 정해진 이자를 지급하는지 여부에 따라 이표채(coupon bond)와 무이표채(zero-coupon bond)로 나누어 진다. 이표채는 일정 기간마다 이자를 지급하는데 반해 무이표채는 만기가 도래하기 전까지는 이자를 지급하지 않기 때문에 액면금액(만기에 상환되는 금액)을 해당 채권의 시장금리로 할인해 발행된다. 따라서 무이표채를 할인채(discount bond)라고도 부른다. 예를 들어, 지금부터 1년 뒤에 1억원이 되는 1년 만기 할인채가 연 10%의 금리로 거래되고 있는 경우, 이 채권 가격은 9천 9십만원이며,[8] 1년 뒤 1억원을 그 채권 보유자가 상환 받게 된다.

복리채는 중도에 이자를 지급하지 않고 만기까지 이자를 복리로 재투자하여 만기시에 원금과 이자를 함께 주는 채권이다. 복리채의 경우 채권 보유자에게는 이자의 재투자 위험이 없고 발행자에게 위험이 전가되어 있다. 즉, 일정 기간 동안 정기적으로 이자를 지급하는 채권에서는 이자를 받을 때마다 금리변동 위험에 노출되는데 반해 복리채는 매수 시 원리금이 확정되어 있어 재투자 위험이 없는 것이다.

3. 금리변동 리스크와 듀레이션

앞서 언급했듯이 채권 가격과 채권 금리는 반비례 관계에 있다. 금리 등락에 따라 채권 투자자는 자본 손실을 보거나 자본 차익을 누릴 수 있다. 따라서 금리변동에 대한 채권 가격의 움직임의 정도를 표시하는 민감도는 채권 투자자 입장에서는 매우 중요한 문제이다. 이에 대해 말킬(Burton G. Malkiel), 호머(Sidney Homer)와 리보위츠(Martin L. Liebowitz)는 다음 여섯 가지 명제로 정리했다.[9]

---

[8] 100,000,000원 / 1.1 ≒ 90,909,090원

[9] Zvi Bodie, Alex Kane and Alan J. Marcus (2011), *Investments and Portfolio Management* (9th ed.), McGraw-Hill Irwin, 537–538.

[그림 2-1] **금리 변화의 함수로서 채권 가격의 변화**[10]

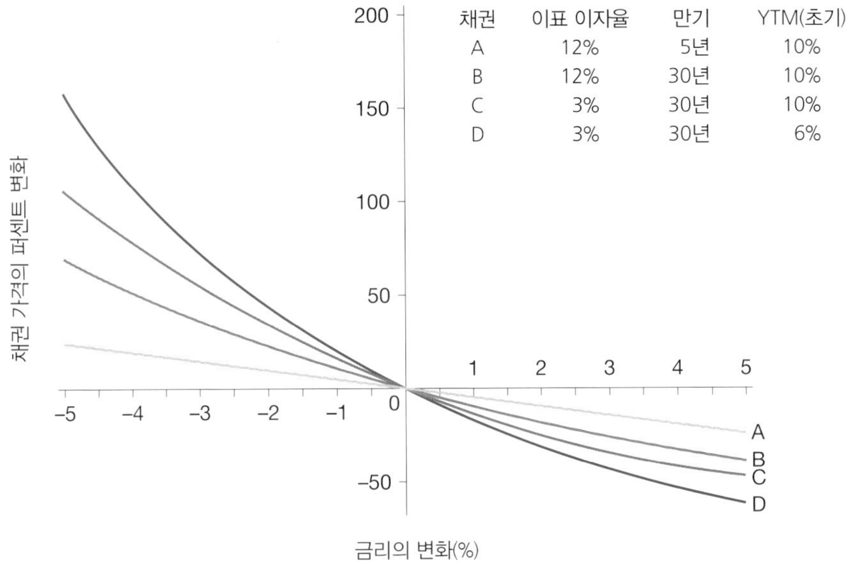

출처: Zvi Bodie, Alex Kane and Alan J. Marcus (2011), *Investments and Portfolio Management* (9th ed.), McGraw–Hill Irwin, 537.

- 채권 가격과 채권 금리는 역의 관계에 있다.(금리 상승 시 채권 가격은 하락)
- 금리 상승에 따른 채권 가격의 하락폭은 같은 크기의 금리 하락에 따른 채권 가격의 상승폭보다 작다.(그림에서 가로축의 0을 중심으로 우측과 좌측을 비교해 볼 것)
- 장기 채권의 가격은 단기 채권의 가격보다 금리 변화에 민감하다.(그림에서 채권 B가 채권 A에 비해 동일한 금리변동에 대해 더 큰 민감도를 보임)
- 만기가 길어질수록 금리변동에 대한 채권 가격의 민감도는 커진다. 단, 그 관계는 정비례 관계가 아니다. 민감도는 만기의 증가분만큼 높아지지 않는다.(그림에서 채권 B의 만기는 채권 A의 6배이나, 가격 민감도는 6배에 못 미침)
- 금리 리스크는 채권의 이표 이자율과 역의 관계에 있다. 즉, 다른 조건은 모두 같을 때 이표 이자율이 낮은 채권의 가격 민감도가 이표 이자율이 높은 채권의 가격 민감도보다 크다.(그림에서 채권 B와 채권 C를 비교해 볼 것)
- 금리변동에 따른 채권 가격 민감도는 현재 채권 가격에 내재된 만기수익률과 역의 관계에 있다.(그림에서 채권 C와 채권 D를 비교하면, 만기수익률 높은 채권 C가 금리변동에 대해 채권 D보다 덜 민감함)

위 여섯 가지 명제를 보면 금리변동 리스크 결정에 있어 만기가 중요한 요인임을 알 수 있다. 하지만 만기를 가지고 금리 변화에 대한 채권 가격 민감도를 측정하는 것은 충분하지 못하다. 현실에서 만기까지 채권 금리는 시시각각 바뀐다. 여러 차례 이자와 원금을 지급하는 채권의 현금 흐름에 대한 평균적인 만기에 대한 잣대가 필요한 셈이다.

[그림 2-1]에서 확인한 것처럼 채권의 가격 민감도는 만기까지 기간에 비례하여 증

---

10 만기수익률(YTM, yield to maturity)은 우리가 일반적으로 사용하는 채권 수익률, 이자율, 채권 금리를 일컫는 것으로, 채권의 현재 가격과 미래 현금 흐름을 일치시키도록 할인하는 한 개의 수익률을 의미한다. 한 개의 수익률이란, 미래에 현금 흐름이 여러 개 발생하더라도 할인률은 한 개라는 의미이다.

가하는 경향을 보이므로, 이를 활용해 채권 금리 변화에 따른 채권 가격 민감도를 살펴 볼 수 있다. 이 지표를 듀레이션(duration)이라고 한다. 듀레이션은 어떤 채권에 대해 미래의 현금 흐름(이자와 원금)의 현재 가치에 각 현금흐름 별로 잔존 기간을 곱해서 더한 값을 채권의 현재 가치로 나눈 것이다. 개념상 현재 가치로 환산된 가중평균 상환 기간으로 볼 수 있다. 이 같은 개념은 콜 옵션부 채권(callable bond)처럼 시장 금리에 따라 잔존 만기가 달라지는 채권이 등장하면서 채권 금리 변화율에 따른 채권 가격 변동률의 민감도로 바뀌게 되었다. 듀레이션을 구하는 공식은 [식 2-3]과 같다.

[식 2-3] 채권 듀레이션 계산식

$$D = \sum_{t=1}^{T} \frac{t\text{ 시점 현금 흐름의 현재 가치}}{P} \times t$$

D: 듀레이션 P: 채권의 현재 가치 t: 현금흐름 발생시점(단위: 연)

예를 들어, 만기 3년에 연 1회 이자를 제공하는 채권의 액면가가 10,000원, 이표 이자율이 7%, 채권 금리가 15%일 때 듀레이션을 구해 보면 [표 2-1]과 같다. 이 채권의 듀레이션은 2.79년으로 만기 3년보다 짧다. 이처럼 이표채의 경우 듀레이션은 만기보다 항상 짧다. 이는 채권의 존속 기간 초기의 이표 이자가 지급 시기까지의 가중 평균 기간을 줄여주기 때문이다. 반면 만기까지 중도에 이자 지급이 없는 할인채나 복리채의 경우 듀레이션은 만기와 일치한다. 두 개의 채권의 만기가 같다고 하더라도 이표채냐 할인채냐에 따라 듀레이션은 달라지게 된다. 이 점에서 향후 금리 전망에 따라 투자하는 채권 종목이 달라질 수 있는 것이다.

[표 2-1] 채권 듀레이션 계산(예시)

시점(t)	현금흐름	현금흐름의 현재가치	시점(t) X 현금흐름의 현재가치
1	700	608.70	608.70
2	700	529.30	1,058.60
3	10,700	7,035.42	21,106.27
합계		**8,173.42**	**22,773.57**
듀레이션(D) = 22,773.57/8,173.42 = 2.79(년)			

이표채를 가지고 듀레이션의 속성을 좀 더 보면, 우선 만기가 동일한 채권 사이에서는 이표 이자율이 낮은 채권의 듀레이션이 길다. 이는 이표 이자율이 높아질수록 초기

지급금의 가중치가 높아지면서 지급금의 가중 평균 만기가 짧아지기 때문이다. 다음으로 이표 이자율이 동일한 채권 사이에서는 만기가 긴 채권의 듀레이션이 길다. 마지막으로 다른 요인들이 같은 경우 채권 금리가 낮은 채권의 듀레이션이 길다.

듀레이션 개념은 흔히 놀이터에서 볼 수 있는 시소(seesaw)에 비유하여 [그림 2-2] 처럼 나타낼 수 있다. 시소에서 듀레이션은 전체 현금 흐름의 현재 가치의 무게 중심으로 보면 된다.

[그림 2-2] **듀레이션과 시소**

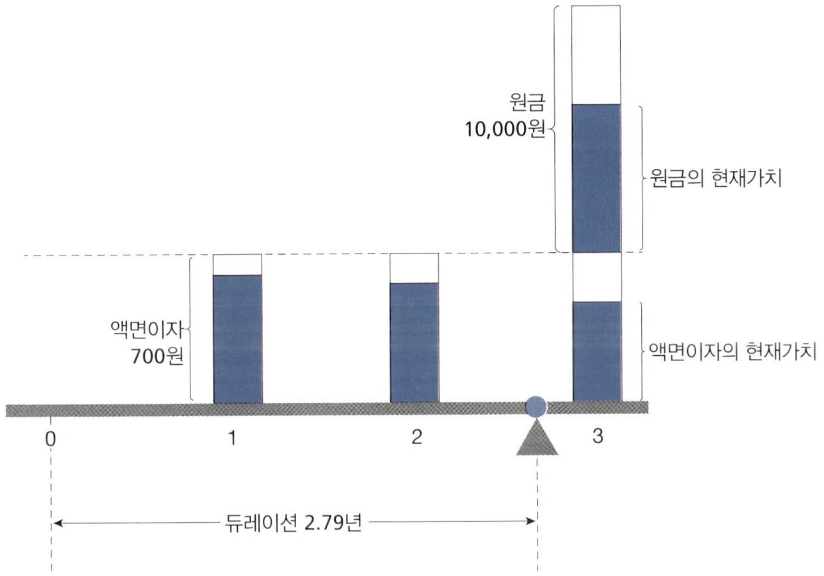

앞서 언급한 듀레이션은 엄밀하게는 맥컬리 듀레이션(Macaulay duration)이다. 이는 현재가치를 감안한 채권 투자자금의 평균 회수기간을 의미한다. 금리 변화에 따른 채권가격의 민감도를 측정하기 위해서는 맥컬리 듀레이션을 일부 변형한 수정 듀레이션(modified duration)을 사용한다. 맥컬리 듀레이션을 수정 듀레이션으로 변환시키는 식은 [식 2-4]와 같다. 앞 사례에서 수정 듀레이션을 구하면 2.79/(1 + 15%) = 2.43이 된다. 여기서 금리 변화에 따른 채권가격의 민감도를 계산해 볼 수 있다. 금리가 하루 사이에 15%에서 14.9%로 하락한 경우 채권가격 변동률은 −2.43 × (−0.1%) = 0.243%가 된다. 만약 이 채권을 1억원 어치 보유하고 있다면, 금리 하락에 따른 채권가격 상승으로 243,000원의 자본차익이 발생하게 된다.

[식 2-4] 맥컬리 듀레이션을 수정 듀레이션으로 변환하는 식

$$D_{mod} = D_{mac} \times \frac{1}{(1 + y)}$$

D_{mod}: 수정 듀레이션 D_{mac}: 맥컬리 듀레이션 y: 채권 금리(만기수익률)

4. 듀레이션과 컨벡시티

듀레이션은 채권 금리 변화 시 채권 가격의 변화하는 민감도를 측정하기 위한 척도로 사용된다. 하지만 듀레이션을 활용한다고 해서 실제 채권 가격의 움직임을 정확히 계산해 낼 수는 없다. 이는 채권 가격과 채권 금리 사이의 관계가 직선이 아니라 곡선이기 때문이다. 직선 형태인 듀레이션(직선)과 곡선 형태인 실제 채권 가격과 채권 금리 사이 관계의 오차를 줄이기 위해 등장한 개념이 바로 컨벡시티(convexity)이다. 컨벡시티는 채권 가격과 채권 금리 간의 곡률(curvature)을 측정하는 수단으로, 듀레이션만 사용할 때보다 금리 변화에 따른 가격 변화를 비교적 정확하게 구할 수 있다. 듀레이션에 컨벡시티를 추가하여 채권 가격의 변동률을 구하는 공식은 [식 2-5]와 같다.

[식 2-5] 듀레이션과 컨벡시티를 활용한 채권 가격 변동률 계산

$$\frac{\Delta P}{P} = -D \times \Delta y + \frac{1}{2} \times convexity \times (\Delta y)^2$$

$\Delta P/P$: 채권 가격의 변동률 D: 듀레이션 Δy: 채권 금리변동률

예를 들어, 듀레이션이 3, 컨벡시티가 30인 채권이 있는데, 채권 금리가 1% 상승했다고 해 보자. (수정)듀레이션을 활용해 채권 가격 변동률을 구해 보면 $-3 \times (1\%) = -3\%$로 채권 가격은 3% 하락한다. 반면 듀레이션과 컨벡시티를 함께 활용해 채권 가격 변동률을 구해 보면 $[-3 \times (1\%)] + [\frac{1}{2} \times 30 \times (1\%)^2] = -2.85\%$로 채권 가격은 2.85% 하락한다. 듀레이션만으로 구한 경우보다 채권 가격 하락폭이 작다.

컨벡시티는 [그림 2-3]에 나타나듯이 곡선 형태인 실제 채권 가격과 금리 사이의 관계와 직선 형태인 듀레이션 간의 거리이기 때문에 항상 그 값이 양수이다. 이로 인해 금리 상승으로 채권 가격이 하락하면, 방금 전 살펴본 예시에서 알 수 있듯이 실제 채권 가격은 듀레이션으로 계산한 경우보다 크다. 반대로 금리 하락으로 채권 가격이 상승한 때에도 실제 채권 가격은 듀레이션으로 계산한 경우보다 크다. 투자의 관점에서 보면 컨벡시티가 큰 채권에 투자하는 것이 유리하다고 볼 수 있다.

[그림 2-3] **채권 가격–수익률 곡선과 컨벡시티**

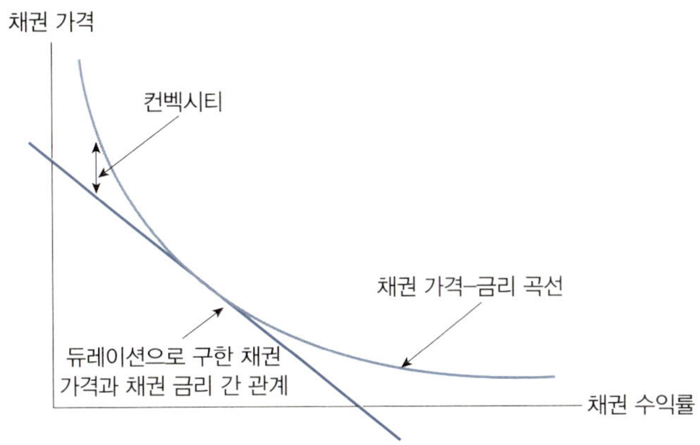

3 실물자산

실물자산에 투자하는 방법에는 여러 가지가 있다. 실물자산을 직접 매매하는 것과 실물자산 관련 기업의 주식이나 펀드에 투자하는 것이 대표적 방법이다. 여기에서는 실수요 목적보다 투자 목적 측면에서 실물자산에 대해 다루도록 한다.

1. 부동산

1) 부동산펀드(REF, real estate fund)

부동산펀드는 일반 펀드와 마찬가지로 투자자들로부터 자금을 모아 투자하고 발생하는 수익을 투자자들에게 배분하는 집합투자기구이다. 부동산펀드는 펀드 재산의 50%를 초과해 부동산이나 부동산 관련 자산에 투자한다. 부동산 관련 자산에는 부동산 개발과 관련된 법인에 대한 대출, 부동산의 개발, 부동산의 관리 및 개량, 부동산의 임대, 부동산과 관련된 증권, 부동산을 기초 자산으로 하는 파생상품 등이 있다. 부동산펀드의 형태로는 투자신탁과 투자회사가 있다. 투자회사의 경우 부동산투자회사법에 의한 부동산투자회사와 구분짓기 위해 펀드 자산에서 부동산에는 70% 이하로 투자하게끔 되어 있다. 부동산투자회사법에 의한 부동산투자회사는 통상 REITs(real estate investment trusts)로 일컬어지고 있다.

부동산펀드는 운용 형태에 따라 네 가지로 나뉜다. '임대형'은 건물 등 부동산을 매입한 후 이를 임대하여 얻게 되는 임대 수익, 그리고 부동산 가격 상승에 따른 자본 이득(capital gain)을 추구하는 형태이다. '대출형'은 부동산 개발회사에 자금을 대출하여 얻게 되는 대출 이자로 수익을 내는 형태이다. '경 · 공매형'은 법원이나 자산관리공사가 경 · 공매하는 부동산을 매입하여 임대, 매각 등을 통해 수익을 추구하는 형태이다. '개발형'은 직접 건물, 주택 등 부동산을 개발하여 분양하거나 임대해 개발 이익을 추구하는 형태이다.

부동산펀드의 구조는 [그림 2-4]와 같다. 구조를 보면 알 수 있듯 부동산펀드에 투자하게 되면 직접 실물을 매입할 때와 달리 거액의 자금을 필요로 하지 않는다. 또한 투자 전문가에 의한 수익성 검토가 선행되기 때문에 직접 투자 시보다 발품을 팔아야 하는 수고도 줄어들 수 있다. 수익의 일부가 3개월 또는 6개월에 한 번 꼴로 투자 기간에 걸쳐 배당으로 지급되는 점은 강점으로 꼽을 수 있다. 부동산펀드의 특성이자 장점은 [표 2-2]를 참고하기 바란다.

[그림 2-4] 부동산펀드의 구조

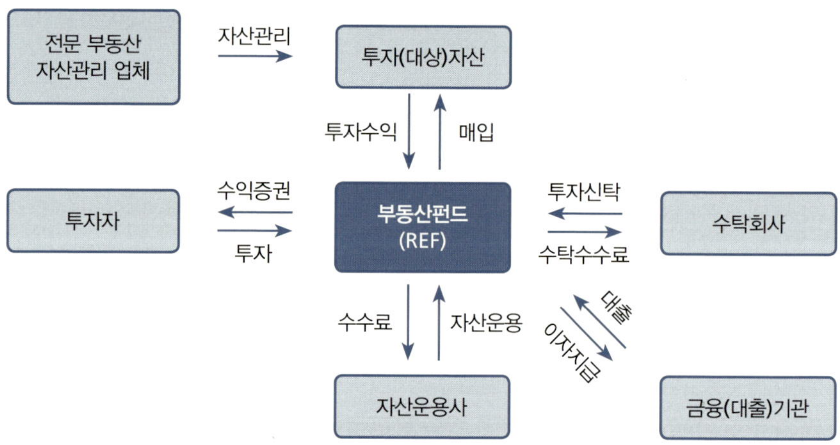

[표 2-2] 부동산펀드의 특성

세제혜택	– 국내 부동산 취·등록세 감면(30%) → 2014.12.31부로 감면 혜택 종료 – 배당가능이익의 90% 이상 배당 시 법인세 면제
안정성	– 안정되고 예측가능한 cash–flow(임대수익 + 관리수익) – 보유 부동산 담보가치 확보 및 인플레이션 헤지 기능
수익성	– 안정적인 배당수익 확보, 부동산 가격 상승 시 추가 이익 기대
전문성	– 전문 조직을 통한 투자, 업무 대행으로 효율성 높이고 비용 절감 효과 누릴 수 있음

2) REITs(부동산투자회사)

REITs는 주식 발행을 통해 다수의 투자자로부터 모은 자금을 부동산 또는 부동산과 관련된 대출에 투자 · 운용하고, 그 수익을 투자자에게 분배하는 부동산 증권화 상품의 일종이다. REITs는 자기관리형, 위탁관리형, 기업구조조정형 세 가지로 나뉜다. 자기관리형 REITs는 자산운용전문인력을 포함한 상근임직원을 두고 자산의 투자 · 운용을 직접 수행하는 실체형 회사이다. 위탁관리형 REITs는 투자 · 운용을 자산관리회사에 위탁하고 상근임직원이 필요 없는 명목상 회사이다. 기업구조조정형 REITs는 구조조정용 부동산에만 집중적으로 투자하는 REITs로, 위탁관리형 REITs와 유사하나 펀드 자산의 70% 이상을 기업구조조정용 부동산으로 구성해야 한다. 기업구조조정형 REITs는 우리나라에만 있는 특수한 형태이다.

REITs의 구조는 [그림 2-5]와 같다. REITs는 주식회사의 형태이다. 투자자가 자금을 REITs에 투자하게 되면, REITs는 주식을 발행해 투자자에게 교부한다. 또한 REITs는 주식회사의 형태이기 때문에 정관을 구비해야 하고 운용상 중대한 사안이 있는 경우 주주총회 및 이사회를 통해 결정하게 된다. REITs는 증권거래소에 상장되어 있는데, 맵스리얼티1(094800, 2015년 8월 기준)이 대표적인 예이다. 상장된 리츠의 경우, 투자자는 보유 주식을 매각해 현금화할 수 있는 환금성이 있다. 또한 REITs가 배당 가능한 이익의 90% 이상을 배당할 때는 법인세가 면제되는 장점이 있다. 앞서 살펴본 부동산펀드와 REITs의 비교는 [표 2-3]을 참고하기 바란다.

[그림 2-5] **REITs의 구조**

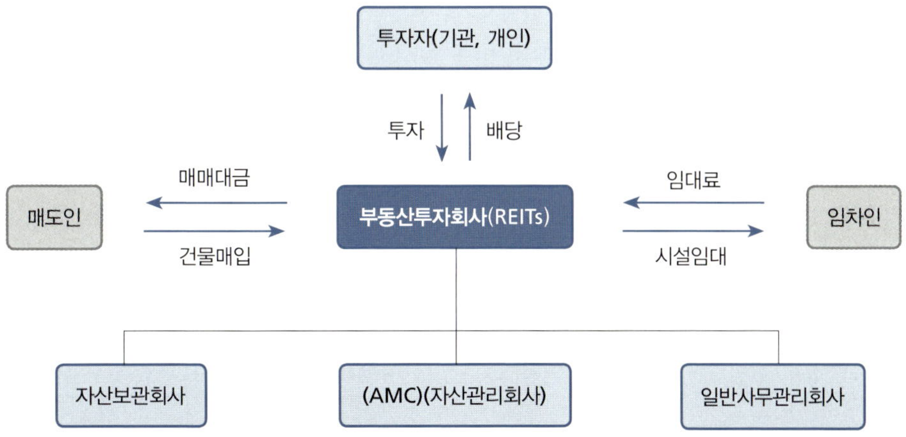

[표 2-3] 부동산펀드와 REITs의 비교

<table>
<tr><th rowspan="2">구분</th><th colspan="3">부동산투자회사(REITs)</th><th rowspan="2">부동산펀드(REF)</th></tr>
<tr><th>자기관리형</th><th>위탁관리형</th><th>기업구조조정형
(CR-REITs)</th></tr>
<tr><td>적용법률</td><td colspan="3">부동산투자회사법</td><td>자본시장법</td></tr>
<tr><td>최소자본금</td><td>70억원</td><td colspan="2">50억원</td><td>제한 없음</td></tr>
<tr><td>1인당 보유지분</td><td colspan="2">30% 미만</td><td>제한 없음</td><td>제한 없음</td></tr>
<tr><td>부동산 투자비율</td><td colspan="3">총자산의 70% 이상을 부동산에 투자
총자산의 80% 이상을 부동산 관련 유가증권 또는 현금에 투자</td><td>제한 없음</td></tr>
<tr><td>취 · 등록세</td><td colspan="3">30% 감면</td><td>30% 감면</td></tr>
<tr><td>법인세</td><td>혜택 없음</td><td colspan="2">90% 이상 배당 시 공제</td><td>과세대상 아님</td></tr>
<tr><td>주식공모</td><td colspan="2">30% 이상</td><td>제한 없음(사모가능)</td><td>제한 없음(사모가능)</td></tr>
<tr><td>주무관청</td><td colspan="3">국토교통부</td><td>기획재정부</td></tr>
<tr><td>의사결정</td><td colspan="3">이사회, 주주총회,
리츠관련 계약 및 각종 주요사항 승인 및 보고</td><td>신탁약관, 수익자총회,
자산운용사 운용</td></tr>
</table>

2. 원자재

원자재란 금속, 에너지, 농산물 등 기업의 제품 생산 시 원천이 되는 재료를 말한다. 보통 완제품은 2차 상품, 원자재는 1차 상품 또는 상품(commodity)으로 부른다. 투자 관점에서 원자재는 금속, 에너지, 농산물, 축산물 등으로 나뉜다.

1) 금속

금속은 귀금속(금, 은, 팔라듐, 백금 등)과 산업용금속(구리, 아연, 니켈, 알루미늄 등)으로 나뉜다.

귀금속의 대표 주자는 금이다. '연금술사'라는 단어만 떠올려보더라도 사람들이 얼마나 금을 소유하고 싶어 했는지 알 수 있을 것이다. 금은 기원전 20세기경부터 기원후 20세기 중반 금본위제가 유지될 때까지 화폐로 사용되어 왔다. 금본위제가 폐지되면서 화폐로서의 성격은 약화되었으나 안전자산이자 투자 자산으로 여전히 각광받고 있다. 국제 금 가격은 런던금시장협회(LBMA, London Bullion Market Association)와 뉴욕상품거래소(COMEX, Commodity Exchange)에서 발표하는 가격이 잣대로 사용되고 있다. 단위는 트로이 온스(troy ounce)[11]당 미국 달러이다.

은의 경우 귀금속인 동시에 산업용 금속으로 사용되고 있다. 투자 관점에서 은을 볼

11 1트로이 온스(troy ounce)는 31.1034768g이다. 이는 통상 사용되는 무게 단위 온스와는 다르다. 1온스는 29.3495g이다. 참고로 국내에서 금 거래 시 흔히 사용되는 단위는 돈인데 1돈은 3.75g이다. 이를 트로이 온스로 환산해 비교하면 8.294돈이 1트로이 온스에 해당된다.

때 가격 자체도 중요하지만, 은/금 비율을 눈여겨 볼 필요가 있다. 은이 산업용 금속이라는 점에서 은/금 비율의 상승은 경기 회복 내지 위험 선호 심리의 회복으로 해석할 수 있기 때문이다.

산업용금속은 런던금속거래소(LME, London Metal Exchange)가 거래의 중심지이다. 구리, 아연, 니켈, 알루미늄 등 산업용 금속 가격은 특히 신흥국의 경기 흐름과 그 궤적을 같이 하는 경향이 강하다.

2) 에너지

에너지에는 원유, 천연가스, 석탄, 대체에너지 등이 있다. 이 가운데 시장 거래가 가장 활발한 것은 원유이다. 글로벌 시장에서 원유 거래시 기준 가격이 되는 유종은 크게 세 가지로, 미국의 서부 텍사스산 중질유(WTI, West Texas Intermediate), 영국 북해의 브렌트유, 중동의 두바이유이다.

우리나라는 전체 원유 수입의 85% 정도를 중동에 의존하고 있다. 이를 감안하면 중동 두바이유 가격을 눈여겨 봐야 할 것이나, 실제 금융시장 거래나 언론 보도를 보면 WTI가 중심에 서 있다. 또한 WTI는 미국 안에서 현물과 선물로 거래될 뿐 전세계적으로 방출되지 않는다. 그럼에도 WTI가 국제유가의 표준 역할을 하는 이유는 세계 최대 선물거래소인 뉴욕상품거래소에서 거래되기 때문으로 풀이된다. 거래 규모 비중으로 보면 WTI는 전세계 원유시장에서 약 25% 정도를 차지하고 있다.

브렌트유는 유럽과 아프리카에서 거래되는 원유의 가격 기준이 되는 유종이다. 튀니지에서 시작된 아랍 민주화 운동이 2011년초 이집트, 리비아 등지로 번져 나갈 때 시장의 관심이 집중되었던 유가가 바로 브렌트유 가격이었다. 두바이유는 아랍에미리트연합의 두바이 지역에서 생산되는 원유로 중동 지역을 대표하는 유종이다. 두바이유는 WTI나 브렌트유에 비해 가격이 낮은 수준에 형성되어 있다. 이는 두바이유가 황의 함량이 비교적 높아 상대적으로 질이 떨어지기 때문이다.

3) 농산물

국제 곡물 거래에서 중심축을 차지하고 있는 농산물로 옥수수, 소맥(밀), 대두(콩) 등이 있다.

옥수수는 주로 가축사료로 사용되어 왔고, 음료수나 에탄올을 생산하는 원료로도 사용되고 있다. 세계 3대 옥수수 생산지는 미국, 중국, 브라질이다. 미국은 세계 옥수수 생산량의 40% 이상을 담당하는 최대 생산지이다. 옥수수 선물과 옵션 거래의 중심지는 시카고거래소(CBOT, Chicago Board of Trade)인데, 여기서 기초 자산으로 다뤄지는 옥수수는 가축 사료용 옥수수를 의미한다. 옥수수 생산량은 점진적으로 증가 추세이다. 이는 원유를 대체하기 위해 바이오 에탄올 생산용 옥수수 재배 면적이 늘어나고 있기 때문으로 보인다.

소맥은 CBOT에서 19세기 중반부터 거래되었다. 이는 가장 오래된 원자재 거래로 알려져 있다. 소맥은 옥수수 다음으로 세계에서 생산량이 많은 농산물로 주로 식용으로 사용된다. 주요 수출국에는 미국, 캐나다, 프랑스, 호주 등이 있다. 소맥은 CBOT 외에도 KCBOT(Kansas City Board of Trade), MGEX(Minneapolis Grain Exchange) 등에서 거래된다.

SECTION 02

비전통자산

1 파생상품

파생상품은 기초 자산의 가치 변동에 따라 가격이 결정되는 금융상품이다. 여기서 기초 자산이란, 주식이나 채권과 같은 금융투자상품, 통화(외국통화 포함), 일반 상품(농산/축산/수산/임산/광산물과 에너지에 속하는 물품, 이 물품을 원료로 제조하거나 가공한 물품), 신용위험(당사자 또는 제3자의 신용등급의 변동, 파산 또는 채무재조정으로 인한 신용의 변동), 그 밖에 자연적/환경적/경제적 현상에 속하는 위험 등으로 합리적으로 적정한 방법에 의해 가격, 이자율, 지표, 단위의 산출이나 평가가 가능한 것을 의미한다.

금융상품은 원본손실 가능 여부에 따라 금융투자상품과 비금융투자상품으로 나뉘고, 금융투자상품은 다시 원본초과손실 가능 여부에 따라 증권과 파생상품으로 나뉜다. 파생상품은 원본을 초과하여 손실이 발생할 수 있는데, 글로벌 금융위기와 KIKO 사태를 거치면서 순기능보다는 역기능이 부각되고 있다. 하지만 파생상품은 일정한 비용으로 리스크를 헤지할 수 있고 다양한 전략으로 다양한 수익 모델을 만들어 낼 수 있는 장점이 있어서 포트폴리오 구성 시 유용한 투자 수단이 될 수 있다.

파생상품의 특징은 크게 세 가지로 볼 수 있다. 우선 기초 자산이 있어야 하고 결제금액과 평가손익을 산정하기 위한 거래 단위가 필요하다. 다음은 레버리지로, 기초 자산을 직접 보유하지 않고도 기초 자산의 가격 변동에 참여해 적은 차입 비용으로 높은 투자 수익을 얻을 수 있다. 물론 반대로 원금을 초과하는 손실을 볼 수 있는 리스크에도 노출된다. 마지막은 차익결제로, 파생상품에는 만기가 존재하는데 만기 도래시 거래상대방에게 직접 계약 단위 수량을 인도할 의무 없이 차액만 현금으로 결제하여 정산할 수 있다.

파생상품의 종류는 [표 2-4]와 같이 정리해 볼 수 있다.

[표 2-4] 주요 파생상품의 종류

구분	장내 거래	장외 거래
통화 관련	통화선물(currency futures) 통화선물옵션(currency futures options)	선물환(forward exchange) 외환 스왑(FX swaps) 통화옵션(currency options)
금리 관련	금리선물(interest rate futures) 금리선물옵션(interest rate futures options)	선도금리계약(forward rate agreements) 금리스왑(interest rate swaps) 금리옵션(interest rate options-caps, floors, collars) 스왑션(swaption)
주식 관련	주식옵션(options on stocks) 주가지수선물(index futures) 주가지수옵션(index options) 주가지수선물옵션(index futures options)	주식옵션(equity options)
신용 관련		신용부도스왑(credit default swaps) 총수익스왑(total return swaps) 신용연계증권(credit linked notes) 합성부채담보부증권(synthetic collateralized debt obligations)

1. 선도거래와 선물거래

선도거래는 미래 특정 시점에 현물을 인도/인수할 때 계약으로 미리 정해 놓은 가격으로 대금을 결제하는 거래를 의미한다. 예를 들어, 축산업자 A는 앞으로 6개월뒤 사료로 쓸 옥수수 500자루가 필요하다고 해 보자. 그런데 옥수수 가격은 6개월뒤 급등할 수도 있다. 이에 대비하려고 A는 농부 B와 6개월 뒤에 옥수수 500자루를 인수하되 가격은 자루 당 1만원으로 미리 정해 놓는 계약을 체결한다. 6개월 뒤에 옥수수 가격이 자루당 1만원에서 2만원으로 오를 경우 A는 옥수수를 1,000만원이 아니라 500만원에 인수할 수 있다. A 입장에서 보면 500만원의 이익이 발생한다고 볼 수 있고, 반대로 B 입장에서 보면 500만원의 손실이 발생하는 것으로 볼 수 있다.

선물거래는 미래 특정 시점에 매매하되 현재 미리 정한 가격으로 매매한다는 점에서 선도거래와 비슷한데, 차이점은 표준화된 거래라는 점에 있다. 선도거래는 계약 당사자들 사이에서 개별적으로 체결되는 계약이므로 거래 장소나 방식, 거래의 내용 등이 다양하게 정해질 수 있다. 반면 선물거래는 거래소에서 표준화된 계약 내용을 기초로 이루어진다. 선도거래는 만기까지 계약을 유지해야 당사자 간에 현물 인수도와 대금 결제가 이루어진다. 하지만 거래 조건이 표준화되어 있는 선물거래에서는 만기 시점까지 보유하지 않고도 반대매매로 포지션을 청산할 수 있도록 거래 조건이 정형화되어 있다.

선물거래의 기원은 1848년 미국 시카고에 설립된 CBOT(Chicago Board of Trade)에서 옥수수, 콩 등 주요 농산물에 대한 선물거래로 거슬러 올라간다. 당시 선물거래의 주요 목적은 위험 회피에 있었다. 이후 시간이 흐르고 각종 금융기법이 더해지면서 위험을 능동적으로 관리하는 고수익/고위험 자산군으로 인식되기도 하였다.

[표 2-5] 선도거래와 선물거래의 비교

구분	선도거래	선물거래
거래 조건	거래 당사자 간 합의에 따라 다양한 계약 조건이 가능함	품목, 계약 단위, 만기일 등 거래 조건이 표준화되어 있음
거래 장소	당사자 간 정한 장소에서 직접적으로 거래가 이루어짐	계약 이행을 보증하는 공인된 거래소에서 거래가 이루어짐
실물 인수도	계약 만기일에 실제 실물 인수도 이루어짐	대부분 거래가 계약 만기일 이전 반대매매로 중도 청산됨
중도 청산	거래 상대방이 응하지 않는 경우 반대매매를 통한 중도 포지션 청산이 쉽지 않음	시장 여건에 따라 자유롭게 중도에 포지션 청산 가능함
일일 정산	계약 종료일에 한 번 손익 정산함	가격 변동에 따른 손익 정산이 청산소에서 매일 이루어짐
계약 이행 보증	거래 당사자간의 약속으로 장래 계약 불이행 위험 존재함	청산소가 계약 이행을 보증함으로써 계약 불이행 위험 없음
증거금	원칙적으로 필요 없음(필요 시 징수)	개시 증거금 납부, 계약 이행 전까지 유지 증거금 이상 유지
경제적 기능	불연속적 헤지 기능	연속적 헤지 기능

2. 옵션

옵션(option)은 개별 주식, 채권, 주가지수 등 기초 자산을 정해진 조건에 따라 미래의 특정일, 즉 만기일에 매수 · 매도할 수 있는 권리를 말한다.[12] 콜 옵션(call option)은 옵션 보유자가 기초 자산을 만기일에 미리 정해진 가격인 행사 가격(exercise price 또는 strike price)에 살 수 있는 권리이다. 풋 옵션(put option)은 옵션 보유자가 기초 자산을 만기일에 행사 가격에 팔 수 있는 권리이다.

옵션에서 가격은 프리미엄(premium)으로 부른다. 프리미엄은 옵션의 매수자가 옵션을 행사하는 것이 자신에게 이득이 될 때 이를 행사할 수 있는 권리에 대해 옵션의 매도자에게 지불해야 하는 대가이다. 콜 옵션의 경우 행사 가격이 낮을수록 프리미엄이 비싸다. 만기일에 싼 가격으로 기초 자산을 매수할 수 있기 때문에 그만큼 프리미엄이 비싸지게 되는 것이다. 반면 풋 옵션의 경우 행사 가격이 높을수록 프리미엄이 비싸다. 만기일에 비싼 가격으로 기초 자산을 팔 수 있기 때문에 그만큼 프리미엄이 비싸지게 되는 것이다. 옵션의 프리미엄에 영향을 주는 요소로는 행사 가격 외에도 기초 자산

12 옵션에는 미국식 옵션(American option)과 유럽식 옵션(European option)이 있다. 미국식 옵션은 만기일이나 만기일 이전에 언제라도 기초 자산을 사거나 팔 수 있는 권리를 행사할 수 있다. 반면 유럽식 옵션은 그 권리를 만기일에만 행사할 수 있다. 행사 시기가 자유롭다는 점에서 일반적으로 미국식 옵션의 가치가 유럽식 옵션의 가치보다 크다. 우리나라의 옵션은 유럽식 옵션이다.

의 가격, 변동성, 만기, 이자율 등이 있다.

옵션 행사 시 옵션 보유자에게 이득이 되는지에 따라 내가격(in the money), 외가격(out of the money), 등가격(at the money)으로 그 상태가 나뉜다. 내가격은 옵션 행사 시 보유자에게 이득이 발생하는 경우이고, 외가격은 옵션을 행사해도 보유자가 이득을 얻을 수 없는 경우이다. 콜 옵션을 생각해보면, 행사 가격이 기초 자산가치보다 낮을 때에는 행사 가격으로 싸게 기초 자산을 매수할 수 있으므로 내가격 상태이다. 반면 행사 가격이 기초 자산가치를 웃돌 때에는 콜 옵션 행사의 실익이 없어서 외가격 상태이다. 옵션의 행사 가격과 기초 자산의 시장 가격이 동일할 때 등가격이라 한다.

3. 스왑

스왑(swap)은 쌍방이 미리 정한 계약 조건에 따라 장래의 특정 시점(만기)에 서로 다른 방향의 자금 흐름(cash flow)을 교환하는 거래를 통칭한다. 예를 들어, 앞으로 5년간 1년마다 1.6억 달러에 대해 1억 파운드를 교환하는 거래를 생각해 보자. 미래의 여러 날짜에 자금 흐름을 교환하는 이 스왑 거래는 선도 계약의 확장판으로 볼 수 있다. 스왑 거래는 서로 다른 종류의 통화나 금리표시의 채권 · 채무를 일정 조건 아래 교환하는 것이 일반적이다.

외환 스왑(FX swap)은 거래 방향이 서로 반대되는 현물환거래와 선물환거래, 또는 선물환거래와 선물환거래가 동시에 이뤄지는 거래이다. 외환 스왑에서는 거래 기간 중 이자 지급이 없지만 계약 체결 시 통화간 이자율차가 반영되어 만기 시 환율이 산정된다. 특정 외환을 현물환시장에서 매입(또는 매도)하는 동시에 선물환시장에서 매도(또는 매입)하는 것이 일반적 거래 형태이다. 예를 들어, 현재 1달러 당 환율이 1,000원이라 해 보자. 현재 A와 B 두 사람이 1억 달러 규모로 1년짜리 외환 스왑을 1달러 당 1,050원에 체결한다면, 현 시점에서는 A는 B에게 현물로 미국 달러화 기준 1억 달러를 지급하고, B는 A에게 현 시점의 환율 수준에 따라 1,000억 원을 지급한다. 그리고 1년이 흐른 뒤 A는 B에게서 1억 달러를 수취하고, B는 A에게서 1,050억 원을 수취한다. 여기서 현 시점의 거래는 환전인 셈이고, 1년 뒤 거래는 선물환 거래이다. 중간 1년 동안 A와 B 사이에는 상호 이자 지급이 없는데, 이는 양국간 금리차가 선물환에 반영되어 있는 것으로 볼 수 있다. 외환 스왑은 뒤이어 설명할 통화 스왑과 용어도 비슷하고 개념상 차이가 없는 것처럼 보일 수 있다. 하지만 외환 스왑은 1년 이하의 단기 자금 조달과 환 리스크 헤지 수단으로 이용되는 반면 통화 스왑은 장기 자금 조달과 환 리스크 헤지 수단으로 이용된다는 점에서 차이가 있다. 또한 외환 스왑에서는 만기에 가서 미리 정해 놓은 환율로 원금을 교환하되 스왑 기간 중 해당 통화에 대해 이자 지급이 없다는 점도 통화 스왑과 다른 점이다.

통화 스왑(currency rate swap)은 계약 초기 및 계약 만기 시에 서로 다른 종류의 통화 교환이 이뤄지고, 스왑 기간 동안 서로 다른 종류의 통화에 대해 발생하는 이자도 교환하는 거래이다. 단, 스왑 계약 체결 시점과 만료 시점에 서로 주고받는 금액은 동일하다. 예를 들어, 미국 달러화 1억 달러를 보유한 A와 한국 원화 1,000억 원을 보유한 B라는 두 사람이 있다고 하자. A와 B가 통화 스왑을 맺게 되면, 계약 초기에 A는 B에게 1억 달러를 지급하고, B는 A에게 1,000억 원을 지급한다. 그리고 만기 도래 시 A는 B에게 원화 원금인 1,000억 원을 되돌려 주고, B는 A에게 달러화 원금인 1억 달러를 되돌려 준다. 계약 시점부터 만기까지의 기간 동안에 A는 B에게 원화 이자를 지급하고, B는 A에게 달러화 이자를 지급한다.

통화 스왑은 단기적 환 리스크 관리보다 주로 중장기적 환 리스크 관리 수단으로 활용되고 있다. 당초 통화담보부대출, 상호대출 형태로 출발했던 통화 스왑은 장기선물환계약, 직접통화스왑 및 채무스왑 형태로 발전하였다. 특히 채무 간 스왑에는 이종통화표시 고정금리 채무 간 스왑, 이종통화표시 고정금리 채무와 변동금리 채무 간 스왑, 이종통화표시 변동금리 간 스왑, 혼합 스왑 등 거래 목적에 따라 다양한 방법이 개발되어 활용되고 있다. 통화 스왑은 중장기적 환 리스크의 헤지뿐 아니라 차입 비용 절감, 자금관리의 효율성 증대, 새로운 시장에 대한 접근 수단 등 다양한 기능을 제공하고 있다.

금리 스왑(interest rate swap)은 단순하면서도 가장 많이 이용되고 있는 스왑으로, 거래 쌍방이 일정 기간 동안 동일한 표시 통화의 이자를 교환하되 원금의 교환은 없는 거래이다. 예를 들어, 두 사람 A와 B가 있다고 할 때, A는 B에게 일정한 명목 원금(notional amount)에 대해 정해진 기간 동안 정해진 시점마다 특정 고정금리로 이자를 지급하고, B는 A에게서 받는 고정금리에 대한 대가로 특정 변동금리 지표(ex. LIBOR)에 기초한 이자를 지급하는 거래이다. 서로 교환하는 현금 흐름은 동일한 통화로 이뤄지며, 이자의 교환 주기는 거래 쌍방 간 합의에 따라 매년/매분기/매월 등으로 다양하게 정할 수 있다. 앞서 살펴본 통화 스왑과의 가장 큰 차이는 원금 교환 없이 금리 교환만 이뤄진다는 점이다. 이는 같은 통화의 원금 교환은 실익이 없기 때문이다.

가장 표준화된 금리 스왑 상품을 보면, 예를 들어 두 사람 A와 B가 있다고 할 때, A는 B에게 CD 금리를, B는 A에게 고정 금리를 지급하는 식이다. 여기서 변동 금리인 CD 금리를 지급할 때, 금리 수준의 결정은 표준 또는 관행의 측면에서 보면 전기에 관찰되는 금리를 기준으로 한다. 예를 들어, 2014년 11월 18일에 A와 B가 금리 스왑 계약을 체결했다고 하면, 첫 번째 이자 교환 시기는 3개월 뒤인 2015년 2월 18일이 되는데, 이때 교환 기준이 되는 CD 금리 수준은 2015년 2월 18일의 금리가 아니라 전기인 2014년 11월 18일의 금리가 된다.

금리 스왑의 용도 내지 경제적 의미는 크게 세 가지로 접근해 볼 수 있다. 첫째, 금리 리스크 헤지이다. 예를 들어, 어떤 기업 X는 Y로부터 자금을 차입하고, 그 대가로 이자를 CD+1%로 지급하기로 했다. X 입장에서는 변동금리부채가 있는 것이다. 그런데 X가 은행과 금리 스왑 계약을 맺어 은행에 고정금리를 지급하는 대신에 CD 금리를 받게 된다면, X는 Y에 대한 CD+1%의 변동금리부채를 고정금리+1%의 고정금리부채로 전환시킬 수 있다. 둘째, 자산 부채 관리(asset liability management) 목적이다. 은행의 경우 부채는 대부분 예금으로 고정 금리 형태인 반면 자산은 대부분 대출 자산으로 고정 금리 형태뿐 아니라 변동 금리 형태도 많다. 이를 모두 고정 금리로 바꾸고 싶을 때 금리 스왑을 활용할 수 있다. 셋째, 자본 차익 목적이다. IRS 금리, 즉 금리스왑 이율이 4%라고 해 보자. 향후 금리 상승이 예상된다면 채권을 매도해야 하는데, 이것과 유사한 포지션이 바로 IRS Pay(고정금리지급)이다. 예를 들어, A는 은행으로부터 CD 금리를 받고, 은행에는 4% 고정 금리를 주는 금리 스왑 계약을 맺었는데, 시장 금리가 5%가 되는 경우 A는 평가 이익을 보게 된다.

시장에서는 '3Y IRS 금리 4%' 식의 표현을 쓴다. 이는 은행의 자금 조달 비용이 3년 동안 연 4%라는 의미이다. 예를 들어, Y은행이 자금 조달을 하면서 CD를 발행했다고 하자. Y은행은 다시 X은행과 CD금리를 받는 대신 3년 동안 고정 금리 4%를 주는 IRS Pay 거래를 한다(이 경우 Y은행 입장에서는 자금 조달에 대한 비용이 변동금리인 CD 금리에서 4%짜리 고정금리로 바뀌게 된다). 결국 IRS 금리는 CD를 발행할 수 있는 금융기관의 자금 조달 비용으로 해석할 수 있다.

Box

통화 스왑 협정

우리에게 통화 스왑이라는 용어가 친숙해진 계기는 2008년 미국발 금융위기였다. 리먼 브라더스 파산 직전 1,500 포인트 내외 수준이던 코스피는 불과 1개월여 사이에 40% 가까이 급락하며 900포인트까지 곤두박질쳤다. 주가 급락세가 진정되고 투자 심리가 안정을 되찾았던 때는 2008년 10월말 한국과 미국 간 체결된 통화 스왑 협정 이후부터였다.

국가 간 통화 스왑은 앞서 살펴본 통화 스왑(currency rate swap)과는 개념상 차이가 있다. 우선 국가 간 통화 스왑은 일종의 협정으로, 그 주체는 개인이 아니라 각국 중앙은행이 된다. 협정에 따라 각국 중앙은행이 상대국 통화를 인출할 수 있는 시기 역시 만기에 국한되는 것이 아니라 협정 기간 동안에는 미리 정해진 규모 내에서 언제라도 가능하다. 그간 빌려다 쓴 상대국 통화를 만기에 갚을 때 적용되는 환율은 애시당초 통화 스왑 협정을 맺은 당시의 환율로 정함으로써 환 변동 리스크에서 자유롭게끔 했다.

통화 스왑 협정에서 각국 중앙은행은 서로 상대적 통화를 인출할 수 있지만, 실제로 미국 중앙은행과 통화 스왑 협정을 맺는 국가의 중앙은행들을 보면, 이들만이 달러 자금을 가져다 쓸 뿐 미국 중앙은행은 상대방 국가의 자금을 가져다 쓰지 않는다. 주로 글로벌 위기 국면에서 세계 중앙은행들 간 통화 스왑 협정이 등장하게 되는데, 미국과의 통화 스왑 협정은 위기 국면에서도 달러화 유동성 공급에 문제가 없음을 보여주는 재료로 해석될 수 있다. 2008년 10월말 한국 주식시장이 빠르게 안정을 되찾았던 것도 이와 같은 맥락에서 접근해 볼 수 있다.

4. 신용파생상품

신용파생상품이란, 기초 자산인 대출, 회사채 등 채권에 내재된 신용위험의 일부 또는 전부를 기초 자산과 분리해 거래 당사자 간에 이전하는 금융거래계약 형태의 금융상품을 일컫는다. 과거 은행을 비롯한 금융회사들은 일단 신용위험을 부담하게 되면 최선의 결과로 귀결되기를 바라며 기다리는 것 이외에는 별로 할 일이 없었다. 하지만 1990년대 이후 금융회사들은 일부 신용위험은 보유하고, 일부 신용위험에서는 자신을 보호하기 위해 신용파생상품에 포지션은 취하는 식으로 신용위험에 노출된 자신의 포트폴리오를 적극적으로 관리하고 있다. 신용파생상품에는 신용디폴트스왑(CDS, credit default swap), 총수익스왑(TRS, total return swap), 신용연계증권(CLN, credit linked note) 등이 있다.

가장 보편적인 신용파생상품은 CDS로 불리는 신용디폴트스왑이다. CDS는 특정 기업의 채무불이행 위험에 대한 보험을 제공하는 계약이다. 여기서 특정 기업을 '기준 기업' 또는 '기준 실체'(reference entity)라 하고, 채무불이행을 신용 사건(credit event)이라고 한다. 예를 들어, 은행 B는 기업 A에 대해 자금을 빌려 줬는데 A의 채무불이행과 같은 신용위험을 전가하기 위해 일정한 수수료를 지급하고 은행 C와 CDS 계약을 맺을 수 있다. 이 때 신용위험을 전가하고자 하는 B는 보장 매입자(protection buyer), 수수료는 프리미엄(premium), 신용 사건 발생 시 그 위험을 떠안게 되는 C를 보장 매도자(protection seller)라고 한다. 신용 사건이 발생하지 않는 경우 B와 C 사이에는 B가 C에게 지급하는 수수료 거래만 있다. 하지만 신용 사건이 발생한 경우 B와 C 사이에는 두 개의 거래가 있다. 하나는 B가 C에게 지급하는 수수료 거래이고, 다른 하나는 C가 B에게 지급하는 신용 사건 발생에 따른 손실보전금액 지급 거래이다. B와 C 사이의 거래는 일종의 보험계약과 유사하다. 기준 기업의 신용위험이 높을수록 CDS 프리미엄은 높아지게 된다.

2 구조화 상품

구조화 상품이란 그 수익구조가 기초 자산의 성과와 선형관계가 아니라 그 구조에 따라 다양하게 변형된 상품을 말한다. 국내 금융시장에서 구조화 상품의 성장을 주도하고 투자들의 관심을 모았던 것은 특히 주가연계증권(ELS, equity linked securities)과 주가연계워런트(ELW, equity linked warrant)로 볼 수 있다. 여기에서는 주가연계증권과 파생결합증권(DLS, derivatives linked securities), 부채담보부증권(CDO, collateralized debt obligation)에 대해 간략히 알아보도록 한다.

1. 주가연계증권(ELS)

주가연계증권(이하 ELS)은 특정 주권의 가격이나 주가 지수의 움직임에 연계되어 투자수익이 결정되는 증권이다. 투자자는 발행회사의 운용 성과와는 관계없이 주가 또는 주가 지수의 움직임에 따라 미리 약정된 수익률을 얻는 구조로 되어 있다. 우리나라에서 도입 초기에는 원금보장형 ELS가 주류를 이루었지만, 2005년 이후로는 원금비보장 ELS가 주로 발행되고 있다.

국내 시장에서 발행되는 원금비보장형 ELS 상품은 대부분 스텝-다운(step-down)형 상품이다. 스텝-다운형 ELS는 기초 자산의 가격을 3개월/4개월/6개월 식으로 주기적으로 평가하며 평가 시마다 조건을 충족하는 경우 사전에 약속한 수익을 지급한다.

[그림 2-6] **스텝-다운(step-down)형 ELS 상품 구조 예시**

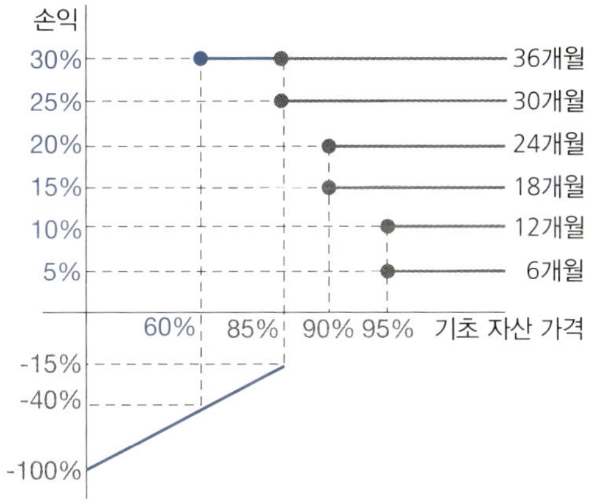

예를 들어 보면, 그림 [2-6]은 만기가 3년이고 만기 시까지 매 6개월마다 한번씩 조기 상환 기회가 제공되는 원금비보장 스텝-다운형 ELS 상품의 구조를 도식화한 예이다. 이 상품은 6개월마다 조기 상환 기회를 충족하면 사전에 약속된 연 10%의 수익이 지급하는 구조로 되어 있다. 이 상품에 가입한 이후 6개월이 지난 시점에서 기초 자산 가격이 최초 기준 가격 대비 95% 미만으로 떨어지지 않은 경우 투자자에게는 연 10%의 절반인 5%의 수익이 지급되는 식이다. 또한 예로 든 상품의 경우 기초 자산 가격이 최초 기준 가격 대비 60% 미만으로 하락한 적이 있거나 만기상환 시 평가 가격이 최초 기준 가격의 85% 미만인 경우에는 원금 손실이 발생할 수 있다. 실제로 스텝-다운형 ELS 상품에 관심을 갖는 투자자들을 보면, 일정 부분의 원금 손실을 감내할 수는 있지만 주가가 큰 폭으로 하락할 것으로 예상하지는 않는 경우가 많다.

이와는 달리 국내 시장에서 발행되는 원금보장형 ELS 상품은 대부분 낙-아웃(knock-out)형 상품이다. 낙-아웃형 ELS는 일정 구간까지 기초 자산의 가격 상승분에 참여율을 곱하여 수익을 지급하지만, 일정 구간을 넘어 기초 자산 가격이 상승하게 되면 사전에 정한 고정된 수익을 지급하는 구조로 되어 있다. [그림 2-7]은 낙-아웃형 ELS 상품의 구조를 도식화 한 예이다. 그림의 예를 통해 보면, 이 상품은 기초 자산 가격이 20% 상승하는 구간 내에서는 상승분에 참여율 60%를 곱한 값(12%)을 수익으로 지급하지만, 20% 이상 상승한 적이 있는 경우에는 사전에 정해진 2%만큼의 수익만 지급한다. 또한 만기상환 시 평가가격이 최초 기준 가격보다 낮은 경우에는 수익 없이 원금만 지급한다. 낙-아웃형 ELS 상품은 기초 자산의 가격 변동성이 크지는 않으면서 일정한 박스권 내에서 움직일 것으로 예상될 때 유리한 상품으로 볼 수 있다.

[그림 2-7] 낙-아웃(knock-out)형 ELS 상품 구조 예시

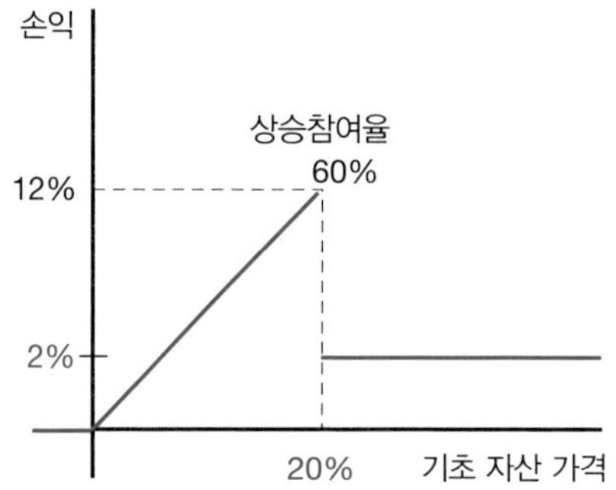

2. 파생결합증권(DLS)

파생결합증권이란, 기초 자산이 주식이나 주가 지수에 한정된 주가연계증권과 달리 특정 주권, 금리, 통화, 신용위험의 지표, 일반 상품의 가격 변동에 연계하여 투자 수익이 결정되는 증권이다, 대표적인 예로는 역변동금리채(reverse floating rate note), 환율연계채권(FX linked note), 신용연계채권(CLN, credit linked note) 등이 있다. 우리나라에서는 국제 금 가격이나 은 가격, 유가 등의 움직임에 연동된 DLS가 투자 상품으로 각광받고 있다.

Box

비슷하면서도 다른 ELS, ELF, ELD

경제 신문을 읽다 보면 ELS와 명칭이 유사한 상품으로 ELF, ELD 등을 본 적이 있을 것이다. 앞서 살펴본 ELS는 장외파생금융상품 거래 업무를 인가 받은 증권회사가 발행하는 상품이다.

ELF(equity linked fund), 즉 주가연계펀드는 자산운용사가 설정하는 것으로, 펀드 형태이다. 하지만 대부분 ELS에 투자하기 때문에 수수료를 제외하면 ELS와 거의 차이가 없다.

ELD(equity linked deposit), 즉 주가연계예금은 만기 해지 시 원금은 보장되면서 주가 지수 등 시장 지수의 움직임에 연계되어 금리가 결정되는 예금을 의미한다. 가입 당시 금리가 확정되었던 기존 정기예금과 달리 만기에 지수 변동률에 따라 금리가 결정되는 구조로 되어 있는 것이 특징이다.

ELS, ELF, ELD의 차이점을 보면, 우선 ELS와 ELF는 원금이 보장되지 않을 수 있고 예금자보호대상이 아니라는 점에서 ELD와 다르다. 단, ELD에 가입했더라도 만기를 채우지 못하고 중도 해지하는 경우, 자금조달비용, 파생상품거래비용, 기타 비용 등의 명목으로 은행이 중도해지 수수료를 징구하기 때문에 원금 손실 가능성은 열려 있다.

3. 부채담보부증권(CDO)

부채담보부증권(이하 CDO)이란, 차입 증권 포트폴리오에서 다양한 위험의 속성을 지니는 증권을 발행하거나 창출하는 방법이다. [그림 2-8]은 CDO 구조를 도식화한 예를 보여 준다. 그림을 보면 CDO는 여러 개의 주택대출담보부증권을 한데 모아 하나의 합성채권을 만든 뒤, 이를 위험등급별로 몇 개의 트랜치(tranche, 또는 트랑슈라고도 한다)라는 분할발급증권을 발행하여 만들어진다.

[그림 2-8] **CDO 구조 예시**

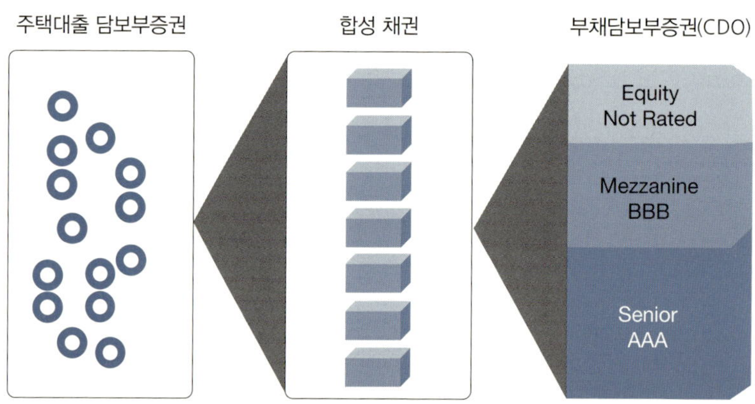

만일 CDO에 손실이 발생할 경우, 보다 위험한 트랜치일수록 순차적으로 먼저 손실을 흡수하도록 되어 있다. 예를 들어, 4개의 트랜치가 있다고 해 보자. 첫 번째 트랜치는 손실이 총 채권 원금의 5%에 이를 때까지 모든 손실을 흡수한다. 두 번째 트랜치는 그 다음 10%, 즉 원금의 5%를 초과해 최대 15%에 이를 때까지 모든 손실을 흡수한다. 세 번째 트랜치는 그 다음 10%, 즉 원금의 15%를 초과해 최대 25%에 이를 때까지 모든 손실을 흡수한다. 마지막 네 번째 트랜치는 원금의 25%를 초과하는 손실을 흡수하게 된다. 이런 식으로 트랜치가 구성되어 있을 때, 위험을 가장 먼저 부담하는 트랜치를 에쿼티 트랜치(equity tranche), 그 다음 부담하는 트랜치를 메짜닌 트랜치(mezzanine tranche), 마지막으로 부담하는 트랜치를 시니어 트랜치(senior tranche)라고 한다. 위험을 나중에 부담하는 트랜치일수록 높은 신용등급을 받게 된다. 수익률은 위험을 먼저 부담하는 트랜치일수록 높다.

CDO는 평균 수준의 또는 낮은 수준의 신용등급을 보이는 부채를 높은 수준의 신용등급을 보이는 부채로 전환시킬 수 있다. 주택담보대출을 해 준 은행 입장에서 보면,

대출 채권을 보유하고 있으면 그만큼 신용위험을 지게 된다. 그런데 이 채권들을 구조화를 통해 신용도가 높은 순에서 낮은 순으로 다양하게 CDO를 발행하여 투자자들에게 판매하게 되면, 은행은 신용위험을 투자자들에게 분산하고 대출 채권을 유동화하는 효과를 볼 수 있다. 다만, 대출 채권 자체가 기본적으로 안전하지 않은 자산에 기초하고 있거나 채무불이행이 발생하는 경우 신용도가 높은 CDO라고 해도 손해를 볼 수 있다. 미국 주택시장 버블이 꺼지면서 야기된 서브프라임 모기지 사태가 대표적이다.[13]

3 헤지펀드

헤지펀드는 소수의 거액 투자자들로부터 사모 방식으로 모집한 자금을 주식, 채권, 통화, 파생상품 등 다양한 자산에 투자하여 수익을 배분하는 집합투자기구이다. 절대적인 수익률이 평가의 척도가 된다는 점, 투자 대상이 유연하다는 점, 운용역에 대한 보수를 폭 넓게 인정하는 점 등이 일반 펀드와의 차이로 볼 수 있다. 헤지펀드는 다양한 투자 전략으로 위험을 분산하고 유동성을 공급하는 등 금융시장의 효율성을 높이기도 하지만 고수익을 추구하기 위한 단기 매매나 공격적인 투자로 금융시장의 안정을 저해하기도 한다. 헤지펀드의 투자 전략에 대한 분류는 다양하나 다음과 같이 다섯 가지로 요약해 볼 수 있다.

- **주식 헤지형(hedged equity)** 또는 **주식 롱-숏(long-short)** 전략은 헤지펀드의 모태이자 헤지펀드들이 가장 흔히 사용하는 전략이다. 상대적으로 저평가된 주식을 매수(보유)하고 고평가된 주식을 공매도하는 방식이 대표적이다. 롱-숏 스타일은 단순 매수(long only) 중심의 글로벌 주식 포트폴리오에 비해 하락장에 베팅하는 가능성을 열어 둔다는 점에 강점이 있다.
- **전환사채 차익거래(convertible arbitrage)** 전략은 주식으로 전환이 가능한 채권(전

13 미국의 주택담보대출 등급은 크게 세 가지로 볼 수 있다. 첫째는 프라임(prime) 등급 대출로, 이는 확실하고 증명가능한 수입과 재산(verified income, verified asset)이 있는 사람에게만 가능한 주택담보대출이다. 둘째는 알트(Alt) A, 즉 Alternative A 등급 대출로, 이는 채무불이행 위험도가 다소 높긴 하나 어느 정도 미래의 수입이 예상되고 채무를 아예 불이행할 것 같지 않은 사람에게 가능한 주택담보대출이다. 마지막은 서브프라임(sub-prime), 즉 비우량 등급 대출로, 이는 채무불이행 위험이 높은 사람에 대한 주택담보대출이다. 처음에 미국 은행들은 프라임 대출을 모아 CDO를 만들었는데, 이들 상품은 대부분 견실했고 투자자들에게도 꾸준한 수입과 안정성을 담보해주는 편이었다. 하지만 거의 모든 프라임 대출 대상자들이 모기지를 사용하게 되면서 기존 CDO의 기초 자산은 고갈되었고, 그 결과 은행들이 새로운 CDO 발행을 위해 주목했던 것이 바로 서브프라임 주택담보대출이었다. 서브프라임 주택담보대출을 기초로 CDO를 발행하려면 대출 기준 자체가 완화되어야 했는데, 과거에는 대출자에게 수입이나 재산을 서류로 입증하는 것을 요구했던 주택담보대출자(mortgage lender, 즉 은행)나 주택담보대출 브로커(mortgage broker, 우리나라의 대출 모집인 격)들은 사실상 대출 기준이 없어지도록 만들었다. 금융위기 발생 이전 유행했던 no-doc loan(서류가 필요없는 대출), ninja loan(no income no job or asset loan) 등의 용어는 은행이나 대출 모집인들의 행태 변화를 대변한다.

환사채, 신주인수권부사채 등)과 이를 발행한 회사의 현재 주가 차이를 이용해 수익을 내는 전략이다. 일반적으로 전환사채나 신주인수권부사채를 미리 싸게 매수한 후, 일정 기간 보유하다가 가격이 상승하게 되면 발행 기업의 주식을 매도하여 시장 위험을 헤지하면서 수익을 낸다.

- **이벤트 드리븐(event-driven)** 전략은 회사의 구조조정, 인수, 합병, 청산, 기타 특수한 상황과 같은 사건이 있거나 그 가능성이 있는 경우 경영권 취득, 분할 등의 방법을 통해 회사의 가치를 높이고, 인수나 합병 전 가격 대비 스프레드(차익)를 취하는 전략이다. 보통 인수나 합병 이벤트가 있는 경우 피인수 기업의 가격/주가는 급등하는 것이 일반적이다. 이러한 현상에 주목하여 인수 발표 전이나 발표 직후에 피인수 기업의 주식을 매수하고, 인수 회사의 주식은 일부 매도하는 전략이 주로 쓰인다. 이 전략에서 가장 큰 리스크는 피인수기업의 주식을 매수하였으나 해당 이벤트인 인수가 무산되는 것이다.
- **부실 증권(distressed securities)** 투자 전략은 부실 기업을 싸게 사서 구조조정 등을 통해 기업가치를 높인 뒤 비싸게 파는 전략이다. 먼저 경영자의 방만한 경영이나 무리한 사업 확장으로 파산 위기에 직면한 기업의 주식을 싸게 매입한다. 그 뒤 경영자 교체, 부실사업 정리, 부채 정리 등의 작업을 통해 기업을 정상화시키고 기업 가치를 오르게 한 다음에 이 기업을 인수하려는 사업자에게 판다.
- **거시지표(global macro)** 투자 전략은 각종 경제지표, 환율, 금리 등의 흐름에서 방향성을 찾아 투자하는 전략으로 운용역의 유연성과 기민한 대응이 성과의 키 포인트가 된다.

4 사모투자전문회사

사모투자전문회사(PEF, private equity fund, 이하 PEF)는 기업에 대한 경영권 참여 목적의 투자를 통해 경영 참여, 사업 구조나 지배 구조 개선의 방법으로 투자 기업의 가치를 높여 그 수익을 투자자에게 배분하는 것을 목적으로 하는 상법상 합자회사 형태의 펀드이다. PEF는 지분 투자를 통해 투자 대상의 경영권을 확보하는 것이 우선이다. [그림 2-9]는 PEF의 구조를 간략히 도식화한 것이다. PEF는 유한책임사원과 무한책임사원(업무집행사원)으로 구성된다. 경영 참여 목적의 투자라는 운용 제한이 있는 대신에 운용자에 대한 제한이 없기 때문에 일반 펀드와는 달리 자산운용사가 아닌 자도 운용을 담당하는 업무집행사원이 될 수 있다. PEF는 투자 목적회사(SPC)를 설립하여 투자 기업에 투자할 수 있으며, 투자 목적회사는 PEF와 그 운용 목적이 동일하여야 한다.

[그림 2-9] **PEF의 구조**

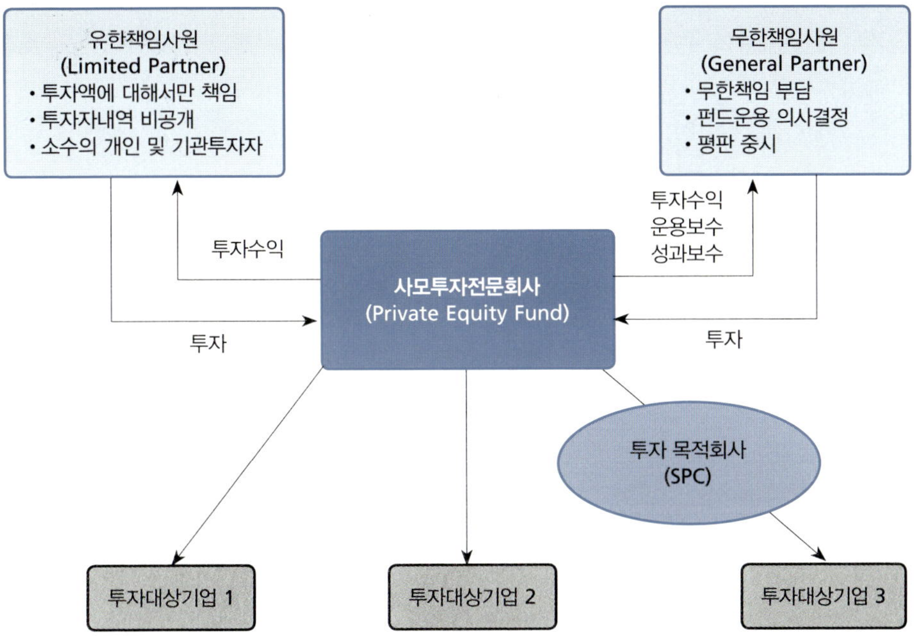

PEF 유형에는 다음 세 가지가 있다.

- **바이아웃 펀드(buyout fund)**는 부실 기업 또는 기업 공개 직전의 기업의 경영권을 인수하여 구조 조정이나 다른 기업과 M&A를 통해 그 기업의 가치를 상승시킨 후 되팔아 수익을 내는 구조의 펀드이다. 우리나라에서는 2004년 칼라일 그룹이 바이아웃 펀드를 통해 한미은행을 인수했다가 씨티그룹에 되팔아 7천억 원의 차익을 남긴 사례가 있다.
- **메짜닌 펀드(mezzanine fund)**에서 메짜닌이란 원래 건축에서 건물 1층과 2층 사이에 있는 중간층을 의미하는 이태리어에서 유래한 말이다. 금융에서는 선순위채권과 주식 사이에 존재하는 모든 혼합 형태의 금융상품을 일컫는 말로, 주식과 채권의 특성을 모두 가진 하이브리드 형태의 금융 상품을 통칭한다. 메짜닌 펀드는 채권에서 발생하는 정기적인 쿠폰, 만기 시의 투자 원금을 회수하는 채권의 특성을 지니고, 향후 주가 상승에 따른 시세 차익을 얻을 수 있는 장점이 있다. 전환사채(CB), 교환사채(EB), 신주인수권부사채(BW) 등에 투자하는 펀드가 메짜닌 펀드의 대표적인 예라고 할 수 있다.

- **벤처 캐피탈 펀드(venture capital fund)**는 발전 가능성과 기술력은 있으나 담보 부족, 신용 결여 등 경영 기반이 취약해 금융기관 대출이 어려운 중소기업 또는 벤처기업에 투자하여 수익을 내는 펀드를 말한다. 신기술 또는 창조적 아이디어를 가진 벤처기업의 창업을 돕고 성장을 지원하는데 주요 목적이 있다.

SECTION

03 위험자산 vs 안정형자산

위험자산과 안정형자산을 명확하게 구분짓는 기준은 따로 없다. 하지만 각 자산의 위험 수준 정도에 따라 나누어 볼 수 있다. 위험 수준 측정에는 수익률의 변동성을 나타내는 표준편차를 활용할 수 있다. [그림 2-10]은 지난 10년간 글로벌 주식, 채권 등 세부 자산들의 연간 표준편차와 수익률을 비교한 것이다. 그림을 보면 채권은 수익률이 낮지만 변동성도 작아서 안정형자산으로 볼 수 있다. 반면 주식은 수익률은 높지만 변동성이 커서 위험자산으로 볼 수 있다. 위험자산과 안정형자산의 구분은 같은 자산군 내에서도 가능하다. 예를 들어, 채권에서 선진국 채권은 신흥국 채권에 비해, 달러 표시 채권은 로컬 통화 표시 채권에 비해 안정형자산이라고 볼 수 있다.

[그림 2-10] 글로벌 자산별 Risk – Return Profile (2003.1~2015.1)

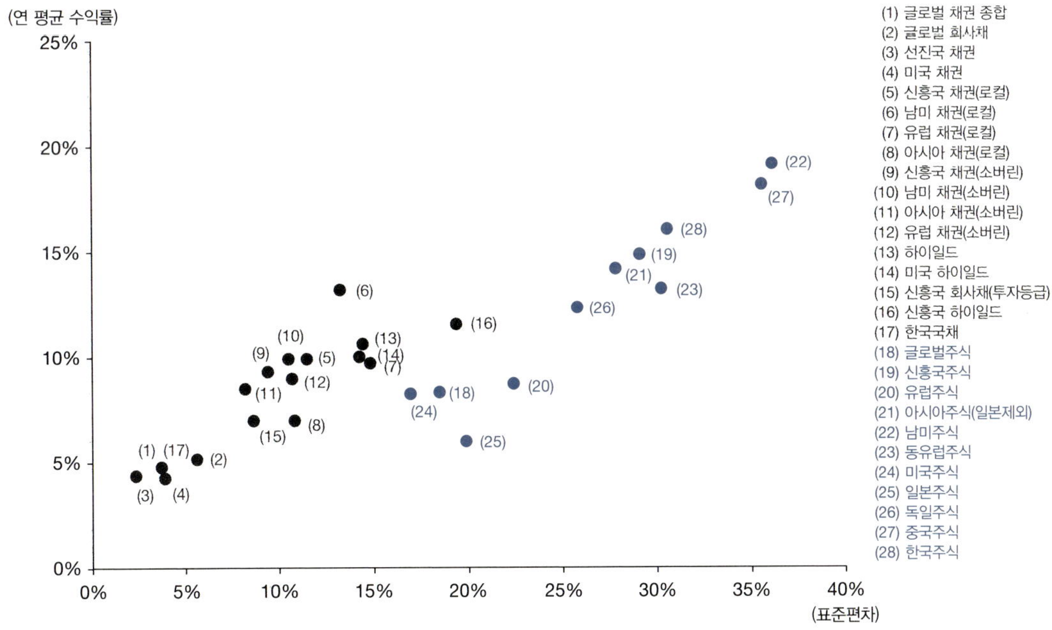

출처: Bloomberg, 미래에셋자산운용

주1: 수익률은 자산별 지수의 월간 수익률을 기초로 구함. 변동성은 월간 수익률의 표준편차를 연율화하여 구함

주2: 소버린은 정부/준정부기관에서 발행하는 달러화 표시 채권. 로컬은 해당 지역 통화 표시 채권. 하이일드는 투기등급 회사채

주3: 주식은 MSCI Index 기준, 채권은 JP모건 및 Barclays가 Bloomberg에 제공하는 Index 활용

CHAPTER 3

금융상품 투자수단(vehicle)

Chapter 2를 통해 우리는 투자 자산의 종류를 전통 자산과 비전통 자산, 위험자산과 안정형자산으로 나누고 세부 자산별로 속성을 살펴 보았다. 세부 자산 각각에 대한 직접적인 투자도 가능하나 투자의 효율성을 높이고 거래비용을 줄이기 위해 다양한 투자 수단(vehicle)이 활용되고 있다. Chapter 3에서는 세부 자산들을 담는 그릇에 비견할 수 있는 투자 수단에 대해 알아본다. 흔히 펀드로 알려진 집합투자기구, ETF로 불리는 상장지수 집합투자기구, 랩어카운트(wrap account), 신탁(trust), 저축성 보험(saving insurance) 등을 대상으로 투자 실무에서 확인해야 할 포인트와 유의사항을 점검해 보도록 한다.

"위험은 자신이 무엇을 하는지 모르는 데서 온다."

-워렌 버핏(Warren E. Buffett)-

SECTION 01

펀드(집합투자기구)

1 펀드의 특징

흔히 '펀드'로 불리는 집합투자기구(이하 펀드로 지칭)는 두 사람 이상에게 투자를 권유하여 모은 금전 등을 주식, 채권, 파생상품, 실물자산 등 재산적 가치가 있는 자산에 투자하여 운용한 다음 그 결과를 투자자들에게 배분하여 귀속시키는 투자 수단이다.[1] 투자자들로부터 일상적 운용 지시를 받지 않고, 즉 투자 전문가가 투자자를 대신하여 투자 자산을 취득하고 처분하는 방식으로 운용되는 것이 펀드이다. 펀드의 기본 원리는 크게 두 가지이다. 첫째는 수익자 평등의 원리이다. 동일한 펀드에 투자한 투자자들은 동등한 권리를 갖는다. 둘째는 실적배당 원칙이다. 이는 운용 결과가 투자자들에게 그대로 분배된다는 의미이다.

[그림 3-1] 펀드의 구조

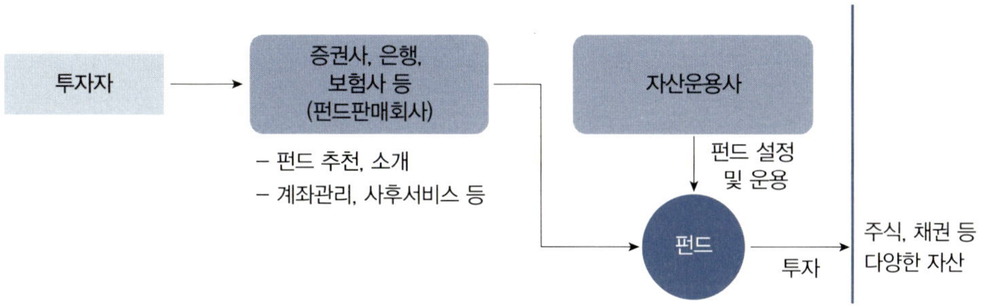

[1] 집합투자증권이란 집합투자기구에 대한 출자지분(투자신탁의 경우에는 수익권을 말함)이 표시된 것을 말한다. 일반적으로 집합투자기구 자체를 펀드라고 하며, 펀드투자는 집합투자기구가 발행한 투자증권이나 주식 등을 구매하는 것을 말한다. 펀드라는 용어는 '자본시장과 금융투자업에 관한 법률'에서 사용하는 용어는 아니지만, 집합투자증권이라는 뜻으로 혼용되어 쓰이는 경우도 있다.

2 펀드 투자하기

펀드는 증권회사, 은행, 보험사 등 펀드 판매회사를 통해 가입할 수 있다. 펀드 판매회사는 단순한 판매 채널에 그치지 않는다. 투자자의 투자 목적과 성향을 파악하여 다양한 펀드 가운데 투자자에게 적합한 펀드를 추천하고, 투자자가 충분히 이해한 다음에 투자할 수 있도록 필요한 설명을 제공하는 것이 펀드 판매회사의 역할이다. 또한 펀드 판매회사는 투자자가 펀드에 가입한 후에는 펀드 운용 현황을 주기적으로 제공하는 것을 비롯해 사후 관리 서비스를 해줘야 한다. 제대로 된 사후 관리를 위해 투자자 입장에서 펀드 판매회사 선택을 가볍게 여겨서는 안 된다.

펀드 투자 시 꼭 챙겨야 하는 것이 바로 (간이) 투자설명서이다. 투자설명서는 법적 필수 제공 문서로, 투자자는 반드시 이를 읽어본 다음에 투자해야 한다. 하지만 방대한 분량, 난해한 전문 용어, 딱딱한 구성으로 인해 이를 꼼꼼히 읽고 난 뒤에 투자하는 사람은 많지 않다.[2]

펀드 투자설명서를 제대로 읽지 않으면 피상적 정보에 기초하여 잘못된 투자 결정을 내릴 수도 있다. 비록 투자설명서 읽기가 만만치 않다고 해도 그 형식과 용어가 정해져 있기 때문에 몇 번 읽고 나면 익숙해지며 한결 이해하기 쉽다. 여기에서는 실제 투자설명서를 예시로 삼아 용어, 주요 내용을 다뤄보도록 한다.

1. 투자설명서 – 표지

투자설명서 표지는 펀드에 대한 정보를 간추려 제공한다. 표지 상단에는 원색으로 펀드의 위험 등급이 표시되어 있고, 중앙에는 펀드의 명칭과 자산운용사(집합투자업자) 등이 명시되어 있다. 표지 만으로 펀드를 완전히 이해하는데 무리가 있기 때문에, 총 다섯 부로 구성되는 투자설명서의 내용을 살펴볼 필요가 있다.

---

2 한국금융투자자보호재단의 펀드 투자자 조사에 따르면 2013년 기준으로 온라인펀드 투자 시 투자설명서를 꼼꼼히 읽어 보았다고 응답한 투자자는 29%에 불과했다.

[예시 3-1] **투자설명서 – 표지**

투자위험등급: 1등급 [매우 높은 위험]	미래에셋자산운용(주)는 자산의 종류 및 위험도 등을 감안하여 1등급(매우 높은 위험)에서 5등급(매우 낮은 위험)까지 투자위험등급을 5단계로 분류하고 있습니다. 따라서, 이러한 분류기준에 따른 투자신탁의 위험등급에 대해 충분히 검토하신 후 합리적인 투자판단을 하시기 바랍니다.

투 자 설 명 서

이 투자설명서는 미래에셋고배당포커스증권자투자신탁1호(주식)에 대한 자세한 내용을 담고 있습니다. 따라서 미래에셋고배당포커스증권자투자신탁1호(주식)의 수익증권을 매입하기 전에 이 투자설명서를 읽어보시기 바랍니다.

1. 집합투자기구 명칭	미래에셋고배당포커스증권자투자신탁1호(주식)
2. 집합투자업자 명칭	미래에셋자산운용㈜
3. 판매회사	각 판매회사 본 · 지점 (판매회사에 대한 자세한 내용은 협회(www.kofia.or.kr) 및 집합투자업자(investments.miraeasset.com)의 인터넷 홈페이지를 참고하시기 바랍니다)

출처: 미래에셋자산운용

2. 투자설명서 – 제1부 모집 또는 매출에 관한 사항

투자설명서의 제1부인 모집 또는 매출에 관한 사항에는 펀드의 명칭, 종류 및 형태에 대한 정보가 포함되어 있다. 펀드를 언제, 어디에서 판매하는지에 대한 정보도 여기에서 확인할 수 있다. 제1부는 펀드의 명칭으로 시작한다. 펀드를 이해하려면 그 펀드의 이름부터 알고 있어야 한다. 펀드에 대한 정보를 압축적으로 담고 있는 것이 바로 펀드 이름이기 때문이다.

예시로 든 '미래에셋고배당포커스증권자투자신탁1호(주식)' 펀드의 경우, 제일 먼저 '미래에셋'이라는 자산운용사 이름이 나오고 '고배당포커스' 라는 이 펀드의 투자전략이 명기되어 있다. 고배당이란 단어를 통해 이 펀드는 배당 수익률이나 배당 성향이 높은 주식에 투자하는 펀드로 추측해 볼 수 있다. 해외 펀드의 경우 미국, 중국 등 투자 대상국이 명시된다.

다음으로 확인할 것은 펀드의 투자 자산이다. 여기에는 '증권,' '부동산,' '특별자산,' '혼합자산,' '단기금융' 등의 단어가 사용되는데 예시와 같이 증권으로 표시되어 있는 경우, 이는 펀드 투자자금의 50%를 초과하여 투자증권(주식, 채권, 파생상품 등)에 투자하는 집합투자기구를 의미한다.

'자(子)'라는 단어가 있으면, 이 펀드의 구조는 모자(母子)형이라는 의미이다. 투자자가 자펀드에 투자하면 자펀드는 주식이나 채권 등에 투자하는 것이 아니라 모펀드라는 별도의 펀드에만 투자한다. 자산운용사 입장에서는 여러 개의 자펀드 대신 한 두 개의 모펀드만 운용함으로써 운용 비용을 줄이고 운용의 집중력을 높이는 장점이 있다.

한편 '투자신탁'이란 말은 펀드의 법적 속성을 보여 준다. 펀드는 '신탁형'으로도 '회사형'으로도 만들어질 수 있는데 우리나라에서는 전자가 일반적이다.

[예시 3-2] **투자설명서 – 모집 또는 매출에 관한 사항**

제 1 부. 모집 또는 매출에 관한 사항

1. 집합투자기구의 명칭

명 칭	미래에셋고배당포커스증권자투자신탁1호(주식) (45888)				
(종류) 클래스	종류A	종류A-e	종류C1	종류C2	종류C3
금융투자협회 펀드코드	AC894	AC895	59418	96243	96249
(종류) 클래스	종류C4	종류C5	종류C-e	종류I	종류F
금융투자협회 펀드코드	96250	96251	AC896	60103	A8003
(종류) 클래스	종류S				
금융투자협회 펀드코드	AR691				

2. 집합투자기구의 종류 및 형태

가. 형태별 종류 : 투자신탁
나. 운용자산별 종류 : 증권(주식형)
다. 개방형 폐쇄형 구분 : 개방형(환매가 가능한 집합투자기구)
라. 추가형 단위형 구분 : 추가형(추가로 자금 납입이 가능한 집합투자기구)
마. 특수형태 : 모자형, 종류형

* 모자형투자신탁은 모투자신탁과 그 모투자신탁이 발행하는 집합투자증권을 취득하는 자투자신탁으로 구성되는 투자신탁을 의미합니다.
* 종류형투자신탁은 판매보수의 차이로 인하여 기준가격이 다르거나 판매보수가 다른 여러종류의 집합투자증권을 발행하는 투자신탁을 의미합니다.

〈중략〉

4. 모집의 내용 및 절차

모집 (판매) 기간	모집 개시 이후 특별한 사유가 없는 한 영업일에 한하여 모집, 판매됩니다.
모집(판매) 장소	(모집장소에 관한 자세한 내용은 한국금융투자협회(www.kofia.or.kr) 및 집합투자업자(investments.miraeasset.com)의 인터넷홈페이지를 참고하여 주시기 바랍니다.)
모집방법 및 절차	판매회사의 영업일에 판매회사가 정한 기준으로 매입, 환매가 가능합니다.

* 모집(매입) 방법 및 내용에 대한 자세한 내용은 제2부의 "매입, 환매, 전환절차 및 기준가격 적용기준" 을 참고하시기 바랍니다.

5.인수에 관한 사항

해당사항 없음.

출처: 미래에셋자산운용

예시로 든 미래에셋고배당포커스증권자투자신탁1호(주식)의 종류 및 형태는 증권(주식형), 개방형, 추가형, 모자형, 종류형임을 알 수 있다. 펀드는 기준에 의해 다양하게 구분되는데 여기에서는 특수한 형태의 펀드 분류와 매입 형태에 따른 펀드의 종류를 알아두면 다양한 펀드 종류를 이해하는데 도움이 된다.

[표 3-1] **특수한 형태의 펀드**

환매금지형 집합투자기구	만기 이전에 환매를 청구할 수 없는 집합투자기구
종류(class)형 집합투자기구	하나의 집합투자기구이지만 보수 또는 수수료에 차이를 두어 기준가격이 다른 집합투자기구
전환형 집합투자기구	보유하고 있는 집합투자증권을 다른 집합투자증권으로 전환할 수 있는 권리를 부여한 집합투자기구로 흔히 엄브렐러(umbrella) 펀드로 불림
모자형 집합투자기구	모집합투자기구가 발행하는 집합투자증권을 취득하는 구조
상장지수 집합투자기구(ETF)	다수의 유가증권의 가격 수준을 종합적으로 표시하는 지수의 변화에 연동하여 운용되는 집합투자기구. 유가증권시장에 상장되어 거래됨

[표 3-2] **매입 형태에 따른 펀드 분류**

환매가능여부	개방형	중도환매가 가능한 형태
	폐쇄형	중도환매가 불가능한 형태
추가설정여부	추가형	추가설정이 가능한 형태
	단위형	추가설정이 불가능한 형태
판매방식	모집형	투자자로부터 모집한 자금으로 펀드를 설정하는 형태
	매출형	판매회사의 자금으로 설정한 후 투자자를 대상으로 판매하는 형태
판매방식	공모형	투자자금을 불특정 다수인으로부터 자금을 모집
	사모형	특정인(49인 이하)에게만 매입 청약을 권유하는 형태

3. 투자설명서 – 제2부 집합투자기구에 관한 사항

투자설명서의 제2부인 집합투자기구에 관한 사항에는 펀드의 기본 사항, 자산운용사 및 운용전문인력, 투자전략, 투자위험, 펀드 매입과 환매 절차, 보수 및 수수료 등 펀드에 대한 대부분 정보가 망라되어 있다. 투자설명서의 핵심인 만큼 이 부분은 반드시 읽어 봐야 한다.

제2부는 앞서 설명한 집합투자기구의 명칭, 그리고 집합투자기구의 연혁으로 시작된다. 집합투자기구의 연혁에는 해당 펀드와 관련된 주요 사건이 나열되어 있다. 펀드가 언제 만들어졌고, 펀드 이름은 언제 바뀌었으며, 특정 클래스가 언제 신설되었고, 보수는 언제 변동이 있었는지 등을 확인할 수 있다. 예시로 든 미래에셋고배당포커스증권투자신탁1호(주식)은 2004년 9월 21일에 미래에셋3억만들기배당증권투자신탁1호(주식)으로 최초 설정되었고, 2010년에 판매 보수 인하(종류 A: 1.82% → 1.5%)와

모자형으로의 형태 변경이 있었으며, 2012년에 비교 지수가 변경(KODI→FnGuide고배당지수)되고 명칭이 변경(미래에셋3억만들기배당→미래에셋고배당포커스) 되었음을 알 수 있다.

[예시 3-3] 투자설명서 – 집합투자기구 연혁

제 2 부. 집합투자기구에 관한 사항

1. 집합투자기구의 명칭

명 칭	미래에셋고배당포커스증권자투자신탁1호(주식) (45888)				
(종류) 클래스	종류A	종류A-e	종류C1	종류C2	종류C3
금융투자협회 펀드코드	AC894	AC895	59418	96243	96249
(종류) 클래스	종류C4	종류C5	종류C-e	종류I	종류F
금융투자협회 펀드코드	96250	96251	AC896	60103	A8003
(종류) 클래스	종류S				
금융투자협회 펀드코드	AR691				

2. 집합투자기구의 연혁

일 자	내 용
2004.09.21	최초설정
2005.02.02	투자대상 정의변경 및 확대
2006.06.27	동일종목 투자한도 예외조항 추가
2006.08.21	보수 인하
2008.05.06	장내파생상품 정의 수정
2008.10.24	"증권펀드 세제지원 방안"에 따른 세제혜택 내용 반영
2009.04.26	법에 따라 명칭변경(미래에셋3억만들기배당주식투자신탁1호=>미래에셋3억만들기배당증권투자신탁1호(주식))
2010.02.16	이익배분관련소득세법시행령개정사항 반영, 증권거래세 면제 조항 삭제, 자산운용보고서 시행령92조 개정사항반영, 투자중개업자의 선정 기준 변경
2010.05.03	판매보수인하(종류A : 1.82%->1.5%)
2010.10.25	종류 명칭 변경 (종류 A->종류 C1) 판매회사보수율 체감식으로 변경 법시행령 개정사항 반영(소규모펀드 해지 및 수시공시 관련사항)
2010.10.28	모자형 변경에 따른 명칭변경(미래에셋3억만들기배당증권투자신탁1호(주식) -> 미래에셋3억만들기배당증권자투자신탁1호(주식))
2011.04.19	집합투자업자 주소변경, 모투자신탁의 집합투자증권 투자한도 확대, 모투자신탁의 투자대상자산 취득한도 확대 (투자전략에 따른 투자대상 종목 편입비중 확대)
2011.12.28	클래스 추가 (직판 F)
2012.03.15	비교지수 변경(KODI -> FnGuide 고배당 지수)
2012.09.10	클래스 추가 (종류 A, 종류 A-e 및 종류 C-e)
2012.12.03	집합투자기구 명칭 변경 (미래에셋3억만들기배당증권자투자신탁1호(주식)-> 미래에셋고배당포커스증권자투자신탁1호(주식))
2013.08.19	종류 직판 F 명칭 변경(직판 F->F) 및 가입자격 변경
2013.10.13	동일 모투자신탁에 투자하는 자투자신탁 추가 (미래에셋퇴직연금고배당포커스40증권자투자신탁1호(채권혼합))
2014.04.16	종류 S 추가

출처: 미래에셋자산운용

연혁 다음에는 펀드의 투자 목적과 투자대상이 나온다. 펀드의 투자 목적은 수익 추구에 있다. 인덱스 펀드(index fund)는 지수를 추종하여 이와 비슷한 수준의 수익을 내려고 하는 반면, 액티브 펀드(active fund)는 적극적 투자를 통해 시장을 뛰어 넘는 수익을 내려고 한다. 통상 액티브 펀드는 '비교 지수(벤치마크)' 이상의 수익률을 달성하려고 한다. 비교 지수는 펀드의 종류(주식형, 채권형, 혼합형)와 투자 전략에 따라 다양한데, 국내 일반 주식형 펀드에서는 KOSPI나 KOSPI200이 사용되고 있다.

투자자 대신 전문가가 투자 자산을 취득하고 처분하는 방식으로 운용되는 것이 펀드이지만 그렇다고 해서 전문가 마음대로 운용하는 것은 아니다. 자산운용사의 펀드매니저와 같은 전문가는 어떤 자산에 얼마만큼 투자할지, 어떤 자산에는 투자하지 않을 것인지 미리 정해놓고 그 범위 안에서 투자한다. 예시로 든 미래에셋고배당포커스자증권투자신탁1호(주식)의 경우, 주식평가금액의 80% 이상을 고배당주에 투자하도록 정해져 있다. 참고로 주식형 펀드는 펀드 재산의 60% 이상을 주식에 투자해야 한다는 제약 조건이 있다.

[예시 3-4] **투자설명서 – 투자대상**

1. 미래에셋고배당포커스증권모투자신탁(주식)

가. 집합투자기구의 목적

이 투자신탁은 국내 주식을 법 시행령 제94조제2항제4호에서 규정하는 주된 투자대상자산으로 하며 투자대상자산의 가격 상승에 따른 투자 수익을 추구합니다.

그러나, 위의 투자목적이 반드시 달성된다는 보장은 없으며, 집합투자업자, 신탁업자, 판매회사 등이 투자신탁과 관련된 어떠한 당사자도 투자원금의 보장 또는 투자목적의 달성을 보장하지 아니합니다.

나. 집합투자기구의 투자대상

(1) 투자대상

	투자대상	투자비율	투자대상 세부설명
1	주식	60% 이상(고배당주에 80% 이상(주식평가금액 기준))	법 제4조제4항의 규정에 의한 지분증권 및 법 제4조제8항의 규정에 의한 증권예탁증권 중 지분증권과 관련된 증권예탁증권(법 제9조제15항제3호의 주권상장법인이 발행한 것 및 증권시장에 기업공개를 위하여 발행한 공모주등에 한한다) 고배당주는 배당수익률이 높을 것으로 예상되는 주식임.
2	채권	40% 이하	법 제4조제3항의 규정에 의한 국채증권, 지방채증권, 특수채증권(법률에 의하여 직접 설립된 법인이 발행한 채권을 말한다), 사채권(신용평가등급이 A- 이상이어야 하며, 사모사채 및 주식관련사채권, 자산유동화에 관한 법률에 의한 자산유동화계획에 따라 발행하는 사채 및 주택저당채권유동화회사법 또는 한국주택금융공사법에 따라 발행되는 주택저당채권담보부채권 또는 주택저당증권은 제외한다)

출처: 미래에셋자산운용

또한 제2부에서는 펀드에서 신탁재산 운용 시 투자제한 사항도 확인할 수 있다. 이 같은 제한 사항을 두는 목적은 투자자의 이익 보호에 있다.

[예시 3-5] **투자설명서 – 투자제한**

(2) 투자제한

집합투자업자는 이 투자신탁재산을 운용할 때 다음에 해당하는 행위를 하여서는 아니 됩니다. 다만, 법령 및 규정에서 예외적으로 인정한 경우에는 그러하지 아니합니다.

	구분	내용	적용제외
1	이해관계인과의 거래	이 투자신탁 자산총액의 10%를 초과하여 법 시행령 제84조에서 정하는 집합투자업자의 이해관계인에게 다음의 방법으로 운용하는 행위. (다만, 집합투자업자의 대주주나 계열회사인 이해관계인과는 다음의 방법으로 운용할 수 없다.) 가. 법 제83조제4항에 따른 단기대출 나. 환매조건부매수(증권을 일정기간 후에 환매도할 것을 조건으로 매수하는 경우를 말한다)	–
2	동일종목 투자	이 투자신탁 자산총액의 10%를 초과하여 동일종목의 증권(집합투자증권을 제외하되, 법 시행령 제80조제3항에서 규정하는 원화로 표시된 양도성 예금증서, 기업어음증권 외의 어음, 대출채권·예금·금융위원회가 정하여 고시하는 채권(債權)을 포함한다)에 투자하는 행위. 이 경우 동일법인 등이 발행한 증권 중 지분증권과 지분증권을 제외한 증권은 각각 동일종목으로 본다.	최초설정일로부터 1개월간
3	동일종목 투자(	다만, 다음의 경우에는 각 항목에서 정하는 바에 따라 10%를 초	–

출처: 미래에셋자산운용

운용전문인력, 즉 펀드 매니저의 운용 경력과 이력, 이들이 운용하고 있는 펀드 수와 운용자산 규모, 그리고 펀드 매니저의 변경 내역도 제2부에서 파악할 수 있다. 여기에서는 펀드 매니저가 운용하고 있는 펀드의 개수가 적절한지 따져 봐야 한다. 아무리 뛰어난 펀드 매니저라 해도 과도하게 많은 펀드를 관리하는 경우 개별 펀드 관리에 소홀해질 가능성이 높아지기 때문이다. 또한 펀드 매니저가 너무 자주 바뀌지는 않는지도 확인해야 한다. 펀드 매니저의 빈번한 교체는 펀드 운용전략의 일관성을 떨어뜨릴 수 있기 때문이다. 또한 새로운 펀드 매니저가 자신의 투자 전략대로 펀드 내 투자 종목을 재구성하는 과정에서 상당한 비용이 발생하게 되면 성과에 부정적 영향을 미칠 수도 있기 때문이다.

[예시 3-6] 투자설명서 – 운용전문인력 현황

<모투자신탁 책임운용전문인력>

미래에셋고배당포커스증권모투자신탁(주식)

성명	출생년도	직위	운용현황(14.11.30기준)		주요 운용경력 및 이력	성과보수가 약정된 집합투자기구	
			운용중인 집합투자기구 수	운용자산 규모			
***	****	팀장	11개	2,397억원	(05년~06년) 메리츠종금증권 대치동지점 (08년~10년) 동양종합금융증권 리서치 (10년~현재) 미래에셋자산운용 리서치본부	–	–

〈중략〉

다. 모집합투자기구의 운용전문인력 변경내역

명 칭	기 간	(책임)운용전문인력
미래에셋고배당포커스증권모투자신탁(주식)	2010.10.28 ~ 2011.04.18	***
미래에셋고배당포커스증권모투자신탁(주식)	2011.04.19 ~ 2013.04.11	***
미래에셋고배당포커스증권모투자신탁(주식)	2013.04.12 ~ 현재	***

출처: 미래에셋자산운용

집합투자업자, 즉 각종 펀드를 운용하는 자산운용사는 펀드의 주된 투자 대상 등을 기준으로 원본손실가능성을 고려하여 자체적으로 펀드의 위험 등급을 분류한다. 위험 등급은 1등급부터 5등급까지 다섯 등급으로, 위험이 높은 순에서 낮은 순으로 분류된다. 예시로 든 미래에셋고배당증권자투자신탁1호(주식)의 경우, 위험자산으로 분류된 주식에 60% 이상 투자하므로 다섯 개의 위험 등급 중 1등급에 해당된다. 펀드 투자자는 자신의 위험 선호도와 투자 성향을 고려하여 펀드의 위험 등급을 반드시 확인하고 투자해야 한다.

[예시 3-7] 투자설명서 – 위험등급

위험등급	분류기준	상세설명(예시)
1	매우높은위험	-위험자산에 최소 60% 이상 투자하는 집합투자기구 -파생상품에 10% 이상 투자하는 집합투자기구(단, 예상되는 최대손실가능비율이 투자원금의 20% 이상인 것) -기타 이와 유사한 위험수준을 갖는 집합투자기구
2	높은 위험	-위험자산에의 최대편입비가 50% 이상인 집합투자기구 -파생상품에 10% 이상 투자하는 집합투자기구(단, 예상되는 최대손실가능비율이 투자원금의 20% 이하이거나, 최대손실가능비율이 20%를 초과하더라도 일정조건 하에서 원금보존추구형 투자전략을 갖는 것) -기타 이와 유사한 위험수준을 갖는 집합투자기구
3	중간 위험	-위험자산에의 최대편입비가 50% 미만인 집합투자기구 -파생상품에 10% 이상 투자하는 집합투자기구(단, 예상되는 최대손실가능비율이 투자원금의 0% 수준으로서 원금보존추구형 투자전략을 갖는 것) -장내파생상품만을 이용한 차익거래를 주요 투자전략으로 하는 집합투자기구 -부동산실물(오피스빌딩등)에 주로 투자하는 부동산집합투자기구 -기타 이와 유사한 위험수준을 갖는 집합투자기구
4	낮은 위험	-투자적격등급(BBB-이상) 채권에 주로 투자하는 집합투자기구 -기타 이와 유사한 위험수준을 갖는 집합투자기구
5	매우낮은위험	-MMF(단기금융집합투자기구) -기타 이와 유사한 위험수준을 갖는 집합투자기구

출처: 미래에셋자산운용

한편, 종류형인 경우 다양한 집합투자증권이 발행되는데 종류별로 가입 자격, 판매 보수, 판매 수수료 등에서 차이를 보인다. 예를 들어, A-e 클래스, C-e 클래스는 온라인 투자자만이 가입할 수 있으며 A 클래스, C 클래스보다 판매 수수료와 판매 보수가 낮다. C-P 클래스는 연금저축계좌가입자만이 투자할 수 있고, C-I 클래스는 전문투자자나 기금만이 가입할 수 있다. 펀드의 클래스 구분은 [표 3-3]에 이해하기 쉽게 정리되어 있다.

[예시 3-8] 투자설명서 – 종류(class) 및 가입자격

(2) 가입자격

이 투자신탁의 가입가능한 수익증권의 종류 및 가입자격은 아래와 같습니다.

종류	구분	판매수수료부과여부
종류A	제한없음	있음
종류A-e	온라인가입자	있음
종류C1	제한없음	없음
종류C2	종류 C1 수익증권의 최초 매수일로부터 1년 이상 된 수익자	없음
종류C3	종류 C1 수익증권의 최초 매수일로부터 2년 이상 된 수익자	없음
종류C4	종류 C1 수익증권의 최초 매수일로부터 3년 이상 된 수익자	없음
종류C5	종류 C1 수익증권의 최초 매수일로부터 4년 이상 된 수익자	없음
종류C-e	온라인 투자자	없음
종류I	· 법 및 이와 유사한 외국법령에 따른 집합투자기구 (종전의 간접투자자산운용업법에 따른 간접투자기구를 포함한다) · 법 제9조제5항제1호 내지 3호에 따른 전문투자자 · 법인세법 시행령 제111조제1항제5호에 따른 기금운용법인과 공제사업을 영위하는 법인 · 국가재정법에 의한 기금	없음
종류F	· 집합투자업자가 판매회사로서 직접 판매하는 수익증권에 가입하기 원하는 가입자 · 판매회사의 일임 · 자문 계좌(랩어카운트, Wrap Account)를 통해 수익증권을 매입 또는 환매하는 투자자 · 법 시행령 제103조에 따른 금전신탁	없음
종류S	집합투자증권에 한정하여 투자중개업 인가를 받은 회사(겸영금융투자업자는 제외)가 개설한 온라인 판매시스템에 회원으로 가입한 투자자 전용으로서 후취판매수수료가 부과되는 집합투자증권	있음

(3) 매입청구시 적용되는 기준가격

(가) 15시 이전에 자금을 납입한 경우 : 납입일의 제2영업일에 공고되는 기준가격을 적용

(나) 15시 경과 후 자금을 납입한 경우 : 납입일로부터 제3영업일에 공고되는 기준가격을 적용

※ 기준시점은 판매회사의 전산시스템에 의하여 거래전표에 표시된 시간으로 구분하여 처리합니다.

※ 다만, 이 집합투자기구를 최초로 설정하는 때에는 집합투자기구 최초설정일의 기준가격은 1000원으로 합니다.

출처: 미래에셋자산운용

[표 3-3] 펀드 클래스 구분

A 클래스	펀드 가입 시 판매수수료(선취수수료)를 징수
B 클래스	펀드 환매 시 판매수수료(후취수수료)를 징수
C 클래스	판매수수료를 징수하지 않고 투자자가 판매 보수 부담
S 클래스	펀드 슈퍼마켓(www.fundsupermarket.co.kr)을 통해 가입 가능
E 클래스	인터넷을 통한 온라인투자자 가입가능
P 클래스	연금저축계좌가입자 투자 가능
T 클래스	소득공제장기펀드 전용 클래스

환매수수료는 투자자가 일정 기간 내 환매할 때 부담하는 벌칙(penalty) 성격을 지닌다. 이는 집합투자증권의 보유 기간에 따라 차등 부과되며, 부과된 수수료는 집합투자업자(자산운용사)가 아닌 집합투자기구(펀드)의 재산으로 편입된다. 환매수수료는 보유 기간 중 발생한 이익금(투자 원본에서 발생한 이익금)을 기준으로 부과되며, 재투자된 지분에서 발생한 손익은 이익금산정 시 제외된다. 환매수수료가 면제되는 경우도 있다. 목적식 저축(적립식, 거치식)인 경우와 소규모 펀드를 해지하여 그 상환금으로 회사가 정한 펀드를 매입하는 경우 환매수수료는 면제된다.

[예시 3-9] 투자설명서 – 환매수수료

(8) 환매수수료

이 집합투자기구는 빈번한 환매를 억제할 목적으로 일정기간 이내에 환매하실 경우 환매수수료를 부과하고 있습니다. 따라서, 투자자께서는 이 집합투자기구의 지분을 빈번하게 환매하실 경우 환매수수료가 부과되는 등 불이익을 당하실 수 있습니다.
환매수수료는 환매대금 마련을 위해 소요되는 각종 비용 및 기회비용 등을 고려하여 산정하며, 이는 계속 투자중인 기존 투자자 이익을 보호하는 것을 목적으로 하고 있습니다. 따라서, 투자자께서는 환매수수료 부과 후에 실제로 수령하시는 금액은 환매수수료가 부과되기 전에 예상하신 금액보다 훨씬 작을 수 있습니다. 한편, 환매수수료는 집합투자업자가 아닌 집합투자기구(펀드)에 귀속됩니다.

집합투자증권의 보유기간에 따라 환매수수료를 차등부과하며, 부과된 수수료는 집합투자기구의 재산으로 편입됩니다.

〈중략〉

구분	내용
종류A	30일 미만: 이익금의 70% 30일 이상 90일 미만: 이익금의 30%
종류A-e	30일 미만: 이익금의 70% 30일 이상 90일 미만: 이익금의 30%
종류C1	90일 미만: 이익금의 70%

출처: 미래에셋자산운용

마지막으로 펀드의 이익배분과 과세에 관련된 사항도 확인할 수 있다. 개인 투자자의 경우 일반적으로 펀드에서 이익을 지급받는 일자(특약에 따라 원본에 전입되는 일자, 신탁계약기간을 연장하는 일자 포함)에 과세 이익에 대해 세금을 원천징수하고 있다.[3] 수익 전부가 아니라 과세 이익에 대해 세금을 내게 되는 것인데, 과세 이익을 산정할 때에는 펀드가 투자하는 한국증권시장에 상장된 증권[4] 및 이를 대상으로 하는 장내파생상품[5], 벤처기업의 주식 등에서 발생하는 매매 및 평가 손익을 분배하는 경우 당해

[3] 개인세율: 소득세(14%), 지방소득세(소득세의 10%)

[4] 채권 및 외국 집합투자증권 등 제외

[5] 2016년부터 과세 예정

매매 및 평가 손익은 과세 대상인 배당 소득에서 제외된다. 한편, 개인의 연간 금융소득 합계액(이자소득과 배당소득)이 2천만원 이하인 경우에는 분리과세 원천징수로 납세의무가 종결되나, 연간 금융소득 합계액이 2천만원을 초과하는 경우에는 그 초과하는 금액을 다른 종합소득(부동산임대소득, 사업소득, 근로소득, 기타소득)과 합산하여 개인소득세율로 종합과세 받는다. 내국법인의 경우 과세이익은 14% 세율로 원천징수(금융기관 등의 경우 제외)된다. 법인의 결산 시점에 펀드로부터 받게 되는 소득과 법인의 다른 소득 전체를 합산한 소득에 대하여 법인세율을 적용하여 과세되며, 이전에 납부한 원천징수세액은 기납부세액으로 공제받게 된다.

[예시 3-10] **투자설명서 – 이익 배분 및 과세에 관한 사항**

14. 이익 배분 및 과세에 관한 사항

가.이익배분

① 집합투자업자는 집합투자기구의 집합투자재산 운용에 따라 발생한 이익금을 투자신탁회계기간 종료시에 분배합니다. 이 경우 투자자는 투자자와 판매회사(투자매매업자 · 투자중개업자)간 별도의 약정이 없는 한 이익분배금에서 세액을 공제한 금액의 범위 내에서 분배금 지급일의 기준가격으로 집합투자증권을 매수합니다. 다만, 법 제242조에 따른 이익금이 0보다 적은 경우는 분배를 유보합니다

〈중략〉

나. 과세

아래의 집합투자기구 또는 각 수익자에 대한 과세 내용은 정부 정책, 수익자의 세무상의 지위 등에 따라 달라질 수 있습니다. 그러므로, 수익자는 집합투자기구에 대한 투자로 인한 세금 영향에 대하여 조세전문가와 협의하는 것이 좋습니다.

투자소득에 대한 과세는 소득이 발생하는 집합투자기구 단계에서의 과세와 수익자에게 이익을 분배하는 단계에서의 과세로 나누어집니다.

(1)투자신탁에 대한 과세 – 별도의 소득과세 부담이 없는 것이 원칙

투자신탁 단계에서는 소득에 대해서 별도의 세금 부담을 하지 않는 것을 원칙으로 하고 있습니다. **투자신탁재산에 귀속되는 이자 · 배당소득은 귀속되는 시점에는 원천징수하지 아니하고 투자자에게 지급하는 날(특약에 따라 원본에 전입되는 날 및 신탁계약기간 연장하는 날 포함)에 집합투자기구로부터의 이익으로 원천징수하고 있습니다.**

발생 소득에 대한 세금 외에 투자재산의 매입, 보유, 처분 등에서 발생하는 취득세, 등록세, 증권거래세 및 기타 세금에 대해서는 투자신탁의 비용으로 처리하고 있습니다.

(2) 수익자에 대한 과세 – 원천징수 원칙

투자자에게 집합투자기구로부터의 이익을 지급하는 날(특약에 따라 원본에 전입되는 날 및 신탁계약기간 연장하는 날 포함)에 과세이익에 대한 세금을 원천징수하며, 집합투자증권을 계좌간 이체, 계좌의 명의변경, 실물양도의 방법으로 거래하는 경우에도 보유기간 동안 발생한 과세이익에 대한 세금을 원천징수하고 있습니다. 다만, 해당 집합투자기구로부터의 과세이익을 계산함에 있어서 집합투자기구가 투자하는 한국 증권시장에 상장된 증권(채권 및 외국집합투자증권 등 제외) 및 이를 대상으로 하는 선물, 벤처기업의 주식 등에서 발생하는 매매 · 평가 손익을 분배하는 경우 당해 매매 · 평가 손익은 과세대상인 배당소득금액에서 제외하고 있습니다.

출처: 미래에셋자산운용

4. 투자설명서 – 제3부 집합투자기구의 재무 및 운용실적에 관한 사항

투자설명서의 제3부에서는 펀드의 투자자산, 부채, 손익 등 펀드의 재무 현황을 파악할 수 있다. 펀드 자산 규모가 얼마나 큰 지 확인하고 싶다면 이 부분을 보면 된다. 연도별 펀드 수익률의 추이 역시 이 부분에서 확인할 수 있다.

[예시 3-11] **투자설명서 – 재무상태 및 운용성과**

제 3 부. 집합투자기구의 재무 및 운용실적 등에 관한 사항

1. 재무정보

이 집합투자기구의 재무제표는 외부감사에 관한 법률에 의한 기업회계기준 중 집합투자기구에 관한 회계기준에 따라 작성되었으며, 반기재무제표를 제외한 아래 재무제표에 대한 회계감사법인의 감사의견은 다음과 같습니다.

기간	감사의견
8기(11.09.21 ~ 12.09.20)	적정
9기(12.09.21 ~ 13.09.20)	적정
10기(13.09.21 ~ 14.09.20)	적정

가. 요약재무정보 (단위: 백만원)

요약 재무상태표			
항목	10기 (14.09.20)	9기 (13.09.20)	8기 (12.09.20)
운용자산	33,314	31,095	35,853
증권	33,225	30,983	35,768
파생상품	–	–	–

〈중략〉

나. 연도별 수익률 추이(단위:%)

연도 (기간)	최근 1년차 '14.03.01~'15.02.28	최근 2년차 '13.03.01~'14.02.28	최근 3년차 '12.03.01~'13.02.28	최근 4년차 '11.03.01~'12.02.29	최근 5년차 '10.03.01~'11.02.28
투자신탁	25.06	1.39	0.20	−1.55	23.71
종류C1	22.40	−0.81	−1.95	−3.74	21.07
종류I	24.20	−7.85	–	–	–
종류C2	22.56	−0.70	−1.83	−3.63	21.11
종류C3	22.72	−0.57	−1.70	−3.50	21.16
종류C4	22.86	−0.45	−1.59	−3.38	21.21
종류C5	23.02	−0.32	−1.46	−3.25	21.27
종류C-e	23.62	0.11	–	–	–
종류A	23.35	−9.61	–	–	–
종류A-e	20.24	–	–	–	–
직판F	–	–	–	–	–
종류S	23.56	–	–	–	–
비교지수	11.73	3.68	3.85	–	–

계속

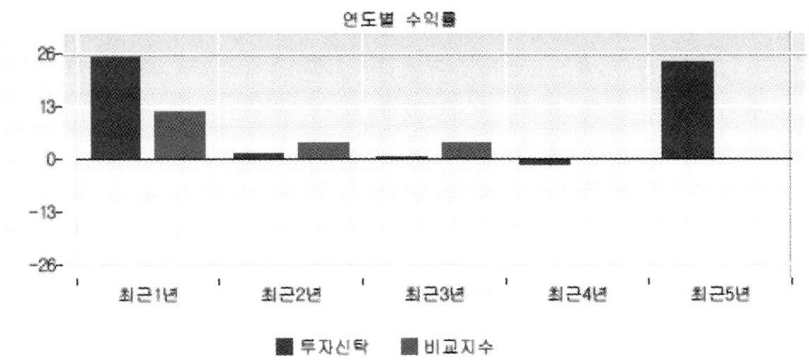

* 연평균수익률 및 연도별 수익률 추이는 과세전의 수익률입니다.

* 비교지수는 KOSPI이며 비교지수의 수익률에는 운용보수 등 집합투자기구에 부과되는 보수 및 비용이 반영되지 않았습니다.

출처: 미래에셋자산운용

5. 투자설명서 – 제4부 집합투자기구 관련 회사에 관한 사항

펀드에는 여러 금융회사들이 관여하고 있다. 자산운용사는 펀드를 만들고, 투자자로부터 자금을 모아 다양한 금융투자상품에 투자한다. 신탁회사는 투자자들의 자금을 보관하면서 자산운용사의 지시를 따라 실제로 돈을 투자한다. 일반사무관리회사는 기준가격 계산에 관한 업무 및 보수인출 등의 업무를 처리한다. 이와 같은 회사들의 정보를 제4부에서 확인할 수 있다.

[예시 3-12] **투자설명서 – 관련회사에 관한 사항**

제 4 부. 집합투자기구 관련회사에 관한 사항

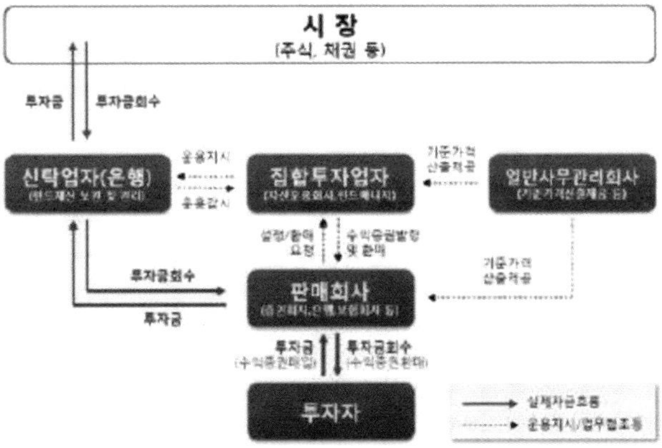

계속

투자자가 수익증권을 판매하는 판매회사(증권회사, 은행, 보험회사 등)에 수익증권의 취득을 위한 금전등을 납입하는 경우, 판매회사는 집합투자업자에 투자신탁의 설정을 위해 집합투자업자에게 통보하고 투자신탁의 신탁업자에게 금전 등을 납입합니다. 집합투자업자는 판매회사에 수익증권을 발행하고 신탁업자가 보관/관리하고 있는 투자신탁재산을 증권 등에 투자하도록 운용지시합니다. 투자자(수익자)는 집합투자업자가 운용한 운용결과에 대해 수익증권의 좌수에 따라 균등한 권리를 가지게 됩니다.

1. 집합투자업자에 관한 사항

가. 회사의 개요

출처: 미래에셋자산운용

6. 투자설명서 – 제5부 기타 투자자보호를 위해 필요한 사항

투자설명서의 제5부에서는 투자자의 권리 등 투자자보호 관련 사항을 확인할 수 있다.

[예시 3-13] **투자설명서 – 투자자권리**

제 5 부. 기타 투자자보호를 위해 필요한 사항

1. 투자자권리에 관한 사항

가. 집합투자자총회 등

(1) 집합투자자총회의 구성

- 이 투자신탁에는 전체 수익자로 구성되는 수익자총회를 둡니다.
- 수익자총회는 법령에서 정한 사항 및 신탁 계약에서 정한 사항에 대하여만 결의할 수 있습니다.
- 종류형 투자신탁인 경우에는 수익자총회의 결의가 필요한 경우로서 특정 종류의 집합투자증권의 수익자에게 대해서만 이해관계가 있는 때에는 당해 종류의 수익자로 구성되는 수익자총회를 개최할 수 있습니다. 종류 집합투자자총회의 소집 및 의결권 행사방법 등은 아래의 투자자 총회의 소집절차를 준용합니다. 다만, 종류집합투자자총회의 운용비용은 그 종류집합투자기구의 비용으로 처리됩니다.
- 모자형투자신탁인 경우, 모투자신탁의 수익자총회의 목적이 자투자신탁의 수익자의 이해에 영향을 미치는 경우 모투자신탁의 수익자총회와 자투자신탁의 수익자총회는 동일한 시간 및 장소에서 소집됩니다.

(2) 집합투자자총회의 소집 및 의결권 행사방법

① 수익자총회의 소집

출처: 미래에셋자산운용

3 펀드 사후 관리하기

펀드는 시간이 지나면서 그 성과가 얼마든지 달라질 수 있는 투자 상품이다. 한 번 선택한 펀드가 계속 우수한 성과를 보이면 좋겠지만, 성과가 악화될 가능성을 배제할 수 없다. 투자자 입장에서는 3개월에서 6개월마다 자신이 투자하고 있는 펀드를 점검할 필요가 있다. 이 때 챙겨봐야 할 것이 바로 '자산운용보고서'이다. 자산운용보고서를 통해 자산운용사는 투자자가 가입한 펀드의 3개월간 투자현황을 요약하여 제공한다. 자산운용보고서를 보면 펀드의 운용경과 및 수익률 현황, 자산현황, 펀드 매니저 현황, 비용 현황 등을 자세히 확인할 수 있다. 또한 투자자는 자산운용보고서를 활용하여 자신이 가입한 펀드 성과가 괜찮은지 확인하고 펀드를 교체할 필요가 있는지 판단할 수 있다. 자산운용사가 제공하는 자산운용보고서 외에도 펀드 판매회사들은 휴대폰 문자 메세지로 투자자에게 펀드 수익률을 알려주는 서비스를 제공하기도 한다. 목표 수익률을 달성한 경우나 심각한 손실을 입은 경우 알림 서비스를 제공하는 회사도 있다. 펀드 판매회사별로 서비스가 다를 수 있는 만큼 이를 잘 파악해 활용하면 펀드 관리가 한층 수월해질 것이다.

Box **금융상품 투자수단의 역사 – 펀드**

최초의 펀드는 18세기 네덜란드에서 탄생했다. 네덜란드는 해상무역으로 쌓아 올린 부 덕택에 당시 최초의 주식회사, 증권거래소가 있었던 세계 금융의 중심지였다. 하지만 1772년 영국 은행들의 연이은 파산[6]으로 금융위기가 발생했고, 투자자들은 영국 동인도회사와 영국은행 채권 투자에서 큰 손실을 보게 되었다. 이에 분산투자와 소액투자에 대한 관심이 높아지기 시작했다. 이러한 수요가 반영되어 탄생한 것이 1774년 최초의 폐쇄형 펀드 'Eendragt Maakt Magt (영어로 unity creates strength, 연합이 힘이다)'이다. 펀드에서는 덴마크, 독일, 스페인, 스웨덴, 러시아 채권과 식민지 농장의 플랜테이션 대출채권(loan)에 대부분을 투자했고, 암스테르담 증권시장에 상장된 주식 일부에도 투자했다. 펀드가 네덜란드에서 설정되었는데 대부분 외국 채권에 투자했다는 점을 보면, 최초의 펀드는 해외 채권형 펀드였다고 볼 수 있다. 펀드는 2000개의 좌수로 나뉘어서, 암스테르담 증시에 상장되어 거래할 수 있었다. 운용보고서 제공, 수수료 공개 등 투자자 보호를 위한 기본적인 특성도 갖추고 있었다.

펀드는 네덜란드에서 영국을 거쳐 미국으로 전파되면서 다양한 형태로 발전하기 시작했다. 1924년 미국에서 매사추세츠 투자자 신탁(Massachusetts Investors Trust)이라는 최초의 개방형 펀드(수시로 투자와 환매가 가능한 펀드)가 등장했다. 개방형 펀드는 1929년 대공황 이후 발전하기 시작했다. 대공황이 발생하자, 투자자들은 즉시 자금 회수가 가능한 개방형 펀드를 선호했기 때문이다. 1950년대 이후 펀드는 본격적으로 성장하기 시작했다. 1960년대에는 공격적인 성장형 펀드도 등장했다. 1970년대에는 처음으로 인덱스 펀드가 등장했다.

한편 MMF는 예금을 대체하는 역할을 하면서 미국 가계자산이 예금에서 펀드로 이동하는데 기여하기도 했다. 1970년대 오일 쇼크가 발생하자, 미국은 물가 상승률을 낮추기 위해 고금리 정책을 시행했고 연방기금금리는 20%까지 치솟았다. 하지만 금융당국은 금리 급등을 억제하기 위해 은행예금에 이자상한규제를 시행했다. MMF는 CP, 단기채권 등에 투자하여 이자 상한 제한을 적용 받지 않았기 때문에 은행예금 이자보다 높은 수익률을 제공함으로써 급격한 양적 성장을 거둘 수 있었다.

미국의 펀드가 대규모로 성장하고 가계 자산관리 수단으로 보편화된 것은 1990년대였다. 미국에서는 1974년 종업원퇴직소득보장법이 제정됐고, 1980년대 퇴직연금 401(K)와 IRA 제도가 시행되면서 장기성 자금인 연금이 축적되기 시작했다. 이 자금은 1990년대 미국 경제의 성장과 더불어 주식시장으로 빠르게 유입되기 시작했고, 수급이 뒷받침된 증시는 장기 상승 추세를 형성하며 다시 자금 유입을 유발시키는 선순환 구조가 나타났다. 한편 1990년대에는 피터 린치(Peter Lynch)와 같은 스타 펀드매니저들도 등장했다. 소규모 투자자들로부터 거액의 자금을 모아 다양한 전략을 구사하는 헷지펀드도 발전했다. 또한 지수를 그대로 추종하는 passive 형태의 운용을 하면서, 장중에 지수의 움직임에 따라 매매할 수 있는 ETF도 출시되었다. 이렇게 펀드는 질적인 성장을 거듭해서 현재는 자산/국가/업종/운용전략 등 매우 다양한 방식으로 투자할 수 있도록 되어 있다.

참고: K. Geert Rouwenhorst, "The Origins of Mutual Funds," Yale ICF Working Paper No. 04–48 (Yale School of Management, 2004).

---

[6] 1772년 영국에서 시작된 금융위기이다. 1770년대 초반 영국에서는 은행과 상인들의 지원에 힘입은 신용 팽창이 있었는데, 1772년 영국의 한 은행(banking house)인 'Neal, James, Fordyce and Down' 이 프랑스에 대한 부채 상환에 실패하면서 위기를 촉발했다. 은행 부도는 런던에서 스코틀랜드까지 확산되고 결국 유럽 전역에 신용위기가 발생하게 되었다.

SECTION 02

ETF(상장지수 집합투자기구)

1 ETF의 특징

ETF(Exchange Traded Fund, 상장지수 집합투자기구)란, S&P500이나 KOSPI200처럼 특정 주가 지수, 금가격이나 유가처럼 특정 자산의 가격 움직임에 수익률이 연동되도록 설계되고 거래소에 상장되어 주식처럼 거래 · 유통되는 펀드를 말한다.

상당수 ETF의 기초 자산이 인덱스(index, 지수)인데서 알 수 있듯이 ETF의 기원은 인덱스 펀드에서 찾을 수 있다. 최초의 인덱스 펀드는 미국 은행인 웰스 파고(Wells Fargo)가 1970년대 초반에 내놓았다. 인덱스 펀드가 대중화되기 시작한 때는 미국 뮤추얼펀드 운용사인 뱅가드(Vanguard)가 '뱅가드 500 인덱스 펀드'를 출시한 1970년대 중반부터였다.[7]

ETF는 인덱스 펀드에 거래의 편의성을 더한 진일보한 금융상품으로 볼 수 있다. 인덱스 펀드가 은행, 증권사와 같은 판매 채널을 통해서만 설정 · 환매할 수 있는 펀드라면, ETF는 거래소에 상장되어 언제라도 매매할 수 있는 펀드이다. 최초의 ETF는 1993년 1월 AMEX(American Exchange)에 상장된 'SPDR 500 ETF'로, 이 상품은 S&P500 지수의 성과를 추종하도록 설계되었다.[8] 이후 ETF는 본 고장인 미국 밖으로 그 영역을 확장하여 지난 20여년 간 개발된 금융상품 중 가장 혁신적 상품의 하나로 평가받고 있다.

ETF는 운용 목표, 법적 성격, 분산투자, 세금, 보수 등의 측면에서 펀드와 유사하고, 환금성, 유동성, 거래의 편의성 측면에서는 주식과 유사하다. ETF와 다른 금융상품 간 차이점은 [표 3-4]에 정리되어 있다.

---

7 뱅가드 500 인덱스 펀드(Vanguard 500 Index Fund)는 미국 뱅가드 사가 1976년 8월 31일에 설정한 개방형 펀드이다. 이 펀드는 미국 S&P500 지수의 성과를 추종하도록 설계되어 있다.

8 SPDR은 Standard & Poor's Depositary Receipts의 머릿 글자를 모아 만들어진 말이다.

[표 3-4] ETF와 다른 금융상품 비교

구분	ETF	주식	인덱스 펀드	액티브 펀드
운용 목표	인덱스 수익	인덱스 초과 수익	인덱스 수익	인덱스 초과 수익
법적 성격	집합투자증권	지분증권	집합투자증권	집합투자증권
투명성	높음	높음	보통	보통
유동성	높음	높음	낮음	낮음
결제일	T + 2	T + 2	T + 3 (펀드별 상이)	T + 3 (펀드별 상이)
증권대차	가능	가능	불가	불가
레버리지 기능 (증거금 매입)	가능	가능	불가	불가
거래 비용	위탁수수료 운용보수 (약 0.5%)	위탁수수료	운용보수 (0.5% 내외)	운용보수 (1.0% 내외)
위험	시장위험	시장위험, 개별위험	시장위험	시장위험, 개별위험
분산투자	가능	불가	가능	가능
증권거래세	면제	매도 시	적용배제	적용배제

주: 거래비용은 2015년 5월 기준임

ETF는 해당 주가 지수의 움직임을 반영하도록 설계되고 운용되는 상품이다. 따라서 지수가 상승하거나 하락하면 그 비율만큼 ETF 가격이 상승하거나 하락한다. ETF는 주식시장 전체 또는 특정 산업의 업황에 따라 수익률이 결정되고, 개별 기업 투자 시 동반되는 비체계적 위험에서 상대적으로 자유롭기 때문에 비교적 안정적 투자 상품으로 평가받고 있다.

또한 ETF 투자를 통해 누릴 수 있는 효과로 분산 효과가 있다. 소액 투자자 입장에서는 분산 효과를 누릴 수 있는 포트폴리오 구성이 쉽지 않은데, ETF 투자는 시장 전체 또는 업종 전체에 대한 투자로 분산 효과를 가져다 준다. 예를 들어, KOSPI200 지수를 기초 자산으로 하는 ETF 1주를 샀다면, KOSPI200의 전 종목을 산 것과 같은 효과를 기대해 볼 수 있는 것이다.

다만, 레버리지 ETF(leveraged ETF)처럼 파생상품과 차입을 통해 지수 변동폭의 수 배에 이르는 수익이나 손실이 발생하는 경우, 인버스 ETF(inverse ETF)처럼 지수와 반대 방향의 움직임을 보이며 수익이나 손실이 발생하는 경우도 있는 만큼 ETF 투자가 항상 개별 기업 투자보다 안정적이라 단언하기는 어렵다.

ETF는 거래소에 상장되어 거래되기 때문에 주식시장이 열려 있는 동안 언제나 시장 가격으로 횟수 제한 없이 매수하거나 매도할 수 있다. 연 1% 정도인 일반 펀드 운용보수에 비해 ETF 운용보수는 연 0.15%~0.70% 수준으로 저렴한 편이다. 또한 납입자

자산구성내역(PDF, Portfolio Deposit File) 공시라는 제도가 있어 펀드 포트폴리오를 매일 확인할 수 있기 때문에 어느 펀드보다도 투명성이 높다고 볼 수 있다.

2 ETF 관련 제도

1. 발행과 유통

ETF 시장은 ETF가 설정되고 환매되는 발행 시장, ETF 증권이 상장되어 거래되는 유통 시장으로 나누어 볼 수 있다.

유통 시장에서 ETF는 1주 단위로 자유롭게 사고 팔 수 있다. 하지만 발행 시장에서는 ETF를 설정할 수 있는 최소 거래 단위가 지정되는데, 이를 최소설정단위(CU, Creation Unit)라고 부른다. 1 CU 당 ETF의 좌수는 ETF 별로 1만주, 2만주, 10만주 등으로 정해져 있다. 수만 좌에서 수십만 좌 단위로 설정 또는 환매가 이뤄지기 때문에 일반적으로 이 시장에 참여할 수 있는 투자자는 법인 투자자이다.

발행 시장에서 ETF 설정을 원하는 경우, 투자자는 지정참가회사(AP, Authorized Participants)로 지정된 투자매매 및 중개업자를 통하여 ETF 설정에 필요한 주식 바스켓을 납입하고 ETF를 인수한다. 환매를 원하는 경우에는 반대로 ETF를 납입하고 주식 바스켓을 인수하게 된다.

ETF 거래는 일반 주식과 동일한 방법으로 이뤄진다. 증권회사의 주식거래계좌를 통해 ETF를 매수하거나 매도할 수 있고, 매매 주문은 전화나 ARS, HTS를 통해 가능하다. 매매 시간이나 상 · 하한가 제도, 매매 체결 및 결제 방법도 주식거래와 동일하다.

2. 상장 및 상장 폐지

ETF를 설정하여 거래소에 상장시키기 위해서는, ETF의 기초자산인 지수의 적격성, 규모(자본금), 유동성, 자산의 구성 요건 등을 모두 충족해야 한다. 이와 관련된 구체적 상장 요건은 한국거래소 홈페이지의 'ETF 이해' 부분(http://etn.krx.co.kr/index.jsp)에서 확인할 수 있다.

ETF 상장 폐지는 크게 유동성, 규모, 순자산가치 측면에서 접근해 볼 수 있다. 펀드에 비해 ETF의 상장 폐지 기준은 다소 복잡한데, 이는 ETF의 주요 특징인 유동성공급제도, ETF의 시장가격과 기준가격 간의 차이 등이 고려되기 때문이다. ETF의 상장 폐지와 관련된 구체적 요건 역시 한국거래소 홈페이지의 'ETF 이해' 부분(http://etn.krx.co.kr/index.jsp)에서 확인할 수 있다.

3. 지정참가회사(AP)와 유동성공급자(LP)

흔히 AP로 불리는 지정참가회사(Authorized Paticipants)는 ETF의 설정과 해지 요청을 대행하는 증권사이다. ETF 발행 시장에서 AP는 투자자와 ETF 운용 회사(집합투자업자) 사이의 창구로 볼 수 있는데, 각 ETF 별로 복수의 AP를 지정하고 있다. 기관 투자자들의 ETF 설정, 해지 요청에 따라 PDF에 해당되는 주식을 한꺼번에 매매해야 하기 때문에 바스켓 주문을 원활하게 처리할 수 있는 역량을 확보한 증권사들로 AP가 선정된다.

LP로 불리는 유동성공급자(Liquidity Provider)는 AP 가운데 ETF의 시장 유동성을 확보하는 역할도 함께 수행하는 증권사이다. 각 ETF의 LP는 일정 수준의 호가 범위 안에서 매수와 매도 물량을 공급해야 한다. 이러한 LP 덕분에 일반 개인 투자자들은 장중 대부분의 시간 동안 ETF의 기준가격에서 크게 벗어나지 않는 수준으로 원활하게 거래를 할 수 있다.

LP는 매수와 매도 양방향으로 최소한 100주(좌) 이상씩 호가를 제시해야 한다. HTS 상의 화면을 통해 실제로 보면 LP는 적게는 1,000주, 많게는 100,000주까지 양방향으로 호가를 제출한다. 그림 [3-2]에서 점선으로 표시된 부분이 LP가 제시하는 호가 수량이다.

[그림 3-2] ETF에서 LP의 호가수량 제시 예시

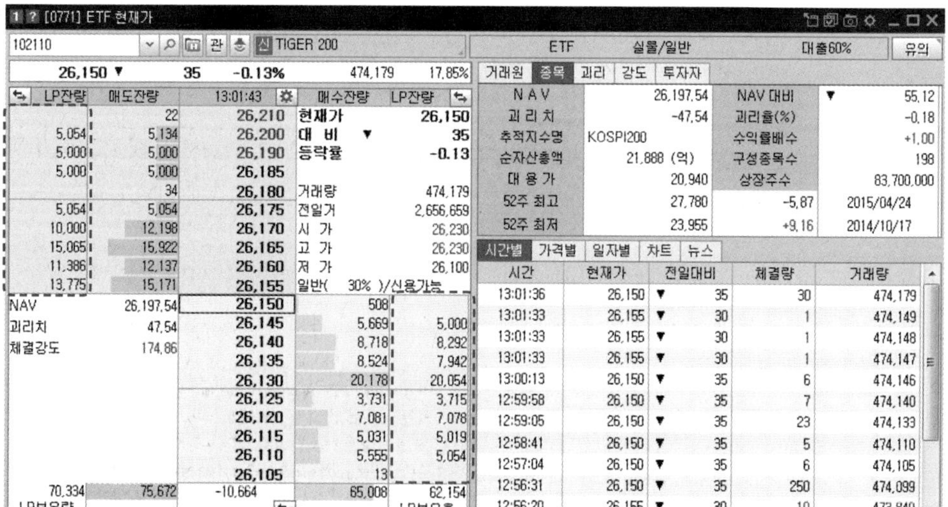

출처: 미래에셋증권 KAIROS

주: TIGER 200 ETF를 조회한 화면

거래소에 ETF를 상장하려는 집합투자업자는 반드시 LP를 한 곳 이상 정해 계약을 맺고, 유동성공급계약서를 거래소에 제출해야 한다. LP의 호가 제출과 관련된 의무와 기간, 면제 요건, 최소 호가 수량, LP 교체 등에 대한 사항은 한국거래소 홈페이지의 'ETF 이해' 부분(http://etn.krx.co.kr/index.jsp)에서 확인할 수 있다.

4. 과세

ETF에 투자한 경우 법인 투자자는 유통시장에서는 주권 양도로, 발행 시장에서는 환매로 이익을 실현할 수 있다. 개인 투자자는 집합투자규약 상 환매가 불가능하기 때문에 주권 양도, 즉 매매를 통해서만 이익을 실현할 수 있다.

ETF는 주식처럼 사고 팔기 때문에 과세 역시 주식과 동일한 것처럼 생각될 수 있지만, ETF에는 증권 거래세 0.3%가 부과되지 않는다. 이는 현재 국내에서 ETF가 투자신탁형으로만 발행되어 세법 상으로는 주식이 아닌 펀드이기 때문이다. 단, 향후 회사형 ETF가 발행된다면, 이 경우 주식이기 때문에 증권 거래세가 부과될 수 있다.

현재 국내에 상장된 모든 ETF는 공통적으로 거래세가 면제된다. 매매 차익이 발생한 경우 투자한 ETF 유형에 따라 각기 다른 세제가 적용된다. 국내 주식형 ETF의 경우 비과세이나, 이외의 ETF(국내주식 파생형, 채권형, 해외 주식형, 원자재형 등)의 경우 보유 기간 동안 발생한 이익에 대해 과세되고 이는 배당 소득세로 분류된다. 단, 여기서 이익이란 매매 차익과 ETF의 과세표준기준가격 중 작은 값으로 한다. 예를 들어, 현재가 10,000원에 매수한 ETF를 10,500원에 매도했다고 해 보자. 이 경우 세금은 반드시 매매 차익인 500원에 대해 부담하지 않을 수도 있다. 즉, 같은 기간에 과세표준기준가격이 450원만 올랐다면, 세금은 작은 값인 450원에 대해 부과되는 것이다. 가격 상승분에 대해서는 15.4%가 원천 징수된다. 추가적으로 분배금[9]이 지급되는 경우에도 세금이 붙을 수 있는데, 이 때 역시 매매 차익에 대한 과세 방법과 같은 원칙이 적용된다. 즉 ETF로부터 받게 되는 분배금과 ETF 보유 기간 동안 분배금 관련 과세표준기준가격 상승분 중 작은 금액에 대해 배당 소득세를 내는 것이다. 증분에 대해 15.4%가 원천 징수된다.

---

[9] ETF는 지수를 추적하는 펀드이므로 배당, 이자수익 등이 발생하여 추적 대상 지수와 괴리를 보이는 경우가 있다. 이 때에는 그 부분을 분배하여 추적 대상 지수의 변동성과 같게 할 필요가 있어서 분배금이 발생한다. 이 분배금에 대해 배당소득세가 부과된다.

3 ETF 투자지표

1. 기준가격, 실시간기준가격, 시장가격

ETF에서 기준가격(NAV, Net Asset Value)이란, ETF가 보유하고 있는 자산 가치를 모두 반영하여 산출되는 ETF 1좌당 가치를 의미한다. 일반 펀드와 마찬가지로 ETF의 기준가격은 전일 종가를 기준으로 하루에 한 번 발표된다.

그런데 ETF는 거래소에 상장되어 실시간(09:00~15:00)으로 거래되고 있는 만큼 기준가격은 ETF의 가치 변화를 제대로 반영한다고 볼 수 없다. 이를 보완하기 위해 일종의 참조용 기준 가격으로 만들어진 것이 바로 실시간기준가격(iNAV, indicative or intraday Net Asset Value)으로, ETF가 담고 있는 기초자산의 가치 변화를 고려해 매 10초마다 계산되어 발표된다.

시장가격(Market Price)은 실제 매매 시 형성된 1좌당 거래 가격을 의미한다. 시장가격은 가장 최근에 체결된 거래가격이다. 대체로 시장에서 거래가 잘 되고 있는 ETF라면 시장가격과 실시간기준가격 사이의 차이가 작다.

2. 할증거래와 할인거래

할증거래는 ETF의 시장가격이 (실시간) 기준가격보다 높게 형성된 거래로 ETF가 비싸게 거래되는 경우이다. 반대로 할인거래는 시장가격이 (실시간) 기준가격보다 낮게 형성된 거래로 ETF가 싸게 거래되는 경우이다.

3. 괴리율

앞서 살펴본 ETF의 기준가격과 시장가격 사이의 차이가 어느 정도 되는지를 비율로 표시한 지표가 바로 ETF의 괴리율이다. ETF의 괴리율은 [(시장가격 − 실시간기준가격) / 실시간기준가격] × 100으로 구한다.

ETF에서 기준가격과 시장가격 간 차이가 발생하는 것은 당연하다고 볼 수 있으나, 그 정도가 너무 크거나 오래 지속되고 있다면, 이는 LP의 매수 호가, 매도 호가 제시가 원활하지 못해 ETF가 적정한 가격에 거래되고 있지 못한 경우로 볼 수 있다.

괴리율이 최소화된 상태에서 ETF의 정상적인 거래를 돕는 것이 앞서 살펴본 LP의 역할이다. 하지만 LP의 노력에도 괴리율 발생은 불가피한데, 원인은 세 가지로 접근해 볼 수 있다. 첫째, 국내 시장에서 14:50~15:00 장 막판 동시호가 시간에는 LP가 유동성을 공급해야 할 의무가 없는데, 이 때 ETF의 시장가격과 기준가격 사이에 차이가 크게 날 수 있다. 둘째, ETF가 담고 있는 기초 자산의 거래 빈도가 매우 낮은 경우 또는 해외 주식처럼 국내 시장과 거래 시간이 일치하지 않는 경우에도 괴리가 생길 수 있다. 셋째, ETF가 마지막으로 거래된 시간이 장 종료 시간보다 이른 경우로, 이 때 ETF의 기준가격은 기초자산의 변동이 반영되어 결정되는 반면 시장가격은 기초자산의 변동이 반영되지 않아 괴리가 생길 수도 있다.

4. 추적오차

추적오차(tracking error)는 ETF의 수익률이 기초 자산이 되는 지수의 수익률과 어느 정도로 일치하고 있는지를 확인시켜 주는 지표이다. 추적 오차는 복제 방법과 복제 수준[10], 운용 보수, 기초 자산에서 발행하는 배당금과 이자 등 다양한 원인에 의해 발생한다. 추적 오차가 낮으면 낮을수록 좋은 ETF라고 볼 수 있다.

5. 호가스프레드

ETF를 매수하고자 하는 가격 가운데 가장 비싼 가격인 최우선 매수호가와 매도하고자 하는 가격 중 가장 싼 가격인 최우선 매도호가 간의 차이를 ETF 호가스프레드라고 한다. ETF에서는 최소 5원 단위로 호가가 제시될 수 있다. 따라서 호가스프레드가 5원이라면 그 ETF는 유동성이 매우 좋은 편이라고 판단해 볼 수 있다.

10 주로 집합투자업자가 ETF를 운용할 때 지수를 구성하는 종목을 다 편입하지 않고 부분적으로 편입해 운용한다. 이러한 기법을 부분 복제법이라고 하는데, 구성종목 전체를 편입하는 완전 복제법보다 거래 비용을 절감할 수 있어 구성 종목수가 비교적 많은 지수를 추적하는 ETF 또는 인덱스펀드를 운용할 때 많이 활용된다. 하지만 편입되지 않는 종목이 급등락하는 경우 추적 오차가 커질 수 있다.

Box **ETF의 할증거래, 할인거래를 피하는 방법**

ETF의 비정상적인 할증거래 또는 할인거래를 피하고자 한다면 다음 세 가지 팁(tip)을 활용할 필요가 있다.

첫째, 동시호가 시간을 피하는 것이다. 통상 동시호가로 불리는 시간대로 단일가격에 의한 개별경쟁매매시간(시가 결정 시 08:00~09:00, 종가 결정 시 14:50~15:00)과 단일가매매 종료 후 5분이 경과하지 않은 경우 LP에게는 호가 제출 의무가 없다. 그러므로 거래량이 받쳐주지 않는 ETF라면 이 시간대에는 가급적 주문을 내지 않는 것이 할증 또는 할인거래를 피할 수 있는 방편이 될 수 있다.

둘째, 지정가주문을 활용하는 것이다. 지정가주문은 정해진 가격이나 정해진 시간에 거래를 체결시켜 준다. 따라서 비정상적 가격에 거래가 체결되는 일을 미연에 방지할 수 있다. 특히 LP의 유동성 공급이 역부족일 정도로 시장에 단기 충격이 발생하고 변동성이 확대되는 경우 보호받을 수 있는 방편이 바로 지정가주문의 활용이다.

셋째, 실시간 기준가격(iNAV)를 확인하는 것이다. HTS 상 ETF 현재가 화면에서는 실시간기준가격을 제공하고 있는데, ETF 투자에 앞서 실시간기준가격, 매수/매도 호가 수준, 잔량 등이 적정 수준인지 비교하고 투자하는 것도 비정상적 할증 또는 할인거래를 피할 수 있는 비교적 간단한 방법으로 볼 수 있다.

SECTION 03
랩어카운트(Wrap Account)

1 랩어카운트의 특징

랩어카운트는 금융회사[11]가 고객과의 투자일임계약에 따라 개별 계좌별로 투자 목적과 위험 성향에 따라 투자자문, 자산운용 등을 통합적으로 제공해주는 자산관리 플랫폼이다. 미국에서는 통합관리계좌 또는 합동운용계좌의 의미를 지닌 'Managed Account'로 통칭되는데, 증권 중개 · 위탁매매를 통한 수수료 중심의 영업에서 벗어나 자산 규모에 비례한 보수를 징수하고 장기 고객을 확보하기 위한 차원에서 도입 · 활성화되었다. 처음에는 단일 투자상품 관리 계좌인 SMA(Separately Managed Account)의 형태를 띠다가 2000년대 들어서는 복수의 전략을 구사하거나 개방형 플랫폼으로 다양한 상품에 투자할 수 있는 통합 자산관리 계좌인 UMA(Unified Managed Account)로 진화하고 있다. 우리나라의 랩어카운트는 전반적으로 특정 상품 위주의 투자일임이 주류를 형성하고 있어서 미국의 SMA에 가깝다고 볼 수 있다. 국내의 주식 자문형랩, 펀드랩 등은 SMA의 대표적 형태이다. 향후 우리나라에서도 투자 대상과 투자 전략의 다양화로 고객의 다양한 니즈를 충족시킬 수 있는 통합자산관리계좌 형태의 랩어카운트가 활성화될 것으로 보인다. 참고로 [표 3-5]는 우리나라의 랩어카운트 종류를 보여준다.

[표 3-5] 랩어카운트 종류

주식형랩	랩어카운트 재산을 개별 주식으로 직접 운용
자문형랩	투자자문사와의 계약을 통해 투자 자문을 받고 이에 따라 랩어카운트 재산을 운용
채권혼합형랩	랩어카운트 재산에 주식관련 자산이 편입되지 않고 채권성 자산에 투자
CMA형 MMW	랩어카운트 재산 전액을 증권금융에 예치하는 상품으로 당일 입출금이 가능함
채권형 MMW	고객의 단기입출금 수요에 대응하여 국공채, 금융채, CP, 콜론 등 단기 자산에 투자
펀드랩	랩어카운트 재산을 펀드에 운용
맞춤형랩	고객의 자금 운용 니즈(needs) 및 계획에 맞게 증권사의 투자자산운용사가 대응하여 고객별로 주식, 채권, 펀드, 파생결합증권 등 다양한 금융상품으로 재산을 운용

출처: 금융감독원

11 현재 투자일임업자 라이선스(license)를 가진 증권사만 가능하다(2015.5 기준).

투자자 입장에서 펀드는 투자 자산에 대한 운용 결정권이 원천적으로 없는 반면 랩어카운트는 간접투자와 직접투자의 중간 형태로 투자자의 운용 개입이 가능하다. 또한 펀드는 다수 투자자들의 자금이 통합되어 운용되지만, 랩어카운트는 개인계좌 단위로 운용된다. 이 점에서 랩어카운트 투자자는 실시간으로 HTS 등을 통해 평가금액, 수익률 등을 조회하며 투자 대상을 점검할 수 있다. 한편, 펀드의 경우 인터넷 포털 사이트에만 가도 펀드별 기간 수익률을 쉽게 찾아볼 수 있다. 반면 랩어카운트는 투자전략, 자산구성에 따라 투자자별로 기대 수익률이 달라질 수 있고 투자자 계좌별로 투자가 이뤄지기 때문에 펀드처럼 수익률이 공개되지 않는다.

2 랩어카운트 계약 시 유의 사항

투자 전문가로부터 종합적 맞춤형 자산관리서비스를 제공받으려는 투자자들의 니즈(needs)는 강해지고 있다. 이에 따라 랩어카운트에 대한 수요는 더욱 확대될 전망이다. 투자자 입장에서 랩어카운트는 단일 투자 상품이라기보다 자산관리서비스를 제공하는 하나의 투자수단(vehicle) 내지 플랫폼(platform)이다. 랩어카운트 계약 시 투자자들은 다양한 투자 대상에 투자할 수 있는지, 최적화된 포트폴리오 제공이 가능한지, 자체 리스크 관리(투자손실 관리, 금융상품투자비율 제한 관리, 유니버스 관리 등)는 제대로 이뤄지고 있는지 등을 꼼꼼히 챙겨봐야 할 것이다.

랩어카운트에 가입하려면 [표 3-6]에 나타난 것처럼 우선 증권회사에 가서 KYC(Know Your Customer, 고객투자 성향파악/고객확인의무)를 진행하고, 제안서나 리플렛(leaflet) 등을 통해 랩어카운트 설명을 듣고, 투자일임계약 약관/계약권유문서/핵심설명서 등을 수령하고 계약서를 작성하는 절차를 거치게 된다.

[표 3-6] 랩어카운트 계약 단계

Step 1	투자권유준칙 진행 – 투자 목적, 재산상황, 투자위험 감수능력 등의 투자자 정보 확인서 작성
Step 2	제안서, 리플렛(leaflet) 등을 통한 랩어카운트 설명 듣기
Step 3	랩어카운트 약관, 계약권유문서 수령
Step 4	핵심설명서 수령 및 작성
Step 5	주요내용설명확인서 작성
Step 6	계약서 작성

랩어카운트 가입 시 반드시 챙겨봐야 할 관련 서류를 예시를 통해 살펴 보자.

1. 약관 및 계약권유문서

종합자산관리계좌설정 약관 및 계약권유문서는 '자본시장과 금융투자업에 관한 법률' 등 관계 규정에 근거하여 작성된다. 투자일임의 방법과 범위, 투자 대상, 운용 절차, 수수료 관련 사항, 투자 실적의 평가 및 통보 방법 등 계약 체결 전에 투자자가 반드시 알아두어야 할 내용을 담고 있는 것이 바로 약관 및 계약권유문서로, 투자자는 반드시 이를 수령하고 설명을 들어야 한다.

[예시 3-14] 랩어카운트 약관

일임형 종합자산관리계좌설정 약관

제5조 계약의 체결 및 계약기간

① 고객이 계약을 체결하고자 하는 경우 (별지)에서 정한 최소계약금액 이상의 자산을 예탁하여야 한다. 이 경우 예탁된 고객의 자산은 제17조의 규정에 의하여 평가한다. 다만, 최소계약금액에 미달하더라도 회사의 승인을 거친 후 계약을 체결할 수 있다.
② 예탁이 가능한 투자일임재산은 현금 및 계약 체결시 고객에게 안내한 투자대상에 해당하는 자산으로 한다.
③ 계약기간은 계약체결일로부터 최소 6개월 이상의 기간으로 하되, 고객과 회사가 계약서에서 정한 기간으로 한다.
④ 회사는 고객에게 계약기간 만기일 20일전까지 만기일을 통보하여야 하며, 계약기간을 연장하고자 하는 경우 "고객은 통보를 받은 후 계약기간 만기일까지 계약의 연장 여부에 대한 의사를 표시하여야 하고, 고객이 계약의 연장 여부에 대한 의사를 표시하지 아니한 경우에는 동일기간 및 동일한 조건으로 계약은 자동 연장된다"는 취지의 내용을 통보하여야 한다
⑤ 고객이 제4항의 통지를 받은날로부터 계약기간 만기일까지 계약해지의 의사표시를 하지 않는 경우 이전 계약과 동일기간 및 동일조건으로 계약을 갱신하는 것으로 한다.

제6조 투자대상 및 제한

① 회사는 고객의 투자일임재산으로 다음 각호의 금융투자상품을 매입하여서는 아니 된다.
1. 회사 또는 관계인수인이 인수한 증권. 다만, 인수일부터 3개월이 경과한 경우에는 그러하지 아니하다.
2. 회사 또는 그 이해관계인이 발행한 증권. 다만, 고객이 동의하는 경우에는 그러하지 아니하다.
3. 기타 자본시장법 및 관련 법령상 매입이 금지된 금융투자상품
② 회사는 투자일임재산의 효율적 운용 및 위험관리를 위하여 특정 금융투자상품을 투자대상에서 제외할 수 있다.

제7조 투자일임방법 등

① 회사는 고객의 투자목적, 재산상황, 투자경험, 투자자 연령, 투자위험 감수능력, 소득수준, 금융자산의 비중 등을 파악하여 투자자 유형을 분류하고 해당 투자자 유형에 부합한 계약체결 및 투자일임재산을 운용하여야 한다.
② 고객은 투자일임재산의 운용에 대하여 다음과 같은 합리적 제한을 할 수 있으며, 회사는 약관에서 정한 특별한 사유가 없는 한 해당 요구에 대하여 응하여야 한다.
1. 자산배분 유형의 변경
2. 일시적 운용 정지
3. 투자비중 지정
4. 특정증권 등의 취득, 처분
5. 기타 계약에서 정한 운용조건
③ 고객은 투자일임재산의 운용과 관련한 합리적 제한을 계약시 별도로 정하거나 혹은 회사 임직원에게 서면 및 유선을 통하여 요청할 수 있다.
④ 회사는 고객에 대하여 매 분기 1회 이상 고객의 재무상태, 투자목적 등의 변경여부를 확인하고 고객이 변경된 내용이 있다고 응답 또는 회신하는 경우 원칙적으로 대면 · 유선의 방법으로 확인하되, 투자자가 원할 경우에는 서면 · 전자우편의 방법으로 확인하고, 변경된 내용에 부합하도록 투자일임재산을 운용하여야 한다. 다만, 고객이 4회 이상(계약한 연도에는 3회) 재무상태, 투자목적 등 변경에 대하여 응답 및 회신하지 않을 경우 투자일임계약을 해지할 수 있다.
⑤ 고객은 자기의 재무상태, 투자목적 등에 대하여 투자일임재산을 운용하는 회사의 임직원에게 상담을 요청할 수 있으며, 투자일임재산을 운용하는 회사의 임직원은 그 상담요구에 대하여 응하여야 한다. 다만, 투자일임자산을 운용하는 자가 상담일로부터 2주전에 투자일임재산에 편입된 금융투자상품에 대하여 작성한 자료에 근거할 경우에는 투자일임재산을 운용하지 않는 임직원도 상담할 수 있다.

출처: 미래에셋증권

[예시 3-15] 랩어카운트 계약권유문서

일임형 랩어카운트 계약권유문서

④ 회사는 개별 투자일임재산을 효율적으로 운용하기 위하여 투자자를 유형화한 후 각 유형에 적합한 방식으로 투자일임재산을 운용하는 경우 투자대상자산의 매매주문을 집합하여 처리하고, 그 처리 결과를 투자일임재산별로 미리 정하여진 자산배분명세에 따라 공정하게 배분하는 경우, 여러 투자자의 자산을 집합하여 운용할 수 있습니다.
⑤ 회사는 특정 랩어카운트의 운용상 선관주의 의무 및 충실의무 이행을 위해 투자일임재산 운용정보 조회를 고객에게 일정기간 제한할 수 있습니다(예 : T+2일, T=매매일자).

2. 투자일임 운용절차

회사가 투자일임업무를 합리적으로 수행하기 위한 절차는 다음과 같습니다

(1) 투자목적 등의 분석, 약관 · 계약권유문서의 설명 및 제공
투자자산운용사는 고객과 계약을 체결하기 전에 상담을 통해 고객의 재무상태, 투자목적 등을 서면으로 파악하며, 약관 · 계약권유문서의 주요내용을 설명하고 제공합니다.

(2) 랩어카운트 유형 선정
투자자산운용사는 고객의 재무상태, 투자목적 등을 고려하여 고객 상황에 적합한 랩어카운트 유형을 추천해 드립니다.

(3) 투자결정 및 계약체결 단계
① 고객은 추천된 랩어카운트 유형을 검토한 후 투자를 결정하며, 계약 관련 주요내용을 기재한 약관 및 계약권유문서를 수령하고 계약서를 작성하여 계약을 체결합니다.
② 고객은 약관의 별지에서 정한 최소계약금액 이상의 자산을 예탁하여야 하며, 만약 최소계약금액에 미달하는 경우는 회사의 승인을 거쳐 계약을 체결할 수 있습니다.
③ 최소계약금액이라 함은 효율적인 투자일임재산의 운용을 위해 회사가 정한 기본 예탁금액을 말합니다

(4) 투자일임재산의 운용
투자자산운용사는 고객의 재무상태, 투자목적 등에 부합하도록 투자일임재산을 운용합니다.

(5) 투자목적 등의 변경 여부 파악
회사는 고객에 대하여 매 분기 1회 이상 고객의 재무상태, 투자목적 등의 변경여부를 확인하고 고객이 변경된 내용이 있다고 응답 또는 회신하는 경우 원칙적으로 대면 · 유선의 방법으로 확인하되, 투자자가 원할 경우에는 서면 · 전자우편의 방법으로 확인하고, 변경된 내용에 부합하도록 투자일임재산을 운용합니다.

(6) 투자일임 성과보고
① 회사는 투자일임재산의 자산현황, 매매거래, 투자성과 등을 기재한 투자일임보고서를 3개월마다 1회 이상 고객 또는 고객이 지정한 대리인에게 직접, 우편발송, 전자우편 등의 방법으로 통지합니다.
② 고객은 계좌의 보유자산 현황 및 투자수익률 등 운용내역을 담당 투자자산운용사 또는 전자매체 등을 통해 확인하실 수 있습니다.

3. 고객과의 이해상충 방지를 위한 절차

(1) 투자일임업무와 관련된 금지 행위
① 계약으로 정한 수수료 외의 대가를 추가로 받는 행위
② 고객의 동의 없이 투자일임재산으로 회사 또는 그 이해관계인이 발행한 증권에 투자하는 행위
③ 투자일임 관련 비밀정보를 이용하여 자신, 가족 또는 제3자의 이익을 도모하는 행위
④ 투자일임재산으로 투자하고자 하는 증권을 발행한 회사의 임 · 직원과의 담합 등에 의하여 매매하는 행위
⑤ 다른 투자일임회사 등과 서로 짠 후 매매정보를 공유하여 매매하는 행위
⑥ 기타 관계법규에서 금지하는 행위

(2) 회사의 내부통제 기준 수립
① 회사는 투자자산운용사 및 투자일임업무 관련자들이 관계법규 및 회사 방침에 따라 해당 업무를 수행하도록 내부통제 기준을 수립하여 운영하고 있으며, 내부통제 기준의 준수 여부를 점검하는 물적 시설 및 인력을 갖추고 있습니다.
② 투자일임 관련 회사의 내부통제기준은 다음 각 호의 내용을 포함하고 있습니다.
가. 운용의사결정 단계별 책임 주체의 권한 및 의무

출처: 미래에셋증권

2. 핵심설명서

핵심설명서는 약관 및 계약권유문서에서 중요한 내용만을 모아서 별지 형태로 만든 서류이다. 랩어카운트 계약 시에는 핵심설명서에만 의존하지 말고 약관 및 계약권유문서 등 세부 설명 자료를 반드시 함께 확인해야 한다.

핵심설명서를 통해 투자자는 특정 랩어카운트의 위험등급, 운용목표, 투자대상, 최소 가입금액, 운용주체 등을 확인할 수 있다. 예시로 든 미래에셋증권 Premier Multi 랩어카운트 핵심설명서를 보자. 'Premier Multi'는 운용 유형의 명칭이고, 운용주체는 지점의 투자자산운용사(자산관리사)인 지점운용형 랩어카운트이다. 또한 주식/ETF, 국내외펀드, 파생결합증권, RP 등 다양한 투자대상으로 운용되는 점으로 보아 단일상품관리계좌가 아니라 통합자산관리형태의 맞춤형 랩 상품임을 알 수 있다. 위험등급은 초고위험(1등급)이고 최소 가입금액은 3천만원으로 명시되어 있다.

이외에 핵심설명서에서는 투자위험, 유의사항, 수수료(wrap fee)에 대한 정보를 확인할 수 있다. 랩어카운트 계약자는 투자일임재산의 평균잔고금액을 기준으로 일정 비율을 비용으로 매 분기 또는 매월 지불한다. 증권회사에서는 이 비용을 투자일임수수료라고 부른다. 유형에 따라서 최초 투자 시 투자자금의 일부를 선취수수료로 징수하는 랩어카운트도 있다. 예시로 든 미래에셋증권 Premier Multi 랩어카운트의 경우 투자자산별로 수수료에 차등을 두고 있음을 알 수 있다. 주식(ETF포함)은 연 2.8%, 국내외 펀드는 연 0.3%, 현금/RP는 연 0.1%에 해당되는 금액을 매 분기 종료 후 다음 분기 첫 영업일에 징수하는 것으로 되어 있다.

[예시 3-16] 랩어카운트 핵심설명서

▶ 본 랩어카운트 계약은 원금비보장 이며, 예금자보호법에 따른 보호 대상이 아님을 유의하시기 바랍니다.
▶ 본 핵심 설명서는 랩어카운트의 중요 내용만을 선별하여 요약하였으니, 핵심 설명서에만 의존하지 마시고 약관, 계약권유문서 등 세부 설명자료를 반드시 확인하신 후 계약하시기 바랍니다.

투자위험등급 1단계 [초고위험]	미래에셋증권은 금융상품(투자대상 자산)의 종류 및 위험도 등을 감안하여 1단계에서 5단계까지 투자 위험등급을 5단계로 분류하고 있습니다. 따라서, 이러한 분류기준에 따른 금융투자상품의 위험등급에 대해 충분히 검토하신 후 합리적인 투자 판단을 하시기 바랍니다.

미래에셋증권 Premier Multi 랩어카운트

☐ 랩어카운트 개요

위험등급	**초고위험 (1등급)**
투자방법	임의식
가입기간	1년 이상 (2년 이상 장기투자 권장)

☐ 운용목표 및 투자적합 고객

운용목표	투자일임재산의 관리 및 운용을 담당할 투자자산운용사를 직접 선임하여 투자일임재산의 가치 등의 분석에 기초한 자산관리, 일임 운용 등 투자관리 서비스를 통한 자본이득을 추구합니다.
투자적합고객	**전문가에 의한 자산운용 및 리스크관리가 필요한 고객**에게 적합합니다.

☐ 투자대상 및 일임대상

투자대상	**주식/ETF, 국내외 펀드, 파생결합증권(ELS/DLS 포함), 국내외 채권, RP 등을 주요 투자대상**으로 하여 운용됩니다. 단, 주식/ETF는 당사 Universe 범위내에서 운용됩니다.
	본 랩어카운트는 고객의 투자판단을 전부 회사에 일임하는 것으로서 운용과 관련한 합리적인 제한을 하실 수 있으며, 투자일임재산의 운용방법을 변경(유형변경 등) 하거나 특정 증권의 취득 및 처분, 계약 해지를 요구하실 수 있습니다.
일임대상	국내외 금융투자상품 : 0~100% / 유동성 자산(현금, RP 등) : 0~100%

☐ 최소 투자금액

최소투자금액	3천만원

☐ 운용주체

운용주체	고객의 재무상태, 투자목적 등을 파악하여 그 내용에 부합하도록 투자자산운용사가 일임재산을 운용합니다.

☐ 투자 위험

투자 위험	본 랩어카운트는 **예금자 보호법에 의하여 보호되지 아니하며 원금의 손실 가능성이 있고, 운용결과에 따른 이익과 손실은 투자자에게 귀속**됩니다.
	국내주식의 시장 처분 불가 또는 증권시장 등의 폐쇄, 정지, 휴장 등의 불가피한 상황이 발생하거나, 집합투자증권의 환매제한 사유, 또는 환매연기의 사유 발생시 요청한 출금이 지연될 수 있습니다.
	파생상품에 투자하는 금융상품(파생상품펀드, 파생결합증권등)은 높은 수준의 파생상품 투자위험을 내포하고 있으며, 파생상품의 가치를 결정하는 기초변수등이 예상과 다른 변화를 보일 때에는 당초 예상과 달리 큰 손실을 입거나 원금전체의 손실을 입을 수 있습니다. 특히 급격한 시장변동, 거래상대방(발행인)의 신용 악화, 또는 부도 및 기타 예측하지 못한 변수 등으로 단기에 예상치 못한 손실이 발생할 수 있습니다
	수익률이 기초지수의 일간수익률에 연동되는 파생상품ETF (레버리지ETF, 인버스 ETF 등)를 투자하여 1영업일을 초과하여 보유하는 경우에는 복리 효과 등에 따라 당해 파생상품 ETF가 추구하는 투자목표(기초지수 수익률의2 배등)를 달성하지 못할 수 있으며, 변동성이 큰 시장 상황에서는 단기에 예상치 못한 손실이 발생할 수 있습니다.
	해외채권(브라질국채 등)은 외화로 거래가 이루어지므로 가격변동에 따른 매매손익이 발생하는 이외에, 해당 통화의 환율 변동에 따른 손실이 발생할수 있으며 투자대상 국가 또는 지역의 경제, 시장상황 등의 특징 등에 따른 제반위험 요인이 국내증권거래보다 더 많이 수반될 수 있습니다.
	해외채권(브라질국채 등)은 채권 발행주체의 신용등급, 채무불이행 가능성, 재무상황 등이 추후 변동될 수 있고, 채권 발행국가의 조세정책 및 제도의 변경위험이 있으며, 이에 따른 원금 손실 및 가격변동 위험이 있습니다.

계속

□ 수수료

수수료	**주식/ETF/상장형펀드 - 분기 0.7%(연 2.8%), 현금/RP - 분기 0.025%(연 0.1%)** **국내외펀드·파생결합증권·채권등의 금융투자상품 - 분기 0.075%(연 0.3%) (중도해지수수료 없음)**
	투자일임수수료는 분기 중 투자일임재산의 평균잔고금액을 기준으로 일할 계산하여 매 분기 종료 후 다음 분기 첫 영업일 또는 계약해지 및 종료 시에 징수합니다.(백원미만 절사)
	주식/채권등 편입자산의 매매에 따른 거래제세금 및 금융투자상품 투자시 해당 상품의 약관,설명서에 정한 보수, 수수료, 비용은 투자일임수수료와 별도로 고객이 부담합니다.
	투자일임수수료 외에 별도의 주식매매에 따른 위탁매매수수료가 징수되지 않습니다.
	계약의 만기 또는 중도해지 시 투자일임수수료는 계약만기일(또는 중도해지일)전일까지의 투자일임재산 평가금액을 기준으로 산정합니다.
	금융투자상품의 편입시기에 따라 **계약해지 및 종료 후에도 금융투자상품별로 환매수수료가 발생**할 수 있습니다.
	랩전용상품의 Wrap fee는 상이 할 수 있으며 이를 일할 계산하여 매분기 종료 후 다음 분기 첫 영업일 또는 계약 해지시에 징수합니다.(백원미만 절사) (예시: 랩전용주식형펀드 연 1.5% 수준, 랩전용해외채권 연 0.85% 수준)
	투자일임수수료는 현금에서 우선 징수되며, 현금 등이 없을시 보유자산을 처분하여 충당됩니다. 만약 자산 처분을 통한 수수료 충당을 희망하지 않는 경우 매 분기 말일까지 수수료에 해당하는 현금을 계좌에 입금하셔야 합니다.

출처: 미래에셋증권

3 랩어카운트 사후 관리하기

랩어카운트와 펀드 가입 시 가장 큰 차이점은 사후 관리 프로세스에 있다. 랩어카운트는 특정 상품에 대한 가입이 아니라 투자를 일임한 다음 지속적으로 자산관리 서비스를 제공받는 것이다. 펀드처럼 투자자 가입 이후 판매사의 법적 의무가 종료되지 않는다. 랩어카운트를 운용하는 금융회사는 매 분기 1회 이상 투자자의 재무상태, 투자 목적 등의 변경 여부를 확인하고, 변경된 내용에 맞도록 투자일임자산을 운용해야 한다. 또한 매 분기마다 금융투자협회가 규정하는 양식의 투자일임보고서를 투자자에게 발송해야 한다. 투자일임보고서에는 계약정보, 운용현황, 자산현황, 수수료 현황, 매매회전율, 투자자산운용사 등의 정보가 포함되어 있다. 따라서 투자자는 투자일임보고서를 매 분기 확인하여 자신이 일임한 투자 재산이 제대로 운용되고 있는지 살펴봐야 한다.

[예시 3-17] **랩어카운트 투자일임보고서**

랩어카운트 투자일임보고서

(대상기간: 2014.07.01 ~ 2014.09.30)

1. 계약정보 [기준일 : 2014.09.30]

계좌번호		계좌명		(일임)투자성향등급	
계약형태		운용유형		상품위험등급	
최초계약일		만기일		투자자산운용사	
최초계약금(원)				운용담당	
투자제한사항				계좌운용비율	
고객투자성향					

※상기 계약은 만기일 이전 20일 이내에 계약종료의 의사표시를 하지 않으면 이전 계약과 동일한 조건으로 연장됩니다.
※최초계약금은 최초 랩계약일의 계약금액 기준입니다.
※투자제한종목과 계좌운용비율 지정 항목은 예외적용을 요청한 주식운용형 랩어카운트 가입 고객에게만 해당됩니다.
※고객투자성향진단이 시행되기 전에 랩계약을 한 경우 고객투자성향이 공란일 수 있습니다. 고객성향진단을 등록해 주시기 바랍니다.

2. 운용현황 [단위 : 원, %]

구분	운용현황
■ 입출금반영투자원금	72,990,420
■ 누적수익률	8.3
① 대상기간 기초평가금액	79,035,955
② 입금액	0
③ 출금액	0
④ 대상기간 기말평가금액	79,119,496
⑤ 대상기간 투자손익	83,541
⑥ 대상기간 수익률(%)	0.1

※상기 평가금액은 결제기준으로 작성되었으며, 자산별로 발생된 세금 및 수수료 등의 비용이 반영될 수 있습니다.
※상기 평가 금액은 결제당시의 환율기준으로 작성되었으며, 발생된 현지 매매 환전수수료 등 당사에 귀속되지 않는 비용, 세금, 수수료 등이 반영될 수 있습니다.
※입출금반영투자원금은 최초랩계약일의 기초평가금액에 대상기간 말일까지의 입출금(고)액을 누적계산한 투자원금입니다.
※입출금반영투자원금이 음(-)의 값이 나온 경우는 투자금액보다 출금금액 많음을 의미하며 이 경우 누적수익률은 '0'으로 표기됩니다.
※누적수익률 = (대상기간 기말평가금액 - 입출금반영투자원금) / 입출금반영투자원금
※기초평가금액은 '대상기간 초일 - 1일'의 종가기준이며, 기간수익률은 대상기간중 투자손익을 대상기간의 누적투자원금으로 나눈 단순 수익률 입니다. [⑤=④-(①+②-③), ⑥=⑤/(①+②-③)]

3-1. 자산 운용실적 [단위 : %]

구분	최근 3개월	최근 6개월	최근 9개월	최근 12개월
투자일임계약 수익률	0.1	2.1	3.5	5.6
비교지수 수익률	0.0	0.0	0.0	0.0

※상기 수익률은 자산별로 발생된 세금 및 수수료 등의 비용이 반영되었습니다.
※투자일임계약 수익률은 대상기간 말일의 평가금을 기준으로 기간별로 산정됩니다.
※적절한 비교지수가 없는 경우 비교지수 수익률은 산정되지 않습니다.
※각 유형의 비교지수는 보고서 하단 '[표]랩어카운트 유형별 비교지수'에서 확인하십시오.

〈중략〉

8. 시장상황분석/위험요소분석/투자전략

[시장상황분석] 2014년 3분기 글로벌 주식시장 성과는 엇갈린 행보를 보였습니다. 선진국에서는 미국 (S&P500기준 +0.62%) 과 일본 (TOPIX기준 +5.05%) 시장이 좋았습니다. 미국은 완만한 상승흐름으로 신고가 경신 랠리를 이어갔고, 일본은 전고점을 돌파하는데 성공했습니다. 반면 유럽 (MSCI Europe +0.4%) 은 변동성이 확대되는 모습을 보이면서 상대적으로 부진했습니다. ECB (유럽중앙은행) 의 정책 대응이 미국이나 일본 중앙은행에 비해 미흡한 점, 2분기 성장률 하락에 따른 경기 둔화에 디플레이션 불안까지 깊어지고 있기 때문으로 풀이됩니다. 신흥국 (MSCI EM기준 -4.33%) 중 국내 (KOSPI기준 +0.89%) 시장은 자체 모멘텀 부족으로 박스권 횡보 양상을 보였습니다.
[위험요소분석] 최근 글로벌 증시 최대 화두는 달러 강세입니다. 달러 강세 배경은 10월말 미국 연준의 양적완화 축소 (QE Tapering) 종료와 이에 따른 금리인상 불안에 있습니다. 과거 미국의 긴축 초입 국면에서 글로벌 주가가 단기 조정 받았던 경험에서 투자심리가 자유롭기는 어려울 것입니다. 다만, 연준 위원들의 2015년도 금리전망, 미국 고용시장에서 임금상승률 회복 정도 (아직 리먼 사태 이전의 절반 수준), 인플레 압력 제한 등을 종합하면 금리 인상은 내년 하반기에나 가서야 가능할 전망입니다. 여기에 해결이 지연되고 있는 우크라이나, 시리아 등의 지정학적 리스크와 홍콩의 민주화 시위 등이 글로벌 증시 변동성을 확대시킬 수 있습니다.
[투 자 전 략] 미국은 주가 고점 논란이 있는 것은 사실이나 경기와 실적 개선이 뒷받침된 펀더멘털 장세로 진입하고 있는 점에 주목할 필요가 있습니다. S&P500 기업들의 연간 주당순이익 증가율은 올해 8%에서 내년에는 12%로 개선이 예상됩니다. 이는 밸류에이션 부담을 상쇄하며 주가가 상승하는 원동력이 될 전망입니다. 주식 자산에서는 선진국 중 미국을 최선호 대상으로 판단하고 있으며, 유럽과 일본에서는 정책 모멘텀, 증시수급 개선 가능성이 보다 큰 일본의 양호한 흐름이 예상됩니다. 한편 신흥국에 대한 점진적 비중 확대가 필요한데, 지역별로는 남미보다는 아시아 중심의 대응이 유리해 보입니다. 경기와 기업이익 전망이 개선 흐름을 보이고 있고, 미국 달러 강세에도 통화 가치가 남미에 비해 상대적으로 견조한 흐름을 보이고 있기 때문입니다. 당사는 각 국의 경제 정책, 지표 등을 체크하고 매월 제시되는 당사 자산배분전략과 시장 여건, 운용 관련 제반 사항 등을 고려하여 합리적인 자산배분을 위해 최선을 다하겠습니다. 자세한 내용은 담당 투자자산운용사 (자산관리사) 에게 문의하시기 바랍니다.

출처: 미래에셋증권

Box **금융상품 투자수단의 역사 – 랩어카운트**

최초의 랩어카운트는 1973년에 등장했다. 1970년대 초 오일 쇼크와 동서 냉전 등 정치/경제적 불확실성이 높아지면서 투자자들은 자산을 지킬 수 있는 방법을 고민했고, 투자 컨설팅에 대한 관심이 높아졌다. 이에 미국의 Hutton 증권사가 기존의 주식 중개와는 다른 관점에서 서비스를 제공하기 시작하면서 등장한 것이 SMA(Separately Managed Account)이다. Hutton 증권사가 SMA를 출시하면서 생각한 아이디어는 투자자에게 금융상품을 판매하는 것이 아니라, 매니저를 판매한다는 것이었다. 즉, 투자자는 자신의 니즈에 맞는 운용스타일을 고르고, 운용담당자(money manager)는 포트폴리오의 구성과 자산운용, 리밸런싱 등을 수행하는 것이다. 당시 고객은 최소 10만 달러 이상 예치할 수 있는 부유층이어야 했고, 수수료는 자산규모에 비례해 부과되었다. 하지만 랩어카운트는 당시 큰 주목을 받지는 못했다.

랩어카운트 성장의 계기는 1987년 블랙 먼데이였다. 1987년 10월 19일 다우 지수가 하루 사이에 22.6% 급락하자 개인투자자들의 주식 직접투자가 줄어들기 시작했다. 증권사들은 수입원에 대해 고민하게 되었고, 고객 확보를 위해 고객에게 간접투자 상품으로 랩어카운트를 제공하기 시작했다. 메릴 린치가 사내 컨설팅 그룹을 만들어 managed account 비즈니스를 시작한 데 이어, 푸르덴셜 등 다른 증권사까지 종합자산관리 비즈니스에 가세했다. 이러한 자산관리 서비스는 1990년대 미국 펀드 시장과 간접투자문화의 발전과 함께 성장했다. SMA 형태 역시 SMA를 판매하는 증권사 계열 매니저뿐 아니라 타사 매니저가 제공하는 포트폴리오도 선택할 수 있고, 모델 포트폴리오도 제공하는 방식으로 다양하게 발전했다.

UMA(Unified Managed Account)는 SMA에서 발전된 형태로 VIP 고객을 대상으로 한 종합자산관리서비스의 일환으로 만들어졌다. SMA가 계좌 내에서 한 가지 전략에 따라 운용되었다면 UMA는 모계좌 아래 여러 개의 하위 계좌들이 연결되어 있는 형태이다. 고객 입장에서는 하나의 계좌를 보유하고 있는 것처럼 보이지만, 모 계좌 내 각각의 하위 계좌들은 별도의 전략대로 운용된다. 계좌 내에서 자산배분 포트폴리오를 구성하여, 각 자산별로 펀드, 주식, SMA 등 여러 형태의 금융상품 투자를 하는 것이다. 미국 PB 회사들은 일정 금액 이상 예치할 수 있는 거액 자산가들을 대상으로 UMA를 통해 포트폴리오 제시, 리밸런싱, 절세관리까지 종합 자산관리서비스를 제공하고 있다.

참고: Stephen D. Gresham, Arlen S. Oransky, *The New Managed Account Solutions Handbook* (John Wiley, 2008).; 금융투자협회 조사연구실, "미국 개인금융자산 운용의 변화"(2013).

SECTION 04

신탁(Trust)

1 신탁의 특징

신탁은 위탁자가 계약, 유언과 같은 법률행위로 자신의 재산을 수탁자에게 이전(귀속) 시키고, 수탁자는 그 재산을 신탁 목적을 위하여 또는 신탁 행위로 정한 자의 이익을 위하여 관리 · 처분하고 특정된 수익자에게 귀속시키는 제도이다.

[그림 3-3] 신탁의 구조

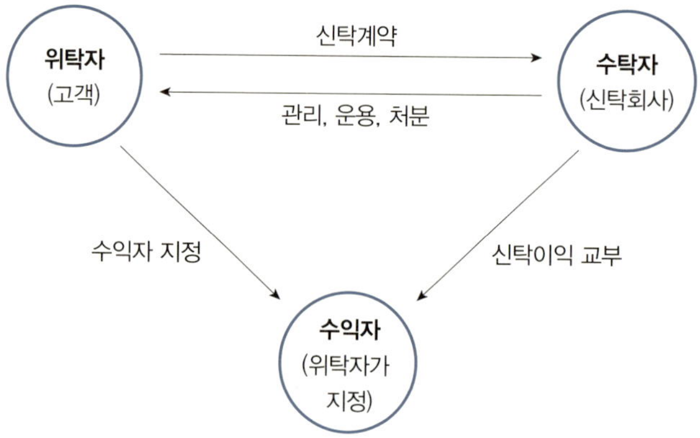

[표 3-7] 신탁용어

구분	내용
위탁자	신탁재산의 관리, 운용을 위탁하는 신탁의 설정자(고객)
수탁자	신탁 목적에 따라 신탁재산을 관리 처분하는 자(신탁회사)
수익자	신탁에서 발생하는 이익을 수령하는 자(고객 또는 제3자)
신탁재산	수탁자에 위탁한 재산

과거 신탁의 주된 목적은 질병이나 장기 여행, 법률적 제약 등으로 재산을 직접 관리하지 못하거나 재산을 직접 소유할 수 없는 경우 신뢰할 만한 제3자에게 재산을 소유시켜 보관 · 관리하게끔 하는데 있었다. 신탁재산은 대부분 토지에 한정되었다. 하지

만 오늘날 신탁의 목적은 다양해졌는데 재산 증식, 즉 투자를 목적으로 신탁 상품을 이용하는 경우가 가장 많다. 소유 재산을 유동화하거나 담보로 활용하여 자금을 조달하려고 신탁을 이용하는 경우도 많아졌고, 부동산개발사업에서도 신탁이 활용되고 있다. 또한 상속, 세금 혜택, 공익사업이나 기부 등에도 신탁이 활용되고 있다. 신탁재산의 대상 역시 금전, 유가증권, 부동산으로 다변화되었다.

신탁재산은 이중 소유권의 특징이 있다. 즉 소유권이 형식적으로는 수탁자(신탁회사)에 있으나 실질적으로는 위탁자(고객)에게 있기 때문이다. 또한 신탁재산은 독립성을 가지고 있다. 즉 신탁재산은 수탁자의 파산재단, 회생절차의 관리인이 관리 및 처분 권한을 갖고 있는 채무자의 재산이나 개인회생재단을 구성하지 않는다. 또한 신탁재산에 속하는 채권은 신탁재산에 속하지 않는 채무와 상계하지 못한다. 수탁자는 유한책임을 지는데, 이는 수탁자가 신탁행위로 인해 수익자에게 부담하는 채무의 범위는 신탁재산의 한도라는 의미이다.

신탁의 계약 구조는 양면 계약이 아니라 위탁자(고객) – 수탁자(신탁회사) – 수익자(위탁자가 지정한 자) 간의 3면 계약이다. 위탁자와 수익자의 일치 여부에 따라 자익신탁(위탁자 = 수익자)과 타익신탁(위탁자 ≠ 수익자)으로 나뉜다. 또한 신탁한 재산의 종류에 따라 금전신탁과 재산신탁으로 구분할 수 있다. 금전과 증권, 부동산, 금전채권처럼 금전 이외의 재산 중 두 가지 이상의 자산을 신탁 재산으로 하는 경우 종합재산신탁이라고 한다.

[표 3-8] 신탁의 분류

분류방법	신탁종류	내용
수익자	자익신탁	위탁자=수익자
	타익신탁	위탁자≠수익자
신탁재산	금전신탁	신탁한 재산이 금전인 경우
	재산신탁	신탁한 재산이 금전 이외인 경우
신탁의 목적	사익신탁	개인의 이익을 위하여 신탁한 경우
	공익신탁	공공적 목적을 위하여 신탁한 경우

2 신탁 계약하기

신탁을 계약하려면 [표 3-9]의 단계별 과정을 거치게 된다.

[표 3-9] 신탁 계약 단계

Step 1	투자권유준칙 진행 – 고객의 투자 목적, 재산상황, 투자위험 감수능력 등의 투자자 정보 확인서 작성
Step 2	제안서, 리플렛(leaflet) 등을 통해 신탁 설명 듣기
Step 3	신탁 약관, 계약 세부내역 수령
Step 4	상품설명서 / 투자 전 위험고지 사항 수령 및 작성
Step 5	설명서 교부 및 주요내용 설명확인서 작성
Step 6	계약서 작성

신탁 상품설명서에는 신탁의 개념, 신탁계약의 설명, 신탁계약 개요 및 세부설명, 위험요인, 신탁계약 시 유의사항 및 주요 안내 등 신탁계약 체결 전 투자자가 반드시 숙지해야 하는 내용이 담겨 있다. 투자자는 반드시 상품설명서를 수령하고 설명을 들어야 한다. 여기에서는 투자 목적으로 많이 이용되고 있는 특정금전신탁의 상품설명서를 예시로 들어 살펴보도록 한다.

예시로 든 미래에셋증권의 '특정금전신탁 상품설명서'를 보면, 우선 이 신탁의 개념 및 계약관련 안내사항을 확인할 수 있다. 특정금전신탁이란 위탁자인 고객이 신탁재산의 운용 방법을 수탁자에게 지시하고, 수탁자는 위탁자의 운용 지시에 따라 신탁 재산을 운용 · 관리한 후 실적 배당하는 계약이다. 계약 관련 안내 사항을 보면 이 신탁의 특징을 알 수 있다. 위탁자는 신탁 재산의 운용 방법을 변경 지정하거나 계약 해지를 요구할 수 있다. 수탁자는 신탁 재산 운용에 관한 자산운용보고서를 분기 1회 이상 정기적으로 고객에게 통보해야 한다. 다만, 지정형 특정금전신탁의 경우 위탁자가 계약 체결 시 운용보고서 수령을 거절하는 의사표시를 한 경우 수탁자는 그 통지를 생략할 수 있다. 또한 위탁자는 자신의 재무상태, 투자 목적 등에 대해 신탁업자 임직원에게 상담을 요청할 수 있고, 운용 내역 및 평가 가액을 조회할 수도 있다.

[예시 3-18] **신탁 상품설명서 – (1)**

<본 상품은 원금 비보장 상품이며 예금자보호법에 따른 보호 대상이 아님을 유의하시기 바랍니다>

고객용

MIRAE ASSET 미래에셋증권

특정금전신탁 상품설명서

투자위험등급: 1등급 [초고위험]	미래에셋증권은 금융상품(투자대상 자산)의 종류 및 위험도 등을 감안하여 1등급(초고위험)에서 5등급 (초저위험)까지 투자 위험등급을 5단계로 분류하고 있습니다. 따라서, 이러한 분류기준에 따른 금융상품 위험등급에 대해 충분히 검토하신 후 합리적인 투자 판단을 하시기 바랍니다.

■ 이 상품은 예금자보호법에 따른 예금자보호대상이 아니며, 원금의 전부 또는 일부 손실이 발생할 수 있습니다.

■ 따라서, 사전에 충분한 설명을 들은 후 신중하게 투자결정을 하여야 하며, 투자로 인한 손실발생시 그 책임은 투자자 본인에게 있습니다.

■ 투자자(________ : 자필기입)는(은) 위의 사실을 숙지하고 자발적 의사에 따라 투자합니다. [자필서명]

□ 특정금전신탁의 개념

고객(이하 '위탁자'라 한다)이 미래에셋증권주식회사(이하 '수탁자'라 한다)와의 특별한 신임관계를 바탕으로 금전을 수탁자에게 맡기고, 수탁자는 위탁자가 지정한 운용 방법에 따라 위탁사 또는 위탁자가 지정한 자(이하 '수익자'라 한다)의 이익을 위하여 신탁재산의 금전을 운용·관리·처분 등을 하는 계약입니다.

□ 특정금전신탁계약서 안내사항

■ 위탁자는 운용방법을 변경 지정하거나 계약의 해지를 요구할 수 있습니다.
위탁자는 수탁자가 정한 소정양식에 따라 신탁재산의 운용방법을 변경 지정 또는 신탁계약의 해지를 요구할 수 있으며 수탁자는 이에 응해야 합니다. 다만, 신탁계약에서 정한 바에 따라 운용방법 변경 및 계약의 해지 제한 등의 특별한 사유가 있는 경우에는 위탁자의 운용방법 변경 지정 또는 신탁계약의 해지가 불가할 수 있습니다.

■ 수탁자는 매 분기 1회 이상 신탁재산의 운용내역을 정기적으로 통보합니다. [운용보고서 인쇄 / 발송 업무 대행 : 빌포스트]
수탁자는 매 분기말 기준으로 신탁재산의 운용내역을 그 다음달 말까지 수탁자가 정한 소정양식에 따라 위탁자에게 서면 또는 전자통신 등의 방법으로 통보합니다. 다만, 아래의 어느 하나에 해당하는 경우에는 신탁운용보고서 통지를 생략할 수 있습니다.
가. 지정형 특정금전신탁의 경우
나. 위탁자가 신탁계약 체결 시 서면으로 신탁운용보고서의 수령을 거절하는 의사표시를 하거나 수탁고 잔액이 10만원 이하인 경우
다. 신탁계약기간이 3개월 미만인 경우로서 수익자가 최종계산서를 승인한 경우 (단, 수시입출식 신탁계약의 경우 수익자가 최종계산서를 승인하지 않아 신탁계약이 종료되지 않은 경우에도 최종계산서를 승인한 것으로 봄)

■ 신탁업자의 임직원은 신의와 성실을 바탕으로 금융상담 서비스를 제공합니다.
특정금전신탁계약을 체결한 위탁자는 본인의 재무상태, 투자목적 등에 대하여 신탁업자 임직원에게 상담을 요청할 수 있으며, 신탁업자 임직원은 신의와 성실을 바탕으로 신탁목적 달성을 위해 금융상담 서비스를 제공하고 있습니다.

■ 수탁자는 특정금전신탁재산의 운용내역(운용종목 및 비중 등) 및 평가금액 조회 서비스를 제공합니다.
특정금전신탁계약을 체결한 위탁자는 본인의 신탁재산인 금전의 운용내역 및 신탁재산의 평가금액을 인터넷 등의 전산매체, 영업점 직접방문 등 다양한 방법의 조회서비스를 제공받을 수 있습니다.

□ 특정금전신탁계약 설명

위탁자 및 수익자	- 위탁자는 수탁자에게 신탁재산을 맡기는 자입니다. - 수익자는 신탁계약에서 정한 바에 따라 신탁원본 또는 신탁이익을 수령하는 자입니다. - 위탁자는 수익자를 지정할 수 있으며, 위탁자가 별도로 지정하지 아니한 경우에는 위탁자 본인이 수익자가 됩니다.
신탁기간	- 신탁기간은 특정금전신탁계약서(특정금전신탁 추가약정서 및 신탁 계약세부내역서 포함, 이하 같다)에서 정합니다. - 위탁자는 신탁기간 만료 전에 수탁자의 승낙을 받아 신탁기간을 연장할 수 있습니다.
신탁금액	- 신탁금액은 특정금전신탁계약서에서 정합니다.
신탁보수	- 신탁보수는 특정금전신탁계약서에서 정합니다. 특정금전신탁계약서 특약에서 별도로 정할 경우 그에 따릅니다. - 수탁자는 신탁재산의 관리·운용 등의 대가로 위탁자 또는 수익자에게 청구할 수 있습니다.
계약서 교부	- 위탁자는 특정금전신탁계약서의 모든 내용을 사전에 확인하여야 합니다.

출처: 미래에셋증권

신탁의 이익계산 및 지급은 보통 신탁의 해지일 또는 신탁계약으로 정한 이익지급일에 이뤄지는데, 예시로 든 신탁의 경우 고객이 만기일시지급식, 특정이자지급식, 이익원가식, 원본산입식 중 선택하여 결정할 수 있다. 신탁의 이익은 운용 결과에 따라 실적 배당한다. 신탁 재산 운용으로 발생되는 수익과 손실은 모두 수익자에게 귀속되며, 원금과 이익을 보전하지 않는 것으로 설명되어 있다.

[예시 3-19] **신탁 상품설명서 – (2)**

구분	내용
신탁재산 운용	- 특정금전신탁은 위탁자별 신탁재산을 각각 구분하여 관리·운용 및 계산하는 상품으로 위탁자별 운용방법, 신탁기간, 신탁보수 및 이익계산방법 등은 특정금전신탁계약서에서 정합니다. - 위탁자가 운용대상을 특정종목과 비중 등 구체적으로 지정하지 아니한 금전신탁을 '비지정형 특정금전신탁' 이라고 합니다. - 비지정형 특정금전신탁의 경우 위탁자의 연령, 투자위험 감수능력, 투자목적, 소득수준, 금융자산의 비중 등을 반영하여 정한 <별지> '투자자 유형별 세부자산배분유형' 의 분류기준에 따라 투자자 유형 위험도를 초과하지 않는 범위 내에서 운용 가능합니다. - 다만, 전문투자자가 별도의 운용지시를 한 경우에는 <별지>의 분류 기준에도 불구하고 전문투자자의 운용지시에 따라 운용 합니다.
이익계산 및 지급	- 이익계산 및 지급방식은 만기일시지급식, 특정이자지급식, 이익원가식, 원본산입식 중에서 선택하여 결정하실 수 있습니다. - 다만, 운용자산의 종류에 따라 이익계산 및 지급방식에 제한이 있을 수 있습니다.
실적배당	- 신탁재산의 관리·운용 및 처분의 결과에 따라 발생하는 수익에서 제비용(신탁보수 등)을 차감한 나머지가 수익자에게 전부 귀속 됩니다. **- 특정금전신탁은 예금자보호법에 따라 예금보험공사가 보호하지 않으며, 실적배당형 상품이어서 원본의 손실이 발생할 수 있습 니다.** **- 신탁재산의 운용 결과 신탁원금에 손실이 발생하는 경우 수탁자는 해당 신탁원금을 보전하여 드리지 않습니다.**
신탁해지	- 수익자는 신탁을 해지하는 경우 최종계산서를 수령하여 최종계산의 정확성 여부를 확인하여야 합니다. - 위탁자가 신탁해지를 요청하는 경우에는 수탁자는 신탁재산을 환가하여 현금으로 지급하되, 신탁재산 중 환가(회수)가 곤란하 거나 기타 부득이한 사정이 있는 경우에는 신탁재산을 실물 등 운용현상 그대로 교부할 수 있습니다. 이 경우 수익자는 신탁 재산의 보관, 관리 및 추심행위를 수탁자에게 위임할 수 있습니다. - 위탁자는 운용중인 신탁재산의 회수가 가능하고 수탁자의 승낙을 받은 경우에는 신탁계약을 일부해지 할 수 있습니다. - 신탁계약 해지(일부해지 포함) 과정에서 관계법령등에서 허용한 경우에 한하여 신탁 재산 상호간 자전거래가 발생할 수 있습니다.
중도해지	- 위탁자는 신탁기간 종료 전에 신탁해지를 하고자 할 경우에는 수탁자의 승낙을 받아야 하며 중도해지수수료가 부과될 수 있습니다. **- 중도해지를 신청하는 경우라도 운용중인 신탁재산의 종류에 따라 중도해지가 제한될 수 있으며, 중도해지가 가능한 경우에도 신탁 재산의 처분과정에서 일부 손실이 발생할 수 있으므로 중도해지 시에는 수탁자와 사전에 협의하여야 합니다.**
양도 및 담보 제공	- 위탁자는 특정금전신탁의 수익권을 양도 또는 담보로 제공할 경우 사전에 수탁자의 승낙을 받아야 합니다. - 운용중인 신탁재산의 종류에 따라 양도 또는 담보 제공이 불가능 하거나 제한될 수 있습니다.
원천징수	- 수탁자는 신탁재산의 운용 결과 발생된 수익에 대하여는 수익자가 직접 신탁재산을 투자한 것으로 보아 각 소득의 발생원천에 따라 이자소득, 배당소득, 비영업대금의 이익 등으로 구분하여 원천 징수 하며 신탁재산에 대한 원천징수 시기는 아래와 같습니다. 1. 매분기말(원천징수 대상 소득이 있는 경우에 한함) 2. 신탁해지일 또는 이익지급일(원본가산일 포함) 3. 기타 세법에서 정한 시기
분리과세	- 채권의 발행일로부터 상환일까지의 기간이 10년 이상인 장기채권에 운용하는 경우, 신탁기간에 관계없이 「소득세법」제129조에 따라 일정기간이 경과한 후 위탁자는 분리과세 신청이 가능합니다. - 다만, 분리과세를 신청한 경우에도 신탁재산의 운용 과정에서 일부 종합과세소득이 발생할 수 있습니다.
기타사항	- 상기 신탁상품은 위탁자가 특정금전신탁계약서에서 지정한 운용 방법 및 세부운용지시대로 운용합니다. - 다만, 운용할 수 없는 잔액과 신탁기간이 종료된 후 신탁기간의 연장 또는 신탁금의 반환요청이 없는 경우에는 위탁자가 지정한 운용방법과 관계법령 등에서 정한 방법에 따라 운용합니다. - 회생절차 개시신청 등으로 인해 운용자산의 신용등급이 하락한 경우 투자자에게 지체 없이 그 내용을 통보합니다. - 신탁계약체결 시점의 투자자유형 범위를 이탈하거나, 2단계 이상 신용등급이 하락하거나, 투자부적격등급으로 하락한 경우에는 투자자에게 지체 없이 그 내용을 통보합니다. 다만, 투자자가 서면으로 수령을 거절하는 의사표기를 하는 경우 통보를 생략할 수 있습니다. - 신탁업자의 임직원은 신탁계약에서 정한 바에 따라 신탁계약의 종료사유가 발생한 경우 신탁계약의 종료와 관련하여 안내합니다. 다만, 위탁자가 서면으로 거절 의사를 표시하는 경우에는 안내를 생략할 수 있습니다.

출처: 미래에셋증권

한편, 신탁회사는 신탁재산의 관리 · 운용의 대가로 신탁계약이 정한 바에 따라 일정한 금액을 신탁보수로 취득한다. 예시로 든 신탁계약에서는 선취로 계약금액의 1.5%, 신탁원본의 연 0.2% 를 투자자가 직간접적으로 부담하는 수수료로 징수하는 것으로 되어 있다.

신탁은 신탁계약으로 정한 만기일에 해지하는 것을 원칙으로 한다. 하지만 고객은 필요한 경우 신탁기간 만료 전에 중도해지를 신청할 수 있다. 단, 중도해지를 신청해도 운용자산의 처분 과정에서 일부 손실이 발생할 수 있으므로 중도해지 시에는 신탁회사와 충분한 상담을 거칠 필요가 있다.

[예시 3-20] **신탁 상품설명서 – (3)**

1. 신탁계약 개요

신탁계약명	미래에셋 월지급식 글로벌채권신탁
운용자산의 위험도	1 등급 – 초고위험
신탁계약의 내용	위탁자의 운용지시에 따라 브라질 국채 등을 운용하여 투자자산의 이자수익 등의 이익을 얻는 것을 목적으로 운용되는 특정금전신탁

〈중략〉

4. 위험요인

1. 일반위험 : **이 상품은 예금자보호법에 따른 예금자보호대상이 아니며, 원금의 전부 또는 일부 손실이 발생할 수 있습니다.**
2. 시장(개별)위험 : **채권만기 이전 해지 시 채권가격이 금리(이자율)에 따라 변동될 수 있으며 이익 또는 원금손실이 발생할 수 있습니다.** *예: 액면 1,000 헤알짜리 브라질 국채를 1,100 헤알에 매수하고, 매도(중도 해지)시 1,100 헤알 미만에 매도할 경우 원금손실이 발생할 수 있음
3. 신용위험 : **발행국가의 부도 및 재정상황 악화 등으로 인한 채무불이행 시 투자금액의 전부 또는 일부에 손실이 발생할 수 있습니다.**
4. 환금성위험 : **보유자산의 매각하여 현금화할 때 유동성 및 시장상황에 따라 투자금액의 전부 또는 일부에 손실이 발생할 수 있습니다.**

〈중략〉

5. 신탁상품에 관한 세부설명

과세방법	1. 브라질국채의 이자에 대해서는 한국-브라질 조세협약에 따라 비과세처리됩니다. (비과세 적용사항은 향후 조세조약, 금융감독기관의 해석, 금융시장제도, 관련 법규정의 변경에 따라 바뀔 수 있습니다.) 2. 매월(월지급형), 분기말(재투자형) 또는 신탁해지 시 소득세법 및 법인세법 시행령에 따라 신탁귀속소득 및 실현소득에 대하여 원천징수 처리됩니다. (법인은 소득신고)
투자자가 직간접적으로 부담하는 수수료	1. 신탁기본보수 (계약서 제12조에서 정한 금액) - 선취보수: 계약금액의 1.5%, 연보수: 신탁원본의 연 0.2% - 선취보수는 계약일 이후 첫 월지급일, 연보수는 매 월지급일에 자동 징수됩니다. - (재투자 전환 서비스 신청 시) 재투자기간 동안에는 매년 1월/7월에 징수합니다. 2. 기타 운용상 발생하는 수수료 (계약서 제 14조) - 위탁자는 수탁자에게 신탁재산의(외화자산) 매매환율을 정할 수 있는 권한을 위임합니다. - 채권매수 및 매도 시 환전수수료등의 별도 비용이 발생할 수 있습니다. - 신탁재산에서 충당되지 않을 경우 수탁자가 통보하는 날까지 수익자가 추가 납입해야 합니다.
계약의 해제, 해지 등에 관한 사항	**중도해지가능** ※ 중도해지 신청일자가 채권매수 주문일 이후인 경우에 선취보수를 환급하지 않음 **※ 중도해지 시 시장상황에 따라 출금지연 및 투자원금 손실 가능성이 있음**

출처: 미래에셋증권

3 신탁 사후 관리하기

신탁회사는 분기 1회 이상 투자자의 재무상태, 투자 목적 등의 변경 여부를 확인하고, 변경 사항이 있으면 이를 신탁재산운용에 반영하여야 한다. 신탁도 랩어카운트처럼 매 분기 1회 이상 투자자에게 신탁자산운용보고서가 발송되기 때문에 투자자는 반드시 이를 확인할 필요가 있다.

[예시 3-21] 신탁 운용보고서

신탁운용보고서

(대상기간 : 14.10.01 ~ 14.12.31)

기준일 : 2014년 12월 31일

□ **신탁계약의 개요 및 손익현황**

(단위 : 원,%)

계좌번호		상 품 명	
위탁자명		계약기간	
수탁금액		평가금액	
누적기간 수익률 (기간 : 14.12.24 ~ 14.12.31)		해당기간 수익률 (기간 : 14.12.24 ~ 14.12.31)	

□ **투자자성향 개요**

고객님의 연령은 *, 월 소득은 500만원 이하이며, 총 금융자산 규모는 20% 초과~30% 이하 입니다
투자위험 성향은 손실위험이 있더라도 투자수익이 중요한 편이며, 총 투자경험기간은 5년 초과 입니다
종합적으로 고객님의 투자성향 진단 점수는 86.67점이며, 투자성향진단결과는 위험선호형으로 파악됩니다.

□ **신탁재산 투자제한사항** (※투자자가 부여한 내용)

□ **신탁재산 운용현황**

■ **시장상황분석 및 투자전략**

한국은행은 기준금리를 2.25%에서 2.00%으로 하향 조정하였습니다. 미국의 경기회복세는 지속되었으나 유로지역에서는 경기부진이 이어졌으며, 신흥시장에서는 국가별 차별화된 성장세를 나타내었습니다. 국내경제는 수출이 양호한 모습을 지속하였으나, 내수가 여전히 부진하였습니다. 장기시장금리는 주요국 통화정책 및 경기 우려 등을 반영하여 등락을 지속하고 있습니다..

■ 거래내역

(단위 : 원)

구 분	종 목 명	매매일자	수 량	매매단가	매매금액	수수료	각종세금

※ 단기운용자산(R P, 예금, 발행어음, MMDA, CMA 등) 매매내역 제외, 주요 자산의 거래가 있는 경우 [거래내역] 별첨

〈중략〉

※ **고객 재무상태, 투자목적 등 점검 안내**

- 특정금전신탁은 금융투자업 규정 제4-93조에 따라 매 분기 1회 이상 고객님의 재무상태, 투자목적 등의 변경여부를 확인하고 변경상황을 재산운용에 반영하는 상품입니다. 특정금전신탁을 보유하신 고객님들께서는 유선을 통해서나 신탁상품을 가입하신 지점을 방문하여 정기적으로 재무상태, 투자목적 등의 변경을 점검하거나 통보하여 주시기 바랍니다.

- 별도의 점검이나 통보가 없는 경우 재무상태, 투자목적 등에 변경이 없는 것으로 보아 기존 계약내용 및 운용방법과 동일하게 신탁재산을 운용, 관리합니다.

- 대상 상품 : MMT, 맞춤형신탁, 글로벌멀티에셋신탁 등
- 제외 상품 : 월지급글로벌채권신탁(브라질국채신탁), 확정금리형신탁, ELT, DLT 등

■ 거래내역

(단위 : 원)

구 분	종 목 명	매매일자	수 량	매매단가	매매금액	수수료	각종세금
해당사항 없음							

출처: 미래에셋증권

Box **금융상품 투자수단의 역사 – 신탁**

최초의 신탁이 출시된 시기는 분명하지 않다. 하지만 고대 이집트나 로마 시대의 유언장에 재산을 신탁할 것을 명시한 기록은 남아있다. 또한 게르만족의 관습법에 따르면 잘만(Salmann)이라는 제도가 있었는데, 잘만을 통해 토지소유자의 토지를 양도 받은 후 양도인의 지시에 따라 관리, 처분할 수 있었다. 전쟁에 나간 사람이 사망하면 지정한 상속인에게 인계하거나 교회에 기증하고, 살아서 돌아오면 토지를 반환하는 일종의 유언집행 형태였다.

오늘날 신탁의 기원은 13세기 영국의 유스(use) 제도에서 찾을 수 있다. 유스라는 말은 'To A to the use of B'에서 비롯된 것으로 중세 영국의 토지이용제도였다. 형식적으로는 토지를 양수인에게 양도하지만, 실질적으로는 양도인이 지정하는 목적에 따라 관리, 처분하도록 하는 계약이다. 유스 제도는 재산을 소유할 수 없었던 중세 교회들이 신도들에게 토지 기증을 받는 수단으로 많이 이용되었다. 즉, 신도들은 토지를 교회에 직접 기증하는 대신, 유스를 통해 제 3자에게 자신의 토지를 이전하고, 토지의 수익을 교회가 수취하도록 하는 방식이다. 유스 제도가 신탁으로 발전한 것은 17세기 영국에서 유스를 법적으로 정비하면서부터이다. 이후 1893년 수익자와 위탁자의 의무를 규정하는 성문법인 수탁자통일조례(Trustee Act Consolidated)가 제정되면서 근대적인 신탁의 형태로 발전했다.

자본주의 하에서 재산증식의 목적으로 신탁이 발전하고, 신탁회사가 등장한 것은 미국에서였다. 미국은 영국의 신탁제도를 도입했지만, 그 대상이 토지보다는 금전이나 유가증권 등인 경우가 많았다. 또한 당시 미국은 이민자들로 구성된 국가로 신뢰할만한 재산관리자가 없었기 때문에 은행, 보험회사 등 공신력 있는 법인 중심으로 발달하게 되었다. 미국 최초의 신탁회사는 뉴욕의 Farmer's Fire Insurance and Loan Company(1822)로 초기에는 생명보험을 가입한 사람이 사망하면 유족들을 위해 보험금을 관리하는 것이 대부분이었다. 하지만 1930년대 산업화가 진행되면서 철노, 광산회사의 신규자금 조달 수단으로 활용되기 시작했다. 즉, 금융회사는 개인투자자들로부터 금전 등 신탁재산의 관리, 운용을 위탁 받아 이를 철도회사에 투자했던 것이다. 미국은 상업은행이 신탁업을 겸업했기 때문에 이러한 영업신탁[12]이 가능했고, 현재 우리가 알고 있는 신탁의 구조와 투자상품으로서의 기능이 만들어진 것이다. 이러한 미국의 영업신탁이 일본을 거쳐서 우리나라에 도입되었다.

참고: 송두일(2012), "알기 쉬운 신탁상품 이야기," 금융투자협회.

12 신탁업자에 의하여 업으로 행하여지는 영리적 신탁업을 의미한다. 대비되는 개념은 비영업신탁(= 민사신탁)으로 영국에서 시작된 신탁은 신탁을 업으로 하지 않는 비영업신탁 형태였다.

SECTION 05

저축성 보험(Saving Insurance)

1 저축성 보험의 특징

보험이란 상해, 사고, 질병, 사망, 노후소득 부족 등의 위험에 대비하려는 사람들이 미리 돈(보험료)을 보험회사에 모아두고 보험회사가 이를 운용 · 관리하다가 가입자들 가운데 실제로 위험한 상황에 처하는 사람에게 가입 당시 정한대로 돈(보험금)을 지급하는 금융상품이다. 여기서 보험료는 위험보험료, 저축보험료, 부가보험료(사업비)로 구성된다. 위험보험료는 위험보장에 사용되며, 저축보험료는 해약환급금이나 만기보험금 지급에 쓰인다. 부가보험료는 보험 관련 각종 운용비용 및 가입수수료 등에 사용되며 계약체결비, 계약관리비가 여기에 포함된다.

보험은 크게 보장성 보험과 저축성 보험으로 구분된다. 전자는 생명보험이나 손해보험과 같이 위험을 대비하기 위해 활용된다. 후자는 저축이나 자산운용 목적으로 활용된다. 여기에서는 자산 관리 관점에서 저축성 보험에 초점을 맞춘다.

[표 3-10] **보장성 보험 vs 저축성 보험**

구분	보장성 보험	저축성 보험
목적	위험 대비	목돈 마련
내용	보험료 총합 > 만기보험금	보험료 총합 < 만기보험금
종류	생명보험, 손해보험, 제3보험	연금저축보험, 변액연금보험

저축성 보험의 대표 주자는 변액보험이다. 변액보험은 저축보험료를 보험회사의 자산(일반계정)과 별도(특별계정)로 운용하고 그 수익을 지급하는 보험이다. 변액보험의 구성, 변액보험의 종류는 [그림 3-4], [표 3-11]에 제시되어 있다.

[그림 3-4] **변액보험의 구성**

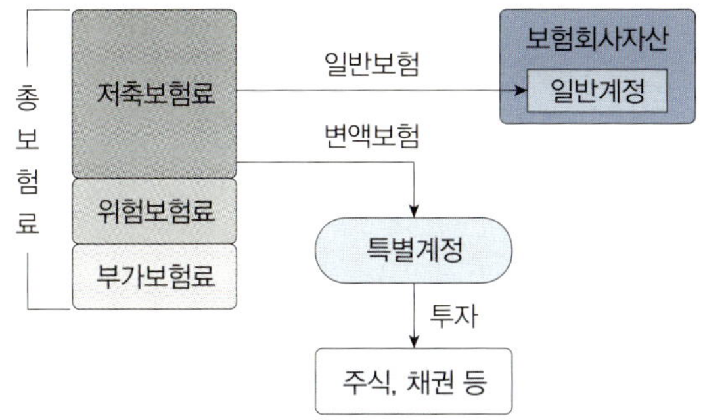

[표 3-11] **변액보험의 종류**

종류	특징
변액종신보험	사망보험금이 투자 성과에 따라 달라짐
변액연금보험	연금보험금이 투자 성과에 따라 달라짐
변액유니버셜보험	변액보험에 유니버셜 기능(보험적립금 중도인출, 보험료납입 일시중단, 보험료 추가납입을 할 수 있는 기능)이 추가됨

국내에서 변액보험은 2006~2007년 주식시장이 상승세를 이어갈 때 펀드와 함께 인기몰이를 했다. 하지만 2008년 미국발 금융위기로 주가가 가파르게 하락하자 그 인기는 시들해졌다. 금융위기 이후 시간이 흐르면서 펀드에 대해 투자자들의 신뢰는 점진적으로 회복되고 있지만 변액보험에 대해 여전히 투자자들의 반응은 냉랭한 편이다.

그 이유는 크게 두 가지로 접근해 볼 수 있다. 하나는 고객의 투자 목적이 제대로 반영되지 않은 채 가입이 권유되었기 때문이다. 대개 사람들은 다양한 위험으로 언제 발생하지 모를 최악의 상황을 피하기 위해 보험에 가입한다. 하지만 변액보험은 기본적으로 투자 상품이다. 투자는 최악에 대한 대비가 아니라 수익을 기대하며 위험을 감수하는 것이다. 위험 회피를 원하는 사람에게 변액보험을 권유했다면, 이는 위험 회피자에게 위험을 권유한 셈이다. 다른 하나는 수익률과 높은 사업비에 대한 불만이다. 보험은 안전한 상품이라 믿었던 투자자들은 금융위기를 겪으면서 수익률이 급격히 떨어지자 보험 역시 안전지대는 아니라는 생각을 갖게 되었다. 여기에 총 보험료의 7~10% 정도인 사업비는 변액보험 투자자의 불만을 높인 요인으로 볼 수 있다.

다만, 변액보험에 대해 투자자들의 불신이 높아진데에는 오해도 있다. 먼저 수익률 부분으로, 펀드와 달리 변액보험은 보험료로 납입한 금액 전부가 투자되지 않는다. 금액 중 일부는 사망이나 질병 등을 보장하기 위한 위험보험료, 그리고 계약체결과 관리 비용 등 사업비로 쓰인다는 점을 감안해야 한다. 이 두 가지 항목을 제외한 금액만큼만 투자되므로 총 보험료를 기준으로 삼아 수익률을 계산해서는 안된다. 다음으로 변액보험의 사업비는 보험료를 낼 때 한 번 부과되고, 일반 펀드보다 운용이나 관리에 필요한 보수가 저렴하다. 즉 변액보험은 가입 초기에는 부담해야 하는 비용이 많지만 투자 기간 동안 부담하는 비용은 적기 때문에 그 기간이 길어질수록 펀드 대비 투자 비용은 작아진다고 볼 수 있다.

2 보험 계약하기

보험 계약 시 상품을 따져보는 일도 중요하나 먼저 보험회사를 들여다 볼 필요가 있다. 보험회사가 얼마나 소비자지향적인지는 불완전판매율, 민원등급, 보험설계사정착률, 보험계약유지율 등을 참고해 판단할 수 있다. 상품을 비교할 때는 보험료, 보장 항목을 꼼꼼히 검토하고 보험료지수, 공시이율, 보험사의 위험률 산정, 예정이율 등 보험료와 보장 항목에 영향을 미치는 항목들을 살펴봐야 한다. 보험 계약은 [표 3-12]에 나타난 순서로 진행된다.

[표 3-12] 보험 계약 단계

구분	단계
Step 1	보험설계사 고르기
Step 2	보장항목 선택
Step 3	보험금 및 보험료 비교
Step 4	보험기간 및 납입기간 결정
Step 5	청약
Step 6	보험가입완료

보험약관은 보험계약에 대해 보험계약자와 보험회사의 권리 · 의무를 규정한 중요한 내용을 포함하고 있다. 또한 보험계약을 체결하기 전에 가입자가 반드시 알아두어야 할 내용을 담고 있다. 따라서 보험계약자 입장에서는 반드시 설명을 들어야 한다. 여기에서는 실제 보험약관을 통해 변액보험 계약 시 유의할 사항을 살펴본다.

우선 가입자 유의사항이 있다. 세부적으로는 저축성 보험과 변액보험에 대한 유의사항, 세제 관련 내용 등이 있다. 저축성 보험의 비과세 요건이 다소 까다로워지긴 했으나 10년 이상 가입을 유지하면 보험차익에 부과되는 15.4%의 이자소득세 및 주민세를 면제 받을 수 있다.[13]

[예시 3-22] **보험약관 – (1)**

가입자 유의사항

1. 보험계약 관련 특히 유의할 사항

가. 보험계약관련 유의사항

▪ **계약 전 알릴 의무**

- 과거 질병 치료사실 등을 회사에 알리지 않을 경우 **보험금을 지급받지 못할 수 있습니다.**
- 과거 질병 치료사실 등은 **보험설계사 등에게 말로써 알린 경우**는 보험회사에 알리지 **않은 것으로** 보므로, 반드시 **청약서에 서면으로 알리시기 바랍니다**

▪ **통신수단을 이용한 가입**

- 전화, 우편, 인터넷 등 통신수단을 통해 보험에 가입하는 경우에는 별도의 서면질의서 없이 안내원의 질문에 답하고 이를 녹음하는 방식으로 계약 전 알릴 의무를 이행하여야 하므로 답변에 **특히 신중하여야 합니다.**

▪ **저축성 보험**

- 이 보험계약은 보장기능이 있고 납입한 보험료에 보험회사가 경비로 사용하는 부가보험료가 포함되어 있는 보험상품으로 은행의 연금신탁 또는 예금, 적금과 다릅니다.

▪ **변액보험**

- 변액보험은 납입한 보험료 중 보험 보장을 위한 보험료(위험보험료)와 보험계약 체결 및 관리비용을 제외한 금액만 특별계정(펀드)에 투자하여 운용합니다.
- 변액보험은 실적배당형 상품으로서 보험금 및 해지환급금이 특별계정(펀드)의 운용실적에 따라 변동됩니다.
- 중도해지할 때 해지환급금에 대한 최저보증이 없으므로 원금손실이 발생할 수 있으며, 그 손실은 모두 계약자에게 귀속됩니다.

▪ **세제 관련**

- 보험차익(만기보험금 또는 해지환급금에서 이미 납입한 보험료를 차감한 금액)에 대한 이자소득세는 관련세법에서 정하는 요건에 들어맞는 경우에 비과세가 가능합니다. 이 계약의 세제와 관련된 사항은 관련세법의 제개정이나 폐지에 따라 변경될 수 있습니다.

▪ **예금자보호제도**

- 이 보험계약은 예금자보호법에 따라 예금보험공사가 보호하지 않습니다. 다만, 가입하신 특약의 경우 예금자보호법에 따라 예금보험공사가 보호합니다.
(다만, 보험계약자 및 보험료 납부자가 법인이면 보호되지 않습니다)

나. 해지환급금 관련 유의사항

보험계약을 중도 **해지할 때 해지환급금은 이미 납입한 보험료(계약자적립금의 인출이 있었던 때에는 이를 차감한 금액)보다 적거나 없을 수 있습니다.** 그 이유는 납입한 보험료 중 **위험보장을 위한** 보험료, 부가보험료 및 특약보험료를 차감한 후 **운용·적립**되고, **해지할** 때에는 적립금에서 이미 지출한 부가보험료해당액을 차감하는 경우가 있기 때문입니다.

2. 보험금 지급관련 특히 유의할 사항

가. 주계약 관련 유의할 사항

▪ **사망보험금의 최저보증**

- 사망보험금은 이미 납입한 보험료(다만, 특약보험료 제외)를 최저보증합니다. 다만, 기본보험료 감액 또는 계약자적립금의 중도인출이 있었을 경우 이미 납입한 보험료

출저: 미래에셋생명

주: '미래에셋생명 변액적립보험(무)15010B 진심의차이' 약관임

13 문제는 변액보험에서 발생하는 수익의 내용이다. 변액보험에서 투자하는 펀드도 일반 펀드와 마찬가지로 국내 상장주식에 투자하여 발생한 매매차익에 대해 비과세이다. 즉 국내주식형 펀드에 투자하면 원래 차익에 대한 세금이 거의 없다. 따라서 변액보험을 통해 절세할 수 있는 금액은 크지 않다. 해외펀드 투자를 원하는 사람이 변액보험으로 투자한다면, 해외 주식투자로 얻은 매매차익은 과세되기 때문에 절세 혜택을 누릴 수 있다. 다만, 2014년말 기준 국내 변액보험의 해외투자 비중은 10% 미만이고 대부분 국내 주식형 펀드에 투자되고 있어서 절세 혜택을 누리는 경우는 많지 않다. 해외투자나 채권투자를 생각하는 투자자가 아니라면 절세를 목적으로 변액보험에 가입할 필요는 없으며, 일반 펀드에 투자하다 추후 즉시연금 등에 가입해 연금을 받거나 상속하는 것이 운용의 유연성 측면에서 나을 수 있다.

다음으로 약관에서는 보험용어 해설도 확인할 수 있다.

[예시 3-23] **보험약관 – (2)**

보험용어 해설

1. 보험약관
생명보험 계약에 관하여 보험계약자와 보험회사간의 권리와 의무를 규정한 것을 말합니다.

2. 보험료
보험계약에 따른 보장을 받기 위하여 계약자가 보험회사에 납입하는 금액을 말합니다.

3. 보험금
보험금 지급사유가 발생할 경우 보험회사가 지급하는 금액을 말합니다.

4. 보장개시일
보험회사의 보험금 지급의무가 시작되는 날을 말합니다.

5. 보험가입금액
보험금, 보험료 및 책임준비금 등을 산정하는 기준이 되는 금액을 말합니다.
※ 보험료 납입기간, 피보험자의 나이 등을 기준으로 보험료를 산출하지 않고 보험계약자가 보험료를 선택하는 보험에서는 보험료 수준에 따라 보험금, 책임준비금(계약자적립금) 등이 결정됩니다.

보험가입금액의 계산
이 계약의 보험가입금액은 다음과 같이 정합니다.
- 적립형: 기본보험료 × 12 × Min(납입기간, 10)
- 거치형: 일시납 기본보험료

6. 계약자적립금
보험회사가 장래의 보험금, 해지환급금 등의 지급을 위하여 적립하는 금액을 말합니다. 계약자적립금은 보험료를 적용기초율(적용위험율, 적용사업비율, 적용이율)에 따라 산출하여 적립하며, 공시이율이나 특별계정 수익률에 따라 변동됩니다.

7. 위험보험료
사망, 장해, 입원 등 보험금 지급사유가 발생하였을 때 지급하는 보험금의 재원이 되는 보험료를 말합니다.

8. 부가보험료
회사가 보험계약을 체결, 유지, 관리하기 위한 비용 등에 쓰이는 금액을 말합니다. 부가보험료는 계약체결비용, 계약관리비용(유지관련비용, 기타비용) 등 2가지로 구성되어 있습니다.

□ 계약체결비용
: 모집수수료, 보험가입증서 발행 등의 신계약 체결에 필요한 모든 경비
□ 계약관리비용(유지관련비용)
: 계약유지, 자산운용 등에 필요한 인건비, 관리비 등의 모든 경비
□ 계약관리비용(기타비용)
: 보험료 수금에 필요한 수금사무비 등의 모든 경비

※ 기타 보험용어에 관한 사항은 주계약 약관 제 2 조(용어의 정의)를 참고하여 주시기 바랍니다.

출처: 미래에셋생명
주: '미래에셋생명 변액적립보험(무)15010B 진심의차이' 약관임

약관에는 투자 가능한 상품이 명시되어 있다. 변액보험 가입자는 보험사가 지정한 펀드 가운데 투자를 해야 한다. 여러 펀드에 동시에 투자할 수도 있고, 한 펀드에 가입했다가 이를 다른 펀드로 교체할 수도 있다. 다만 정해진 펀드 유형 내에서 교체해야 하기 때문에 투자 선택의 폭이 넓다고 보기 어렵다. 변액보험 가입자는 변액보험 선택 시 펀드의 운용규모 및 선택할 수 있는 펀드 수를 꼼꼼히 살펴야 할 것이다.

[예시 3-24] 보험약관 – (3)

약의 영업보험료(계약을 체결할 때 정한 특약의 납입기간 이내에 한하며, 계약관리비용(기타비용) 제외) 및 최저사망보험금보증비용)을 차감한 금액에 대하여 특별계정의 운용실적을 반영하여 이 계약의 '산출방법서'에서 정한 방법에 따라 계산합니다.

② 회사는 특별계정 계약자적립금에서 매일 운영보수, 투자일임보수, 수탁보수 및 사무관리보수를 차감합니다.

③ 제1항 및 제2항에도 불구하고 일반계정으로 전환된 이후의 계약자적립금은 제46조(공시이율의 적용 및 공시) 제1항에서 정한 방법에 따라 공시이율로 계산합니다.

제33조(펀드의 운용 및 평가)

① 투자목적 및 대상에 따라 구분된 변액보험의 펀드는 특별계정별로 일반보험의 자산과 분리하여 독립적으로 운용되며, 자산운용실적이 계약자적립금에 즉시 반영될 수 있도록 매일 평가합니다.

② 제1항의 특별계정에서 관리되는 자산의 운용실적에 의한 이익 및 손실은 다른 계정의 자산운용에 따른 이익 및 손실에 관계없이 이 계약으로 귀속됩니다.

③ 계약자는 특별계정의 자산운용방법에 대해서는 일체의 관여를 할 수 없습니다.

④ 회사는 이 계약의 운용자산을 회사가 운영하는 다른 변액보험의 유사한 성격의 운용자산별로 통합하여 운용할 수 있습니다. 이 경우 회사는 펀드 통합사유, 통합일자, 기타 펀드통합관련사항을 일간신문(**신문 등의 진흥에 관한 법률 제9조 제1항 제9호**'의 규정에 의하여 전국을 보급지역으로 등록한 일간신문으로서 같은 법 제2조 제1호 제'가'항 또는 제'나'항 에 해당하는 것을 말하며, 이하 같습니다)에 공고하거나 계약자에게 개별 통지하여야 하며, 펀드를 통합한 날부터 6개월 동안 각 펀드의 결산서류를 회사 본점에 비치합니다.

[신문 등 진흥에 관한 법률 제9조 제1항 제9호]

제9조(등록) ① 신문을 발행하거나 인터넷신문 또는 인터넷뉴스서비스를 전자적으로 발행하려는 자는 대통령령으로 정하는 바에 따라 다음 각 호의 사항을 주사무소 소재지를 관할하는 특별시장·광역시장·도지사 또는 특별자치도지사(이하 '시도지사'라 한다)에게 등록하여야 한다. 등록된 사항이 변경된 때에도 또한 같다. 다만, 국가 또는 지방자치단체가 발행 또는 관리하거나 법인이나 그 밖의 단체 또는 기관이 그 소속원에게 보급할 목적으로 발행하는 경우와 대통령령으로 정하는 경우에는 그러하지 아니하다.

1.~8. (생략)

9. 주된 보급대상 및 보급지역(신문에 한정한다)

10.~11. (생략)

※ 향후 관련법령이 개정된 경우 개정된 내용을 적용합니다.

제34조(펀드의 유형)

① 펀드의 유형은 다음 각 호와 같습니다.

구분	펀드 : 총 20종	
해외채권군 (9)	1	글로벌채권형Ⅱ
	2	글로벌 채권 토털리턴형
	3	글로벌 채권 매크로전략형
	4	글로벌 프리미엄 해외채권형
	5	이머징 마켓 채권형
	6	이머징 국채 투자형
	7	글로벌 하이일드 채권형
	8	미국 하이일드 채권형
	9	단기 하이일드 채권형
국내채권군 (2)	1	국내채권형
	2	MMF 형

〈중략〉

구분	펀드	
해외주식군 (6)	1	글로벌 컨슈머 주식형
	2	아시아 그레이트 컨슈머 주식형
	3	아시아퍼시픽 컨슈머 주식형
	4	글로벌 마켓 주식형
	5	중국본토 주식형
	6	선진마켓 주식형
해외주식혼합군 (1)	1	글로벌 인컴형
국내주식군 (2)	1	가치주식형
	2	인덱스주식형

<해외채권군>

1. 글로벌채권형Ⅱ

국내 및 해외 채권, 해외 고수익채권(하이일드채권)과 이와 관련된 파생상품, 국내 및 해외 채권에 60% 이상 투자하는 채권형 수익증권(이하 '채권 등'이라 합니다)에 60~95% 범위 내에서 투자하고, 나머지는 대출 및 장내·외 파생상품, 국내 및 해외 부동산에 투자하는 수익증권 및 기타 수익증권, 유동성 자산 등에 투자합니다. 다만, '채권 등'에의 투자는 전세계 정부채권, 준정부채권 뿐만 아니라 회사채, 금융채 등 채권섹터에 대한 분산 투자를 통해 원화채권 수익률 이상의 성과를 추구하는 펀드를 위주로 합니다.

2. 글로벌 채권 토털리턴형

국내 및 해외 채권, 해외 고수익채권(하이일드채권)과 이와 관련된 파생상품, 국내 및 해외 채권에 60% 이상 투자하는 채권형 수익증권(이하 '채권 등'이라 합니다)에 60~100% 범위 내에서 투자하고, 나머지는 대출 및 장내·외 파생상품, 국내 및 해외 부동산에 투자하는 수익증권 및 기타 수익증권, 유동성 자산 등에 투자합니다. 다만, '채권 등'에의 투자는 해외각국의 국공채 및 회사채 등의 채권 포트폴리오를 투자대상으로 하며 만기전략, 수익률곡선 전략, 섹터전략, 신용등급전략, 변동성전략 등을 추구하는 펀드를 위주로 합니다.

3. 글로벌 채권 매크로전략형

국내 및 해외 채권, 해외 고수익채권(하이일드채권)과 이와 관련된 파생상품, 국내 및 해외 채권에 60% 이상 투자하는 채권형 수익증권(이하 '채권 등'이라 합니다)에 60~100% 범위 내에서 투자하고, 나머지는 대출 및 장내·외 파생상품, 국내 및 해외 부동산에 투자하는 수익증권 및 기타 수익증권, 유동성 자산 등에 투자합니다. 다만, '채권 등'에의 투자는 해외각국의 국공채 및 회사채 등의 채권 포트폴리오를 투자대상으로 하며, 장기적인 환차익까지 추구하는 펀드를 위주로 합니다.

4. 이머징 마켓 채권형

국내 및 해외 채권과 이와 관련된 파생상품, 국내 및 해외 채권에 60% 이상 투자하는 채권형 수익증권(이하 '채권 등'이라 합니다)에 60~100% 범위 내에서 투자하고, 나머지는 대출 및 장내·외 파생상품, 국내 및 해외 부동산에 투자하는 수익증권 및 기타 수익증권, 유동성 자산 등에 투자합니다. 다만, '채권 등'에의 투자는 신흥국가에서 발행되는 국채, 회사채 등의 채권 포트폴리오를 투자대상으로 하는 펀드를 위주로 합니다.

5. 이머징 국채 투자형

국내 및 해외 채권과 이와 관련된 파생상품, 국내 및 해외 채권에 60% 이상 투자하는 채권형 수익증권(이하 '채권 등'이라 합니다)에 60~100% 범위 내에서 투자하고, 나머

출처: 미래에셋생명

주: '미래에셋생명 변액적립보험(무)15010B 진심의차이' 약관임

한편, 변액보험은 상품에 따라 펀드자동재배분 또는 평균분할투자와 같은 부가 기능을 제공하기도 한다. 예시로 든 보험약관에서 펀드자동재배분은 계약자가 설정한 주기마다 신청한 펀드 비율로 적립금을 재배분하는 기능이다. 평균분할투자는 보험료를 일시에 납입한 경우 계약자가 선택한 펀드로 우선 투입한 후 선택 기간 동안 투입 펀드 및 편입 비율에 따라 매월 분할 투입하는 기능이다. 보험 계약자는 계약하는 변액보험이 어떤 부가 기능을 제공하는지 정확하게 확인하고 활용해야 한다.

[예시 3-25] 보험약관 – (4)

제 36 조(계약자의 펀드자동재배분 및 평균분할투자 선택)

① 계약자는 계약일부터 보험기간 중 펀드자동재배분을 선택 또는 취소할 수 있으며, 이 경우 신청한 날부터 계약자가 선택한 주기로(3 개월, 6 개월, 12 개월 중 택 1) 투입펀드 및 펀드별 편입비율에 따라 자동재배분됩니다.

② 보험기간 중 투입펀드 및 펀드별 편입비율이 변경된 경우에는 변경된 기준에 따라 자동재배분됩니다.

③ 계약자는 보험기간 중 기본보험료 적립금, 추가납입보험료 적립금 각각 매년 4 회 이내의 범위에서 펀드자동재배분을 선택할 수 있으며, 동시 선택도 가능합니다.

④ 펀드자동재배분 실행일이 영업일이 아닌 경우 다음 영업일에 실행됩니다.

[펀드자동재배분]
2개 이상의 펀드를 선택한 계약의 경우, 일정한 주기로 펀드간 적립금 비율을 일정하게 유지하고 싶으신 경우 선택하시는 옵션입니다.
(예)
○ 현재 투입펀드 선택비율 : 국내채권형펀드(40%), A펀드(60%)
○ 자동재배분일 현재 운용되는 적립금 비율
: 국내채권형펀드(35%), A펀드(65%)
➔ 자동재배분 선택
: 적립금을 국내채권형펀드(40%) : A펀드(60%)로 조정 후 운용
➔ 자동재배분 미선택 : 현재 적립금 A펀드(35%) : B펀드(65%) 그대로 운용

⑤ 계약자는 기본보험료 또는 추가납입보험료를 납입할 때 매년 4 회 이내의 범위에서 회사가 정한 기준에 의한 평균분할투자를 신청할 수 있습니다. 이 경우 회사는 평균분할투자대상 기본보험료(부가보험료 제외) 또는 추가납입보험료(부가보험료 제외)를 계약자가 지정한 펀드로 전액 투입 후, 계약자가 선택한 평균분할투자기간 동안 투입펀드 및 펀드별 편입비율에 따라 분할 투입하여 드립니다.

⑥ 제 5 항에 의한 매월 분할투입금액은 기본보험료(부가보험료 제외) 또는 추가납입보험료(부가보험료 제외)를 평균분할투자기간 동안 균등하게 분할한 금액으로 합니다. 다만, 평균분할투자기간의 마지막 달에는 계약자가 지정한 펀드에 남아있는 금액 전부를 투입펀드 및 펀드별 편입비율에 따라 투입합니다.

⑦ 평균분할투자 실행일이 영업일이 아닌 경우에는 다음 영업일에 실행됩니다.

⑧ 계약자는 평균분할투자 실행기간 중 평균분할투자 실행 취소를 할 수 있으며, 이 경우 회사는 취소시점의 평균분할투자 미실행 잔여 금액을 제 35 조(계약자의 펀드 선택과 적립금 이전) 제 5 항을 준용하여 해당 투입펀드 및 펀드별 편입비율에 따라 일시에 투입하여 드립니다.

⑨ 계약자는 평균분할투자가 실행되고 있는 기간 동안에 새로운 평균분할투자를 신청할 수 없습니다.

[평균분할투자]
고액의 보험료를 일시에 납입할 경우 투자 Risk를 줄일 수 있는(월납계약의 매입단가평준화(Dollar Cost Average)효과) 옵션입니다.
(예)
○ 보험료 1,000만원 납입, 투입펀드 선택
: 국내채권형펀드(40%) 및 A펀드(60%)
○ 평균분할투자 선택 : 일시투입펀드= 글로벌채권형Ⅱ펀드, 기간= 12개월
➔ 보험료 중 특별계정투입보험료가 글로벌채권형Ⅱ펀드로 한꺼번에 투입되며, 이후 12개월 동안 글로벌채권형Ⅱ펀드의 적립금이 균등하게 분할되어 매월 국내채권형펀드(40%) 및 A펀드(60%)로 투입됩니다.

제 37 조(자산의 평가방법 및 운용)

① 특별계정의 자산의 평가 및 운용은 「자본시장과 금융투자업에 관한 법률」 등에서 정한 방법에 따릅니다.

② 제 1 항에서 정한 특별계정 자산의 평가는 각 특별계정별로 적용됩니다.

제 38 조(특별계정 좌수 및 기준가격)

출처: 미래에셋생명
주: ‘미래에셋생명 변액적립보험(무)15010B 진심의차이’ 약관임

여러 가지 체크할 사항이 많지만, 가장 중요한 것은 자신이 변액보험을 계약하는 것이 과연 적합한지를 따져보는 일이다. 변액보험 가운데 가장 많이 판매되는 것이 변액연금인데, 인플레이션 때문에 노후 자금의 실질 가치가 줄어들지도 모른다는 두려움이 가입을 재촉하게 만든다. 하지만 인플레이션을 피하는 대신 위험을 감수해야 하므로 계약에 앞서 자산의 위험 성향에 대해 고민해 볼 필요가 있다. 또한 변액보험은 장기로 투자해야 결실을 볼 수 있는 상품이다. 가입 전 여유자금은 넉넉한지 미리 살펴볼 필요가 있다.

3 보험 사후 관리하기

보험을 중도 해지 하면 불이익을 보는 경우가 많기 때문에 해약 전에 보험설계사와 충분히 상담할 필요가 있다. 그리고 가입 후 시간이 지나면서 보장을 받을 필요성이 줄어들거나 없어진 항목은 해지하여 보험료를 줄이는 것이 유리하다. 가입 후 실직 또는 생활비 증가로 보험료가 부담될 경우 활용할 수 있는 제도도 있다. 우선 보험료 자동대출 납입제도가 있다. 이는 이미 납입한 저축보험료 적립금을 자동 인출(대출)하여 위험보험료 및 사업비를 납입하고 추후에 상환하는 제도이다. 감액완납제도는 향후 받게될 보험금을 줄임으로써 납입 보험료를 줄이거나 아예 납입 자체를 면제받는 제도이다. 마지막으로 연장정기보험제도는 보험 기간을 줄이는 대신 보험료 납입을 면제 받는 제도이다.

CHAPTER **4**

글로벌 금융시장

투자자들은 자국 편향의 수수께끼(home bias puzzle)에 빠져 있다. 누구나 자산의 대부분을 자국 시장에 투자하는 경향을 보이는 것이다. 과거에는 해외 투자를 꺼리는 이유를 외국 사정에 대해 잘 모른다는 데서 찾았다. 하지만 인터넷과 정보 기술의 발달로 해외 시장에 대한 정보를 얻는 일은 어렵지 않게 된 지 이미 오래다. 자국 편향 수수께끼의 답은 익숙함에 있지 않을까? 자국 밖에 대한 정보가 부족한 게 아니라 익숙하지 않기 때문에 선뜻 손이 나가지 못한다고 볼 수 있다.

우리나라 가계 금융자산의 국내외 해외 투자 비중을 보아도 자국편향 현상은 뚜렷하다. 우리나라 투자자의 주요 해외투자 수단인 펀드만 보더라도 국내투자 비중이 84%, 해외투자 비중이 16%이다.[1]

여기에서는 글로벌 금융시장을 주식, 채권, 원자재로 나누어 살펴 본다. 특히 주식이나 채권 시장의 규모, 구성 등을 살펴 볼 때, 자국 편향이라는 속성을 감안하더라도 우리나라 가계의 국내와 해외 투자 비중이 과연 글로벌 관점에서 적절하게 안배되어 있는 지도 다시 한 번 점검해 볼 수 있는 기회가 될 것이다.

[1] 금융투자협회(2014년말 기준)

"성장 산업은 무엇인가? 국제적으로 투자하는 것이 바로 성장 산업이다.
대형 성장 산업은 국제적인 포트폴리오 투자이다."

-존 템플턴(John Templeton)-

1984년 5월 2일 Annual Conference of the Financial Analysts Federation 연설문 中

SECTION 01

주식시장

1 글로벌 주식시장의 구성과 변화

1. 글로벌 주식시장의 구성

2014년 12월말 기준 전세계 주식시장의 시가총액은 약 65조 달러이다. [그림 4-1]에서 알 수 있듯이 전세계 주식시장에서 미국의 규모가 가장 크다. 미국 시장의 시가총액은 약 24조 4천억 달러로 37.6%의 비중을 차지하고 있다. 그 뒤를 중국(7.6%), 일본(6.8%), 홍콩(6.4%), 영국(5.6%), 캐나다(3.2%) 등이 따르고 있다. 한국 주식시장은 글로벌 주식시장에서 위상이 많이 높아졌다고 하나 그 비중은 2%에 못 미친다.

종목 수로 보아도 비슷한 결과를 얻게 된다. [표 4-1]은 2014년 12월말 기준 각국 거래소에 상장되어 거래되고 있는 종목의 개수이다. 보통주와 우선주, ETF 등을 기준으로 볼 때 전세계에서 거래되고 있는 종목은 약 68,000여개인데, 이 가운데 한국 주식시장에 상상되어 거래되고 있는 종목은 2,000개를 조금 넘는다. 비중으로 보면 3% 정도이다.

[그림 4-1] 글로벌 주식시장 시가총액 비중(2014.12 기준)

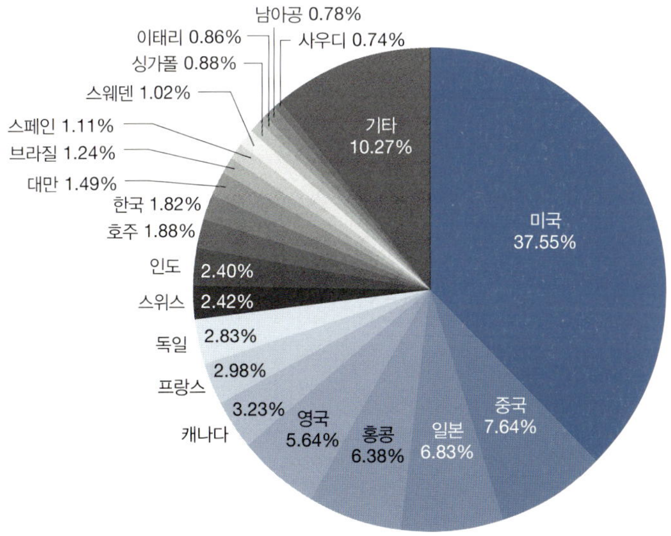

출처: Bloomberg

[표 4-1] 각국 거래소에 상장된 종목 수와 비중(글로벌 시가총액 Top 20, 2014.12 기준)

시총순위	거래소	상장종목 수	글로벌 전체 종목수대비 비중	시총순위	거래소	상장종목 수	글로벌 전체 종목수대비 비중
1	미국	13,062	19.17%	11	호주	2,103	3.09%
2	중국	2,931	4.30%	12	한국	2,059	3.02%
3	일본	3,754	5.51%	13	대만	1,891	2.78%
4	홍콩	1,962	2.88%	14	브라질	412	0.60%
5	영국	2,366	3.47%	15	스페인	184	0.27%
6	캐나다	3,667	5.38%	16	스웨덴	622	0.91%
7	프랑스	1,259	1.85%	17	싱가폴	744	1.09%
8	독일	2,194	3.22%	18	이태리	412	0.60%
9	스위스	1,001	1.47%	19	남아공	383	0.56%
10	인도	4,481	6.58%	20	사우디	172	0.25%

글로벌 시가총액 Top 20 국가들의 거래소에 상장된 종목 수	45,661
글로벌 전체 상장 종목 수	68,139

출처: Bloomberg

주: 상장 종목 수는 보통주, 우선주, ETF의 합

2. 글로벌 주식시장의 변화

글로벌 주식시장의 시가총액 비중은 변한다. 특정 지역의 경제 성장세가 두드러지거나 기업이익 개선이 뚜렷하면 그 위상에 걸맞게 그 지역 주식시장이 전세계 주식시장에서 차지하는 무게 역시 늘어난다. 제레미 시겔(Jeremy J. Siegel)에 따르면, 제2차 세계대전 말 미국 주식시장은 글로벌 주식시장에서 약 90%를 차지했고, 1970년대에는 그 비중이 줄어들긴 했지만 약 2/3의 비중을 차지할 정도로 압도적이었다.[2] [표 4-2]를 보면 2000년대 중반만 해도 미국 주식시장의 비중은 40% 정도였다. 하지만 이후 10년간의 변화를 보면 중국, 브라질, 인도 등 신흥국 주식시장이 글로벌 시장에서 존재감을 키워오고 있음을 알 수 있다. 이처럼 글로벌 주식시장의 규모와 구성 상 변화를 보면 두 가지 시사점을 얻을 수 있다. 하나는 국내보다 해외에 훨씬 많은 투자 기회가 있다는 점, 다른 하나는 그 많은 투자 기회가 과거와는 달리 어느 한 지역에 편중되어 있는 것이 아니라 다변화되고 있다는 점이다.

---

[2] Jeremy J. Siegel (2007), *Stocks for the Long Run: The Definitive Guide to Financial Market Returns and Long-Term Investment Strategies* (4th ed.), McGraw-Hill, 161–162.

[표 4-2] 지난 10년간(2005~2014년) 글로벌 주식시장 시가총액 비중 변화

	미국	독일	영국	일본	브라질	멕시코	인도	중국	대만	인도네시아	한국
2005년	38.39%	3.14%	7.46%	12.10%	1.12%	0.61%	1.33%	0.85%	1.26%	0.20%	1.70%
2006년	34.95%	3.52%	7.62%	9.75%	1.42%	0.74%	1.63%	1.98%	1.30%	0.27%	1.63%
2007년	29.56%	3.69%	6.77%	7.61%	2.34%	0.67%	3.04%	6.44%	1.17%	0.34%	1.85%
2008년	33.31%	3.38%	6.27%	10.25%	1.85%	0.77%	2.00%	4.81%	1.21%	0.30%	1.52%
2009년	30.24%	3.01%	6.58%	7.63%	2.95%	0.80%	2.86%	6.28%	1.61%	0.47%	1.81%
2010년	29.68%	2.89%	6.42%	7.69%	2.78%	0.96%	3.13%	6.24%	1.77%	0.69%	2.07%
2011년	32.68%	2.70%	6.61%	7.63%	2.60%	0.90%	2.19%	5.89%	1.52%	0.83%	2.11%
2012년	32.14%	2.99%	6.51%	6.94%	2.28%	0.99%	2.40%	5.71%	1.55%	0.81%	2.21%
2013년	35.91%	3.27%	6.50%	7.41%	1.57%	0.81%	1.84%	5.42%	1.49%	0.56%	1.93%
2014년	37.55%	2.83%	5.64%	6.83%	1.24%	0.69%	2.40%	7.64%	1.49%	0.65%	1.82%

출처: Bloomberg

글로벌 주식시장 안에서 나타나는 투자 대상의 다변화는 투자의 안정성 측면에서 보아도 긍정적 변화이다. "계란을 한 바구니에 담지 말라"는 격언처럼, 안정적 수익률 관리에 글로벌 분산 투자가 필수적이라는 점에서이다. 실제로 지난 40여 년 간 글로벌 주식시장의 성과만 보더라도 특정 지역이나 특정 국가가 항상 최고의 수익률을 안겨 주었던 것은 아니라는 점에서 글로벌 주식에 나누어 투자할 필요가 있다. 이는 글로벌 각국 주식시장의 연평균 수익률을 나타낸 [표 4-3]을 보아도 알 수 있다. 표를 보면, 글로벌 경제에서 위상이 높아지는 지역의 주식시장이 다른 지역의 주식시장보다 강세를 띠는 경향을 발견할 수 있다. 1970년대에는 일본, 80년대에는 아시아 신흥국, 90년대에는 미국과 유럽(아시아 외환위기 탓에 안정적 투자처로 부각), 2000년대 초 · 중반에는 브릭스(BRICs), 그리고 2008년 금융위기를 거친 이후에는 미국의 주가 수익률이 상대적으로 양호했다.

[표 4-3] **1971~2014년 글로벌 주식시장 연평균 수익률**

	미국	독일	영국	일본	브라질	멕시코	인도	홍콩	인도네시아	한국	대만
1971~75년	2.2%	7.1%		23.7%						36.8%	49.0%
1976~80년	9.4%	−2.8%		9.3%						5.1%	11.4%
1981~85년	10.0%	25.4%	17.1%	16.6%			33.2%			9.4%	12.2%
1986~90년	9.9%	4.1%	9.8%	15.7%			17.2%		65.6%	41.8%	60.7%
1991~95년	14.1%	11.5%	12.1%	−1.1%		41.3%	28.7%		14.8%	6.2%	8.9%
1996~00년	17.5%	24.9%	11.7%	−0.3%	43.7%	22.3%	8.9%	−9.1%	3.5%	2.6%	3.7%
2001~05년	0.4%	1.5%	−0.6%	7.9%	22.6%	27.4%	22.8%	36.1%	25.2%	24.3%	8.1%
2006~10년	3.0%	8.8%	2.9%	−9.5%	23.8%	19.9%	28.0%	32.0%	38.0%	13.4%	14.0%
2011~14년	13.6%	10.6%	3.0%	14.7%	−7.3%	3.2%	10.0%	−0.3%	9.4%	−1.4%	1.9%

출처: Bloomberg

주: 미국 S&P500, 독일 DAX, 영국 FTSE100, 일본 TOPIX, 브라질 BOVESPA, 멕시코 IPC, 인도 SENSEX, 홍콩 HSCEI, 인도네시아 자카르타 종합, 한국 KOSPI, 대만 가권 기준

전세계 주식시장의 시가총액은 지역뿐 아니라 섹터로 보아도 변화하고 있다. 큰 그림에서는 전세계 경제 구조와 인구 구조의 변화를 반영하고 있는 것으로도 볼 수 있다. [그림 4-2]는 MSCI 전세계 지수(MSCI AC World Index)를 기준으로 10개 섹터의 지난 약 20년간 시가총액 구성 비중의 변화 추이를 보여준다. 기간 중 변화를 보면, 전통적으로 굴뚝 산업과 연관 있는 산업재, 소재, 유틸리티 섹터의 시가총액 비중은 추세적으로 감소하고 있다. 반면, IT(정보기술)와 헬스 케어(의료 서비스, 보건), 필수 소비재 등 서비스와 컨슈머(consumer) 관련 섹터의 시가총액 비중은 꾸준히 늘어나고 있다. 이 같은 변화는 과거 생산 쪽에 쏠려 있던 글로벌 경제의 무게 중심이 이제 소비 쪽으로도 분산되고 있음을 보여준다. 아울러 세계 인구가 선진국을 중심으로 고령화 되고 있는 것과도 무관치 않아 보인다.

[그림 4-2] **MSCI 전세계 지수 기준 1995~2013년 글로벌 주식시장 섹터별 시가총액 비중 변화**

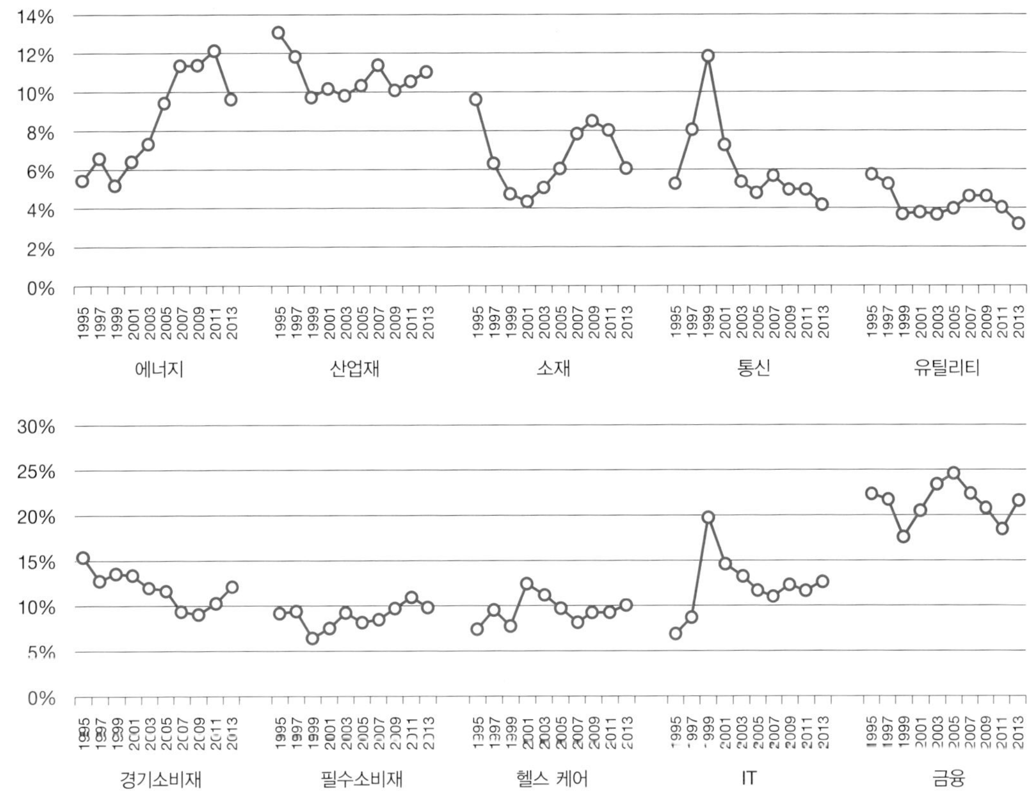

출처: Thomson, DataStream
주: 매해 12월말 시가총액 기준

2 커플링과 디커플링

리먼 브라더스와 메릴 린치가 국내 금융시장을 패닉 상태로 몰아갔다. (2008년 9월) 15일 국내증시가 추석 연휴로 인해 휴장한 가운데 발표된 리먼 브라더스의 파산신청 소식과 메릴 린치의 매각 등 미국 금융계의 소용돌이는 우리 금융시장에도 큰 충격을 주고 있다. 16일 오전 11시 현재 코스피 지수는 전일 대비 93.08포인트(−6.30%) 내린 1,384.84를 기록하고 있다. 장중 96.68포인트가 빠져 지난해 8월 이후 최대의 낙폭을 기록했으며, 올 들어 세 번째로 사이드카가 발동되기도 했다. 코스닥지수 역시 한 때 8% 이상 빠지며 사이드카가 발동, 추석 이후 반등을 기대했던 국내증시에 그야말로 찬물을 제대로 끼얹었다. 미국 증시가 9.11 테러 이후 최대의 낙폭을 기록하며 폭락 마감했고 일본 증시도 1만 2,000선이 붕괴되며 3년 만에 최저치로 떨어진 것을 비롯, 국내 증시 역시 글로벌 증시 급락 여파에서 자유롭지 못한 모습이다. 오전 11시 현재 닛케이225 지수는 전 거래일 대비 618.67포인트(−5.1%) 하락한 1만 1,596.09를 기록하고 있다. 중국 증시 상하이종합지

수는 4% 하락한 1,996.57를 기록 2,000선이 붕괴 됐다.[3]…(후략)

글로벌 주식시장은 서로 얽혀 있다. 서로 영향을 주고 받는 속도와 정도는 과거에 비해 더욱 빨라지고 더욱 강해지고 있다. 어디에선가 대형 악재나 호재가 발생하면, 이는 해당국 시장뿐 아니라 글로벌 시장 전반에 영향을 미친다. 예문에서 제시된 리먼 브라더스(Lehman Brothers) 파산으로 클라이막스를 향해 달리던 2008년 금융위기 당시만 봐도 그렇다.

글로벌 주식시장은 때로는 선순환 고리를, 때로는 악순환 고리를 형성하는데 이처럼 글로벌 주식시장이 같은 방향으로 움직이는 '커플링(coupling)' 현상은 무시하기 어렵다. 월간 수익률을 기준으로 글로벌 주식시장에서 맏형 격인 미국을 중심에 놓고 세계 주요 주식시장 25곳과 최근 5년간(2009년 7월~2014년 6월 기준) 각각의 상관계수를 구해보면 평균 0.7에 달할 정도로 비교적 강한 양(+)의 상관성을 띠고 있음을 알 수 있다.

하지만 글로벌 주식시장에는 커플링에 반대되는 '디커플링(de-coupling)' 현상도 있다. 글로벌 시장에서 특정 지역이나 국가의 주가가 차별적 강세 또는 약세의 움직임을 보이는 현상으로, 이는 주로 국가 간 펀더멘털, 모멘텀 등의 차이에서 발생한다고 볼 수 있다. 디커플링 현상이 극명하게 나타나는 경우는 주로 특정 지역이나 국가에서 악재가 발생하고 어느 정도 시간이 흐른 뒤이다. 이벤트 발생 직후에는 글로벌 주가가 동조화되며 동반 약세를 보인다. 하지만 시간이 흐를수록 악재의 진앙인 곳의 주가는 지속적으로 약세를 보이는 반면 다른 곳의 주가는 차별적 강세를 보이는 것이다. 대표적 예로 1990년대 후반 아시아 외환위기, 2010년 유로존 재정위기가 부각되었던 국면을 들 수 있다.

[그림 4-3]은 1990년대 후반 아시아 외환위기 발생 당시 글로벌 주가의 흐름을 보여 준다. 1997년 7월 초를 기준점으로 각 시장의 주가를 100포인트로 환산하여 비교한 것이다. 한국에 대한 IMF 구제금융이 결정되었던 1997년 4분기에 글로벌 주가는 동반 하락했다. 하지만 1998년을 보면 위기 당사국이 아니었던 미국이나 유럽 시장의 경우 펀더멘털 측면의 강점이 부각되며 주가 역시 차별적 강세 흐름을 보였음을 알 수 있다.

3 이초희, 김지은, 박선미, "세계금융 대공황.. 코스피 대폭락," 아시아경제(2008.09.16), 제1면

[그림 4-3] **MSCI 지수 기준 아시아 외환위기 국면에서 지역별 주가 추이 비교**

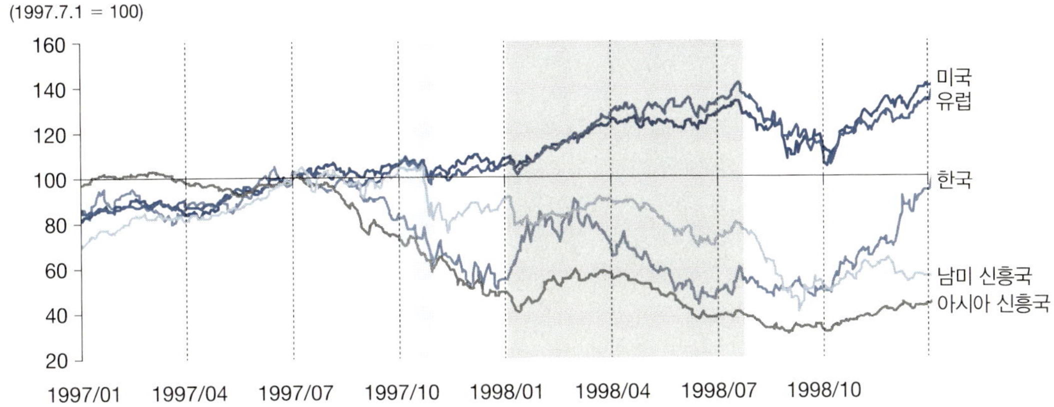

출처: Thomson, DataStream

[그림 4-4]는 PIGS 위기[4]로 불렸던 남유럽 재정위기 국면에서의 글로벌 주가 흐름으로 [그림 4-3]에서와 같은 패턴을 관찰할 수 있다. 그리스의 유로존 이탈(Grexit, Greece와 Exit의 합성어) 불안이 고조되었던 2010년 5월에 글로벌 주가는 동반 약세를 보였다. 하지만 이후에는 펀더멘털 상 재정 건전성이 이슈로 등장하면서 정부 재정 여건이 견실하다고 평가되던 한국 등 아시아 신흥국의 주가가 차별적 강세를 보였다.

[그림 4-4] **MSCI 지수 기준 Grexit 불안 국면에서 지역별 주가 추이 비교**

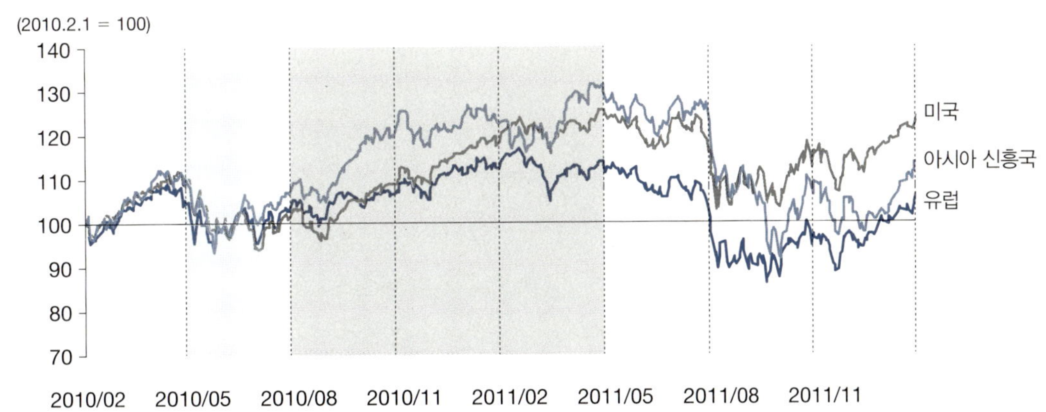

출처: Thomson, DataStream

4 포르투갈, 이태리, 그리스, 스페인의 국가명 알파벳 첫글자를 따서 만든 조어. 유로존에서 재정 여건이 취약한 남유럽 국가들을 지칭

Box MSCI 지수(Morgan Stanley Capital International Index)

한국의 코스피(KOSPI), 미국의 다우존스산업평균(Dow Jones Industrial Average) 지수처럼 각국 주식시장에는 대표 주가 지수가 있다. 그런데 금융 실무에서 분석 자료를 작성하거나 고객에게 투자 성과를 설명할 때 굳이 MSCI 지수를 사용하는 이유는 무엇일까?

국가별로, 같은 국가 내에서도 지수별로 주가 지수 산정 방식에는 차이가 있다. 예를 들어, 한국 코스피는 시가총액가중평균 방식으로 지수가 산출되는 반면 미국 다우존스산업평균 지수나 일본 닛케이225(NIKKEI225) 지수는 가격가중지수 방식으로 지수가 산출되고 있다. 또한 한 국가 안에서도 시장을 대표하는 지수가 1개가 아니라 2개 이상인 경우도 있다. 예를 들어, 미국에서는 다우존스산업평균 지수, S&P500 지수, 나스닥종합지수(NASDAQ Composite Index)가 모두 시장을 대표하는 지수로 널리 사용되고 있다.

글로벌 주가를 국가/섹터/업종별로 비교할 때 일관된 기준으로 산출된 지수가 있으면 좋을 것이다. 이 때 실무적으로 통용되는 지수가 바로 MSCI 지수이다. MSCI는 모건 스탠리 캐피털 인터내셔널(Morgan Stanley Capital International)의 머리글자를 딴 약어이다. MSCI 지수의 기원은 지금으로부터 40여 년 전으로 거슬러 올라간다. 1968년 캐피털 인터내셔널(Capital International)이라는 회사가 처음으로 미국 주식시장을 제외한 세계 주식시장의 주가를 지수화시켜 발표하기 시작했는데, 1986년 모건 스탠리는 캐피털 인터내셔널로부터 지수 사용에 대한 권리를 얻었다. 이 때부터 두 회사의 머리 글자를 따서 MSCI 지수로 발표되기 시작했다.

MSCI 지수는 글로벌 주식시장에서 벤치마크(benchmark), 즉 비교의 잣대 역할을 한다. 전세계를 대상으로 투자하는 대형 펀드들, 특히 미국계 펀드의 운용 성과 측정에 있어 주요 비교 기준이 되고 있다. 인덱스형 펀드나 ETF(Exchange Traded Fund) 등 패시브(passive)형 투자 상품의 주요 기초 자산이 되고 있는 것도 바로 MSCI 지수이다. 글로벌 주식 포트폴리오의 성과 측정 시 벤치마크로 널리 활용되고 있는 것도 MSCI 지수이다.

SECTION 02

채권시장

1 글로벌 채권시장의 구성과 특징

1. 글로벌 채권시장의 구성

2014년 6월말 기준 전세계 채권 시장의 규모는 약 99조 달러, 원화로 환산하면 약 10경 9,700조 원이다.[5] 앞서 살펴본 전세계 주식시장 규모에 비해 1.6배 정도 더 크다. 전세계 GDP(국내총생산) 규모인 74조 달러보다도 1.3배 높은 수준이다. 이처럼 거대한 시장에서 가장 많이 자금 조달을 하는 주체는 각 국의 정부들이다. 채권 발행을 기준으로 보면, 전체 채권시장의 48% 정도가 국채 시장으로 구성되어 있다. 금융기관이 발행한 채권이 41%, 비금융기관 회사채가 11%로 그 다음을 차지하고 있다. 국가별 발행 채권을 기준으로 보면 3/4 이상을 선진국이 차지한다. 미국이 37%로 가장 큰 비중을 차지하고 있고 유로존이 22.5%, 일본이 12.3%로 그 뒤를 잇는다. 글로벌 시장에서 한국,

[그림 4-5] 글로벌 채권시장의 국가별 구성 비중

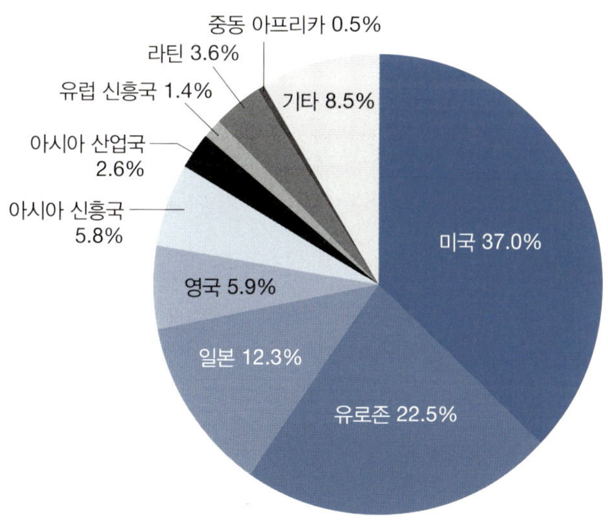

출처: IMF의 "Global Financial Stability Report (October 2014)," BIS (2014.6.27) 재인용.

5 원/달러 환율 1,100원 적용

홍콩, 싱가폴, 대만 등이 포함된 아시아 산업국이 발행한 채권이 차지하는 비중은 2.6%에 불과하다.

2. 글로벌 채권시장의 특징

채권시장은 주식시장과 달리 증권거래소와 같은 장내 시장보다 브로커(broker)나 딜러(dealer)가 직접 중개하는 장외시장의 규모가 더 크다.[6] 채권의 형태도 발행 기관, 만기, 신용등급, 쿠폰(이자) 지급 방식 등에 따라 다양하게 구분된다. 여기에 옵션을 결합하여 상품 구조를 변형한 구조화 채권도 증가하고 있다. 주식보다 거래 단위도 크고, 덜 표준화되어 있으며, 장외시장을 중심으로 거래되기 때문에 채권 시장은 사실상 기관투자자 중심으로 움직이는 편이다. 특히 글로벌 채권 시장 전체로 보면 각국 중앙은행, 연기금과 보험 등이 주요 투자자이다. 다만 2008년 금융위기 이후 글로벌 저성장, 저금리 기조가 이어지면서 이자 수익이 높은 신흥국 국채나 하이일드(high yield) 채권 등으로 개인 투자 자금의 유입이 점차 증가하고 있다.

채권은 만기가 있으며, 만기까지 투자하는 경우 원금과 이자 지급이 약속되어 있는 증권이다.[7] 따라서 주식이나 원자재에 비해 비교적 안전한 투자 대상으로 여겨지고, 포트폴리오 내에서 안정형자산의 역할을 한다.[8] 투자자들은 글로벌 증시에서 위기가 발생하거나 경기둔화가 예상되는 환경에서는 주식보다 채권 투자를 선호하는 경향을 보인다.

물론 채권이 주식보다 안정적인 가격 흐름을 보이지만 투자 리스크는 있다. 대표적으로 거래 상대방이 원금이나 이자를 지급하지 않는 디폴트(default) 리스크가 있고, 시장 금리 변화에 따라 채권 가격이 변동할 수 있는 금리 변동 리스크도 있다. PIGS 위기로 불리는 남유럽 재정위기 국면에서 그리스, 이탈리아, 스페인 등의 국채 금리가 단기간에 급등했던 경험을 상기해 보면 될 것이다. 또한 채권의 리스크는 신용등급과 만기에 따라 다르게 나타나는데 신용등급이 낮을수록, 만기가 길어질수록 채권 투자 위험도 커진다.

---

6 장외시장에서 브로커와 딜러는 채권의 매수자와 매도자를 직접 중간에서 연결하는 역할을 한다. 브로커는 중개 수수료만을 수입원으로 하는 반면, 딜러는 자기계정을 갖고 매수가격과 매도가격의 차이에서 수익을 발생시킨다.

7 채권의 일반적인 특징을 의미하는 것이다. 실제로는 만기가 없는 영구채도 있고, 상황에 따라서는 원금과 이자 금액을 받지 못할 수도 있다.

8 채권 중에서도 신용등급이 낮은 채권들은 위험자산으로 분류되기도 한다.

2 투자 관점에서 글로벌 채권시장의 구분

채권은 발행 주체에 따라 크게 국채와 회사채로 나눌 수 있다. 국채는 선진국 국채와 신흥국 국채로 나눌 수 있고, 회사채는 투자등급 채권과 하이일드 채권으로 나눌 수 있다. 최근에는 유동화 채권, 구조화 채권 시장도 성장하면서 따로 구분하기도 한다. Chapter 2에서 살펴 보았듯이 채권의 구분은 발행 기관뿐 아니라 이자지급방식, 만기 등 기준에 따라 다양하게 구분지어 볼 수 있는데, 개인 투자자의 간접 투자와 자산배분 측면에서는 선진국 국채, 신흥국 국채, 투자등급 회사채, 하이일드 채권의 구분이 적당해 보인다.

1. 선진국 국채

선진국 국채는 미국, 일본, 유럽 등 선진국 정부가 발행하는 채권이다. 신용등급이 높은 선진국 정부가 원금과 이자의 지급을 보증하기 때문에, 가장 안정적인 투자 대상으로 여겨지고 있다.

선진국 국채의 이자 수익은 여러 채권들 가운데 적은 편이다. 신흥국과 비교하면 경제 성장률이나 물가 상승률이 낮기 때문에 기준금리도 낮다. 실제로 미국, 일본, 유로존을 보면 모두 기준금리가 제로(0)에 가깝고, 국채 금리도 낮은 수준으로 형성되어 있다.[9] 단, 통화정책 기조가 변하는 국면에서는 선진국 채권 가격 변화로 인한 수익 변동이 발생할 수 있다. 예를 들어, FOMC(Federal Open Market Committee, 연방공개시장위원회)에서 연방기금금리가 인하되거나 중앙은행이 시중 유동성 공급을 위해 채권을 직매입하는 정책을 시행한다면, 국채 금리가 낮아지며 가격은 상승할 수 있다. 반대로 금리가 상승하는 경우 채권 가격은 하락할 수 있다. 만기가 긴 채권일수록 가격의 상승폭이나 하락폭은 크게 나타난다.[10]

선진국 국채 가운데 미국 국채가 절반 정도의 비중을 차지하고 있다. 시장에서 차지하는 무게감으로 봐도 그렇고 세계 제1의 경제대국이 미국이라는 점에서도 미국의 국채 금리는 글로벌 채권 시장에서 중요한 역할을 한다. 2000년대 이후 국가 간 자본 이동이 자유로워지면서 미국 채권의 금리 변화는 수급 측면에서 각국 채권 시장에 영향력을 키워오고 있다. 미국 국채 금리의 글로벌 채권시장에 대한 영향력은 Chapter 5에서 보다 자세히 살펴본다.

---

9 2014년 6월말 각국의 기준금리: 미국 0~0.25%, 유로존: 0.05% 일본 0~0.1%

10 채권의 만기별 금리변화에 따른 채권가격 변동 관련 설명은 Chapter 2를 참고할 것

국내 투자자 입장에서 미국을 포함한 선진국 국채는 그다지 매력적으로 보이지 않을 수 있다. 한국 국채 금리와 예금 금리가 대부분의 선진국 국채 금리보다 높기 때문이다. 한국 투자자에게 안전자산으로 적합한 자산은 미국 국채보다 한국 국채가 된다. 그럼에도 미국 국채 금리 흐름은 중요한 지표 역할을 하는데 이 역시 Chapter 5에서 보도록 한다.

2. 신흥국 국채

신흥국 국채는 신흥국 정부가 발행하는 채권으로 브라질, 멕시코, 인도, 인도네시아, 터키, 러시아 국채가 대표적 예이다. 신흥국은 통상 경제 성장률과 인플레이션 수준이 높고, 자본에 대한 수요가 높은 편이어서 선진국에 비해 기준금리가 높은 수준에서 결정된다. 또한 국가 신용등급이 선진국보다 낮아서 국채 발행 시 더 높은 이자를 주며 발행해야 한다. 투자자 입장에서 채권 이자를 통해 얻을 수 있는 수익도 더 큰 셈이다. 따라서 채권 투자 자금 가운데 상대적으로 고수익을 추구하는 자금은 신흥국 채권 시장으로 유입되는 경향이 있다. 하지만 높은 이자는 그만큼 높은 신용 위험도 감수해야 한다는 것을 의미하기 때문에 투자 리스크도 더 크다고 볼 수 있다. 2011년 여름 미국 신용등급 강등과 유럽발 금융불안 시기처럼 글로벌 위기가 발생했던 경우를 예로 들어 볼 수 있다. 당시 선진국과 신흥국 채권 가격은 상반된 움직임을 보였다. 안전자산인 미국 국채로 투자 자금이 유입되면서 채권 가격이 상승했지만 신흥국 국채에서는 자금이 빠르게 유출되며 가격 조정이 나타났다.

투자 관점에서 신흥국 국채는 크게 두 가지로 나누어 볼 수 있다. 하나는 신흥국 로컬 표시 국채, 다른 하나는 신흥국 달러 표시 국채이다. 로컬 표시 국채는 발행국가의 통화로 원금과 이자가 지급되는 채권이고, 달러 표시 국채는 발행국가 통화가 아닌 달러화로 원금과 이자가 지급되는 채권이다. 이 둘의 차이는 채권 투자 시 투자국의 통화 가치 변동 위험을 부담할 지 여부에 있다. 가령 한국 투자자가 헤알화 표시 브라질 국채에 투자한다면, 원화 대비 헤알화 가치의 변동 위험을 부담해야 한다. 반면 달러 표시 브라질 국채에 투자한다면, 원화 대비 달러화 가치의 변동 위험을 부담하는 것이다. 통화 가치의 변동 위험은 미국 달러화보다 신흥국 통화가 더 큰 편이다. 따라서 로컬 통화 표시 신흥국 국채는 달러 표시 신흥국 국채보다 리스크가 높은 것으로 간주되고 이자도 더 높은 편이다. 브라질 채권을 예로 들어 보면, 2010년 2월 4일에 발행된 2021년 1월 1일 만기 로컬 표시 국채는 쿠폰이 10%, 실효수익률이 12.06%인데, 2010년 4월 15일에 발행된 2021년 1월 22일 만기 달러 표시 국채는 쿠폰이 4.875%, 실효수익

률은 3.76%로 낮았다.[11]

신용등급이 높은 선진국 국채는 국가 신용도보다 통화정책의 향배가 채권 가격을 움직이는 주요 요인이다. 하지만 신흥국 국채에서는 단기 외채 수준, 외환보유고 등 재정 건전성 내지 안정성도 중요한 요인이다. 통화정책 변화가 없더라도 국가의 재정 악화로 채권 이자나 원금을 상환하지 못하는 디폴트가 발생할 수 있다. 실제로 1824~2004년까지 총 257건의 국가 부도가 발생했다.[12] 이 경우 국채 투자의 원금 또는 이자를 지급받지 못하거나 만기가 연장될 수도 있다. 물론 신흥국의 통화정책도 채권 가격에 영향을 준다. 하지만 대외 의존도가 높은 국가일수록 통화정책이 독립적으로 결정되기는 어렵다. 미국과 같은 선진국 통화정책의 영향을 받기 때문에 결국 선진국의 통화정책이 체크해야 할 변수가 된다.

3. 회사채

회사채는 발행 주체가 기업인 채권이다. 금융기관이 발행하는 금융채와 비금융기관이 발행하는 회사채로 구분되는데 투자자 입장에서는 신용등급에 따라 투자등급 채권과 하이일드 채권으로 구분할 수 있다. 투자등급 채권은 S&P 신용등급 기준 BBB- 등급, Moody's 기준 Baa3 등급 이상의 채권이다. Apple, Coca-Cala, BMW, Toyota 등 글로벌 대표 기업들이 발행한 회사채[13]가 여기에 해당된다. 하이일드 채권은 투기등급에 포함된 채권이다. 미국의 알루미늄 제조사 Alcoa, 백화점체인 JC Penny, 항공사 British Airline, 한국의 우리은행 등의 회사채[14]가 여기에 해당된다. 회사채는 개별 회사의 신용을 바탕으로 발행된다. 따라서 글로벌 회사채 시장은 신흥국보다 안정성이 높은 선진국 중심으로 형성되어 있다. 미국이 글로벌 채권 시장에서 차지하는 비중을 보면, 국채 시장에서는 36%, 금융채 시장에서는 40%, 비금융 회사채 시장에서는 50%이다. 회사채 역시 기업의 신용 리스크를 감수해야 하는 만큼 국채보다 이자가 높다. 또한 회사채 중에서는 신용등급이 낮을수록 수익률이 높다. 2014년 12월말 기준으로 글로벌 회사채의 신용등급별 만기수익률(YTM)을 보면 AA 등급이 2.0%, BBB 등급이 3.3%, B 등급이 7.5%, CCC 등급이 13.2%였다.[15]

---

11 브라질 헤알화 표시 국채: BNTNF 10 01/01/21 Corp, 달러표시 국채: BRAZIL 4 ⅞ 01/22/21 Corp, 기준일 2015년 1월 9일

12 한국은행(2010.7), "국가채무의 부도사례가 남유럽 국가의 재정위기에 주는 시사점."

13 S&P 신용등급 2014.6.30 기준

14 S&P 신용등급 2014.6.30 기준

15 2014년 12월 31일 메릴 린치 글로벌 회사채 지수 기준

회사채 역시 기본적으로 중앙은행의 통화정책, 시장의 금리 움직임이 가격을 결정하는 주요 변수가 된다. 국채와 마찬가지로 회사채도 금리 하락은 가격 상승을 유발한다. 하지만 회사채를 평가할 때는 채권을 발행한 기업이 안정적으로 계속 사업을 영위할 수 있는지, 부도 가능성은 어느 정도 되는지 등도 중요한 변수이다. 때로는 시장 금리의 움직임보다 부도율, 채권의 수요/공급이 가격에 더 큰 영향을 줄 때도 있다. 실제로 1998~2013년 미국 하이일드 채권의 가격 움직임을 보면, 미국 10년 만기 국채 금리가 상승했던 10차례 국면 중 8차례 국면에서 하이일드 채권 투자 성과는 플러스를 기록했다.

통상 하이일드 채권은 주식과 채권의 중간 성격을 띠는 것으로 여겨진다. 주식처럼 경기 회복 초입 국면에서 높은 성과를 내는 경우가 종종 있고, 글로벌 위기 상황이 오면 주식처럼 변동성이 확대되기도 한다. 기업 부도율이 빠르게 증가하면 채권가격이 하락할 수 있는데, 이 때 신용등급이 낮은 기업 채권일수록 가격 하락 위험이 크다. 신용 리스크를 기준으로 보면 앞서 살펴본 신흥국 달러 표시 국채보다 하이일드 채권의 리스크가 더 큰 편이다.

참고로 금융기관이 기업에 자금을 빌려주고 변동 금리로 이자를 받는 선순위 (담보) 대출채권인 시니어 론(senior loan)도 있다. 변동 금리는 보통 'LIBOR 90일물 + 가산금리' 형태로 되어 있다. 투자등급/하이일드 채권과 시니어 론을 비교하면, 시니어 론은 담보가 있고, 기업 청산 시 선순위 변제권이 있으며, 금리가 상승할 때 채권가격의 하락 가능성이 낮다는 점에서 조금 더 안정적인 채권으로 분류될 수 있다. 하지만 시니어 론은 그 형태가 덜 정형화되어 있다. 또한 하이일드 채권은 일반 개인 투자자에서 전문 기관 투자자에 이르기까지 그 수급 주체가 다양한 반면 시니어 론은 수급 주체가 기관 투자자 중심이고 유동성도 상대적으로 떨어질 수 있다.

Box 신용등급이란?

신용등급은 정부와 기업 등의 기관이 채무를 이행할 능력과 의사가 어느 정도 되는지를 평가하고 이를 등급으로 표시해 놓은 것이다. 국내외 신용평가사는 여러 곳이 있는데, 글로벌 주요 3대 신용평가 기관은 스탠더드 앤 푸어스(Standard & Poor's, 이하 S&P), 무디스(Moody's), 피치(Fitch)이다. S&P와 무디스는 미국의 신용평가사이고 피치는 영국의 신용평가사이다.

이 3개의 신용평가사는 신용등급을 각기 다른 방식으로 표시한다. S&P와 피치는 알파벳 대문자와 플러스(+) 마이너스(−) 기호를 사용하고, 무디스는 알파벳 대문자와 소문자를 함께 사용한다. 표에서 보듯이 3개 신용평가사 등급은 함께 비교될 수 있다.

<table>
<tr><th>무디스</th><th>S&P</th><th>피치</th><th></th></tr>
<tr><td>Aaa</td><td>AAA</td><td>AAA</td><td rowspan="10">투자등급</td></tr>
<tr><td>Aa1</td><td>AA+</td><td>AA+</td></tr>
<tr><td>Aa2</td><td>AA</td><td>AA</td></tr>
<tr><td>Aa3</td><td>AA−</td><td>AA−</td></tr>
<tr><td>A1</td><td>A+</td><td>A+</td></tr>
<tr><td>A2</td><td>A</td><td>A</td></tr>
<tr><td>A3</td><td>A−</td><td>A−</td></tr>
<tr><td>Baa1</td><td>BBB+</td><td>BBB+</td></tr>
<tr><td>Baa2</td><td>BBB</td><td>BBB</td></tr>
<tr><td>Baa3</td><td>BBB−</td><td>BBB−</td></tr>
<tr><td>Ba1</td><td>BB+</td><td>BB+</td><td rowspan="11">투기등급</td></tr>
<tr><td>Ba2</td><td>BB</td><td>BB</td></tr>
<tr><td>Ba3</td><td>BB−</td><td>BB−</td></tr>
<tr><td>B1</td><td>B+</td><td>B+</td></tr>
<tr><td>B2</td><td>B</td><td>B</td></tr>
<tr><td>B3</td><td>B−</td><td>B−</td></tr>
<tr><td>Caa1</td><td>CCC+</td><td rowspan="5">CCC</td></tr>
<tr><td>Caa2</td><td>CCC</td></tr>
<tr><td>Caa3</td><td>CCC−</td></tr>
<tr><td rowspan="2">Ca</td><td>CC</td></tr>
<tr><td>C</td></tr>
<tr><td>C</td><td rowspan="3">D</td><td>DDD</td><td rowspan="3">채무불이행</td></tr>
<tr><td>/</td><td>DD</td></tr>
<tr><td>/</td><td>D</td></tr>
</table>

각 사가 나눠놓은 신용등급을 보면 크게는 투자 등급과 투기 등급(투자 부적격)으로 구분된다. 보통 투자 등급은 AAA에서 BBB− 등급(무디스 기준 Aaa~Baa3)이고, 투기 등급은 BB+ 이하(무디스는 Ba1)가 된다. 이 같은 분류는 글로벌 국채, 회사채 모두에 공통적으로 사용된다.

신용평가사는 신용등급뿐 아니라 향후 등급 전망도 함께 제시한다. 가령 S&P는 2014년 12월 기준, 미국의 국가 신용등급을 'AA+,' 신용등급 전망을 'stable(안정적)'로 제시하고 있다.

신용등급은 동일 국가에서도 발행된 채권의 종류에 따라 달라질 수 있다. 가령 한국의 경우 S&P 기준 외화표시 장기 국채의 신용등급은 A+이고, 자국통화표시 장기 국채의 신용등급은 AA−이다. 회사채의 경우도 마찬가지이다. 채권 담보가 크거나 우선 변제권이 있는 경우 신용등급도 높아질 수 있다.

신용등급은 채권 투자 시 중요한 역할을 한다. 채권 발행자 입장에서 신용등급이 높으면 낮은 금리로 채권을 발행할 수 있으나, 신용등급이 낮으면 상대적으로 높은 금리로 채권을 발행해야 하는 부담이 생긴다. 투자자 입장에서 신용등급은 채권의 부도 리스크를 가늠해볼 수 있는 잣대 역할을 한다. 경제 상황이 악화되었을 때 신용등급이 AAA인 회사채는 신용등급이 B인 회사채보다 부도 가능성이 낮다고 볼 수 있다.

투자자 입장에서 신용등급을 100% 신뢰할 수 있을까? 그렇지 않다. 신용평가사들은 자체적으로 분석 결과를 통해 등급을 매기지만, 특정 국가의 위기가 발생하기 전에 선제적인 시그널을 주는 역할은 못하는 경우도 많다. 실제로 2008년 미국발 글로벌 금융위기 발생 전에 신용평가사들은 위기 발생 가능성을 선제적으로 평가하지 못했고, 심지어 신용등급을 남발했다는 비판에서 자유롭지 못하다.

4. 기타 채권: 구조화 채권

앞서 살펴본 채권은 발행 시점에 이자와 만기 시 상환될 원금이 어느 정도 정해져 있는 전통적 의미의 채권이라고 볼 수 있다. 그런데 2000년대 들어 채권에 여러 파생상품의 특성이 결합되거나 상황에 따라 수익 구조가 달라지는 채권의 발행이 늘어나고 있다. 구조화 채권, 유동화 채권이 대표적인데 이들 채권은 자산배분 관점에서는 대체 자산으로 분류되고 있다.

구조화 채권은 채권에 파생상품의 성격이 결합된 채권이다. 원금과 이자의 지급이 주가, 금리, 통화가치 등 기초자산의 가격 움직임에 연동되어 결정되도록 여러 가지 방식으로 구조화할 수 있다. 연계된 기초 자산의 종류에 따라 금리연계채권, 신용연계채권, 주식연계채권, 통화연계채권, 상품연계채권 등의 방식으로 구분할 수 있다. 예를 들어, 일반적인 채권은 정기적으로 지급되는 이자가 '이표 금리 O.OO%' 식으로 사전에 정해져 있다. 이에 반해 구조화 채권의 경우 가장 기본적 구조인 플레인 바닐라 변동금리부 채권(Plain Vanilla FRN)을 보면 이표 금리가 'CD 91일물 + 가산금리 OOO bps' 식으로 발행된다. 또 다른 예로 CD Range Accrual Note는 이자 지급 기간 동안 CD 금리가 일정 구간 내에 존재하는 달력 일수를 체크하고, 일할 계산(daily accrual) 방식으로 이를 미리 정한 이표 금리에 곱하여 지급한다.

전세계 구조화 채권 시장의 발행 물량은 2008년 미국발 금융위기를 기점으로 감소하다가, 2010년 이후 다시 증가세를 보이고 있다. 한국의 구조화 채권 시장에서는 FRN(변동금리부채권)이 약 80%의 비중을 차지하고 있는데, 2008년 금융위기 이후 저금리 기조가 이어지면서 발행 물량이 빠르게 증가했다. 금융 기관별 발행 주체도 과거에는 은행 위주였던 것이 최근에는 증권사로도 확대되고 있다.[16]

[16] 김경호(2013), "국내 구조화상품시장의 현황 및 발전방향," 한국거래소 파생상품연구센터, 129.

[그림 4-6] 글로벌 구조화 채권 연간 발행 규모

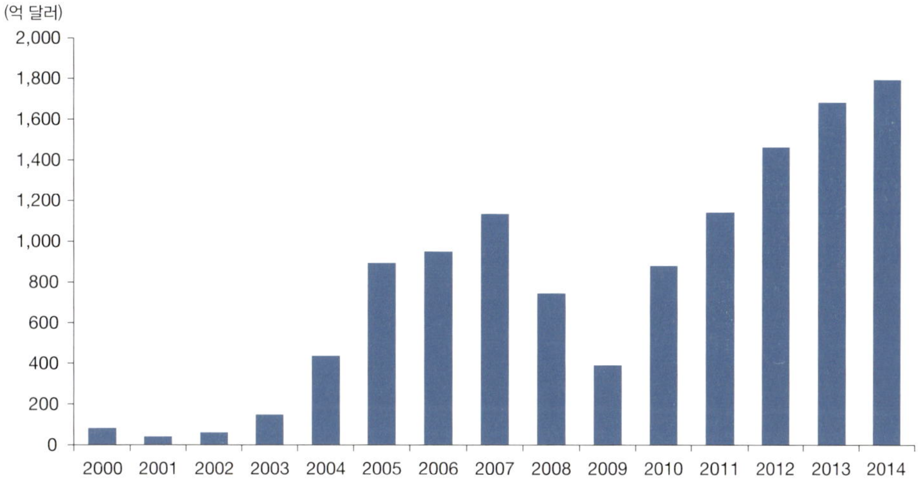

출처: Bloomberg

주: Bloomberg에서 집계되는 구조화 채권 기준

국내 투자자들이 가장 흔히 접하는 구조화 채권으로 ELS(Equity Linked Securities, 주식연계증권)가 있다. ELS는 원래 구조화 채권의 한 형태인 주식연계채권(Equity Linked Notes)에서 시작된 상품으로 그 본질은 구조화 채권으로 볼 수 있다. 하지만 우리나라에서는 2009년 자본시장법 시행 이전에 각각의 규제법에 따라 상품을 분류했기 때문에 주로 은행에서 기관 자금 수요로 발행했던 구조화 채권과 증권사에서 투자자들을 대상으로 발행했던 ELS가 구분되었다. 국내 투자자들이 흔히 접하는 ELS는 ELN의 'Notes' 대신 증권의 의미인 'Securities'가 붙게 된 것이다.

우리나라 ELS 시장은 지난 10여년 사이 빠르게 성장해 왔다. 연간 발행 규모를 보면 2003년 약 3조 4천여억 원에서 2014년 약 66조 3천여억 원으로 20배 가까이 성장했다. 특히 미국발 금융위기 이후 발행 규모가 현저히 늘어났는데, 이는 ELS가 상대적으로 확정적인 수익을 주는 중위험, 중수익 상품이라는 인식이 확대된 것과 무관치 않다. 해외에서 ELS 시장은 유럽, 홍콩 등을 중심으로 형성되어 있는데, 국내 시장과는 대조적으로 2008년 금융위기 이후 위축되었다. 해외에서는 구조화 상품이 ELS 형태보다는 채권에 주가지수, 금리, 외환 등을 기초자산으로 하는 스왑이 결합된 상품이 보다 일반적이다.

5. 기타 채권: ABS, MBS, 커버드 본드

자산유동화증권(ABS, Asset Backed Securities)은 특정 자산을 담보로 발행되는 증권을 의미한다. 보통 금융기관이나 기업이 보유한 자산을 유동화전문회사[17]에 담보로 제공하고 대출을 받으면, 유동화전문회사는 그 담보 물건을 기반으로 증권을 발행해서 시장에 유통시킨다.

가령 신용등급이 BBB-인 제조업체 A가 있다고 해 보자. A는 자금조달을 위해 보유하고 있는 매출채권[18]을 은행 B에 담보로 맡기고 대출을 받는다. B가 이 매출채권의 신용평가를 해 본 결과 그 채권 자체는 A+등급이었다. 이 경우 은행 B는 기업 A의 매출채권을 기반으로 A+등급의 자산유동화증권을 발행해서 시장에 유통시킬 수 있다. [그림 4-7]은 미국 ABS 발행 규모로 2008년 미국발 금융위기 당시 크게 위축되었다. 다만 점차 안정성을 보강하거나, 구조를 다양하게 하는 방식으로 발행물량은 다시 완만하게 증가하고 있다.

주택저당증권(MBS, Mortgage Backed Securities)은 자산유동화증권의 일종인데 담보가 주택저당채권(mortgage)인 것을 구분하여 부른다. 구조를 보면, 가계가 보유 부동산을 은행에 담보로 제공하고 대출을 받는 경우 은행은 담보에 대해 주택저당채권을 보유하게 된다. 유동화전문회사는 주택저당채권을 모아서 이를 담보로 MBS를 발행한다. 2008년 미국발 금융위기는 주택저당채권의 일종인 서브프라임 모기지 부실이 MBS 담보 부실로 이어지면서 발생한 것이다.

[그림 4-7] 미국 ABS 발행 규모

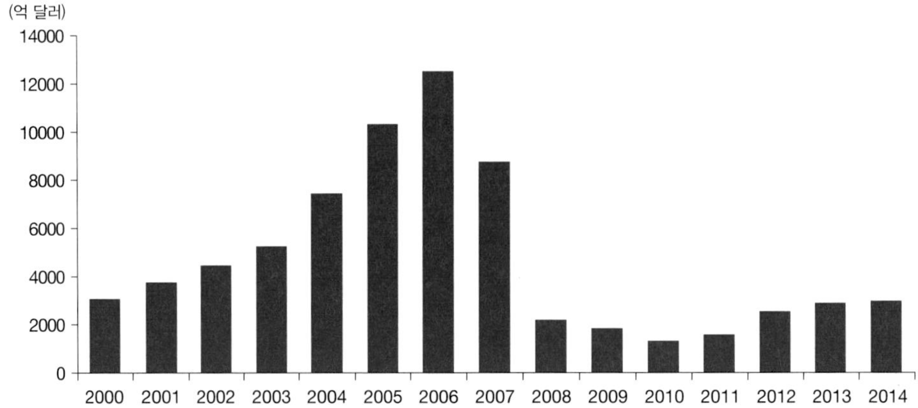

출처: Bloomberg

주: 미국 내 상위 20개의 발행주간사가 발행한 ABS 규모임

17 유동화증권의 발행주체는 일반적으로 자산을 보유한 여신 금융기관이다. 유동화전문회사는 서류상회사(paper company)이다.

18 매출채권은 기업이 물건을 판매하고 인도한 후, 물건값을 받기 전까지 자금 회수의 권리를 표시한 증권을 의미한다. 거래상대방이 지급하는 자금이 매출채권의 현금흐름이 된다.

자산유동화채권과 비슷한 채권으로 커버드 본드(covered bond)가 있다. 커버드 본드는 그 형태가 자산유동화채권과 유사하나 우량 자산만을 담보로 발행되고 추가적으로 신용보강 장치가 되어 있는 채권이다. 신용보강 장치는 두 가지이다. 하나는 투자자가 발행자에 대한 중도 상환을 요구할 수 있는 점이다. 투자자 입장에서 향후 해당 기업의 신용 리스크가 커질 것으로 보이거나 시장 금리가 상승하고 있을 때 상환을 요구할 수 있기 때문에 좀 더 안정적이다. 다른 하나는 발행기관이 부도가 날 때 발행기관이 보유하고 있는 담보 자산뿐 아니라 발행기관 자체의 자산에 대해서도 우선 변제권을 갖는다는 점이다. 이처럼 커버드 본드는 안정성이 강화된 형태의 채권이기 때문에 상대적으로 금리가 낮고 자금조달비용도 낮은 편이다.

커버드 본드는 유럽 재정위기를 거치면서 유럽중앙은행(ECB)이 시중 유동성을 공급하기 위한 수단으로 주요 매입 대상이 되면서 언론 기사에 자주 등장했다. 실제로 커버드 본드는 대부분 유럽에서 발행되고 있고, 2008년 미국발 금융위기 이후 위축된 주택저당증권(MBS)을 대체하는 자산으로 각광받고 있다. 유럽에서는 국채 시장 다음으로 큰 시장을 형성하고 있는 것이 바로 커버드 본드이다. 2012년 기준 유럽에서 발행된 커버드 본드는 7천억 유로가 넘는다. 잔액 기준으로는 2조 8천억 유로 가까이 된다. 국가별로는 덴마크, 독일, 프랑스, 스페인, 스웨덴 등 5개국이 커버드 본드 시장의 68% 정도를 차지하고 있다.[19]

[19] 황세운(2014), "위기시 빛나는 커버드 본드," 자본시장연구원.

Box

채권 지수가 늘 우상향 궤적을 그리는 이유는?

채권도 주식과 마찬가지로 국가, 섹터별로 다양한 지수가 존재한다. 여기에 채권 고유의 특징인 만기, 신용도 등의 특성까지 반영된 지수도 사용되고 있다.

채권 지수는 시장에서 거래되는 채권을 바스켓으로 구성해 만들어진다. 하지만 주식과 달리 만기가 있기 때문에 지수에 포함된 채권의 만기가 돌아오면 새로 교체해 주어야 한다. 또한 채권은 장외시장 중심으로 거래되어 유동성이 부족한 경우도 많다. 실제로 채권 가치와 거래 가격 간 차이가 나는 경우도 많고, 채권 매매를 중개하는 딜러(dealer)에게 지급해야 하는 비용이 큰 경우도 있다. 이러한 특성 때문에 채권 지수는 산출하는 기관에 따라 그 구성과 가격 흐름이 차이를 보이기도 한다. 또한 채권 펀드 운용시 벤치마크인 채권 지수를 그대로 추종하는 것이 어려워지기도 한다.

실무적으로 널리 사용되는 채권 지수는 JP모건(JP Morgan), 메릴 린치(Merrill Lynch), S&P(Standard & Poor's), 바클레이즈(Barclays) 등 글로벌 금융기관들이 자체적으로 만든 지수이다. 다만 앞서 언급한 채권의 특성 때문에 주가 지수처럼 각 국 또는 각 지역을 대표하고 보편적으로 사용되는 지수가 정해져 있지 않다. 채권 지수에 대한 정보는 주가 지수처럼 일반인들이 쉽게 확인하기 어렵고, 비용을 지불해야 접근 가능한 경우도 많다. 개인 투자자 입장에서 대안은 채권시장의 가격 예측을 대신할 수 있는 국채 수익률이나 회사채 수익률을 지표로 삼고, 이를 통해 채권 시장의 흐름을 파악하는 것이다.

주가 추이를 장기간 놓고 보면, 과거보다 현재 주가 수준이 항상 높지는 않다. 예를 들어, 2000년~2014년까지 한국의 코스닥 지수를 놓고 보면, 2000년 초반의 고점 대비 작게는 1/12 수준, 크게는 1/3 수준 사이 구간에 장기간 머물고 있다. 주가 지수는 경제, 기업이 성장하고 있는지에 따라 장기적으로 상승할 수도 있고 반대로 하락할 수도 있다. 하지만 채권 지수는 항상 우상향하는 패턴을 보인다. 주가 지수와 비교해 보면 투자자 입장에서는 성과가 꾸준히 안정적으로 발생하고 있다는 의미로 해석될 수 있는 것이다.

채권 지수가 우상향 패턴을 그리는 이유는 지수 자체에 이자 수익이 포함되기 때문이다. 시장 지수를 산출하고 표현하는 방법은 크게 두 가지이다. 하나는 자산의 가격만을 표시하는 'price return'이고, 다른 하나는 이자와 배당 수익을 포함시켜 산출하고 표시하는 'total return'이다. 주가 지수의 경우 통상 배당보다는 주식의 가격 변화가 더 큰 영향을 미치기 때문에 price return이 보편적으로 사용되고 있다. 반면, 채권은 이자에서 발생하는 투자 수익이 크기 때문에 total return이 일반적으로 사용되고 있다.

정기적으로 이자를 지급하는 채권은 시장에서 가격이 하락하더라도 시간이 지나면서 이자 발생에 따라 수익률이 회복될 수 있다. 예를 들어, 액면가 100만원인 채권을 100만원 주고 매수했다고 해보자. 가격이 2% 하락하면 이 채권은 98만원이 된다. 그런데 이 채권이 연 4%의 이자를 지급하는 채권이라면, 연 4만원의 이자 수익이 생긴다. 1년 뒤 채권을 매도할 때 채권 가격이 원금을 회복하지 못해 결국 98만원에 매도했다고 해도 이자 덕분에 총 평가금액은 102만원이 된다. 채권의 만기, 신용도 등이 동일한 경우 이자가 클수록 채권 가격 변동에서 발생 가능한 손실분을 상쇄할 수 있는 여력은 높아진다. 글로벌 증시에서 위기 발생으로 모든 자산 가격이 동반 하락했다가 반등할 때 채권은 가장 빠른 원금 회복 속도를 보이는 경우도 있는데, 이는 방금 살펴본 채권의 속성이 작동하기 때문으로 볼 수 있다.

SECTION 03

원자재시장

1 원자재 시장의 특성

앞서 살펴본 주식과 채권 시장에 비해 원자재 시장에서는 수요와 공급이 가격 형성에 큰 영향을 미친다. 특히 공급 측면에서 지정학적 리스크나 이상 기후 등에 따른 원유나 곡물 생산의 감소(우려)는 원자재 시장 가격 움직임에 즉각적으로 반영되는 것을 확인할 수 있다.

계절성 역시 원자재 시장의 고유한 특징이라고 볼 수 있다. 북반구 기준으로 옥수수 파종(planting) 시기인 5~6월이나 수분(pollination) 시기인 7~8월에 고온 건조한 기후가 이어져 옥수수 생산이 감소하는 현상, 여름 휴가철인 드라이빙 시즌에 휘발유 가격이 상승 압력을 받는 현상은 계절적 요인에 따른 결과이다.

한편, 원자재와 불가분의 관계에 있는 이슈로 인플레이션이 있다. 원자재 가격이 가파른 상승세를 보일 때 특히 원자재 수입국 중심으로 인플레이션 압력은 높아지게 되고, 이들 주식시장에는 역풍으로 작용하게 된다. 지난 15년(2000~2014년) 동안 월간 기준으로 원자재 가격 상승률과 글로벌 인플레이션 간의 상관계수는 0.6 정도로 높은 편이다.[20]

2 원자재 지수의 이해

일반 개인 투자자 입장에서 원자재 시장에 투자하는 손쉬운 방법은 원자재 지수를 기초자산으로 하는 금융상품에 투자하는 것이다. 글로벌 시장에서 보편적으로 활용되고, 금융상품의 벤치마크로 쓰이는 원자재 지수의 특징을 안다면 투자할 때 도움이 될 것이다.

대표적 원자재 지수로는 톰슨 로이터/제프리 CRB 지수(Thomson Reuters/Jefferies CRB Index), S&P 골드만 삭스 원자재 지수(S&P GSCI, S&P Goldman Sachs Commodity Index), 로저스 국제 원자재 지수(RICI, Rogers International Commodity Index), 다우 존스 UBS 원자재 지수(Dow Jones UBS Commodity Index), 도이체 방크 원자재 지수(Deutsche Bank Commodity Index) 등이 있다.

20 원자재 가격 상승률은 로저스 국제 원자재 지수(RICI, Rogers International Commodity Index)의 전년동월비 월간 등락률, 글로벌 인플레이션은 OECD Total CPI All Items(%, yoy)를 기준으로 계산하였다.

이 원자재 지수들은 각각 그 구성 요소와 비중이 다르기 때문에 지수 움직임 역시 서로 다를 수 있다. 예를 들어, S&P 골드만 삭스 원자재 지수는 구성 상 에너지가 차지하는 비중이 70% 수준이므로 여타 원자재 지수들보다 에너지 가격 움직임에 민감하다. 다우 존스 UBS 원자재 지수의 경우 금속이 차지하는 비중이 약 30%이므로 여타 지수들보다 금속 가격의 움직임을 잘 반영한다. 글로벌 주요 원자재 지수별 특징과 구성 비중은 [표 4-4]와 [그림 4-8]을 참고하기 바란다.

[표 4-4] 글로벌 주요 원자재 지수의 특징

지수	특징
톰슨 로이터/제프리 CRB 지수 (Thomson Reuters/Jefferies CRB Index)	• 1957년 미국 CRB(Commodity Research Bureau)가 28개의 원자재 가격을 지수화시켜 발표. 현재는 19개의 원자재로 지수 구성 • 2005년 지수 종류 및 산출 방식이 개편될 때 톰슨 로이터(Thomson Reuters)와 제프리 그룹(Jefferies Financial Products LLC)이 공동 참여하면서 지수 명칭이 CRB 지수에서 현재의 명칭으로 바뀌게 됨 • 원자재 펀드 성과 점검 시 주요 지표로 쓰임
S&P 골드만 삭스 원자재 지수 (S&P Goldman Sachs Commodity Index)	• 1970년 1월에 처음 산출(1970.1.2 = 100), 시장에서는 1991년부터 사용됨 • 총 24개 원자재로 구성되고, 글로벌 생산량 기준으로 구성 비중 정해짐
로저스 국제 원자재 지수 (Rogers International Commodity Index)	• 총 38개 원자재로 구성 • 원자재별로 세부 하위 섹터 지수 있음(농산물/에너지/산업용금속/귀금속)
다우 존스 UBS 원자재 지수 (Dow Jones UBS Commodity Index)	• 총 22개 원자재로 구성 • 글로벌 생산량, 유동성 기준으로 가중치 부여되어 구성 비중 산출
도이체 방크 원자재 지수 (Deutsche Bank Commodity Index)	• 원자재 시장에서 기본이 되는 6개 원자재로만 구성 • 1998년에 발표됐고, 이후 매년 11월에 구성 비중 재조정

[그림 4-8] 주요 원자재 지수의 섹터 구성 비중(2014년 말 기준)

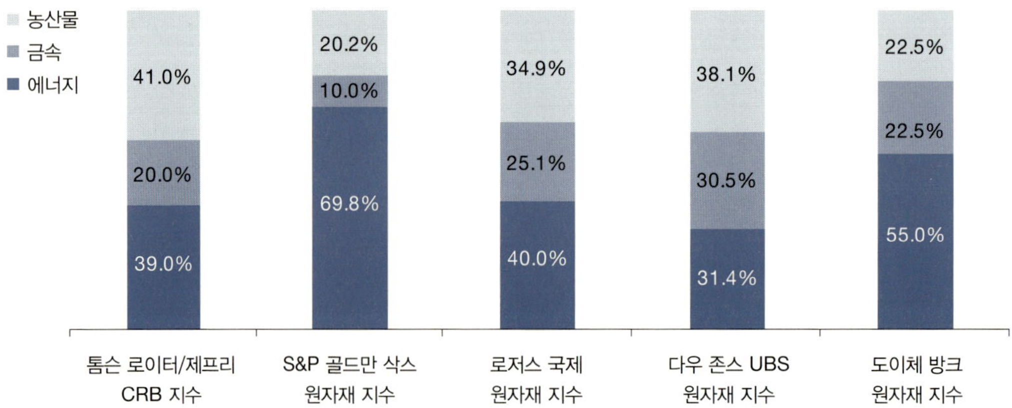

출처: Bloomberg, 각 사

Box

콘탱고와 백워데이션

콘탱고(contango)란, 1) 현물 가격보다 선물 가격이 높은 상태, 2) 선물 만기를 기준으로는 만기가 짧은 근월물 가격보다 만기가 긴 원월물 가격이 높은 상태를 의미한다. 반대의 경우를 백워데이션(backwardation)이라고 한다.

선물 계약에 따른 결제는 미래(만기일)에 이뤄지기 때문에 적어도 계약 시점부터 선물계약 만기일까지 시장 금리를 적용한 만큼 가격이 높아야 한다. 다른 요소들을 고려하지 않는다면 이론적으로 선물 가격은 현물 가격보다 높다.

하지만 선물 기초자산의 특성에 따라 적정 선물 가격은 달라질 수 있다. 선물의 기초자산이 실물자산인 경우, 창고 비용처럼 실물을 보관하는데 드는 비용을 선물 매도자가 부담하기 때문에 그 비용만큼 선물 가격이 더 비싸야 한다. 그래서 실물 보관 비용이 들어가는 원자재의 선물 가격은 현물 가격보다 높은 콘탱고가 형성되어 있는 경우가 많다.

반면 주식, 채권과 같은 금융자산의 경우, 선물 매도자가 부담하는 보관 비용이 거의 없다. 오히려 결제 이전까지 배당이나 이자에서 나오는 편익을 선물 매도자가 수취하기 때문에, 선물 가격은 이득을 본 부분만큼 낮게 형성되는 것이 적절하다. 기초자산이 금융자산인 경우 백워데이션이 많은 이유는 바로 여기에 있다.

원자재 투자 시 그 대상은 대부분 선물이다. 원자재 투자 기간은 1년으로 가져가는데 투자 시점에서 3개월이 흐른 뒤 만기가 도래한다면, 원자재 실물을 받아 관리할 수 없으므로 기존에 보유한 선물을 매도하고 만기가 더 긴 선물을 매수해야 한다. 콘탱고 시장이라면 근원물보다 원월물의 가격이 높게 형성되어 있다. 결국 가격이 낮은 근월물을 매도하고, 가격이 높은 원월물을 매수하는 롤 오버(roll over) 과정 중 손실이 발생하게 된다.

3 세부 원자재 시장

1. 에너지

에너지 시장의 대표 주자는 원유와 천연가스이다. 보관과 대량 운송이 용이한 원유는 글로벌 에너지 시장에서 거래가 활발한 원자재이다. 반면 천연가스는 보관과 운송 비용이 많이 드는데다가 북미와 러시아 등 주요 산지를 중심으로만 거래가 이뤄지고 있다. 여기에서는 원유를 중심으로 살펴 본다.

글로벌 원유 시장에는 3대 유종이 있다. 서부 텍사스산 중질유(WTI, West Texas Intermediate), 브렌트유(Brent Oil), 두바이유(Dubai Oil)가 그것이다. WTI는 미국의 텍사스, 뉴 멕시코 지역 등에서 생산되는 원유로, 뉴욕상품거래소(COMEX, Commodity Exchange)를 통해 미국 내에서만 거래할 수 있다. 브렌트유는 영국 북해에서 생산되는 원유로, 실물 거래도 있지만 런던 ICE(ICE, Intercontinental Exchange) 선물거래소를 통해 주로 선물로 거래된다. 두바이유는 중동 두바이 지역에서 생산되는 원유이다. 주로 중동과 아시아 지역에서 실물로 거래되고 있다. 한국의 경우 수입산 원유 중 중동산 원유가 85.2%[21]를 차지하고 있어서 두바이유 가격 움직임이 경제에 미치는 영향이 크다.

글로벌 유가 움직임에 가장 큰 영향을 미치는 요인으로 중동 지역의 수급을 눈여겨 볼 필요가 있다. 중동, 아프리카, 남미 등의 글로벌 원유 생산 메이저(major) 국가들이 결성한 OPEC(Organization of the Petroleum Exporting Countries, 석유수출국기구)[22]이 세계 일일 평균 원유 생산량에서 차지하는 비중은 약 42%이다.[23] OPEC은 1년에 두 차례(통상 상반기에는 6월경, 하반기에는 11월경) 회의를 통해 회원국들의 산유량 증산/감산/유지 여부를 결정한다. 또한 매월 '월간 원유 시장 보고서(Monthly Oil Market Report)'를 발간하는데, 이를 통해 중동 지역의 원유 수급을 확인할 수 있다.

글로벌 원유 관련 데이터를 제공하는 곳으로 OPEC 이외에 EIA(U. S. Energy Information Administration, 미국 에너지정보청)와 BP(British Petroleum)가 있다. BP는 매년 6월경에 연간 보고서인 'BP 세계 에너지 통계 리뷰(BP Statistical Review of

21 관세청(2015.01.30), "2014년 에너지류 수입동향," 6.

22 통상 약칭인 OPEC으로 널리 알려져 있음. 1960년 9월 유가 하락 억제 차원에서 원유 생산/수출국인 이라크, 이란, 사우디 아라비아, 쿠웨이트, 베네주엘라 5개국이 결성한 협의체. 2015년 6월 현재 OPEC 구성국은 총 12개국으로 중동 6개국(이란, 이라크, 쿠웨이트, 카타르, 사우디 아라비아, 아랍 에미리트 연합), 아프리카 4개국(알제리, 앙골라, 리비아, 나이지리아), 남미 2개국(에콰도르, 베네주엘라)이다.

23 British Petroleum (2014), "BP Statistical Review of World Energy June 2014," 8.

World Energy)'를 내놓는다. 여기에서는 원유, 천연가스, 석탄, 원자력 등의 국가별 매장량, 생산량, 공급량, 그리고 수출입 현황 등을 확인할 수 있다. EIA는 주간 단위로 미국의 원유 재고량, 소비량 등을 발표한다. 또한 월간 단위로 '단기 에너지 시장 전망(STEO, Short-Term Energy Outlook)'이라는 보고서를 발표한다. 이 보고서에는 미국을 비롯해 주요국들의 에너지 생산, 공급, 소비, 재고량뿐 아니라 미국의 전기 소비량, 에너지 관련 이산화탄소 배출량, 재생 에너지 공급량 등이 담겨 있다.

여전히 글로벌 원유 메이저는 중동 지역이지만 2008년 금융위기를 거치면서 미국의 원유 생산 및 재고가 글로벌 원유 가격에 미치는 영향력은 확대되고 있다. 이는 셰일 오일(shale oil)과 같은 비전통적 원유의 생산이 미국을 중심으로 늘어나고 있기 때문이다. [그림 4-9]는 BP가 조사한 글로벌 주요 원유 생산국의 일일 평균 생산량이다. 2010년과 2013년 일일 평균 원유 생산량을 국가별로 비교해 보면, 미국의 생산량은 755만 배럴에서 1,000만 배럴로 30% 넘게 늘어났다. 이에 따라 글로벌 원유 생산량에 차지하는 비중 역시 같은 기간 9.1%에서 11.5%로 확대되었다.[24] 중장기적 관점에서 미국은 향후 원유 수출국으로 탈바꿈할 가능성이 높아 글로벌 원유 시장에서 미국의 입김은 더욱 세질 것으로 보인다.

[그림 4-9] 글로벌 주요 원유 생산국의 일일 평균 생산량

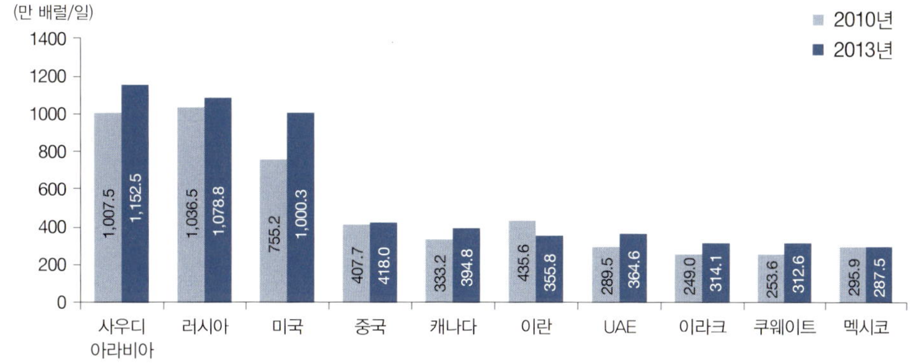

출처: BP

24 British Petroleum (2014), "BP Statistical Review of World Energy June 2014," 8.

원유 수급과 뗄 수 없는 것이 바로 지정학적 이벤트이다. 예를 들어, 중동이나 러시아 등지에서 국지전이 일어나고 있다거나 테러 발생이 빈번하다는 소식처럼 산유국의 원유 생산을 감소시킬 수 있는 이벤트가 발생하면 글로벌 원유 가격의 변동성은 커진다. 가까운 예로는 2011년 북아프리카의 민주화 요구 시위를 들 수 있다. 2010년 12월 튀니지에서 시작된 민주화 시위가 2011년 초반 이집트, 리비아, 사우디 아라비아로 확산되자 원유 공급 차질 우려가 커지면서 유가가 치솟기 시작했다. 2010년 12월~2011년 4월까지 브렌트유 현물 가격은 배럴당 84.9달러에서 126.1달러로 50% 가까이 급등했고, WTI 현물 가격은 배럴당 84.1달러에서 113.9달러로 35% 이상 상승했다.

단기간의 유가 급등은 특히 원자재를 수입하는 국가에는 인플레이션 압력을 가중시키며 경기 부담 요인이 된다. IMF에 따르면, 지정학적 리스크가 불거져 한 해 동안 유가가 20% 상승한다면, 글로벌 GDP 성장률은 적게는 0.5%p에서 많게는 1.5%p까지 감소할 수 있다고 한다. 주가 역시 3~7% 정도 하락할 가능성이 있다고 본다.[25] 반대로 유가 하락이 마냥 좋은 재료만은 아니다. 단기간의 유가 급락은 디플레이션 우려를 자극할 수 있기 때문이다. 또한 가파른 유가 하락은 에너지 관련 기업에는 악재가 될 수 있다. 유류 판매 가격이 하락해서 기업 이익이 악화되는 부작용이 나타나며 에너지 기업들의 부도 리스크가 상승할 수 있다는 점에서이다.

2. 금속

금속 시장은 크게 산업용 금속과 귀금속으로 나뉜다. 산업용 금속의 가격은 글로벌 경기 싸이클에 연동되어 움직이는 경향이 강하다. 반면, 귀금속, 특히 금은 안전자산으로서의 성격도 지니고 있어서 산업용 금속과는 다른 움직임을 보이곤 한다.

1) 산업용 금속

산업용으로 주로 거래되는 금속에는 구리, 알루미늄, 아연, 납, 니켈 등이 있다. 산업용 금속의 대표 주자는 구리인데, 시장에서는 글로벌 경기의 향방을 미리 알려준다는 의미에서 "닥터 코퍼"(Dr. Copper)로 불리기도 한다. 이는 구리가 전선, 각종 전기전자 부품뿐 아니라 배관, 건설자재로 널리 활용되고 있어서 구리 수요의 증가를 기업의 생산 확대나 인프라 투자 확대로 해석할 수 있다는 점에서이다.

---

25 IMF (Oct 2014), "World Economic Outlook: Legacies, Clouds, Uncertainties," 16.

구리 가격 움직임을 볼 때 눈여겨 볼 국가는 중국이다. 중국은 세계에서 구리를 가장 많이 소비하는 나라이다.[26] 경기부양 목적으로 중국 정부가 인프라 투자 확대 계획을 발표하면 구리 수요 증가 재료로 해석되며 구리 가격에 호재로 작용할 가능성이 높다. 반대로 중국 경기가 둔화될 경우 구리 가격의 하방 압력은 높아지게 된다. 실제로 중국 국가통계국이 발표하는 중국 제조업 PMI(Purchasing Managers' Index, 구매관리자지수)와 글로벌 구리 가격을 함께 그려보면 지난 10년간 같은 방향의 궤적을 그려왔음을 확인할 수 있다.

구리를 비롯한 산업용 금속의 가격 정보를 제공하는 대표적인 곳은 영국의 런던금속거래소(LME, London Metal Exchange)이다. 이외에 미국 지질조사국(USGS, United States Geological Survey)에서는 구리의 국가별 연간 생산량, 용도별 사용 현황 등에 대한 정보를 제공하고 있다.

[그림 4-10] 구리 가격과 중국 제조업 PMI

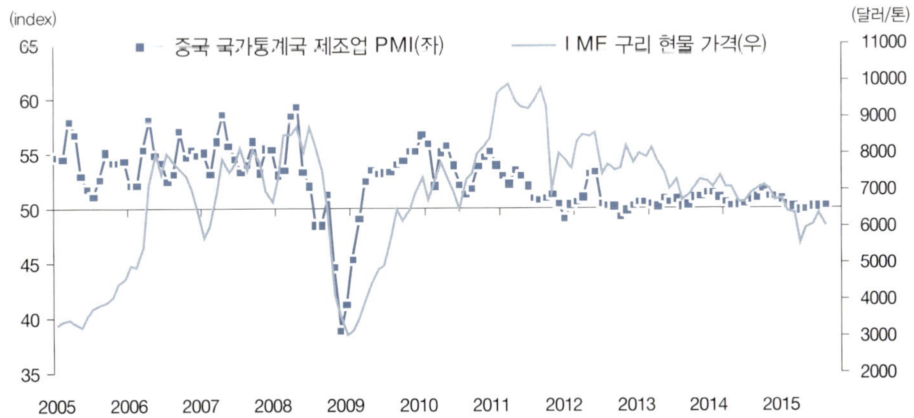

출처: Bloomberg

2) 귀금속

귀금속의 대표는 금과 은이다. 같은 귀금속이긴 하나 금은 원자재라기보다 통화로서의 성격이 강하고, 은은 금에 비해 원자재로서의 성격이 강하다는 점에서 차이가 있다.[27]

금은 금본위제가 폐지된 20세기 중반까지 역사적으로 화폐의 역할을 수행해 왔던

26 세계금속통계사무국(World Bureau of Metal Statistics)에 따르면, 전세계 구리 소비량에서 중국이 차지하는 비중은 2000년 12.4%에서 2014년에는 49.8%까지 확대되었다.

27 원자재(commodity)의 가격 결정 요인은 사용 가치이고, 가격 변화 요인은 수요/공급이라 볼 수 있다. 반면 통화(currency)의 가격 결정 요인은 교환 가치이고, 가격 변화 요인은 상대 가치라 볼 수 있다.

금속이다. 금의 사용 가치는 크다고 볼 수 없지만, 교환 가치 측면에서 통화적 가치는 상당히 크다고 볼 수 있다. 앞에서 살펴본 에너지나 산업용 금속의 가격이 수요/공급 논리에 의해 움직이는 경향이 강한 반면, 금은 통화적 성격을 지니고 있어서 그 가격이 수요/공급 논리보다는 시장 참여자들의 금에 대한 가치 판단이나 심리에 의해 결정되는 경향이 강하다. 대표적 예로, 금융위기 이후 미국 연준(Fed)이 총 세 차례의 양적 완화를 시행하는 동안 글로벌 금 가격이 가파르게 상승했던 것을 생각해 볼 수 있다. 양적 완화로 인해 미국 달러화의 실질적 가치가 떨어진다는 인식 하에 금 가격이 가파르게 올랐던 것이다. 한편, 금은 원자재 즉 실물자산인 동시에 금 뱅킹(gold banking), 금 ETF(gold ETF) 등의 형태로 금융자산의 속성도 보여주고 있다.

금의 수요/공급 측면에서 최근 관심도가 높아진 곳은 인도와 중국이다. 인도는 전통적으로 결혼 시즌이나 축제 기간 중 금 소비가 늘어나는 곳이고, 중국은 경제가 성장하면서 금 수요가 빠르게 증가하고 있는 곳이다. 세계 금 위원회(World Gold Council)에서는 매 분기마다 '금 수요 트렌드(Gold Demand Trends)'라는 보고서를 발표하고 있는데, 이에 기초해 2014년 세계 보석류와 골드 바(gold bar) 수요를 국가별로 살펴보면 중국(29.9%)과 인도(23.4%) 두 곳이 전세계 수요의 절반 이상을 차지하고 있다.

한편, 금에 비해 원자재로서의 속성이 강한 은은 산업용 금속으로 사용되고 있다. 은은 구리나 다른 금속을 합금시킨 은 합금(silver alloy)의 형태로 전기전자부품, 태양광 관련 부품으로 활용되고 있다. 투자 실무에서는 은 가격을 금 가격으로 나눈 은/금 비율을 통해 위험자산에 대한 선호도를 판단하기도 한다. 앞에서 살펴본 구리와 마찬가지로 은은 산업용 금속이어서, 은/금 비율의 상승은 경기와 같은 펀더멘털의 개선 기대감, 주식과 같은 위험자산에 대한 선호 심리의 회복을 반영한다고 볼 수 있다. 글로벌 은 시장에 대한 데이터는 영국의 골드필드미네랄서비스(Gold Fields Mineral Services)가 연간으로 발간하는 '세계 은 서베이(World Silver Survey)'를 통해 구할 수 있다.

Box

안전자산으로서의 금, 항상 안전한가?

지정학적 리스크, 금융불안 등의 요인으로 글로벌 금융시장 내 불확실성이 증폭될 때 안전자산으로 각광받는 것이 바로 금이다. 실례로 2011년 여름 미국의 국가 신용등급이 강등되고 유럽계 은행들을 중심으로 금융위기에 대한 우려가 커졌을 때, 아래 그림에서 보는 것처럼 금은 주식이나 채권, 여타 원자재 대비 강세를 보였다.

2011년 8월 글로벌 자산군별 월간 수익률

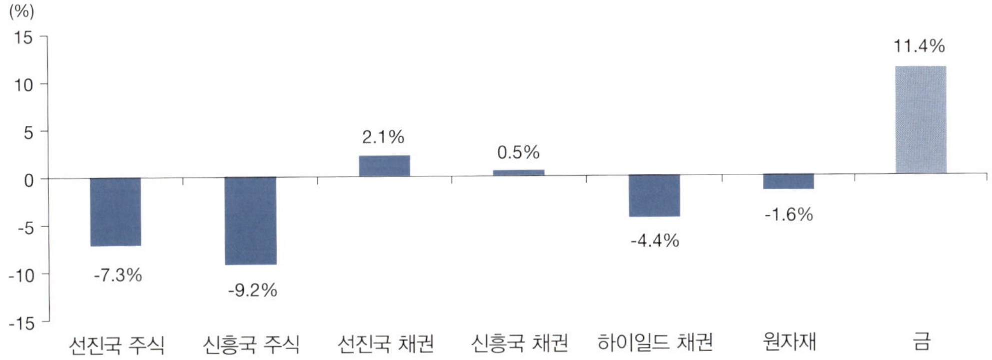

통상 글로벌 시장 변동성이 확대될 만한 뉴스가 나올 때 금의 인기는 높아진다. 하지만 시스템 위기와 같은 극단적 위기 국면에서는 금 역시도 안전자산으로서의 기능을 담보하지 못한다. 2008년 미국발 금융위기 당시로 돌아가보면, 아래 그림에 나타나듯이 위기가 정점을 향해 달렸던 그 해 10월에 금 가격 역시 한 달간 20% 가까이 하락하며 선진국 채권에 비해 상당히 저조한 성과를 보였던 경험이 있다. 투자심리가 패닉(panic)으로 치닫을 때는 금 역시도 투매의 대상이 될 수 있음을 보여주는 사례이다.

2008년 10월 글로벌 자산군별 월간 수익률

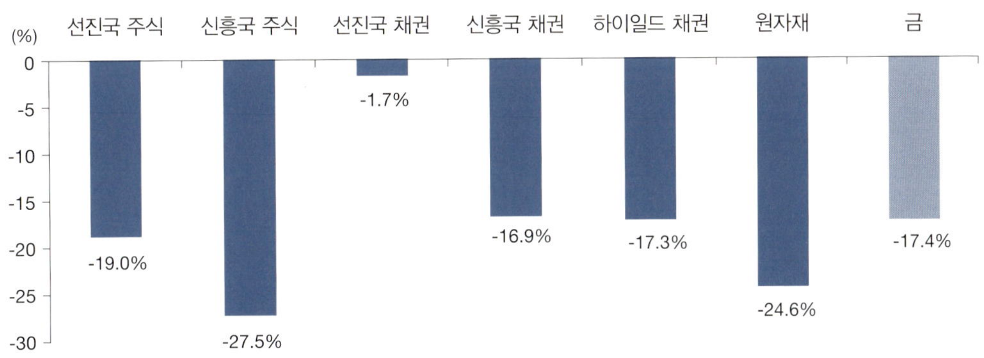

출처: Bloomberg, MSCI, Merrill Lynch, RICI, LBMA

주: 선진국 주식은 MSCI World, 신흥국 주식은 MSCI EM, 선진국 채권은 Merrill Lynch W0G1, 신흥국 채권은 Merrill Lynch IP00, 하이일드 채권은 Merrill Lynch HW00, 원자재는 RICI, 금은 LBMA Gold 현물 기준임

3. 농산물

글로벌 3대 농산물로 흔히 '쌀, 밀, 옥수수' 또는 '대두, 밀, 옥수수'가 지칭되는데, 금융시장에서 주로 보는 것은 후자인 대두, 밀, 옥수수이다. 밀은 주로 식용으로 사용되는 반면, 옥수수나 대두는 식용 이외에도 가축 사료용으로 사용되고 있다.

수요/공급 측면에서 농산물 수요는 가격에 대해 비탄력적으로 변동성이 적은 편이다. 하지만 공급 측면에서 생산량은 농산물의 작황에 따라 변동성이 크기 때문에 가격에 큰 영향을 미친다. 농산물 생산과 관련된 주요 변수는 크게 세 가지이다.

첫째, 경작지의 면적이다. 농산물을 재배하는 경작지는 대개 그 증가 속도가 빠르지 않다. 따라서 제한된 수준의 경작지에 어떤 종류의 농산물을 파종하느냐에 따라 농산물별로 생산량과 가격이 달라질 수 있다. 전세계에서 지역별로 재배되는 농산물 품목은 대부분 정해져 있다. 하지만 북미 지역의 경우 대평원에서는 옥수수와 대두 두 가지 농작물 모두 재배가 가능해서 특정 해의 파종 면적에 따라 옥수수와 대두의 생산량과 가격 움직임이 커질 수 있다.

둘째, 수확률이다. 수확률은 단위 재배 면적당 생산량으로 기후 조건이 가장 큰 영향을 미친다. 옥수수나 대두를 보면 글로벌 생산량에서 미국이 차지하는 비중은 각각 30%를 넘을 정도로 상당히 높은 편이다. 따라서 북반구의 옥수수 파종 시기인 5월과 6월 사이 또는 수확 시기인 9월과 10월 사이 미국의 기후가 좋지 못하다면 글로벌 옥수수 가격의 상승 압력이 높아질 수 있다.

셋째, 전년도 재고 수준이다. 농산물 거래는 올해 수확이 있기 전까지는 지난 해에 수확된 농산물로 이뤄진다. 따라서 올해 수확량이 다소 적더라도 재고 수준이 충분하다면 농산물 가격에 미치는 영향력은 크지 않을 수 있다. 농산물 가격의 움직임을 입체적으로 판단하기 위해서는 기후 여건뿐 아니라 농산물별 재고량 역시 파악해야 한다.

농산물 생산량 감소, 애그플레이션(agflation)의 원인으로 최근에는 이상 기후가 주요 이슈이다. 농산물 수급에 영향을 미치는 이상 기후를 유발하는 요인으로는 엘 니뇨(El Niño)와 라 니냐(La Niña)가 있다. 엘 니뇨가 발생하면 태평양의 동쪽인 남미 지역에는 홍수, 서쪽인 아시아 지역에는 가뭄이 발생할 수 있다. 반대로 라 니냐가 발생하면 남미 지역에는 가뭄, 아시아 지역에는 홍수가 발생할 수 있다. 엘 니뇨와 라 니냐를 측정하는 지표로는 미국해양대기관리청(NOAA, National Oceanic and Atmospheric Administration)이 매월 발표하는 ONI(Oceanic Nino Index)가 있다. ONI가 0.5 이상 수준을 다섯 번 이상 이어가면 엘 니뇨로, 반대로 −0.5 미만 수준을 다섯 번 이상 이어가면 라 니냐로 해석한다. [그림 4-11]에서는 ONI, 농산물 가격(Rogers

International Commodity Agriculture Index), 글로벌 인플레이션(OECD Total CPI)을 함께 비교해 보았다. 음영 부분을 보면, 엘 니뇨나 라 니냐와 같은 이상 기후 유발 요인이 강해질 때 농산물 가격과 인플레이션 상승 압력 역시 강해졌던 점을 확인할 수 있다.

글로벌 농산물 수급 관련 데이터를 종합적으로 제공하는 곳은 미국 농무부(USDA, United States Department of Agriculture)이다. 미국 농무부는 월간으로 '세계 농산물 수요 및 공급 전망(World Agricultural Supply and Demand Estimates)'이라는 보고서를 발간하고 있는데, 여기에는 세계 주요 농산물의 가격, 지역별 생산량, 공급량, 소비량, 재고 수준, 수출입 현황 등에 관련한 정보가 담겨 있다.

[그림 4-11] ONI, 농산물 지수, 글로벌 물가 비교

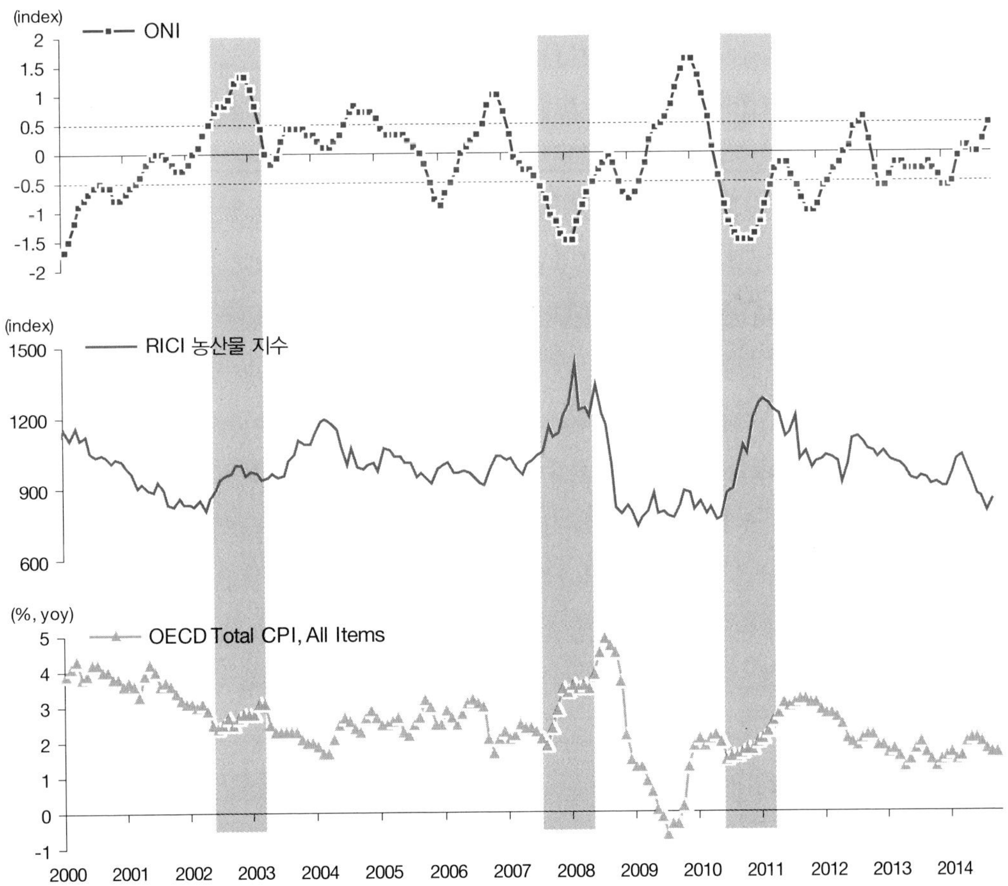

출처: Bloomberg, NOAA, RICI, OECD

Box

투기적 순매수 포지션

투자 실무에서 원자재 가격의 급변동이 나타날 때 챙겨보는 지표로 원자재 선물시장의 투기적 순매수 포지션(net non-commercial futures position)이 있다. 미국 상품선물거래위원회(CFTC, Commodity Futures Trading Commission)는 매주 통계 자료를 모아서 거래자 동향보고서를 발표하는데, 상업용과 비상업용 거래를 구분하고 있다. 상업용 거래는 원자재에 대한 실제 수요를 반영하는 반면, 비상업용 거래는 상업용 이외의 거래로 투기적 목적의 거래도 포함되는 것으로 본다. 예를 들어, 글로벌 금융시장 내 불확실성이 높아져 안전자산에 대한 수요가 늘어날 경우, 실제 글로벌 금 시장 내 수급과 상관 없이 투기적 수요가 급증하며 금 가격이 상승 압력을 받을 수 있다. 옥수수도 마찬가지이다. 수확을 앞두고 기후 여건이 좋지 못해 생산량이 급감할 것으로 예상되는 경우, 향후 옥수수 가격 급등을 겨냥한 투기적 수요가 증가하면서 옥수수 가격이 상승할 수 있다. 실제로 원자재 선물 가격과 투기적 순매수 포지션 동향을 함께 살펴보면, 투기적 순매수 포지션이 증가할 때 원자재 선물 가격도 함께 올라갔던 경향이 관찰된다.

금과 옥수수의 투기적 순매수 포지션과 선물 가격

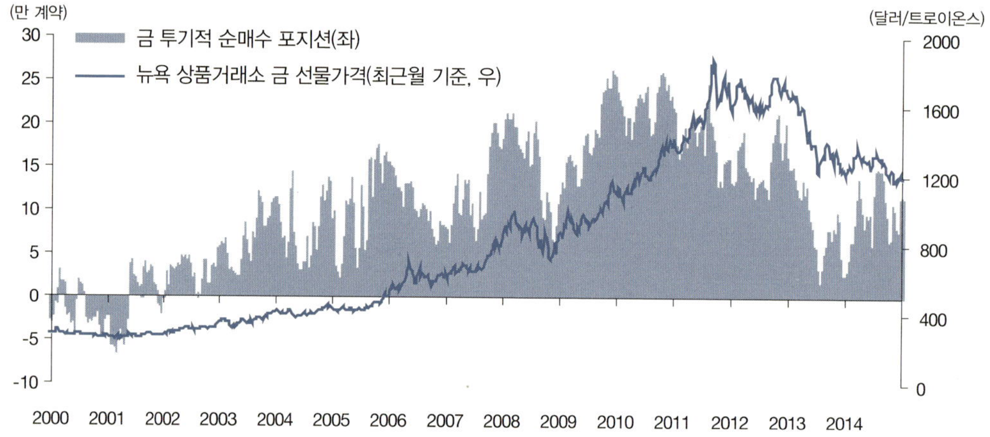

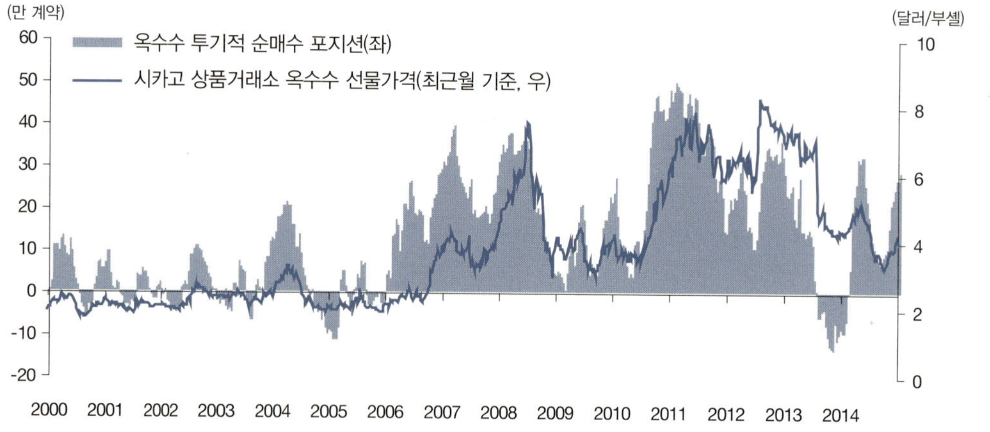

출처: Bloomberg

CHAPTER 5

Wealth Manager를 위한 **자산배분**

금융시장 분석하기

미래의 자산 가격 움직임을 정확하게 예측할 수 있을까? 2008년 미국발 금융위기를 통해 경험했듯이 팻 테일 리스크(fat-tail risk)[1]가 대두되면서 미래를 예측하는 것 자체에 대한 회의론마저 강해지고 있다. 하지만 여전히 투자자들의 관심은 과거와 현재가 아니라 미래로 모아져 있다.

정확한 미래 예측은 불가능할지라도 청사진을 그려 보는데 경제지표가 주는 힌트를 애써 외면할 필요는 없다. 20세기 전반 대표적 경제학자인 조셉 슘페터(Joseph Alois Schumpeter)가 인류역사상 최고의 경제학자로 손꼽았던 쥐글라르(Clement Juglar)에 따르면, 경기 호황의 가장 큰 요인은 불황이고 불황의 가장 큰 요인은 호황이다. 경기는 오랜 기간 동안 순환적 움직임을 보이며 경험칙을 축적해 놓았다. 과거가 미래를 담보해 주지 못하나, 과거 경제지표가 쌓아놓은 결과물은 우리가 미래를 가늠해 볼 때 등대 역할은 해 줄 것이다. 주식시장에서 경제지표가 갖는 의미는 여기에 있다. 또한 소설에서나 일어날 법한 사건이 금융시장 변동성을 키우면서, 투자자들은 감정적 도전에 직면하고 있다. 경제지표, 기업이익, 수급 등에 대한 분석은 투자자가 감정에 휘둘리지 않고 균형을 잡아 가는데 도움이 될 것이다.

경제지표는 전세계에서 지역별로, 국가별로 다양하고 무수하게 발표되고 있다. 이를 하나도 빠짐없이 챙겨 본다는 것은 설령 가능할지라도 노력에 비해 효율이 너무 떨어지는 작업이다. 여기에서는 글로벌 증시에 비교적 영향력이 큰 경제지표들을 중심으로 증시에서 어떤 의미를 지니는지 살펴보도록 하겠다. 또한 기업이익과 밸류에이션의 해석, 증시 수급에 대해서도 살펴보고, 이를 기초 자료로 활용해 도출되는 금융 보고서 사례도 간단히 살펴보도록 하겠다.

---

[1] 정규분포보다 꼬리가 두껍고 평균에 집중되는 확률이 낮아 예측력이 떨어지는 상황

"내게는 갈 길을 밝혀주는 유일한 등불이 있다. 그것은 바로 경험이라는 등불이다. 나는 과거만이 미래를 예측할 수 있는 유일한 방법이라 본다."

–패트릭 헨리(Patrick Henry)[2]–

1775년 3월 23일 버지니아 의회에서 한 발언 中

[2] 18세기 미국 독립전쟁 시기 정치가

SECTION 01

경제지표로 증권시장 분석하기

1 경기: GDP 성장률과 OECD 경기선행지수

국내 총생산을 의미하는 GDP(Gross Domestic Product)는 한 나라의 경제 상황을 가장 포괄적으로 보여주는 경제지표이다. GDP는 국내에서 일정 기간 동안 생산된 재화와 서비스의 가치를 모두 합산한 지표로 개인소비, 민간투자, 정부지출, 수출입(순수출)의 네 가지 요소로 구성된다.

각 국은 분기마다 GDP 성장률을 발표하는데 글로벌 투자자들의 관심을 가장 집중시키는 곳은 단연 미국이다. 미국이 경제 대국[3]이라는 점에서, 그리고 '미국=소비, 중국=수출'이라는 과거의 공식이 깨져가고 있는 듯 하나 여전히 미국이라는 거대한 소비 시장이 호황이냐 불황이냐에 따라 중국을 비롯한 신흥국의 수출 경기가 상당 부분 영향을 받는다는 점에서이다.

주식시장에서 GDP를 보는 포인트는 절대 규모보다 성장 여부이다. 성장 여부를 볼 때도 성장률 수준 자체보다는 움직임을 봐야 한다. 신흥국에서 선진국으로 옮겨갈수록 성장 속도는 고성장에서 저성장으로 변화하기 마련인데, 성장률 수준 자체만 놓고 보면 신흥국이 선진국보다 항상 경기가 좋다는 해석에 빠지게 된다. 성장률의 패턴을 통해 우리는 경기가 반등하고 있는지, 둔화하고 있는지, 침체에 빠진 것인지[4], 하강에서 반등으로 턴 어라운드(turn around)하고 있는지 등을 알 수 있고, 이를 주식시장의 움직임과 연계시켜 볼 수 있다.

또한 GDP에서는 국가별 구성 요소의 차이점도 눈 여겨 봐야 한다. 미국 GDP에서 민간 소비가 차지하는 비중은 약 70%에 이를 정도로 크다. 따라서 경제지표 중 매월 발표되는 소매판매나 소비자신뢰지수 같은 소비 관련 지표가 GDP와 증시를 보는데 중요한 의미를 지닌다. 반면 한국의 경우 수출입 규모가 GDP의 절반 수준이어서, 매월 발표되는 수출 증가율과 무역수지 데이터에 대한 시장 민감도가 높은 편이다.

---

[3] 2013년 기준으로 전세계 GDP는 약 75조 5,900여 억 달러였다. 미국의 GDP는 약 16조 7,600여 억 달러로 비중으로 보면 글로벌 경제에서 22% 남짓을 차지한다. 참고로 2위 중국(12.22%), 3위 일본(6.51%), 4위 독일(4.93%), 5위 프랑스(3.71%) 순이다

[4] 기술적으로는 두 분기 이상 마이너스 성장률을 기록할 때 경기침체라고 한다

발표 형태를 보면 한국은 매 분기마다 전년동기대비(YoY), 전분기대비(QoQ) 두 가지로 GDP 성장률이 발표되는데, 미국은 전분기대비 연율화 된 수치로 성장률이 발표되는 것이 일반적이다. 미국 GDP 성장률은 예비치, 수정치, 확정치의 순서로 세 차례에 걸쳐 발표된다.

월 단위로 발표되는 경제 지표들을 종합해 보면, 분기 기준으로 발표되는 GDP를 추정해보는 작업은 비교적 수월하다고도 볼 수 있다. 이 점에서 GDP 성장률이 주식시장에 미치는 영향력은 월간으로 발표되는 여타 경제지표들보다 상대적으로 작을 수 있다. 하지만 시장 참여자들의 기대치와 실제 발표치 간에 큰 간극이 발생한다든지, 처음 발표된 추정치는 플러스(+)였는데 마지막에 나오는 확정치는 마이너스(−)인 경우처럼(반대의 경우도 마찬가지이다) 성장률의 수정 폭이 클 경우 시장에는 서프라이즈(surprise) 요인 또는 쇼크(shock) 요인으로 작용할 수 있다.

미국에서 GDP를 발표하는 기관은 상무부 산하 경제분석국(BEA, Bureau of Economic Analysis)이다. 이외에도 관심을 갖고 봐야 할 기관으로 국제통화기금(IMF)과 미국 연방준비제도(Fed, 이하 연준)가 있다. 매해 1월과 4월, 10월에는 IMF로 시장의 눈이 쏠린다. 매해 10월경 IMF는 이듬해의 글로벌 경제 전망을 내놓는데, 여기에는 주요 국가별 향후 연간 성장률 전망치가 담겨 있다. 이 수치는 이듬해 1월과 4월경 수정 보고서에서 상향 조정되거나 하향 조정되는 식으로 변동이 생길 수 있다. 연준의 경우 매 분기 말에 개최되는 연방공개시장위원회(FOMC, Federal Open Market Committee)를 유심히 볼 필요가 있다. FOMC는 1년에 8차례 정기적으로 개최되고 필요한 경우 추가적으로 개최되기도 하는데, 특히 3, 6, 9, 12월에 열리는 FOMC에서 연준은 정책금리를 결정하는 동시에 미국의 GDP 성장률, 인플레이션, 실업률 등 경제 전망도 발표하고 있다. 여기에서는 직전 분기에 내놓았던 성장률 전망에 비해서 이번 분기에 내놓는 성장률 전망에 어떤 변동이 있는지를 챙겨 봐야 한다. 변동폭이 클 경우 통화정책, 그리고 결과적으로 주가에도 영향을 미칠 수 있다는 점에서이다. [표 5-1]은 연준의 2014년 12월 FOMC 이후 발표된 경기 전망 가운데 일부를 발췌한 것이다. 연준이 전망하는 미국의 GDP 성장률, 실업률, 인플레이션을 보여주는데, 예를 들어 2015년 경기에 대해 연준은 앞서 내놓았던 전망(2014년 9월 전망)과 비교해 성장률은 그대로 두고 실업률과 인플레이션 전망은 하향 조정한 것을 알 수 있다.

[표 5-1] 연방준비제도이사회 이사들과 연방준비은행 총재들의 경기 전망(2014년 12월)

Variable	Central tendency[1]					Range[2]				
	2014	2015	2016	2017	Longer run	2014	2015	2016	2017	Longer run
Change in real GDP..	2.3~2.4	2.6~3.0	2.5~3.0	2.3~2.5	2.0~2.5	2.3~2.5	2.1~3.2	2.1~3.0	2.0~2.7	1.8~2.7
September projection.	2.0~2.2	2.6~3.0	2.6~2.9	2.3~2.5	2.0~2.3	1.8~2.3	2.1~3.2	2.1~3.0	2.0~2.6	1.8~2.6
Unemployment rate..	5.8	5.2~5.3	5.0~5.2	4.9~5.3	5.5~5.5	5.7~5.8	5.0~5.5	4.9~5.4	4.7~5.7	5.0~5.8
September projection.	5.9~6.0	5.4~5.6	5.1~5.4	4.9~5.3	5.2~5.5	5.7~6.1	5.2~5.7	4.9~5.6	4.7~5.8	5.0~6.0
PCE inflation.........	1.2~1.3	1.0~1.3	1.7~2.0	1.8~2.0	2.0	1.2~1.6	1.0~2.2	1.6~2.1	1.8~2.2	2.0
September projection.	1.5~1.7	1.6~1.9	1.7~2.0	1.9~2.0	2.0	1.5~1.8	1.5~2.4	1.6~2.1	1.7~2.2	2.0
Core PCE inflation[3]..	1.5~1.6	1.5~1.8	1.7~2.0	1.8~2.0		1.5~1.6	1.5~2.2	1.6~2.1	1.8~2.2	
September projection.	1.5~1.6	1.6~1.9	1.8~2.0	1.9~2.0		1.5~1.8	1.6~2.4	1.7~2.2	1.8~2.2	

NOTE: Projections of change in real gross domestic product (GDP) and projections for both measures of inflation are percent changes from the fourth quarter of the previous year to the fourth quarter of the year indicated. PCE inflation and core PCE inflation are the percentage rates of change in, respectively, the price index for personal consumption expenditures (PCE) and the price index for PCE excluding food and energy. Projections for the unemployment rate are for the average civilian unemployment rate in the fourth quarter of the year indicated. Each participant's projections are based on his or her assessment of appropriate monetary policy. Longer–run projections represent each participant's assessment of the rate to which each variable would be expected to converge under appropriate monetary policy and in the absence of further shocks to the economy. The September projections were made in conjunction with the meeting of the Federal Open Market Committee on September 16–17, 2014.

1. The central tendency excludes the three highest and three lowest projections for each variable in each year.
2. The range for a variable in a given year includes all participants' projections, from lowest to highest, for that variable in that year.
3. Longer–run projections for core PCE inflation are not collected.

출처: FRB

주: 위 표에서 단위는 %

경기선행지수(LEI, Leading Economic Indicators)는 향후 경기 흐름을 가늠해 볼 수 있는 종합적 지표이다. 예를 들어, 미국 민간조사연구기관인 컨퍼런스 보드(Conference Board)가 발표하는 경기선행지수는 총 10개의 요소가 종합되어 지수화한 지표로 7개의 비금융부문 요소와 3개의 금융부문 요소로 구성된다.[5] 이처럼 세계 각국에서는 자체적으로 경기선행지수를 발표하는 곳도 있는데, 글로벌 증시에서 널리 활용되는 경기선행지수로는 OECD 경기선행지수(CLI, Composite Leading Indicators)가 있다. OECD는 회원국에서 취합되는 데이터를 기초로 회원국, 지역(G7, Major 5 Asia) 등을 대상으로 경기선행지수를 발표한다.

증시를 분석할 때 과연 경기선행지수가 경기 전환점을 얼마나 명확히 알려주는지에 대한 논란은 있다. 발표 시기로 보면, 미국 컨퍼런스 보드 경기선행지수는 직전 월

5 10개의 구성 요소 중 7개는 비금융부문 요소(주당 평균 근로 시간, 주간 평균 실업수당 청구건수, 제조업자의 소비재와 원자재 관련 신규 주문, ISM 제조업지수 내 신규 주문 지수, 신축되는 개인주택에 대한 건축허가건수, 제조업자의 비(非)방위산업 자본재 관련 신규 주문, 소비심리지수에서 미래 기대 지수 평균치)이고, 3개는 금융부문 요소(S&P500 지수 기준 주가, 선행 신용 지수, 장단기 금리차(미국채 10년물 금리 – 연방기금금리))이다.

의 지수가, OECD 경기선행지수는 전전 월의 지수가 매월 한 차례 발표된다. 이 때문에 2008년 금융위기 이후에는 미국 경제순환연구소(ECRI, Economic Cycle Research Institute)가 발표하는 ECRI 경기선행지수가 각광 받기도 했다. 직전 주간의 지수를 매주 발표한다는 점에서 미국 경기선행지수나 OECD 경기선행지수보다 발 빠르게 경기 전환시점을 알려준다는 인식에서였다.

OECD 경기선행지수를 신흥국 증시 투자자 관점에서 보면, 신흥국 각국의 지수 자체보다는 선진국 지수와 함께 볼 때 유의미하다. 예를 들어, 신흥국 경기선행지수는 내림세를 보이거나 횡보하고 있지만, 선진국 경기선행지수가 오름세를 보이는 경우 향후 신흥국 역시 경기 회복을 기대해 볼 수 있다고 해석할 수 있다. 또는 선진국과 신흥국의 동반 경기 회복이 기대되는 국면에서는 위험자산 격인 신흥국 주식의 선전 역시 기대된다는 해석이 가능하다.

[그림 5-1] OECD 경기선행지수와 신흥국 주가

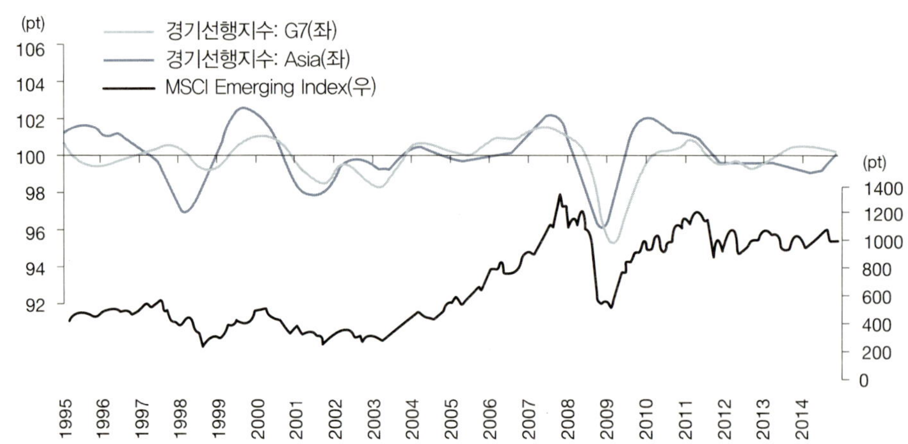

출처: OECD, Bloomberg

주1: Asia는 한국, 중국, 인도. G7은 캐나다, 프랑스, 독일, 이태리, 일본, 영국, 미국

주2: 그림에서 경기선행지수는 100이 기준선인데, 이는 장기평균. 100 이상에 위치하면 경기가 개선된다고 판단

2 생산: 제조업지수

증시에서 매달 1일은 '제조업지수의 날'로 불리운다. 미국, 중국, 유럽 등 글로벌 제조업지수가 이날 일제히 발표되기 때문이다.

글로벌 제조업지수 중 증시 영향력이 가장 큰 것은 역시 미국의 ISM 제조업지수이다. ISM은 공급관리자협회(Institute for Supply Management)의 머리글자를 딴 약어이다. ISM은 미국 전역에 걸쳐 20개 업종에 종사하는 400여 명의 기업 구매 담당자들을 대상으로 10개의 항목에 대해 설문(survey)을 돌리고, 결과를 취합한 다음에 매달 초에 직전 월의 지수를 발표한다. 지수는 크게 두 가지이다. 하나는 제조업지수이고 다른 하나는 비제조업(서비스업) 지수이다. 주로 시장의 관심이 집중되는 지표는 전자인 제조업지수이다.

ISM이 조사하는 10개의 항목과 그 의미는 [표 5-2]에 정리되어 있다. ISM 제조업 지수는 50을 기준점으로 한다. 50을 초과하면 제조업 경기 확장을, 50을 밑돌면 경기 위축을, 50인 경우에는 경기 변동이 없음을 의미한다.

[표 5-2] 미국 ISM이 조사하는 10개 항목

항목	의미
신규 주문(new orders)	'새로운 주문을 받았는가?'→ 증가 시 지수 상승, 감소 시 지수 하락
생산(production)	'제조업 생산'→ 증가 시 지수 상승, 감소 시 지수 하락
고용(employment)	'회사 내 고용'→ 증가 시 지수 상승, 감소 시 지수 하락
물품인도지연(supplier deliveries)	'물품 공급자로부터 배송 속도'→인도가 지연될수록 경기 호황 의미(지수 상승=인도 지연)
재고(inventories)	'제조업자들의 재고 처분 속도'→ 증가 시 지수 상승, 감소 시 지수 하락
미처리주문(backlog of orders)	'아직 처리되지 못한 주문'→ 증가할수록 지수 상승
수출 주문(new export orders)	'외국에서 들어오는 새로운 주문의 비율'→ 증가 시 지수 상승, 감소 시 지수 하락
수입(imports)	'외국에서 구매하는 (원)재료'→ 증가 시 지수 상승, 감소 시 지수 하락
거래처 재고(customers' inventories)	'거래처가 보유한 재고'→ 증가 시 지수 상승, 감소 시 지수 하락
가격(commodity prices)	'제조업자가 공급자에게 지불하는 가격'→ 상승 시 지수 상승, 하락 시 지수 하락

미국에는 ISM 제조업지수 외에도 여러 제조업지수가 있다. [표 5-3]은 2014년 9월 말~10월 중순 약 한 달간 미국에서 발표됐던 제조업 관련 지표들의 발표 일시, 시장 전문가들의 예상치, 실제 발표치 등을 보여준다. 표에서 보듯이 미국만 해도 제조업지수에는 마킷(Markit)이라는 기관에서 발표하는 제조업지수도 있고, 시카고 구매관리자지수(PMI), 엠파이어 제조업지수 등 여러 가지가 있다. 이들 지표 중 ISM 제조업지수 발표에 글로벌 투자자들의 시선이 집중되고 증시 민감도가 높은 이유는 다른 제조업 지수보다 미국 주가 움직임에 대한 설명력이 높다는 점에 있다. 예를 들어, 트렌드 측면에서 접근해보면 경험적으로 ISM 제조업지수 55 이상의 상승 국면에서 미국 주가는 추세적 상승세를 보였던 경향이 있다. ISM 제조업지수의 강점은 데이터가 다른 제조업 지수들보다 훨씬 장기간에 걸쳐 쌓여 있고(1931년~현재), 미국 전역의 제조업 담당자들을 조사 대상으로 하는데 있다.

[표 5-3] 2014년 9월~10월 미국 경제지표 발표 일정

발표 일시	경제지표	대상기간	전망치	발표치	이전치	수정치
09/25 09:45	Markit US Composite PMI	Sep P	—	—	59.7	—
09/26 09:55	Univ. of Michigan Confidence	Sep F	84.8	84.6	84.6	—
09/30 09:00	ISM Milwaukee	Sep	61.00	63.18	59.63	—
09/30 09:45	Chicago Purchasing Manager	Sep	62.0	60.5	64.3	—
09/30 10:00	Consumer Confidence Index	Sep	92.5	86.0	92.4	93.4
10/01 09:45	Markit US Manufacturing PMI	Sep F	57.9	57.5	57.9	—
10/01 10:00	ISM Manufacturing	Sep	58.5	56.6	59.0	—
10/01 10:00	ISM Prices Paid	Sep	57.0	59.5	58.0	—
10/03 09:45	Markit US Composite PMI	Sep F	—	59.0	58.8	—
10/03 10:00	ISM Non-Manf. Composite	Sep	58.5	58.6	59.6	—
10/15 08:30	Empire Manufacturing	Oct	20.00	—	27.54	—

출처: Bloomberg

주1: 대상 기간에서 P는 preliminary의 약자로 잠정치, F는 final의 약자로 최종치를 의미

주2: 발표 일시에서 시간은 미국 동부시간(EDT, Eastern Daylight Time) 기준

유럽에는 시장 조사업체 Markit이 유로존 전체와 구성국을 대상으로 발표하는 PMI 제조업지수가 있다. 잠정치와 확정치 두 차례로 나누어 발표되는데, 잠정치는 매달 20일 이후, 확정치는 다음달 초에 나온다. 예를 들어, 3월 20일 이후에는 3월 PMI 제조업지수 잠정치가 발표되고, 4월 1일에 3월 지수의 확정치가 발표되는 식이다. 중국에서는 중국국가통계국이 매월 1일에 전월의 PMI 제조업지수를 발표한다. 이 지표는 중국 대기업, 국영기업들을 대상으로 서베이를 돌린 결과를 지수로 발표하는 것이다. 이외에 홍콩상하이은행(HSBC)이 마킷과 공동 집계하고 발표[6]하는 중국 PMI 제조업지수가 있다. 시장에서는 통상 HSBC 중국 PMI 제조업지수라 부르는데, 이는 중국의 민간 부문, 중소기업의 구매관리자들을 주요 조사 대상으로 한다. 다만, 중국 제조업지수는 미국에 비해 데이터 축적 기간이 짧아 증시를 해석하는데 유의성이 떨어질 수 있는 점은 감안해야 한다. 유로존이나 중국 제조업지수의 해석 방법 역시 미국 ISM 제조업지수와 마찬가지이다. 50 이상이면 제조업 경기의 확장을 의미하고, 50 미만이면 경기 위축을 의미한다.

[6] HSBC가 마킷에 스폰서십을 중단하고 2015년 7월부터 중국 경제전문매체 차이신(Caixin)이 스폰서십을 하면서 HSBC PMI가 차이신 PMI로 변경됨

3 고용: 비농업부문 취업자수, 실업률, 임금상승률

고용 지표는 향후 경기 향방을 예측하는데 중요하다. 일자리가 늘어나고 소득도 늘어나야 사람들이 소비를 많이 할 것이고, 경기 활성화 가능성이 높아지기 때문이다. 또한 고용 지표는 경기가 회복될 때 가장 늦게 개선되는 지표라는 점에서 경기 후행적 성격을 띤다.

글로벌 증시에서 가장 눈여겨 보는 고용 지표는 미국의 고용 동향인데, 미국 연준의 기준금리 결정에 중요한 잣대가 된다는 점에서이다. 미국의 고용 지표는 매월 첫 주 금요일에 노동부 산하 노동통계국(Bureau of Labor Statistics)이 발표한다. 비농업부문 취업자수의 증감, 실업률, 시간당 임금상승률 등이 주요 지표이다. 비농업부문 취업자수의 증감은 고용보고서의 전반적 흐름을 대표하는 지표이다. 일자리수의 증감이 개인소득에 직접적으로 영향을 미치기 때문이다. 통상 연준은 매월 최소 20만개 정도의 일자리가 새로 생겨야 고용 시장이 견조하다고 평가해 왔다. 실업률은 경제 활동 인구 중 실업자수의 비율을 나타내는 지표로 여타의 고용 관련 변수보다 후행하는 경향이 있다. 시간당 임금상승률은 소득이 늘어나야 소비도 늘어날 수 있다는 점에서 관심 지표 중 하나이다. 임금상승률은 경기 회복을 반영하는 동시에 인플레이션으로 이어질 수 있기 때문에 연준이 금리를 결정할 때 가장 관심 있게 보는 통계 중 하나이다. 이 밖에도 주당 노동 시간도 발표되는데, 고용 지표가 전반적으로 경기후행지표이긴 하나 노동 시간의 증감은 경기에 선행하여 먼저 움직이는 성격이 있다는 점에서 경기선행지수의 구성 항목 중 하나가 되고 있다. 한편, 주간 단위 지표로는 미국 노동부 산하 고용교육훈련청(ETA, The U.S. Department of Labor's Employment and Training Administration)에서 발표하는 주간 실업수당 청구건수가 있다. 주간 단위로 발표되는 만큼 변동성도 커서 4주 이동 평균이 사용된다. 통상 35만건을 밑돌면 양호한 것으로 해석되고 40만건을 넘어서면 부정적으로 해석된다. 경험적으로 40만 건을 넘어설 경우 월간 비농업부문 고용자수가 감소하는 경향이 있다.

[예시 5-1]은 FOMC 종료 후 발표되는 연준의 성명서(2014년 1월) 중 일부를 발췌한 것이다. 성명서를 보면 연준이 통화정책을 통해 달성하고자 하는 궁극적 목표는 최대 고용과 물가 안정에 있음을 알 수 있다. 과거부터 그래 왔지만, 특히 2008년 금융위기를 겪으면서 고용 관련 경제지표는 연준의 통화정책과 연동되어 증시 민감도가 높아졌다. 발췌문에서 보는 것처럼 통화정책 상 선제적 지침(forward guidance)으로 연준은 금융위기 이후 금리 인상의 기준점으로 실업률 6.5%를 제시했다. 실업률이 6.5% 밑으로 내려가야 금리 인상에 들어간다는 입장이었는데, 예상보다 하락 속도가 빨라지면

서 금리 인상의 명분이 약해지자 이 문구는 2014년 3월부터 성명서에서 사라졌다. 대신 연준은 고용의 양적 측면뿐 아니라 시간당 임금상승률과 같은 질적 측면의 개선 여부까지 선제적 지침으로 제시하고 있다.[7] 이처럼 연준이 고용 지표를 통화정책 기조 변화의 잣대로 삼는 경우, 예상보다 빠른 지표 개선은 시장 참여자들 사이에 조기 금리인상 우려를 자극하며 자산 가격의 변동성을 키울 가능성도 생각해 볼 수 있다.

[예시 5-1] 연준 성명서 발췌

To support continued progress toward maximum employment and price stability, the Committee today reaffirmed its view that a highly accommodative stance of monetary policy will remain appropriate for a considerable time after the asset purchase program ends and the economic recovery strengthens. The Committee also reaffirmed its expectation that the current exceptionally low target range for the federal funds rate of 0 to 1/4 percent will be appropriate at least as long as the unemployment rate remains above 6-1/2 percent, inflation between one and two years ahead is projected to be no more than a half percentage point above the Committee's 2 percent longer-run goal, and longer-term inflation expectations continue to be well anchored.

출처: Board of Governors of the Federal Reserve System, FOMC Statement(January 29, 2014)

지난 30여 년 간 미국의 실업률과 시간당 임금상승률을 함께 그려 보면, 실업률 5.5%는 일종의 임계치였던 점을 알 수 있다. 즉, 실업률이 5.5% 밑으로 떨어지면 임금상승률이 올라가기 시작하는 패턴이 반복되어 왔던 것이다. 금리 결정 요인에는 여러 가지가 있지만, 경험칙에 의존해 미국 금리 인상 시기를 가늠해 볼 때 실업률 5.5%를 통화당국의 정책 기조 변화가 임박했음을 알리는 유의미한 기준점으로 해석해 볼 수 있다.

4 소비: 소매판매, 소비심리지수

미국 경제의 70%를 소비가 차지한다는 점에서 소비 관련 지표 가운데 글로벌 증시 파급력이 가장 큰 지표는 미국 소비 지표이다. 미국 소비 관련 지표로는 소매판매, 자동차판매, 개인소득과 소비지출, 소비심리지수, 소비자신용, 동일점포매출 증가율 등이 있다.

이 중 가장 중요한 지표는 소매판매이다. 가장 시의성 있고, 가장 발 빠르게 소비 지출의 패턴을 보여준다는 점에서이다. 소매판매를 볼 때 대개 자동차를 제외하고 분석하는데, 자동차 판매의 월간 변동폭이 크기 때문이다. 이를 제외한 경우에도 3개월 이

[7] 2014년 글로벌 증시에서 미국 임금 상승률은 연준의 금리 인상 시기를 가늠할 수 있는 지표라는 의미에서 자넷 옐런 연준의장의 이름을 따서 'Yellen Indicator'로 간주되었음

동 평균 등락률로 추세를 가늠해 보는 것이 주식시장과 연계성을 볼 때 도움이 된다. 소매판매 항목에는 자동차 이외에도 가솔린과 식품이 있는데, 이는 소비 수요보다 주로 인플레이션 변동의 결과로 나타난다.

자동차 판매 데이터는 집계와 발표가 신속한 편이고, 자동차에 대한 수요가 금리에 민감하다는 점에서 경기 순환 선행 지표 역할을 한다고 볼 수 있다. 주로 월간 판매대수 혹은 이 수치를 연율화하여 발표된다. 단, 이 지표는 주요 지표라기보다 보조 지표로서의 성격이 강하다. 이 지표를 의미 있게 보는 때는 경기가 침체에 빠졌다가 회복되는 경우이다. 2008년 하반기 미국발 금융위기의 정점을 지나고 2009년 글로벌 경기가 회복되고 있는지를 가늠하는데 있어 관심을 모았던 지표 중 하나가 바로 미국의 월간 자동차 판매대수 증가 여부였던 점을 상기해 보면 될 것이다.

앞서 언급했던 지표들 가운데 소매판매, 자동차 판매 이외에 챙겨봐야 할 것으로 소비심리 관련 지표가 있다. 크게 두 가지로, 하나는 미국 컨퍼런스 보드(Conference Board)에서 발표하는 소비자신뢰지수(Consumer Confidence Index)이고 다른 하나는 미시건 대학 서베이 리서치 센터(University of Michigan Survey Research Center)에서 발표하는 미시선대 소비사심리지수(Michigan Sentiment Index)이다. 많은 지표들이 전월 수치가 발표되는 것과 달리 이들 소비심리 지표는 발표되는 해당월의 수치가 발표된다는 점에서 시의성이 크다. 아울러 경기 순환에 대한 선행 지표로 소비자들의 현재 경기 여건과 미래에 대한 기대를 반영하고 있다는 점도 강점이다. 다만, ISM 제조업지수가 해당 분야의 전문인을 조사 대상으로 하고 있는데 비해 소비자신뢰지수와 미시건대 소비자심리지수 모두 일반 가구를 대상으로 한다는 점에서 신뢰성이 상대적으로 떨어질 가능성은 있다(예컨대, 소비심리 지수는 상승했지만 실제 소비는 늘어나지 않는 경우를 생각해 볼 수 있음).

Box

블랙 프라이데이(Black Friday)

블랙 프라이데이(Black Friday)는 11월 마지막 주 목요일인 추수감사절 바로 다음 금요일이다. 미국에서는 전통적으로 연말 소비 시즌의 시작을 알리는 날이고, 한 해 가운데 쇼핑이 가장 많이 일어나는 대목이다.

문자 그대로 '검은 금요일'이라는 말의 유래는 1950~60년대 미국 필라델피아(Philadelphia)에서 찾을 수 있다. 당시 추수감사절 다음 날에 도로와 인도가 차량과 사람들로 빽빽이 들어찬 것을 비유적으로 표현했던 것으로 보인다. 그러다가 1970년대 들어 이 말은 필라델피아를 벗어나 범용적으로 사용되기 시작했다. 통상 1월부터 11월 추수감사절 이전까지 장부상 적자(red figure)를 기록하던 소매상들이 추수감사절 다음 날을 기점으로 흑자(black figure)를 기록한다는 의미에서 블랙 프라이데이라는 명칭이 붙게 된 것이다.

GDP에서 소비 비중이 70%인 미국에서 블랙 프라이데이를 기점으로 시작되는 연말 소비 시즌은 매우 중요하다. 호조 여부에 따라 증시 투자 심리가 영향을 받을 수 있기 때문이다. 또한 소비는 소득과 자산 가격의 함수라는 점에서 볼 때, 역으로 자산 가격이 소비에 영향을 미치기도 한다. 교과서적으로 접근해 보면 사람들은 소득에 비례하여 소비를 한다. 하지만 소득 증가 수준이 미미하더라도 부동산이나 주식 등의 자산 가격이 오를 경우 소비가 늘어날 수 있고(이른바 부(富)의 효과), 늘어난 소비는 다시 증시에서 투자 심리에 긍정적 영향을 주는 선순환 구도를 형성한다.

블랙 프라이데이가 가까워질수록 관심을 받는 기업은 유통, 의류 등 소매업체이다. 미국 기준으로 보면 월-마트(Wal-mart), 콜스(Kohl's), 베스트바이(Best Buy), 타겟(Target), 시어스(Sears Holdings) 등을 생각해 볼 수 있는데, 이들의 기업이익 전망치 개선 여부를 통해 연말 소비시즌이 양호할 지를 사전적으로 점검해 볼 수 있다는 점에서이다. 보고서 중에서는 전미소매협회(NRF, National Retail Federation)가 10~11월 블랙 프라이데이 전에 발표하는 리서치 자료 역시 관심을 갖고 볼 만하다. 이 자료들에는 올해 소비 시즌이 지난 해에 비해 개선될 지 위축될 지 등 각종 전망과 데이터가 담겨 있다.

5 물가: CPI

금융시장 참여자들이 가장 싫어하는 것은 불확실성이다. 인플레이션(물가 상승)은 기업의 투자와 개인의 소비에 있어 불확실성을 높인다는 점에서 중요하게 체크할 지표이다. 적정 수준의 인플레이션은 경제성장 과정에서 자연스럽게 나타나는 것으로 시장에 큰 영향을 주지는 않는다. 하지만 너무 높거나 반대로 너무 낮은 물가 상승률은 향후 경기의 방향, 통화정책 기조 변화에 영향을 줄 수 있다는 점에서 중요도가 커진다. 현재 물가 수준이 적정한지, 물가 상승률이 높아지는지 낮아지는지 판단하는 것이 물가 분석의 핵심이다.

1. 물가 상승률을 판단하는 지표: CPI, Core CPI, PPI, PCE

물가 상승률을 보여주는 대표적인 지표로 소비자 물가지수(CPI, Consumer Price Index)가 있다. 소비자 물가지수는 소비자들이 주로 구입하는 식료품, 의류, 서비스 등을 바스켓(basket)으로 구성해서 해당 물품의 가격이 얼마나 변화하는지를 측정한다. 다만 소비자 물가지수 구성 품목 중 식품과 석유류는 기후나 중동 지역의 지정학적 리스크 등 외부 요인에 의해 높은 변동성을 보이는 경향이 있다. 따라서 이를 제외한 근원 소비자 물가지수(Core CPI)를 따로 산출해서 발표한다. 대부분의 중앙은행은 물가 관리에 있어서 Core CPI 지표를 기준으로 활용한다.

생산자 물가지수(PPI, Producer Price Index)도 있다. 재화와 서비스를 생산하는 기업들이 구입하는 원재료, 중간재 등을 바스켓으로 구성하여 측정하는 지표이다. 기업들은 생산 원가가 상승하면 시차를 두고 소비자 가격에 전가시킬 수 있기 때문에 생산자 물가지수는 향후 소비자 물가 흐름을 가늠하는데 참고 지표가 된다.

소비자 물가와 생산자 물가를 함께 보면 물가 수준을 좀 더 복합적으로 이해할 수 있다. [그림5-2], [그림5-3]은 A국과 B국의 소비자 물가와 생산자 물가 등락률로 전년동월비 기준이다. 2014년 9월 A국의 소비자 물가 상승률은 1.1%, B국의 소비자 물가 상승률은 1.6%로 후자가 소폭 높은 편이다. 하지만 생산자 물가 상승률도 함께 보면 A국의 경우 상승세이지만 B국은 하락세이다. 이를 종합적으로 보면 향후 물가 상승률은 A국보다 B국에서 더 둔화 흐름이 이어질 가능성이 높다고 해석해 볼 수 있다.

[그림 5-2] **A국 CPI와 PPI 상승률(YoY)**

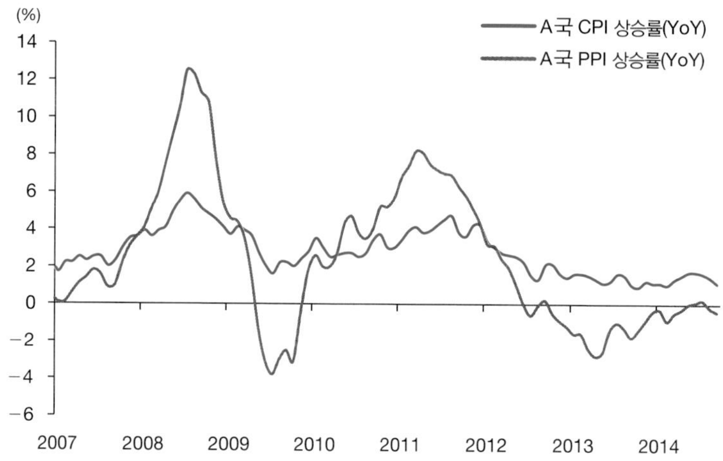

출처: Bloomberg

[그림 5-3] **B국 CPI와 PPI 상승률(YoY)**

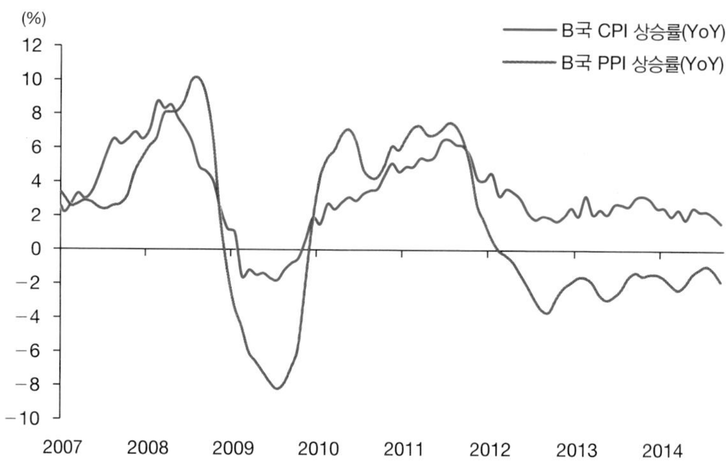

출처: Bloomberg

마지막으로 미국의 PCE(Personal Consumption Expenditures, 개인소비지출) 물가 지수가 있다. 이 지수는 소비자 물가 지표 중 하나인데, CPI와 다른 점은 물가 측정에 있어서 실제 소비자의 지출액 규모에 비례해 해당 항목의 비중이 정해지는 방식이다. 예를 들어, CPI 산출에서 돼지고기의 비중이 5%, 쇠고기 비중이 2%라고 정해져 있다면, 특정 연도에 돼지고기 가격이 올라서 쇠고기 소비가 늘어나더라도, 기존에 정해진 비율대로 가격 지표가 산정된다. 반면 PCE 산정에서는 대체재로 인한 지출의 변화분이 바로 반영된다. 실제 소비자들의 소비만큼 돼지고기 비중이 줄고, 쇠고기 비중이 늘어나는 방식이다. 이 때문에 PCE 지표는 CPI보다 상대적으로 낮게 나타나는 경향이 있으나 실질 물가를 더 잘 반영한다. 미국 연준은 통화정책 결정에 있어서 CPI가 아니라 PCE, 그 중에서도 변동성이 큰 원유, 식료품 등을 제외한 Core PCE 지수를 인플레이션 타겟으로 삼고 있다.

2. 물가가 상승한다면?

물가 상승은 증권시장에 어떤 영향을 줄까? 특정 국가에서 물가 상승이 가파르게 진행되고 있다고 해 보자. 중앙은행은 물가 상승률을 낮추기 위해 금리 인상과 같은 통화긴축을 할 가능성이 높다. 중앙은행의 긴축 정책은 경기 확장 속도를 늦출 수 있다. 주식시장에 긍정적인 상황은 아니다. 만일 원자재 가격 상승이 인플레이션을 유발시켰다면, 기업들은 생산 원가 상승으로 인한 수익 악화나, 제품 가격 인상에 따른 매출 감소 가능성에 노출된다. 이 역시 주식시장에는 부담스러운 일이다. 채권시장 측면에서 보면 물가 상승은 투자자들로 하여금 향후 중앙은행이 금리를 인상할 것이라는 예상을 하도록 만든다. 이는 채권 금리 상승, 채권 가격 하락으로 이어질 수 있어 역시 우호적인 재료는 아니다. 따라서 금융시장을 이해하는데 있어서 적정 수준 이상으로 물가가 상승하는지는 항상 체크해야 한다.

경제 성장과 물가 상승은 동반되는 경우가 많기 때문에 통상 성장률이 높은 신흥국이 성장률이 낮은 선진국보다 높은 물가 상승률을 보인다는 점은 감안해야 한다. 다만 경제 성장이 빠른 신흥국 중에서도 인플레이션에 대한 민감도에는 국가별 차이는 있다. 원유 등 원자재 가격 변화에 더 민감한 국가도 있고, 경제 구조 상 인플레이션이 쉽게 발생하는 국가도 있다. 신흥국을 분석할 때에는 현재 물가 상승률 수준과 외부 변수에 얼마나 취약할 수 있는지 등을 함께 체크해야 한다.

신흥국 중에서 인플레이션에 취약한 대표적인 사례로 인도가 있다. 인도는 원유 수입 비중이 커 국제 유가 변동에 민감할 뿐 아니라, 농업 인프라 부족으로 기후 변동에 따라 식료품 부분에서 물가 상승이 쉽게 유발됐다. 글로벌 경기가 동반 회복하는 과정 속에서도 인플레이션 압력이 높아지면서 성장세가 다소 꺾이는 경우가 종종 있었다. [그림 5-4]에서 2005년 5월~2014년 6월 인도의 도매물가지수 상승률과 SENSEX 주가 상승률을 보면 물가 상승률이 높아질 때 주가상승률이 낮아졌던 것을 확인할 수 있다. 반대로 물가 상승률이 6% 이하였던 경우에는 금융위기 직후 5차례를 제외하면 주가가 전년대비 항상 상승했던 것이 관찰됐다. 이렇게 인도처럼 인플레이션 압력에 취약한 국가를 볼 때에는 물가 지표를 특히 더 주시할 필요가 있다.

[그림 5-4] 인도 물가 상승률과 주식시장 성과(2005.5~2014.6)

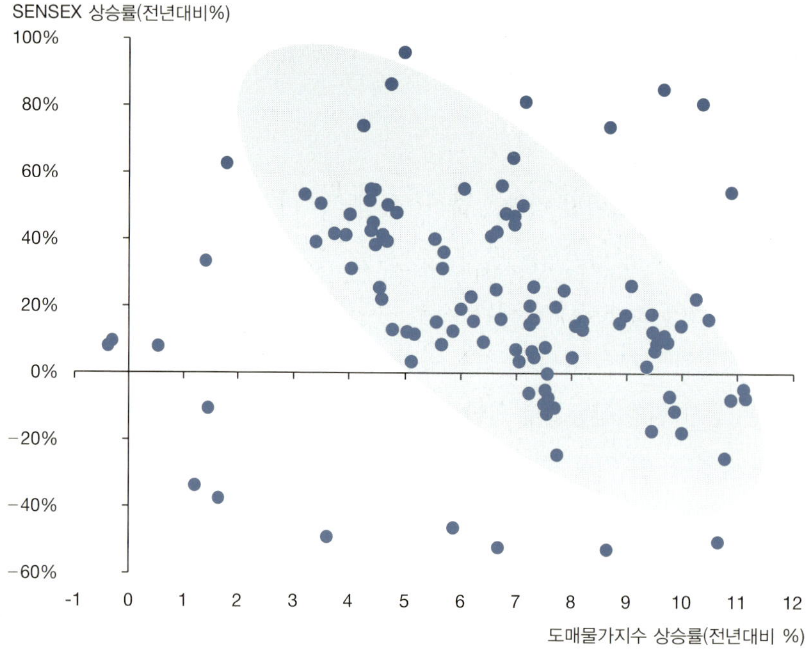

출처: Bloomberg

그림 설명: 인도의 물가 상승률과 주가지수 상승률간에 전반적으로 역의 관계가 관찰. 도매물가지수 상승률 6% 이하에서는 2009년 1월~5월 금융위기를 제외하고는 Sensex 성과가 마이너스 난 적 없음. 물가가 높고, 주가상승률도 높은 오른쪽 상단 영역은 2009년 초 증시 급락으로 2010년 1월~5월 기저효과가 나타났던 부분

3. 물가가 하락한다면?

디플레이션은 물가가 하락하는 것을 의미한다. 보다 정확히는 소비자물가 상승률 기준으로 마이너스를 기록하는 것을 디플레이션이라고 한다. 디플레이션이 발생하면 투자, 소비가 줄어들고 경제 활력이 떨어지면서 경기가 침체 국면에 진입할 수 있다. 최악의 경우 1990~2000년대 일본과 같이 제로(0) 금리까지 정책 금리를 인하시키더라도 경기가 회복되지 못하는 경우가 발생할 수 있다.

한편, 물가 상승률이 플러스를 기록하지만 그 수준이 하락하는 것은 디스인플레이션이라고 한다. 예를 들어, 어떤 나라의 전년동월비 소비자 물가 상승률이 1월(1.2%)→2월(0.5%)→3월(0.1%)→4월(−0.5%)→5월(−2.0%)→6월(−2.2%)이라고 가정해 보면, 2월부터 3월까지는 디스인플레이션 국면이고, 4월부터 6월까지는 디플레이션 국면이다.

디플레이션은 인플레이션 상황보다 경기에 미치는 파장이 크고 정책 대응이 보다 어렵다. 디플레이션은 통화 정책을 무력화 시킬 수 있기 때문이다. 따라서 각국 중앙은행은 디플레이션을 막기 위해 물가 상승률이 1% 아래에서 계속 둔화되는 경우 사전에 금리인하뿐 아니라 양적완화[8]와 같은 비전통적 통화정책으로 대응하기도 한다. 실제 2008년 금융위기 이후 미국은 세 차례에 걸쳐 국채를 시장에서 매입하는 방식으로 통화량을 늘렸다. 유럽에서도 2014년 CPI가 1% 아래에서 계속 낮아지자 금리인하에 이어, TLTRO[9], 양적완화 등 유동성 확대를 위한 정책들을 시행했다. 일본은 장기 디플레이션에서 벗어나기 위해 양적질적 금융완화(QQE)를 시행했다.

4. 적정 물가 수준을 판단하는 방법

물가 상승률은 너무 높은 것도 너무 낮은 것도 문제가 되기 때문에 적정 수준을 유지하는 것이 이상적이다. 적정 물가 수준은 각 국의 경제구조나 성장률 등 다양한 요인에 의해 결정한다. 중앙은행은 대부분 인플레이션 목표를 지정해 공표하기 때문에 실무적으로는 이를 참고하면 된다. [표 5-4]는 2014년 6월 기준 각국 중앙은행의 물가 상승률 관리 목표이다. 참고로 물가 상승률 목표는 한 번 정해지면 고정되는 것이 아니라 경제 상황에 맞게 재조정된다.

[표 5-4] 각국 물가 상승률 관리 목표(2014.6 기준)

국가	목표	국가	목표
미국	2.0%	인도네시아	4.5%±1%p
영국	2.0%	브라질	4.5%±2%p
유로존	2.0%	멕시코	3.0%±1%p
일본	2.0%	러시아	5.0%
한국	3%±0.5%p	터키	5.0%
중국	3.5%	남아공	3.0~6.0%
인도	5.0%		

출처: 각국 중앙은행, Bloomberg

[8] 양적완화는 중앙은행이 경기 부양을 위해 시중에 자금을 공급하는 정책을 의미한다. 국채나 여타 다양한 금융자산을 매입하는 방식으로 시중에 유동성을 공급하는 것이다. 미국의 양적완화는 QE(Quantitative Easing)로 부르며, 2008년 리만 브러더스 파산 이후 세차례에 걸쳐 시행됐다.

[9] TLTRO(Targeted Longer-Term Refinancing Operations)는 ECB(유럽중앙은행)의 시중 유동성 공급 정책으로 중소기업 자금 지원을 조건으로 은행들에게 낮은 금리로 자금 지원을 해 주는 제도이다. 참고로 VLTRO (Very Longer-Term Refinancing Operations)는 2011년 12월, 2012년 2월에 발표된 제도로 만기 3년에 특정 조건 없이 은행들에게 낮은 금리로 자금 지원을 해주었던 제도이다.

Box **경제지표 관련 데이터를 구할 수 있는 웹사이트(website) 목록**

1. **종합**

- Briefing.com
  - www.briefing.com 으로 들어가서 'CALENDARS' → 'ECONOMIC'을 클릭하면 주간 단위로 미국 경제지표 발표 일정과 시장 예상치를 볼 수 있음. 각 경제지표를 체크해서 들어가보면 그래픽과 간단한 코멘트 역시 살펴 볼 수 있음
- 세인트 루이스 연방준비은행
  - http://research.stlouisfed.org/ 으로 들어가서 'Economic Data'를 클릭하면 미국뿐 아니라 미국 이외 지역의 주요 경제지표를 볼 수 있음. 장점은 장기 시계열 데이터가 제공된다는 점, 데이터를 사용자가 원하는 조건(ex. 지수 자체, 전월비, 전년동월비 등락률 등)으로 설정하며 볼 수 있다는 점, 그리고 이 데이터를 엑셀로 다운로드 받아 가공할 수 있다는 점임

2. **세부 경제지표**

- OECD(www.oecd.org), IMF(www.imf.org)
  - 전세계 국가별 GDP, 경기선행지수, 물가, 재정/경상수지, 고용, 제조업 등 경제지표 전반 검색 가능
- 미국 상무부 경제분석국 – www.bea.gov
  - 미국 지역별, 산업별 GDP, 소비, 경상수지 등
- 미국 ISM 제조업지수: www.ism.ws
- 미국 고용지표
  - 주간 실업수당 청구건수: www.ows.doleta.gov
  - 고용, 실업, 임금 등에 대한 데이터: www.bls.gov/bls/employment
- 미국 소비
  - 소매판매: www.census.gov/retail
  - 소비심리: 1) www.conference–board.org 2) www.sca.isr.umich.edu

3. **중앙은행**

- 한국은행
  - http://www.bok.or.kr
- 연방준비제도 이사회
  - http://www.federalreserve.gov/default.htm 으로 접속함. 미국 연준의 통화정책의사록 등 금리 정책과 관련된 자료를 보는데 사용되나 'Economic Research & Data'를 클릭하면 미국 주요 경제지표 몇 가지를 볼 수 있음
- ECB
  - http://www.ecb.int으로 접속함. ECB의 금리나 통화정책뿐 아니라 유로존 국가별 금융시장, 정부 재정, 물가, GDP 등 다양한 금융시장 지표를 확인할 수 있음

SECTION 02 금리가 주는 신호

1 중앙은행과 기준금리

1. 중앙은행의 역할과 영향력

대부분의 국가에서 경제 주체간 거래 금리의 기준은 인위적으로 정해져 있다. 이것이 정책 금리이다. 정책 금리는 통상 해당 국가의 중앙은행이 통화정책회의를 통해 결정한다. 한국의 정책 금리는 '기준 금리'라고 부른다. 한국은행의 정의에 따르면, 기준 금리는 한국은행이 금융기관과 환매조건부증권(RP) 매매, 자금조정 예금 및 대출 등의 거래를 할 때 기준이 되는 정책 금리이다. 우리나라는 매월 금융통화위원회를 열어 기준 금리를 결정한다(월 1회 개최되는데 일자는 유동적임). 금융통화위원회에서는 물가 동향, 국내외 경제 상황, 금융시장 여건 등을 종합적으로 고려하여 기준 금리를 결정하고 성명서를 발표한다.

미국의 정책금리는 연방기금금리(federal funds rate: 미국 은행간 유휴 자금 거래 시 적용되는 단기 시장 금리)로 FOMC(Federal Open Market Committee)에서 결정된다. FOMC는 1년 동안 6주 간격으로 총 8번 개최된다. 회의 일정은 FRB 홈페이지에 미리 공개된다. FOMC에서는 경제 상황을 판단하여 연방기금금리를 결정한다. FOMC가 끝나면 바로 성명서가 발표된다. 3, 6, 9, 12월에 열리는 FOMC에서는 금리 결정 직후 FOMC 위원들의 향후 경기와 금리 전망 발표, 연준 의장의 기자회견도 있다. 또한 매번 회의가 종료되고 약 3주 후에는 연준 위원들의 발언 내용이 담긴 FOMC 의사록도 공개되어 향후 미국 통화정책을 예측하는데 참고 자료로 활용된다. FOMC와 관련된 일정, 성명서, 의사록, 기자회견 여부 등 자세한 내용은 FRB 홈페이지에서 확인할 수 있다.

Box

연준과 FOMC의 이해

연준과 FOMC는 다르다. 연준은 연방준비제도를 줄인 말로 보통 Fed라고 한다. 미국의 연준은 중앙은행 역할을 한다고 생각하면 된다. 미국 내 통화정책 관장, 은행과 금융기관에 대한 감독과 규제, 금융체계의 안정성 유지 등의 역할을 한다.

반면 FOMC는 연방공개시장위원회로, 12명으로 구성되어 통화정책을 결정하는 기구이다. FOMC는 연준이사 7명, 뉴욕 연방준비은행 총재 1명, 나머지 지역 연방준비은행 총재 4명으로 구성되어 있다. 연준이사 7명은 대통령이 지명하여 의회 상원에서 인준을 받아야 한다. 연준이사 7명에는 연준 의장 1명, 연준 부의장 1명이 포함되어 있고, 이들 역시 마찬가지로 대통령이 지명하고 상원에서 인준을 받는다. 연준 의장과 부의장의 임기는 4년인데, 재임이 가능하다. 반면 연준 이사들의 경우 최대 임기가 14년이고 통상 재임명되지는 않는다. 임기의 종료는 모두 짝수년 1월 31일이다.

FOMC에서 뉴욕연방준비은행 총재 1명은 항상 12개 자리 중 1자리를 차지한다. 다른 지역 총재와 달리 뉴욕 연은 총재가 항상 포함되는 이유는 뉴욕 연방준비은행이 실제 FRB의 정책 수행을 담당하기 때문이다. 나머지 지역 연방준비은행 총재 4명은 4개의 그룹에서 1개 지역, 1명씩, 임기 1년으로 로테이션 된다. 지역 연방준비은행의 그룹은 1) 보스턴 /필라델피아 /리치몬드 2) 클리블랜드 /시카고 3) 애틀란타 /세인트루이스 /댈러스 4) 미니애폴리스 /캔자스시티 /샌프란시스코로 구분되어 있다.

연준의 의장은 FOMC 의장이 된다. 하지만 연준의 부의장이 꼭 FOMC의 부의장이 되는 것은 아니다. 2014년 현재 연준의장은 자넷 옐런이고 연준 부의장은 스탠리 피셔이다. 하지만 FOMC 부의장은 현재 뉴욕 연방준비은행 총재인 윌리엄 더들리로 2009년 이후부터 자리를 지키고 있다.

FOMC가 항상 12명이어야만 하는 것은 아니다. 연준 이사 7명의 자리가 줄어들 수는 있다. 2014년 10월 기준 FOMC에서 연준 이사로 참여하고 있는 인원은 5명이다. 2006년에 7명이 다 있었으나, 금융위기 이후 양적완화에 반대했던 이사 2명이 사임한 이후 공석으로 유지되고 있다.

〈미국의 12개 지역 연방준비은행〉

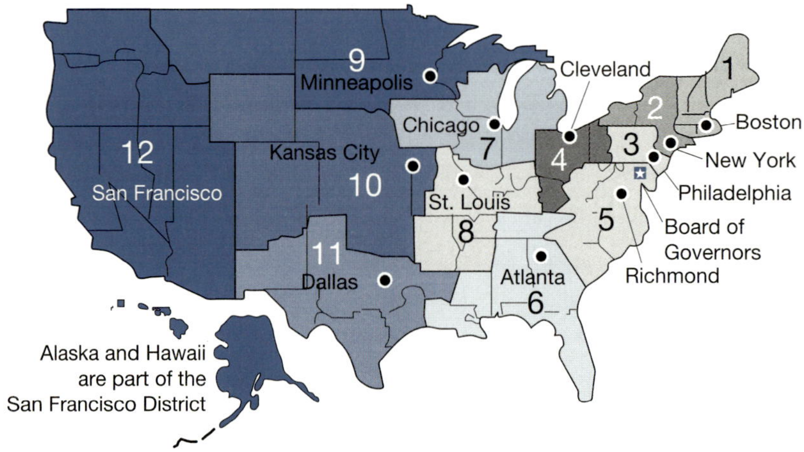

출처: FRB(http://www.federalreserve.gov/otherfrb.htm)

금융시장에서 미국 FOMC의 영향력은 막강하다. 미국의 통화정책이 전세계 주식, 채권 시장에 직간접적인 영향을 주기 때문이다. FOMC 개최 시기가 되면 글로벌 시장에서는 회의에서 나올 정책의 변화나 연준 의장의 통화정책 기조를 확인하고자 관심이 높아진다. 때로는 통화 완화에 대한 기대감, 통화 긴축에 대한 불안감에 주식이나 채권 시장이 선제적으로 움직이기도 한다.

금리나 양적완화와 같은 정책 변화가 일어나는 시기에 FOMC는 특히 더 중요하지만, 아무런 정책 시행이 없을 때에도 시장에 영향을 준다. 이 경우에는 FOMC 성명서의 문구나 사용된 단어, 연준 의장의 말 한마디에 시장이 반응하기도 한다. 예를 들어, 성명서에 나온 연준의 경기 회복 정도에 대한 표현이 “modest(점진적)”인지 “moderate(완만하게)”인지를 두고 시장 참여자들은 해석에 해석을 거듭한다. 또한 양적완화가 종료된 이후 2014년 12월 FOMC를 앞두고는 향후 초저금리 유지 기간에 대하여 “for a considerable time(상당한 기간 동안)”이라는 문구가 여전히 성명서에 포함될지 여부가 FOMC 회의를 보는 중요 관전 포인트였던 적도 있었다. FOMC가 끝나면 FOMC 성명서를 두고 여러 해석이 나오고, 시장은 이에 반응하기 때문에 FOMC 성명서를 읽어보는 것은 도움이 된다. 성명서를 보는 방법은 지난 번 FOMC 성명서에 비해 이번 성명서에는 달라진 내용이 무엇인지를 체크하는 것이다.

[표 5-5] FOMC 성명서

2013.6.19 FOMC Statement	2013.7.31 FOMC Statement	해석
Information received since the Federal Open Market Committee met in May suggests that economic activity has been expanding at a moderate pace. Labor market conditions have shown further improvement in recent months, on balance, but the unemployment rate remains elevated. Household spending and business fixed investment advanced, and the housing sector has strengthened further, but fiscal policy is restraining economic growth. Partly reflecting transitory influences, inflation has been running below the Committee's longer-run objective, but longer-term inflation expectations have remained stable.	Information received since the Federal Open Market Committee met in June suggests that economic activity expanded at a modest pace during the first half of the year. Labor market conditions have shown futher improvement in recent months, on balance, but the unemployment rate remains elevated. Household spending and business fixed investment advanced, and the housing sector has been strengthening, but mortgage rates have risen somewhat and fiscal policy is restraining economic growth. Partly reflecting transitory influences, inflation has been running below the Committee's longer-run objective, but longer-term inflation expectations have remained stable.	FOMC 성명서의 첫 단락은 보통 현재 경기에 대한 연준의 판단이 포함되어 있음 6월 경제활동이 완만하게(moderate) 성장하고 있다는 판단에서 7월 점진적인(modest) 성장으로 표현이 바뀌면서 시장에서는 연준의 경기 판단이 다소 하향 조정되었다고 해석
2014.9.17 FOMC Statement	**2014.10.29 FOMC Statement**	**해석**
Information received since the Federal Open Market Committee met in July suggests that economic activity is expanding at a moderate pace. On balance, labor market conditions improved somewhat further; however, the unemployment rate is little changed and a range of labor market indicators suggests that there remains significant underutilization of labor resources. Household spending appears to be rising moderately and business fixed investment is advancing, while the recovery in the housing sector remains slow. Fiscal policy is restraining econimic growth, although the extent of restraint is diminishing. Inflation has been running below the Committee's longer-run objective. Longer-term inflation expectations have remained stable.	Information received since the Federal Open Market Committee met in September suggests that economic activity is expanding at a moderate pace. Labor market conditions improved somewhat further, with solid job gains and a lower unemployment rate. On balance, a range of labor market indicators suggests that underutilization of labor resources is gradually diminishing. Household spending is rising moderately and business fixed investment is rising moderately and business fixed investment is advancing, while the recovery in the housing sector remains slow. Inflation has continued to run below the Committee's longer-run objective. Market-based measures of inflation compensation have declined somewhat; survey-based measures of longer-term inflation expectations have remained stable.	9월 노동 자원이 제대로 활용되지 못하는 수준이 상당하다고 표현(significant underutilization of labor resources) 했으나, 10월 FOMC에서는 노동 자원의 낮은 활용도가 점진적으로 줄어들고 있다고 표현(underutilization of labor resources is gradually diminishing) 정책의 중요한 지표인 고용시장이 개선되고 있다는 판단을 하자, 시장에서는 통화정책 기조가 매파적으로 돌아서지 않을까 우려 나타났음

출처: FRB

2. 통화정책 커뮤니케이션

중앙은행의 목표는 전통적으로 주로 물가 안정에 있었으며 미국 연준과 같이 물가 안정과 완전 고용을 동시에 표방하기도 한다. 최근에는 경제성장, 부수적으로 주식/채권/외환 시장 등 금융시장 안정 역시 중앙은행이 달성해야 할 목표로 자리잡고 있다. 이와 같은 정책 목표를 달성하기 위해 사용하는 수단이 바로 통화정책이다. 통화정책 수단에는 공개시장조작(을 통한 기준금리 조정), 할인율 조정, 지급준비율 조정 등이 있다.

그런데 위와 같은 통화정책 수단 이외에도 최근 특히 금융위기 이후 중요해지고 있는 것이 바로 중앙은행의 통화정책 커뮤니케이션이다. 중앙은행이 공개시장조작으로 기준금리를 인하한다고 해도 경기부양이라는 궁극적 목표 달성에는 중앙은행의 힘만으로는 부족하다. 가계나 기업 등 경제 주체들이 실제로 중앙은행이 의도한 바대로 움직여 주어야 목표가 달성될 수 있기 때문이다. 이때 중요한 것이 바로 경제 주체들과의 의사소통, 즉 통화정책 커뮤니케이션이다. 통화정책 커뮤니케이션은 한 마디로 요약하자면 시장 참여자들의 기대 관리(expectation management)라고 할 수 있겠다.

주요 통화정책 수단 중 하나로 자리잡게 된 통화정책 커뮤니케이션에는 통화정책회의 후 발표되는 의사록 이외에도 총재나 중앙은행 관련 인사들의 각종 강연, 연설, 기고문 등이 있다. [표 5-5] 역시 커뮤니케이션의 사례이다. 글로벌 증시 투자심리가 미국 연준이나 유럽중앙은행 총재의 발언 하나하나에 일희일비하는 모습은 통화정책 커뮤니케이션의 무게감을 보여준다.

3. 정책 조합(Policy Mix)

중앙은행은 통화정책 수단으로 공개시장조작, 할인율 조정, 지급준비율 조정, 통화정책 커뮤니케이션 등을 사용한다. 이들 정책을 통해 경기 부양, 완전 고용, 물가 안정, 금융시장 안정과 같은 궁극적 목표를 달성하고자 한다.

위와 같은 정책수단은 강력한 것임에는 분명하나 궁극적 목표를 달성하는데 결코 만능 처방전은 아니다. 예를 들어, A라는 국가가 현재 경기가 침체 국면에 들어갈 위험에 있고, 미국 달러화 대비 환율이 가파르게 반등하면서 금융시장 불안이 고조되고 있다고 하자. 경기 부양을 위해 A국의 중앙은행이 택할 수 있는 정책 수단 중 하나는 기준금리 인하이다. 하지만 기준금리 인하는 자국 통화 가치를 떨어뜨린다는 점(=환율 상승)에서 금융시장 불안을 더욱 가중시킬 수 있다. 이처럼 중앙은행이 달성하고자 하는 궁극적인 목표들 사이에는 충돌이 일어날 수 있다.

복수의 궁극적 목표들을 서로 조화롭게 달성하기 위해 복수의 정책 수단이 사용되는 것을 정책 조합(Policy Mix)라고 한다. 위 A라는 국가의 상황은 바로 2008년 리먼 브라더스 파산 이후 한국의 상황이다. 미국의 서브프라임發 금융위기가 정점으로 치달으면서 국내 경기 역시 침체가 우려되었고, 증시에서 외국인 자금 이탈 속에 원/달러 환율은 2008년 9월초 1,100원대였던 것이 한달 사이 1,500원에 근접할 정도로 급등세를 보였다. 당시 한국은행은 '기준금리 인하(통화정책)'로 경기 부양에 힘을 실어주는 동시에 미국 연준과의 '통화 스왑(외환정책)'으로 국내 달러 유동성 공급에 이상이 없음을 보여줌으로써 경기 부양과 원/달러 환율 하향 안정을 동시에 추구할 수 있었다.

4. 국가간 금리 차이와 통화정책

한 나라의 금리 수준이 그 나라에만 영향을 주는 것은 아니다. 국가 간 자본 이동이 자유로운 상황에서 각국 금리 차이는 한 쪽에는 자본 유출을, 다른 한 쪽에는 자본 유입을 유발한다. 금리 차이는 통화가치에도 변화를 가져온다. 따라서 각국 중앙은행은 금리 결정에 다른 나라들의 통화정책 기조와 방향을 고려한다. 특히 미국 연준의 정책 기조는 대부분 국가의 금리 결정에 중요한 고려 사항이 된다.

국가간 금리 차이는 어떤 상황을 발생시킬까? 여기 두 국가 A와 B가 있다고 해보자. A의 정책 금리가 4%인 반면 B의 정책 금리가 0.25%라면 어떠한 일이 일어날까? 글로벌 투자자들은 B국에서 낮은 금리로 자금을 조달한 다음에 A가 발행한 국채에 투자할 수 있다. 환 차익을 제외한다면 이론적으로 두 국가의 금리 차이만큼 수익을 얻을 수 있게 된다. 이렇게 되면 B국에서는 자금이 계속 유출되는 반면 A국으로는 자금이 유입되는 현상이 나타난다. 이를 '캐리 트레이드'라고 한다. 2008년 미국 서브프라임 금융위기 이전에는 제로 금리 국가인 일본에서 자금을 빌려서 신흥국에 투자하는 '엔 캐리 트레이드'가 대규모로 발생했고, 이는 2007년 신흥국을 중심으로 한 글로벌 자산 버블을 형성하는데 큰 영향을 미쳤다.

한편, 금리와 통화정책의 차이는 통화 가치의 차이를 가져온다. 통화정책이 확장 기조인 국가의 통화 가치는 하락하고, 반면 긴축 기조인 국가의 통화 가치는 상승하기 마련이다. 각국 중앙은행들은 종종 자국 통화 약세를 유도하기 위해 금리를 인하하기도 한다. 통화정책의 차이가 통화 가치의 차이로 발현된 대표적 사례가 2013년 이후 일본 중앙은행의 양적질적 금융완화 시행이다. 2012년 11월에 80엔 내외였던 엔/달러 환율은 양적질적 완화가 시행되면서 2014년 12월말 기준 120엔선 내외까지 상승했다. 이 기간 엔/달러 환율의 상승, 즉 엔화 가치가 크게 하락한 반면, 원화 가치는 상대적으로 상승했다. 일본과 한국처럼 두 국가가 글로벌 시장에서 서로 수출 경쟁 관계에 있을 때 한 쪽의 통화가치 변화는 다른 쪽의 기업이익이나 경기에 영향을 주게 된다. 한국은행 입장에서 보면 일본 중앙은행의 통화정책까지 봐가며 정책을 결정해야 하는 상황이 생긴다.

통화정책의 차이가 가져오는 변화가 크기 때문에 각국의 통화정책은 주변국과 같은 방향성을 띠는 경우가 많다. [그림 5-5]는 미국, 유럽, 중국, 한국의 기준금리가 비슷한 시기에 인상되고 인하되어 왔음을 보여준다. 특히 우리나라와 같이 대외 의존도가 높은 국가일수록 이러한 경향은 더 강하다. 한국과 미국의 통화정책 방향은 상당부분 같은 궤적을 그릴 수 밖에 없다는 점에서 한국은행의 금리 결정 시기와 인하, 인상 여부에 대한 예측을 할 때 선제적으로 미국의 통화정책 방향을 먼저 확인할 필요가 있다.

[그림 5-5] 각국 중앙은행 기준금리 변화

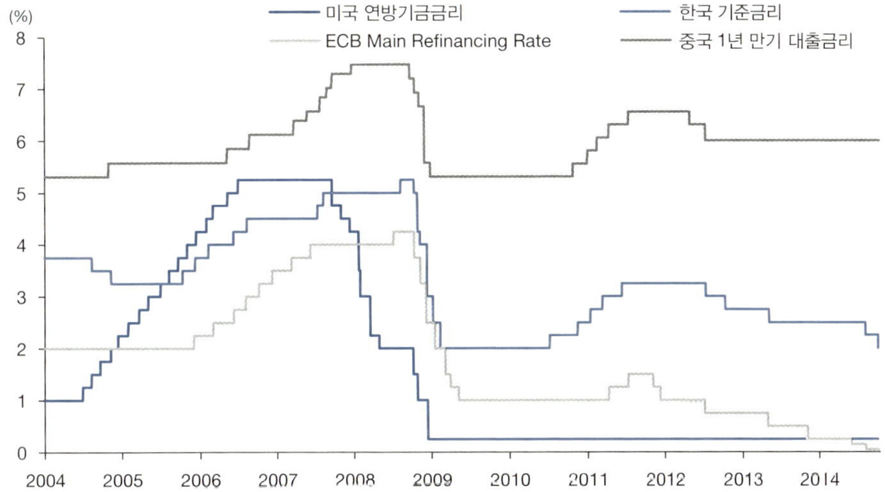

출처: Bloomberg, 한국은행, 미국 연방준비은행, 유럽 중앙은행, 중국 인민은행

Box **매파 vs 비둘기파**

중앙은행이나 통화정책 관련 기사를 보면 종종 '매파,' '비둘기파'에 대한 언급이 나온다. 여기서 나오는 매파와 비둘기파는 인플레이션에 관한 성향을 나타낸다. 전통적으로 중앙은행의 목표는 대부분 '물가 안정'에 있지만, 미국 연준의 경우 '물가 안정'과 '완전 고용'을 동시에 표방하고 있다. 물가 안정을 더 중요시하고 긴축적 통화정책을 선호하는 쪽을 매파라고 하고, 완전 고용을 동시에 추구하며 완화적인 통화정책을 통해 경기 부양이 가능하다고 믿는 쪽을 비둘기파라고 한다. FOMC 위원들의 매파, 비둘기파적인 성향은 통화정책에 영향을 준다. 3차례에 걸쳐 양적완화를 시행한 버냉키 전 연준 의장은 대표적인 비둘기파이며, 2014년말 기준 재닛 옐런 연준 의장 역시 비둘기파이다. 미국이 다른 국가와 달리 대규모로 과감한 통화확대 정책을 시행할 수 있었던 것은 주요 통화정책 결정권자들의 성향이 대다수 비둘기파였던 점과도 무관치 않다.

매파와 비둘기파의 근원은 어디에 있을까? 기원은 미국과 베트남 전쟁 때로 거슬러 올라간다. 당시 전쟁을 이어가고 확대하자는 주장을 했던 미국정치인을 매파라고 했고, 전쟁보다는 외교적으로 문제를 해결하고자 했던 정치인을 비둘기파로 부르기 시작했다. 이처럼 매파는 정책에 대해 강경한 태도를 보이고, 비둘기파는 온건한 태도를 보이는 것을 통칭하여 사용하는 용어가 되었다.

2 국채 금리와 채권 스프레드의 의미

흔히 언론 기사에서 볼 수 있는 '미국 10년물 국채 금리, 한국 3년물 국채 금리' 와 같은 금리는 국가가 발행하는 채권의 시중 금리를 의미한다. 각 국의 국채 금리는 해당 국가의 신용등급, 통화정책 기조, 경기 상황 등을 반영하여 움직인다. 따라서 국채 금리의 상승/하락 흐름은 시장을 이해하는 지표가 된다.

1. 국채 금리 상승이 의미하는 것

국채 금리 상승은 첫째, 경기가 확장하고 있다는 의미로 해석될 수 있다. 경기 확장기에는 정해진 이자를 받는 것보다 성장만큼 배당을 받는 주식 투자가 더 유리하기 때문에 채권의 상대적 투자 매력도가 떨어진다. 투자자들이 채권과 같은 안전자산보다 주식과 같은 위험자산을 더 선호하게 되면서 채권가격이 하락할 가능성이 높다. 자금을 필요로 하는 기업 입장에서는 경기 확장으로 자금 수요가 증가하기 때문에 금리를 높게 주더라도 채권을 발행하려는 니즈가 커진다. 이러한 원인으로 경기 확장기 채권의 시장 금리는 상승하는 경향이 있다.

둘째, 해당 국가의 정책금리 인상이 예상되는 등 통화정책이 긴축적으로 변화하는 시기에 국채 금리가 상승한다. 정책 금리가 인상되면 통화정책 유통경로를 통해 시장 금리에 해당되는 국채 금리가 움직이게 된다. 따라서 투자자들이 통화정책이 긴축적인 기조로 변경될 것으로 예측하게 되면 금리 결정 이전에 선제적으로 국채 금리가 상승하는 경우가 많다. [그림 5-6]을 보면 2013년 5월 22일 버냉키 전(前) 연준 의장이 의회에서 양적완화 규모를 단계적으로 줄여가는 테이퍼링(tapering) 시행 가능성을 언급한 이후 1.93%였던 미국 10년물 국채 금리는 그 해 9월초에 2.99%까지 상승했다. 실제 테이퍼링이 시작된 것은 그 해 12월이었으나, 시장은 향후 통화정책 기조 변경 가능성을 선제적으로 반영하여 움직였던 것이다.

셋째, 해당 국가의 신용도가 급격히 하락하여 국채의 신용위험이 커질 때에도 국채 금리가 상승할 수 있다. 대표적인 예가 2011년 유럽 재정위기 당시 PIIGS(P:포르투갈, I:이탈리아, I:아일랜드, G:그리스, S:스페인) 국가들의 국채 금리 상승이다. 해당 국가의 채권을 보유한 투자자들은 원리금 회수 가능성에 대한 의구심이 높아지면서 보유 채권을 매도하기 시작했고, 채권가격 하락 - 채권금리 상승 현상이 나타났다. [그림 5-6]에서 2011년 하반기 스페인, 이탈리아 국채 금리가 급등했음을 볼 수 있다. 국가위기 발생 시기 국채 금리가 얼마나 상승하는지 여부가 위기의 심각성과 확산 가능성을 판단하는 지표가 되기도 한다.

2. 국채 금리 하락이 의미하는 것

국채 금리 하락은 우선 중앙은행이 통화 완화 정책을 시행하거나 향후 그러할 가능성이 높아질 때 나타날 수 있다. 중앙은행이 유동성 공급을 위해 유통시장에서 채권을 매수하게 되면 채권 투자 수요가 증가하면서 채권가격 상승–채권금리 하락 현상이 나타난다. 정책시행이 없더라도 통화 완화 정책에 대한 기대감 만으로도 채권 금리는 하락할 수 있다. [그림 5–6]을 보면 2014년 9월 국가 신용등급이 BBB인 스페인의 10년물 금리가 신용등급 AA+인 미국 10년물 금리보다 낮아지는 현상이 발생했다. 이 시기 스페인, 이탈리아뿐만 아니라 독일, 프랑스, 등 유로존 국가들의 국채 금리가 동반 하락했는데, 이는 ECB(유럽중앙은행)가 시장에 유동성을 공급하는 정책을 시행할 것이라는 기대감이 지속되었기 때문이다. 당시 미국의 통화정책은 완화에서 긴축으로 변화하는 과정이었다는 점도 상대적으로 미국의 국채 금리가 높게 유지되는 데 영향을 주었다.

다음은 주로 선진국, 그 중에서도 국가 신용도가 높은 미국에 해당되는 것으로 글로벌 위기로 안전자산 선호도가 강해질 때 금리 하락이 나타날 수 있다. [그림 5–6]을 보면 2011년 8월 유럽의 재정위기와 미국 신용등급 강등 당시 미국 국채 금리가 하락한 것을 확인할 수 있다. 당시 S&P는 미국의 국가 신용등급을 AAA에서 AA+로 하향조정 했음에도 국채 금리는 하락했다. 원인은 유럽의 재정위기로 인한 안전자산 선호 현상이 강해졌고, 대안이 되는 투자 대상으로 미국 국채 투자 수요가 증가했기 때문이다.

[그림 5-6] 미국, 스페인, 이탈리아 국채 금리 흐름

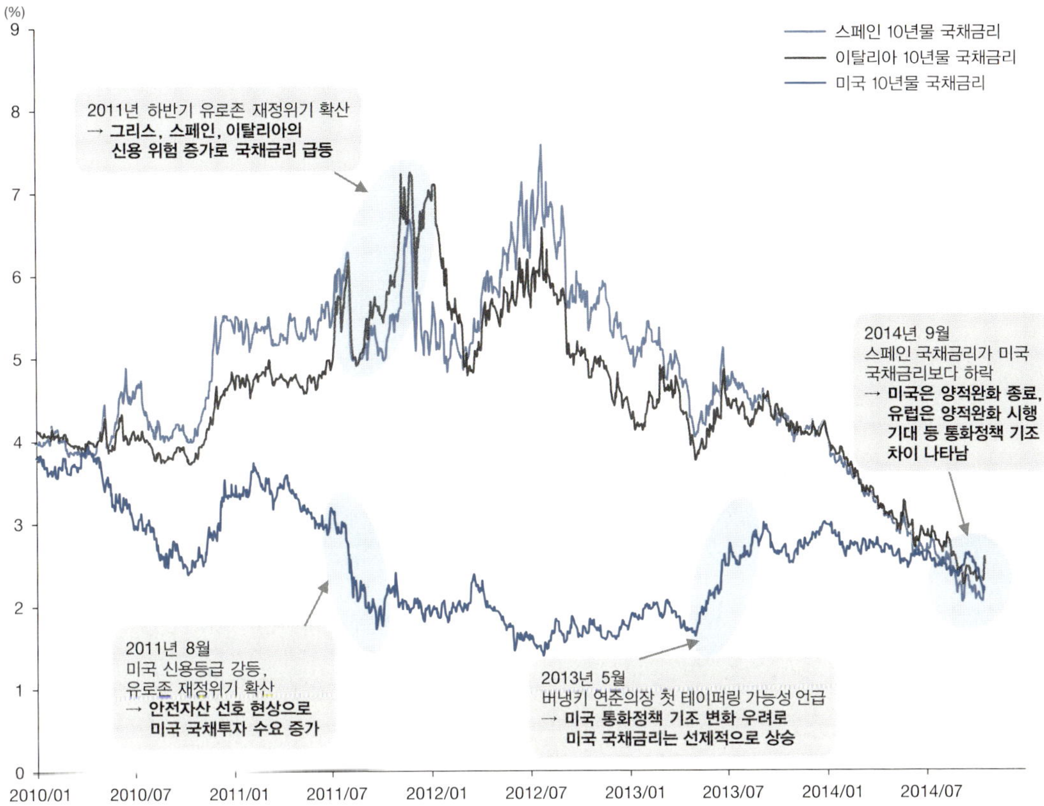

출처: Bloomberg

3. 채권 스프레드란?

채권시장 관련 언론 기사를 보면 스프레드가 확대되었다거나, 축소되었다는 말도 종종 언급된다. 여기서 스프레드란 두 채권 사이의 금리 차이를 말한다. 만기가 다른 동일 국가 채권의 금리 차이는 '장단기 스프레드'라고 부른다. 하지만 통상 스프레드는 '신용 스프레드'를 의미하는 경우가 많다. 즉, 신용수준이 다른 두 채권 간의 금리차이를 의미하는 것이다. 가령, 미국 5년물 국채 금리가 1%이고, 미국 5년물 회사채 금리가 3%라면 이 둘의 차이 2%p를 '신용(credit) 스프레드가 200bps이다'라고 표현한다. 스프레드는 보통 bp로 표현하는데 bp란 basis point의 약자로 1%p = 100bps를 의미한다.

채권 스프레드 중 각국의 국채 금리 간 스프레드는 주로 국가의 신용도가 높은 미국 금리(또는 유럽 내에서는 독일 금리)를 기준으로 하여 해당 국가의 금리를 비교한다. 한국 3년물 국채 금리와 미국 3년물 국채 금리와의 차이, 포르투갈 10년물 국채 금리와 독일 10년물 국채 금리간의 차이를 스프레드로 볼 수 있다. 국채 간의 스프레드 차

이를 결정하는 것은 정책금리 수준과 통화정책 기조, 국가 신용도 등이다. 따라서 금리와 통화정책 변화가 없는 상황에서 스프레드의 변화가 나타나거나, 금융시스템이 통합된 지역(ex. 유로존) 내에서의 국가간 스프레드가 변화하는 경우에는 통상적으로 신용등급이 더 낮은 국가 채권의 신용 리스크가 변화하고 있음을 의미한다. 나아가 신흥국 국채와 미국 국채의 금리 차이로 스프레드 지표가 발표되기도 하는데, 이 스프레드가 확대되면 신흥국 자산에 대한 투자 심리가 악화되는 것으로 보는 등 시장의 투자 심리 지표가 되기도 한다.[10]

채권 투자자 입장에서 자주 사용되는 것은 국채와 회사채 간 스프레드이다. 여기서 스프레드는 리스크 프리미엄으로 추가적인 신용 리스크를 부담하는 대신 받는 프리미엄이다. 가령 '하이일드 채권의 스프레드는 300bps이다'는 하이일드 채권 수익률과 미국 국채수익률 간의 금리 차이가 300bps 혹은 3%p라는 뜻이며, 하이일드 채권이 미국 국채보다 신용도가 낮으므로 채권투자자에게 3%p의 금리를 더 제공해야 한다는 것이다.

회사채의 경우 신용등급이 낮은 채권일수록 스프레드의 변동성이 크고 채권 수익률에 큰 영향을 준다. 즉, 신용등급이 낮을수록 스프레드 상승폭과 하락폭이 더 큰 경향이 있다. [그림 5-7]에 2014년 한 해 동안 글로벌 하이일드 채권 스프레드(메릴 린치 채권지수 기준) 흐름을 보면 스프레드가 축소되던 상반기에 AAA 등급의 스프레드는 약 8bps 축소되었고, 스프레드가 확대되는 하반기에는 8bps가 확대된 반면, CCC이하 등급의 스프레드는 상반기에는 110bps 축소되고 하반기에는 411bps 확대되는 흐름을 보였다.

스프레드가 축소된다는 것은 해당 채권의 신용 리스크가 낮아진다는 것을 의미한다. 채권 투자자 입장에서 스프레드 축소는 금리가 하락하는 것과 같은 영향을 받아 채권 가격 상승으로 이어질 수 있다. 반대로 스프레드 확대는 금리가 상승하는 것과 같은 영향을 받아 채권가격 하락으로 이어질 수 있다. 회사채는 스프레드 변화가 투자 수익률에 미치는 영향이 크기 때문에 분석 시에는 금리뿐 아니라, 기업의 크레딧 환경도 함께 점검해야 한다.

10 신흥국 소버린 스프레드를 의미한다. 자세한 설명은 Chapter 4 Secion 2 참고하기 바란다.

[그림 5-7] 글로벌 회사채 신용등급별 스프레드 변화

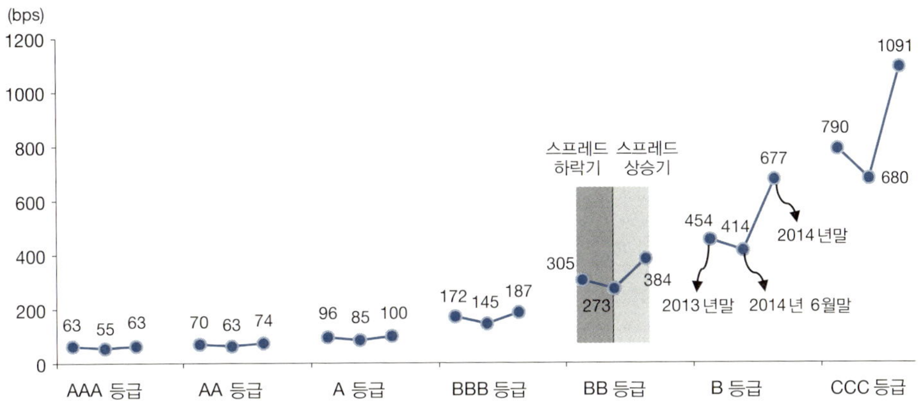

출처: Merrill Lynch, Bloomberg

채권의 스프레드는 회사채 밸류에이션에 사용되기도 한다. 가령 과거 평균 스프레드 수준보다 현재의 스프레드 수준이 과도하게 낮다면 이 채권은 고평가되어 있다고 보는 것이다. 예를 들어 [그림 5-8]을 보면 2014년 상반기 글로벌 하이일드 채권의 스프레드(메릴린치 채권지수 기준)는 1998년 이후 평균치인 616bps와 평균-0.5표준편차인 464bps보다도 낮았다. 이러한 상황에서 하이일드 채권은 고평가된 것으로 인식되었다. 반대로 2009년이나 2011년 케이스를 보면 스프레드가 빠르게 상승해서 매우 높은 위치에 있다. 밸류에이션 관점에서 보면 하이일드 채권은 저평가된 것처럼 보인다. 하지만 하이일드 채권의 스프레드는 신용위험이 높아지는 상황에서 투자 심리 악화로 인해 과거 평균 수준보다도 더 빠르고 높게 상승하는 경향이 있다. 당시, 국채 금리는 안전자산 선호 탓에 하락했으나, 회사채 금리는 경기 둔화로 인한 기업의 부도 가능성을 높게 반영하여 상승했다. 하이일드 채권 스프레드를 볼 때는 과거 수준과의 비교 이외에도 기업 펀더멘털 분석도 필요하다.

[그림 5-8] **글로벌 하이일드 채권 스프레드**

출처: Merrill Lynch, Bloomberg

SECTION 03

기업이익과 밸류에이션

1 기업이익

주식은 본질적으로 기업의 이익에 따라 수익이 결정되는 유가 증권이다. 따라서 투자하는 기업이 이익을 얼마나 낼지가 주식을 평가하는데 중요한 기준이 된다. 이익을 전망하고, 그 결과를 확인하는 과정이 기업이익 분석의 핵심이라고 할 수 있다.

1. EPS로 기업이익 해석하기

주식 한 주당의 순이익을 의미하는 EPS는 가장 대표적인 기업이익 측정 지표이다. 특정 기업의 수익을 분석하는 지표는 매출액, 영업이익 등 여러 가지가 있으나, 주식투자자 입장에서 가장 간편하고 보편적으로 사용할 수 있는 지표가 EPS이다. EPS는 기업의 순이익을 발행주식수(보통주 기준)로 나누어 구해지는데 기준이 되는 순이익의 기간을 어떻게 잡느냐에 따라 달라진다. 과거 실적을 바탕으로 하면 trailing EPS, 미래 실적 전망을 반영하면 forward EPS가 된다. forward EPS 중에서는 12개월 예상 EPS, 당해 연도 예상 EPS, 다음 연도 예상 EPS 등이 주로 사용된다. 주식은 미래의 기업가치를 보고 투자한다는 점에서 trailing EPS보다 forward EPS로 분석하는 것이 더 적합하다. 개별 기업의 EPS는 기업 분석 애널리스트가 전망하는 특정 기간 순이익(가령 2015년 예상 당기순이익)을 기업의 발행주식수로 나누어 계산된다. 시장의 예상 EPS는 개별 종목의 EPS가 취합되어 발표된다. 기업 분석 애널리스트가 해당 기업의 이익 전망이나 목표 주가 등을 리포트로 발표하는데, 그 결과를 Bloomberg나 Thomson Reuters DataStream, Wiseinfo 등 금융정보 제공업체들이 통합하여 시장 전체 EPS를 산출한다. 이 자료는 대부분 유료로 제공되므로 데이터를 직접 받아보기는 쉽지 않다. 대신 애널리스트 리포트(특히 계량 분석 보고서)에서 공개되는 경우가 많기 때문에 이를 참고하면 된다. 애널리스트의 기업이익 전망은 계속적으로 변화하므로 예상 EPS 역시 변화한다.

EPS로 기업이익을 분석하는 방법은 간단하다. EPS가 증가하는지, 얼마나 빠른 속도로 증가하는지 등을 보는 것이다. EPS의 증감률을 국가별, 섹터별로 비교하면 어느 지역, 어느 섹터의 이익이 양호할 것인지를 예측할 수 있다. EPS의 변화 강도를 통해 이익개선 속도를 판단해 볼 수 있는 것이 이익모멘텀이다. 기간은 다양하게 분석할 수 있으나, 보통 1개월 전, 또 3개월 전 EPS 대비 현재 EPS의 변화 정도를 본다. 만일 3개월 이익모멘텀을 확인하고 싶다면, 12개월 예상 EPS를 기준으로 할 때 [현재 12개월 예상 EPS]가 [3개월 전 12개월 예상 EPS] 보다 얼마나 증가했는지를 따져보면 된다. 특정 국가나 업종의 이익모멘텀 지표가 점차 상승한다면 투자자들은 관련 기업의 이익 증가를 기대하게 된다.

또한 해당 연도, 다음 연도의 EPS의 증가율 수준을 향후 주식시장 예측에 참고할 수 있다. 가령 A국가의 2014년 예상 EPS 상승률은 10%, 2015년은 11%이고, B국가는 2014년이 3%, 2015년이 15% 라면 A국가는 2014, 2015년 모두 완만하게 이익 성장이 기대되는 반면, B국가는 2014년보다는 2015년의 실적이 더 기대된다고 해석할 수 있다.

이익수정비율이라는 지표도 있다. 애널리스트의 이익전망치가 상향조정되는 기업, 하향조정되는 기업 수를 바탕으로 이익전망 개선이나 악화 시그널을 미리 파악하는 것이다. 이익수정비율은 (상향조정수−하향조정수)/(상향조정수+하향조정수)[11]의 방식으로 구해진다. 이 지표는 기업이익 흐름의 방향이 바뀌기 전 선행지표 역할을 하기도 한다. 가령 기업이익 전망치 흐름이 계속 부진한 상황에서 갑자기 이익수정비율이 상승한다면 이익전망이 상향조정되는 기업 수가 많아졌다는 것을 의미한다. 따라서 향후 이익 전망이 개선될 가능성을 열어둘 수 있다.

[그림 5-9]는 MSCI JAPAN 지수 기준으로 3개월 이익모멘텀, 이익수정비율, 12개월 예상 EPS 추이를 보여주고 있다. 2012년 10월 이후 이익수정비율을 보면 저점을 확인하고 반등하는 것을 확인할 수 있다. 이후 3개월 이익모멘텀이 저점에서 반등하고, 12개월 예상 EPS도 본격적으로 상승하고 있음을 확인할 수 있다.

11 이익수정비율의 분모를 전체 기업수로 구하기도 한다.

[그림 5-9] 일본주식시장의 12개월 예상 EPS, 이익모멘텀, 이익수정비율(MSCI JAPAN Index 기준)

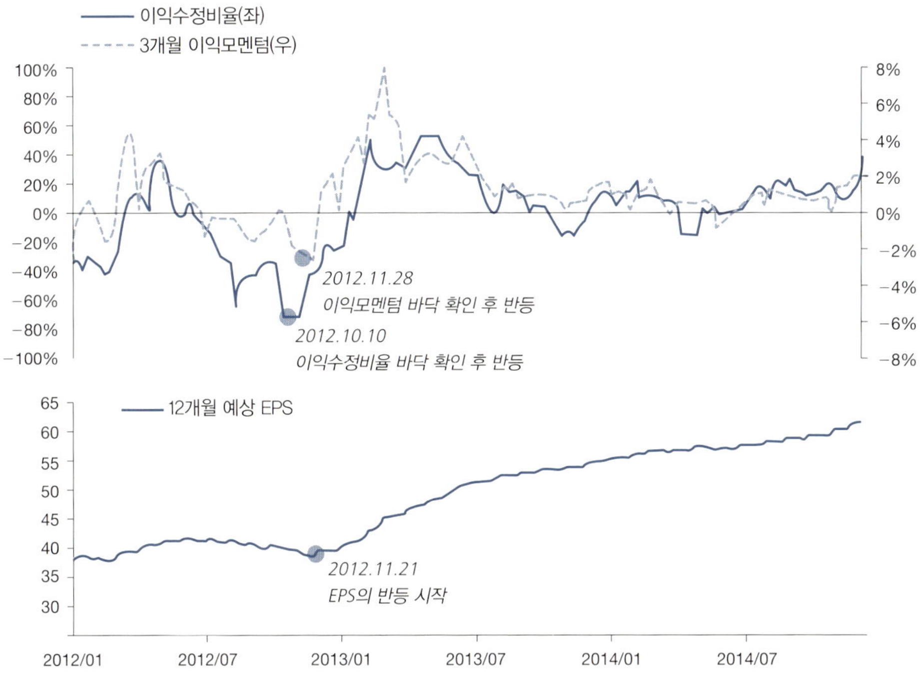

출처: Thomson, DataStream

주: 이익수정비율과 3개월 이익모멘텀은 12개월 예상 EPS 기준임

2. 기업이익 지표들

EPS는 여러 주식시장의 기업이익을 한번에 비교할 때 유용하지만, 분석의 대상을 좁혀 국내 개별 기업이나 업종의 실적을 보고자 할 때에는 매출액, 영업이익, 순이익 등을 전체적으로 보는 것이 더 적합하다. 매출액은 기업의 총 판매 수익을 의미하기 때문에 외형 확장 여부를 판단할 수 있는 지표가 된다. 영업이익은 기업이 사업 목적에 부합한 수익을 얼마나 내고 있는지 확인할 수 있는 지표이다. 순이익과 매출액을 함께 본다면 좀더 복합적인 지표 해석이 가능하다. 가령 기업의 순이익은 증가하는 데 매출액이 감소한다면 기업 활동보다는 내부 구조조정이나 비용절감으로 수익이 발생하는 것일 수 있다. 개별기업의 재무제표는 한국은 금융감독원 전자공시시스템에 공개된다. 미국은 EDGAR[12]에서 10−Q(분기보고서)와 10−K(연간보고서)를 보면 된다. 업종, 국가의 실적을 취합한 형태는 앞서 언급한 Bloomberg, Thomson Reuters DataStream, Wiseinfo 등에서 유료 서비스 형태로 제공한다.

12 http://www.sec.gov/edgar.shtml

3. 기업이익 전망과 주가의 변화

주식은 미래 기업이익의 증가를 기대하고 투자하기 때문에 기업분석 애널리스트들은 향후 기업이 이익을 얼마나 낼 것인지를 전망한다. 하지만 기업의 영업환경 등 여러 요인의 변화로 기업이익의 전망치가 변화하기도 한다. 이익 전망의 변화는 주가에 직간접적으로 영향을 준다. 코스피 시장 전체로 순이익 전망치가 산출되는데, [그림 5-10]을 보면 연간 전망치는 해당 연도 내에서 계속 변화했고, 기업이익 전망의 변화와 주가의 흐름은 유사한 방향성을 보여왔다. 순이익 전망이 개선되는 경우 코스피는 상승하는 경향이 있었고 순이익 전망이 하향 조정되면 지수는 횡보하거나 하락하는 경우가 많았다.

[그림 5-10] 코스피 지수와 코스피 기업들의 연간 순이익 전망치 변화

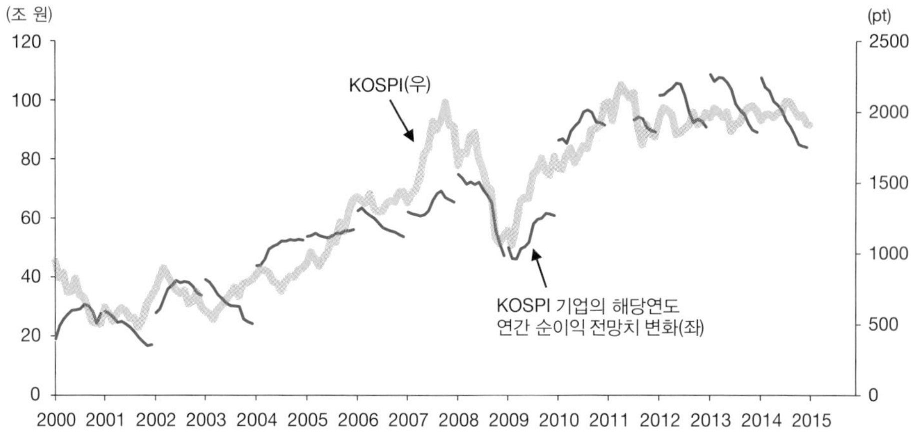

출처: FnGuide, DataGuide

4. 어닝시즌의 영향력

주식시장에서 기업이익 분석은 대부분 애널리스트들의 향후 전망을 참고로 하기 때문에 기업이익 전망치와 실제 발표치의 차이가 존재한다. 이 둘이 조정되는 기간이 어닝시즌이다. 상장 기업들은 분기별로 실적 결과를 공시한다. 국가별로 시기는 약간씩 차이가 있으나 3, 6, 9, 12월이 끝난 다음 월인 4, 7, 10, 1월 초부터 실적발표 시즌이 시작된다. 미국의 경우 알루미늄 생산업체인 알코아 실적 발표가 어닝시즌의 시작을 알리는 신호라고 보면 된다. 기업 실적발표 일정은 브리핑닷컴(Briefing.com), 야후파이낸스(Yahoo! finance) 등에서 확인할 수 있다. 한국은 삼성전자의 잠정 실적 발표가 어닝시즌 개막을 알리는 역할을 해 오고 있다. 한국 기업 실적 발표 일정은 다소 유동적인데, 대기업의 경우 IR(기업설명회) 공시를 하기 때문에 확인할 수 있다. 어닝시즌이 한창 진행될 때에 시장은 매크로 지표보다는 기업실적에 더 초점이 맞춰져 있는 경우도 종종 있다. 특히 전체 주식시장에서 시가총액 비중이 높은 대기업의 실적 발표 결과에 따라 전체 시장지수가 움직이기도 한다.

어닝시즌을 보는 포인트는 1) 시장의 전망치와 실제 실적발표 결과가 얼마나 다른지와 2) 기업에서 제시하는 향후 실적 가이던스 내용이다. 시장 전망치보다 실제 결과가 더 좋은 경우에는 '어닝 서프라이즈,' 반대의 경우에는 '어닝 쇼크'라고 표현한다. 때로는 실적 결과보다 시장 기대치와의 차이가 단기적으로는 더 중요할 때도 있다. 가령, A 기업의 순이익이 전분기, 전년대비 크게 증가했음에도 시장 전망치를 하회하는 경우 오히려 실적 발표일이 차익실현의 계기가 되는 경우도 종종 있다. 실적이 좋을 것으로 예상되는 기업의 경우 어닝시즌 이전에 이미 주가가 상승하기 때문이다. 실적 가이던스도 중요하다. 특히 대기업은 실적 발표와 함께 향후 영업활동에 대한 전망인 가이던스를 제시하는 데 그 내용이 미래 기업이익 전망을 하는데 있어서 중요한 참고가 되기 때문이다.

Box

미국은 왜 매번 어닝시즌 마다 '서프라이즈'가 나올까?

미국 어닝시즌 관련 기사를 보면 '어닝 서프라이즈, 실적 발표한 기업의 65%가 예상치를 상회했다' 등을 쉽게 찾아볼 수 있다. 이러한 기사를 보면 대부분 사람들은 미국 기업 실적이 좋아졌다고 생각하게 된다. 하지만 어닝시즌을 여러 번 관찰하다 보면 매번 어닝 서프라이즈가 나타나는 것을 알게 될 것이다. 미국 기업들은 매번 이렇게 쉬지 않고 성장하는 것일까? 심지어 경기가 둔화되는 기간이나 글로벌 위기 이후에도 예상치보다 대부분 서프라이즈 결과가 나온다. 원인은 미국 애널리스트들의 관행적인 실적 전망에 있다. 통상적으로 미국의 애널리스트들은 실적 발표 전에 전망치를 하향조정하기 시작한다. 미리 실적을 하향 조정해 놓고, 실제 결과가 그 예상치를 넘어 서프라이즈가 발생하도록 하는 것이다. 어닝 서프라이즈가 발생하면, 해당 기업의 주가는 긍정적인 영향을 받고 투자 심리도 좋아진다. 실제 2000년 1분기~2014년 2분기 동안 S&P500 기업들의 어닝시즌 서프라이즈 비율, 즉 500개 기업 중 실적이 예상을 상회한 비율의 평균치는 65%였고 50%를 하회한 경우는 한 번도 없었다. 이를 감안한다면 어닝시즌 서프라이즈 비율이 적어도 70% 이상이 되어야 진정한 어닝 서프라이즈라고 부를 수 있지 않을까? 어닝 시즌을 볼 때 참고하도록 하자.

[S&P500 기업들의 매 분기별 어닝 서프라이즈 비율]

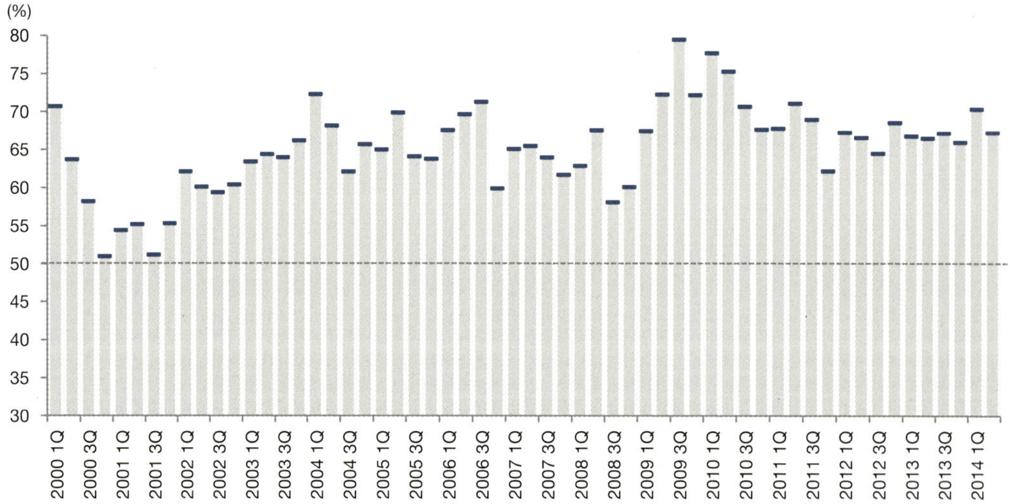

출처: Bloomberg

2 밸류에이션

1. PER과 PBR

주식에 투자할 때 현재 주가 수준이 기업의 본질 가치를 적절히 반영하고 있는지에 대한 판단이 필요하다. 밸류에이션은 기업의 가치평가를 통해 주가 수준이 적정한지 판단하는 작업이다. 밸류에이션 지표 중 가장 보편적으로 사용되는 것이 PER이다. Chapter 2에서 보았듯 PER은 주가를 EPS로 나눈 값으로 기업의 이익 대비 현재 주가 수준을 평가하는 가장 직관적인 지표이다. EPS와 마찬가지로 PER 역시 과거 이익을 기반으로 하는 trailing PER 보다 forward PER, 그 중 향후 12개월 예상 PER이 실무적으로 유용하게 활용되고 있다. PER의 실질적인 의미는 현재 주식 가격이 기업이 벌어들이는 순이익의 몇 배인가를 의미한다. 가령 현재 주가가 10만원이고, 12개월 예상 EPS가 1만원이라면 주가는 연간 기업이 벌어들이는 돈의 10배에 거래되고 있다는 의미이다. 이는 이론적으로 봤을 때 투자자 입장에서는 투자 원금을 회수하는 데 10년이 걸린다는 의미이기도 하다.

또 다른 지표로 PBR이 있다. PBR은 기업이 보유하고 있는 순자산가치 대비 주가가 몇 배로 거래되는지를 의미한다. PBR은 유/무형 자산이 많거나 이익이 빠르게 증가하는 기업들의 경우 적합하지 않을 수 있다. 반대로 유형자산 비중이 낮고, 금융자산 비중이 높아 회사의 재무제표가 현재 시장가격을 좀 더 잘 반영하고 있는 은행업종 등에서는 PBR의 신뢰도가 더 높다. 이익이 일시적으로 적자가 나오는 기업의 경우 PER 측정이 불가능한데, 이때 활용할 수 있는 지표가 PBR이다. PBR은 회사의 성장성보다는 청산가치 측면에서 보는 경향이 있기 때문에 실무적으로 PBR은 금융위기, 기업이익이 악화될 것으로 예상되는 상황 등에서 주가 하단을 예측하는 데 사용되기도 한다.

2. 고평가와 저평가의 판단

PER은 해석하는 방법이 중요하다. 국가, 업종 간 PER의 절대적 수치를 비교하는 것은 적절하지 못하다. 각 업종의 특성상 PER 멀티플(multiple)을 높게 주는 것이 적절할 수도, 낮게 주는 것이 적절할 수도 있기 때문이다. 가령 전기전자업종의 PER 15배가 건설업종의 PER 10배보다 높다고 하여 전기전자업종이 더 비싸다고 생각할 필요는 없다는 의미이다. 국가간 PER 비교에서도 마찬가지이다. 미국 PER 16배가 한국 PER 10배보다 단순히 수치가 크다는 점만으로 비싸다고 할 수는 없다. PER 멀티플의 수준은 EPS로 설명하지 못하는 주식가치의 다양한 측면을 반영하는데 의미가 있다. 해당 기업의 미래 성장성과 경쟁력, 규모, 펀더멘털 안정성 등으로 이러한 요인들이 양호한 국가, 업종, 기업은 상대적으로 높은 PER 멀티플을 받을 수 있다.

PER 해석은 같은 국가, 같은 업종의 과거 PER 대비 현재 PER 수준을 비교하는 것이 일반적인 방법이다. 가령 한국 주식시장의 PER 12배는 지난 10년 평균 PER 9.7배와 평균+1표준편차인 10.9배보다 높기 때문에 고평가 되어 있다고 판단하는 것이다. 이를 활용하면 국가별 비교도 가능하다. 가령 A 국가의 PER은 11배이지만 과거 평균 9배 대비 높기 때문에 고평가 되어 있고, B국가의 PER도 11배이지만 과거 평균 13배 대비 낮기 때문에 저평가 되어 있다고 분석하는 것이다. [그림 5-11]은 2014년 12월말 기준 국가별 12개월 예상 PER, 과거 10년 평균, ±1표준편차 구간을 보여준다. 이를 바탕으로 보면 인도네시아, 필리핀, 태국, 멕시코, 미국, 영국, 독일, 프랑스, 스페인, 이탈리아 주식시장은 상대적으로 고평가 되어 있고, 중국, 대만, 러시아 주식시장은 상대적으로 저평가되어 있는 것으로 해석할 수 있다.

[그림 5-11] 국가별 12개월 예상 PER 밴드(2014.12.31 기준)

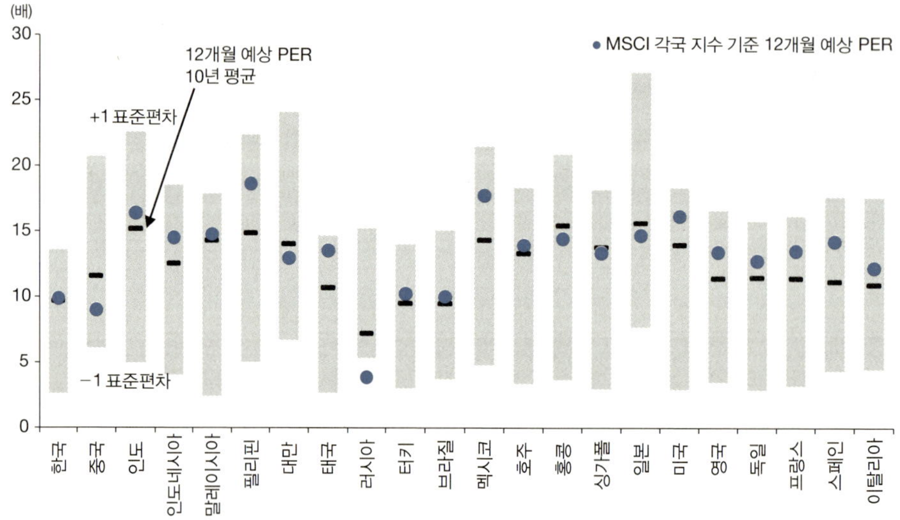

출처: Thomson, DataStream

주: MSCI Index 기준

물론 과거 평균 대비 현재 PER 수준으로 밸류에이션 분석을 하는 데에는 한계가 있다. 앞서 언급했듯 적정 PER에 대한 판단은 상황에 따라 달라질 수 있기 때문이다. 가령 이익이 빠르게 증가한다거나, 새로운 기술개발을 통해 경쟁력이 높아졌다거나, 특정 국가의 지정학적 리스크가 크게 완화되었다거나 하는 등의 변화는 적정 PER 수준을 높여줄 수 있다. 따라서 PER을 활용한 밸류에이션 분석에는 이익 흐름과 매크로 변화에 대한 분석도 동반되어야 한다.

$$\text{PER} = \frac{\text{주가}}{\text{EPS}}$$

3. PER이 상승하는 경우

PER의 상승은 주식의 가격 부담이 높아진다는 것으로 해석되곤 한다. 하지만 상승 원인에 따라 가격 부담에 대한 해석은 달라진다. PER이 상승하는 세 가지 상황을 가정해 보자. 1) 기업이익이 상승하긴 하지만 주가가 더 빠르게 상승하는 경우(PER의 분자가 분모보다 더 빠르게 증가하는 것), 2) 기업이익 전망은 변화하지 않는데 주가가 상승하는 경우(PER의 분자만 상승하는 것), 3) 주가 흐름은 완만한데 기업이익이 빠르게 하락하는 경우(PER의 분모가 작아져서 PER이 높아지는 것)이다.

세 경우 모두 PER 상승으로 가격 부담은 높아지고 있다. 다만 기업이익이 함께 상승하고 있는 1)번 케이스가 PER이 높아지는 상황에서 상대적으로 양호하다고 볼 수 있다. 그 중에서도 특정 국가나 기업의 EPS 증가가 경제구조 개선이나 생산 원가를 낮추는 새로운 기술의 개발 등 생산성 증가에 따른 것이라고 해 보자. 이 경우 적정 PER 자체가 과거보다 높아질 수 있다. 단순히 과거 PER만을 기준으로 밸류에이션이 너무 고평가 되었다고 결론을 내리는 것은 적절치 않게 되는 것이다. 가령, 과거 A국의 PER 8배가 적정 수준이었다면 앞으로는 9배가 적정 수준이 될 수 있다는 의미이다. 이를 시장에서는 '리레이팅(rerating)'이라고 부른다. [그림 5-12]은 미국의 사례로 앞서 설명한 밸류에이션 해석 방법 중 PER 상승을 단순히 고평가로만 해석할 수 없는 경우이다. PER이 역사적 고점에 근접할 정도로 상승했지만, EPS도 계속적으로 상승하고 있다. 또한 매크로 분석에 따르면 셰일 가스 생산으로 기업의 생산원가 하락도 예상된다. 이 경우 PER은 높지만 주가가 상승세를 이어갈 수 있는 여건이 마련된 것으로 해석해 볼 수 있다.

[그림 5-12] 미국 PER과 EPS, 주가(MSCI USA 기준)

출처: Thomson, DataStream

기업이익 전망에는 변화가 없는데 주가가 상승하는 2)번 케이스의 예로는 글로벌 유동성 증가로 외국인 투자자금 유입 등 수급 요인에 의해 주가가 상승하는 경우가 대표적이다. 유동성 효과로 향후 기업이익도 개선된다면 1)번의 케이스가 될 수 있지만, 반대로 기업이익을 포함한 펀더멘털 요인이 개선되지 않는다면 주가의 고평가에 대한 부담이 높아질 수 있다. 만일 이러한 상황에서 외국인 투자자금 유입이라는 외부적인 수급 재료가 사라진다면 주가는 밸류에이션 부담에 노출되어 있다는 인식으로 다시 조정을 받을 수도 있다.

주가 흐름은 완만한데 기업이익이 빠르게 하락하는 3)번 케이스는 PER이 상승하는 여러 사례 중 가장 부정적이다. 이 경우에는 주가 수준이 과거 대비 낮게 형성되더라도 밸류에이션 저평가 메리트가 나타나지 않는 상황이 될 수 있다. 또한 외부 요인(가령, 글로벌 유동성 확장 등으로 외국인 매수 유입)으로 주가가 상승하더라도 밸류에이션 부담 때문에 그 상승폭이 제한되는 양상이 나타날 수도 있다. [그림 5-13]는 한국의 사례로 PER 상승 중 가장 부정적인 케이스에 해당되는 내용이다. 주가가 크게 오르지 않았음에도 불구하고, EPS가 하락하면서 밸류에이션 저평가 메리트가 줄어드는 케이스이다.

[그림 5-13] 한국 PER과 EPS, 주가(MSCI Korea 기준)

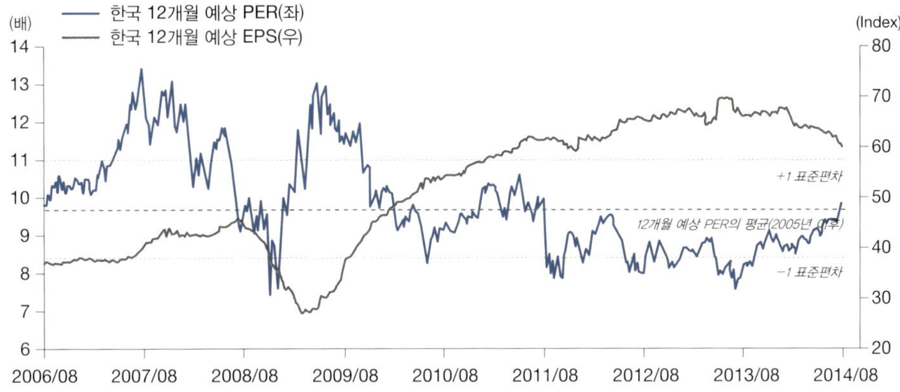

출처: Thomson, DataStream

4. PER이 하락하는 경우

PER이 하락하거나 낮은 수준에서 유지된다면 주식의 가격 부담이 낮다는 의미로 해석된다. 하지만 이 역시 PER 하락의 원인에 따라 다르게 해석할 필요가 있다. 우선 PER 하락이 기업이익은 크게 변화하지 않는데 주가 하락 때문에 나타날 때가 있다. 대표적인 사례가 시장에 조정이 나타날 때이다. 통상 시장에서 나타나는 단기 조정은 주가의 가격 부담을 낮춰준다. 하지만 2008년 글로벌 금융위기로 인한 큰 폭의 가격조정의 경우 다른 가능성도 살펴볼 필요가 있다. 주가 조정이 크게 나타나고 경기가 둔화되는 국면으로 전환되는 경우 PER 산출의 기준이 되는 기업이익 전망은 시장의 변화만큼 빠르게 하향 조정되지 못한다. 결국 약세장 초기에는 밸류에이션 매력이 높아 보이지만, 결국 애널리스트들의 후행적인 기업이익 하향 조정으로 다시 PER이 높아질 수 있다. [그림 5-12,13,15] 모두 2008년 후반 PER이 하락했다가 2009년 초반 PER이 다시 상승한 것을 볼 수 있다. 이 경우 PER은 적절한 밸류에이션 지표가 될 수 없다.

이러한 조정장에서 밸류에이션을 어떻게 분석할까? 이때 사용되는 것이 PBR이다. PBR은 기업 재무제표의 순자산을 기준으로 하기 때문에 이익 전망 영향을 덜 받는다. 기업의 청산가치를 의미한다는 점에서 보수적인 평가 방법이며, 위기 상황에서는 보다 적합한 밸류에이션 측정 수단이 된다. [그림 5-14]는 코스피 시장에서 PBR 1배를 조정의 하단으로 분석한 사례이다. 시장 가격이 기업의 청산가치보다 낮은 수준까지 떨어지는 경우, 가격이 과도하게 하락했다고 판단하는 것이다. 실제 지난 5년간 PBR 1배 이하로 내려갔던 경우와 주가의 저점이 유사하게 나타난 것을 확인할 수 있다.[13]

13 해당 내용은 PBR 분석을 설명하기 위한 사례로 PBR 1배가 KOSPI의 저점이라고 필자가 주장하는 것은 아니다.

[그림 5-14] **코스피와 PBR**

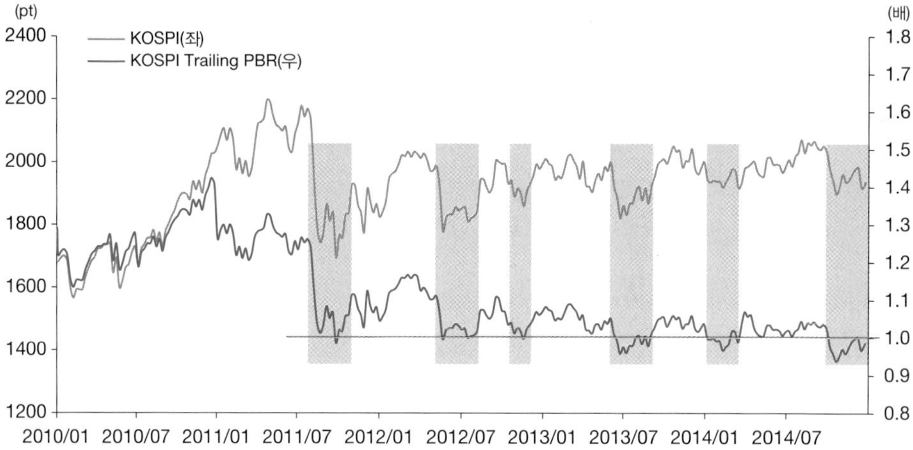

출처: Bloomberg

한편 PER이 낮은 수준에서 계속 유지되는 경우도 있다. 이를 밸류에이션 트랩(Valuation trap)이라고 한다. 대표적인 예가 2014년 이전 중국이다. [그림 5-15]를 보면, 중국의 PER은 2007년 20배를 넘어설 정도로 높았으나, 2011년 이후 PER은 과거 평균(2005년이후) −1표준편차 수준으로 낮아졌다. PER의 절대값으로 보면 낮은 밸류에이션으로 인한 가격 메리트가 나타나야 했지만, 실제 주식시장에서는 그렇지 않았다. 이 경우 밸류에이션 분석으로 의미 있는 결과를 내기 어렵다.

[그림 5-15] **중국의 EPS, PER, 주가(MSCI China 기준)**

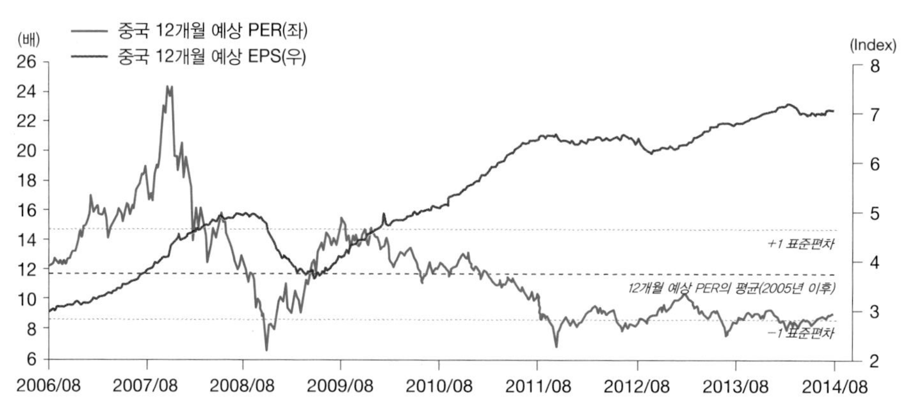

출처: Thomson, DataStream

SECTION 04 수급이 시장에 미치는 영향력

Section 1~3의 경제지표, 금리, 기업이익 등은 시장의 펀더멘털을 분석하는 방법이다. 자산 가격은 장기적으로 펀더멘털의 영향을 받지만, 단기적으로는 펀더멘털과 다르게 형성될 수 있다. 가령, 미래에 대한 기대감이나 불확실성이 특정 자산의 매수 또는 매도를 일으키고, 그 영향으로 자산 가격이 펀더멘털에 비해 높게 또는 낮게 형성될 수 있다. 수급이 시장을 지배하는 상황에서는 펀더멘털 분석이 잘 맞지 않을 수도 있고, 때로는 유동성 자체가 자산의 펀더멘털을 변화시킬 수도 있다. 따라서 시장의 수급 환경은 지속적으로 체크해야 할 부분이다.

1 시장 수급을 보는 방법

1. 수급주체와 특징

시장의 수급주체는 크게 외국인, 기관, 개인으로 구분할 수 있다. 국가별 차이는 있으나, 외국인 자금의 유출입은 증시와 유사한 방향으로 움직이는 경우가 많다. 글로벌 투자자금의 규모가 크고, 시황에 따라 시기별로 특정 자산/국가에 대해 추세적인 수급 흐름을 보이는 경우가 많기 때문이다. 코스피 시장에서도 외국인 자금이 대규모로 유입되었던 시기에 주가도 상승세를 보였던 경우가 종종 있었다. 반대로 외국인 자금이 시황에 따라 추세적으로 이탈하는 경우도 있다. 자금 유출이 단기에 급격히 일어나는 경우, 전체 금융시장 규모 대비 외국인 투자 비중이 높은 국가들은 시장과 펀더멘털 자체가 흔들리기도 한다.

기관 수급은 법인, 자국의 펀드 투자 자금, 연기금 등이 주체이다. 이 중 의미 있게 볼 주체는 연기금이다. 우리나라의 국민연금이나 일본의 GPIF(후생연금) 등은 규모가 크기 때문에 연기금의 운용정책이 주식/채권시장에 영향을 준다. 특히, 주식비중을 확대하는 등 정책 변경이 있는 경우에 그 영향력이 커진다. 연기금이 정책적으로 자산을 매수할 때는 통상 주가 하락 시마다 매수우위를 보인다. 결과적으로 저가 매수 세력이 되어 주가 하락을 방어하는 역할을 하는 경우가 많다. 미국의 퇴직연금도 기관자금의 대표적인 예다. 미국은 1974년 종업원퇴직소득보장법 시행 이후 퇴직연금 적립액의 많은 부분이 주식시장으로 유입되었다. 미국이 고성장에서 저성장 시대로 들어서는 과정

속에서도 주가가 장기 상승추세를 그려올 수 있었던 데에는 퇴직연금 자금의 유입이 크게 기여했다. 연기금, 퇴직연금 수급의 가장 큰 특징은 장기성 자금이라는 점과 자국의 경기 상황에 따라 수급이 크게 변동하지 않는다는 것이다. 연기금의 장기성 자금 유입은 증시에 우호적인 세력이 된다.

마지막으로 개인 수급이 있다. 일반적인 증시 상황에서 주식시장에 직접 투자하는 개인 자금은 외국인이나 기관에 비해서 영향력이 크지는 않다. 하지만 증시가 호황일 때나 투자심리가 매우 낙관적일 때, 자본시장의 제도적 변화가 일어날 때 개인투자자들의 주식 투자가 지수 상승에 기여하는 경우도 있다. 외국인 투자가 제한적인 중국 본토증시에서 2014년 후강퉁 등 증시 규제 완화 정책이 시행되자, 개인투자 자금이 대거 주식시장에 유입되고 주가도 빠르게 상승했다. 2007년 한국에서는 간접투자문화 확산이 개인투자자들의 펀드 투자를 증가시켰고, 펀드 자금의 증시 유입으로 주가 상승이 나타나기도 했다.

2. 글로벌 자금 동향 파악하기

수급을 보려면, 시황에 따라 움직이는 글로벌 자금 흐름을 파악하는 것이 가장 직관적인 방법이다. 글로벌 전체 자금의 각국 주식시장, 채권시장 유출입을 파악할 수 있다면 좋겠지만, 실제로 국가들의 거래 시스템이 모두 공개되지 않아 정보 확인이 제한적이다. 대신 EPFR(Emerging Portfolio Fund Research)에서 발표하는 데이터를 보는 방법이 있다. EPFR에서는 글로벌 대표 펀드들을 샘플링하여 주간 단위로 펀드에 자금이 얼마나 유입/유출되었는지에 관한 데이터를 제공한다. 통상 특정 자산에 대한 투자 수요가 증가하면 해당 펀드로 자금이 유입되고, 펀드 매니저들은 유입된 자금으로 자산을 매수할 수 있기 때문에, 펀드 자금 유출입 데이터는 시장의 방향과 꽤 일치하는 편이다.

EPFR 데이터는 주식/채권, 선진국 주식/신흥국 주식 등 광범위한 구분부터 미국, 일본, 한국 등 국가 단위로까지 가공하여 활용할 수 있다. 채권에서도 신흥국 달러표시 채권, 신흥국 로컬표시 채권, 하이일드 채권, 미국 국채 등 다양한 기준으로 데이터를 구분하고 있어 자금 흐름의 추세, 강도 등을 파악하기 용이하다. 다만 EPFR 데이터 사용은 유료이기 때문에 개인이 직접 활용하기는 쉽지 않다. 대신 시장 분석 리포트나 뉴스와 같은 매체에서 정리한 EPFR 자료로 확인할 수 있다. 참고로 뉴스에서 글로벌 자금 동향을 언급할 때 흔히 사용되는 펀드 중 GEM 펀드가 있다. 여기서 GEM 펀드란, 신흥국 개별 국가가 아닌 글로벌 신흥국 전체에 투자하는 펀드들을 분류한 것이다. GEM 펀드로 자금 유입이 강해질 때에는 신흥국 주식 전반에 대한 선호도가 높아진 경우가 많다.

수급을 분석할 때에는 자금 흐름이 몇 주 연속 진행되고 있는지, 유출입 강도는 어느 정도인지 파악하는 것부터 시작하면 된다. 특히 수급은 한 번 추세가 형성되고 나면 지속적으로 유입되거나 유출되는 경향이 있다. A국 주식시장으로 자금이 강하게 유입되는 상황을 가정해 보자. 이 경우 주가 조정이 나타나도 깊지 않을 수 있고, 조정 상황에서 저가 매수세가 즉각 유입될 가능성도 높다. 반대로 수급 환경이 악화되어 있는 상황에서는 작은 뉴스나 이벤트에도 가격 조정이 크게 나타나거나, 반등이 제한적으로 나타날 수 있다. 수급이 시장의 변곡점을 알려주는 경우도 있다. 가령, B국 주식으로 수개월 간 강한 자금 유입이 나타나다가 갑자기 유입규모가 줄거나 반대로 강한 순유출로 돌아설 때가 있다. 경제지표나 이익 등의 변화는 주가를 후행하는 편인데, 수급은 주가에 거의 동행한다는 점에서 트렌드 변화를 빨리 파악하기에 용이하다.

수급 분석의 한 사례로 [그림 5-16]은 아시아 신흥국 주식형 펀드의 자금 유출입액과 MSCI 아시아 신흥국 지수와의 관계를 보여준다. 2011년 8월부터 강한 자금 유출이 시작되었고, 2011년 12월 말까지 자금이 유출되는 동안 MSCI 아시아 신흥국지수도 하락세를 보여왔다. 반대로 2012년 9월부터는 자금이 순유입으로 돌아섰고, 이후 23주 연속 추세적인 자금 유입이 있었는데, 해당 기간 MSCI 아시아 신흥국지수도 빠른 상승세를 보여왔다.

[그림 5-16] 아시아 신흥국 증시와 아시아 신흥국 주식형 펀드 자금 동향

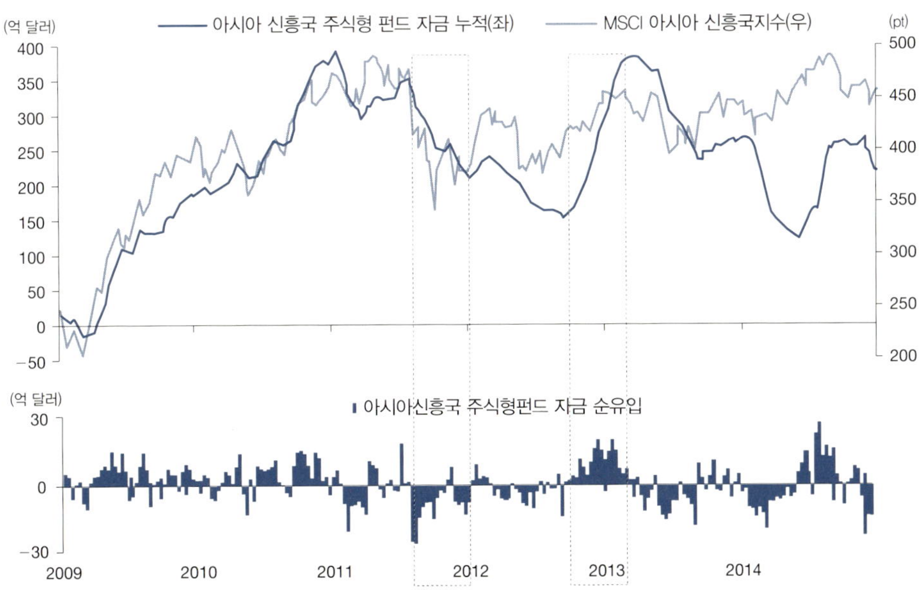

출처: EPFR, Bloomberg

3. 국가별 자금 동향 파악하기

개별 국가 단위로 자금 흐름을 보고 싶다면 직접 해당 국가의 증권거래소나 협회에 들어가서 확인하면 된다. 우리나라의 경우 한국거래소에서 주식시장의 수급주체별 매매현황, 보유비중 등을 확인할 수 있다. 금융투자협회에서는 펀드를 포함하여 금융투자상품에 대한 자금동향을 확인할 수 있다. 미국도 증권거래소나 자산운용협회(ICI, Investment Company Institute) 자료를 활용할 수 있다. ICI에서는 주간 단위로 주식형, 채권형 등을 구분하여 미국 개인투자자들의 펀드 투자 동향을 발표한다. 또한 월, 분기 등 정기적으로는 펀드 시장 분석 보고서를 발간하는데, 여기에서는 뮤추얼 펀드뿐 아니라 미국의 연금 자산 동향까지 다양한 기준으로 분석하여 보여준다. 일본 투자자들의 펀드 투자 현황은 일본투자신탁협회(The Investment Trusts Association, Japan)에서 월간으로 발표한다. 여기에서는 국내외 주식/채권형 펀드뿐 아니라 혼합형, 전환형 펀드까지 유형별로 자산현황을 확인할 수 있다.

4. 유동성의 총 규모와 위험선호 심리의 역할

시장의 수급에 영향을 주는 요인을 크게 두 가지로 구분할 수 있다. 우선 시장 유동성의 총 규모이다. 시장의 유동성 자체가 증가하면 각 자산에 유입되는 자금도 증가하고 이에 따라 자산 가격이 동반 상승할 수 있다. 전체 유동성의 양을 조절하는 것은 Section 2에서 다룬 것처럼 각국의 금리와 통화정책이다. 각국 중앙은행들의 저금리 또는 채권 매입 등의 정책으로 공급된 유동성은 우선 해당 국가의 자산 가격에 영향을 준다. 하지만 자금은 국경을 넘어 이동하며, 글로벌 투자자들이 투자 가치가 있다고 판단하는 지역/자산으로 이동할 수 있다. 2007년 당시 엔 케리 트레이드가 유행이었는데, 제로금리에 가까운 금리로 돈을 빌릴 수 있는 일본이 유동성의 공급처가 되어, 신흥국과 같은 고성장 국가의 자산 가격 상승을 일으켰다. 미국의 양적완화 역시 미국 주식과 채권시장에 영향을 주었지만, 중국, 한국, 브라질 등 신흥국의 자산 가격 상승에도 중요한 역할을 했다.

유동성 자체가 이동하며 시장의 수급환경이 달라질 수 있다. 여기서 자금의 이동은 현재 각 국가/자산의 펀더멘털의 영향도 받지만, 미래 경기/실적/정책 등에 대한 기대감 등 심리적인 영향도 크게 받는다. 시장 전체적으로 위험선호 현상이 나타날 때는 신흥국 주식으로 자금이 이동하고, 안전자산 선호 현상이 나타날 때에는 선진국 채권이나 금 등으로 이동하는 경향이 있다.

2 수급을 움직이는 투자심리

시장의 유동성 방향에 영향을 주는 요인은 현재 자산 가격의 펀더멘털과 미래 시장에 대한 투자자들의 전망이다. 향후 경기가 회복되거나, 기업이익이 증가할 것으로 예상되는 국면에서 투자자들은 위험자산 투자에 좀 더 관대해진다. 반대로 경기 둔화가 예상되거나 미래 불확실성이 높아질 때에는 보수적 성향을 보인다. 이러한 투자심리의 변화는 시시각각 자산 가격에 영향을 주므로 투자심리를 확인할 수 있는 지표는 수급을 이해하는 데 도움이 된다.

1. 위험선호 여부를 판단하는 변동성지수(VIX)

위험자산에 대한 투자 심리를 확인하는 가장 직관적인 지표는 CBOE VIX(volatility index, 이하 VIX)이다. VIX는 S&P500 지수의 만기 30일 옵션 가격에 내재된 기초자산(S&P500) 수익률의 변동성을 표현한 것이다. 그래서 VIX가 상승하면 주식시장의 변동성이 커질 것으로 예상하고, 하락한다면 변동성이 작아질 것으로 예상한다고 해석할 수 있다. 즉, 시장에 대한 낙관 심리가 커지고 위험자산 선호가 나타날 때 VIX 지수는 하락한다. 불안 심리가 높아질 때 VIX 지수는 상승한다. 위험자산 선호/회피 여부를 구분하는 VIX 지수의 절대 값을 정하는 것은 쉽지 않다. 하지만 2005년부터 2014년까지 10년 동안 VIX의 평균이 20.0이었던 점, 최근 5년 평균이 18.6, 최근 3년 평균이 15.4 등이었다는 점은 참고할 수 있다. VIX 지수가 낮은 수준에 있다가 갑자기 급등하는 흐름을 보이면 투자심리가 악화되고 위험자산에서 자금 유출이 이어질 가능성이 높다.

[그림 5-17] VIX와 S&P500 지수

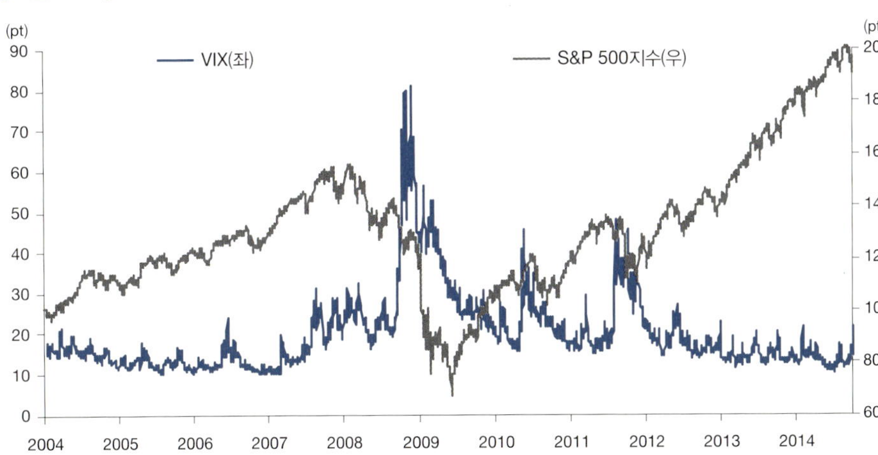

출처: Bloomberg

2. 신흥국 투자 심리를 보는 신흥국 채권 가산금리

심리 지표 중 신흥국 자산에 대한 투자심리를 볼 수 있는 지표는 신흥국 채권 가산금리이다. 신흥국 채권 가산금리는 미국 국채 금리와 신흥국 국채 금리의 차이, 즉 스프레드이다. 신흥국 관련 불확실성이나 리스크가 높아지는 국면이 되면 스프레드가 확대된다. 따라서 이 지표의 상승을 신흥국에 대한 선호도가 낮아지는 상황으로 짐작할 수 있다. 시장에서 많이 쓰이는 신흥국 채권 가산금리에는 JP모건에서 산정하는 EMBI Plus Sovereign Spread가 있다. [그림 5-18]을 보면 신흥국 채권 가산금리와 신흥국 주식시장은 역의 관계를 보여온 점이 확인된다. 또한 이 지표가 낮은 수준에 있었을 때 신흥국 주식으로 자금이 유입되는 경향이 강했던 것도 확인해 볼 수 있다.

[그림 5-18] **신흥국 채권 가산금리와 신흥국 주가**

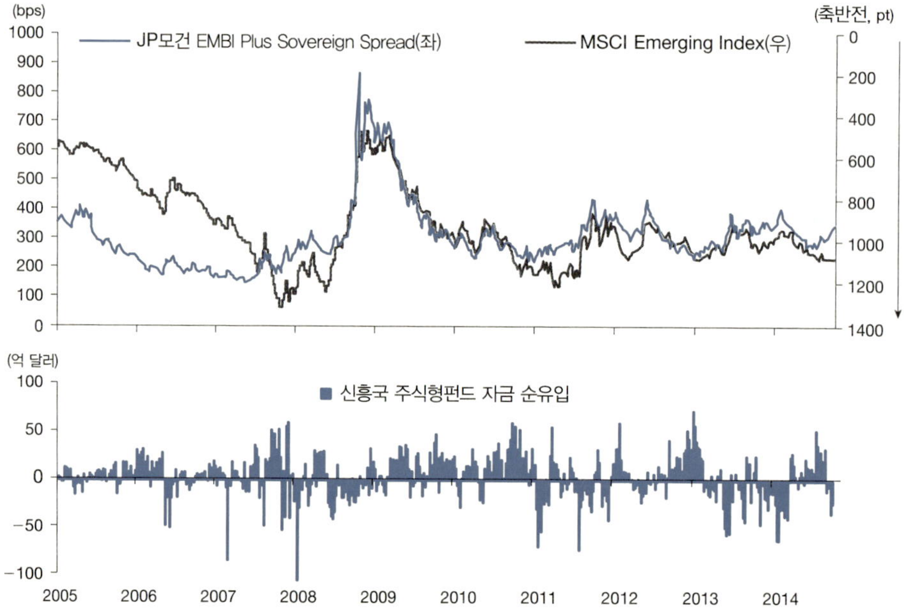

출처: EPFR, Bloomberg, JPMorgan

3. 실물 경기 회복에 대한 기대감을 반영하는 은/금 비율

원자재 중 은/금 비율의 변화를 투자 심리 지표로 활용하기도 한다. 금과 은은 모두 귀금속에 해당되지만, 그 중에서도 금은 안전자산으로 글로벌 불확실성이 높아질 때 가격이 상승하는 경향이 있다. 반면 은은 산업용 금속으로도 사용되기 때문에 경기 회복으로 수요가 증가할 것으로 예상될 때 가격이 상승할 수 있다. 따라서 은/금 비율 상승은 경기 회복과 위험자산 선호 심리를 나타내는 지표로 활용되기도 한다. 다만 금 가격은 금 자체가 갖고 있는 화폐로서의 기능, 인플레이션 헷지 등의 영향을 받고 은 가격 역시 특정 국가의 수요 증가, 파생상품 제도상 변화 등의 영향을 받을 수 있는 점은 감안해야 한다. 가령, 높은 인플레이션이 나타나는 경우 금가격이 급등하면서 은/금 비율이 하락하는데, 이는 위험선호 심리를 판단하는 것과 상관성이 떨어질 수 있다. 은 증거금 제도 등 파생상품 관련 정책적 규제 등도 영향을 줄 수 있다. 다만 이러한 요인들을 제외한다면 산업용 실질 수요가 증가하고 경기 회복 기대감이 높아질 때 은/금 비율 상승이 실물 경기 회복의 기대감을 말해주는 지표 역할을 할 수 있다.

[그림 5-19] 은/금 비율과 신흥국 주가

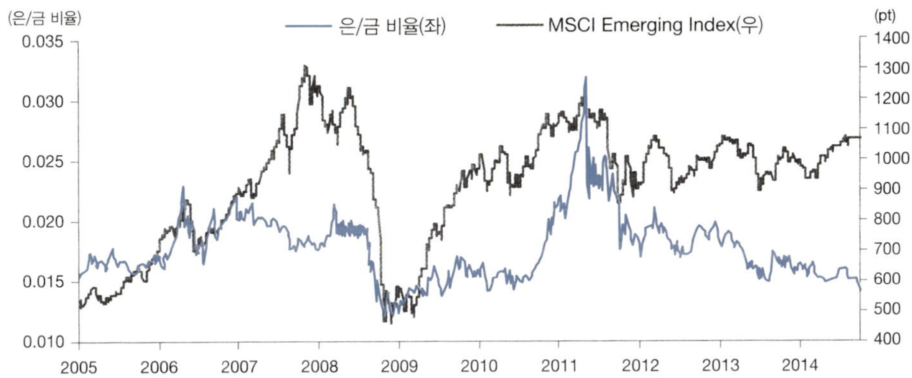

출처: Bloomberg

SECTION 05 시장 분석의 결과물, 금융보고서

경제지표, 이익, 밸류에이션, 금리, 수급 등 앞서 소개된 다양한 시장 지표를 바탕으로 최종적으로 각 자산의 가격 전망과 기대수익률을 산출할 수 있다. 글로벌 투자회사들이나 국내 금융회사들에서는 이러한 과정을 통해 분석한 결과를 바탕으로 각 자산에 대한 투자 시각을 정리한다. 이렇게 얻어진 최종 결과물은 자산배분 단계에서 기본자료로 활용된다. 이번 Section에서는 그 과정에 대해 소개한다.

1 적정 기대수익률 산출하는 법

1. 주식의 기대수익률 산출 방법

모형을 통한 자산배분 비율 도출에는 각 자산별 기대수익률이 입력 데이터로 이용된다. 적정 기대수익률을 산출하는 이론적인 방법은 CAPM, 배당할인모형, 재무제표를 활용한 FCF(Free Cash Flow), RIM(Residual Income Model), PER을 이용한 상대가치법 등 다양하다.

가장 간단히 적용할 수 있는 방법은 무위험 이자율에 리스크 프리미엄을 더하는 방식이다. 대표적으로 CAPM에 따른 (무위험 이자율 + 베타(β) × 시장의 리스크 프리미엄)이다. 여기서 무위험 이자율은 국채 금리를 주로 사용하며, 베타는 시장변화에 따른 개별 주식가격의 변화를 의미한다.[14] 만일 시장 전체에 투자하는 경우 베타는 1이 된다. 시장의 리스크 프리미엄은 해당 자산을 보유함으로써 얻을 수 있는 초과 수익을 의미하는 것으로 시장의 기대수익률에서 무위험 이자율을 차감한 것을 의미한다. 좀 더 확장된 모형으로는 Macroeconomic Multifactor Model, Build-up Model, Bond-Yield Plus Risk Premium Model 등이 있다. Macroeconomic Multifactor Model은 크레딧 스프레드, 인플레이션, 비즈니스 사이클, 마켓 타이밍 리스크, 투자기간 리스크 등 거시 경제를 포함한 여러 요인을 리스크 프리미엄을 산출하는데 결합한다. Build-up Model은 리스크 프리미엄에 기업의 크기, 특정 기업 고유의 리스크를 포함한다. Bond-Yield Plus Risk Premium Model은 무위험 이자율 대신 기업의 장기 회사채 금

[14] 베타에 대한 설명은 Chapter 7 참고

리를 적용한다. 이러한 모델들은 이론적으로 뛰어나지만, 리스크 프리미엄을 얼마로 추정할 것인지에 대한 문제가 있어서 실무적으로 이용하기에 어려움은 있다.

Chapter 2에서 언급된 배당할인모형도 기대수익률 예측에 활용할 수 있다. 배당할인모형은 주식에서 발생하는 미래 배당을 현재가치화하여 산출한다. 하지만 배당 성장률에 대한 추정의 문제가 있다. 또한 배당과 기업이익의 연관성이 높지 않은 경우에는 적정 기대수익률 산출에 한계가 있다. 즉, 선진국처럼 배당이 안정적이고 기업이익과의 연관성이 높은 경우 사용할 수 있지만, 신흥국 기업이나 성장 초기단계에 있는 기업들과 같이 배당이 적고 이익의 많은 부분을 신규 투자에 사용하는 기업들에 적용하기에는 적합하지 않을 수 있다.

실무에서 가장 많이 활용하는 방법은 PER을 이용한 상대가치법으로 PER과 EPS로 적정 주가를 판단하는 방법이다. PER은 주가를 EPS로 나눈 것이다. 이 식을 변형해보면 주가는 PER와 EPS의 곱으로 분해할 수 있다. 즉, 미래의 주가는 EPS 변화와 PER 변화로 추정할 수 있다. EPS는 Top-down 방식으로 GDP 성장률, 해당 산업 성장률 등을 고려하여 전망할 수 있다. 또한 Bottom-up 방식으로 개별 기업의 매출액, 비용 추정 등을 통해 EPS를 추정할 수도 있다. 시장의 EPS는 개별 기업 EPS의 합산 결과로 나오게 된다. 두 가지 방식이 약간의 차이가 날 수 있기 때문에 글로벌 금융회사들은 양쪽의 결과 모두를 기반으로 하여 목표주가를 산출하기도 한다.

만일 현재 주가가 50,000원인 A기업의 1년 기대수익률을 추정한다고 해 보자. 앞으로 12개월 후 주가는 현재시점에서 예상하는 12개월 예상 EPS와 12개월 예상 PER을 곱한 것이 된다. A기업의 수익, 비용 등의 분석을 통해 12개월 예상 EPS가 5,700원이 될 것으로 추정하고, 12개월 예상 PER이 10배라고 예상한다면, 12개월 후 이 회사의 목표주가는 5,700 × 10=57,000원, 기대수익률은 14%가 되는 것이다. 기업 분석 애널리스트는 해당 기업의 매출액, 영업이익 등 여러 부분을 전망하여 최종적으로는 예상 EPS를 산정하고, 위의 계산 방식에 따라 목표주가를 결정한다.

기업 분석을 확대하여 시장의 목표주가와 기대수익률도 예상할 수 있다. 가령, 코스피 20X5년 예상 EPS를 20X4년 EPS 190원에서 5% 증가한 199.5원으로 추정하고, 20X5년 예상 PER은 10배라고 해 보자. 1년 내내 EPS 예상치나 PER 멀티플이 변하지 않는다고 가정한다면 20X5년 목표 주가는 20X5년 예상 EPS 199.5원에 20X5년 예상 PER 10배를 곱한 1,995pt로 생각할 수 있다. 현재 주가가 1,900pt라면 기대수익률은 5%가 된다. 하지만 기대수익률 예측에 있어서 미래의 특정 이벤트나 경기 변화가 EPS나 PER에 영향을 줄 수 있다고 예상할 수 있다. 가령 20X5년에 중국 정부가 예상보다 강도 높은 경기 부양책을 시행하고 이로 인해 한국 수출기업의 이익이 증가할 가능성이 있다면 EPS 성장률을 5%가 아니라, 7%로 예상할 수 있다. 이 경우 20X4년 190에서 7% 증가한 203.3이 20X5년 예상 EPS가 되고, 203.3에 PER 10배를 적용한 2,033pt가 목표주가가 될 수 있다. 코스피의 주가 밴드는 이러한 범위를 적용하여 1,995~2,033pt로 제시할 수 있다.

여기서 더 나아가면 PER도 변한다고 가정할 수 있다. 앞서 PER은 EPS로 설명할 수 없는 주식가치의 다양한 부분을 반영한다고 설명한 바 있다. 만일 국내 주식에 대한 외국인 선호도 증가, 한국의 독점적인 기술개발에 따른 기업 경쟁력 증대, 주변 신흥국 대비 펀더멘털 안전성 부각 등을 근거로 적정 PER 멀티플이 현재 10배에서 11배로 높아질 수 있다고 전망할 수 있다. 이 경우 앞서 나온 EPS 203.3에서 PER 11배를 곱한 2,236pt가 목표주가가 되는 것이다. 만일 현재 코스피 지수가 1,900pt라면 약 17.7%의 기대수익률이 나오게 된다. [표 5-6]을 참고로 보면 2015년 예상 EPS 증가율의 범위를 5~7%로 예상하고, PER은 10~11배로 본다면 적정 코스피의 주가 밴드는 1,995~2,236pt가 된다. EPS가 얼마나 증가할 것인지, 적정 PER이 어느 정도 수준인지에 대한 판단은 경기, 금리, 환율, 수급 등 여러 요인에 대한 애널리스트의 정량적, 정성적 분석에 따른 결과이다.

투자자들은 애널리스트 리포트를 통해 목표주가나 기대수익률 산출의 근거를 확인할 수 있다. EPS의 경우 시장 컨센서스도 발표된다. 이를 바탕으로 스스로의 투자의견을 반영해 조정할 수도 있다. PER은 Section 3을 참고하여 적정 PER 수준을 계산하거나, 향후 멀티플의 변화를 일으킬 재료와 이에 따른 PER의 변화를 예상해 볼 수 있다. 이를 통해 최종적으로 기대수익률을 결정하면 된다.

[표 5-6] 코스피 예상지수와 밴드 결정

		코스피 PER 멀티플(배)						
		9.0	9.5	10.0	10.5	11.0	11.5	12.0
20X5년 코스피 EPS 증감율예상	15.0%	1967	2067	2185	2294	2404	2513	2622
	10.0%	1881	1986	2090	2195	2299	2404	2508
	7.0%	1830	1931	2033	2135	2236	2338	2440
	6.0%	1813	1913	2014	2115	2215	2316	2417
	5.0%	1796	1895	1995	2095	2195	2294	2394
	3.0%	1761	1859	1957	2055	2153	2251	2348
	0.0%	1710	1805	1900	1995	2090	2185	2280
	−3.0%	1659	1751	1843	1935	2027	2119	2212
	−5.0%	1625	1715	1805	1895	1986	2076	2166
	−10.0%	1539	1625	1710	1796	1881	1967	2052

주: 해당 칸의 PER과 EPS 증감률을 적용했을 때 예상 코스피 지수를 표시함. 연한색 칸은 본문에서 설명한 코스피 밴드 산출 부분이며, 진한색 칸은 본문에서 언급된 예시부분임

2. 채권의 기대수익률 산출 방법

채권의 수익을 결정하는 요인은 크게 세 가지이다. 첫째는 이자 수익, 둘째는 채권가격 변화에 따른 매매 차익, 셋째는 투자 기간 중간에 받은 이자의 재투자 수익이다. 이 중 이자지급방식이나 재투자 운용수익에 영향을 받는 셋째를 제외하고 첫째와 둘째를 고려하여 채권의 기대수익률을 산출한다.

미국 10년물 국채에 투자할 경우 기대수익률을 어떻게 계산할까? 가장 간단한 방법은 YTM(만기수익률)으로 추정하는 것이다. YTM은 채권에서 발생하는 이자, 원금회수 등 미래 현금흐름의 현재가치와 현재 채권가격을 일치시켜 주는 할인율이다.[15] 다만 이 경우 채권을 만기까지 보유해야 하고, 채권에서 나온 이자를 YTM과 동일한 금리로 재투자한다는 비현실적인 가정을 바탕으로 하기 때문에 엄밀하게 실제 투자 수익률과는 차이가 발생할 수 있다. 특히 주식 등 다른 자산의 기대수익률과 동일한 기간, 기준으로 비교하고 싶다면 만기 보유를 가정하는 것보다는 채권가격의 변화 가능성을 반영하는 것이 적합하다.

실무에서 채권의 기대수익률 추정은 크게 채권의 이자수익과 매매차익 둘로 나눠서 진행하면 된다. 이자수익의 경우 개별 채권별로 투자금액 대비 이자수익액을 계산하는 것이 정확하다. 미국 장기 국채(10년물) 등 자산 기준으로 기대수익률을 산출하고 싶

[15] Chapter 2 [식 2-2] 참고

다면 10년물 국채의 이자수익률 지표를 참고할 수 있다. 또는 미국 10년물 국채 ETF의 분배율을 이자수익으로 대체하여 사용할 수도 있다.

다음은 채권 가격 변화를 예측해야 한다. Chapter 2에서 소개한 듀레이션을 통해 금리 변동에 따른 채권 가격의 변화를 추정할 수 있다. 가령 현재 미국 10년물 국채 금리[16]가 3.5%이고 듀레이션이 8.5년인데, 1년 후 금리가 3.0%로 하락할 것으로 예상한다고 해 보자. 여기서 채권 금리 전망은 국내외 금융기관에서 발간되는 리포트를 보거나, 블룸버그에서 각 사의 전망을 취합한 컨센서스를 참고할 수 있다. 이 경우 채권가격의 변화율은 시장 금리의 예상 변화 −0.5%p에 듀레이션 8.5년을 곱한 4.25%가 된다(*듀레이션 계산식: 채권가격 변화율 = − 금리 변화율 × 듀레이션*). 향후 1년간 채권가격은 4.25% 상승할 것으로 예상할 수 있다. 미국 10년물 국채 금리의 연간 이자 수익률은 2.4%로 가정한다면 채권가격 상승률 4.25%에 1년간 이자수익 2.4%를 더한 6.65%가 해당 채권의 기대수익률이 된다. 만일 채권의 금리 변화가 크게 나타날 것으로 예상한다면 컨벡시티를 통해 채권가격 전망을 좀 더 정교하게 해볼 수도 있다. 앞서 본 사례에서 컨벡시티가 80이라는 점을 적용하면 컨벡시티까지 포함된 계산식(*채권가격 변화율 = − 금리 변화율 × 듀레이션 + 0.5 × 금리 변화율의 제곱 × 컨벡시티*)으로 계산할 수 있다. 그 결과 채권가격 변화율은 4.35%가 되고 이자수익을 더한 총 기대수익률은 6.75%가 된다.

물론 위의 방법은 개별 채권의 쿠폰금리, 채권구조, 만기일 차이 등 여러 요인을 고려하지 않은 계산법이다. 채권 금리가 상승하거나 하락할 때 모든 만기의 채권금리 변화폭이 동일하다는 가정(parallel shift)이 바탕이 되어 있다. 실제 금리 변화는 만기별로 다르게 나타난다. 하지만 예상 금리 변화에 따른 채권 투자 수익의 변화를 간단히 예측하는 수단으로 사용하기에 큰 무리는 없다.

[표 5-7] 채권의 기대수익률 결정

	10년물 국채	5년물 국채	2년물 국채
예상 시장금리 변화	−0.5%p	−0.5%p	−0.5%p
듀레이션	8.5	4.6	1.9
컨벡시티	80.0	40.0	6.0
이자수익률	2.4%	0.8%	0.1%
채권가격 변화율	4.35%	2.35%	0.96%
총 기대수익률	6.75%	3.15%	1.06%

16 여기서 금리는 시장의 10년물 국채 금리를 활용하면 된다.

만일 국채가 아닌 회사채의 기대수익률을 계산하고 싶다면 국채 금리 대신 회사채 금리를 적용하면 된다. 또는 회사채 금리는 국채 금리에 신용 스프레드가 더해진 것이므로 국채 금리 예상 변화에 스프레드 예상 변화를 적용하여 계산할 수 있다. 가령 미국 A기업의 5년 만기 하이일드 채권의 스프레드가 400bps이고, 5년 만기 국채 금리가 1.0%라면 간단하게 5%를 기대수익률로 볼 수도 있다. 하지만 좀 더 정교한 방법으로 금리변화나 스프레드 변화까지 포함하여 예측하는 것이 좋다. 특히 스프레드의 비중이 큰 하이일드 채권 등의 경우에는 금리 변화보다 스프레드 변화의 영향이 더 클 수 있으므로 스프레드 변화에 대한 추정도 필요하다. 가령 1년후 스프레드가 450bps, 5년물 국채 금리가 1.3%가 될 것으로 예상할 수도 있다. 이 경우에는 국채 금리 변화 30bps에 스프레드 변화 50bps를 더한 80bps를 앞에서 설명한 듀레이션 식에 시장금리변화 부분에 적용하여 계산하면 이론적인 회사채의 기대수익률이 산출된다.

3. 주식과 채권 사이 선호도 결정: 일드갭

주식과 채권의 상대 선호도를 결정하는 방법으로 가장 널리 사용되고 있는 것이 일드갭이다. 일드갭은 주식의 기대수익률과 채권의 기대수익률 간 차이를 의미한다. 일드갭이 커질수록 주식이 채권보다 투자 매력이 높아진다고 해석할 수 있는 지표이다. 여기에서 주식과 채권의 기대수익률로 적용할 지표는 여러 가지를 활용할 수 있다. 가장 간단한 방법은 PER의 역수로 주식의 기대수익률을 넣는 것이다. PER은 주가/EPS 이므로 PER을 역수로 바꾸면 EPS/주가가 된다. 이를 이익수익률(earning yield)라고 한다. 투자 관점에서 해석하면 현재 주가로 매수했을 때 1주당 순이익이 얼마나 날 것인지를 의미하게 된다. 채권의 기대수익률은 국채 금리를 사용할 수 있다. 일드갭이 상승하면 주식의 기대수익률이 상대적으로 높다는 것을 의미하고, 하락하면 채권의 기대수익률이 상대적으로 높다는 것을 의미한다. 일드갭은 과거 평균과 현재 수준을 비교하거나, 일드갭의 흐름이 상승인지, 하락인지, 저점에서 반등하는지 등을 기준으로 보 면 된다. [그림 5-20]는 S&P500의 기대수익률과 미국 10년물 국채수익률 간의 일드갭을 나타낸다. 2011년 하반기~2012년에 일드갭은 높은 수준에 있었는데, 이 지표에 따르면 당시 미국 주식투자가 미국 채권투자보다 더 유리한 국면임을 의미한다. 실제 당시 주식 투자 비중을 높이는 것이 더 높은 투자 성과를 가져다 주었다. 일드갭을 보기 위한 지표로 PER의 역수 대신에 배당수익률을 적용할 수도 있고, 10년물 국채 금리 대신 만기나 종류가 다른 금리를 사용할 수도 있다.

[그림 5-20] **미국 일드갭**

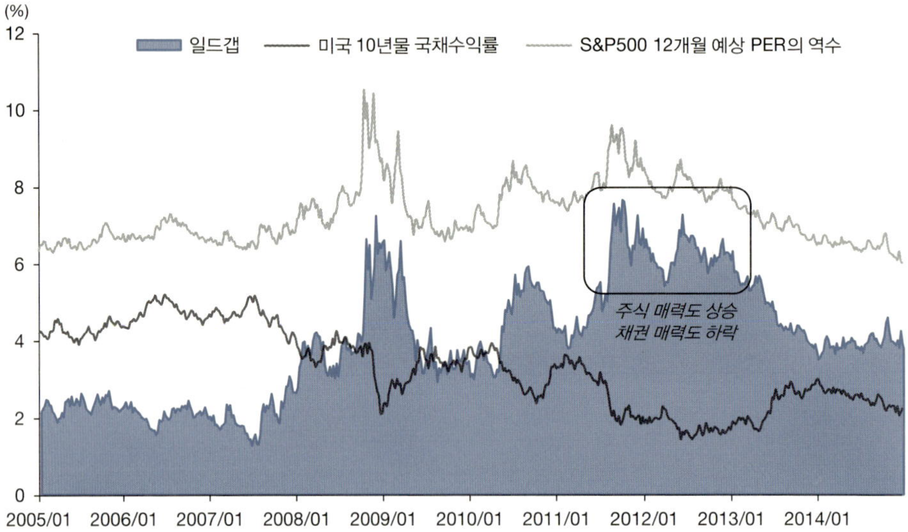

출처: Bloomberg

2 금융보고서 예시

1. 금융보고서 작성

앞서 설명한 방법 또는 애널리스트 나름의 분석에 따라 각 자산에 대한 최종 시각과 기대수익률 등을 정리하면 금융보고서가 완성된다. 국내 주식, 미국 주식, 중국 주식, 선진국 채권, 신흥국 채권, 원자재 등 분석할 자산군을 정하여 각 자산에 대한 전체적인 투자 시각을 결정한다. [그림 5-21]은 이러한 과정을 통하여 각 국가/지역별로 기대수익률을 산출한 결과를 보여준다. 그림에는 기대수익률 이외에도 투자의견, 의견확신도가 있다. 투자의견 부분에서 개별 자산에 대한 투자시각과 선호도를 표현하는 방법은 다양하지만, 최소한 특정 자산에 대해 '선호,' '중립,' '비선호' 정도의 큰 구분은 해 주는 것이 좋다. 투자의견을 나타내는 표시 방법으로 OW, N, UW를 많이 사용하는데, OW(overweight, 비중확대)는 시장 비중 또는 기준이 되는 벤치마크의 비중을 초과하여 투자하겠다는 의미로 보면 된다. N(neutral, 중립)은 시장 비중을 기준이 되는 벤치마크의 비중만큼 투자하겠다는 의미로 해석할 수 있다. UW(underweight, 비중축소)는 시장 비중 또는 기준이 되는 벤치마크의 비중 대비 적게 투자하겠다는 의미로 해석할 수 있다. 다음으로 의견 확신도는 블랙-리터만 모형에 적용될 값으로 Chapter 6 Section 3에서 다룰 예정이다. 요약하면 의견 확신도는 앞서 부여한 기대수익률에 대한 확신도를 의미한다. 확신도가 높을수록 100에 가깝게, 확신의 정도가 낮다면 0에 가깝게 부여해야 한다. [그림 5-21]의 미국 주식의 예로 들자면, A애널리스트는 향후 미국 기업의 EPS가 10% 가량 증가하고 PER 배수는 현 수준에 머무를 것이기 때문에 향후 1년간 미국주식이 10% 수익률을 기록할 것으로 전망했다. 그리고 이러한 전망에 대해 상당히 높은 수준(80)의 확신을 가지고 있음을 표시했다.

참고로 [그림 5-22]는 골드만 삭스가 발표한 보고서에 포함된 최종 자산군의 시각을 정리해둔 부분이다. 3개월, 6개월, 12개월 단위로 주식과 원자재의 목표 지수와 국채의 기대수익률, 회사채의 신용 스프레드 수준을 전망하고 있다. [그림 5-23]는 씨티그룹에서 발표한 보고서이다. 역시 목표 지수, 금리, 신용 스프레드 전망을 통해 기대수익률을 표시하고 있다.

[그림 5-21] **금융보고서: 스코어링 카드(예시)**

자산군	벤치마크	기대 수익률	의견 확신도	투자 의견	투자전략 코멘트
주식				OW	• 글로벌 경기 회복세 선진국에서 신흥국으로 확산 전망 • 채권보다 주식을 선호하고, 신흥국 주식보다 선진국 주식을 선호함
국내	KOSPI	8.0%	60	UW	• 주가 레벨 높아지고 있지만 이익전망 개선 뒷받침되지 못하면서 가격 메리트 감소 • 수출 회복 기운은 감지되나 내수 부진은 걸림돌
미국	S&P500	10.0%	80	OW	• 경기 회복으로 증시 여건 우호적. 글로벌 경기와 주가 상승의 견인차 역할 이어갈 것으로 기대 • 밸류에이션 높으나 이익전망이 완만하게 개선되며 주가 상승을 정당화하는 구도 전개해 나갈 것
유럽	MSCI Europe	9.0%	65	N	• 6월 ECB 금리인하 기정사실화. 실제 인하 있어도 새로운 모멘텀 되기 어려울 것. 주가 상승에는 QE, LTRO 같은 공격적 부양 시그널 필요 • 일부 중심국에서 경제지표와 이익전망 약화되는 모습 있으나 부양 카드 남아 있는 점 염두
일본	TOPIX	10.0%	60	N	• 글로벌 증시에서 기업이익전망 양호하나 경기회복 시그널이 분명치 않아 주가 박스권에 갇힌 양상 • 의미 있는 주가 반등 위해서는 1) 경제지표 개선, 2) BoJ의 QE 확대 조치나 엔화 약세 재개 필요
중국	HSCEI	7.0%	60	UW	• 선진국 경기 회복의 낙수 효과로 중국 경제지표 개선 움직임 미약하게나마 감지되고 있음 • 단, 경기회복에 여전히 시간 걸릴 전망, 증시는 미니 부양책 등 정책 기대감 반영해 빠르게 올라온 만큼 기대수익률 다소 낮추는 것이 합리적
신흥국	MSCI EM	9.0%	65	N	• 신흥국 내 펀더멘털 개선되거나(ex. 멕시코) 정책 모멘텀 있는 곳(ex. 인도) 중심으로 선별적인 강세 움직임 나타나고 있음 • 하반기 선진국 → 신흥국 경기회복 확산 시나리오 하에 점진적으로 비중 확대하는 전략이 바람직
채권				N	• 연준의 통화 정책 기조의 변화 여부에 대한 힌트는 올해 말에나 가서야 얻을 수 있을 것, 미국 금리 움직임 제한적 수준에 머무를 듯 • 신흥국 채권(USD표시) 투자 기회에 주목할 필요, 이표 높은 하이일드 채권 투자는 여전히 유효
국내	KAP ALL BOND	3.1%	90	N	• 금리 상방과 하방이 모두 막혀 있는 박스권 흐름 예상
선진국	BoA Merrill Lynch [W0G1]	1.5%	80	UW	• 미국 국채 투자는 박스권 내 트레이딩 관점에서 접근 • 중장기물은 최근 강세 랠리로 가격 부담 있는 편. QE Tapering에 따른 장기채 수요 감소 가능성 등 감안 시 변동성 나타날 수 있음
신흥국	BoA Merrill Lynch [IP00]	5.2%	75	OW	• 연내 미국 금리인상 가능성 낮아지며 캐리 트레이드 수요 증가. 일드(yield)가 높은 국가 채권에 대한 수요 지속될 것 • 펀더멘털 개선 가능성 있는 이머징 아시아 국가들 중심으로 스프레드 캐리 투자 유효. 추가적으로 동유럽 지역의 채권 가격 상승 기대
하이일드	BoA Merrill Lynch [HW00]	5.1%	70	UW	• YTM이 7% 수준으로 높으나, 향후 시장 수급에 의해 가격 변동성 나타날 수 있고, 미국 금리 인상 본격화되면 가격 조정 나타날 수 있음
실물				UW	
원자재	RICI Commodity Excess Return	1.0%	50	UW	• 달러 강세로 인한 원자재 가격 추가 하락 예상 특히 원유는 각국의 생산량이 높게 유지되면서 가격 조정 가능성 높음 • 농산물은 엘 니뇨 발생으로 수급 불안 지속, 투기적 수요도 증가할 것으로 예상
부동산	S&P Global REITs TR	3.0%	40	N	• 미국 주택 시장은 점진적 회복 예상 • 단기 모멘텀 약할 수 있지만 재무구조가 좋고 이익, 배당금 증가가 빠른 일부 섹터와 종목(공장/창고, 쇼핑몰)에 대한 전망 양호
단기자금	KAP MMI	2.0%	95	N	

[그림 5-22] 골드만 삭스 금융보고서 예시

	Return in % over last			Current	Forecasts				Up/ (downside) in %		
	12 m	3 m	1 m	Level	3 m	6 m	12 m	Unit	3 m	6 m	12 m
Equities											
S&P 500 ($)	18.7	3.9	2.8	2037	2100	2150	2100	Index	3.1	5.6	3.1
Stoxx Europe 600 (€)	15.3	1.4	4.5	343	360	375	390	Index	5.0	9.4	13.8
MSCI Asia-Pacific Ex-Japan ($)	4.5	-7.4	-0.7	472	490	505	520	Index	3.7	6.9	10.1
Topix (¥)	20.0	12.6	5.4	1436	1450	1550	1650	Index	1.0	7.9	14.9
10 Year Government Bond Yields											
US	7.2	2.3	1.0	2.31	2.50	2.60	2.85	%	19 bps	29 bps	54 bps
Germany	11.0	1.6	0.5	0.78	1.00	1.10	1.40	%	22 bps	32 bps	62 bps
UK	9.4	3.8	2.1	2.02	2.35	2.50	2.75	%	33 bps	48 bps	73 bps
Japan	3.2	1.3	0.6	0.40	0.75	0.82	0.94	%	35 bps	42 bps	54 bps
5 year credit spreads*											
iBoxx USD	7.1	0.4	0.3	104	71	70	69	Bps	-33 bps	-34 bps	-35 bps
BAML HY Master Index II	3.7	-2.1	-1.5	481	434	408	408	Bps	-47 bps	-73 bps	-73 bps
iBoxx EUR	7.8	0.8	0.2	101	97	95	89	Bps	-4 bps	-6 bps	-12 bps
Commodities											
WTI	-27.0	-27.1	-15.0	63	75	70	75	$/bbl	19.0	11.1	19.0
Brent	-34.3	-30.1	-15.6	66	85	80	85	$/bbl	28.6	21.0	28.6
Nymex Nat. Gas	-14.4	-7.2	-13.1	3.63	4.00	4.10	4.00	$/mmBtu	10.2	12.9	10.2
Copper	-6.7	-6.3	-2.2	6405	6600	6200	6000	$/mt	3.0	-3.2	-6.3
Aluminium	7.3	-5.1	-3.6	1966	2000	2050	2100	$/mt	1.7	4.3	6.8
Gold	-2.2	-4.8	5.3	1219	1195	1135	1050	$/troy oz	-2.0	-6.9	-13.9
Wheat	-17.0	6.2	8.2	590	450	450	530	Cent/bu	-23.8	-23.8	-10.2
Soybeans	-5.3	-2.0	-0.9	1046	800	800	875	Cent/bu	-23.5	-23.5	-16.3
Corn	-12.0	5.3	1.6	390	300	300	375	Cent/bu	-23.0	-23.0	-3.7
FX											
EUR/USD	-9.0	-4.0	-0.4	1.24	1.23	1.20	1.15		-0.8	-3.2	-7.2
USD/JPY	17.5	14.0	4.4	119	120	125	130		0.5	4.7	8.9

** We show performance for credit in total return terms, but current level and forecasts are for spreads*

Source: Goldman Sachs Global Investment Research.

출처: Goldman Sachs (2014.12.5), “GOAL: Global Opportunity Asset Locator” 33.

[그림 5-23] 씨티그룹 금융보고서 예시

Figure 13. Citi Strategist End-2015 Targets and Implied Total Returns

	Spot	Citi Forecast End-2015	Implied Total Return to End-2015	*Implied Total Return to End-2015 (USD)*
Equities[2]				
MSCI AC World	477	525	12.8%	*8.7%*
S&P 500	2068	2200	8.5%	*8.5%*
DJ Stoxx 600	345	400	19.6%	*5.3%*
Topix	1422	1650	17.9%	*10.5%*
MSCI EM	1005	1100	14.2%	*12.5%*
Rates[3]				
US	2.17	2.98	-3.2%	*-3.2%*
EMU	1.26	1.66	-2.2%	*-16.7%*
DE	0.69	1.20	-2.5%	*-17.0%*
JP	0.43	0.55	-2.1%	*-9.6%*
UK	1.91	2.70	-4.5%	*-16.5%*
EM Local	n/a	n/a	-1.3%	*0.1%*
Credit[4]				
Citi US BIG Corp	124	120	-1.7%	*-1.7%*
Citi US HY	488	425	3.0%	*3.0%*
iBoxx EUR Corp	92	70	2.2%	*-12.3%*
iBoxx EUR HY	372	295	5.5%	*-9.0%*
Citi ESBI EM $	329	330	-1.6%	*-1.6%*
Commodities[5]				
ICE Brent	74	85	14.7%	*14.7%*
LME Copper	6311	7275	15.3%	*15.3%*
Gold	1165	1233	5.8%	*5.8%*
Foreign Exchange[6]				
Global USD	n/a	n/a	7.5%	*7.5%*
USD vs. DM	n/a	n/a	13.5%	*13.5%*
USD vs. EM	n/a	n/a	-2.1%	*-2.1%*
Cash[7]				
3m USD Libor	0.23	0.47	0.3%	*0.3%*

Source: Citi Research and Bloomberg

[1] Non-USD returns converted using Citi FX forecasts vs. spot; FI returns assume funding at 3m Libor or equivalent local short rates [2] Only index targets set by Citi strategists, Bloomberg consensus forward dividend yield used to calculate implied total return; MSCI AC World forecast level refers to local index; MSCI EM forecast level refers to USD index; For countries where Citi does not forecast FX, no currency change is assumed (less than 1% of global index); [3] G4 targets shown are for 10yr yields whereas return forecasts are weighted across the curve. EMU yield (spot and forecast) calculated from weighted EGBI constituent country 10yr yields. EM Local Debt forecast derived from weighted EMGBI constituent country 5yr yield forecasts; [4] Targets are on spreads, implied total return includes bond return (based on Citi 5yr and 10y yield forecasts) less expected default loss derived from default rate assumptions (0.0% in US IG, 0.0% in EUR IG, 2.50% in US HY, 1.90% in EUR HY, 0.0% for EM per year) and a 60% LGD; [5] Targets are price forecasts vs. equivalent futures price; [6] FX returns are GDP weighted USD returns vs. forwards; [7] 3m USD Libor return calculated from quarterly forecast path shown in the G10 rates section below

출처: Global Asset Allocation Team (2014.12.1), "Global Asset Allocation Citi House Views for 2015," 10.

CHAPTER 6

자산배분의 이해

자산관리사가 투자자의 투자 목적, 투자 성향(위험회피 수준), 투자기간 등 투자자의 니즈(needs)를 명확하게 파악한 후 시장전망에 기초하여 최적의 맞춤형 자산배분안을 제안할 수 있는 능력을 갖추고 있는지 여부는 자산관리 서비스 품질을 측정하는데 가장 중요한 요소이다. 따라서 훌륭한 자산관리사는 합리적인 기준으로 자산을 배분할 수 있어야 한다.

이번 Chapter에서는 자산관리사가 합리적 자산배분을 수행하는데 근간이 되는 관련 이론, 모형을 중심적으로 다룬다. 우선 자산배분의 정의에 대해서 알아본다. 그 다음에는 자산배분을 위한 포트폴리오 이론, 포트폴리오 구성에 활용되는 여러 가지 자산배분 모형, 자산배분 정책과 포트폴리오 운용 방법, 자산배분안의 성과평가 등에 대해 살펴본다.

"내용 없는 사고는 공허하고, 개념 없는 직관은 맹목적이다."

–임마누엘 칸트(Immanuel Kant)–

SECTION 01

자산배분의 정의

자산배분은 투자자의 투자 목적, 투자 성향, 투자기간 등 투자자의 니즈(needs)와 구성할 포트폴리오의 위험(risk)과 보상(reward)이 적절한 수준에서 접점을 찾도록 각 자산군별 투자비중을 정하고 수정해가는 연속된 활동으로 정의할 수 있다.

포트폴리오 전체 성과는 자산배분, 종목(상품)선택, 마켓타이밍 효과로 분해될 수 있는데 실증분석에 따르면 자산배분 정책을 어떻게 수립하느냐에 의해 결정되는 자산배분 효과가 포트폴리오 전체 성과에서 가장 많은 부분을 설명한다고 한다.[1] 그만큼 투자 초기에 목적에 부합하는 자산배분 정책을 수립하는 것이 가장 중요하다.

1 분산투자 vs 자산배분

"계란을 한 바구니에 담지 말라"는 투자에 대한 격언은 수 차례 들어봤을 것이다. 여기서 계란은 투자자금을 상징하는데 한군데 담겨있던 계란 바구니가 땅에 떨어지게 되면 모든 계란이 다 깨질 수 있기 때문에 여러 바구니에 나눠 담아서 '분산투자'하라는 뜻이다. 대부분의 투자자들은 이 격언대로 투자자금을 목적 별로 나누어 여러 계좌(통장)에 분산해 놓고 있다. 하지만 정말 분산을 잘 해 놓은 것인지는 다시 한 번 생각해볼 필요가 있다. 여러 금융회사에 계좌를 개설해서 투자자금을 나누어 놓았다는 것만으로 현재 분산투자를 잘 하고 있는 것으로 볼 수 있을까? 아래 재현씨의 사례를 통해서 분산투자의 의미를 다시 한 번 생각해보자.

> 수도권 인근에서 양계장을 운영하는 재현씨는 계란을 한 바구니에 놓으면 위험하기 때문에 여러 바구니에 분산해서 저장하고 있었다. 어느 날 서울의 한 거래처로부터 주문을 받아 저장하고 있던 계란 바구니들을 트럭에 싣고 납품을 위해서 출발하였는데, 불의의 사고로 트럭이 전복되고 말았다. 재현씨는 나름대로 그 동안 계란을 여러 바구니에 분산해서 보관하는 등, 소위 '분산투자'를 잘 해왔다고 생각했지만 결과적으로 계란 대부분은 깨지고 말았다.

위 사례에서 트럭은 자산군(asset class)에 해당하고, 바구니는 투자수단(investment vehicle), 혹은 계좌나 통장(account)에 해당한다. 그리고 배달 중에 발생한 사고는

---

[1] Gary P. Brinson, L. Randolph Hood and Gilbert L. Beebower (1986), "Determinants of Portfolio Performance," *Financial Analyst Journal* 42.4, 39.

1997년 외환위기나 2008년 금융위기와 같은 글로벌 금융시장 전반에 영향을 주는 위기 상황에 해당한다. 진정한 분산투자는 단순히 투자자금을 여러 개로 쪼개놓는 것이 아니라 경기의 순환과 글로벌 경제에 영향을 주는 사건이 발생했을 때 서로 다른 방향성을 보이는 자산군을 선별하여 그 자산군 별로 나누어 두는 것을 의미한다. 다시 말해서 하나의 운송수단, 하나의 경로에 의존하지 않고 기차, 트럭, 항공 등 다양한 운송수단과 경로를 통해서 계란이 운반되게 해야 한다는 것이다.

동일한 맥락에서 실제 투자 예시를 보자. 국내 대형주(KOSPI200) 종목에 똑같이 나누어 투자한다면 일반적으로 하나의 개별종목에 투자했을 때보다 수익률의 변동성, 즉 위험이 줄어들어 분산투자 효과를 기대해 볼 수 있다. 하지만 글로벌 금융위기와 같은 대형 악재가 발생하는 시점에서도 과연 분산투자 효과가 있는 것일까? 수익률 데이터를 통해 분석해보면 [그림 6-1]에 나와있듯이 동일한 국내주식 자산군 내에서는 분산투자 효과가 거의 없다는 것을 알 수 있다. 국내주식이라는 동질적 특성을 갖기 때문에 편입된 종목들의 평균수익률이 '−50.31%'일 정도로 대부분 큰 폭의 가격 하락을 보였기 때문이다.

[그림 6-1] **KOSPI200 종목의 2008년 금융위기 당시 등락률 상자그림(box plot)**

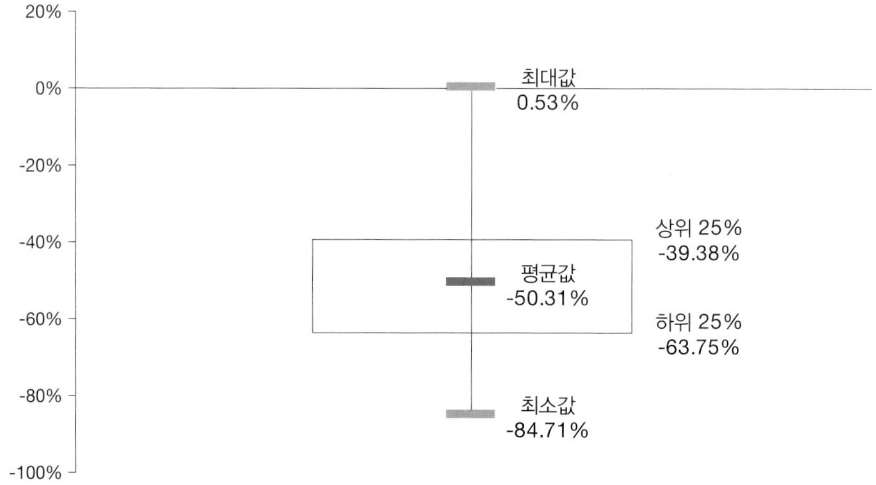

출처: Bloomberg, KRX

기간: KOSPI200 종가 기준, 2008.05.16(리먼브러더스 파산전 최고점)~2008.10.24(2008년 중 최저점)

주: 당시 KOSPI200 편입종목 중 KB금융(지주사 전환으로 인해 당시 미편입됨)을 제외한 199개 종목에 대한 분석임

만약 국내주식과 상관관계가 상대적으로 낮은 채권 자산군에 분산투자 했다면 위기 상황에서 주식 포트폴리오 손실분을 채권 포트폴리오가 어느 정도 상쇄해주어 전체 포트폴리오의 손실 폭은 크게 줄어들었을 것이다. [그림 6-2]는 위와 동일한 기간 동안 KOSPI200 지수와 미국국채 지수의 가격변화를 비교해서 나타낸 것으로 두 자산이 서로 다른 방향으로 움직였음을 확인할 수 있다.

[그림 6-2] **금융위기 당시 KOSPI200과 미국국채 지수 성과추이 비교**

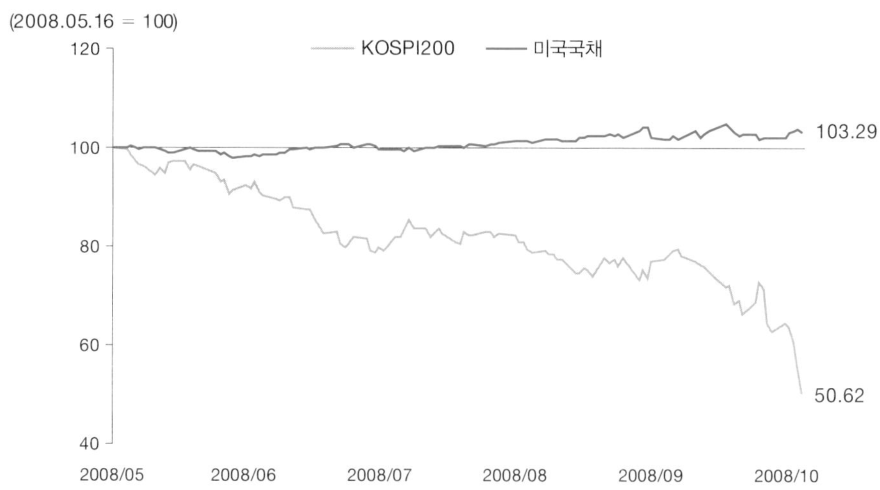

출처: Bloomberg, KRX, BofAML
기간: KOSPI200 종가 기준, 2008.05.16(리먼브러더스 파산전 최고점)~2008.10.24(2008년 중 최저점)
주: 미국국채(BofAML US Treasury Index)

분산투자는 이와 같이 경기사이클의 변화나 금융위기와 같은 글로벌 이벤트를 대비해 낮은 상관관계를 보이는 서로 다른 자산군에 투자자금을 나누어 투자하는 것이라고 재정의 할 수 있다. 따라서 각 자산이 갖는 특성을 명확하게 파악하여 자산군으로 구분해 놓는 것은 투자 포트폴리오 구성 시 가장 중요한 선결 작업이다.

투자자가 자산군 카테고리(category)를 나눈 후에 그 자산군에 얼마 만큼씩 투자할 것인가를 결정하는 부분에서 분산투자와 자산배분의 개념적 차이가 나타난다. 분산투자는 단지 투자자금을 몇 가지 정해진 자산군에 나누는 행위까지를 말하며, 일반적으로 가장 많이 사용되는 방법론은 각 자산군에 동일하게 투자자금을 배분하는 균등분할 투자, 즉 '1/N 투자법'이다.

이와는 다르게, 자산배분은 분산투자를 하되 포트폴리오 이론과 사전에 정한 자산배분전략에 따라 자산군별 투자비중을 결정하는 것을 뜻한다. 즉, 정해진 조건 하에서 기대수익률을 최대화 하거나, 변동성(리스크)을 최소화 하거나, 위험보상비율을 최대화하는 등 단순한 분산투자보다 더 나은 성과를 얻으려는 전략을 사용하는 것이다. 일정 부분은 과거 수익률 데이터 분석을 활용한 금융공학적 모델에 근거해야 하며, 향후 전망을 계량화하여 적용할 때에는 자산배분을 수행하는 실무자 및 자산관리사의 시장을 바라보는 관점과 합리적 자료에 근거한 판단이 요구되는 경우도 있다.

2 자산배분 정책의 중요성

포트폴리오 전체 성과는 자산배분, 종목(상품)선택, 마켓타이밍 효과로 그 요인을 분해하여 설명할 수 있다. 이 세 가지 포트폴리오 성과 창출의 동인에 대해서 자금운용의 목적에 부합하도록 전략과 전술의 운용범위를 사전에 정해놓는 것을 '자산배분 정책'이라 한다. [표 6-1]은 자산배분 정책이 어떠한 것들을 규정해야 하는지 간단하게 요약한 것이다.

[표 6-1] 자산배분 정책의 구분과 포트폴리오 성과 창출 동인

구분	포트폴리오 성과 창출 동인(광의의 자산배분 정책)		
	1) 자산배분 (협의의 자산배분 정책)	2) 종목(상품)선택	3) 마켓타이밍
전략적 자산배분	• 목표 자산배분 혹은 벤치마크(Benchmark) 정의 • 자산군 카테고리 정의 • 투자 제약조건 설정	• 투자 유니버스 한정(자산군, 투자수단, 스타일 등)	• 장기투자 관점에서의 자산재조정, 재배분에 포커스
전술적 자산배분	• 투자비중 확대/축소 • 제약조건 하에서 목적에 부합하는 자산배분안 도출	• 투자 유니버스 내 상품선택	• 단기 운용 관점에서 운용자 재량에 따른 차익실현 및 진입기회 포착에 포커스

연기금 및 각종 공제회와 같은 기관투자자 대부분은 투자위원회, 리스크관리위원회 등의 기구를 통해서 자금운용의 목적에 맞도록 명문화된 투자정책서(IPS, Investment Policy Statement)를 마련해 놓는 것이 보편화되어 있다. 정책을 명문화 해 놓으면 자산운용 실무자가 변경되거나 시장을 바라보는 관점이 변하더라도 정해 놓은 틀 내에서 포트폴리오를 변경할 수밖에 없기 때문에 변경에 따른 직·간접 비용이 적게 발생하여 장기투자의 효율이 증대되는 효과가 있다. 또한 신중하게 정한 정책 포트폴리오가 꾸준하게 유지된다는 것은 일관된 투자원칙이 적용되고 있다는 것을 의미하여 위험관리

측면에서도 도움이 된다. 이렇듯 목적에 맞는 투자가 일관되게 진행될 수 있도록 사전에 투자정책을 명확하게 마련하는 것은 매우 중요한 일이다.

1. 자산배분에 대한 실증분석

광의의 자산배분 정책은 포트폴리오 성과 창출 동인 세 가지 모두에 대해 큰 틀에서 규정하는 것을 의미한다. 협의의 자산배분 정책은 특정 자산군에 얼마만큼의 비율로 배분할 것인지 그 범위를 정하는 영역만 떼어낸 것으로 볼 수 있다. 자산배분 정책의 중요성을 논할 때 주로 이슈가 되는 것은 협의의 자산배분 정책에 관한 사항이다. 왜냐하면 포트폴리오 성과에 영향을 주는 다양한 요소 가운데 자산배분 효과만을 가지고 유 · 불리를 가리기 위해서는 다른 요건들은 모두 동일하게 통제하고 비교분석하기 때문이다.

실제로 브린슨(Brinson) 등과, 이봇슨(Ibbotson)과 캐플런(Kaplan)[2]은 동일한 프레임으로 자산배분 정책의 중요성에 대한 실증분석을 실시하여 발표하였는데, 장기 포트폴리오 운용 성과의 가장 많은 부분을 설명해 주는 것은 바로 자산배분이었다고 한다.

[그림 6-3] 기관투자자의 장기 운용성과 요인(Sources of Long–Term Performance)

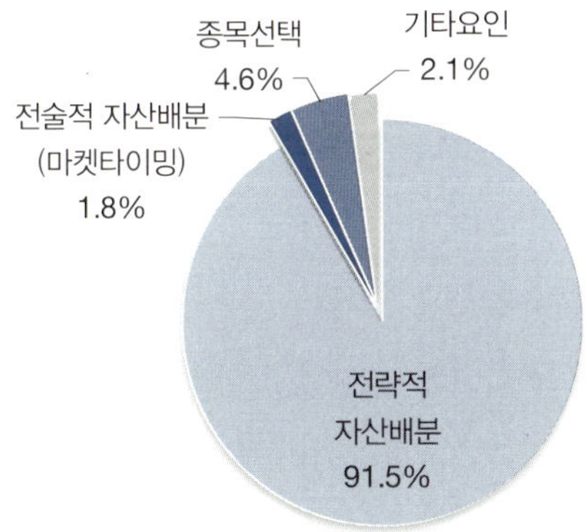

출처: Gary P. Brinson, Brian D. Singer and Gilbert L. Beebower (1991), "Determinants of Portfolio Performance II: An Update," *Financial Analyst Journal* 47.3, 45.

여기서 주의해야 할 점은 특정 연기금의 과거 운용성과를 요인별로 분해하여 분석할 경우 자산배분 정책이 전체 성과의 상당부분을 설명해준다는 것이지, 자산을 배분

[2] Roger G. Ibbotson and Paul D. Kaplan (2000), "Does Asset Allocation Policy Explain 40, 90, or 100 Percent of Performance?," *Financial Analysts Journal* 56.1, 32.

하는 것 자체가 좋은 성과를 담보하는 것은 아니라는 점이다. 성과의 좋고 나쁨은 상대적으로 가격이 상승할 자산에 대한 비중을 높이고 가격이 하락할 자산에 대한 비중을 낮추어 경기 국면별로 배분을 적절하게 잘 해야만 가능한 것이지, 단순히 자산배분 행위 자체가 안정적이고 높은 수익률을 보장하는 것은 아니라는 점에 유의해야 한다.

2. 전략적 자산배분 vs 전술적 자산배분

자산배분은 크게 전략적 자산배분과 전술적 자산배분으로 나눌 수 있다. 이와 관련된 상세한 내용은 뒤에서 다루고, 여기에서는 둘 간의 개념적 차이에 대해 간단하게 알아보자.

전략적 자산배분은 주로 포트폴리오가 추구하는 목표수익률, 혹은 감내할 수 있는 위험수준에 따라서 장기적 관점의 목표 자산배분 비율을 한정해 놓는 것이라 볼 수 있다. 우선 자산을 배분하기 위한 자산군 카테고리를 정한 다음에 각 카테고리별로 어떤 종목들에 국한하여 투자할 것인지를 정하게 된다. 예를 들어, 배분 가능한 자산군 카테고리를 국내주식, 해외주식, 국내채권, 해외채권 네 가지로 정하고 투자 가능한 종목을 국내에 등록된 공모펀드로 제한하는 식이다. 또한 각 자산군별로 혹은 자산군 그룹별로 투자한도를 정해 놓을 수 있으며, 재조정과 재배분 방식을 정하여 요건 충족 시 자산배분전략의 변화가 필요한지 검토하게 된다.

전술적 자산배분은 이러한 전략적 자산배분에 대응하여 실제로 어떤 상품에 얼마만큼의 비율로 투자할 것인지를 정하는 것이다. 특정 자산군의 전망이 단기적으로 좋다고 판단된다면 운용자의 재량으로 해당 자산군에 주로 투자되는 상품의 편입비중을 늘림으로써 전략적 자산배분과 차이가 나도록 포트폴리오를 꾸릴 수 있다. 이렇듯 전술적 자산배분은 상대적으로 단기적이고 기술적이며 적극적인 의사결정 과정을 통해 이루어진다.

SECTION 02

포트폴리오 이론

공상과학 영화에서처럼 누군가가 미래에서 시간을 거슬러 타임머신을 타고 현재로 왔거나, 신의 경지에 이른 예지력을 지녔다면, 투자의 세계에서 부를 축적하는 것은 너무나도 쉬운 일일 것이다. 왜냐하면 향후 자산가격이 어떻게 변화할지 모두 알고 있기 때문에 가장 우수한 성과를 보일 자산만 보유하면 되기 때문이다. 그리고 그 사람은 자산을 배분할 이유도 없고, 복잡한 포트폴리오 이론을 알 필요도 없을 것이다. 그러나 현실세계에 그런 사람은 존재하지 않는다. 그래서 미래에 대한 예측의 불확실성(uncertainty)을 극복하기 위해 포트폴리오 이론이 등장했고, 이에 기초하여 다양한 자산배분 모형이 만들어졌다. 따라서 자산관리 업무를 원활하게 수행하기 위해서는 포트폴리오 이론에 대한 이해가 선행되어야 한다.

1 기초통계 개념의 이해

자산배분의 근간이 되는 포트폴리오 이론을 쉽게 이해하기 위해서는 몇 가지 통계적 개념을 알아둘 필요가 있다. 각 자산군의 수익률 분포가 어떤 모양인지에 따라서 다양한 이론과 모형이 파생되기 때문이다.

1. 모집단(Population)과 표본집단(Sample)

'KOSPI 지수에 투자할 경우 향후 1년 동안 얼마만큼의 수익이 발생할 것으로 예상하는가?' 이 질문에 대해 자산관리 업계에 오랜 기간 몸담아온 사람이라면 자신의 과거 경험에 기대어 답변을 할 것이다. 예를 들어, 지난 5년 동안 평균적으로 KOSPI 지수는 8% 수준의 수익률을 달성해 왔고, 향후 글로벌경기 회복세를 감안한다면 거기에 2%p 정도를 더해서 10% 수준의 수익률을 낼 수 있을 것으로 기대된다고 답하는 식이다.

이 답변에서 '최근 5년간 평균 8% 수익률'이 의미하는 것이 바로 표본으로부터 추출한 대푯값(뒤에서 설명)이 된다. 나아가 '향후 1년 동안 예상되는 미래의 수익률'을 정확하게 예측하는 것은 불가능하기 때문에 데이터를 분석하고 향후 경기전망을 통해 그 값을 추정하게 된다. 여기서 사람들은 통계학에서 말하는 표본추출(sampling)이라는 기법을 사용하여 예상되는 수익률 값을 추정(estimation)하게 된다.

모집단(population)이란 통계적인 관찰의 대상이 되는 집단 전체, 즉 통계분석의 대상이 되는 관측치(observation)의 총 집합을 의미한다. 위 사례에서는 KOSPI 지수의 연도별 수익률이 모집단이 되는데 미래의 수익률을 예측하기 위해서는 과거부터 현재까지 쌓아온 연도별 수익률이라는 모집단 내에서 특정기간 동안의 데이터만 표본으로 추출하여 사용하게 된다. 이렇게 추출된 표본을 표본집단(sample)이라고 부른다. 대부분의 사회과학적 현상을 통계적 기법으로 분석하고자 할 때에는 비용 등 여러 가지 제약으로 인해 표본집단으로부터 추출된 데이터만 활용하는 것이 일반적이다. 포트폴리오 구성을 위한 자산배분 모형에서 활용할 입력 데이터를 생성할 때에도 동일한 방식으로 과거 수익률 데이터 중에서 일부만을 활용하게 된다. 따라서 지금부터 다루게 될 평균, 분산, 공분산, 상관계수 등의 다양한 통계량(statistic)들은 모두 모집단이 아닌 표본으로부터 추출한 값을 의미한다. 다만 실무적으로 관측치 개수가 많을 경우에는 모집단과 표본집단 통계량의 결과값이 거의 비슷하기 때문에 계산의 편리함과 관행에 의해 모집단 통계량을 구하는 산식을 사용하는 경우도 있다.

2. 대푯값(Representative Value)

대푯값이란 주어진 데이터의 특성을 요약한 대표적인 값을 의미하며 중심경향(central tendency), 중심위치척도(measure of central location)라고 표현하기도 한다. 특정한 집단의 요소들이 어떠한 모습으로 분포되어 있는지를 직관적으로 나타내기 위한 하나의 숫자라고 볼 수 있다. 예를 들어 KOSPI 지수의 최근 3년(36개월) 동안의 월간수익률 데이터를 요약하여 하나의 대푯값으로 표현하라고 한다면 대부분의 사람들은 아마도 36개월의 수익률 평균값을 떠올릴 것이다. 바로 그 평균값이 대푯값 중의 하나이다.

평균값(mean)은 다시 산술평균(arithmetic mean), 기하평균(geometric mean), 조화평균(harmonic mean)으로 구분할 수 있는데, 한 학급의 학생들의 평균 신장이나 평균 몸무게 등 일상생활에서 가장 많이 사용하는 평균의 개념은 산술평균 개념이다. 표본의 산술평균을 구하는 식은 [식 6-1]과 같다.

[식 6-1] 표본 평균(Sample Mean)

$$\bar{x} = \frac{\sum x_i}{n}$$

위 식에서 x_i는 'KOSPI 지수의 월간수익률'과 같은 관심을 가지고 있는 특정 확률변

[표 6-2] **KOSPI 지수의 최근 3년 월간수익률**

	수익률(%)		수익률(%)		수익률(%)
2011/07	1.55	2012/07	1.51	2013/07	2.72
2011/08	−11.86	2012/08	1.23	2013/08	0.64
2011/09	−5.88	2012/09	4.78	2013/09	3.66
2011/10	7.88	2012/10	−4.22	2013/10	1.66
2011/11	−3.22	2012/11	1.09	2013/11	0.73
2011/12	−1.18	2012/12	3.32	2013/12	−1.64
2012/01	7.12	2013/01	−1.76	2014/01	−3.49
2012/02	3.81	2013/02	3.29	2014/02	2.00
2012/03	−0.80	2013/03	−1.07	2014/03	0.28
2012/04	−1.59	2013/04	−2.04	2014/04	−1.20
2012/05	−6.99	2013/05	1.89	2014/05	1.69
2012/06	0.57	2013/06	−6.88	2014/06	0.36
				평균값 =	**−0.06**

출처: KRX, Bloomberg

수[3]의 i번째 관측치 값을 의미하고, n은 표본으로 추출한 총 관측치의 개수를 의미한다. [표 6−2]에 나와 있는 'KOSPI 지수의 최근 3년 월간수익률' 데이터를 위 식에 대입하여 평균값을 구하게 되면 −0.06%가 나오는데 지난 3년 동안 KOSPI 지수는 평균적으로 매월 −0.06%의 수익률을 기록하는 경향을 보였다고 해석할 수 있다. 다만 3년 누적성과의 월복리 수익률은 기하평균을 통해 산출하기 때문에 단순 산술평균한 위의 −0.06%와 차이가 날 수 있다는 점에 유의해야 한다. 실제 [표 6−2]에 나와 있는 월간 수익률의 누적된 성과와 동일한 성과의 월복리 수익률은 −0.13%가 된다.

또 다른 대푯값으로 중앙값(median)이 사용된다. 중앙값이란 관측값을 크기의 순서로 늘어 놓았을 때, 가운데에 위치하는 값을 의미한다. 가끔씩 동질적인 특성을 가진 어떤 집단으로부터 표본을 추출했을 때 그 표본의 대푯값보다 비정상적으로 크거나 작은 값이 관측될 때가 있는데, 이 극단값(extreme value)을 이상치(outlier)라고 한다. 2008년 글로벌 금융위기 당시 글로벌 주식 등 위험자산이 100년에 한 번 있을 정도의 큰 폭의 음(−)의 수익률을 기록[4]했는데, 이 때의 연간 수익률이 바로 이상치라고 할 수 있다. 표본의 중앙값은 평균값과 비교했을 때 이러한 이상치의 영향을 덜 받는다. 그래

3 확률변수: 1회의 관찰의 대상이 되는 미지의 표본에 대해서 어떠한 실수값들을 선험적으로 정하여진 확률에 의한 분포로써 결정하는 함수, 'random variable'이라고도 한다.

4 금융위기가 절정이었던 2008.05.31~2008.10.31 동안 글로벌 주식(MSCI AC World Index)은 수익률 −39.11% 기록했다.

서 관측치의 개수가 적은 경우에는 평균값 보다는 중앙값이 더 강건한 추정량[5](robust estimator)이 된다. 블룸버그(Bloomberg), 톰슨 로이터(Thomson Reuters) 등 데이터 벤더(data vendor)가 글로벌 투자은행의 애널리스트나 이코노미스트가 발표하는 기업 이익, 환율, 경제지표 전망 자료를 취합하여 시장 컨센서스 지표를 발표할 때 이상치에 의한 대푯값의 급격한 변동을 줄이기 위해서 평균값보다 주로 중앙값을 사용하는 것이 대표적인 사례이다. [표 6-3]의 가상의 환율전망 예시를 통해 평균값과 중앙값의 차이에 대해서 명확하게 알아보자.

[표 6-3] 이상치(outlier)가 대푯값에 미치는 영향력 비교

T_0 시점 전망	12개월 이후 환율 전망치				
	기관A	기관B	기관C	기관D	기관E
원/달러	1,100	1,080	1,050	1,000	1,020
	평균값 = 1,050		중앙값 = 1,050		
T_1 시점 전망	12개월 이후 환율 전망치				
	기관A	기관B	기관C	기관D	기관E
원/달러	1,100	1,080	1,050	1,000	**1,500**
	평균값 = **1,146**		중앙값 = 1,080		

[표 6-3]은 A, B, C, D, E 5개의 금융기관이 1년 후 시점의 원/달러 환율을 전망한 것을 취합한 가상의 컨센서스 자료이다. T_0시점에는 전망치의 평균값과 중앙값 모두 1,050이고, T_1시점에는 기관 E가 전망치를 1,500으로 상향했기 때문에 그 영향으로 평균값은 1,146으로 96만큼 상승하였고 중앙값은 1,080으로 30만큼 상승하였다. 만약 기관 E가 급격히 상향시킨 전망치 1,500을 이상치로 간주한다면 중앙값이 평균값 보다 이상치의 영향을 덜 받았다고 말할 수 있을 것이다. 따라서 관측치 수가 비교적 적은 상황에서는 중앙값이 평균값보다 더 강건한 추정량이 된다.

그 밖에도 표본의 관측값 중에서 가장 빈번하게 나타난 값을 뜻하는 최빈값(mode)이 있다. 최빈값은 포탈사이트의 실시간 검색순위 등 빅데이터(big data)에 기반한 랭킹을 산정하는 대푯값으로 ICT 발달과 함께 최근 활용빈도가 높아지는 통계량이다. 자산관리 비즈니스 분야에서도 '요즘 온라인에서 투자자들이 가장 많이 검색하는 투자상품은?' 'M증권사 고객들이 최근 1개월동안 가장 많이 매수한 펀드는?' 등의 질문에 대한 답으로 최빈값이 많이 활용되고 있다.

---

[5] 강건한 추정량(robust estimator): 이상치의 영향을 덜 받는 추정량을 통칭하는 표현으로 기대수익률과 투자위험을 이러한 강건한 추정량으로 대체하여 최적화 하는 것을 로버스트 최적화(robust optimization)라고 부른다.

3. 변동성 척도(Measure of Variability)

대푯값 외에 자료의 모습을 나타내 줄 수 있는 중요한 통계량이 바로 변동성(variability) 척도이다. 데이터가 대푯값으로부터 얼마나 넓게 흩어져 있는지를 표현한 것으로 분산도, 산포도(dispersion)라고 표현하기도 한다.

범위(range)란 가장 간단한 변동성 척도로 관측값 중에서 가장 큰 값과 가장 작은 값의 차이를 의미한다. 기상 캐스터가 내일의 날씨를 예보할 때 일교차(낮 최고기온과 아침 최저기온의 차이)가 클 것으로 예상될 때에는 옷차림에 신경 쓸 것을 당부하곤 하는데, 바로 이 일교차가 대표적인 범위 통계량의 예시라 할 수 있다.

[식 6-2] 범위(Range)

$$\text{범위} = \text{가장 큰 값} - \text{가장 작은 값}$$

편차(deviation)란 표본으로 추출된 i개의 관측값에서 평균값을 뺀 것들을 의미하는데 이 편차들이 평균적으로 얼마나 큰 지를 따져봄으로써 변동성을 측정할 수 있다. 그런데 편차들을 합하면 양의 편차와 음의 편차가 서로 상쇄되어 항상 '0'이 되기 때문에 의미 있는 변동성 지표 산출이 불가능해진다. 따라서 그 대안으로 편차들을 제곱하여 평균하는 방식으로 변동성을 측정한다. 왜냐하면 음의 편차도 제곱하면 양수가 되므로 음수와 양수가 서로 상쇄되는 현상이 발생하지 않기 때문이다. 이 편차들의 제곱을 평균한 것이 분산(variance)의 개념이다. 그런데 표본의 분산을 구할 때는 편차들의 제곱을 합한 값을 관측치 개수 n으로 나누지 않고 관측치의 개수에서 1을 뺀 $n - 1$로 나누게 된다. 왜냐하면 표본의 평균값이 미리 정해진 상태에서 분산을 구할 때 첫 번째부터 $n - 1$번째 값까지는 자유롭게 표본을 추출할 수 있지만 마지막 n번째 관측값은 미리 정해진 표본의 평균값과 일치시킬 수 있는 수동적인(자유롭지 못한) 값을 추출할 수밖에 없기 때문이다. 이렇게 관측치의 개수에서 1을 뺀 $n - 1$로 편차들의 제곱을 합한 값을 나눠주어야 편의(bias)가 없는 불편 추정량(unbiased estimator)이 된다. 이는 통계량의 자유도[6]와 관련된 내용으로 이 책이 다루고자 하는 범위를 벗어나기 때문에 상세한 내용은 통계학 서적을 참고하기 바란다.

[식 6-3] 표본 분산(Sample Variance): 모 분산(σ^2)에 대한 추정치

$$s^2 = \frac{1}{n-1}\sum(x_i - \bar{x})^2$$

---

[6] 자유도: 주어진 조건 하에서 자유롭게 변화할 수 있는 확률변수의 관측치 개수로 d.f(degrees of freedom)라고 한다.

그런데 분산은 제곱된 값이므로 직관적으로 이해하기 힘든 수치가 나오는 경향이 있어서 분산에 제곱근(square root)을 취한 표준편차(standard deviation)가 변동성의 척도로 더 많이 사용되고 있다.

[식 6-4] 표본 표준편차(Sample Standard Deviation): 모 표준편차(σ)에 대한 추정치

$$s = \sqrt{\frac{1}{n-1}\sum(x_i - \bar{x})^2}$$

왜 분산보다 표준편차가 더 직관적인 척도인지 아래 사례를 통해 알아보자.

C1빌딩 관리사무소장 희수씨는 점심시간 전후로 엘리베이터가 매우 붐비는 것을 보고 C1빌딩 근로자들의 편의와 안전을 위해 건물 외부 쪽에 엘리베이터를 추가로 설치하는 방안을 검토하여 건물주에게 보고하기로 했다. 그런데 엘리베이터 용량에 따라서 공사비용이 크게 달라진다는 사실을 깨닫고 전문 컨설턴트 유정씨에게 얼마나 큰 엘리베이터를 설치하는 것이 가장 효율적일지 의뢰하였다. 유정씨는 C1빌딩 근로자들의 체중이 대략적으로 어떻게 분포되어 있는지 파악해야 보다 합리적인 결과를 도출할 수 있을 것 같아서 설문을 통해서 근로자들의 몸무게와 관련한 통계치를 구하였는데, 몸무게 평균은 65kg, 분산은 100kg²(표준편차는 10kg)인 것으로 조사되었다.

위 사례에서 C1빌딩 근로자들의 평균 몸무게를 알 수 있다면 추가되는 엘리베이터 용량에 따라서 보통 몇 명이 탈 수 있을지 가늠할 수 있고, 여기에 비용을 고려하게 되면 가장 적절한 엘리베이터 용량을 선택할 수 있을 것이다. 그리고 보다 정확한 결과를 얻기 위해서 한 가지 더 생각해봐야 할 것이 있는데 바로 근로자들의 몸무게 편차에 관한 것이다. 만약 C1빌딩 근로자 중에 과체중인 사람이 많다면 평균값을 기준으로 계산했을 때보다 더 적은 인원밖에 타지 못하게 되는 상황이 빈번히 발생할 것이고 개선효과가 예상보다 작아질 수 있기 때문이다. 유정씨가 이러한 내용을 담은 컨설팅 자료를 준비하여 희수씨에게 브리핑한다고 가정해보자. "C1빌딩 근로자들의 몸무게 평균은 65kg이고, 분산이 100kg²입니다" 라고 말하는 것 보다 "C1빌딩 근로자들의 몸무게 평균은 65kg이고, 표준편차가 10kg($=\sqrt{100\text{kg}^2}$)입니다" 라고 말하는 것이 희수씨에게 훨씬 더 직관적으로 와 닿을 것이다. 왜냐하면 대부분의 근로자 몸무게가 65kg ± 10kg 수준에 있을 것이라고 직관적으로 예상할 수 있기 때문이다.

야구 등 대부분의 스포츠 분야에서 고액연봉을 받으면서 대중들에게 인기를 받는 선수들의 공통된 특징은 바로 '꾸준함'이다. 철저한 자기관리를 통해서 부상 없이 대부분의 경기에 나서면서 컨디션이 좋을 때나 나쁠 때나 기대치에 충족할만한 활약을 하는 선수들이 흔히 말하는 '스타 플레이어'들이다. 변동성이란 바로 이 꾸준함과 관련된 속성이라고도 할 수 있는데, 지금까지 설명한 기초통계량 개념을 활용하여 아래의 사례를 통해서 변동성이 갖는 의미에 대해서 알아보자.

GAA 야구단 현구 단장은 이번 시즌(2014)을 끝으로 자유계약선수(FA, free agent)가 되는 팀의 핵심 타자 승재와 세환 두 선수 때문에 최근 고민에 빠졌다. 예산 제약으로 인해 두 선수 모두에게 좋은 조건의 계약을 제안하기 힘들어졌기 때문이다. 결국 구단에서는 최근 두 시즌의 성적을 토대로 한 명의 선수에게만 좋은 조건으로 제안하기로 결정했다. 두 선수의 프로필과 기록을 살펴보니 연령, 타율, 수비력, 팀 공헌도, 친화력, 스타성, 내구력 등 거의 대부분의 지표가 비슷하게 나타났다. 심지어 두 선수가 기록한 홈런 개수도 똑같았는데 유일하게 다른 점은 두 선수의 월별 홈런 생산량 분포뿐이었다.

[표 6-4]는 두 선수의 최근 2년간 월별 홈런 생산량에 대한 기초 데이터이다. 이를 통해 분포의 중심위치에 해당하는 대푯값 세 가지를 비교해보자. 평균과 중앙값은 모두 5개로 동일한데 최빈값이 서로 다르다는 것을 알 수 있다. 승재 선수는 두 시즌(16개월) 중 3개의 홈런을 친 월이 가장 많았고 세환 선수는 1개 혹은 2개를 친 경우가 가장 많았는데, 세환 선수는 특정기간에 홈런을 거의 못 치거나 반대로 몰아서 치는 경향이 있음을 확인 할 수 있다. 변동성 척도를 살펴보면 보다 확연하게 나타나는데 세환 선수는 홈런을 가장 많이 친 월과 가장 적게 친 월의 차이가 13개나 되고 월별 생산하는 홈런의 표준편차가 약 4개로 승재 선수(2개)의 두 배 수준이다.

[표 6-4] GAA 야구단 소속 두 선수의 월별 홈런 개수에 대한 기초통계량 비교

시즌(월)	승재	세환	기초통계량	승재	세환
2013/03	3	1	평균값(mean)	5	5
2013/04	3	2	중앙값(median)	5	5
2013/05	6	2	최빈값(mode)	3	1, 2
2013/06	5	4			
2013/07	7	10	범위(range)	5	13
2013/08	5	9	분산(variance)	3	15
2013/09	6	6	표준편차(standard deviation)	$\sqrt{3}$	$\sqrt{15}$
2013/10	5	6			
2013시즌 합	**40**	**40**			
2014/03	3	2			
2014/04	4	8			
2014/05	6	1			
2014/06	7	7			
2014/07	8	1			
2014/08	3	0			
2014/09	4	13			
2014/10	5	8			
2014시즌 합	**40**	**40**			
합계	**80**	**80**			

현구 단장 입장에서는 어떤 선수를 붙잡는 것이 더 나은 선택일까? 승재 선수는 꾸준함이 강점이라고 할 수 있고, 매월 기대한 수준의 활약을 보일 것이 거의 확실한 선수이다. 반대로 세환 선수는 월별 홈런 생산의 편차가 커서 컨디션에 따른 타격의 기복이 심한 선수라 할 수 있다. 하지만 타격 감이 절정에 오른 기간에는 엄청난 페이스로 홈런을 생산할 수 있는 능력을 갖춘 선수로, 소위 크레이지 모드(crazy mode)가 가능한 선수이다. 단장의 선수 능력을 평가하는 관점에 따라 다를 수 있겠지만 기복 없이 꾸준한 성과를 내는 선수를 더 높게 평가하는 것이 합리적이기 때문에 현구 단장은 승재 선수를 선택할 것이라고 짐작할 수 있다.

4. 분포의 모양(Distribution Shape)

데이터의 중심(대푯값)이 한쪽으로 치우쳐 있거나 데이터가 중심부 근처에 모여있기보다는 좌우 양 극단 쪽으로 넓게 흩어져 분포하는 경우가 있는데, 이 때에는 대푯값과 변동성 척도만으로 주어진 데이터의 전반적인 모양(shape)을 파악하는데 한계가 있다. 따라서 다양한 통계 그래픽스(graphics)와 탐색적 자료분석 방법을 통해서 실제 어떤 모양으로 데이터가 분포되어 있는지 그 모양을 눈으로 확인해 보는 것도 필요하다.

앞에서 예로 설명한 C1빌딩 근로자들의 몸무게를 비롯하여 사람의 키와 IQ 등 자연현상으로부터 얻어지는 데이터들은 대부분 종 모양(bell-shaped)의 정규분포(normal distribution) 형태를 보인다. 정규분포는 인구통계학 등 사회과학분야뿐만 아니라 여러 공학 분야에서도 가장 널리 사용되는 분포로 포트폴리오 이론의 창시자 해리 마코위츠(Harry M. Markowitz)도 자산군의 수익률 데이터는 정규분포를 따른다는 가정하에 대푯값(평균)과 변동성(표준편차)을 사용하여 포트폴리오의 기대수익률과 위험수준을 설명했다. 이 밖에 대부분의 금융공학분야에서 수익률 데이터는 정규분포를 따른다는 가정을 사용하고 있는데, 그 이유는 정규분포가 중심극한정리(Central Limit Theorem) 등 이론적 검증이 충분히 진행되었고 가장 친숙한 분포라는 점과 모형이 복잡해지더라도 계산이 편리하다는 장점이 있기 때문이다. 포트폴리오 수익률처럼 다양한 변수들의 결합으로 이루어진 다변량 분포(multivariate probability distribution)의 경우 각각의 변수들이 서로 독립적으로 정규분포를 따를 때 그 결합분포 역시 정규분포를 따르기 때문에 정규분포 하나만 가지고 모형을 설계하고 설명할 수 있게 된다.

[그림 6-4] **평균(μ)이 10%이고 표준편차(σ)가 5%인 정규분포의 확률밀도함수**

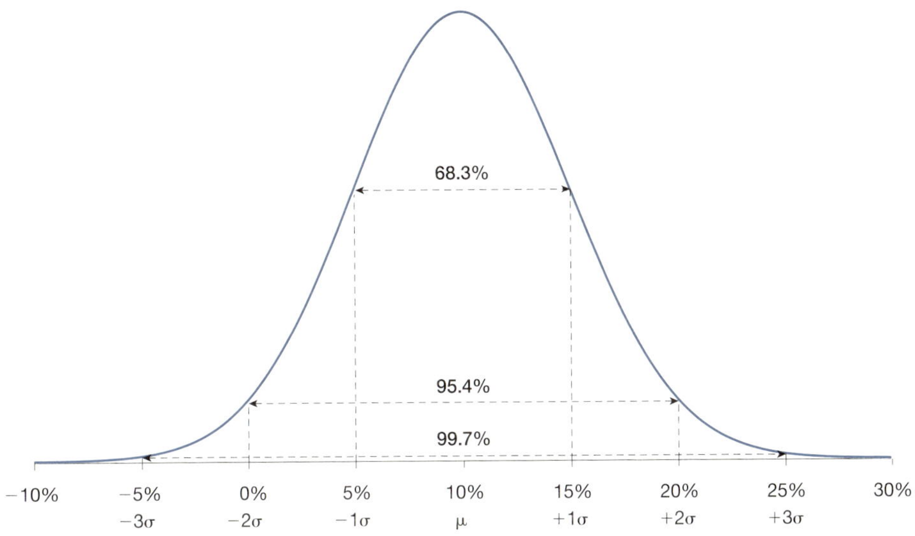

주: μ = 모 평균, σ = 모 표준편차

좌우대칭(symmetry)형 종모양인 정규분포는 평균과 분산(표준편차)이라는 두 가지의 모수(parameter)에 대한 정보만 있으면 쉽게 그 모양을 유추해 볼 수 있다. [그림 6-4]에서 볼 수 있듯이 이론적으로 평균으로부터 ±1σ 범위에는 전체 데이터의 약 68.3%, ±2σ 범위에는 95.4%, ±3σ 범위에는 99.7%가 분포하게 되어있다.

그렇다면 실제 자산군의 수익률 데이터가 정규분포를 따르고 있을까? [그림 6-5]는 주요 자산군의 최근 10년간 월간수익률 데이터를 바탕으로 실제 히스토그램을 그려서 동일한 평균과 표준편차를 갖는 이론적인 정규분포 곡선과 비교해 본 것이다. 대부분 정규분포에 가깝게 수익률 데이터가 분포하는 것으로 보이나 이론적인 정규분포 보다 양 극단 쪽에 데이터들이 분포하는 경우가 많고, 좌우대칭이 아니라 주로 왼쪽(음의 수익률)으로 꼬리가 길게 늘어진 형태를 보이는 경향이 있다. 이러한 수익률의 비정규성 때문에 기존 포트폴리오 이론과 이에 기초한 자산배분 모형에 대한 비판적 시각도 존재한다.

[그림 6-5] 주요 자산군의 최근 10년간 월간수익률 빈도수 분포

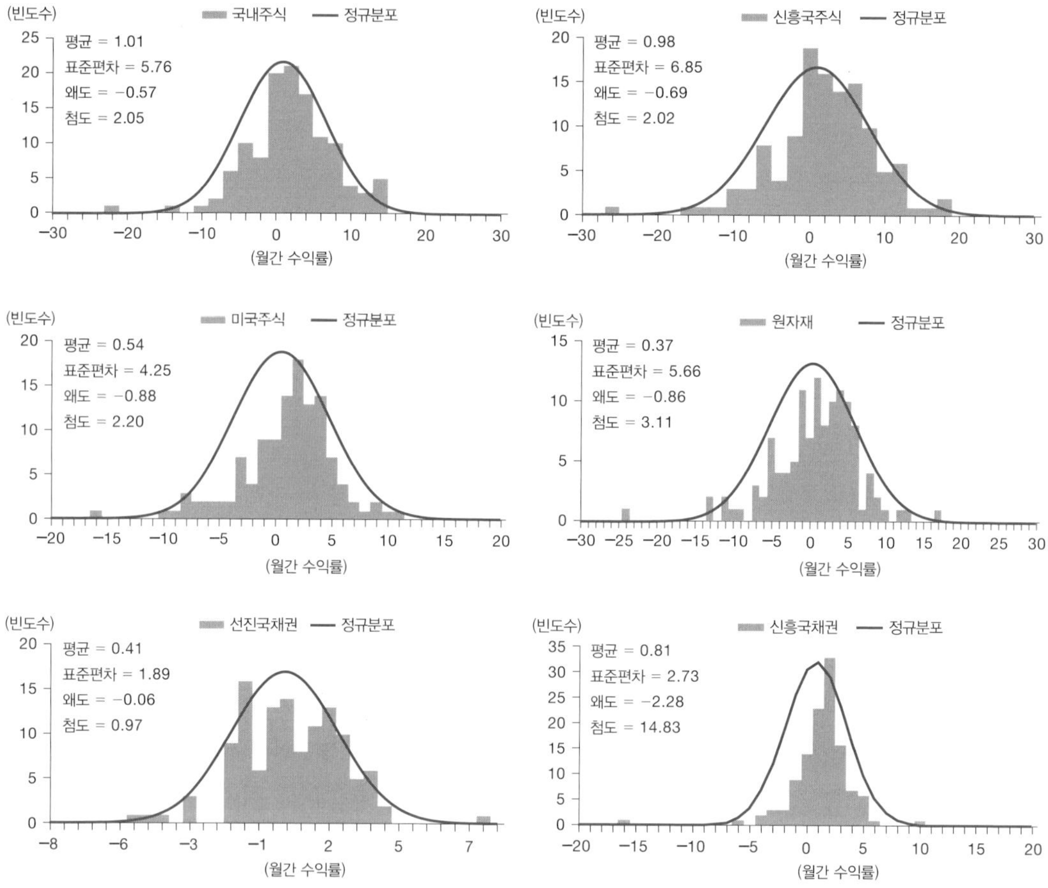

출처: Bloomberg, KRX, MSCI, S&P, RICI, BofAML

기간: 2004/07~2014/06(120개월)

주: 국내주식(KOSPI Index), 신흥국주식(MSCI EM Index), 미국주식(S&P500 Index), 원자재(RICI Commodity ER Index), 선진국채권(BofAML Global Government Index), 신흥국채권(BofAML Emerging Market Sovereign Plus Index)

데이터의 비대칭성은 왜도(skewness)를 사용하여 가늠해 볼 수 있는데, 분포가 좌우대칭형일수록 왜도는 '0'에 가깝고, '0'보다 크다는 것은 분포의 중심이 좌측으로 치우쳐 있으면서 우측으로 꼬리가 길게 늘어져 있다는 것을 의미한다. '0'보다 작은 값은 반대로 꼬리가 좌측으로 길게 늘어져 있음을 의미하는데, [그림 6-5]의 주요 자산군의 월간수익률 실증 데이터 표본은 전부 왼쪽으로 꼬리가 길게 늘어져 있는 형태이다. 이는 금융시장에 블랙스완(black swan) 현상[7]이라 불리는 금융위기와 같이 일상적이지

[7] 블랙스완(black swan) 현상: 극단적으로 예외적이어서 발생가능성이 없어 보이지만 일단 발생하면 엄청난 충격과 파급효과를 가져오는 사건을 가리키는 용어로 널리 사용하고 있다. 하지만 black swan은 개체 수는 적지만 이미 존재하고 있는 자연적 사실을 일컫는 말이므로 발생가능성이 낮은 사건이 발생한 것을 비유적으로 표현하기에는 적절치 않다.

않은 충격(폭락)이 정규분포 상의 확률보다 빈번했기 때문이다.

[식 6-5] 왜도(Skewness): 비대칭(asymmetry)의 척도

$$Skewness = \frac{1}{n-1}\sum\frac{(x_i - \bar{x})^3}{s^3}$$

또 다른 비정규성의 척도로 분포의 뾰족함 정도를 나타내는 첨도(kurtosis)가 있다. 첨도가 '0'이면 정규분포와 동일한 뾰족함을 보인다는 뜻이고, '0'보다 크다는 것은 정규분포보다 더 뾰족하게 분포한다는 뜻이다. 즉, 평균값 근처와 좌우 양 극단에 이론보다 많은 데이터가 존재한다는 것을 의미한다. [그림 6-5]의 실증 데이터 표본을 보면 첨도가 모두 '0'보다 크다는 것을 알 수 있다. 이는 실제 수익률 데이터가 정규분포를 가정했을 때보다 양 극단(수익률이 매우 좋거나, 혹은 매우 안 좋거나)에 더 많이 분포되어 있음을 의미한다. 특히 신흥국 채권의 첨도는 14.83으로 가장 높게 나타나는데, 데이터가 평균값 근처에 많이 집중되어 있으면서 왼쪽 꼬리 쪽에 극단적인 수익률(−16%)이 발생했기 때문이다.

[식 6-6] 첨도(Kurtosis): 정점의 뾰족함 정도, 꼬리 두께에 대한 척도(degree of fat-tail)

$$Kurtosis = \frac{1}{n-1}\sum\frac{(x_i - \bar{x})^4}{s^4} - 3$$

수익률의 비정규성으로 인해 최근의 포트폴리오 이론들은 정규분포가 아닌 왜도와 첨도를 반영할 수 있는 새로운 분포를 사용하거나, 자산군의 기대수익률을 산정할 때 대푯값으로 평균값이 아닌 중앙값을 사용하여 이상치의 영향을 최소화 하는 방법을 제안하고 있다. 또한, 기대수익률과 변동성의 추정오차를 줄이는 다양한 시도도 이루어지고 있다.

5. 공분산과 상관계수

지금까지 하나의 변수(주제)에 대한 데이터를 요약하는 방법으로 중심위치 척도(대푯값), 변동성 척도, 분포의 모양에 대해서 살펴보았다. 그런데 포트폴리오 이론은 다양한 자산군에 얼마 만큼씩 배분하는 것이 좋을지에 대한 방법론을 제시한 것이기 때문에 배분의 대상이 되는 자산군 개수만큼 변수가 존재하게 된다. 따라서 중심위치, 변동성, 분포에 대한 척도 이외에도 두 개 이상의 변수 상호간에 어떠한 관계가 있는지를 추가적으로 파악할 필요가 있다. 그 관계에 대한 척도로 공분산(covariance)과 상관계수(correlation coefficient)가 가장 많이 사용되고 있다.

공분산은 두 개의 변수가 어떤 관계를 보이는지에 대해서 계량화된 하나의 수치로 표현한 것이기 때문에 관측치가 (x_1, y_1), (x_2, y_2)처럼 쌍(pair)으로 존재해야 하며 아래와 같은 수식으로 표본에 대한 공분산을 구할 수 있다.

[식 6-7] 표본 공분산(Sample Covariance)

$$Cov(\mathrm{x}, \mathrm{y}) = s_{xy} = \frac{1}{n-1}\sum(x_i - \bar{x})(y_i - \bar{y})$$

위 식에서 x_i, y_i는 관심을 가지고 있는 확률변수 x와 y의 i번째 관측값을, $\bar{x}$, $\bar{y}$는 확률변수 x와 y의 표본평균을, n은 표본으로 추출한 총 관측치의 개수를 의미한다. 공분산이 '0'보다 크다는 것은 두 변수가 같은 방향으로 움직인다는 것이고, '0'보다 작다는 것은 서로 다른 방향으로 움직인다는 것이다. 그리고 '0'에 가까운 숫자라면 두 변수 사이에 공유되는 방향성 혹은 선형관계가 특별히 나타나지 않는다는 뜻이다. 공분산의 속성에 대해서는 아래 표에 나온 사례를 통해서 보다 쉽게 알아보자.

[표 6-5] KOSPI와 S&P500 지수의 최근 1년(12개월)간 월간수익률 공분산 계산

		KOSPI(%)	S&P500(%)			
시점	i	x_i	y_i	$(x_i - \bar{x})$	$(y_i - \bar{y})$	$(x_i - \bar{x})(y_i - \bar{y})$
2013/07	1	2.72	4.95	2.10	3.24	6.81
2013/08	2	0.64	−3.13	0.03	−4.84	−0.12
2013/09	3	3.66	2.97	3.05	1.27	3.86
2013/10	4	1.66	4.46	1.04	2.75	2.86
2013/11	5	0.73	2.80	0.11	1.10	0.12
2013/12	6	−1.64	2.36	−2.26	0.65	−1.47
2014/01	7	−3.49	−3.56	−4.11	−5.27	21.63
2014/02	8	2.00	4.31	1.38	2.60	3.60
2014/03	9	0.28	0.69	−0.34	−1.01	0.34
2014/04	10	−1.20	0.62	−1.82	−1.09	1.98
2014/05	11	1.69	2.10	1.07	0.40	0.42
2014/06	12	0.36	1.91	−0.26	0.20	−0.05
	Σ(합)	7.43	20.49	0	0	39.99
		$\bar{x} = 0.62$	$\bar{y} = 1.71$			
		$s_x = 1.98$	$s_y = 2.72$			

$$s_{xy} = \frac{1}{n-1}\Sigma(x_i - \bar{x})(y_i - \bar{y}) = \frac{39.99}{12-1} = 3.63542$$

출처: KRX, S&P, Bloomberg

주: $(\bar{x}, \bar{y})$ = 표본평균, (s_x, s_y) = 표본 표준편차

[표 6-5]는 한국 주식시장과 미국 주식시장을 대표하는 KOSPI, S&P500 지수의 최근 1년(12개월) 동안의 월간수익률 데이터이다. 이 표본을 통해서 공분산을 구해보면 약 +3.64가 나오는데, 양수이므로 두 자산군이 최근 1년 동안 서로 같은 방향으로 움직이는 경향을 보였다고 해석할 수 있다. 실제 i = 2, 6, 12 시점을 제외하면 편차(평균으로부터 관측값이 벗어난 정도)가 모두 같은 부호(sign)를 보이고 있어서 12번 중에서 9번은 평균으로부터 벗어난 정도가 동일한 방향성을 보였다는 것을 알 수 있다.

[그림 6-6]은 [표 6-5]에 있는 데이터를 산점도로 나타낸 것인데, 별도로 표시된 세 개의 점만 두 변수의 편차가 서로 다른 부호를 나타낸 시점이다. 그래프를 두 변수의 표본평균을 기준으로 4분면으로 나눌 수 있는데, (I)과 (III)사분면에 데이터가 많이 분포되어 '／' 형태로 그림이 그려진다면 공분산은 '0'보다 크고 두 변수간에는 '양의 상관관계'가 있다고 말하고, (II)와 (IV)사분면에 데이터가 많이 분포되어 '＼' 형태라면 공분산은 '0'보다 작고 두 변수간에는 '음의 상관관계'가 있다고 말한다.

[그림 6-6] KOSPI와 S&P500 지수의 최근 1년(12개월)간 월간수익률 산점도 그래프

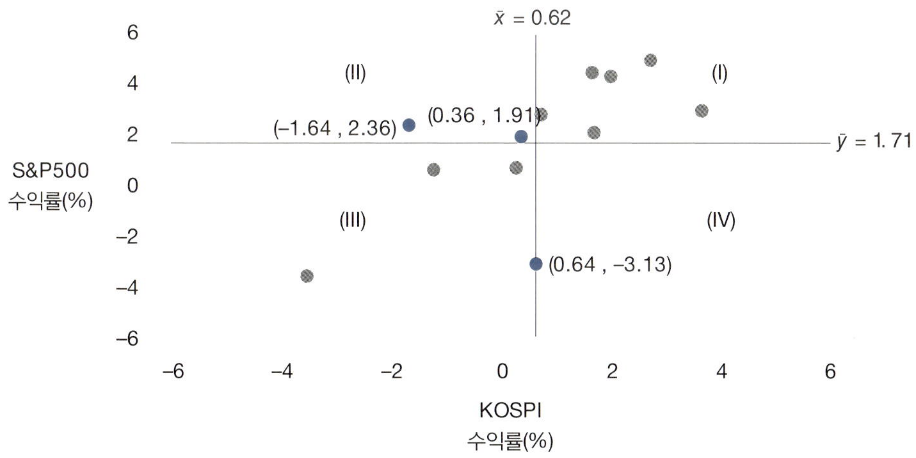

출처: KRX, S&P, Bloomberg

분산이라는 지표의 단위가 원 데이터 단위의 제곱형태이기 때문에 직관적으로 이해하는데 한계가 있는 것처럼 공분산 역시 두 변수의 편차를 곱하여 평균한 형태이기 때문에 단순히 절대 수치만 가지고 상관관계가 얼마나 강하고 약한지 설명하기 힘들다는 단점이 있다. 예시의 +3.64($\%^2$)라는 공분산 값이 얼마나 강한 상관관계를 의미하는 것일까? 표준화된 기준점이 없어서 이 질문에 대해서 명확하게 답하기 어려울 것이다.

따라서 두 변수의 상관관계를 보다 쉽게 설명할 수 있는 상관계수(correlation coefficient) 지표를 공분산과 함께 사용하는 것이 일반적이다.

상관계수는 두 변수간의 선형관계를 표준화된 수치로 나타내는 척도로, 계산하는 방식에 따라 Pearson 상관계수, Spearman 상관계수, Kendall's tau 등 다양한 지표로 나타낼 수 있다. 그 중에서 가장 보편적으로 사용되는 지표는 Pearson 상관계수인데, 일반적으로 상관계수라고 할 때에는 바로 이 지표를 의미한다.

[식 6-8] 상관계수(Pearson Correlation Coefficient)

$$\rho_{xy} = \frac{s_{xy}}{s_x \cdot s_y}$$

위 식에서 알 수 있듯이 상관계수는 공분산을 두 변수 각각의 표준편차로 나눈 것이다. 따라서 수학적으로 상관계수 값은 '$-1 \le \rho_{xy} \le +1$' 범위 안에 존재하게 되고 0을 기준으로 그 값이 양수이면 '양의 상관관계,' 음수이면 '음의 상관관계'가 있다고 말하며 ±1에 가까울수록 그 강도가 센 것이다. [표 6-5]의 KOSPI와 S&P500 지수 데이터를 통해서 그 값을 구해보면 아래와 같다.

$$\rho_{xy} = \frac{s_{xy}}{s_x \cdot s_y} = \frac{3.64}{(1.98)(2.72)} = 0.67256$$

KOSPI와 S&P500 지수는 최근 1년 동안 월간수익률을 바탕으로 계산된 상관계수가 약 +0.67이기 때문에 상당히 강한 양의 상관관계를 보였다고 해석할 수 있다. 그런데, 포트폴리오 전체 성과의 변동성을 줄이고 안정적으로 자산을 운용하기 위해서는 서로 상관관계가 높은 자산군에 분산투자하는 것이 좋을까? 아니면 그 반대로 상관관계가 낮은 자산군 위주로 편입해야 하는 것일까? 경기 국면에 따라 오르고 내리는 자산군이 각각 존재하여 상호 완충작용을 할 수 있는 후자의 경우가 포트폴리오 전체 성과의 변동성을 줄이는 데에는 더 적합하다고 말할 수 있다. 바로 이 부분에 착안하여 분산투자의 개념이 시작되었고, 포트폴리오 이론과 이에 근거한 자산배분 모형으로 발전하게 되었다.

2 기대수익률(Expected Return)과 투자위험(Risk)

지금까지 포트폴리오 이론을 쉽게 이해하기 위해서 필요한 몇 가지 기초 통계적 개념에 대해서 살펴보았다. 이 개념들이 포트폴리오 이론과 모형에서는 어떻게 연결되어 사용되는지 간략하게 정리해보자. 분포의 중심위치에 해당되는 대푯값 중 '평균값'은 포트폴리오 이론의 '기대수익률(expected return)'과 연결되어 사용되고, 분포의 퍼짐 정도에 해당되는 변동성 척도 '표준편차(standard deviation)'는 개별 자산군의 '투자위험(risk)'에 대응되어 사용된다. 그리고 '포트폴리오의 투자위험'을 나타낼 때에는 각 자산군별 '투자비중에 공분산(상관관계)을 반영한 표준편차' 개념이 사용된다.

현재부터 미래 특정 시점까지 개별 자산군이 얼마만큼의 수익률을 얻을지 예측한 값으로 투자안으로부터 얻을 수 있는 수익률의 평균값을 기대수익률이라고 한다. 마코위츠는 현대 포트폴리오 이론에서 과거 수익률 데이터로부터 추출한 평균값을 기대수익률로 사용하였고, 미래에 대한 불확실성 때문에 발생하는 투자위험을 변동성 척도인 분산(표준편차)을 사용하여 수치화하였다. 여기에 각 자산군의 상관관계를 공분산으로 수치화하여 투자비중과 함께 반영해 줌으로써 개별자산뿐만 아니라 배분된 포트폴리오 전체 수준의 기대수익률과 투자위험이 산출될 수 있도록 하였다. 이렇게 하면 개별 자산군과 구성된 포트폴리오가 정규분포를 따르고, 평균과 분산(표준편차) 두 가지 정보로 그 특성이 요약되기 때문에 기대수익률과 투자위험으로 구성된 2차원 평면상의 점으로 나타낼 수 있다. 이러한 이유에서 마코위츠의 이론에 근거한 자산배분 모형을 '평균-분산 모형(mean-variance model)'이라고 부른다.

[그림 6-7]은 글로벌 주요 자산군의 최근 10년간 월간수익률 데이터로부터 얻어진 평균값과 표준편차를 연율화하여 2차원 평면에 표시한 것인데, 흔히 이를 '리스크-리턴 프로파일(risk-return profile)'이라고 부른다. 1/N 포트폴리오는 13개 자산군에 동일하게 배분한 후 연 1회(매 6월 말) 초기 비중으로 재조정한 포트폴리오 예시이며, 투자자가 원하는 수준의 기대수익률과 투자위험을 갖는 각 자산군 조합을 이 2차원 평면상에서 어떻게 선택할 것인지에 대한 방법론이 포트폴리오 이론의 핵심이라고 할 수 있다.

[그림 6-7] 최근 10년간 주요 자산군의 리스크-리턴 프로파일

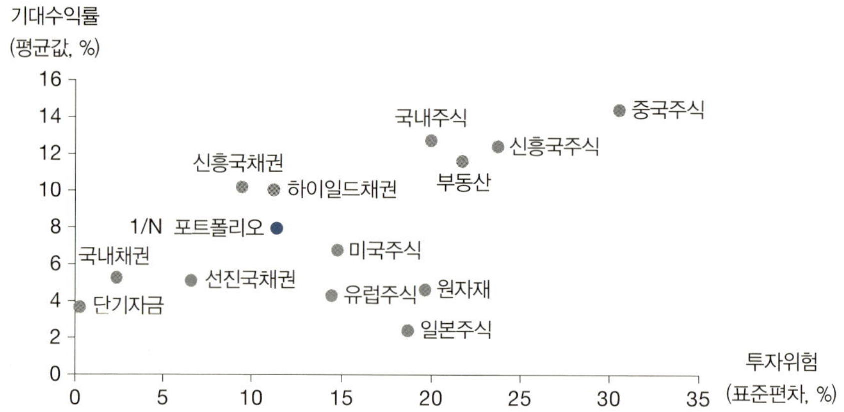

출처: Bloomberg, KRX, TSE, KAP, MSCI, S&P, RICI, BofAML

기간: 2004/07~2014/06(120개월)

주: 국내주식(KOSPI Index), 미국주식(S&P500 Index), 유럽주식(MSCI Europe Index), 일본주식(TOPIX Index), 중국주식(HSCEI Index), 신흥국주식(MSCI EM Index), 국내채권(KAP All Bond Index), 선진국채권(BofAML Global Government Index), 신흥국채권(BofAML Emerging Market Sovereign Plus Index), 하이일드채권(BofAML Global High Yield Index), 원자재(RICI Commodity ER Index), 부동산(S&P Global REITs TR Index), 단기자금(KAP Money Market Index)

3 위험회피계수와 투자효용

투자자들의 재무상태, 투자의 목적, 투자 경험은 모두 다르다. 그러므로 투자자 개인마다 고유의 투자 성향이 존재하기 마련이고, 하나의 기준으로 그 성향을 설명하기란 쉽지 않다. 하지만 포트폴리오 이론에서는 '위험회피계수'[8]라는 단순화된 수치로 투자자의 위험 선호 또는 위험 회피 정도를 설명하고 있으며 효용(utility)의 개념을 도입하여 이를 나타내고 있다. 투자에 대한 효용은 미시경제학의 무차별곡선(indifference curve) - 임의의 두 재화를 변수로 하는 2차원 평면상에서 소비자가 인지하기에 소비에 따른 효용이 동일한(무차별한) 두 재화의 조합을 나타내는 등위선 그래프 - 개념을 차용한 것이다. 무차별곡선과 효용에 대해서는 아래 간단한 사례를 통해서 그 의미를 알아보자.

[8] Risk Tolerance, Risk Aversion, Risk Appetite 등으로 다양하게 표현되고 있다.

평소에 먹는 것을 매우 좋아하는 하영씨는 최근 건강 유지를 위해서 다이어트가 필요하다는 진단을 받았다. 그래서 식사량을 조절하여 체중을 관리하려고 마음 먹었는데, 하루에 어느 정도의 칼로리를 섭취하는 것이 가장 좋을지 고민하고 있다.

위 사례에서 '음식섭취'와 '체중증가'는 무차별곡선의 임의의 두 재화에 해당한다고 볼 수 있다. 음식섭취(재화1)는 많을수록, 체중증가(재화2)는 적을수록 하영씨의 만족도(효용)는 증가하는데 하영씨가 만족을 느끼는 데 있어서 음식과 체중이 서로 상충(trade-off)관계에 있기 때문에 최적의 식사량을 선택해야 하는 고민에 빠진 것이다. 하영씨의 주관적인 만족도인 효용을 계량화 하는 것이 쉽지 않겠지만 재무분야에서 많이 사용되는 형태로 표현하자면 아래와 같다.

[식 6-9] 하영씨의 음식소비와 체중증가에 따른 효용함수(Utility Function)

$$\text{하영씨의 만족도} = \text{효용}(U) = \text{음식섭취} - \frac{1}{2}\lambda \cdot \text{체중증가}^2$$

여기서 'λ'는 체중증가가 효용에 영향을 주는 정도를 나타낸 계수로 하영씨의 주관적인 성향을 수치화 한 것인데 쉬운 말로 '살이 찌는 것이 싫은 정도'라고 할 수 있다. 하영씨는 λ가 '4'인 성향을 가진 사람이라고 가정해보자. 특정일에 음식섭취 0.1, 체중증가 0.15가 되도록 식사량을 조절했다면 이 날의 하영씨의 효용은 아래와 같이 계산된다.

$$\text{효용}(U) = 0.1 - \frac{4}{2} \times 0.15^2 = 0.1 - 0.045 = 0.055$$

음식섭취로 0.1만큼의 만족을 느꼈는데 반대급부로 체중이 증가하여 0.045만큼의 만족이 감소해서 결론적으로 0.055의 효용을 느낀 것으로 위 결과를 해석할 수 있다. 만약 하영씨가 매일 0.055의 효용을 느끼는 식사량이 가장 적절한 수준이라고 판단했다면, 다양한 식단조절을 통해서 동일한 수준의 효용을 느낄 수 있는, 다시 말해서 효용이 '무차별'한 조합을 여러 개 찾을 수 있을 것이다. 바로 이 점들을 연결한 선이 무차별곡선이고 [그림 6-8]에서 하영씨의 무차별곡선을 확인할 수 있다.

[그림 6-8] λ = 4이고 U = 0.055인 하영씨의 무차별곡선

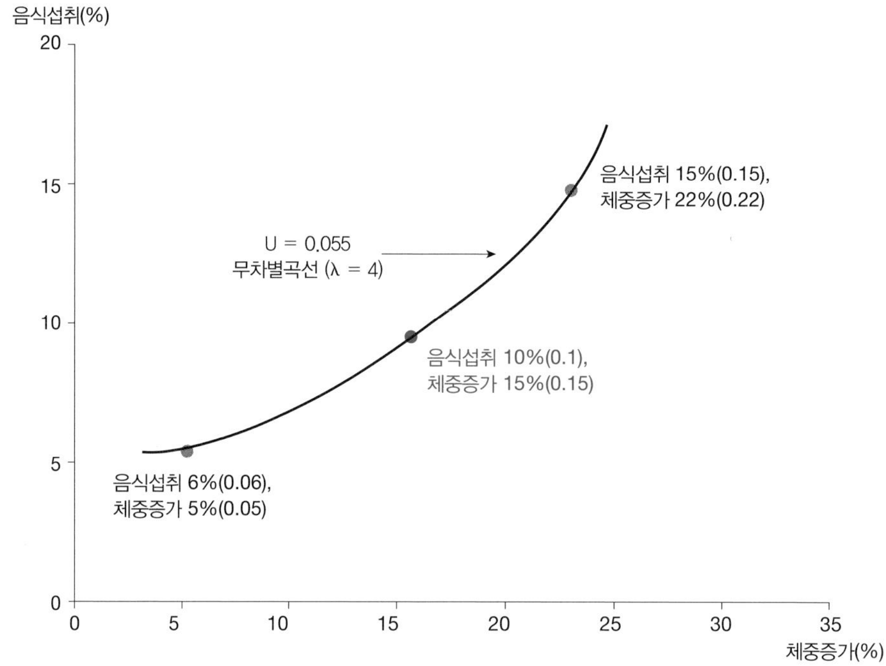

[그림 6-8]에서 강조된 점은 음식섭취 0.1, 체중증가 0.15가 되도록 식사량을 조절했을 때다. 이 때와 동일한 효용을 주는 음식섭취와 체중증가 조합을 선으로 표시하였다. 만약 하영씨가 음식섭취는 위 사례와 동일하게 0.1인데 체중증가는 0.15보다 작은 식단을 발견했거나, 체중증가는 0.15로 동일한데 음식섭취가 0.1보다 큰 식단을 발견했다고 가정해보자. 해당하는 모든 식단은 효용이 0.055이상이 될 것이고, [그림 6-8]의 2차원 평면에 표시해보면 곡선의 좌측상단에 위치하게 될 것이다. 일반화해서 설명하자면 다른 모든 조건이 동일할 때 체중증가는 적은 식단, 혹은 음식섭취가 많은 식단이 더 많은 효용을 주는 조합이라 할 수 있다.

앞에서 설명했던 [그림 6-7]의 리스크-리턴 프로파일을 위 사례와 연결시켜보자. 사례의 음식섭취는 효용에 긍정적인 요소로 리스크-리턴 프로파일상의 기대수익률에 해당되며, 효용에 부정적인 요소인 체중증가는 투자위험에 해당한다. 그리고 '살이 찌는 것이 싫은 정도'라고 표현했던 하영씨의 주관적인 성향 λ가 투자자의 위험회피계수에 해당된다. 그렇게 되면 투자자의 효용함수도 아래와 같이 다시 정의해 볼 수 있다.

[식 6-10] 투자자의 효용함수(Utility Function)

$$\text{투자자의 효용(U)} = \text{기대수익률} - \frac{1}{2}\lambda \cdot \text{투자위험}^2 = E(r) - \frac{1}{2}\lambda \cdot s^2$$

[식 6-10]에 따르면, 투자자의 효용은 기대수익률이 높으면 증가하고 투자위험(변동성)이 크면 감소한다는 것을 알 수 있다. 투자위험이 효용을 감소시키는 정도는 투자자의 위험회피계수에 의해서 결정되는데 위험회피성향이 강한 투자자일수록 λ값이 큰 투자자라고 할 수 있다. 위험회피성향이 강한 투자자는 다른 투자자에 비해서 투자위험이 한 단위 증가할 때 더 큰 수익률을 기대할 수 있어야 동일한 수준의 효용을 느낄 수 있다. 그렇기 때문에 무차별곡선의 볼록함 정도가 더 강하게 형성된다. 그렇다면 특정 투자자의 위험에 대한 주관적인 성향인 위험회피계수(λ)값은 어떻게 알 수 있을까? 실증분석에서는 투자자산의 시가총액의 비중대로 투자하는 포트폴리오를 '시장 포트폴리오'라고 하고, 이 시장 포트포폴리오의 기대수익률에서 무위험이자율(단기국채 금리 등)을 차감한 것을 '시장 초과수익률'로 정의한 후, 이 시장 초과수익률을 시장 포트폴리오의 분산값으로 나눈 것을 위험회피계수로 사용한다. 이렇게 해서 얻은 위험회피계수는 평균적인 투자자들의 위험회피수준이라고 가정할 수 있다.

[그림 6-9]는 지금까지 설명한 내용을 앞에서 설명했던 최근 10년간 주요 자산군의 리스크-리턴 프로파일과 동일한 2차원 평면상에 요약하여 나타낸 것이다. 실제 데이터를 이용하여 나타내보면 효용(U)이 동일할 때 위험회피계수(λ)가 커질수록 곡선의 기울기는 더 가팔라지고, 위험회피계수가 동일하다면 효용이 커질수록 곡선이 좌측상단에 위치하게 된다는 점을 확인할 수 있다.

[그림 6-9] U = 0.055, U = 0.095 (λ = 2, λ = 4) 인 무차별곡선

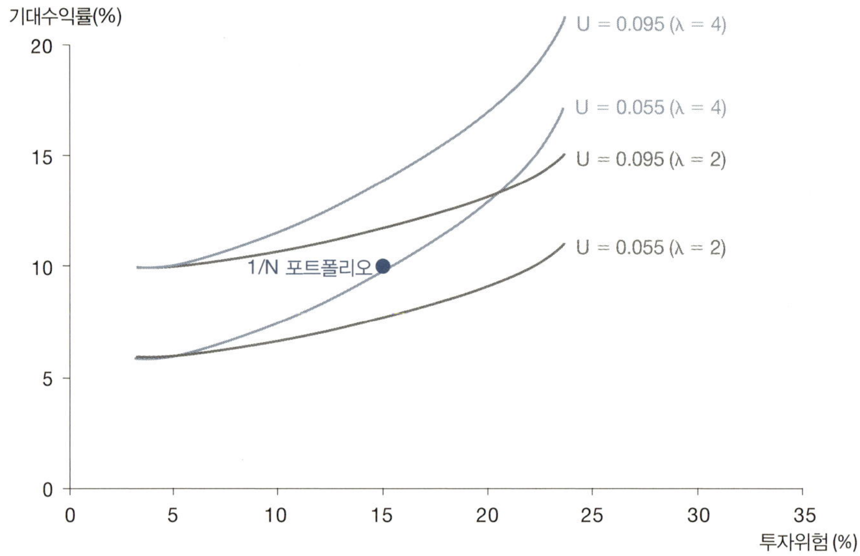

4 효율적투자선과 최적 포트폴리오 선택

1. 자본배분선(CAL, Capital Allocation Line)

포트폴리오 이론에서 투자위험(변동성)이 '0'인, 손실이 발생하지 않을 자산을 '무위험자산(risk-free asset)'이라고 하고 이러한 무위험자산에 투자했을 때 기대할 수 있는 수익률을 '무위험수익률 혹은 무위험이자율(risk-free rate)'이라고 한다. 물론 현실 세계에서 절대 손실이 발생하지 않거나 부도확률이 0%인 자산은 존재할 수 없다. 하지만 금융 실무에서는 발행자가 정부여서 손실 발생 가능성이 비교적 희박한 단기 국채, 금융기관이 취급하는 단기 예금, MMF, CMA 등을 무위험자산으로 분류하기도 한다. 다른 말로 하면 중앙은행 기준금리 수준을 무위험이자율로 간주하는 것이다. 이렇게 실무적 기준을 적용하면 2014년말 기준 한국의 투자자 입장에서 무위험이자율은 2% 수준이라고 할 수 있다. 기대수익률과 투자위험 두 축으로 구성된 2차원 평면상에 이 무위험자산과 하나의 투자자산 혹은 투자 포트폴리오를 선으로 연결하여 그려볼 수 있는데, 이 선을 바로 자본배분선(CAL, Capital Allocation Line)이라고 부른다. 자본배분선 및 이와 관련한 여러 가지 개념에 대해서는 다음 사례를 통해서 알아보도록 하겠다.

30대 초반의 직장인 지원씨는 최근 재테크에 대해서 관심이 많아졌다. 사회생활을 시작하면서 지금까지는 생활비를 제외한 나머지 급여소득 전체를 예 · 적금, CMA 등 단기 안정형자산으로만 운용해왔는데 최근 시중금리의 급격한 하락으로 인해 이자수입이 예전만 못해졌기 때문이다. 결국 지원씨는 단기 안정형자산으로 운용되던 자금의 일부를 국내주식형 펀드에 투자하여 원금손실 가능성이 있더라도 수익성을 높이기로 하였는데, 얼마만큼의 비중을 위험자산인 국내주식형 펀드에 투자하는 것이 좋을지 고민하고 있다.

위 사례에서 언급된 단기 안정형자산을 무위험자산이라고 간주하면, 지원씨가 위험자산(국내주식형 펀드) 투자비중을 늘리지 않을 경우 향후 기대되는 수익률은 2% 수준에 머무를 것이다. 그런데 만약 KOSPI 지수를 추종하는 국내주식형 펀드에 일정부분 자산을 배분한다면, 정도에 따라서 [그림 6-10]처럼 무위험자산과 국내주식 두 자산군이 연결된 직선 위에서 전체 포트폴리오의 기대수익률과 투자위험이 결정될 것이다. 이 직선을 지원씨의 자본배분선(CAL)이라고 하고, 그 기울기를 위험보상비율(reward-to-volatility ratio)이라고 하는데, 기울기가 가파를수록 동일한 위험수준에서 더 높은 수익률을 기대할 수 있으므로 더 좋은 투자라고 볼 수 있다. 자본배분선은 직선의 형태로 나타난다. 왜냐하면 두 개의 자산으로 구성된 포트폴리오의 위험은 각각의 변동성과 둘 간의 상관관계에 의해서 결정되는데, 무위험자산(본 사례에서 기대수익률은 2%로 가정)의 위험은 '0'이므로 포트폴리오 위험을 계산할 때 위험자산의 변동성만 남게 되어 결국 위험자산에 대한 배분비율에 비례하며 선형적 관계로 나타나기 때문이다. 지난 10년간 국내주식(KOSPI 지수)의 월평균 기대수익률은 연율화해서 12.75%였고, 수익률의 표준편차는 약 20%였다. 따라서 지원씨가 기존 투자방식을 유지한 채 전체자금의 50%만 국내주식에 투자한다면 아래와 같은 계산으로 7.38% 수익률을 기대하면서 약 10%의 위험을 감수하는 포트폴리오를 구성할 수 있게 된다.

$$\text{포트폴리오 기대수익률} = E(r_p) = wr_s + (1 - w)r_{Rf} = 7.38\%$$

$$\text{포트폴리오 투자위험} = \sigma_p = \sqrt{w^2\sigma_s^2 + (1 - w)^2\sigma_{Rf}^2 + 2w(1 - w)Cov(r_s, r_{Rf})} = 9.97\%$$

* w는 국내주식 투자비중, r은 기대수익률, σ는 표준편차, s는 국내주식, Rf는 무위험자산, Cov는 공분산, p는 포트폴리오를 의미함

또한 이 때 구해진 자본배분선의 기울기인 위험보상비율('샤프비율'이라고도 함)은 0.54로 지원씨는 이 자본배분선상에 위치한 포트폴리오를 선택할 경우 위험(표준편차)이 한 단위 증가할 때마다 기대수익률이 0.54(배)씩 증가하도록 자산을 배분하는 것이라 할 수 있다.

$$\text{위험보상비율} = \text{Sharpe Ratio} = \frac{E(r_p) - r_{Rf}}{\sigma_p} = \frac{7.38\% - 2\%}{(9.97\%)} = 0.54$$

[그림 6-10] **최근 10년간 국내주식의 성과(리스크-리턴)를 활용한 지원씨의 자본배분선(CAL)**

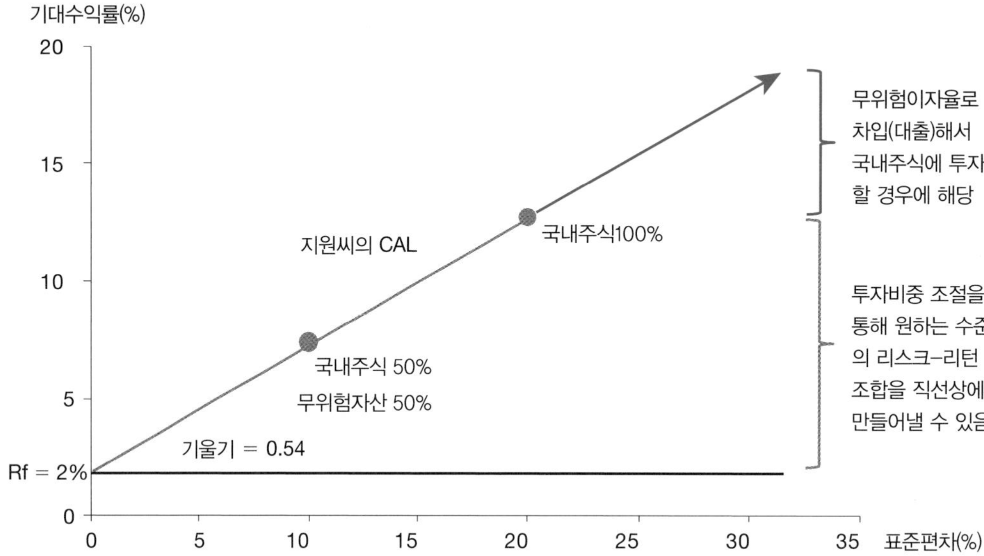

출처: Bloomberg, KRX
기간: 2004/07~2014/06(120개월)
주: 국내주식(KOSPI Index)

2. 효율적투자선(Efficient Frontier)

만약 지원씨가 국내주식 이외에 자본시장 규모가 가장 크면서 글로벌 기업들이 많이 분포되어 있는 미국주식에도 일정부분 투자함으로써 더 큰 분산효과(diversification effect)를 얻을 수 있겠다고 생각했다고 가정해보자. 여기서 분산효과란 여러 자산군에 분산하여 투자할 경우 포트폴리오의 변동성이 줄어들게 되는 현상을 뜻하는데, 과연 미국주식에 추가적으로 자산을 배분하면 분산효과가 커질 수 있을까?

우선 앞에서 설명했던 것처럼 자산군이 서로 낮은 상관관계를 보일 때 분산효과가 커지는지 실제 데이터를 통해서 확인해보자. [그림 6-11]은 최근 10년간 국내주식과 미국주식의 리스크-리턴 프로파일을 활용하여 두 자산군의 상관계수(ρ)값이 '-1, 0, 0.67(최근 1년 실제 값), 1' 순으로 증가함에 따라 5%p씩 투자비중을 변화시키면서 구성한 포트폴리오의 리스크-리턴 프로파일의 궤적을 나타낸 것이다. 그림을 보면 두 자산군이 완전히 음의 상관관계(ρ = -1)를 보인다고 가정하고 국내주식에 40%, 미국주식에 60% 투자한 포트폴리오(P)는 기대수익률과 표준편차가 각각 9.13%, 0.85%로 투자위험이 최소화 되는 조합이 된다는 것을 확인할 수 있다.[9] 즉, 상관관계가 서로 낮은 자산군을 찾아서 배분하면 위험보상비율(샤프비율)이 더 높은, 수학적으로 표현하자면 자본배분선(CAL)의 기울기가 더 가파른 포트폴리오를 구성할 수 있게 된다. 그리고 지원씨가 국내주식과 미국주식의 상관계수로 최근 1년간 월간수익률을 통해서 계산된 '0.67'을 사용한다고 가정한다면, 기존 무위험자산으로만 구성된 포트폴리오에 국내주식형 펀드만 추가했을 때와 미국주식형까지 추가해서 분산투자했을 때의 포트폴리오 분산효과는 대동소이할 것이다. 왜냐하면 미국주식이 추가되더라도 샤프비율이 최대화되는 투자조합의 자본배분선 기울기가 국내주식에만 투자했을 때와 별반 차이가 없기 때문이다. 따라서 국내주식과 미국주식의 상관계수가 0.67이라는 계산 하에서 지원씨가 분산효과를 더 높이기 위해서는 미국주식 외에 국내주식과 상관관계가 더 낮은 다른 자산군을 찾아야 한다고 결론내릴 수 있다.

[그림 6-11] 국내주식과 미국주식의 상관계수(ρ) 변화에 따른 분산효과 비교

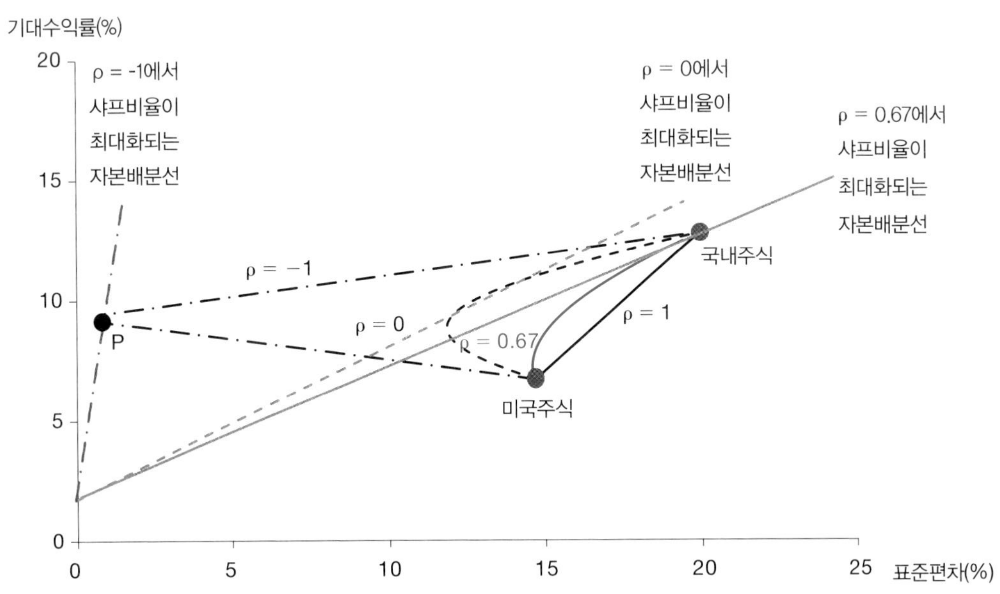

출처: Bloomberg, KRX, S&P
기간: 2004/07~2014/06(120개월)
주: 국내주식(KOSPI Index), 미국주식(S&P500 Index)

[9] 투자비중을 5%p가 아닌 더 세밀한 단위로 조정하면 완전히 음의 상관관계(ρ = −1)를 보이는 두 자산으로 구성된 포트폴리오의 투자위험(표준편차)이 '0'이되는 조합도 도출할 수 있다. 그 경우에는 [그림 6−11]의 P점이 y축 선상에 위치하게 된다.

[그림 6-12]는 지난 10년간 주요 자산군의 월간수익률 데이터로부터 산출된 각 자산군별 상관계수를 행렬(matrix) 형태로 그래프와 표로 나타낸 것인데, 분산효과가 큰(상관관계가 낮은) 자산을 찾기 위해서는 이러한 지표를 활용하면 도움이 된다.

[그림 6-12] 최근 10년간 주요 자산군의 상관계수(ρ) 행렬

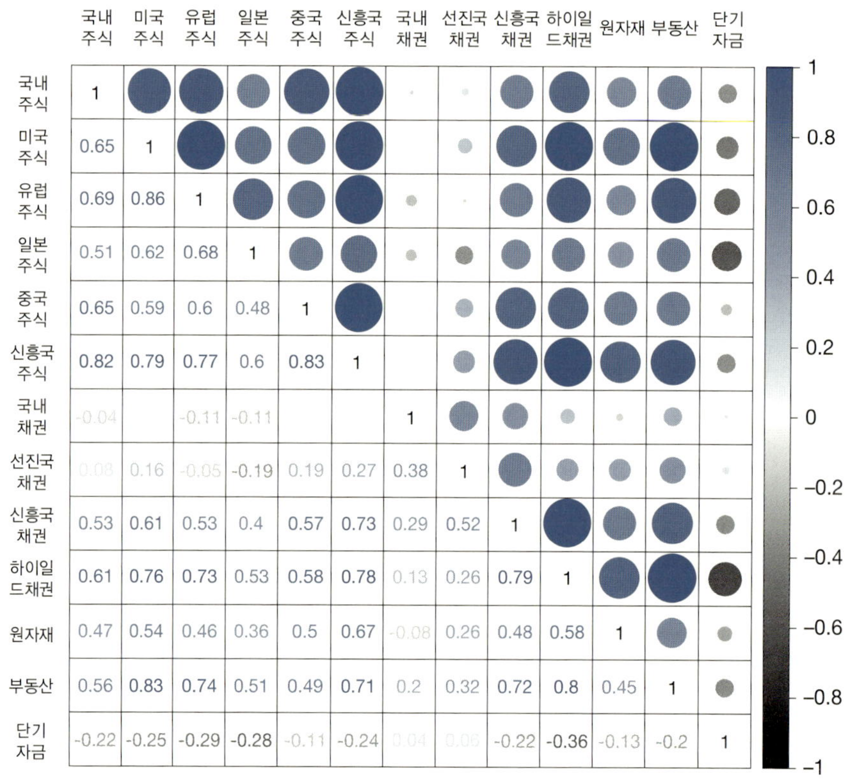

출처: Bloomberg, KRX, TSE, KAP, MSCI, S&P, RICI, BofAML

기간: 2004/07~2014/06(120개월)

주: 국내주식(KOSPI Index), 미국주식(S&P500 Index), 유럽주식(MSCI Europe Index), 일본주식(TOPIX Index), 중국주식(HSCEI Index), 신흥국주식(MSCI EM Index), 국내채권(KAP All Bond Index), 선진국채권(BofAML Global Government Index), 신흥국채권(BofAML Emerging Market Sovereign Plus Index), 하이일드채권(BofAML Global High Yield Index), 원자재(RICI Commodity ER Index), 부동산(S&P Global REITs TR Index), 단기자금(KAP Money Market Index)

지원씨가 분산효과 극대화를 위해 투자대상을 국내주식과 미국주식을 포함한 주요 자산군 전체로 확대했다고 가정해보자. 무위험자산을 제외한 투자 가능한 주요 자산군이 *n*개 존재한다고 한다면, *n*개의 자산군에 대한 투자비중의 합이 '1'이 되는 포트폴리오는 수없이 많이 존재할 것이다. 이들 포트폴리오 가운데 동일한 기대수익률 수준에서 투자위험(표준편차)이 최소화 되는 포트폴리오, 혹은 동일한 투자위험 수준에서 기대수익률이 최대화 되는 포트폴리오를 선택하는 원리를 지배원리(dominance principle)라고 부르고, 지배원리에 의해서 선택된 포트폴리오들을 선으로 연결한 것을 효율적투자선(efficient frontier)이라고 부른다. 자산군의 개수가 늘어날수록 목표하는 기대수익률이나 투자위험 수준에서 지배원리를 충족하는 포트폴리오를 구하는 과정이 복잡해지는데, 실무적으로는 Excel의 solver(해찾기)기능 같은 최적화 프로그래밍 기법을 활용하여 시행착오(trial and error) 방식[10]을 통해 효율적투자선을 도출하게 된다. *n*개의 위험자산으로 구성된 포트폴리오의 기대수익률과 투자위험, 그리고 효율적투자선을 도출하는 상세 프로세스에 대해서는 관련서적을 통해서 확인하기 바라며, 본 책에서는 행렬과 벡터의 개념을 활용하여 포트폴리오의 기대수익률과 투자위험을 계산하는 과정만 소개하도록 하겠다.

10 시행착오(trial and error) 방식: 방정식의 미지수가 너무 많아 최적의 해를 찾기 위한 확실한 산식이나 순서를 모를 경우에 적당하다고 생각되는 수치를 대입하여 시험하고, 잘못이라고 생각되면 순서에 따라 적당하다고 생각되는 다른 수치를 지속적으로 대입하여 최적의 해(극대값 혹은 극소값)를 찾아내는 방법으로 수치해석, 시뮬레이션 등에 사용된다.

[정리 6−1] *n*개의 자산군으로 이루어진 포트폴리오 기대수익률, 투자위험 계산

✓ 계산에 필요한 벡터(Vector)와 행렬(Matrix) 정의하기

$$\boldsymbol{w} = \begin{pmatrix} w_1 \\ w_2 \\ \vdots \\ w_n \end{pmatrix} \quad \Sigma = \begin{pmatrix} \sigma_1^2 & \sigma_{12} & \cdots & \sigma_{1n} \\ \sigma_{21} & \sigma_2^2 & \cdots & \sigma_{2n} \\ \vdots & \vdots & \ddots & \vdots \\ \sigma_{n1} & \sigma_{n2} & \cdots & \sigma_n^2 \end{pmatrix} \quad \boldsymbol{\mu} = \begin{pmatrix} E(r_1) \\ E(r_2) \\ \vdots \\ E(r_n) \end{pmatrix}$$

$\boldsymbol{w}$ = 투자비중 벡터, Σ = 공분산 행렬, $\boldsymbol{\mu}$ = 기대수익률 벡터

✓ 위 벡터를 이용하여 포트폴리오 기대수익률, 투자위험(표준편차) 구하기

포트폴리오 기대수익률

$$\begin{aligned} E(r_p) &= w_1E(r_1) + w_2E(r_2) + \cdots + w_nE(r_n) \\ &= (w_1 \quad w_2 \quad \cdots \quad w_n)\begin{pmatrix} E(r_1) \\ E(r_2) \\ \vdots \\ E(r_n) \end{pmatrix} \\ &= \boldsymbol{w}'\boldsymbol{\mu} \end{aligned}$$

포트폴리오 분산

$$\begin{aligned} var(r_p) = \sigma_p^2 &= \sum_{i=1}^{n}\sum_{j=1}^{n} w_iw_j\sigma_{ij} \\ &= (w_1 \quad w_2 \quad \cdots \quad w_n)\begin{pmatrix} \sigma_1^2 & \sigma_{12} & \cdots & \sigma_{1n} \\ \sigma_{21} & \sigma_2^2 & \cdots & \sigma_{2n} \\ \vdots & \vdots & \ddots & \vdots \\ \sigma_{n1} & \sigma_{n2} & \cdots & \sigma_n^2 \end{pmatrix}\begin{pmatrix} w_1 \\ w_2 \\ \vdots \\ w_n \end{pmatrix} \\ &= w'\sum w \end{aligned}$$

포트폴리오 표준편차

$$\sigma_p = \sqrt{w'\sum w}$$

그리고 이어지는 [그림 6−13]은 [정리 6−1]에서 나와있는 계산방법을 활용하여 최근 10년간 주요 자산군의 월간수익률을 통해서 효율적투자선을 도출한 것이다. 본 예시에서는 단기자금(기대수익률 3.65%, 투자위험 0.24%)을 무위험자산으로 간주(무위험수익률 3.65%, 투자위험 0%)하였으며 이를 제외한 12개 자산군의 조합으로 효율적투자선을 도출하였다.

[그림 6-13] 최근 10년간 주요 자산군으로 구성된 효율적투자선

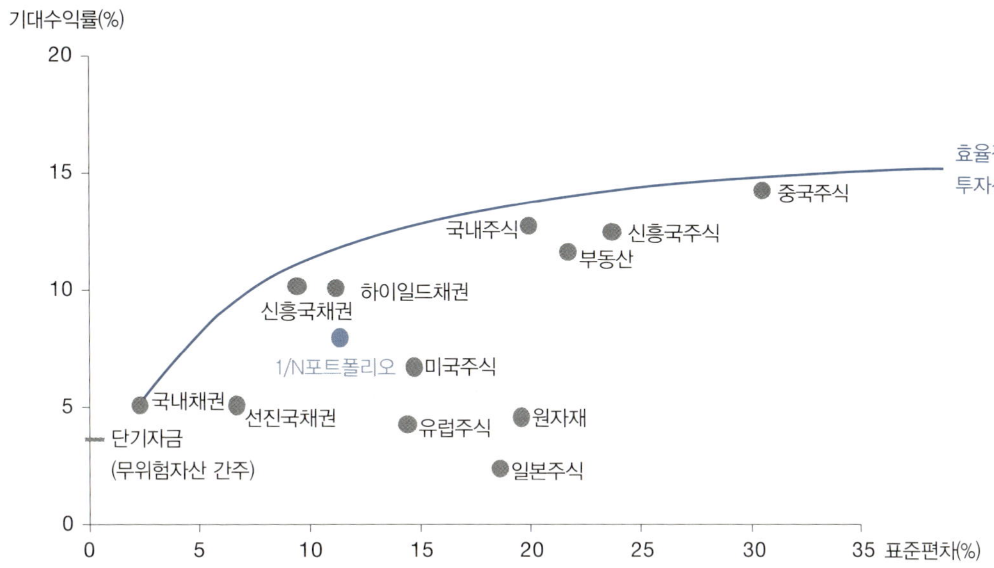

출처: Bloomberg, KRX, TSE, KAP, MSCI, S&P, RICI, BofAML

기간: 2004/07~2014/06(120개월)

주:국내주식(KOSPI Index), 미국주식(S&P500 Index), 유럽주식(MSCI Europe Index), 일본주식(TOPIX Index), 중국주식(HSCEI Index), 신흥국주식(MSCI EM Index), 국내채권(KAP All Bond Index), 선진국채권(BofAML Global Government Index), 신흥국채권(BofAML Emerging Market Sovereign Plus Index), 하이일드채권(BofAML Global High Yield Index), 원자재(RICI Commodity ER Index), 부동산(S&P Global REITs TR Index), 단기자금(KAP Money Market Index)

3. 최적 포트폴리오 선택

효율적투자선은 동일한 위험 수준에서 기대수익률이 최대화 되거나, 동일한 기대수익률 수준에서 투자위험이 최소화 되는 포트폴리오를 연결한 것이기에 이 선을 기준으로 좌측상단의 영역에는 투자 가능한 포트폴리오 구성이 불가능하고 우측하단의 영역으로는 수많은 투자 가능한 포트폴리오 조합들이 존재하게 된다. 이 우측하단 영역에 존재하는 투자 가능한 포트폴리오 조합들을 통칭하여 투자기회집합(IOS, Investment Opportunity Set)이라고 한다.

이 중에서 어떤 것을 선택하는 것이 가장 합리적일까? 앞에서 설명했던 자본배분선(무위험자산과 하나의 투자자산이나 포트폴리오를 연결한 선)과 그 기울기에 해당하는 위험보상비율(샤프비율) 개념을 다시 한 번 떠올려 보자. 위험보상비율이 클수록 동일한 위험수준에서 더 높은 수익률을 기대할 수 있는 더 좋은 투자처라고 했는데, 투자기회집합의 여러 조합들과 무위험자산과 연결한 자본배분선 중에서 기울기(위험보상비율)가 가장 큰 것을 선택하는 것이 가장 합리적인 선택이 될 것이다.[11] [그림 6-14]에서 M 포트폴리오가 바로 그 점인데, 효율적투자선과 그릴 수 있는 자본배분선 중에서 기울기가 가장 큰 것과의 접점에 해당한다.

[그림 6-14] 시장 포트폴리오(M)와 자본시장선(CML)

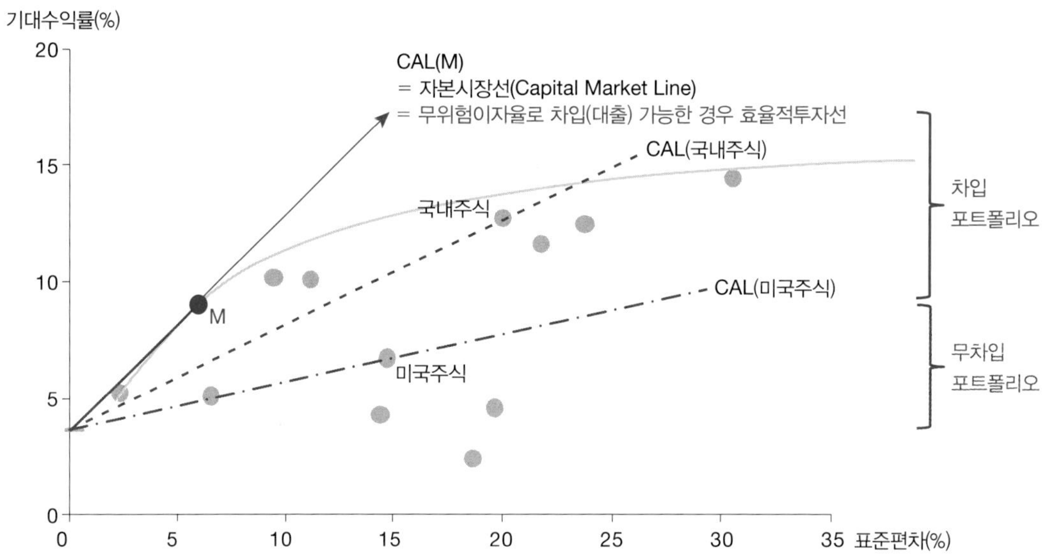

출처: Bloomberg, KRX, S&P

기간: 2004/07~2014/06(120개월)

주: 국내주식(KOSPI Index), 미국주식(S&P500 Index), 차입 포트폴리오는 무위험이자율로 차입이 가능하고 공매도가 허용될 때 구성할 수 있는 포트폴리오를 의미하고, 무차입 포트폴리오는 차입과 공매도 없이 매수 후 보유(buy & hold) 전략만 사용하는 포트폴리오를 의미함

접점 M의 포트폴리오를 흔히 '시장 포트폴리오(market portfolio)[12]'라고 부르는데, 이 포트폴리오는 개별 자산군에 대한 투자자들의 시장전망이 크게 다르지 않다는 가정하에서 투자자들의 효용(U)과 위험회피계수(λ)와 같은 투자 성향과는 무관하게 자산군별 기대수익률과 투자위험수준만 알고 있으면 찾아낼 수 있는 포트폴리오이다. 그렇기 때문에 시장 포트폴리오와 무위험자산을 연결한 자본배분선(M)을 특별히 자본시장선(CML, Capital Market Line)이라고 부른다. 그리고 무위험수익률로 차입(대출)이 가능하다면 바로 이 자본시장선이 새로운 효율적투자선이 된다.

11 시장이 효율적이고 투자자가 이성적이라는 가정이 전제된다.

12 자본자산가격결정모형(CAPM), 차익거래이론(APT) 등 시장균형을 가정한 이론에서는 자산군의 시가총액 비중대로 투자한 포트폴리오가 시장 포트폴리오가 된다.

[그림 6-15] **최적 포트폴리오(Optimal Portfolio) 선택**

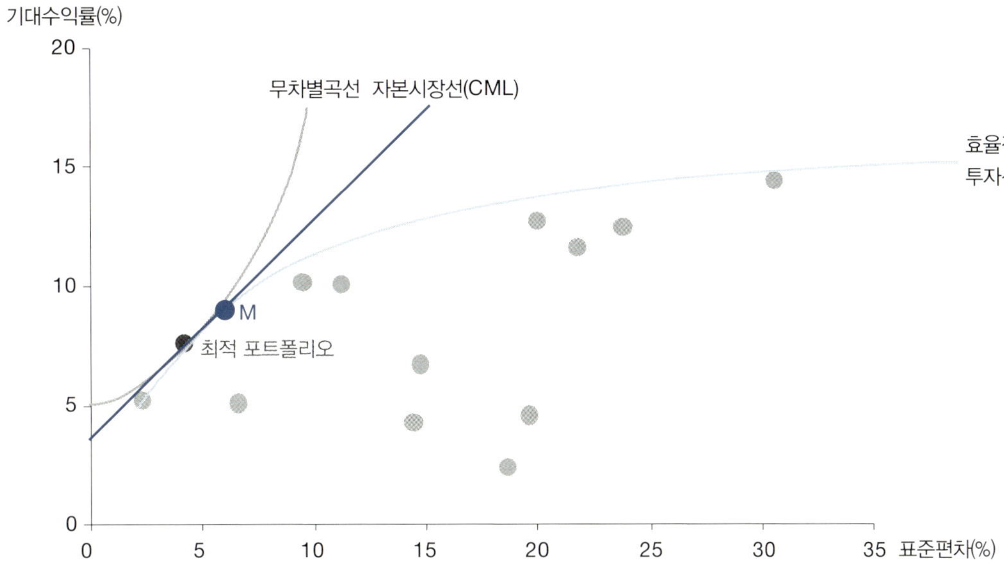

새로운 효율적투자선이라 할 수 있는 자본시장선은 지배원리를 충족하는 포트폴리오 조합을 최종적으로 모아둔 것이다. 따라서 이 선상의 한 점을 최적 포트폴리오로 선택하는 것이 합리적이라 할 수 있다. 자본시장선상에 있으면서 투자자의 성향과 부합하고 효용이 최대화되는 점이 바로 최적 포트폴리오(optimal portfolio)가 되는데, 그 점은 [그림 6-15]에 나와있듯이 투자자의 무차별곡선과 자본시장선이 만나는 접점이 된다.

4. 토빈의 분리정리(Tobin's Separation Theorem)

20세기 미국의 경제학자 제임스 토빈(James Tobin)은 투자자의 포트폴리오 선택 과정이 '투자대상을 결정하는 것'과 '자본을 어떻게 조달할 것인지 결정하는 것,' 이 두 가지 독립적인 의사결정 단계로 분리된다고 설명하고 있는데, 이를 토빈의 분리정리(Tobin's Separation Theorem)라고 한다. 바로 앞에서 설명했던 내용에서 수많은 포트폴리오 조합 가운데 위험자산만으로 구성된 시장 포트폴리오를 도출하는 것까지가 바로 투자대상을 결정하는 첫 번째 의사결정 단계라고 할 수 있고, 자본시장선 상에서 시장 포트폴리오와 무위험자산간의 배분비율을 결정하여 최적 포트폴리오를 선택하는 자본조달의 방법과 관련한 의사결정 단계가 두 번째라고 할 수 있다. 즉, 위험자산으로 가장 효율적인 포트폴리오를 구성하는 것과 투자자가 위험자산과 무위험자산을 어떤 비율로 나눠서 투자할 것인지를 결정하는 것은 전혀 무관하다는 뜻이다. 이 분리정리가 자산관리 비즈니스 종사자에게 시사하는 바를 살펴보면 다음과 같다.

첫 번째 단계에서 시사하는 바는 자산관리사가 합리적인 시장전망에 기초하여 위험자산으로 구성된 효율적인 포트폴리오를 투자자(고객)에게 제시할 수 있는 능력을 갖추어야 한다는 점이다. 초기 마코위츠의 포트폴리오 이론에는 없었던 '무위험자산'이라는 개념이 토빈에 의해서 도입되면서 금융권 종사자의 역할이 증권이나 금융상품의 단순 중개자에서 포트폴리오 컨설턴트로 확장되었고 간접투자 문화가 활성화될 수 있는 이론적 근거가 되었다고 볼 수도 있다. 따라서 자산관리사는 투자자의 성향과 무관하게 현 시장상황에서 가장 효율적인 포트폴리오가 무엇인지 찾으려고 지속적으로 노력해야 한다. 시장을 전망하는 단계에서 자료를 잘못 해석하거나 검증되지 않은 모델로 자산관리사의 경험에 의존하여 임의로 자산을 배분할 경우 비효율적인 포트폴리오가 구성되어 의도치 않은 결과가 발생할 가능성이 높아질 수 있으므로 경쟁력을 갖기 위해서는 충분히 검증된 본인만의 포트폴리오를 항상 준비할 필요가 있다.

두 번째 단계에서 시사하는 바는 투자자의 니즈를 올바르게 파악하기 위한 노력이 반드시 선행되어야 한다는 점이다. 투자자별로 위험에 대한 태도, 재무상황, 투자경험이 모두 다를 수 있고 복수의 금융회사(자산관리사)와 거래하는 경우도 있기 때문에 투자자의 전반적인 상황은 고려하지 않은 채 천편일률적인 포트폴리오를 고객에게 제시해서는 안 된다는 것을 시사한다. 즉, 자산관리사 본인이 일임, 또는 수탁 받은 자금에 대한 포트폴리오를 구성하기 전에 투자자의 금융자산 전체 포트폴리오가 어떻게 구성되어 있는지 우선적으로 파악하고 그 포트폴리오를 보완할 수 있는 방향으로 본인에게 주어진 자금에 대해서 자산배분안을 제시하는 것이 타당하다. 자산관리사는 투자자로 하여금 위험자산과 무위험자산에 대한 배분비율을 점검토록 하는 등 필요한 시점마다 투자자가 의사결정 할 수 있도록 지속적인 성과 및 위험관리 서비스를 제공해야 하며, 궁극적으로는 투자자의 생애주기에 따른 자산관리 서비스를 제공할 수 있어야 한다.

SECTION 03

자산배분 모형

포트폴리오 이론에 근거한 다양한 자산배분 모형(방법론)이 존재하는데 그 시초는 1952년 마코위츠가 발표한 현대 포트폴리오 이론에 기초한 평균-분산 모형(Mean-Variance Model)이다. 이후 PC의 보급과 함께 복잡한 수식도 간단히 계산할 수 있게 되면서 더욱 다양한 시도들이 등장했는데, [그림 6-16]에 시간 순서대로 이론, 방법론, 실증사례 및 새로운 시도들을 간단하게 정리하였다. 이 흐름에 맞추어 자산배분 모형이 어떻게 발전해왔고, 모형의 한계점을 극복하기 위해서 어떤 방법론들이 등장했는지 간략하게 알아보자.

[그림 6-16] 포트폴리오 이론 및 자산배분 모형 발전사

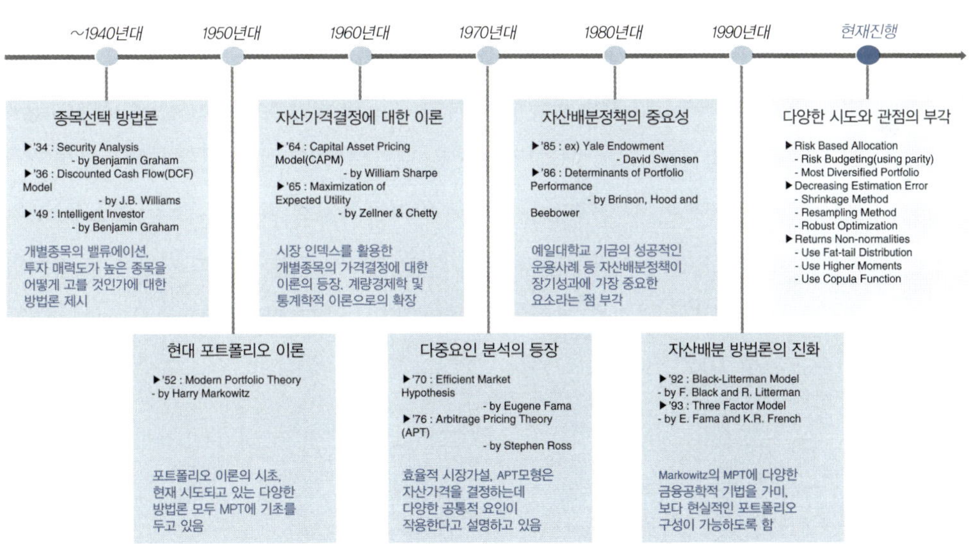

1 평균-분산 모형

평균-분산 모형은 마코위츠의 1952년 논문『포트폴리오 선택』[13]에서 아이디어를 얻어 현대 포트폴리오 이론이 정립되면서 완성된 모형이다. 이 모형에는 마코위츠가 구상한 대로 평균과 분산[14]의 개념으로 개별 투자자산 및 그 조합으로 구성된 포트폴리오의 속성이 정의되는 2차원적 세계관이 반영되어 있다. 다양한 포트폴리오 조합 중에서 지배 원리에 의하여 목표한 기대수익률 수준에서 투자위험을 최소화 하거나, 반대로 목표한 위험 수준에서 기대수익률을 최대화 하는 포트폴리오를 찾을 수 있는 방법을 계량화된 모형으로 구축해 놓은 것이라 할 수 있다. 현대 포트폴리오 이론이 등장하기 전까지는 개별 투자종목의 내재가치를 어떻게 평가할 것인가에 대한 문제, 즉 저평가된 투자종목을 선택하는 것에 대해서만 논의되고 있었을 뿐이며 포트폴리오와 자산배분이라는 개념은 매우 생소했다. 그렇기 때문에 당시에는 획기적인 이론이었음에도 시장의 주목을 끌지는 못했다. 그 이후 토빈의 '유동성 선호이론(Liquidity Preference Theory),' 샤프(William F. Sharpe)의 '단일지수모형(Single Index Model)'과 '자본자산가격결정모형(CAPM, Capital Asset Pricing Model),' 로스(Stephen Ross)의 '차익거래이론(APT, Arbitrage Pricing Theory)' 등이 마코위츠의 이론을 인용하거나 그것과 비교되면서 세상에 널리 알려지게 되었다.

다양한 연기금의 등장과 운용자산의 양적 성장은 자산배분과 관련한 이론과 모형에 대한 수요를 증가시켰으며 컴퓨팅 기술이 고도화 되면서 평균-분산 모형은 금융기관 및 연기금의 자산운용분야에 본격적으로 도입되었다. 현재 평균-분산 모형은 마코위츠의 포트폴리오 이론 자체와 동격으로 받아들여지고 있으며, 그 이유로 '마코위츠 접근법,' '마코위츠 모델'이라고 불리기도 한다. 평균-분산 모형을 사용해서 최적의 포트폴리오를 도출하는 과정은 별도로 '평균-분산 최적화(MVO, Mean-Variance Optimization)'라고 부른다.

---

13 Harry M. Markowitz (1952), "Portfolio Selection," *The Journal of Finance* 7.1, 77–91.

14 여기서 분산은 공분산 개념도 내포하고 있으며 투자위험, 리스크, 표준편차, 상관관계 등을 포괄적으로 아우르는 뜻으로 사용된다.

[정리 6-2] 평균-분산 최적화(MVO) 과정[15]

✓ Input Data 생성

과거 수익률 데이터를 활용하여 기대수익률과 공분산행렬 구하기

$$\mu = \text{기대수익률 벡터}, \quad \Sigma = \text{공분산 행렬}$$

✓ 효율적투자선(efficient frontier) 구하기: 두 가지 방법 중 하나를 선택하여 진행

① 목표 위험(표준편차) 수준에서 기대수익률이 최대화 되는 포트폴리오(w_i) 도출

$$\max_w E(r_p) \quad s.t. \quad \sigma_p = \sigma_i^* \text{ (목표 위험)}$$

② 목표 기대수익률 수준에서 위험(표준편차)이 최소화 되는 포트폴리오(w_i) 도출

$$\min_w \sigma_p \quad s.t. \quad E(r_p) = r_i^* \text{ (목표 기대수익률)}$$

✓ 효율적투자선 상에서 최적 위험자산 포트폴리오 선택

[표 6-6]은 평균-분산 모형의 실제 적용 예시로 사용할 4개 자산군(국내주식, 미국주식, 선진국채권, 신흥국채권)의 평균과 표준편차 등 요약 통계량을 정리해 놓은 것이다. 본 자료를 통해서 보다 자세히 최적 포트폴리오가 실무적으로 어떻게 구해지는지 살펴보자.

[표 6-6] 국내주식, 미국주식, 선진국채권, 신흥국채권 최근 10년간 월간수익률 요약 통계량

구분	기대수익률(연율화)		투자위험(연율화)				
				상관계수			
	산술평균	기하평균	표준편차	국내주식	미국주식	선진국채권	신흥국채권
국내주식	12.8%	10.5%	19.9%	1			
미국주식	6.7%	5.9%	14.7%	0.65	1		
선진국채권	5.1%	4.9%	6.5%	0.08	0.16	1	
신흥국채권	10.2%	9.4%	9.4%	0.53	0.61	0.52	1
*무위험이자율은 2%로 가정함				공분산			
				0.0398			
				0.0190	0.0216		
				0.0011	0.0015	0.0043	
				0.0100	0.0084	0.0032	0.0089

출처: Bloomberg, KRX, S&P, BofAML

기간: 2004/07~2014/06(120개월)

주: 국내주식(KOSPI Index), 미국주식(S&P500 Index), 선진국채권(BofAML Global Government Index), 신흥국채권(BofAML Emerging Market Sovereign Plus Index)

15 [정리 6-1] 수식 참고

차입과 공매도가 불가능한 무차입 포트폴리오만 구성 가능하다고 제한한다면, [표 6-6]의 모형에 입력할 데이터는 아래와 같이 정리 할 수 있다.

$$\boldsymbol{\mu} = \begin{pmatrix} 0.128 \\ 0.067 \\ 0.051 \\ 0.102 \end{pmatrix}, \quad \Sigma = \begin{pmatrix} 0.0398 & 0.0190 & 0.0011 & 0.0100 \\ 0.0190 & 0.0216 & 0.0015 & 0.0084 \\ 0.0011 & 0.0015 & 0.0043 & 0.0032 \\ 0.0100 & 0.0084 & 0.0032 & 0.0089 \end{pmatrix}, \quad \mathrm{r}_{Rf} = 2\%$$

그리고 정리된 입력 데이터를 모형에 적용하여 [정리 6-2]의 ②번 방법으로 효율적 투자선을 구하면 [표 6-7]과 같은 결과물을 얻을 수 있다.

[표 6-7] 4개의 자산군으로 구성된 효율적투자선 도출

i	r_i^*	$E(r_p)$	σ_p	$W_{국내주식}$	$W_{미국주식}$	$W_{선진국채권}$	$W_{신흥국채권}$	합계	샤프비율
1	5.10%	5.10%	6.51%	0.00%	0.70%	99.30%	0.00%	100%	0.476
2	5.50%	5.50%	6.26%	3.19%	9.06%	87.38%	0.38%	100%	0.559
3	6.00%	6.00%	6.30%	4.42%	5.40%	80.65%	9.53%	100%	0.635
4	6.50%	6.50%	6.41%	5.66%	1.74%	73.93%	18.67%	100%	0.702
5	7.00%	7.00%	6.59%	6.27%	0.00%	65.59%	28.14%	100%	0.759
6	7.50%	7.50%	6.85%	6.33%	0.00%	55.78%	37.89%	100%	0.803
7	8.00%	8.00%	7.19%	6.38%	0.00%	45.97%	47.64%	100%	0.834
8	8.50%	8.50%	7.61%	6.43%	0.00%	36.16%	57.41%	100%	0.854
9	9.00%	9.00%	8.08%	6.49%	0.00%	26.36%	67.15%	100%	0.866
10	9.50%	9.50%	8.61%	6.55%	0.00%	16.55%	76.90%	100%	0.871
11	***10.00%***	***10.00%***	***9.17%***	***6.60%***	***0.00%***	***6.75%***	***86.65%***	***100%***	***0.872***
12	10.50%	10.50%	9.82%	12.69%	0.00%	0.00%	87.31%	100%	0.865
13	11.00%	11.00%	11.21%	32.07%	0.00%	0.00%	67.93%	100%	0.803
14	11.50%	11.50%	13.28%	51.46%	0.00%	0.00%	48.54%	100%	0.716
15	12.00%	12.00%	15.76%	70.84%	0.00%	0.00%	29.16%	100%	0.634
16	12.50%	12.50%	18.50%	90.23%	0.00%	0.00%	9.77%	100%	0.568
17	12.75%	12.75%	19.93%	99.92%	0.00%	0.00%	0.08%	100%	0.539

[표 6-7]은 $r_1^* = 5.1\%$, $r_2^* = 5.5\%$, $r_3^* = 6.0\%$ 등으로 목표 기대수익률 수준을 0.5%p씩 점진적으로 높여가면서 위 조건을 만족하는 투자비중을 시행착오 방식으로 구한 것이다. 샤프비율을 기준으로 삼아, 비율이 최대화 되는 점을 최적 위험자산 포트폴리오로 정하기로 했다면 11번째 포트폴리오가 최적 포트폴리오가 된다. 이 때의 샤프비율을 구하면 다음과 같다.

$$\text{Sharpe Ratio} = \frac{E(r_p) - r_{Rf}}{\sigma_p} = \frac{10\% - 2\%}{9.17\%} = 0.872$$

[그림 6-17]은 [표 6-7]에 정리된 결과값을 그래프로 나타낸 것이다.

[그림 6-17] 4개 자산군으로 구성된 효율적투자선과 자본배분선 그래프

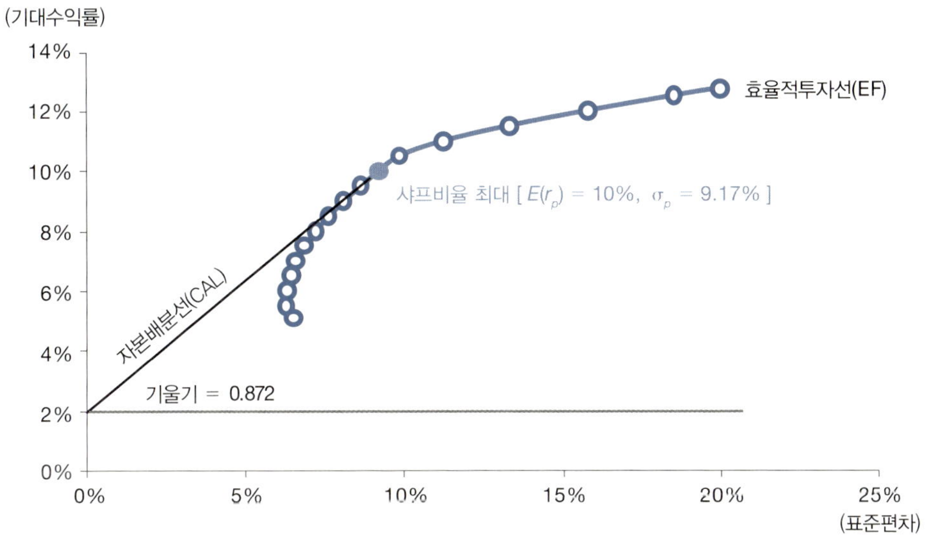

주: 효율적투자선은 Excel의 Solver(해찾기) 기능을 이용하여 도출

위 예시를 통해서 살펴본 것처럼 평균-분산 모형은 자산군별 기대수익률(μ)과 공분산 행렬(Σ)을 최적화 과정의 입력 데이터(input data)로 사용한다. 따라서 이 두 가지 입력 데이터로 어떤 수치를 이용하느냐에 따라서 결과값이 다르게 나타날 수 있다. 위 예시에서는 각 자산군의 과거 특정기간 동안의 수익률(historical return) 데이터를 가공 없이 그대로 사용하였다. 그런데 기대수익률로 산술평균 대신 실제 누적성과를 연율화한 기하평균을 사용했다면 결과값은 달라졌을 것이고, 이코노미스트나 애널리스트의 자산군에 대한 향후 전망을 반영하여 조정된 추정치를 사용했다면 실무자의 의견이 보다 많이 반영된 결과물이 도출되었을 것이다. 또한 과거 수익률 데이터를 연간, 월간, 주간, 일간 중에 어떤 것을 사용할지, 얼마만큼의 기간을 표본으로 추출(sampling)할 것인지 등에 따라서 입력 데이터가 달라지게 된다. 입력 데이터로 어떤 것을 사용하는 것이 가장 좋은지에 대해서는 현재까지 이론적으로 명쾌하게 검증된 바

가 없다. 따라서 현재의 시장상황을 보다 잘 반영한 자산배분안 도출을 원한다면 다양한 실증분석을 수행하여 실무자 본인만의 입력 데이터 생성에 대한 방법론을 찾을 필요가 있다.

1. 평균-분산 모형의 한계점

과거 수익률 데이터에만 전적으로 의존하는 초기 평균-분산 방법론을 그대로 따를 경우 과거의 패턴이 미래에도 반복될 것이라는 '과거지향적'인 관점으로 배분하기 때문에 시시각각 변하는 현실을 제대로 반영하지 못할 뿐만 아니라 다음과 같은 몇 가지 구조적 한계점을 지니게 된다.

첫째, 입력 데이터의 작은 변화에도 결과값이 민감하게 반응하는 등 모형의 안정성이 전반적으로 낮아 추정의 오차가 커진다. 위에서 설명했던 것처럼 표본 추출 방식의 작은 변화에도 결과값이 전혀 다르게 나타날 수 있기 때문에 자산배분 실무자가 입력 데이터 생성에 대한 합리적인 방법론을 마련해 놓지 않는다면 결과값에 대한 신뢰도는 매우 낮아질 것이다.

둘째, 자산군 중에서 샤프비율이 높게 나타나는 하나의 특정 자산군에 대한 배분 비중이 월등히 높게 나타나는 단일 자산군 집중배분 현상[16]이 빈번하게 나타난다. [표 6-7]에서 도출된 최적 위험자산 포트폴리오 역시 신흥국채권에 86% 이상이 배분되기 때문에 분산이 잘 된, 즉 분산효과가 극대화된 포트폴리오는 아니라고 할 수 있다.

셋째, 평균-분산 모형은 수익률 데이터가 서로 독립적으로 정규분포를 따른다고 가정하고 있는데, 수익률의 비정규성[17]이 실증분석을 통해 어느 정도 확인되었지만 이 부분을 보완할 방법이 없다.

넷째, 투자자(실무자)의 시장전망을 직관적으로 반영하기 어렵다. 입력 데이터인 기대수익률과 공분산 행렬의 일부를 투자자의 전망을 수치화하여 직접적으로 반영하는 방식은 모형의 객관성을 훼손할 여지가 크다. 특히 공분산은 그 단위가 제곱의 형태이므로 자산간의 상관계수를 추정하고 이를 다시 공분산 형태로 변환하여 수정하는 등 투자자의 임의적인 판단이 개입될 여지가 커진다.

끝으로, 위험관리의 중요성이 커지고 있지만 이를 최적화 과정에서 시스템적으로 반영하지 못한다. 각 자산군별 투자한도를 설정하는 등 제약조건을 둘 수 있지만 보다 능동적인 리스크 관리 절차는 모형에 내재되어 있지 않다.

---

16 흔히 이렇게 도출되는 포트폴리오를 'concentrated portfolio'라고 부르고, '코너 해(corner solution)'라고도 한다.

17 [그림 6-5], [식 6-5], [식 6-6] 설명부분 참조

[표 6-8]은 다섯 가지 항목으로 요약한 평균-분산 모형의 구조적 한계점과 이를 보완하기 위해 등장한 다양한 시도들을 서로 대응시켜 정리한 것이다. 이렇게 새롭게 등장한 대부분의 방법론들은 마코위츠가 가정한 이상적 시장의 모습과 오늘날 투자자들이 접하고 있는 투자환경 사이의 괴리를 최소화하여 모형의 예측가능성을 높이기 위한 목적에서 고안되었다. 따라서 자산관리사가 평균-분산 모형의 한계점과 보완책을 숙지하고 구성한 포트폴리오와 전혀 모르는 상태에서 구성한 포트폴리오는 서로 상당한 차이를 보일 것이다. 특히, 2008년 글로벌 금융위기 당시처럼 자산 가격의 움직임이 극심한 변동성을 보일 때에는 위험관리 능력 측면에서 운용성과의 격차가 크게 나타날 수도 있다. 그렇기 때문에 자산관리사는 자산배분 분야의 최근 이슈와 트렌드를 지속적으로 파악하려고 노력해야 한다.

[표 6-8] 평균-분산 모형의 한계점과 이를 보완하기 위한 다양한 시도들

평균-분산 모형의 한계점	보완하기 위한 시도(새로운 모형)
높은 추정오차	• 추정오차 축소법(estimation error shrinkage method) • 로버스트 최적화(robust optimization) • 리샘플링 기법(resampling method)
단일 자산군 집중배분 현상	• 리샘플링 기법(resampling method) • 블랙-리터만 모델(Black-Litterman model)
수익률의 비정규성	• 두터운 꼬리 분포(fat-tail distribution)의 활용 • 고차 모멘트(higher moment)의 활용 • 연결 함수(copula function)의 활용
직관적 시장전망 반영불가	• 블랙-리터만 모델(Black-Litterman model)
리스크 관리 부재	• Value at Risk(VaR)의 활용 • 수익률 고저차(drawdown)의 활용 • 리스크 배분(risk budgeting) 개념의 활용 • 분산극대화 포트폴리오(most diversified portfolio)

2 추정오차를 줄이기 위한 다양한 방법

평균-분산 모형은 과거 수익률 데이터를 이용하여 자산군별 기대수익률과 투자위험(공분산 행렬)을 추정하는 방식을 사용하기 때문에 표본을 어떻게 추출하는지에 따라 입력 데이터가 달라지고, 이는 결과값에도 영향을 미친다. 예를 들어 특정 자산군이 비정상적으로 좋거나 나쁜 성과를 기록한 구간이 추출되었다면, 바로 그 비정상적인 수익률[18]때문에 모형에 적용되는 해당 자산군의 수익률 분포가 다소 왜곡되어 반영될 수

18 이상치(outlier)를 뜻함. [표 6-3] 참조

있다. 그리고 이러한 이상치가 해당 자산군에만 영향을 주는 것이 아니라 상관관계로 얽혀있는 다른 자산군의 배분 비중에도 함께 영향을 주기 때문에 모형의 전반적인 신뢰도를 떨어뜨리게 되어 추정오차(estimation error)가 커지게 된다. 이러한 추정오차를 줄이기 위해서 다양한 오차 축소기법(shrinkage method)들이 이용된다.

1. 기대수익률의 추정

특정 자산군의 수익률 데이터 표본으로부터 얻은 대푯값 중에서 산술평균값을 자산군의 기대수익률로 사용하지 않고, 실제 그 기간 동안의 누적수익률을 연율화한 기하평균을 사용하면 수익률이 정규분포를 따른다는 가정에는 위배될 수 있으나 보다 현실적인 기대수익률 산출이 가능하다. 어떤 자산군의 최근 5년 수익률이 +5%, −10%, +2%, −5%, +10% 순으로 나타났다고 가정해보자. 산술평균으로는 매년 0.4%의 수익률을 기록한 것이지만 투자자가 실제로 체감할 수 있는 5년간의 누적수익률은 0.73%(연환산 평균 0.15%)가 된다. 따라서 자산가치를 보다 현실적으로 반영한다는 의미에서 이 자산군의 연간 기대수익률로 0.4% 보다는 0.15%를 사용하는 것이 합리적일 수 있다. 또한 [표 6-3]에서 설명했던 것처럼 평균값보다는 중앙값이 이상치의 영향을 덜 받는 강건한 추정량(robust estimator)이기 때문에 표본의 개수가 적을 경우에는 중앙값인 2%를 사용하는 것이 추정의 오차를 줄이는 더 나은 선택이 될 것이다.

기대수익률의 추정오차를 줄이는 또 다른 방법으로 경제지표 및 애널리스트의 전망을 반영하여 자산군의 기대수익률을 정성적으로 추정하는 방식이 있다. 이를테면, 주식 자산군의 경우에는 해당 자산군을 대표하는 시장지수[19]의 밸류에이션 지표와 구성 종목들의 향후 이익전망 컨센서스를 활용하여 리스크 프리미엄(risk premium)[20]을 산출하고, 이를 통해 기대수익률을 추정하는 것이다. 또한, 채권 자산군의 경우에는 대표 인덱스의 가중평균 만기수익률(yield to maturity)을 가장 합리적인 기대수익률로 여기기도 한다. 이봇슨과 싱케필드(Rex A. Sinquefield)는 리스크 프리미엄을 통해 기대수익률을 산출하는 합리적인 방식을 제안했는데, 이를 빌딩블록방식(building block approach)[21]이라고 한다. 무위험이자율 수준으로부터 자산군의 리스크 프리미엄을 차곡차곡 쌓아가는 것인데 [표 6-9]에 그 내용을 나타내었다.

---

19 예로, 국내주식 자산군의 대표 시장지수로 KOSPI 지수를 사용하는 것을 의미한다.

20 리스크 프리미엄: 투자자가 위험 부담을 감수하는데 따른 수익을 의미하며 특정 투자안으로부터 기대되는 수익률은 무위험이자율에 리스크 프리미엄을 더한 값이라 할 수 있다.

21 Roger G. Ibbotson and Rex A. Sinquefield (1976), "Stocks, bonds, bills, and inflation : simulations of the future(1976–2000)," *Journal of Business* 49.3, 313–338.

[표 6-9] 기대수익률 도출을 위한 빌딩블록방식(Building Block Approach)

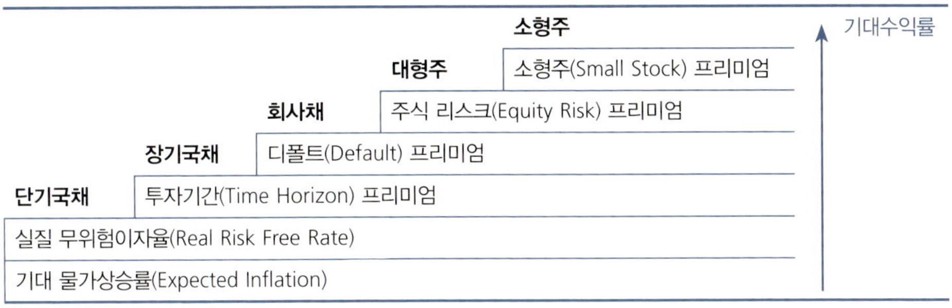

빌딩블록방식으로 자산군의 기대수익률을 추정할 때에는 실증분석에 근거하여 주식이 채권보다 투자위험이 더 큰 만큼 기대하는 수익률도 더 높게 형성된다는 묵시적 가정이 전제되어 있다. 따라서 이 전제조건이 성립한다고 여길 때에만 빌딩블록방식에 의한 합리적인 기대수익률 추정이 가능하다. 경기가 극도의 침체에 빠져서 주식과 채권의 기대수익률 순서(hierarchy)가 일시적으로 역전된 상황이라면 빌딩블록방식을 사용할 때 세밀한 주의가 필요하다.

[표 6-10] 빌딩블록방식을 활용한 국내주식 기대수익률 추정 예시

항목	값	기준시점	비고
소비자물가상승률	1.30%	2013년 12월	전년 동기대비
예금은행 수신금리	2.57%	2014년 6월말	1년 신규취급액기준 은행별 가중평균
국고채수익률(3년)	2.75%	2014년 6월말	
회사채수익률(3년, AA-)	3.17%	2014년 6월말	
KOSPI 지수 수익률	1.76%	2014년 6월말	연초 이후 기간성과
KOSDAQ 지수 수익률	0.32%	2014년 6월말	연초 이후 기간성과

출처: 한국은행 경제통계시스템(http://ecos.bok.or.kr)

구분	단기국채	장기국채	회사채	대형주	소형주
기대수익률	2%	2.2%	2.6%	6%	8%

[표 6-10]은 가상의 한 투자자가 한국은행 경제통계시스템(ECOS)을 통해서 얻은 정보를 바탕으로 [표 6-9]에 나와있는 것처럼 각 블록(block)별 기대수익률을 추정한 결과값을 나타낸 것이다. 이 투자자의 내부 의사결정 과정을 임의로 기술하면 다음과 같다.

단기국채(예 · 적금, CMA 등 무위험자산)

'지난해 소비자물가상승률이 1.3% 수준이었지만 이제 경기가 회복될 것으로 보이는 만큼 기대 물가상승률을 1.5% 정도로 잡는 것이 합리적일 것 같다. 그리고 기준금리가 지속적으로 하락하는 추세이므로 실질금리는 1%를 넘지 않을 것이다. 따라서 무위험자산군의 명목 금리는 향후 1.5~2.5% 사이에 있을 것으로 추정된다. 현재 예금은행 수신금리가 2.57%인데, 위 내용과 금리 하락추세를 감안하여 종합적으로 판단하면 향후 무위험자산의 기대수익률은 2%정도가 적당할 것 같다.'

장기국채

'예금은행 수신금리와 국고채 3년물 금리의 차이(스프레드)가 약 0.2%p이다. 이 정도의 차이가 향후에도 지속될 것이기 때문에 무위험자산의 기대수익률 2%에 0.2%p를 더한 2.2% 정도가 만기 3년 이상 장기국채에 투자했을 때 기대할 수 있는 수익률일 것이다.'

회사채

'부도위험이 있는 회사채의 경우 3년물 기준으로 동일만기 국채대비 금리차가 0.4%p 정도다. 향후에도 당분간 이 정도의 금리차가 부도위험에 대한 프리미엄으로 유지될 것으로 예상되므로 회사채의 기대수익률은 장기국채에 0.4%p를 더한 2.6% 수준이 될 것 같다.'

대형주

'2014년 초 이후 현재(6월 말)까지 6개월간 KOPSI지수가 1.76%의 수익률을 보였다. 연간으로 환산하면 약 3.5% 수준이고, 당분간은 이 정도의 수익성이 유지될 것으로 판단된다. 그런데 주요 증권사 애널리스트들은 국내 대형주 중심으로 투자하면 향후 1년동안 약 8%의 수익률을 기록할 수 있을 것이라고 한다. 결국 이 둘의 평균수준인 6%를 국내 대형주의 정적 기대수익률로 정하기로 했다. 따라서 주식 리스크 프리미엄은 이 6%에서 회사채의 기대수익률 2.6%를 뺀 3.4%p일 것이다.'

소형주

'최근 6개월간 KOSDAQ지수는 연환산 기준으로 약 0.7%의 수익률밖에 보이지 못했다. 대형주에 비해서 성과가 저조한 것인데, 향후 1년 동안 대형주와 소형주의 성과 갭(gap)이 더 이상 벌어지지는 않을 것 같다. 오히려 소형주의 성과가 차별적으로 좋아질 수 있을 것 같기에 대형주의 기대수익률 6%에 2%p를 더한 8%가 국내 소형주의 기대수익률로 적절한 것 같다.'

만약 투자자가 해외의 투자자산에 대해서도 이와 같이 빌딩블록방식으로 기대수익률을 추정하고자 한다면, 환율변동에 의한 투자수익률의 변화에 대한 다양한 가정이 전반적으로 추가되어야 한다.

2. 변동성의 추정

일반적으로 투자위험은 과거 분석기간 동안 측정된 수익률의 변동성지표[22]로 예측한다. 그런데 미래의 자산군 가격 변화는 경기순환 주기에 따라 다르게 나타날 수 있기 때문에 예측했던 변동성지표와 전혀 다른 흐름을 보일 수도 있다. 따라서 경기가 확장과 축소 사이의 변곡점에 있을 때에는 과거의 변동성지표를 그대로 사용하는 것이 타당한지 신중히 검토해 볼 필요가 있다.

변동성 측면에서 추정오차를 줄이는 방법으로 이동평균법(moving average method)[23]을 보편적으로 많이 사용한다. 그리고 이동평균은 단순이동평균(simple moving average)과 가중이동평균(weighted moving average)으로 다시 구분할 수 있다. 차트(기술적) 분석에 사용되는 20일 이평선, 60일 이평선 등이 단순이동평균의 개념을 사용한 것이고, 시장위험 측정 도구인 RiskMetrics[24]에서 변동성 추정을 위해 사용한 지수가중이동평균(EWMA, exponentially weighted moving average)이 가중이동평균의 개념을 사용한 것이다.

단순이동평균으로 변동성을 추정하게 되면 계산은 간단하지만 표본으로 추출된 수익률 데이터 중 최근 관측치와 오래된 관측치가 동일한 비중으로 변동성에 영향을 주기 때문에 시간에 따른 변동성의 변화를 적절하게 반영하기 힘들다. 반면, 지수가중이동평균을 사용하게 되면 최근 관측치에 더 많은 가중치를 부여할 수 있어 최근 추세(trend)를 더 적절하게 반영할 수 있게 된다. 즉, 변동성이 시간에 따라 변화한다는 실증분석의 결과[25]를 충실히 반영하기 위해서는 지수가중이동평균으로 추정한 변동성을 모형에 적용하는 것이 합리적이다.

---

22 변동성지표: 개별 자산군의 표준편차 및 자산군 간의 상관계수(공분산) 행렬을 의미한다.

23 이동평균법: 계량경제학 분야에서는 이를 평활법(smoothing method)이라고 부르기도 하는데, 시계열자료(time-series data)의 체계적인 움직임을 찾아내기 위해서 과거자료의 불규칙적인 변동을 제거하는 방법을 뜻한다.

24 RiskMetrics: 1994년 J.P. Morgan사가 시장에 공개한 시장위험 측정도구이다. 1998년 J.P. Morgan에서 따로 독립하여 RiskMetrics Group으로 분사하였으며 2010년에 MSCI에 인수되었다.

25 변동성 군집현상(volatility clustering), 변동성의 시간가변성(time varying volatility)이라고 일컬음. 변동성은 시간에 따라 변화하는 속성을 가지고 있기 때문에 높은 기간과 낮은 기간이 구별된다는 의미로 변동성이 한 번 커지면 일정기간 동안 높은 변동성이 집중되어 나타나는 현상을 뜻한다.

[그림 6-18]은 최근 10년간 KOSPI 지수의 월간수익률 절대값을 사용하여 실제로 수익률 변동폭이 시간에 따라 커지고 작아지는지 살펴본 것이다. 최근 10년간 KOSPI 지수의 월평균 수익률 변동폭의 단순평균은 ±4.4% 수준인 것으로 나타나지만, 실제 개별 관측치의 수익률과 12개월 단순이동평균의 변동폭 추이를 살펴보면 시간에 따라 변동성의 높낮이가 변화한다는 것을 확인할 수 있다.

[그림 6-18] 시간에 따라 변화하는 KOSPI 지수의 월간수익률 변동성

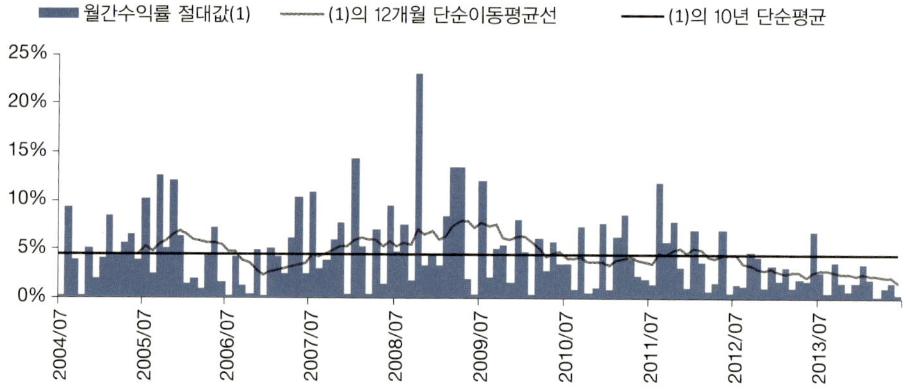

출처: KRX, Bloomberg
기간: 2004/07~2014/06(120개월)

지수가중평균(EWMA)를 활용하여 변동성(표준편차)을 추정하는 것은 과거의 수익률 변동성이 오늘의 수익률 변동성에 일정부분 영향을 준다는 것을 의미하며, 더 먼 과거일수록 오늘의 변동성에 미치는 영향이 지수분포 형태로 낮아진다는 것을 뜻한다. 지수가중평균법으로 변동성을 추정할 때 최근일의 관측치가 오늘의 변동성에 얼마만큼의 영향을 주게 할 것인지를 정해야 한다. 만약 가장 최근인 어제 하루의 변동성이 오늘의 변동성에 6%만큼 영향을 주도록 정했다면, 이 6%라는 수치로부터 지수가중평균에 의해 과거로 갈수록 관측치에 적용되는 가중치가 감소하게 된다. 따라서 그제 하루의 변동성은 오늘의 추정치에 5.64%(= 0.06 × (1 − 0.06))만큼 영향을 미치게 되고, 순차적으로 하루 더 전날의 변동성은 오늘의 추정치에 5.30%(= 0.0564 × (1 − 0.06)) 만큼의 영향을 주게 된다. 이런 식으로 과거로 갈수록 가중치가 94%(= (1 − 0.06)) 수준으로 지수적으로 낮아지는 것이다. 여기서 94%(1에서 가장 최근 관측치의 가중치 6%를 뺀 값)를 충격소멸계수(decay factor)라고 부르고 일반적으로 λ[26]라고 표기한다.

[26] λ: RiskMetrics 방법에서는 일간 데이터에 대해서는 0.94, 월간 데이터에 대해서는 0.97로 일정하게 적용하고 있다. 또한 투자자의 위험에 대한 선호를 나타내는 위험회피계수와 동일한 λ로 표시하지만 전혀 다른 개념이다.

[정리 6-3]은 가중평균법이 어떻게 적용되는지를 수식으로 정리한 것이다.

[정리 6-3] 가중평균법을 활용한 변동성지표 추정방법

✓ 변동성지표 수식의 간소화

[식 6-3] 표본 분산

$$s^2 = \frac{1}{n-1}\sum(x_i - \overline{x})^2$$

[식 6-7] 표본 공분산

$$s_{xy} = \frac{1}{n-1}\sum(x_i - \overline{x})(y_i - \overline{y})$$

간소화(Simplify)를 위한 가정사항

① x_i, y_i를 각각 자산군의 일간수익률이라고 한다면, 그 평균은 거의 '0'에 가까울 것이기 때문에 $\overline{x}$, $\overline{y}$는 '0'으로 간주한다.

② ①에 의해서 [식 6-3], [식 6-7]의 분자부분은 제곱된 개별 수익률들의 합으로 표현되는데, 이 분자를 나눠줄 때 $n-1$이 아닌 n으로 한다.[27]

n시점의 간소화한 분산 추정치(= 단순이동평균법 추정치)

$$\hat{\sigma}_n^2 = \frac{1}{n}\sum_{i=1}^{n} x_i^2$$

n시점의 간소화한 공분산 추정치(= 단순이동평균법 추정치)

$$\hat{\sigma}_{xy,n}^2 = \frac{1}{n}\sum_{i=1}^{n} x_i y_i$$

✓ EWMA로 추정한 n시점의 변동성지표

EWMA 분산

$$\hat{\sigma}_n^2(EWMA) = \lambda\hat{\sigma}_{n-1}^2 + (1-\lambda)\cdot x_{n-1}^2$$

EWMA 공분산

$$\hat{\sigma}_{xy,n}^2(EWMA) = \lambda\hat{\sigma}_{xy,n-1}^2 + (1-\lambda)\cdot x_{n-1}\cdot y_{n-1}$$

EWMA 표준편차

$$\hat{\sigma}_n(EWMA) = \sqrt{\lambda\hat{\sigma}_{n-1}^2 + (1-\lambda)\cdot x_{n-1}^2}$$

주: 모수(population parameter)를 추정하기 위한 표본 통계량을 추정량(estimator)이라고 하고, 모수에 ^(hat)을 붙여서 표시함. 즉, 모 분산(σ^2)을 추정하기 위한 표본 분산(s^2)을 모 분산의 추정량 형태인 ($\hat{\sigma}^2$)으로 표기할 수 있음

27 $n-1$을 n으로 바꾸는 것은 통계적으로 불편추정량(unbiased estimator)을 최우추정량(maximum likelihood estimator)으로 대체해 주는 것을 의미한다.

이 밖에도 지수가중평균법과 유사하게 최근 자료에 보다 많은 가중치를 부여하는 다른 변동성 예측 모형들이 있는데, GARCH(generalized autoregressive conditional heteroskedasticity)모형이 그 중에서 가장 널리 알려져 있다. 그리고 향후 전개될 자본시장의 모습이 과거 특정시점과 유사할 것으로 예상된다면, 그 특정시점의 데이터를 표본으로 추출하여 변동성지표를 추정하는 시나리오분석 기법도 추정의 오차를 줄이기 위해 많이 사용된다.

3 리샘플링(Resampling) 기법을 활용한 새로운 효율적 투자선 도출

오차를 줄일 수 있는 다양한 방법을 동원하여 입력 데이터를 추정하였더라도 평균-분산 모형의 구조적인 오차는 여전히 존재한다. 예를 들어 한 투자자가 향후 1년간 국내 주식이 10%정도의 성과를 낼 것이라고 예상했다고 가정해보자. 이 때의 '10%정도'는 '10% ± 예측오차[28]'라고 다시 표현할 수 있다. 즉, 10%가 아닐 수도 있다는 불확실성이 추정치에 내재되어 있는 것이다. 그러나 평균-분산 모형은 10%라는 수치를 불확실성이 전혀 없는 확정치로 인식하고 자산배분안을 도출하기 때문에 '만약에 10%가 아니라면 어떻게 할 것인가?'라는 질문에 대해서는 별도의 솔루션을 제공하지 못한다. 그렇기 때문에 단일 자산군 집중배분현상도 빈번하게 발생하고, 입력 데이터의 작은 변화에도 결과값이 급격하게 변화하는 등 모형의 안정성이 상대적으로 낮아진다. 그런데 시뮬레이션 기법을 활용하면 이러한 모형의 구조적 단점을 어느 정도 극복할 수 있다. 왜냐하면 모형의 입력 데이터인 각 자산군의 기대수익률 및 투자위험 추정치를 통계적 기법을 통해서 여러 번 추출하여 효율적투자선을 수 차례 반복해서 도출하기 때문이다.[29]

1. 리샘플링 기법(Resampling Method)

자산배분 모형에 투입할 입력 데이터를 생성하기 위해서는 일정기간 동안의 개별 자산군 수익률 데이터가 필요하다. 만약 최근 1년간의 일간수익률 데이터에 기초하여 입력 데이터를 생성하기로 했다면, 각 자산군 대표 인덱스의 최근 1년간 일간수익률을 [표 6-2]처럼 일자별로 정리한 후, 이를 통해 추정된 기대수익률 벡터($\hat{\mu}$)와 공분산 행렬($\hat{\Sigma}$)을 [표 6-6]의 형태로 정리해야 한다. 이렇게 정리된 입력 데이터를 효율적투자선

28 실제로는 10% 전후(5~15% 사이 등)의 다른 값으로 실현될 가능성도 높다. [그림 6-4] 참고

29 위 예에서 국내주식의 기대수익률로 10%뿐만 아니라 7%, 9%, 11%, 13% 등 부근의 다른 값들로 대체하면서 효율적투자선을 여러 번(실무적으로 리샘플링 횟수 는 약 500 회) 그려보는 것을 뜻한다.

도출을 위한 초기 추정치(original estimates)라고 부른다. 리샘플링 기법은 이 초기 추정치와 통계적으로 동일한 성질을 갖는[30] 새로운 추정치($\hat{\mu}_i$, $\hat{\Sigma}_i$) 세트(set)를 여러 개(i = 1, 2, ⋯, I) 생성한 다음 각각의 추정치를 통해 [표 6-7]의 방법대로 I개의 효율적투자선을 도출한 후, 동일한 위치의 각 점들의 평균 투자비중 벡터($\bar{w}$)를 구하여 최종적으로 재표집된(resampled) 새로운 효율적투자선을 도출하는 것이다.

시뮬레이션을 통한 리샘플링 기법은 모수(parameter)를 필요로 하는지 여부, 즉 자산군의 수익률이 정규분포 등 특정분포를 따른다고 가정할 것인지에 따라서 모수적 방법(parametric approach)과 비모수적 방법(nonparametric approach)으로 구분된다. 만약 표본으로 추출된 자산군의 수익률 데이터가 정규분포를 따른다면, 초기 추정치와 동일한 평균과 표준편차를 갖는 이론상의 정규분포에서 가상의 수익률을 관측치 개수만큼 임의로(랜덤하게, 무작위로) 추출하여 각 자산군별로 새로운 시계열 자료를 얻을 수 있다. 이러한 리샘플링(재표집) 작업을 I번 진행하면 각 자산군의 표본으로부터 초기 추정치와 동일한 성질을 갖는 I개의 새로운 입력 데이터가 생성된다. 이 새로운 입력 데이터를 활용해서 I개의 재표집된 효율적투자선을 도출한 후 평균 투자비중 벡터를 구하면 모수적 방법의 새로운 효율적투자선이 구해진다.

표본으로 추출된 자산군 수익률 데이터의 분포를 살펴본 결과 모집단이 정규분포와 같은 특정 분포를 따른다고 가정하기 힘들 때에는 비모수적 방법이 주로 사용된다. 모수적 방법에서는 표본 데이터와 동일한 분포에서 가상의 수익률 데이터를 추출하지만, 비모수적 방법에서는 과거시점의 표본 데이터 중에서 실제로 실현되었던 하나의 수익률을 임의로 추출하는 방식이 사용된다.[31] 비모수적 방법을 사용하게 되면 모수적 방법에서는 간과될 수 있는 수익률의 비정규성(좌우 비대칭성, 두터운 꼬리 등) 등 실제 분포의 모든 특성을 고려할 수 있다는 장점이 있으나 모수적 방법과 마찬가지로 과거 수익률 데이터 간의 시계열적 상관관계는 적절히 반영하지 못하는 한계가 존재한다. [정리 6-4]는 리샘플링을 통해 새로운 효율적투자선이 어떻게 도출되는지를 간단하게 정리한 것이다.

---

30 동일한 평균과 표준편차를 갖는 정규분포에서 추출했거나, 동일한 과거 수익률 데이터(raw data) 표본으로부터 추출했다는 것을 뜻한다.

31 과거 수익률 표본 데이터 중에서 하나의 수익률을 추출하는 것인데, 한 번 추출한 뒤 다음 번 추출할 때 이미 추출된 데이터를 복원하여 초기화 한 후 추출할 것인지, 아니면 이미 추출된 데이터는 배제하고 나머지 표본 데이터 내에서만 추출할 것인지에 따라서 복원추출과 비복원추출로 구분된다. 리샘플링 기법에서는 일반적으로 복원추출 방식이 주로 사용되고 raw data 자체를 시뮬레이션에 사용하는 방식이기 때문에 "자력으로 해결하다(to pull oneself up by one's own bootstraps)"라는 관용적 표현에 유래하여 부트스트레핑(bootstrapping) 기법이라고도 부른다.

[정리 6-4] 리샘플링 기법을 활용한 새로운 효율적투자선

✓ 재표집된 효율적투자선(Resampled Efficient Frontier) 도출 과정 요약

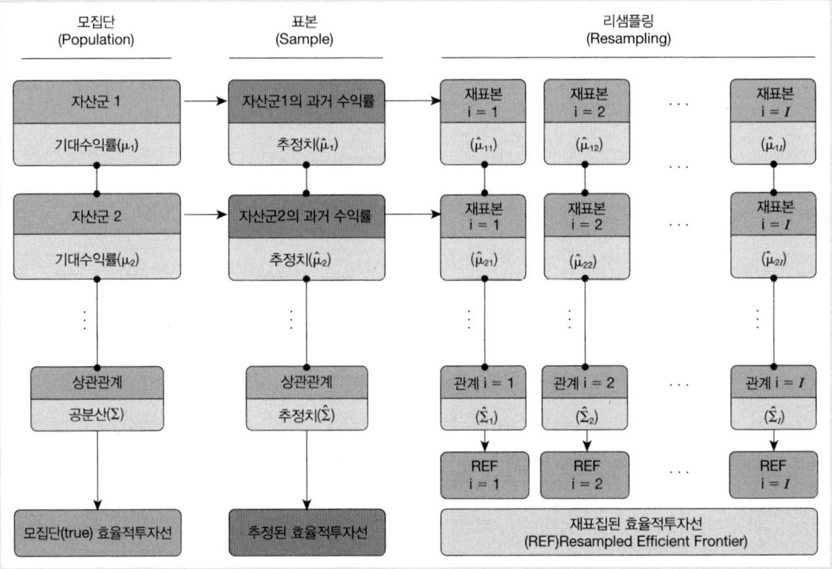

✓ 평균 투자비중 벡터($\overline{w}$) 산출 과정

(Step1) 각 자산군별 과거 수익률 데이터 표본으로부터 초기 추정치인 기대수익률 벡터($\hat{\boldsymbol{\mu}}$)와 공분산 행렬($\hat{\Sigma}$) 구하기

(Step2) 위 표본 통계량과 통계적으로 동일한 성질을 갖는 재표집된 새로운 기대수익률 벡터와 공분산 행렬 추정치 $\hat{\boldsymbol{\mu}}_i$, $\hat{\Sigma}_i$를 각각 I개 구하기[32]

(Step3) i = 1부터 I번째까지 각각에 대해서 아래 과정으로 효율적투자선 I개 도출하기

- $\hat{\boldsymbol{\mu}}_i$, $\hat{\Sigma}_i$ 값으로 최소분산(GMV, Global Minimum Variance) 포트폴리오 도출
  … 최소분산 포트폴리오의 표준편차를 $\sigma_{GMV,i}$라고 함
- $\hat{\boldsymbol{\mu}}_i$, $\hat{\Sigma}_i$ 값으로 최대수익률(MR, Maximum Return) 포트폴리오 도출
  … 최대수익률 포트폴리오의 표준편차를 $\sigma_{MR,i}$라고 함
- $\sigma_{GMV,i}$와 $\sigma_{MR,i}$를 i번째 효율적투자선의 처음과 끝 점(포트폴리오)의 표준편차로 간주하고 표준편차(리스크-리턴 프로파일의 가로축) 기준으로 동일한 거리만큼 차이가 나도록 M개의 점(m = 1, 2, ⋯, M)으로 분할

32 재표집된 수익률 데이터로부터 추출한 I개의 기대수익률과 공분산은 다변량 정규분포를 따르게 되어 $N(\hat{\mu}_i, \hat{\Sigma}_i)$ 형태로 표현할 수도 있다.

… m = 1의 포트폴리오 표준편차는 $\sigma_{GMV,i}$이고 m = M의 포트폴리오 표준편차는 $\sigma_{MR,i}$가 됨

– [표 6–7]의 방식으로 각각 i에 대해서 M개의 점으로 연결된 효율적투자선 도출

(Step4) Step3에서 얻은 I개의 효율적투자선과 각 점들(동일한 거리만큼 차이 나게 위치한 M개의 포트폴리오)에 대해서 자산군별 평균 투자비중 벡터($\bar{w}$) 도출하기

$$\bar{w}_M = \frac{1}{I}\sum_{i=1}^{I} w_{M,i}$$

✓ 새로운 효율적투자선 도출하기

$\bar{w}_M$에 초기 추정치 기대수익률 벡터($\hat{\mu}$)와 공분산 행렬($\hat{\Sigma}$)을 적용하여 리스크–리턴 프로파일상에 포트폴리오 기대수익률과 표준편차로 나타낸 후 선으로 연결하기

출처: Frank J. Fabozzi, Petter N. Kolm, Dessislava A. Pachamanova and Sergio M. Focardi (2007), *Robust Portfolio Optimization and Management*, John Wiley & Sons, 364–367.

주: $\bar{w}_M$은 $\bar{w}_{m=1}$인 투자비중 벡터부터 $\bar{w}_{m=M}$일 때까지의 투자비중 벡터 전체(series)를 뜻함

초기 추정치 $\hat{\mu}$와 $\hat{\Sigma}$, 그리고 리샘플링 기법으로 새롭게 계산된 $\bar{w}_M$에 의해서 도출된 새로운 효율적투자선은 원래의 효율적투자선 하단에 위치하게 된다. 왜냐하면 재표집된 효율적투자선 I 개의 각각 포트폴리오 투자비중($w_{m=1,i}$, $w_{m=2,i}$, …, $w_{m=M,i}$)은 초기 추정치 $\hat{\mu}$와 $\hat{\Sigma}$가 아닌 i번째 재표집된 기대수익률 벡터와 공분산 행렬 추정치 $\hat{\mu}_i$, $\hat{\Sigma}_i$에 대해서 각각 최적화된 것이기 때문이다. 따라서 리샘플링 기법을 활용한다는 것은 계산상의 효율성(efficiency)을 다소 포기하는 대신에 추정오차를 줄여서 모형의 안정성(stability)을 높이는 선택을 한 것이라고 요약할 수 있다.

4 수익률의 비정규성을 반영한 모형

평균–분산 모형은 자산군의 수익률 데이터가 정규분포를 따른다는 가정 하에 성립되는 모형이다. 그런데 [그림 6–5]에서 설명한 것처럼 수익률 데이터는 이론상의 정규분포 보다는 왼쪽으로 꼬리가 길게 늘어져있고, 좌우 양 극단에 값이 더 많이 분포하는 경향을 보인다. 즉, 모형의 입력 데이터를 만들기 위해서 자산군의 과거 수익률 데이터 표본을 추출해보면 이론적인 정규분포와는 비대칭적으로 한 쪽으로 중심이 치우쳐있거나 이상치로 여겨질 만큼 평균으로부터 멀리 떨어진 극단적인 수익률이 관측되는 경우도 많다는 뜻이다. 2008년 글로벌 금융위기는 이러한 수익률의 비정규성을 명확하게

드러내주는 가장 가까운 실증사례가 되었고, 이로 인해서 수익률 데이터가 정규분포를 따른다는 기존의 가정을 계속 유지할 것인지에 대한 활발한 논의가 진행 되었다.

1. 새로운 수익률 분포 사용

수익률의 비정규성을 나타내는 척도로 왜도(skewness)와 첨도(kurtosis)의 개념을 [식 6-5]와 [식 6-6]에서 설명하였다. 다시 요약해서 설명하자면 왜도는 분포의 비대칭성을 나타내는 척도로 좌우 양쪽으로 꼬리가 길게 늘어진 정도를 나타내는 척도이며, 첨도는 분포의 양쪽 끝 단의 두께가 얼마나 두터운 지를 나타내는 척도이다. 실무적으로 관측치의 개수가 적고 오른쪽으로 꼬리가 긴 형태의 표본을 얻었을 때에는 t 분포(Student's t-distribution)를, 양쪽 꼬리가 두터운 표본을 얻었을 때에는 로그-정규 분포(log-normal distribution)를, 왜도와 첨도를 모두 반영해서 일반화된 수익률 분포를 만들어 사용하고자 할 때에는 존슨 분포(Johnson distribution)를 정규분포 대신에 사용하기도 한다. 그러나 모집단의 수익률 분포가 정규분포가 아닌 다른 특정 분포를 따르는지에 대해서는 사전에 충분히 검증해봐야 한다.

2. 고차 모멘트(higher moment)의 활용

평균-분산 모형은 그 이름에서 알 수 있듯이 평균으로 표현되는 기대수익률은 최대화되고, 분산으로 표현되는 투자위험은 최소화되는 포트폴리오를 구하는 모형이다. 즉, 평균과 분산이라는 두 개의 차원으로 자산군의 속성을 요약한 후 이에 대해서 최적화하는 것이라 할 수 있다. 고차 모멘트를 활용한다는 것은 1, 2차 모멘트인 평균과 분산뿐만 아니라 3차, 4차 모멘트인 왜도와 첨도까지 감안하여 최적화하는 것을 뜻한다.

여기서 모멘트라는 다소 생소한 개념이 등장하는데, 물리학의 '적률'과 동일한 개념으로 '특정 확률변수의 몇 제곱에 대한 기대값'이라고 간단하게 정의할 수 있다. 여기서 '특정 확률변수'를 '특정 자산군의 수익률 데이터'로 치환하여 다시 살펴보면, 1차 모멘트는 '특정 자산군의 수익률 데이터 1제곱에 대한 기대값'을 구하는 것이 되어 해당 자산군의 수익률 평균을 구하는 문제가 되고, 2차 모멘트는 2제곱의 기대값이므로 분산을, 3차 모멘트는 3제곱의 기대값이므로 왜도를, 4차 모멘트는 4제곱의 기대값이므로 첨도를 구하는 문제가 된다. 즉, 기존의 평균-분산 모형은 2차 모멘트까지만 고려해서 두 개의 차원에 대해서만 최적화 한 것인데, 고차 모멘트를 활용한다는 것은 수익률의 비정규성(왜도와 첨도 문제)까지 반영하여 총 네 개의 차원에 대해서 최적화한다는 것을 의미한다. 예를 들어, 1차 모멘트(평균)는 최대화하고, 2차 모멘트(분산)는 최소화하며, 3차 모멘트(왜도)는 커지게(양의 수익률 꼬리인 오른쪽으로 수익률 분포가 길게 늘어지게) 하고, 4차 모멘트(첨도)는 작아지도록(양쪽 꼬리의 두께가 얇아지도록) 최적화하는 식이다. 이런 유형의 자산배분 모형을 모멘트의 약자를 따서 MVSK(Mean Variance Skewness Kurtosis) 모델이라고 부르며 최근 많은 연구가 진행되고 있다.

5 시장전망을 반영한 블랙-리터만(Black-Litterman) 모형

1990년 골드만 삭스(Goldman Sachs)에 근무하던 블랙(Fischer Black)과 리터만(Robert Litterman)은 평균-분산 모형이 가지고 있는 단점[33]을 보완하면서 투자자의 시장전망(view)을 직관적으로 반영할 수 있는 새로운 자산배분 모형을 처음으로 소개하였다. 2년 뒤 그들의 논문[34]이 발표되면서부터 이 모형은 '블랙-리터만 모형'이라는 이름으로 세상에 널리 알려지게 되었고, 현재는 전세계적으로 가장 널리 사용되는 자산배분 모형 중 하나가 되었다. 블랙-리터만 모형은 투자자의 시장전망을 직관적이고 쉽게 모형에 반영할 수 있다는 장점 때문에 장기적 관점에서 자산을 운용하는 연·기금 등 기관투자자들이 특히 많이 사용하고 있다. 왜냐하면 기존 평균-분산 모형을 사용할 때에는 리서치를 통해서 도출된 전망치를 모형의 입력 데이터에 반영하기가 어려웠지만 블랙-리터만 모형에서는 자산군별 투자 매력도에 따라 상대적 순위만 정해지면 쉽게 전망이 반영될 수 있기 때문이다.

예를 들어, 어떤 투자자(자산배분 실무자)가 국내주식과 미국주식 두 가지 자산군으로 구성된 최적 포트폴리오를 찾으려 한다고 가정해보자. 리서치를 통해서 향후 1년 동안 국내주식과 미국주식의 기대수익률은 각각 10%, 9%, 표준편차는 15%, 13% 라고 전망했다면, 표본에서 얻은 초기 추정치에 위 수치를 어떤 방식으로 반영하는 것이 가장 합리적일까? 기존 평균-분산 모형은 이와 관련한 방법론이 별도로 존재하지 않기 때문에 이 물음에 대한 이론적, 실무적 답을 명쾌하게 제시하지 못하고 있다. 그리고 리서치를 통한 전망된 수익률을 이용하더라도 실무자의 주관이 반영된 임의의 수치가 최종 입력 데이터로 사용될 수도 있어서 추정오차는 여전히 존재할 수밖에 없다. 반면, 블랙-리터만 모형은 초기 추정치에 위 시장전망을 상대적 관점에서 직관적으로 반영할 수 있도록 설계되어 있기 때문에 이론적으로 보다 안정적인 최종 입력 데이터를

33 직관적이지 못하고, 단일 자산군 집중배분 현상이 빈번히 발생하며, 입력 데이터의 변화에 민감하게 반응하고, 추정의 오차가 큰 점

34 Fischer Black and Robert Litterman (1992), "Global Portfolio Optimization," *Financial Analysts Journal* 48.5, 28-43.

얻을 수 있다. "국내주식이 미국주식보다 향후 1년 동안 1%p(10%−9%) 초과수익률을 달성할 것이다"라는 식으로 위 전망치가 상대적 매력도 관점으로 초기 추정치와 결합되기 때문이다.

1. 베이지안 어프로치(Bayesian Approach)[35]

블랙−리터만 모형에는 시장균형(market equilibrium)을 가정한 기존의 이론들[36]이 가지고 있는 세계관이 그대로 투영되어 있다. 따라서 각 자산군의 시가총액 비중대로 투자한 시장 포트폴리오로부터 각 자산군별 균형기대수익률(Π)을 먼저 도출하게 되고, 여기에 투자자의 시장전망(Q)을 결합하여 최종적으로 평균−분산 최적화에 사용되는 블랙−리터만 기대수익률(μ_{BL})을 도출하게 된다. 즉, 이미 형성되어 있는 시장정보를 이용하거나 지금까지 사용했던 추정치를 통해 각 자산군에 내재되어 있는 균형기대수익률을 도출하는 단계와 투자자가 새롭게 얻은 정보를 바탕으로 시장전망을 업데이트한 후 이를 반영한 새로운 균형기대수익률(블랙−리터만 기대수익률)을 도출하는 단계로 나눠진다고 할 수 있다. 이렇게 사전(prior)에 알고 있던 확률분포가 새로운 정보에 의해 업데이트되어 사후(posterior)에 변경된 결합확률분포를 얻는 방식[37]을 베이지안 어프로치라고 부른다. 실무에서는 베이지안 어프로치를 그대로 적용하기 보다는 이 방식으로부터 파생된 여러 대안적 방법들이 고안되어 사용되는 추세이다.

[정리 6−5] 블랙−리터만 모형의 최적 포트폴리오 도출과정

✓ 균형기대수익률(Π) 도출(자산군의 수가 n개인 경우)

$$\Pi = \lambda\Sigma w_{mkt} = \mu + \varepsilon_{\Pi}, \quad \varepsilon_{\Pi} \sim N(0, \tau\Sigma)$$

---

35 확률론과 통계학에 등장하는 베이즈 정리(Bayes' Theorem)에 의해서 확률(여기서는 수익률의 분포)을 계산하는 접근방식을 통칭하는 말이다. Thomas Bayes(1701−1761)의 원고에 최초로 등장하였고, 그가 죽은 후 Richard Price가 1763년에 "An Essay towards solving a Problem in the Doctrine of Chances"라는 제목의 책으로 이 내용을 출판하였으며, 1774년에 Pierre−Simon Laplace는 같은 정리를 재발견하여 1812년에 수식화 하였다.

36 자본자산가격결정(CAPM), 차익거래이론(APT) 등이 이에 해당한다. 시장균형을 가정했다는 것은 모든 투자자들이 이성적이며 시장에 대해서 동질적으로 기대하기 때문에 자산군별 시가총액 비중대로 투자한 시장 포트폴리오가 가장 효율적인 포트폴리오라고 가정한 것이다.

37 블랙−리터만 모형에 적용되는 베이지안 어프로치: Stephen Satchell and Alan Scowcroft(2000) 참조

$$Pdf(E(\mathbf{r})|\pi) = \frac{Pdf(\pi|E(\mathbf{r}))Pdf(E(\mathbf{r}))}{Pdf(\pi)}$$

$Pdf(E(r))$: 투자자의 시장전망이 표현된 사전분포

$Pdf(\pi)$: 균형기대수익률(π)의 분포. 모형에서는 상수로 처리됨

$Pdf(\pi/E(r))$: 주어진 시장전망 하에서 표본 데이터의 균형기대수익률(조건부 확률분포)

$Pdf(E(r)/\pi)$: 퀀트(quant) 모형에 새로운 정보가 완전히 업데이트 된 새로운 기대수익률. 사후분포

- λ: 위험회피계수(상수)
- Σ: 과거 수익률의 공분산 행렬($n \times n$)
- w_{mkt}: 시장 포트폴리오 투자비중(자본시장 시가총액 비중) 벡터($n \times 1$)
- μ: 분포를 알고 싶은 모수인 실제(true) 기대수익률 벡터($n \times 1$)
- ε_{Π}: 기대수익률 벡터의 오차항($n \times 1$)
- τ: 위험조정상수

✓ 투자자의 시장전망 구성(투자자의 전망이 k개인 경우)

$$Q = P \cdot \mu + \varepsilon_Q, \qquad \varepsilon_Q \sim N(0, \Omega)$$

- Q: 시장전망 기대수익률 벡터($k \times 1$)
- P: 시장전망을 지정하는 행렬($k \times n$), 각 행의 합은 '1' 또는 '0'
- ε_Q: 시장전망 벡터의 오차항($k \times 1$)
- Ω: 시장전망에 대한 신뢰도(불확실성)를 나타내는 대각행렬($k \times k$)

✓ 균형기대수익률과 시장전망의 결합

$$\Pi = \mu + \varepsilon_{\Pi}, \qquad \varepsilon_{\Pi} \sim N(0, \tau\Sigma)$$

$$Q = P \cdot \mu + \varepsilon_Q, \qquad \varepsilon_Q \sim N(0, \Omega)$$

- 위 두 수식을 기대수익률(μ)을 도출하기 위해 아래와 같은 형태로 정리

$$Y = X\mu + \varepsilon, \qquad \varepsilon \sim N(0, V)$$

$$Y = \begin{bmatrix} \Pi \\ Q \end{bmatrix}, \quad X = \begin{bmatrix} I \\ P \end{bmatrix}, \quad V = \begin{bmatrix} \tau\Sigma & \\ & \Omega \end{bmatrix}$$

- I : 단위행렬($n \times n$)

✓ 블랙-리터만 기대수익률(μ_{BL}) 도출

- 위 Y에 대한 식을 가지고 기대수익률 μ에 대해서 일반화 최소제곱 추정량(Generalized Least Squared Estimator) 도출

$$\mu_{BL} = \hat{\mu} = E(R) = [(\tau\Sigma)^{-1} + P'\Omega^{-1}P]^{-1}[(\tau\Sigma)^{-1}\Pi + P'\Omega^{-1}Q]$$

- $E(R)$은 전망을 결합한 기대수익률 벡터이므로 $E(R|Q)$과 동일한 표현

✓ 시장전망의 신뢰도를 반영할 수 있는 형태로 블랙-리터만 기대수익률(μ_{BL}) 유도

$$\mu_{BL} = \Pi + \tau\Sigma P'[\Omega + P\tau\Sigma P']^{-1}[Q - P\Pi]$$

✓ 블랙-리터만 기대수익률(μ_{BL})의 분포를 활용한 최적 포트폴리오 도출

- [정리 6-2] 평균-분산 최적화 과정을 통해서 [표 6-7]처럼 구할 수 있음

출처: 안성봉, 임형준 (2006), "Black–Litterman 모형을 이용한 외화자산 최적배분방법 및 시사점," 외환국제금융리뷰 제8호, 195–293.; Frank J. Fabozzi, Petter N. Kolm, Dessislava A. Pachamanova and Sergio M. Focardi (2007), *Robust Portfolio Optimization and Management*, John Wiley & Sons, 233–243.; Thomas M. Idzorek (2005), *A Step-By-Step Guide to the Black-Litterman Model: Incorporating User-Specified Confidence Levels,* Ibbotson Associates, 24–26.; Stephen Satchell and Alan Scowcroft (2000), "A demystification of the Black–Litterman model: Managing quantitative and traditional portfolio construction," *Journal of Asset Management* 1.2, 138–150.; Jay Walters (2014), "The Black–Litterman Model in Detail," *SSRN Working Paper Series*, 29–33.

위 [정리 6–5]에 나와있는 내용을 간단하게 도식화 하면 아래와 같다.

[그림 6-19] 균형기대수익률과 시장전망의 결합 과정

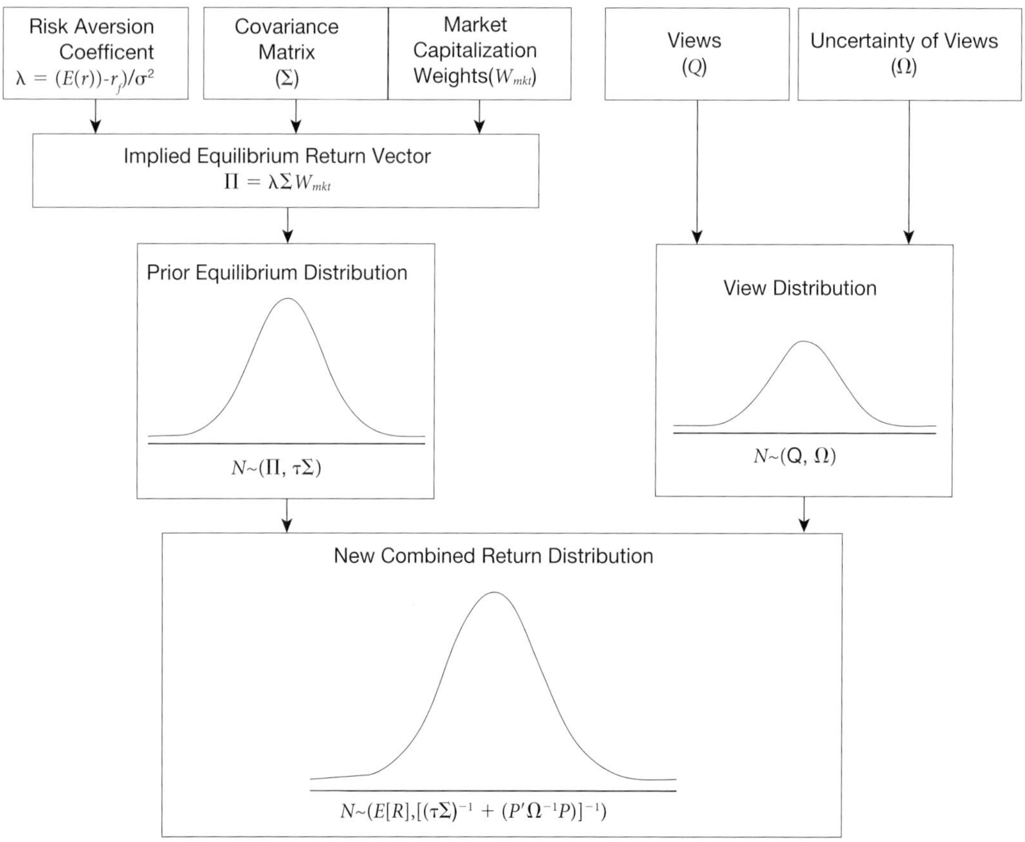

*The variance of the New Combined Return Distribution is derived in Satchell and Scowcroft (2000).

출처: Thomas M. Idzorek (2005), *A Step-By-Step Guide to the Black-Litterman Model: Incorporating User-Specified Confidence Levels,* Ibbotson Associates, 16.

[그림 6–19]에 정리된 것처럼 블랙–리터만 모형은 각 자산군에 대한 절대적인 전망뿐만 아니라 투자 매력도에 따른 상대적인 전망도 모형에 유연하게 반영할 수 있다는 점이 가장 큰 장점이다. 뿐만 아니라 블랙–리터만 모형은 투자자들의 자본이 집적

되어 형성된 시장 포트폴리오를 자산배분의 출발점으로 삼기 때문에 기존의 평균-분산 모형의 단점으로 지적되었던 입력 데이터의 작은 변화에도 결과값이 민감하게 반응하는 현상과 단일자산에 집중적으로 배분되는 현상을 상당부분 해소 할 수 있다.

6 리스크 관점의 자산배분 모형

최적 포트폴리오를 구성한다는 것은 다양한 기대수익률과 투자위험을 갖는 투자조합 중에서 투자의 목적을 실현하기에 가장 적합하다고 생각되는 조합을 찾는 과정이다. 이를 리스크 관점에서 접근하면 기대수익률보다는 투자위험에 포커스를 맞춘 상태에서 최적의 조합을 찾는 작업이다. 2008년의 글로벌 금융위기는 투자위험, 즉 변동성을 꾸준히 낮은 수준으로 제어하는 것이 포트폴리오 성과에 긍정적인 영향을 준다는 사실을 투자자들이 실증적으로 체감할 수 있게 해주었고, 리스크 관점의 자산배분 방법론에 대한 연구가 활발히 진행되는 계기가 되었다. 여기에 글로벌 저금리, 저성장 기조는 자산을 빠르게 증식시키기 위해 높은 위험을 감내하더라도 기대수익률을 높이는 자산관리보다 효율적으로 자산을 보호하는 형태의 자산관리에 대한 니즈를 더욱 증가시키고 있다. 따라서 기존의 평균-분산 모형과 같은 전통적 방법의 자산배분 모형에 대한 이해와 함께 투자위험을 능동적으로 관리하는 리스크 관점의 자산배분 방법론에 대한 이해도 반드시 필요하다.

1. VaR(Value at Risk)의 활용

포트폴리오 이론 및 평균-분산 모형과 같은 전통적 자산배분 모형에서는 투자위험을 나타내는 지표로 표준편차와 같은 변동성(volatility) 개념을 사용하고 있다. 그러나 변동성은 크기는 존재하지만 자산가격이 움직이는 방향에 대해서는 정확하게 설명하지 못한다는 한계점이 존재한다. [그림 6-4]에서 설명한 것처럼 어떤 자산의 수익률 분포가 정규분포를 따른다고 전제한다면 5%의 표준편차가 의미하는 바는 '평균값 ± 5%p' 이내에 데이터의 68.3% 정도가 분포한다는 퍼짐의 정도만 나타낼 뿐이다. 리스크란 원금손실발생 가능성을 의미하는데, VaR(Value at Risk, 발생 가능한 최대 손실 금액) 개념[38]을 사용하게 되면 표준편차와 같은 변동성 개념을 사용했을 때보다 직관적으로 리스크를 파악할 수 있다. [그림 6-20]은 KOSPI 지수의 월간수익률을 통해 %로 구한 유의수준 5%에서의 VaR를 표현한 것이다. 어떤 국내주식형 금융상품이 그림의 정규

38 Philippe Jorion (2006), *Value at Risk: The New Benchmark for Managing Financial Risk* (3rd ed.), McGraw-Hill, 105-135.

분포 곡선과 거의 동일한 형태의 분포를 보일 것으로 예상된다고 가정해보자. VaR 개념을 활용하면 이 상품에 내재되어 있는 위험은 '1억원 투자시 20개월 중에 한 번 꼴로(유의수준 5%) 월간 약 850만원 이상의 손실을 발생시킬 수 있는 수준'이라고 직관적으로 설명할 수 있다.

[그림 6-20] 국내주식의 최근 10년 월간수익률을 바탕으로 구한 유의수준 5%의 월간 VaR

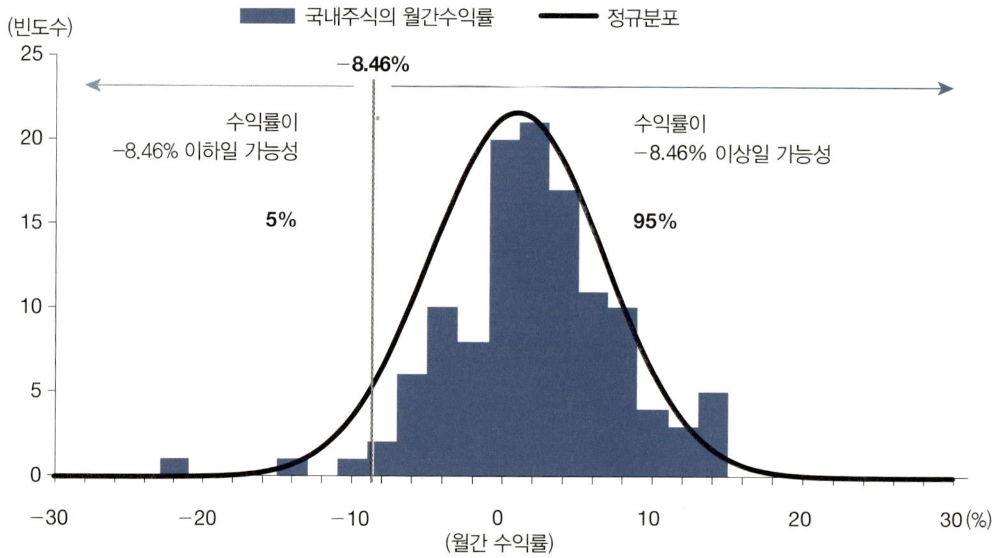

출처: Bloomberg, KRX
기간: 2004/07~2014/06(120개월)

VaR는 주로 위험관리 분야에서 시장리스크를 측정하는 지표로 사용되어 왔으나 평균-분산 모형의 분산부분을 VaR로 표현한 후 이를 바탕으로 최적화를 진행하는 방식으로 자산배분 방법론 분야에서도 그 활용가치가 높아지고 있다.

2. 최소분산 포트폴리오(MVP) 투자법

[정리 6-4]에서 GMV(global minimum variance) 포트폴리오, 즉 최소분산 포트폴리오에 대해서 소개하였다. 이 최소분산 포트폴리오를 일반화하여 MVP(minimum variance portfolio)라고 부르는데, 이 MVP는 자산군별 기대수익률에 대한 정보가 없어도 투자위험 지표(공분산 행렬)만 존재한다면 구할 수 있다. 따라서 포트폴리오 도출 시 자산군별 기대수익률을 어떻게 추정할 것인가에 대한 고민을 덜 수 있다는 장점이 있다. [표 6-11]은 [표 6-6]의 데이터 중에서 공분산 행렬만 가지고 MVP를 도출한

것인데 [정리 6-2]의 ②번 방법을 사용하되 목표 기대수익률에 대한 제약을 따로 두지 않으면 쉽게 찾을 수 있다.

[표 6-11] 최근 10년간 자산군별 월간수익률을 활용한 MVP 도출 예시

구분	MVP	공분산 행렬			
국내주식	3.15%	0.0398	0.0190	0.0011	0.0100
미국주식	9.21%	0.0190	0.0216	0.0015	0.0084
선진국채권	87.63%	0.0011	0.0015	0.0043	0.0032
신흥국채권	0.01%	0.0100	0.0084	0.0032	0.0089

포트폴리오 기대수익률 = 5.48%, [표 6-3]의 산술평균 적용
포트폴리오 표준편차 = 6.26%

MVP 투자법은 2008년 금융위기 당시처럼 자산가격의 급격한 변동을 야기시키는 큰 충격(shock)이 발생하는 기간에 상대적으로 탁월한 성과를 보이기 마련이다. 그러나 유일한 입력 데이터인 공분산 행렬의 변화에 매우 민감하게 반응하며, 별도의 제약 조건이 없는 한 단일 자산군 집중현상이 심하게 나타나는 단점을 보인다.

3. 리스크 할당(Risk Budgeting)과 ERC(Equal Risk Contribution)

[정리 6-2]에서 소개한 것처럼 평균-분산 모형은 지배원리에 의해, 정해진 리스크 수준에서 기대수익률을 최대화하거나 정해진 기대수익률 수준에서 리스크를 최소화하는 형태로 최적 자산배분안을 도출해낸다. 그러나 리스크를 할당하는 자산배분 모형은 최적화 과정에서 전통적 자산배분 모형과 차이가 있다. 개별 자산군의 투자비중 변경 시 포트폴리오 전체 위험(표준편차)이 변화하는 정도를 먼저 측정한 후 이를 바탕으로 각 자산군에 부여할 상대적인 리스크 규모를 할당하여 자산군별 투자비중을 결정하기 때문이다. 따라서 리스크를 할당한다고 하지 않고 리스크를 배분한다고 표현하기도 한다. 그리고 리스크 할당, 혹은 배분을 통한 자산배분을 정확하게 이해하기 위해서는 리스크 분해(risk decomposition)의 개념에 대한 이해가 선행되어야 하는데, [정리 6-6]에 이를 간략히 정리하였다.

[정리 6-6] 포트폴리오 리스크 분해(Risk Decomposition)

자산군별 투자비중 변화에 따른 리스크 분해

Marginal Contribution to Risk of asset i (= MCR, 한계 리스크 기여도)	$MCR_i = \dfrac{\partial\sigma(w)}{\partial w_i} = \dfrac{1}{\sigma(w)}\sum_{j=1}^{N} w_i \mathrm{cov}(r_i, r_j)$
Absolute Contribution to Risk of asset i (= ACR, 절대 리스크 기여도)	$ACR_i = w_i \dfrac{\partial\sigma(w)}{\partial w_i}$
Percent(Relative) Contribution to Risk of asset i (= PCR, 상대 리스크 기여도)	$PCR_i = \dfrac{ACR_i}{\sigma(w)} = w_i \dfrac{\partial\sigma(w)}{\partial w_i} \Big/ \sigma(\mathrm{w})$

- MCR_i: i번째 자산군의 투자비중 변경 시 포트폴리오 전체 위험이 변화하는 정도
- ACR_i: i번째 자산군의 포지션이 포트폴리오 전체 위험에 기여한 절대치
- PCR_i: i번째 자산군의 포지션이 포트폴리오 전체 위험에 기여한 상대치
- $\sigma(w)$: w(투자비중 벡터)대로 투자한 포트폴리오 전체 위험(표준편차)
- w_i: i번째 자산의 투자비중
- r: 자산군의 수익률(N은 자산군의 총 개수)

출처: Neil D. Pearson (2003), *Risk Budgeting: Portfolio Problem Solving with Value-at-Risk*, John Wiley & Sons, 205–219.

[정리 6-6]에서 한계 리스크 기여도(MCR_i)가 음수라면 그 자산군에 대한 투자비중을 높일수록 전체 포트폴리오 리스크는 감소한다는 뜻이고, 양수라면 그 자산군에 대한 투자비중을 높일수록 전체 포트폴리오 리스크는 증가한다는 것을 의미한다. 따라서 포트폴리오 리스크 분해를 활용하면 투자자나 자산관리사가 원하는 수준에서 각 자산군의 리스크 기여도가 형성되도록 모형을 설계할 수 있다.

[그림 6-21]은 [표 6-7]의 효율적투자선 상의 11번째 포트폴리오, 즉 샤프비율이 최대화 되는 자산배분안과 비교해 볼 수 있는 리스크배분안을 나타낸 것이다. [그림 6-21]과 [표 6-7]에는 6.6%, 0%, 6.7%, 86.7%로 이어지는 동일한 수치가 있는데, [표 6-7]에서는 자산군별 투자비중을 의미하고 [그림 6-21]에서는 자산군별 상대 리스크 기여도를 의미한다. 즉 리스크 관점의 배분방식은 기존의 평균-분산 모형에 의한 최적화와는 다른 접근방식을 택하고 있음을 확인할 수 있다.

[그림 6-21] **리스크 할당(Risk Budgeting)(예시)**

포트폴리오 리스크 분해

구분	투자비중
국내주식	4.88%
미국주식	0.00%
선진국채권	15.31%
신흥국채권	79.81%
비중 합	100%

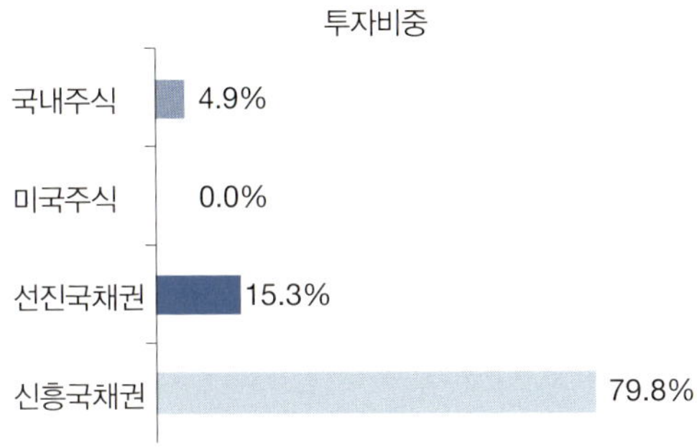

구분	한계 리스크 기여도
국내주식	11.68%
미국주식	9.11%
선진국채권	3.81%
신흥국채권	9.38%

구분	절대 리스크 기여도
국내주식	0.57%
미국주식	0.00%
선진국채권	0.58%
신흥국채권	7.48%
절대치 합	8.64%

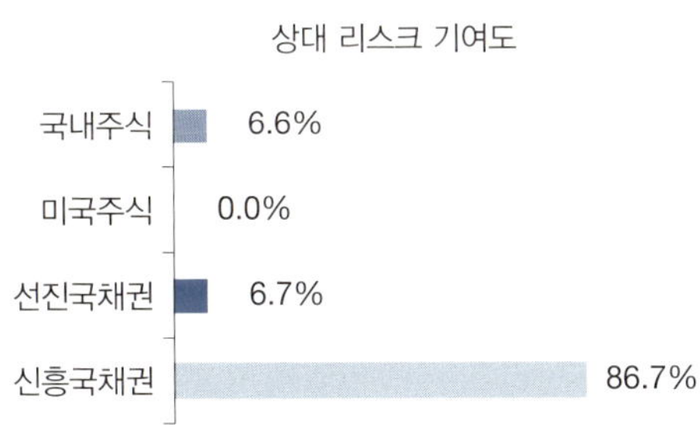

구분	상대 리스크 기여도
국내주식	6.60%
미국주식	0.00%
선진국채권	6.75%
신흥국채권	86.65%
상대치 합	100%

주: [표 6-7]의 최적 포트폴리오의 자산군별 투자비중과 동일한 수치가 되도록 각 자산군별 상대 리스크 기여도 할당

본 Chapter의 서두에서 가장 쉽고 간단한 분산투자 방법으로 '1/N 투자법'을 소개하였다. 리스크 배분 방법론에도 이와 동일하게 각각의 자산군이 차지하는 리스크 기여도가 같아지는, 즉 리스크에 대해서 1/N으로 투자하는 ERC(equal risk contribution) 투자법[39]이 존재한다. 이 방식으로 자산배분안을 도출하면 모든 자산군에 동일

[39] 리스크 패리티(risk parity) 전략이라고도 한다.

한 상대 리스크 기여도가 할당되어야 하기 때문에 투자비중이 '0'인 자산군은 나타나지 않는다. 따라서 상대적으로 기존의 자산배분 모형이 안고 있던 단일 자산군 집중배분 현상으로부터 자유롭다는 장점이 있다. 그러나 편입종목이 늘어날수록 결과적으로는 '1/N 투자법'에 수렴하므로 자산군 운용을 폭넓게 가져가는 경우에는 그 효율성이 떨어지게 된다.

[표 6-12]는 평균-분산 최적화를 사용하는 전통적 자산배분 방법론과 본 Section에서 소개한 다양한 리스크 관점의 자산배분 방법론의 자산배분 결과값을 비교해놓은 것이다. [표 6-6]에 나와 있는 동일한 입력 데이터를 사용했으나 관점과 모형에 따라 포트폴리오가 각양각색으로 나타난다는 점을 확인할 수 있다. 따라서 자산관리사는 고객과의 원활한 커뮤니케이션을 위해서라도 다양한 방법론과 접근방식에 대한 기초 지식을 쌓아둘 필요가 있으며, 더 나아가 투자자의 니즈에 가장 적합한 방식으로 포트폴리오를 제안할 수 있는 능력을 갖추었을 때 차별화된 경쟁력을 보일 수 있을 것이다.

[표 6-12] 전통적 자산배분과 리스크 관점의 자산배분 방법론 비교

1. 최적 포트폴리오 [표 6-7]

구분	투자비중	기대수익률	표준편차	MCR	ACR	PCR
국내주식	6.60%	12.75%	19.94%	12.39%	0.82%	8.91%
미국주식	0.00%	6.72%	14.71%	9.42%	0.00%	0.00%
선진국채권	6.75%	5.09%	6.54%	3.44%	0.23%	2.53%
신흥국채권	86.65%	10.17%	9.44%	9.38%	8.12%	88.56%
포트폴리오	100%	10.00%	9.17%		9.17%	100%

2. 리스크 할당 포트폴리오 [그림 6-21]

구분	투자비중	기대수익률	표준편차	MCR	ACR	PCR
국내주식	4.88%	12.75%	19.94%	11.68%	0.57%	6.60%
미국주식	0.00%	6.72%	14.71%	9.11%	0.00%	0.00%
선진국채권	15.31%	5.09%	6.54%	3.81%	0.58%	6.75%
신흥국채권	79.81%	10.17%	9.44%	9.38%	7.48%	86.65%
포트폴리오	100%	9.52%	8.64%		8.64%	100%

3. MVP 포트폴리오 [표 6-11]

구분	투자비중	기대수익률	표준편차	MCR	ACR	PCR
국내주식	3.15%	12.75%	19.94%	6.26%	0.20%	3.15%
미국주식	9.21%	6.72%	14.71%	6.27%	0.58%	9.21%
선진국채권	87.63%	5.09%	6.54%	6.26%	5.49%	87.63%
신흥국채권	0.01%	10.17%	9.44%	6.26%	0.00%	0.01%
포트폴리오	100%	5.48%	6.26%		6.26%	100%

4. 1/N 포트폴리오

구분	투자비중	기대수익률	표준편차	MCR	ACR	PCR
국내주식	25.00%	12.75%	19.94%	17.40%	4.35%	43.36%
미국주식	25.00%	6.72%	14.71%	12.59%	3.15%	31.39%
선진국채권	25.00%	5.09%	6.54%	2.52%	0.63%	6.27%
신흥국채권	25.00%	10.17%	9.44%	7.62%	1.90%	18.98%
포트폴리오	100%	8.68%	10.03%		10.03%	100%

5. ERC 포트폴리오

구분	투자비중	기대수익률	표준편차	MCR	ACR	PCR
국내주식	13.13%	12.75%	19.94%	14.62%	1.92%	25.00%
미국주식	16.76%	6.72%	14.71%	11.45%	1.92%	25.00%
선진국채권	46.78%	5.09%	6.54%	4.10%	1.92%	25.00%
신흥국채권	23.34%	10.17%	9.44%	8.22%	1.92%	25.00%
포트폴리오	100%	7.55%	7.68%		7.68%	100%

SECTION 04

자산배분 정책

본 Chapter를 시작하면서 자산배분을 투자자의 투자 목적, 투자 성향, 투자기간 등 투자자의 니즈와 구성할 포트폴리오의 위험과 보상이 적절한 수준에서 접점을 이룰 수 있도록 각 자산군별 투자비중을 정하고 수정해가는 연속된 활동이라고 정의하였다. 따라서 자산관리사가 고객(투자자)과의 의사소통 과정에서 가장 먼저 해야 할 것은 투자에 대한 니즈를 올바르게 파악하여 [표 6-1]에 나와있는 포트폴리오 성과 창출 동인별로 투자의 범위와 방식을 정하는 것이다. 그리고 이를 명문화하여 고객 맞춤형 투자정책서(IPS)를 마련해 놓아야 한다. 이 투자정책서는 고객의 위험회피성향에 따른 각 자산군별 투자 제약과 투자 가능한 상품 유니버스(투자수단, 스타일 등)의 범위를 담고 있어야 하며, 자산 재조정(rebalancing) 및 재배분(reallocation)과 리스크 관리 방안에 관한 내용도 함께 기술되어 있어야 한다.

투자정책서의 핵심은 자산배분 정책에 대한 내용이다. 자산배분 정책은 다시 전략적 자산배분(SAA, Strategic Asset Allocation)과 전술적 자산배분(TAA, Tactical Asset Allocation)으로 나눠볼 수 있다. 장기투자 관점에서 시장전망에 근거해 각 자산군별 목표 투자비중을 정하는 것을 전략적 자산배분이라 한다. 그리고 주어진 전략적 자산배분안에 따라 실제 금융상품을 선택하여 투자하거나, 변화하는 시장상황에 능동적으로 대응하기 위해 허용된 수준 이내에서 전략적 자산배분안과는 다른 비중으로 투자하는 것을 전술적 자산배분이라 한다.

투자자의 니즈에 맞춘 자산배분 정책이 정해지면 자산배분 모형을 통해서 먼저 전략적 자산배분안을 도출하게 된다. 이렇게 모형을 통해 도출된 포트폴리오를 모델 포트폴리오(MP, Model Portfolio)라고 부른다. '국내주식 20%, 선진국주식 30%, 국내채권 20%, 해외채권 30%' 식으로 자산군별 투자비중을 보여주는 것이 모델 포트폴리오의 일반적 형태이다. 모델 포트폴리오는 실제 투자가 가능한 포트폴리오가 아니라 가상의 포트폴리오이다. 따라서 자금을 집행하기 위해서는 모델 포트폴리오를 참고하여 금융상품별, 혹은 개별 종목별 투자비중으로 구성된 전술적 자산배분안이라 할 수 있는 실제 투자 가능한 상품 포트폴리오를 생성해야 한다. 이렇게 생성된 포트폴리오를 액추얼 포트폴리오(AP, Actual Portfolio)라고 부르고, 투자자(고객)는 결과적으로 이 액추얼 포트폴리오대로 자금을 집행하게 된다.

1 투자정책서(Investment Policy Statement)

투자정책서는 투자와 관련한 의사결정 시 가장 중요한 첫 번째 참고 지침이 된다. 투자목적을 달성하기 위해 포트폴리오 성과 창출의 동인 별로 투자의 범위와 한도 및 리스크관리와 관련된 제반 사항을 정리해 놓은 것이 바로 투자정책서이기 때문이다. 따라서 자산관리사는 고객의 니즈를 반영하여 사전에 마련해놓은 투자정책서의 가이드라인에 따라 일관된 투자원칙 하에서 고객의 자산이 운용될 수 있도록 포트폴리오를 구성해야 한다.

1. 투자정책서의 주요 기능

투자의 목표, 지침, 성과평가에 대해서 자산관리사(운용자)가 고객(투자자)이 충분히 이해하는 내용으로 투자정책서를 마련했다면, 추후 자산운용의 결과를 보고할 때 고객과 보다 원활하게 의사소통을 할 수 있다. 왜냐하면 지침에 근거하여 자산을 운용한다면 투자의 결과가 좋고 나쁨을 떠나서 혼란과 오해를 살만한 의사결정은 하지 않게 되기 때문이다. 그리고 자산관리사가 변경되더라도 투자정책서에 의해서 일관된 투자원칙이 지켜지기 때문에 투자정책서 존재만으로도 정책의 연속성이 상당부분 보장된다고 볼 수 있다. 또한 투자환경이 변화하여 새로운 관점의 자산배분 방법론 도입이 필요한 상황에 직면하더라도 기존 투자정책서가 담고 있지 못하는 사항에 대해서는 고객과 다시 한 번 논의를 거치도록 하는 역할을 하기 때문에 신중한 투자를 유도한다. 따라서 투자정책서는 자산관리사와 고객 모두에게 최소한의 안전장치 역할을 하여 근시안적이고 빈번한 자산배분을 지양하게 하고, 현재의 자산배분에 대한 논리적 근거를 제공하기 때문에 자산관리사의 운용내역 보고 부담을 경감시켜준다. 이는 결과적으로 자산관리사가 고객 자산의 장기수익률을 극대화하는데 더 집중할 수 있는 환경을 제공한다.

2. 투자정책서의 구성

일반적으로 투자정책서는 [표 6-13]에 나와 있는 것처럼 개요 및 목적, 자산운용 체계, 자산배분 정책, 리스크관리 정책, 성과평가 및 보상, 기타 순으로 그 내용이 구성된다. 첫 번째 개요 및 목적 부분은 투자자를 포함한 해당 자금의 운용에 직·간접적으로 관련되어 있는 다양한 이해관계자들에게 누가 어떤 자금을 어떤 방식으로 운용할 것인지를 알리는 역할을 하므로 투자정책서 자체가 갖는 의미와 효력에 대해서 상세하고 친

절하게 기술해 두어야 한다. 두 번째 자산운용 체계 부분에서는 어떤 조직(부서)이 운용의 주체가 되고, 또 어디에서 운용내역을 감독할 것인지 등 조직별 역할과 책임에 대한 내용이 상세히 기술되어야 한다. 세 번째 자산배분 정책 부분은 투자정책서 가운데 가장 핵심이 되는 부분으로, 전략적 자산배분과 전술적 자산배분이 어떠한 범위 내에서 이뤄지는지를 정해놓는 부분이다. 특히 목표수익률 및 위험한도를 모호한 문구로 표현해서는 안되며, 반드시 구체적인 수치나 지표로 표현해 두어야 추후에 발생할지 모르는 분쟁의 여지를 최소화 시킬 수 있다. 네 번째 리스크관리 정책 부분은 위험지표로 어떤 것들을 사용할 것인지, 그리고 이 지표의 결과물들을 추후 운용과정에 어떻게 반영할 것인지를 규정하는 부분이다. 다섯 번째 성과평가 및 보상 부분에서는 어떤 지표로 운용성과를 평가할 것인지, 그리고 이에 따른 보상은 어떤 방식으로 할 것인지를 정하게 된다.

[표 6-13] 투자정책서의 일반적인 구성

구성	내용
1. 개요 및 목적	• 투자정책서(자산운용지침)가 적용되는 범위와 법적 근거 • 투자자가 누구이고 어떤 자금이 누구에 의해서 운용되는지 명시 • 자산운용의 목적 기술 • 자산운용시 지켜져야 할 원칙 기술
2. 자산운용 체계	• 투자자와 운용자가 자산운용을 위해 구성한 조직의 형태 기술 – 기금의 경우 'OO위원회' 형태로 조직도 마련 – 개인의 경우 'OO금융기관의 OO부서(본사나 지점)' 형태 • 각 조직의 권한 및 의무 기술
3. 자산배분 정책	• 구체적인 수치나 지표로 표현된 자산운용의 목적 – 연간 목표수익률과 위험한도 형태 • 자금 수지(현금흐름)분석: 주로 연기금 투자정책서에만 존재함 • 전략적 자산배분: 벤치마크, 자산군 카테고리, 목표 자산배분 등 • 전술적 자산배분: 목표 자산배분 ± 조정 허용범위 규정 • 투자 제약조건(자산군별 투자한도 등) • 재조정 및 재배분에 관한 사항
4. 리스크관리 정책	• 시장위험, 신용위험, 환위험 등 각종 위험지표의 운용 피드백 기술 • 내부통제에 관한 사항
5. 성과평가 및 보상	• 성과평가 지표 설정 • 초과성과에 대한 보상: 주로 연기금 투자정책서에만 존재함
6. 기타	• 윤리기준 및 기타 세부적인 참고사항

그런데 자산관리사가 연기금과 같은 기관투자자나 고액자산가가 아닌 상대적으로 소액을 운용하는 개인투자자를 위해서 위 [표 6-13]과 같은 내용이 담긴 투자정책서

를 마련하는 것은 결코 쉬운 작업이 아니다. 왜냐하면 한 사람의 자산관리사가 동시에 관리할 수 있는 고객의 수에는 한계가 있기 때문이다. 따라서 대부분의 금융회사들은 자본시장법에서 규정하고 있는 내용에 대해서 공통된 서식에 따라 KYC(Know Your Customer)를 진행하여 투자 성향을 진단한 후 개별 상품별로 투자정책서를 마련하여 고객에게 제시하고 있다. 투자 성향은 '투자 성향진단서'와 같은 설문지 양식으로 투자자의 연령, 투자경험, 위험회피수준 등을 점수화하여 진단하고 있으며 투자정책서는 개별 금융상품의 '투자설명서, 투자규약(약관), 투자계약서' 등으로 대체하고 있다. 불특정 다수의 대중을 대상으로 자산관리 비즈니스를 수행하는 금융회사(소속 자산관리사) 입장에서는 불가피하게 택할 수 밖에 없는 방식이나, 고객의 입장을 보다 잘 반영하고자 한다면 공급자 관점의 상품별 투자정책서가 아닌 고객의 니즈를 정확하게 이해한 상태에서 마련된 고객별 맞춤형 투자정책서를 제공해야 한다.

[그림 6-22]는 국민연금관리공단의 국민연금기금에 대한 투자정책서의 목차를 발췌한 것이다. 실제로 국민연금기금을 포함한 대부분의 대형 연기금은 아래와 같은 형태의 투자정책서를 해마다 개정하여 공표하고 있으며, 이렇게 명문화된 정책적 가이드라인 하에서 실제로 자산이 운용되고 있다.

[그림 6-22] 국민연금기금운용지침(국민연금기금 투자정책서)_2014.05.23 목차

목 차

출처: 국민연금기금운용지침, 2014년 12월 16일 접속, http://fund.nps.or.kr/jsppage/fund/mpc/mpc_08.jsp.

2 자산군 카테고리와 벤치마크 정의

자산군(asset class)이란 성과 창출의 동인(driver)이 동질적이며 증권화, 계약화, 관습화된 화폐가치로 평가 가능한 개별 투자자산의 집합체라고 정의할 수 있다. 보통 동일한 자산군에 속한 개별 투자자산들은 유사한 법적 근거 하에서 존재하고, 그 가치를 평가하는 방법론 및 거래되는 시장 역시 동일한 편이다. 따라서 동일 자산군에 속하는 개별 투자자산들의 가격변화 움직임은 비교적 유사하게 나타나는 경향이 있다.

자산을 배분한다는 것은 이렇게 카테고리화 된 각각의 자산군에 얼마만큼씩 투자자금을 배분할 것인지를 결정하는 일이다. 그렇기 때문에 정책과 모형에 적용할 자산군 카테고리를 몇 개로 할 것이며, 어떤 기준으로 분류할 것인지를 가장 먼저 정해야 한다.

1. 자산군의 개수

투자자금(자산)을 계란에 비유해서 설명하자면, 자산군의 개수를 정하는 것은 이 계란을 담을 바구니의 개수를 정하는 것과 같다. 계란을 여러 개의 바구니에 나누어서 보관하면 분산효과로 인해 한 바구니에 모두 담아놓는 것보다 안정적일 것이다. 하지만 바구니의 수가 늘어날수록 사용되지 않고 비워져 있는 것이 많아져 필요이상의 비용이 발생하는 등 관리상 비효율이 증가하게 된다. 따라서 자산군의 개수는 많지도 적지도 않게 적당한 수준으로 정하는 것이 바람직하다. 여기서 적당한 수준의 개수를 표준화하여 제시하는 것은 매우 어려운 일인데, 그 이유는 이와 관련하여 투자자의 니즈가 너무나도 다양하기 때문이다. 다다익선(多多益善)이라는 말처럼 투자 가능한 자산군을 모두 나열하여 정책과 모형에 반영하길 원하는 투자자도 있고, 최대한 단순화시켜서 실제 투자로 이어지지 않을 것 같은 자산군은 모두 제외시키기를 원하는 투자자도 있다. 따라서 자산군 카테고리 수를 정하기 전에 투자자가 원하는 자산배분의 세밀함(detail) 정도를 파악하는 작업이 선행되어야 한다.

자산군의 수를 5개, 10개, 20개로 각각 정했을 때를 생각해보자. 가장 일반적인 분산투자기법인 '1/N 투자법'을 적용하면 평균적으로 하나의 자산군에 각각 1/5(20%), 1/10(10%), 1/20(5%)의 자금이 배분된다. 선택과 집중을 통해 보다 압축적인 포트폴리오를 구축하고자 하는 고객일수록 하나의 자산군에 배분되는 평균적인 투자비중이 더 커지는, 즉 자산군의 개수가 되도록 적어지는 안을 선택할 것이다. 따라서 고객과의 접점에 있는 자산관리사는 고객의 투자 성향과 경험을 파악하여 최소한의 분산투자는 가능하면서 자산군의 수가 무분별하게 늘어나지 않도록 적당한 수준을 잘 선택해야 한다. 대부분의 금융기관에서는 자사의 모델 포트폴리오를 고객에게 제공하고 있는데,

일반적으로 10개 내외의 자산군 카테고리로 구성되어 있다. 왜냐하면 자산군을 10개 이상으로 가져가면 최적 포트폴리오를 도출하는 계산과정이 복잡해지고, 그 결과를 이해하기도 어려워서 고객과 원활하게 의사소통하기 어렵기 때문이다.

2. 분류의 기준

자산군의 개수를 정하는 것과 동시에 자산을 어떤 기준으로 분류할 것인지도 함께 고려해야 한다. 이 역시 계란과 바구니 비유로 설명할 수 있는데, 자산을 분류하는 기준을 정하는 것은 마치 생산된 계란을 어떻게 분류할 것인지를 정하는 것과 같다. 계란은 품종, 크기, 수정란 여부, 생산된 시기 등 여러 가지 기준에 따라서 분류할 수 있는데, 어떤 기준을 사용하든지 간에 계란의 속성을 구별할 수 있는 일관된 원칙만 적용된다면 합리적이라 할 수 있다. 이렇게 속성별로 분류한 계란을 종류대로 바구니에 나눠서 보관했을 경우, 특정 바구니의 라벨(label)이나 색상만 보더라도 거기에 담긴 계란이 어떤 품종인지, 얼마나 큰 것인지, 유정란인지 무정란인지, 언제 생산된 것인지 등을 바로 알 수 있게 된다. 따라서 필요할 때마다 원하는 계란을 정확하게 바구니에서 꺼내서 사용할 수 있다. 자산도 이와 마찬가지로 성과 창출의 동인, 존재하는 법적 근거, 가격변화 움직임이 유사한 것들을 한 데 묶어서 동질적인 개별 투자자산의 집합체가 되도록 분류해 두어야 정책과 모형을 통해 포트폴리오를 구축할 때 원하는 기대수익률과 투자위험을 갖도록 정확하게 배분할 수 있다.

자산군 카테고리를 정할 때 자산군(asset class)과 투자수단(investment vehicle)을 혼용해서 사용하는 과오를 범하는 경우가 종종 있는데, 이는 둘 간의 개념을 명확하게 구분하지 못하기 때문에 발생하는 현상이다. 자산배분은 가격변화 움직임이 서로 달라서 상관관계가 낮게 형성되는, 즉 겹치는 부분 없이 상호 배타적으로 구분되는 자산군별 투자비중을 정하는 것이므로 사전에 충분히 검증되지 않았다면 단순히 투자수단이나 금융상품을 자산배분의 단위로 삼아서는 안 된다. 왜냐하면 자본자산가격결정모형(CAPM) 및 마코위츠의 현대 포트폴리오 이론(MPT) 등 시장균형(market equilibrium)을 가정하는 대부분의 자산배분 모형에서는 하나의 개별 투자자산이 복수의 자산군에 편입되지 않도록 하고 있기 때문이다.

예를 들어 주식 직접투자, 채권 직접투자, 공모펀드, ETF, 신탁 등 투자수단 형태로 자산군 카테고리를 정했다고 가정해보자. 삼성전자 보통주는 다양한 투자수단을 통해서 포트폴리오에 편입할 수 있는데, 보통주에 직접 투자할 수도 있고, 해당 종목을 보유한 공모펀드나 ETF를 통해서, 그리고 신탁계약 시 삼성전자를 편입하라는 운용지시를 통해서도 편입이 가능하다. 즉, 그 비중은 다를 수 있으나 삼성전자 보통주는 예로 든 대다수 카테고리에 편입될 수 있는 것이다. 이렇게 상호 배타적이지 못하게 투자수단별로 자산군 카테고리를 정하는 것은 이론과 실무 모든 면에서 바람직하지 않은 결과를 초래하게 된다. 다소 극단적이지만 속성은 전혀 고려하지 않은 상태에서 적당히 여러 개의 바구니에 계란을 무작위적으로 나누어 담아둔 후 그 바구니의 라벨이나 색상만 가지고 그 안에 있는 계란의 품종, 크기, 수정란 유무, 생산시기 등을 일반화 하려는 것과 동일한 것이기 때문이다.[40]

3. 자산군 대표 인덱스 설정

자산배분 정책과 모형에 적용될 자산군이 확정되면 해당 자산군의 성과를 대표할 수 있는 가격 지수(인덱스)를 자산군별로 정해야 한다. 왜냐하면 대표 인덱스가 존재해야 그 인덱스를 활용해서 자산배분 모형의 입력 데이터(기대수익률, 공분산 행렬)를 생성할 수 있기 때문이다. 따라서 자산군별 대표 인덱스를 설정할 때에는 그 인덱스가 정책으로 정한 각각의 자산군에 해당하는 개별 투자자산을 얼마나 포함하고 있는지, 투자에 제한을 둔 종목들을 편입하고 있지는 않은지, 널리 통용되고 시장성이 있어서 해당 인덱스를 추종하는 패시브(passive) 금융상품(인덱스 펀드, ETF 등)이 충분한 기간과 규모로 존재하는지, 해당 인덱스의 가격 지표가 어떤 통화로 표시되어 있는지 등 다양한 요소를 반드시 따져보고 의사결정 해야 한다.

4. 성과평가를 위한 벤치마크 설정

자산군 카테고리와 자산군별 대표 인덱스를 정하게 되면 자산배분안 도출을 위한 최소한의 준비는 완료되었다고 볼 수 있다. 여기에 정책으로 정하는 제약조건을 추가하여 모델링 한 후 자산배분안을 도출하면 최적 포트폴리오를 얻을 수 있다. 그리고 투자가 실행된 이후에는 자산배분안대로 운용한 결과가 기대했던 것만큼 좋았는지 평가해 봐야 한다. 운용성과는 절대적, 상대적으로 평가할 수 있는데 절대평가는 운용기간 동안의 포트폴리오 수익률과 변동성의 절대적 수치에 근거하여 수행하는 것이고, 상대평가는 포트폴리오 성과의 기준 잣대라 할 수 있는 벤치마크(benchmark) 지수와의 비교를 통해서 수행하는 것이다. 따라서 벤치마크는 시장의 움직임(market movement)과 투

---

40 실무에서는 겹치는 부분이 크지 않다면 이를 용인하기도 한다. 예를 들어, KOSPI 지수에 포함되는 종목들의 경우에는 MSCI 신흥국 지수에도 포함되는데, MSCI 신흥국 지수에서 그 종목들이 차지하는 비중이 크지 않기 때문에 두 지수가 완전히 상호 배타적이지 않더라도 각각을 별개의 자산군을 대표하는 인덱스로 간주하고 정책과 모형에 적용하기도 한다.

자제약, 그리고 포트폴리오의 위험회피수준이 포괄적으로 반영되도록 설정해야 한다. 만약 정책적으로 글로벌주식과 글로벌채권으로 각각 '50% ± 10%' 수준에서 자산이 배분되도록 투자 제약조건을 설정했다면, 글로벌주식을 대표하는 인덱스와 글로벌채권을 대표하는 인덱스의 성과를 50%씩 가중 평균한 합성지수를 벤치마크로 사용하는 것이 가장 합리적일 것이다. 그런데 자산배분 정책상의 투자제약은 위와 같음에도 불구하고 KOSPI 지수를 벤치마크로 정했다고 가정해보자. 이 경우에는 상대적인 관점에서의 성과평가가 제대로 수행될 수 없을 것이다. 따라서 투자정책서 상의 자산배분 정책 가이드라인과 운용의 잣대가 되는 벤치마크 지수가 일반적인 시장상황에서 같은 궤적을 그릴 수 있도록, 즉 투자 가능한 자산이 상호간에 겹쳐질 수 있도록 정해야 한다. 보통 실무에서는 자산군별 대표 인덱스를 그대로 활용해서 벤치마크로 삼을 합성지수를 도출해 내는 방식을 많이 사용하는데, 이렇게 만들어진 벤치마크를 '정책(policy), 벤치마크(benchmark), 고정(static) 포트폴리오'라고 부른다. 아래는 벤치마크가 투자지침으로서의 역할, 평가기준으로서의 역할 등을 수행하기 위해 가지고 있어야 할 특성들을 정리한 것이다.

[정리 6-7] 벤치마크(benchmark) 지수가 지녀야 할 특성

[Unambiguous] 벤치마크는 명확해야 한다.

벤치마크가 대표하는 시장이 무엇이며, 이를 구성하는 종목과 각각의 비중, 그리고 운용되는 방법론 등이 명확하게 정의되어야 한다.

[Investable] 벤치마크는 투자 가능해야 한다.

벤치마크의 구성종목에 투자가 가능해야 한다.

[Measurable] 벤치마크는 측정 가능해야 한다.

원하는 주기로 성과가 쉽게 계산되어야 한다.

[Appropriate] 벤치마크는 적합해야 한다.

매니저의 운용 스타일, 전문분야와 일치해야 한다.

[Reflective of current investment opinions] 벤치마크는 현재 투자의견을 반영한다.

매니저의 벤치마크 구성종목에 대한 현재의 투자의견(긍정적, 부정적, 중립적)이 반영되어 있어야 한다.

[Specified in advance] 벤치마크는 사전에 정의되어야 한다.

평가를 시작하기 이전부터 모든 이해관계자가 벤치마크를 알고 있어야 한다.

[Owned] 벤치마크는 의사결정 과정에 통합되어 있어야 한다.
매니저는 벤치마크 구성종목과 그 성과에 대한 책임을 인지하고 있어야 하며, 매니저의 의사결정 과정에 내재되거나 통합되어 있어야 한다.

출처: Jeffery V. Bailey, Thomas M. Richards and David E. Tierney (2007), "Evaluating Portfolio Performance" In *Managing Investment Portfolios: A Dynamic Process* (3rd ed.), Edited by John L. Maginn, et al., John Wiley & Sons, 733–734

3 투자 목표 및 제약조건 설정

연기금과 같은 기관투자자의 투자목표는 해당 연기금이 영위하고자 하는 사업을 진행하는데 필요한 재원을 장기적으로 원활하게 확보하는 것에 있을 것이다. 따라서 기금의 장기적인 실질가치를 보존하는 것이 기본적인 목표가 될 것이고, 이를 달성하기 위해서 매년 운용수익이 안정적으로 확보될 수 있도록 위험에 대한 한도를 추가적으로 두는 경우가 많다. 반면에 개인투자자의 경우에는 주택구입, 자녀교육, 여가생활, 노후대비 등 다양한 목적별로 투자목표를 달리 정하여 상당히 공격적으로 수익을 추구하기도 한다. 따라서 자산관리사는 투자목표를 설정할 때 자금의 출처가 법인(기관투자자)인지 개인인지를 먼저 식별해야 하고, 최종적으로 목적한 자금을 언제, 어디에 사용할 것인지에 따라서 유연하게 목표수익률과 투자 제약조건을 설정할 필요가 있다.

1. 목표수익률 설정

투자목표가 정해지면, 그 목표에 맞는 수준의 목표수익률을 설정해야 한다. 이 목표수익률은 자산을 운용함으로써 기대되는 사전적인 목표치로 포트폴리오의 요구수익률로 이해할 수 있다. 즉, 정책적으로 '연 O%'의 성과를 낼 수 있는 자산배분안이 도출되어야 한다는 의미를 내포하고 있는 것이다. 목표수익률을 표현하는 방식은 크게 두 가지가 있는데, 하나는 '연 10%'처럼 절대치로 곧바로 표현하는 방식이고, 또 다른 하나는 '1년만기 시중은행 가중평균 예금금리+2%'처럼 특정 지표에 연동하여 표현하는 방식이다. 어떤 방식을 택하던지 자산을 배분하는 시점에는 절대치로 표현된 하나의 값을 목표값으로 설정해야 모형을 통해서 그 수익률을 달성할 수 있는 자산배분안을 도출할 수 있다. 아래는 국내 주요 연기금의 투자정책서 상에 나와있는 목표수익률을 정리해 놓은 표이다.

[표 6-14] 주요 연기금의 목표수익률

구성	목표수익률
국민연금기금	• 실질경제성장률 + 소비자물가상승률 ± 조정치 • 조정치는 목표수익률이 위험한도를 만족시키도록 하기 위한 것으로 조정치의 수준은 기금운용위원회가 정함
군인연금기금	• 단기: MMF 연간 예상수익률 • 중장기: 1년 정기예금 금리(전년 말 한국은행에서 발표하는 만기 1~2년 미만의 가중평균 수신금리 적용) • 기금전체: 자산배분안 단기, 중장기 자금의 목표투자비중 가중평균 수익률
공무원연금기금	• 단기: 공단 운용상품 및 기간을 고려하여 CP 1월물 수익률 이상으로 설정 • 중장기: 단기자산의 비중 및 목표수익률을 감안하여 전체자산의 목표수익률 달성에 필요한 중장기자산의 자산별 비중과 기대수익률의 가중치로 설정 • 기금전체: 실질경제성장률 + 소비자물가상승률
사학연금기금	• 명목 국내총생산(GDP)성장률 상회

출처: 각 연기금의 2014년 투자정책서, 2014년 12월 16일 접속
국민연금기금(http://fund.nps.or.kr/jsppage/fund/mpc/mpc_08.jsp)
군인연금기금(http://www.mps.go.kr/milpen/renewal/jsp/ig/sg/IGSG71000M.jsp)
공무원연금기금(http://www.geps.or.kr/g_subsite/operation3/html/operation3_sub.jsp?m=A2-08-02-04)
사학연금기금(http://www.tp.or.kr:8088/hp/n_info/info_04.jsp)

2. 목표변동성 혹은 허용위험한도의 설정

목표수익률과 함께 목표변동성도 제시된다면 투자정책을 가장 잘 반영하는 효율적인 투자 포트폴리오 구성은 예상보다 쉽게 도출해 낼 수 있다. 왜냐하면 수 많은 투자기회집합 가운데 기대수익률이 목표수익률 이상이 되면서 표준편차는 목표변동성 이하가 되는 포트폴리오만 골라내어 그 중에서 하나를 선택하면 되기 때문이다. 실제로 [정리 6-2]에 나와있는 평균-분산 최적화 방식을 활용하면 단일 투자기간을 가정한 최적 포트폴리오는 어렵지 않게 도출해 낼 수 있다. 그러나, 대형 연기금일수록 단일 기간이 아닌 다기간의 장기 포트폴리오를 안정적으로 운용하는 것에 더 많은 관심을 두기 때문에 상대적으로 보수적인 자산배분 정책을 채택하는 경향이 있다. 따라서 단순한 목표변동성 지표를 두어 투자위험을 제어하기보다 기금의 안정적 성장을 최대한 담보하기 위해서 해마다 정책적 리뷰를 통해 [표 6-15]와 같은 허용위험한도를 설정하여 포트폴리오 투자위험을 관리하는 편이다.

허용위험한도는 보통 '숏폴리스크(shortfall risk)'와 'VaR(Value at Risk)'지표를 활용하여 설정한다. 숏폴리스크는 전체 포트폴리오 또는 개별 자산군의 누적투자수익률이 특정한 수익률을 초과하지 못할 가능성을 의미하는데, 여기에서 별도의 정의가 없다면 특정한 수익률은 '0%(원금수준)'를 뜻한다. 즉, 숏폴리스크가 X% 이하가 되도록 허용위험한도를 설정했다는 것은 해당 포트폴리오의 원금손실가능성이 X% 이하가 되

도록 제한한다는 것과 동일한 의미를 갖는다. 국민연금기금과 같은 일부 기관투자자는 숏폴리스크의 정의를 원금손실가능성이 아닌 물가상승률과 같은 특정 지표를 하회할 가능성으로 변형하여 사용하기도 한다. 이렇듯 숏폴리스크의 개념은 어떻게 정의하느냐에 따라서 다양한 형태로 확장 가능하기 때문에 최근 들어서 널리 사용되는 추세이다. 또 다른 허용위험한도 지표로 VaR를 사용된다. VaR는 향후 일정기간 동안, 특정 유의수준(α = 0.05, 혹은 α = 0.01) 하에서 시장의 변동으로 인해 전체 포트폴리오 또는 개별 자산군으로부터 발생할 수 있는 최대 손실가능금액을 의미한다. 즉, 전체 포트폴리오 또는 개별 자산군 수익률 분포의 왼쪽 꼬리의 면적이 유의수준(5%, 혹은 1%)이 되는 임계값(정규분포의 역함수 값)을 구한 후 이를 손실가능금액으로 환산한 것이다. 이 경우에는 구성된 포트폴리오의 VaR값이 허용위험한도로 설정한 최대 손실가능금액을 초과하지 않도록 자산배분안을 마련해야 한다. [표 6-15]는 국내 주요 연기금의 투자정책서 상에 나와있는 허용위험한도를 정리해 놓은 것이다. 각 기관별로 허용위험한도를 설정하는 방식이 조금씩 다르다는 점을 확인할 수 있다.

[표 6-15] 주요 연기금의 허용위험한도

구성	허용위험한도
국민연금기금	• 향후 5년 동안의 Shortfall Risk ≤ 15% ※ 5년 동안 누적 운용수익률이 같은 기간의 누적 소비자물가상승률 이하로 떨어질 가능성을 15% 이하로 함 • 또한, 5년 후 최저 적립금 비율, 연간손실확률, 극단손실(expected tail loss) 등을 고려하여 전략적 자산배분(안)을 결정하여야 함 ※ 5년 후 최저 적립금 비율: 5년 후 발생할 수 있는 예상 적립금 규모 중 하위 5%에 해당하는 적립금을 평균적립금*으로 나눈 비율 * 평균적립금은 적립금의 기대값(Expected Value)을 의미함 ※ 연간손실확률: 연간 운용수익률이 0%에 미치지 못할 가능성
군인연금기금	• 단기: 1년 Shortfall Risk ≤ 0.1%, 원금손실 가능성 0.1% 이하로 설정 • 중장기: 1년 Shortfall Risk ≤ 10%, 원금손실 가능성 10% 이하로 설정 • 기금전체: 1년 Shortfall Risk ≤ 5%, 원금손실 가능성 5% 이하로 설정
공무원연금기금	• 운용수익률이 같은 기간의 소비자물가상승률 이하로 떨어질 가능성을 Shortfall Risk로 정의, 투자기간과 기금전체, 단기, 중장기 자산별로 그 한도를 다르게 설정하고 있음 • VaR에 따른 허용위험한도도 시장과 신용으로 구분하여 별도로 규정 * 상세한 내용은 투자정책서(IPS) 참조
사학연금기금	• 전략적 자산배분: 향후 5년 동안 기금의 누적 운용수익률이 같은 기간의 누적 소비자물가상승률 이하로 떨어질 가능성을 10% 이하로 함 • 전술적 자산배분: 향후 1년 동안 기금의 누적 운용수익률이 원본이하로 떨어질 가능성을 10% 이하로 함 • 단기자금: 향후 1년 동안 단기자금의 누적 운용수익률이 기업자유예금금리 이하로 떨어질 가능성을 10% 이하로 함

출처: 각 연기금의 2014년 투자정책서, 2014년 12월 16일 접속
국민연금기금(http://fund.nps.or.kr/jsppage/fund/mpc/mpc_08.jsp)
군인연금기금(http://www.mps.go.kr/milpen/renewal/jsp/ig/sg/IGSG71000M.jsp)
공무원연금기금(http://www.geps.or.kr/g_subsite/operation3/html/operation3_sub.jsp?m=A2-08-02-04)
사학연금기금(http://www.tp.or.kr:8088/hp/n_info/info_04.jsp)

주: 각 연기금 투자정책서에 나와있는 표현을 가급적 그대로 인용함

3. 투자한도 설정

최적 자산배분안 도출을 위해서는 목표수익률과 허용위험한도 등 추구하는 투자목표를 정하는 것 외에 추가적인 제약조건 설정이 필요하다. 물론 아무런 제약조건을 설정하지 않은 상태에서 기대수익률과 투자위험 수준만 고려하여 최적 자산배분안을 도출할 수도 있다. 하지만 Section 3에서 설명한 것처럼 충분히 분산된 포트폴리오를 얻을 수 없는 경우가 자주 발생하므로 자산군별 투자한도를 설정하여 자산배분안을 도출하는 게 일반적이다.

자산군별로 투자한도를 설정하는 것은 자산배분 담당자뿐만 아니라 투자자에게도 유익한 도구가 될 수 있다. 투자정책서 상에서 투자 가능한 자산군으로 분류해왔지만 특정 시점에 그 자산군에 대한 투자가 꺼려진다면 일시적으로 해당 자산군의 최대 투자한도를 낮추어 그 자산군에는 일정비율 이상으로 배분되지 않도록 제한하고 최적화할 수 있기 때문이다.

자산군에 대한 투자한도를 설정하는 방식은 크게 두 가지가 있다. 하나는 개별 자산군별로 투자의 상한과 하한을 설정하는 방식이 있고 다른 하나는 자산군 몇 개를 그룹으로 지정해서 그 그룹에 대해 투자한도를 설정하는 방식이다. 예를 들어서 주식에 대한 총 배분비율을 50% 이하로만 가져가고 싶다면 국내주식, 해외주식 등 개별 세부 주식 자산군의 투자비중의 합이 50% 이하가 되도록 제약조건을 설정하는 것이다. [표 6-16]은 개별 자산군별로, 그리고 자산군 그룹별로 투자한도를 설정한 가상의 사례이다.

[표 6-16] 자산군별 투자한도 설정(예시)

<table>
<tr><th>대분류</th><th>중분류</th><th>소분류
(모형에 적용)</th><th>최소
투자한도(%)</th><th>최대
투자한도(%)</th></tr>
<tr><td rowspan="3">주식</td><td>국내주식</td><td>국내주식</td><td>0</td><td>20</td></tr>
<tr><td rowspan="2">해외주식</td><td>선진국주식</td><td>0</td><td>20</td></tr>
<tr><td>신흥국주식</td><td>0</td><td>20</td></tr>
<tr><td rowspan="4">채권</td><td>국내채권</td><td>국내채권</td><td>0</td><td>25</td></tr>
<tr><td rowspan="3">해외채권</td><td>선진국채권</td><td>0</td><td>25</td></tr>
<tr><td>신흥국채권</td><td>0</td><td>25</td></tr>
<tr><td>하이일드채권</td><td>0</td><td>25</td></tr>
<tr><td rowspan="2">기타</td><td rowspan="2">실물자산</td><td>원자재</td><td>0</td><td>20</td></tr>
<tr><td>부동산(리츠)</td><td>0</td><td>20</td></tr>
<tr><td>단기자금</td><td>단기자금</td><td>단기자금</td><td>15</td><td>100</td></tr>
</table>

* 주식(대분류) 그룹의 투자비중 합은 50% 이하로 제한
* 채권(대분류) 그룹의 투자비중 합은 50% 이상으로 제한
* 기타(대분류) 그룹의 투자비중 합은 20% 이하로 제한

4. 기타 제약조건 설정

자산군별 투자한도를 설정하는 것 외에도 투자정책과 채택한 자산배분 모형에 따라서 다른 형태의 제약조건을 추가로 설정하기도 한다. 예를 들어 미국 주식시장 참여자들의 투자심리를 대변해주는 지표, 즉 공포지수로 널리 알려진 'CBOE VIX'를 활용하여 이 지수가 특정한 레벨(임계치) 이상으로 상승한 경우에는 목표변동성이 일정수준 이하가 되도록 자산을 재배분 하거나, 주식과 원자재와 같은 위험자산 그룹의 투자비중 합이 현격히 낮아지도록 하는 등의 옵션을 두어 포트폴리오 변동성을 관리할 수도 있다. 그리고 리스크 관점의 자산배분 모형(risk budgeting 등)을 채택한 경우에는 각 자산군의 리스크 기여도에 대해서 한도를 설정하기도 한다.

4 전략적 자산배분(SAA)

전략적 자산배분(SAA)은 장기적 관점에서 투자의 목표(목표수익률, 위험한도)를 정하고, 이 목표를 달성할 수 있도록 Chapter 4와 Chapter 5에서 설명한 객관적인 시장 분석에 근거하여 각 자산군별 상대적 투자비중을 결정해 가는 과정을 말한다. 따라서 목표에 부합하는 자산배분안을 합리적으로 도출하기 위해서는 투자정책서 상에 추가적인 제약조건을 비롯한 자산배분 프로세스 전반에 대해서 명확하게 기술해 두어야 한다.

1. 투자정책의 리뷰

자산배분 정책은 전략적 자산배분과 전술적 자산배분으로 나뉘는데, [표 6-1]에서 다룬 것처럼 전략적 자산배분 정책에서는 모델 포트폴리오를 도출하는 것, 투자의 범위(유니버스)를 한정하는 것, 포트폴리오 재조정과 재배분 등 마켓타이밍 주기와 방식을 정하는 것이 규정된다. 전략적 자산배분은 보통 연간 단위로 이루어지는데, 투자자의 요구에 따라 분기단위로 진행되는 경우도 있다. 따라서 매 년, 혹은 매 분기마다 투자정책이 변경된 부분은 없는지 전반적인 리뷰가 진행되어야 한다. 특히 개인투자자의 경우에는 해당 투자자의 성향, 부(wealth), 투자목표가 바뀌지 않았는지를 상담을 통해 정기적으로 확인해야 하며, 투자정책을 개정하여 공유하는 자리를 정기적으로 가질 필요가 있다.

2. 모델 포트폴리오 도출

자산배분 프로세스는 조직별로 어떠한 권한과 책임을 갖고 자산배분 의사결정 과정에 참여할 것인지, 그 결과를 어떻게 자산배분 모형에 적용하여 시스템적으로 배분안을 도출해 낼 것인지, 그리고 운용의 결과를 어떻게 평가하여 다음 의사결정 과정에 반영할 것인지를 유기적으로 연결해 놓은 것이라 할 수 있다. 이렇게 큰 틀의 자산배분 프로세스를 통해 도출된 전략적 자산배분안을 모형에 의해서 도출된 포트폴리오라는 의미로 모델 포트폴리오(MP)라고 부른다. 모델 포트폴리오는 장기투자 관점에서 객관적인 시장분석에 근거하여 자산배분 프로세스와 모형을 통해 도출한 것이기 때문에 운용자의 추가적인 판단은 배제된 상태로 도출하는 것이 바람직하다. 즉 모형을 통해서 얻은 결과물이 포트폴리오 운용자의 투자전략과 다소 일치하지 않는다고 할지라도 그 내용을 임의로 수정하는 것은 지양해야 한다는 뜻이다. 왜냐하면 추정오차를 줄이고자 하는 다양한 기법들과 추가로 설정한 제약조건을 통해 시장전망과 주관적 판단은 이미 자산배분 프로세스 속에 반영했기 때문이다. 만약 운용자가 이를 무시하고 도출된 결과물을 본인이 생각하는 형태로 다시 조정한다면, 이는 지금까지 구축해온 전략적 자산배분 프로세스와 채택한 자산배분 모형을 스스로 부정하는 자가당착에 빠지는 것이므로 일관된 운용 철학이 없음을 드러내는 것이다. 따라서 운용자의 추가적인 투자전략은 전략적 자산배분이 아닌 전술적 자산배분(TAA)을 통해서 반영하는 것이 바람직하다.

3. 투자 유니버스 재검토

투자환경의 변화로 인해 모형에 적용할 자산군 카테고리를 조정하거나 특정 자산군에 대한 세부 투자전략이 변경되어 해당 자산군의 대표 인덱스 교체, 투자한도 및 주된 투자수단 조정, 전술적 투자비중 조정가능 범위 변경 등 정책적으로 투자대상이 되는 자산의 종류와 범위를 새롭게 지정할 필요가 있다면, 모델 포트폴리오를 도출하기 전에 투자정책서에 이와 관련한 내용을 새롭게 반영해야 한다. 만약 개인투자자가 금융소득의 증가로 인해 절세에 대한 니즈가 강해졌다면 이를 반영하여 절세에 유리한 투자수단 위주로 투자 유니버스를 재편하는 등의 조치가 필요하다.

4. 포트폴리오 변경

포트폴리오를 언제, 얼마나 자주 변경할 것인지, 즉 마켓타이밍과 관련된 정책을 어떻게 수립하고 있는지에 따라서 전략적 자산배분안의 장기 성과가 상당히 달라질 수도 있다. 전략적 자산배분은 보통 일년, 반기, 분기 등 캘린더 상의 일정한 간격을 주기로 하여 매 기간 마지막 영업일 전후 시점에 이루어지는 게 일반적이다. 그러나 시장의 등락으로 인해 초기의 자산배분안과 현재의 포트폴리오가 사전에 정한 '±허용범위'를 벗어날 때에만 다시 초기 안으로 재조정하거나, 그 시점에 재배분하는 방식을 사용하기도 한다. 두 가지 방식 가운데 어떤 방식이 더 좋다고 말할 수는 없지만, 재조정과 재배분이 잦을수록 금융상품으로 구성된 액추얼 포트폴리오(AP)를 운용할 때 발생하는 수수료 및 기회비용이 커질 수 있기 때문에 이 부분을 충분히 고려한 후 정책을 수립해야 한다.

5 전술적 자산배분(TAA)

전술적 자산배분은 전략적 자산배분을 통해서 도출된 모델 포트폴리오에 기초하되 변화하는 시장상황에 능동적으로 대응하기 위해 투자자 혹은 자산운용자가 자신의 주관적인 투자전략을 가미하여 실제 투자 가능한 상품으로 구성된 액추얼 포트폴리오(AP)를 도출해내는 과정을 뜻한다. 그러므로 필요에 따라서는 허용된 범위 이내에서 모델 포트폴리오의 자산군별 투자비중과 차이가 나는 액추얼 포트폴리오를 구성하기도 한다. 전술적 자산배분과 관련한 상세 내용은 Section 5에서 다룰 예정이며, 여기에서는 자산배분 프로세스 측면에서 고려되어야 할 정책적 의사결정에는 어떤 것들이 있는지 알아보자.

1. 투자비중 조정

일반적으로 자산배분 모형의 운영을 맡은 실무자는 애널리스트 그룹으로부터 각 자산군별 시장전망을 취합한 후 이를 반영하여 모델 포트폴리오를 도출한다. 자산관리사[41]는 그 결과물을 참고하여 투자자(고객)에게 제안할 액추얼 포트폴리오를 잠정적으로 결정, 투자자와 커뮤니케이션 하게 된다. 자산관리사가 고객에게 제안할 액추얼 포트폴리오를 짜거나 고객과 의사소통 하는 과정에서 주관적인 투자전략을 액추얼 포트폴리오에 추가 반영하는 경우가 있다. 따라서 이러한 가능성을 염두에 두고 자산군별 투자비중을 달리할 수 있도록 정책적으로 그 범위를 규정해 놓아야 한다. [표 6-17]은 모델 포트폴리오와 액추얼 포트폴리오 간의 자산군별 투자비중을 다르게 가져갈 수 있는 조정가능 범위를 예시로 나타낸 것이다.

---

[41] 여기서 자산관리사는 클라이언트(client) 포트폴리오 매니저, 혹은 상품(product) 포트폴리오 매니저를 의미한다.

[표 6-17] **자산군별 투자비중 조정가능 범위(예시)**

대분류	중분류	소분류 (모형에 적용)	조정가능 범위(%p)
주식	국내주식	국내주식	±3
	해외주식	선진국주식	±3
		신흥국주식	±3
채권	국내채권	국내채권	±5
	해외채권	선진국채권	±5
		신흥국채권	±5
		하이일드채권	±5
기타	실물자산	원자재	±3
		부동산(리츠)	±3
단기자금	단기자금	단기자금	±10

2. 편입상품의 선택

투자 유니버스와 관련하여 전략적 자산배분은 포트폴리오에 편입할 수 있는 상품의 범위와 종류를 규정해 놓은 것이라면, 전술적 자산배분은 어떤 기준으로 포트폴리오에 편입할 상품을 선택할 것인지 의사결정 과정을 규정해 놓은 것이다. 즉, 개별 상품을 운용할 매니저를 어떤 정량적, 정성적 요인들로 평가하여 선택할 것인지에 대해 명확한 기준이 마련되어 있어야 한다.

3. 포트폴리오 매매 및 마켓타이밍

전술적 자산배분은 실제 투자 가능한 상품 포트폴리오를 운용하는 것이기 때문에 매매, 환전, 과세 등으로 인해 수수료와 같은 직접적인 비용이 발생하고, 재조정 및 재배분을 진행할 때에도 개별 상품별로 간접적인 기회비용[42]이 발생한다. 따라서 전략적 자산배분에 의해 모델 포트폴리오가 변경되더라도 액추얼 포트폴리오는 조정가능 범위 내에서 그대로 유지할 수 있게 하거나 시장의 움직임을 보고 포트폴리오 변경(편입상품의 매매) 시기를 다소 이연 시킬 수 있게 하는 등 자산관리사의 재량을 일정부분 확보해줄 수 있는 기준을 정책적으로 마련하여 비용이 필요 이상으로 발생하지 않도록 해야 한다.

42 매수/매도 자금이 결제가 완료될 때까지 시장에 노출되지 않음으로써 발생하는 시장과의 괴리를 의미한다.

4. 성과평가 및 피드백

전략적 자산배분안과 전술적 자산배분안, 그리고 벤치마크 지수의 누적성과가 적절한 기준에 의해서 비교분석 될 수 있도록 성과평가 방법론을 제시해야 하며, 그 결과를 어떻게 전략적 자산배분과 전술적 자산배분에 피드백 할 것인지도 프로세스로 만들어 두어야 한다. 만약 특정 편입상품의 운용성과가 지속적으로 저조하여 해당 상품을 교체할 필요성이 있더라도 이와 관련한 적절한 프로세스가 존재하지 않는다면 짜임새 있는 자산배분 프로세스라 말하기 어렵다.

SECTION
05 액티브 운용 방법

지금까지 이론과 모형, 그리고 정책(전략)과 프로세스 관점에서 자산배분의 의미를 살펴보았다. 자산배분은 장기적 관점에서 정해지는 전략적 자산배분과 상대적으로 단기적이고 액티브(active)한 관점에서 정해지는 전술적 자산배분으로 나눠볼 수 있고, 각각의 과정을 통해서 도출된 결과물을 모델 포트폴리오(MP), 액추얼 포트폴리오(AP)라고 부른다.[43] 모델 포트폴리오는 자산군별 투자비중 형태로 표현되기 때문에 자산배분 포트폴리오라고 부르기도 하고, 액추얼 포트폴리오는 상품별 투자비중 형태로 표현되므로 상품 포트폴리오라고 부르기도 한다. 본 Section에서는 후자에 해당하는 액추얼(상품) 포트폴리오를 운용할 때 자산관리사가 액티브 리턴(active return)[44] 창출을 위해 선택할 수 있는 의사결정 사항에는 무엇이 있는지 간단하게 알아보자. 자세한 내용은 이어지는 Chapter 7에서 다룰 예정이다.

액티브 리턴은 벤치마크 및 모델 포트폴리오와 다소 차이가 나도록 투자비중을 조정하여 액추얼 포트폴리오를 운용함으로써 발생한 초과수익률을 의미한다. 성과 창출 동인(자산배분, 종목 · 상품선택, 마켓타이밍)별로 자산관리사의 전술적 선택이 옳았다면 액추얼 포트폴리오는 벤치마크 및 모델 포트폴리오 대비 양(+)의 초과수익률을 보일 것이다. 반면 음(−)의 초과수익률을 보였다면 자산관리사가 재량을 갖고 취했던 전술적 선택이 결과적으로 잘못된 것이었음을 시사한다. 따라서 액티브 리턴을 계산하다 보면 자연스럽게 자산배분이 잘 되었는지, 편입한 상품을 잘 골랐는지, 적절한 시점에 재조정 및 재배분이 되었는지, 수수료와 비용은 어느 정도 발생했는지를 알 수 있다.

1 투자비중 확대/축소

자산배분 전략을 온라인 쇼핑몰이나 대형 할인마트의 물류전략과 비교해보면 액티브 운용 방법이 의미하는 바가 무엇인지 보다 쉽게 이해할 수 있다. 예를 들어 한 유통회사가 추석 명절을 앞두고 고객이 주문한 해외 수입 물품들을 부산항으로 들여왔는데,

43 전략적 자산배분, 전술적 자산배분 각각의 MP에 대해서 AP를 도출하는 경우도 있다.

44 액티브 리턴(active return)은 운용기간 동안의 액추얼 포트폴리오(AP)와 대응되는 모델 포트폴리오(MP)의 투자수익률 차이를 의미하며 초과수익률(excess return), 상대수익률(relative return)이라고 부르기도 한다.

이 물품 중 70%를 서울의 물류창고로 안전하게 운송해야 하는 상황이라고 가정해보자. 부산에서 서울로 물품을 안전하게 옮기는 것이 물류전략의 목표라고 한다면, 수하물을 옮길 때 육상, 해상, 항공 중 어떤 경로에 얼마만큼씩 할당하여 운송할 것인지를 정하는 것은 투자에 있어서 자산배분 전략을 수립하는 것과 동일한 것이다. 다년간의 경험에 근거하여 육상, 해상, 항공을 통한 물류 비중(장기 목표)을 연초에 각각 50%, 30%, 20%로 정했는데 추석 명절을 앞두고 기상조건이 악화되어 며칠간은 항공기가 운행되기 힘든 상황이 되었다면 이 회사는 추석을 앞둔 며칠 동안 항공교통의 할당량을 일시적으로 줄이는 방법을 택할 것이다. 이렇게 환경 변화에 유연하게 대응하기 위해 연초에 수립한 장기 물류전략과 다소 차이가 나더라도 교통수단별 물류를 재할당하는 것을 액티브 물류 운용이라 말할 수 있다.

위 사례의 교통수단별 할당량을 변경하는 것은 포트폴리오 투자에 있어서 특정 자산군에 대한 투자비중을 확대(OW, overweight), 혹은 축소(UW, underweight)하여 운용하는 것과 같다. 즉, 장기적 관점에서 수립한 전략적 자산배분안을 그대로 유지하기보다 일시적으로 조정[45]하여 투자하는 것이 더 나은 성과로 이어질 것이라 기대된다면 자산관리사는 전술적으로 모델 포트폴리오와 다른 투자비중을 선택할 수 있다.

2 투자수단과 상품의 선택

모델 포트폴리오가 정해지면 그 자산배분안에 기초하되 추가적으로 자산관리사 및 투자자의 재량이 더해진, 상대적으로 단기투자 관점의 전술적 자산배분안이 도출된다. 전략적 자산배분안과 전술적 자산배분안 사이에 자산군별 투자비중 차이가 존재한다면 앞에서 설명한 투자비중 확대, 축소를 통한 액티브 운용이 일차적으로 적용된 것이라 볼 수 있다. 그리고 나서 편입할 투자수단(vehicle)과 상품(product)을 선택하는 과정에서 이차적으로 액티브 운용이 적용된다.

동일한 자산군에 투자하더라도 투자수단과 상품종류에 따라 성과가 차별적으로 나타나는데 먼저 투자수단 측면을 살펴보자. 국내 개인 투자자가 미국 주식에 투자하고자 할 때에는 해외주식을 직접 취득하거나 펀드나 ETF 등 간접투자 방식을 사용할 수 있다. 각각의 투자수단별로 매매의 방식, 수수료 등 제반 비용, 그리고 적용되는 과세체계가 다르기 때문에 선택에 따라 실제 투자자의 최종 손익은 달라지기 마련이다.

45 특정 자산군에 대한 투자비중은 확대하고 반대급부로 다른 특정 자산군에 대한 투자비중은 축소하는 것, 이러한 비중 차이를 액티브 비중(active weight)이라고 부르기도 한다.

그리고 어떤 컨셉을 가진 상품을 편입했는지에 따라서도 성과는 천차만별로 나타난다. 예를 들어 똑같이 국내주식에 투자하는 상품이라 할지라도 대형주에 투자하는 상품, 중소형주에 투자하는 상품, 성장주에 투자하는 상품, 가치주에 투자하는 상품, 특정 섹터에 집중 투자하는 상품, 인덱스를 그대로 추종하는 상품, 특정 배수로 레버리지를 일으켜 투자하는 상품 등 다양한 스타일과 테마에 따라 성과가 다르게 나타난다. 또한 자산운용사별로 동일한 컨셉의 상품이 경쟁적으로 출시되어 있기 때문에 동일한 모델 포트폴리오를 추종하더라도 어떤 상품을 선택하여 포트폴리오를 꾸렸는지에 따라서 액추얼 포트폴리오 성과가 서로 다를 수 있다. 따라서 투자수단과 상품을 선택할 때에는 하나의 자산군에 몇 개의 상품을 각각 어떤 스타일과 테마로 얼마만큼의 비율로 편입할지 신중하게 결정해야 한다.

3 마켓타이밍 선택

액티브 운용 의사결정이 이뤄질 수 있는 세 번째 요소는 마켓타이밍과 관련된 것이다. 포트폴리오 리밸런싱[46]은 편입상품의 매매가 수반되는 자산배분 프로세스로 이 기간 동안 매도대상 상품은 상대적으로 높은 가격에, 매수대상 상품은 낮은 가격에 거래가 이루어 지도록 하는 게 최선이다. 특히 개별 종목이나 ETF 등 상장되어 거래되는 상품은 장중 어떤 가격으로 매매를 했느냐에 따라서 같은 기간에 리밸런싱한 동일한 포트폴리오라 할지라도 서로 성과가 차이 날 수 있다. 따라서 호가를 얼마나 기술적으로 제시할 것이며 몇 차례 나누어서 거래할 것인지도 중요한 이슈가 된다.

그리고 자산배분 전략의 변경으로 인해 모델 포트폴리오가 업데이트 되었다고 하더라도 시장 움직임이 기존 포트폴리오에 매우 긍정적인 방향으로 전개되는 추세라면 때에 따라서는 액추얼 포트폴리오의 변경 시점을 자산관리사의 재량으로 다소 이연 하는 것이 액티브 리턴 창출에 도움이 되기도 한다. 이 밖에 환매수수료 부과 및 세제상의 이슈에 의해서 리밸런싱 스케줄을 탄력적으로 조정하는 것도 마켓타이밍 선택의 한 예가 될 수 있다.

46 여기서 리밸런싱은 재조정뿐만 아니라 자산군별 투자비중의 변경, 편입상품의 교체 등 자산 재배분 개념을 포함한 것이다.

SECTION 06

성과평가 및 피드백

정책과 모형에 의해 도출된 자산배분안대로 투자한 후 그 운용의 결과에 대해서 성과 창출 동인[47]별로 나누어 살펴보는 것은 매우 중요한 의미를 갖는다. 왜냐하면 자산배분 프로세스 상의 각 단계별 의사결정 결과가 전체 성과에 각각 얼마나 긍정적, 혹은 부정적으로 작용했는지 파악해 볼 수 있기 때문이다. 이렇게 실현된 성과를 요인 별로 분해하여 살펴보는 것을 성과요인 분석(performance attribution analysis)[48]이라고 하며, 분석의 결과는 자산배분 프로세스 각 단계에 피드백(feedback)된다. 피드백은 보통 포트폴리오 성과에 긍정적으로 작용한 요인에 대해서는 현 의사결정 시스템이 잘 유지되게 하는 방향으로, 부정적으로 작용한 요인에 대해서는 시스템이 수정 · 보완되게 하는 방향으로 이루어 진다. 또한 성과요인 분석의 결과는 의사결정 참여자들에 대한 평가와 연결되기 때문에 보상에 대한 근거자료로 활용될 수 있다.

1 성과요인 분석

보통 별도의 언급이 없다면 포트폴리오 운용성과는 특정 기간 동안에 해당 포트폴리오가 달성한 투자수익률로 받아들여진다. 그러나 성과평가 분야에서의 성과(performance)는 수익률뿐만 아니라 위험(변동성)까지 동시에 감안한 위험조정수익률(risk adjusted return)을 의미한다. 따라서 단순히 투자수익률의 높고 낮음만 가지고 해당 포트폴리오가 합리적으로 운용되었다고 말해서는 곤란하다. 만약 투자수익률만 가지고 운용의 결과를 평가할 예정이라면 성과평가라는 표현 대신 수익률평가라고 하는 것이 더 적절한 표현이라 할 수 있다.

1. 액티브 리턴 원천 찾기

투자정책 수립이 완료되면 자산군별 대표 인덱스를 그대로 활용하거나 소비자물가상승률, 경제성장률 등의 경제지표를 합성하여 벤치마크 지수(혹은 포트폴리오)를 도출

47 원천, 요인 등으로 부르기도 한다.

48 줄여서 성과분석이라고 부르기도 한다.

하게 된다. 이 벤치마크는 성과평가의 잣대가 됨과 동시에 투자의 목표가 되고, 이 목표를 달성하기 위해 도출해낸 전략적 자산배분안이 모델 포트폴리오가 된다. 이 모델 포트폴리오에 근거하여 전술적 자산배분을 통해 액추얼 포트폴리오를 도출하는데, 이 모델 포트폴리오 대비 액추얼 포트폴리오의 상대수익률이 바로 액티브 리턴이다. 그리고 액티브 리턴은 [표 6-18]에 나타낸 것처럼 단계별로 자산배분을 어떻게 했는지, 어떤 상품을 선택했는지, 그리고 언제 매매가 이뤄졌는지에 따라서 그 크기와 부호(sign)가 결정된다.

[표 6-18] 의사결정 단계별 초과수익률 창출의 원천

단계	BM (벤치마크)	MP (모델 포트폴리오)	AP (액추얼 포트폴리오)	Account (실제 운용계좌)
포트폴리오 형태	목표수익률 및 변동성을 적절히 나타낼 수 있는 기준지표	전략적 자산배분에 의해 도출된 자산군별 투자비중	전술적 자산배분에 의해 도출된 상품별 투자비중	설정과 환매, 장중 매매의 결과가 반영된 상품별 투자비중
의사결정 및 액티브 운용	적정 벤치마크 설정	정책과 모형을 통해 MP도출	허용된 범위 내에서 자산군별 투자비중 액티브 조정 포트폴리오 편입상품의 선택	허용된 범위 내에서 편입 상품별 투자비중 액티브 조정 허용된 범위 내에서 편입 대상 상품의 액티브 조정 재조정, 재배분 시점의 선택

	(수익률차이)	(수익률차이)	(수익률차이)
초과수익률 원천	전략적 자산배분에 기인 (자산배분 성과)	상품선택에 기인 (상품선택 성과)	마켓타이밍에 기인 (마켓타이밍 성과)
액티브 운용에 의한 초과수익률 창출 (active return)		± 자산배분 효과(weighting effect) ± 상품 및 타이밍선택 효과(selection effect)	

2. 자산배분에 의한 성과 차이(BM 대비 MP의 초과수익률)

장기적으로 벤치마크 대비 모델 포트폴리오가 초과수익률을 달성했다면 자산배분 정책을 수립하고 그 정책에 입각하여 합리적으로 모델 포트폴리오를 운용했다고 볼 수 있다. 예를 들어 시장에서 널리 사용되는 글로벌 주식지수 가운데 하나를 벤치마크로 설정하고 4개(미국, 유럽, 일본, 한국)의 개별국가 주식시장을 대표하는 인덱스로 구성된 모델 포트폴리오를 장기간 운용해왔다고 가정해보자. 그 결과 성과평가 시점에 유사한 변동성 수준에서 모델 포트폴리오가 벤치마크인 글로벌 주식지수보다 5%p 초과수익률을 달성했다면, 4개의 개별국가에 대한 자산배분을 합리적으로 잘 해왔다고 볼 수 있다. 따라서 벤치마크 대비 모델 포트폴리오가 달성한 초과수익률을 자산배분 성과라고 부른다. 그러나 이 자산배분 성과는 자산관리사의 재량, 즉 액티브 운용에 의해 달성된 것이 아니고 자산배분 정책과 모형에 의해 달성된 것이므로 액티브 리턴의 범주에서는 제외하는 편이다.

반면 자산관리사가 모델 포트폴리오를 참고하여 액추얼 포트폴리오를 구성할 때 특정 자산군에 대한 투자비중을 확대(OW)하거나 축소(UW)하여 모델과 다소 차이 나도록 운용할 수 있는데, 이렇게 운용자의 재량과 의도로부터 발생한 초과수익률은 액티브 리턴의 범주에 포함되며 자산배분 효과(weighting effect)라고 부른다.

3. 상품선택에 의한 성과 차이(MP 대비 AP의 초과수익률)

액추얼 포트폴리오는 금융상품으로 구성되기 때문에 어떤 종류의 상품을 선택하여 편입했는지에 따라서 향후 성과가 달라질 수 있다. 따라서 자산관리사는 편입대상 상품에 대해서 보다 세밀하게 분석[49]할 필요가 있으며, 결과적으로 포트폴리오 편입상품들이 각 자산군 대표 인덱스보다는 전반적으로 나은 성과를 보여야만 상품선택에 의한 초과수익률을 기대해 볼 수 있다.

연기금 등 대형 기관투자자를 고객으로 둔 자산관리사일수록 모델 포트폴리오와 액추얼 포트폴리오의 차이가 많이 나지 않도록, 즉 덜 액티브하게 운용하는 편이다. 왜냐하면 운용재산의 규모가 큰 만큼 본인이 재량을 발휘함으로써 변동되는 손익의 폭도 커지기 때문에 위험회피 성향이 더 강해지기 때문이다. 따라서 모델 포트폴리오 대비 액추얼 포트폴리오의 초과수익률을 순수한 상품의 선택 차이로부터 발생한 것으로 보아 상품(종목)선택 성과라고 말하기도 한다.

상품선택 성과, 즉 모델 포트폴리오 대비 액추얼 포트폴리오의 초과수익률은 크게 세 가지 액티브 리턴으로 분해해 볼 수 있다. 첫째는 바로 직전에 설명한대로 자산군별 투자비중을 모델과 다소 차이 나게 함으로써 발생하는 자산배분 효과이고, 둘째는 편입상품들이 각 자산군의 대표 인덱스 대비 달성한 초과수익률 정도를 의미하는 상품선택 효과(product selection effect)[50]이며, 셋째는 액티브 비중을 적용해서 투자했을 때 자산배분과 상품선택 효과가 복합적으로 나타나는 상호작용 효과(interaction effect)이다. 액티브한 비중조절을 하지 않았다면 상품선택 성과는 곧 상품선택 효과와 동일하겠지만 그렇지 않았다면 상호작용 효과가 존재할 수 있다는 점에 유의해야 한다. 일

49 지역, 섹터, 스타일, 테마, 신용등급, 만기구조, 과세방식, 표시통화 등에 대한 분석 등을 의미한다.

50 상품선택 효과는 해당 자산군에 편입할 상품을 운용할 운용사 및 포트폴리오 매니저를 선택하는 것과 같기 때문에 매니저선택 효과(manager selection effect)라고도 한다.

반적으로 상호작용 효과의 기여도가 낮은 편이므로 상품선택 효과에 이를 포함시켜서 나타내는 편이다.

4. 마켓타이밍에 의한 성과 차이(AP 대비 운용계좌의 초과수익률)

자산관리사가 모델 포트폴리오에 근거하여 액추얼 포트폴리오를 도출하고 이를 운용 중인 계좌에 적용하기로 했다면, 투자자(고객)의 계좌에서도 자금이 분할되어 액추얼 포트폴리오 대로 매매가 진행될 것이다. 그러나 투자를 실행했더라도 운용계좌의 상품 포트폴리오가 액추얼 포트폴리오처럼 바로 짜여지기란 현실적으로 어렵다. 왜냐하면 상품을 매매하는 순간 시장의 움직임에 자산가치가 바로 연동될 수 있어야만 계좌의 포트폴리오가 액추얼 포트폴리오대로 즉시 바뀔 수 있기 때문이다. 공모펀드를 비롯한 대부분의 금융상품은 실시간 가치로 평가되지 않고 직전 영업일, 혹은 그 전일의 종가로 기준가격이 공표되고 있으며 설정(매수)과 환매 신청으로부터 결제가 완료될 때까지 걸리는 시간도 상당히 긴 편이므로 운용 중 수 차례의 재조정과 재배분이 있었다면 액추얼 포트폴리오와 운용계좌의 성과는 당연히 차이를 보이게 된다.

이렇게 액추얼 포트폴리오 대비 운용계좌가 달성한 초과수익률을 마켓타이밍 성과라고 하며, 마켓타이밍 성과에는 포트폴리오 변경시점의 불일치뿐만 아니라 매매에 따른 수수료, 보수 등 발생한 부대비용이 함께 반영된다. 그리고 자산관리사가 다수의 투자자(고객) 자산을 각각 일임 받아 포트폴리오로 운용할 때, 성향이 비슷한 몇몇 투자자에게 동일한 액추얼 포트폴리오를 적용한다 할지라도 계좌마다 운용이 시작된 시점이 다르기 때문에 포트폴리오가 다르게 나타날 수 있다. 예를 들어서 환매제약 등으로 인해 어떤 계좌는 액추얼 포트폴리오 변경에도 불구하고 편입상품 자체가 다른 종류일 수 있으며, 포트폴리오 변경에 따른 매매비용이 더 클 것으로 예상되는 계좌는 편입비중의 변경 없이 그대로 유지될 수도 있는 것이다. 따라서 마켓타이밍 성과 내에도 수익률 관점에서 볼 때 액추얼 포트폴리오 대비 운용계좌의 자산군별 투자비중 차이로부터 발생하는 자산배분 효과와 편입상품이 다름으로 인해 발생하는 상품선택 효과가 액티브 리턴으로 반영되어 있기도 하다.

실무적으로 액티브 리턴을 자산배분 효과와 상품선택 효과로만 분해하는 편인데, 그 이유는 매매에 따른 수수료, 상품의 보수 등 성과 차이를 발생시키는 모든 요인에 대해서 액티브 리턴을 각각 분해하는 것의 실익이 많지 않기 때문이다. 실제로 자산배분 효과와 상품선택 효과 두 요인이 대부분의 성과 차이를 설명하고 있으며 투자자도 두 가지 요인으로 간단하게 성과를 분해하는 것을 더 선호하는 편이다. 따라서 성과 차이를 발생시키는데 기여도가 낮은 기타 요인(상호작용 및 마켓타이밍 효과)들을 상품선택 효과와 한데 묶어서 상품 및 타이밍선택 효과(selection effect)로 표현하기도 하며, 경우에 따라서는 상품선택 효과라는 표현 자체가 자산배분 효과를 제외한 모든 요인을 아우르는 개념으로 사용된다.

5. 위험조정성과지표(RAPM, risk adjusted performance measurement)

지금까지 포트폴리오 성과를 벤치마크 대비 상대수익률 관점에서 자산배분 성과와 액티브 리턴(자산배분 효과 + 상품선택 효과)으로 나누어서 평가하는 방법에 대해서 알아보았다. 그러나 Section 서두에서 밝힌 것처럼 수익률뿐만 아니라 리스크 관점에서도 얼마나 안정적으로 자산이 운용되었는지 함께 살펴봐야 합리적인 기준으로 성과를 평가했다고 할 수 있다. 위험조정성과지표는 포트폴리오가 특정 운용수익률을 달성하기 위해서 부담한 위험의 정도를 수익률에 반영해서 나타낸 지표들을 통칭하는 말이다. [그림 6-7]에서 소개한 리스크-리턴 프로파일도 특정기간의 기간수익률과 표준편차를 2차원 평면에 함께 보여준 것이기 때문에 어떤 의미에서는 위험조정성과지표를 차트에 직관적으로 표시해놓은 것이라 할 수 있다. 대표적인 위험조정성과지표로는 샤프비율, 트레이너지수, 젠센의 알파, 정보비율 등이 있으며 보통 평가기간 동안 달성한 수익률을 표준편차와 같은 위험지표로 나눠준 비율(ratio)의 형태로 구한다. 즉 위험 한 단위당 얼마만큼의 수익률을 달성했는지를 살펴봄으로써 투자의 효율성을 측정하는 지표인 것이다. 각각의 지표들이 어떤 방식으로 구해지고, 어떻게 실무적으로 활용되는지는 Chapter 7 Section 2에서 다루도록 한다.

6. 성과요인 분석 방법론

전술적 자산배분을 통해서 창출한 액티브 리턴을 분석하는 방법에는 여러 가지가 있다. 그 중에서 성과분석의 기초라고 할 수 있는 것이 BHB(Brinson, Hood, Beebower) 분석법[51]인데, 이 방식은 액티브 리턴을 자산배분 효과, 상품선택 효과 그리고 상호작용 효과로 나누어서 설명하고 있다. 자산배분 효과와 상품선택 효과는 [표 6-18]과 '상품선택에 의한 성과 차이' 부분에서 설명한 것과 동일한 요인을 의미하고, 상호작용 효과(interaction effect)는 자산배분과 상품선택 두 요인이 복합적으로 기여한 부분을 가리킨다. [정리 6-8]은 BHB 분석법을 수식으로 간략하게 정리한 것이다.

---

[51] Gary P. Brinson, L. Randolph Hood and Gilbert L. Beebower (1986), "Determinants of Portfolio Performance," *Financial Analyst Journal* 42.4, 39-44.

[정리 6-8] BHB (Brinson, Hood, Beebower) 성과요인 분석 방법론

전체 액티브 리턴(Total Active Return)

$$= w_{AP}r_{AP} - w_{MP}r_{MP} = \text{Weighting Effect} + \text{Selection Effect} + \text{Interaction Effect}$$

자산배분 효과(Weighting Effect)

$$= (w_{AP} - w_{MP}) \cdot r_{MP}$$

상품선택 효과(Selection Effect)

$$= w_{MP} \cdot (r_{AP} - r_{MP})$$

상호작용 효과(Interaction Effect)

$$= (w_{AP} - w_{MP}) \cdot (r_{AP} - r_{MP})$$

- w_{AP}: 액추얼 포트폴리오 자산군별 투자비중 행벡터($1 \times n$)
- w_{MP}: 모델 포트폴리오 자산군별 투자비중 행벡터($1 \times n$)
- r_{AP}: 액추얼 포트폴리오 자산군별 편입상품 수익률 열벡터($n \times 1$)
- r_{MP}: 모델 포트폴리오 자산군별 인덱스 수익률 열벡터($n \times 1$)

주 1: BHB는 벤치마크와 액추얼 포트폴리오 수익률 차이를 액티브 리턴으로 정의하여 분석하고 있으나 본 Chapter에서는 모델 포트폴리오와 액추얼 포트폴리오 수익률 차이를 액티브 리턴으로 보고 재정리함

주 2: 하나의 자산군에 복수의 상품을 편입할 경우 W_{AP}는 해당 자산군에 편입된 상품들의 투자비중을 합한 것을 사용하여 구하고, r_{AP}는 해당 자산군에 편입된 상품들의 수익률을 가중평균한 것을 해당 자산군의 상품 수익률로 간주하여 구함

BHB 분석법은 포트폴리오가 달성한 초과수익률을 의사결정 단계에 따라 요인별로 분해해서 설명했다는 점에서 큰 의의가 있다. 그러나 자산배분 효과가 초과수익률 창출에 어느 정도 기여했는지를 설명해줄 뿐, 개별 자산군별 기여도는 정확하게 설명해주지 못한다는 한계가 있다. 이러한 한계점을 보완한 것이 [정리 6-9]의 BF(Brinson, Fachler) 분석법[52]인데, 개별 자산군별 액티브 의사결정 결과가 전체 자산배분 효과에 얼마만큼씩 기여했는지 설명해줄 수 있다는 점에서 실무에서는 이 방식을 더 선호하는 편이다.

[52] Gary P. Brinson and Nimrod Fachler (1985), "Measuring Non-US Equity Portfolio Performance," *The Journal of Portfolio Management* 11.3, 73-76.

[정리 6-9] BF (Brinson and Fachler) 성과요인 분석 방법론

전체 액티브 리턴(Total Active Return)

$$= w_{AP}r_{AP} - w_{MP}r_{MP} = \text{Weighting Effect} + \text{Selection Effect} + \text{Interaction Effect}$$

자산배분 효과(Weighting Effect)

$$= (w_{AP} - w_{MP}) \cdot (r_{MP} - R_{MP})$$

상품선택 효과(Selection Effect)

$$= w_{MP} \cdot (r_{AP} - r_{MP})$$

상호작용 효과(Interaction Effect)

$$= (w_{AP} - w_{MP}) \cdot (r_{AP} - r_{MP})$$

- w_{AP}: 액추얼 포트폴리오 자산군별 투자비중 행벡터($1 \times n$)
- w_{MP}: 모델 포트폴리오 자산군별 투자비중 행벡터($1 \times n$)
- r_{AP}: 액추얼 포트폴리오 자산군별 편입상품 수익률 열벡터($n \times 1$)
- r_{MP}: 모델 포트폴리오 자산군별 인덱스 수익률 열벡터($n \times 1$)
- R_{MP}: 모델 포트폴리오 전체 수익률로 모든 요소(element)가 동일한 열벡터($n \times 1$)

출처: Carl R. Bacon (2005), *Practical Portfolio Performance Measurement and Attribution*, John Wiley & Sons, 94–98.

주 1: 상기 출처를 참고하여 BHB 분석법과 동일하게 재정리함

주 2: 하나의 자산군에 복수의 상품을 편입할 경우 W_{AP}는 해당 자산군에 편입된 상품들의 투자비중을 합한 것을 사용하여 구하고, r_{AP}는 해당 자산군에 편입된 상품들의 수익률을 가중평균한 것을 해당 자산군의 상품 수익률로 간주하여 구함

[정리 6-8]과 [정리 6-9]을 통해 BHB 분석법과 BF 분석법을 비교해보면 자산배분 효과를 구하는 방식에서 차이가 난다는 것을 알 수 있다. BHB 분석법이 모델 포트폴리오와 투자비중을 다르게 가져간 정도, 즉 액티브 비중(active weight)에 자산군 인덱스 성과를 곱해서 자산배분 효과의 총합만 단순하게 측정하는 것과는 달리, BF 분석법은 액티브 비중에 각 자산군 인덱스가 모델 포트폴리오 전체 성과를 상회한 부분만큼을 곱해서 자산배분 효과로 측정한다. 그렇기 때문에 모델 포트폴리오 전체성과보다 더 나은 성과를 기록한 자산군에는 투자비중을 확대하고 저조한 성과를 기록한 자산군에는 축소하는 의사결정을 했다면, 상대적 관점에서 모든 의사결정이 자산배분 효과에

긍정적으로 기여했다는 해석을 가능케 한다. 반면 BHB 분석법은 개별 자산군이 모델 포트폴리오 전체성과보다 더 나은 성과를 보였는지에 대한 고려, 즉 별도의 호 · 불호를 가릴 기준점을 제공하지 않기 때문에 자산군별 세부 의사결정 결과에 대해서 평가하기가 어렵다. 따라서 BF 분석법이 전술적 자산배분의 결과를 평가하는데 더 좋은 정보를 제공한다고 말할 수 있다. 성과요인 분석과 관련해서는 이어지는 Chapter 7에서 실제 사례를 통해서 다시 한 번 살펴보도록 한다.

2 의사결정 과정 피드백

성과평가는 요인별로 어떠한 의사결정이 성과에 긍정적, 혹은 부정적으로 기여했는지 파악할 수 있게 해주고, 자산배분 프로세스 중 보완이 필요한 부분이 무엇인지도 함께 찾을 수 있게 해준다. 만약 특정 자산군을 꾸준히 투자대상에서 배제해왔는데 그 자산군의 성과가 역으로 한 해 동안 가장 좋았다면 그 자산군이 왜 배제되어 왔는지 진지하게 고민해봐야 할 것이다. 해당 자산군에 대한 리서치가 미흡하여 투자에 대한 확신이 부족했던 게 원인이라면 그 분야의 리서치를 보강하는 식으로 프로세스를 보완하는 게 좋은 선택이 될 수 있다. 이렇게 성과평가는 의사결정 참여자들로 하여금 자산배분 프로세스의 개선점을 적극적으로 찾도록 하는 순기능을 제공한다.

1. 재조정 및 재배분

성과평가의 결과는 포트폴리오 점검 시점에 자산을 재조정 할지 재배분 할지를 결정하는데 중요한 판단근거를 제공한다. 만약 현재 적용하고 있는 자산배분안이 전반적으로 긍정적이라면 초기 투자비중으로 다시 되돌리는 재조정만 고려할 것이나, 현재의 안이 매우 불만족스러운 성과를 보였다면 자산군별 투자비중도 변경하고 편입할 상품도 일부 변경하는 등 자산 재배분이 이뤄져야 한다.

2. 자산배분 성과에 대한 피드백

자산배분 성과는 벤치마크 대비 모델 포트폴리오의 초과수익률에 해당하는데 자산배분 성과가 좋았다면 수익률 및 변동성 목표를 그 동안 충실히 달성해왔다는 것을 의미한다. 반대로 자산배분 성과가 좋지 못했다면 매크로 환경을 다시 점검하여 기대치를 다소 낮추는 등 투자목표의 변경이 필요한 것은 아닌지 검토해 볼 필요가 있다. 그리고 특정 자산군 대표 인덱스 성과가 지속적으로 편입상품 성과보다 저조하면서 동일유형(peer group)의 평균수익률보다도 안 좋다면 대표 인덱스의 교체도 고려해봐야 한다.

경쟁력이 떨어지는 지수를 활용하여 모델링 한다는 것은 그만큼 전략적인 부분에서 기대치를 낮게 가져간다는 것으로 볼 수 있기 때문이다. 이외에도 자산군 카테고리를 확장하거나 축소할 필요는 없는지, 입력 데이터를 생성하는 방식의 개편이 필요한 것은 아닌지, 각 자산군별 시장전망이 제대로 이뤄지고 있는지 등에 대해서도 자산배분 성과를 평가할 때 항상 고려하여야 한다.

3. 상품선택 성과에 대한 피드백

상품선택 성과는 액추얼 포트폴리오의 자산군별 투자비중을 모델 포트폴리오와 다르게 가져감으로써 발생하는 자산배분 효과와 선택된 상품과 자산군 대표 인덱스와의 성과 차이에서 발생하는 상품선택 효과로 나눠볼 수 있다.

자산배분 효과에 대해서는 BF 분석법 등을 활용해서 액티브하게 비중을 조절했던 결과가 개별 자산군에 각각 얼마나 긍정적으로 기여했는지 살펴봐야 한다. 액추얼 포트폴리오 전체 성과를 상회한 자산군에 비중을 더 많이 가져가거나, 하회한 자산군에 비중을 덜 가져가는 의사결정을 했다면 자산관리사의 단기적인 시장전망이 좋았다고 해석할 수 있다. 그러나 그 반대의 경우가 나타났다면 어떤 이유에서 자산관리사가 시장흐름에 역행하는 액티브 비중을 포트폴리오에 적용했는지 꼼꼼하게 살펴볼 필요가 있다. 만약 특정 리서치 그룹이 제공한 정보가 잘못된 선택의 결정적 근거가 되었다면 차기 전술적 자산배분 시 해당 그룹이 제공한 전망자료는 의사결정에 덜 반영하는 식으로 스코어링 시스템을 개선해야 할 것이다.

상품선택 효과에 부정적으로 기여한 상품이 있다면 그 상품을 동종 유형의 다른 상품으로 교체하거나 편입비중을 축소하는 의사결정을 신속하게 내려야 할 때도 있다. 그러나 때에 따라서는 해당 상품의 책임운용역과 면담을 진행하여, 성과가 부진했으나 그러한 의사결정이 운용 프로세스 상 합리적인 것이었고 향후 운용계획이 명확하게 수립되어 있다면 해당 상품에 조금 더 기회를 주는 의사결정을 내리는 것이 장기적으로 더 나은 결과로 이어질 수도 있음에 유의해야 한다. 그리고 투자자가 절세, 현금흐름발생 등 투자의 본질과는 다소 거리가 있는 별도의 니즈를 반영해주길 원할 때에는 이러한 니즈에 보다 부합한 투자수단이 있다면 그 투자수단을 적극 활용하는 방향으로 전략을 수정해주어야 한다.

4. 마켓타이밍 성과에 대한 피드백

마켓타이밍 성과는 실제 운용계좌와 액추얼 포트폴리오 사이의 성과 차이를 의미하는데, 마켓타이밍 성과는 마이너스를 기록하는 것이 오히려 더 자연스럽게 느껴질 수 있다. 왜냐하면 운용규모가 클수록 마켓타이밍과 관련한 의사결정을 능동적으로 내리는 것은 쉽지 않기 때문이다. 액추얼 포트폴리오 변경에 따른 상품(종목)의 편 · 출입 시점을 하루 이틀만 의도적으로 조정하더라도 그 하루 이틀 사이의 시장변동으로 인해서 포트폴리오 전체 자산가치가 크게 변동될 수 있다. 이러한 단기 시장 움직임을 정확하게 예측한다는 것은 거의 불가능하기 때문에 보통 마켓타이밍과 관련한 의사결정은 매매에 따른 비용이 크게 발생하지 않는 선에서 수동적으로 이뤄진다. 그리고 이러한 수동적 의사결정이 액티브 리턴을 창출시켰다는 것은 매우 역설적인 상황으로 비춰질 수 있다. 운용계좌의 성과가 액추얼 포트폴리오 성과를 상회하고 있다는 것은 최근 액추얼 포트폴리오를 구성하는 과정에서 비효율이 발생했다는 것을 의미하기 때문이다. 따라서 운용계좌의 성과가 액추얼 포트폴리오 성과를 상회했다면 최근의 운용 프로세스를 점검해봐야 한다.

추가적으로 이 단계에서는 매매 스케줄링이 적절했는지, 매매가 빈번하게 발생해서 과다한 비용이 지출된 것은 아닌지, 컴플라이언스 규정에 위반되는 거래는 없었는지에 대해서도 살펴보고 자산배분 프로세스 각 요소에 피드백 해주어야 한다.

CHAPTER 7

상품 포트폴리오 운용

상품 포트폴리오 운용은 정량적, 정성적 분석을 통해 자산군별로 포트폴리오에 편입할 만한 우수한 투자상품들을 선정하여 실제 투자 가능한 최적의 액추얼 포트폴리오를 구성한 후 장기적으로 안정적인 성과를 달성하기 위해 이를 수정, 보완해가는 일련의 과정을 의미한다. 자산관리사는 자산배분 이론과 모형에 대해서 충분히 숙지한 후 고객의 투자 성향과 목적에 부합하도록 본인의 전망이 반영된 상품 포트폴리오를 고객에게 제시함으로써 차별화된 자산관리 서비스를 제공할 수 있어야 한다. 이번 Chapter에서는 금융상품 가운데 가장 대중적이면서 다양한 상품이 존재하는 펀드를 주축으로 한 상품 포트폴리오 운용에 대해서 알아보자.

"아주 많은 실수를 저지른 것이 아니라면 옳은 선택 몇 개만으로도 충분히 성공할 수 있다."

-워렌 버핏(Warren Buffett)-

SECTION 01

금융상품의 분류

금융상품은 관점에 따라서 다양한 기준으로 분류할 수 있다. 어떤 자산관리사는 Chapter 2에서 소개한 투자자산의 종류에 따라 상품을 분류하고, 또 어떤 자산관리사는 Chapter 3에서 다룬 투자수단을 주된 분류의 기준으로 삼기도 한다. 보다 세밀하게 분류하길 원하는 자산관리사는 투자 지역이나 국가, 주된 투자스타일과 섹터 및 테마 등에 대한 정보를 상품별로 부기하여 필요한 기준에 따라 검색할 수 있도록 상품정보 시스템을 구축해 놓기도 한다.

이렇게 저마다 다양한 기준으로 상품을 분류하고, 분류된 각 카테고리 안에 속한 상품간 성과를 비교 · 분석하여 시장상황과 투자자의 성향에 따라 포트폴리오에 편입할 상품을 골라내는 작업을 하고 있는데, 단순한 분산투자가 아닌 자산배분의 관점에서 금융상품으로 조합된 액추얼 포트폴리오를 구성하려고 한다면 채택하고 있는 자산배분 모형의 자산군 카테고리와 일관성을 갖도록 상품을 분류해둘 필요가 있다.

1 자산군과 금융상품

투자 포트폴리오를 구성하는 것은 마치 건축가가 건물을 짓는 것과 여러 면에서 비슷하다. 모델 포트폴리오, 즉 전략적 자산배분안을 도출하는 것은 큰 틀에서 건물 전체의 설계도면을 그리는 것이다. 몇 층짜리 건물을 지을 것이고 각 층별로 몇 개의 방을 만들 것인지, 어디에 기둥을 세울 것이며 건물의 내 · 외장재는 무엇으로 할 것인지 등을 포괄적으로 정하는 과정과 유사하다. 건물을 어떻게 지을지 청사진이 그려졌다면 실제 공사가 진행되는데 완공될 때까지 소요된 기간은 포트폴리오 투자기간에, 공사에 사용되는 건축자재는 금융상품에 비유할 수 있다. 철재, 목재, 콘크리트, 벽돌, 시멘트 등의 건축자재들은 설계도에 나와있는 규격과 요건에 맞도록 사용되어야 한다. 부적절하게 사용하거나 배치한다면 완공된 건물의 모습이 설계했던 것과 많이 다를 수 있고 하자가 발생할 수도 있기 때문이다. 이와 마찬가지로 액추얼 포트폴리오도 전략적 자산배분안이 추구하는 목표를 달성할 수 있도록 규격과 요건에 맞는 금융상품에 잘 매칭하여 운용해야 한다. 그렇지 않으면 건물이 설계한 것과 다르게 지어지는 부실공사처럼 기대했던 리스크-리턴 프로파일이 아닌 엉뚱한 성과를 기록할 수도 있다.

요약하자면, 금융상품을 자산배분 모형의 자산군 카테고리대로 분류하는 것은 건물을 제대로 짓기 위해서 각 자재의 용량과 용처를 정확하게 파악하여 설계도면에 기술해놓는 것과 같다. 즉, 포트폴리오 운용을 위한 밑그림에 어떤 것을 그릴 것인지 표시하는 작업인 것이다. 만약 상품 분류체계가 모형의 자산군 분류체계와 전혀 다르게 갖춰져 있다면, 아무리 다양하고 좋은 상품 라인업을 갖추었다 할지라도 모델 포트폴리오를 추종하기 위한 상품 조합을 찾는 작업은 쉽지 않을 것이다. 따라서 자산배분 전략을 제대로 이행하기 위한 최상의 액추얼 포트폴리오를 찾는 문제는 채택한 모형과 일관성 있는 상품 분류체계와 상품정보 시스템을 갖추었을 때에만 쉽게 해결할 수 있다.

모형의 자산군별로 상품을 분류하는 것 외에도 하나의 상품이 몇 개의 자산군에 투자되는지에 따라 단일 자산군 상품, 혼합형 상품, 복합 자산군 상품, 그 밖의 대체투자 상품으로 구분해 놓는 작업도 필요하다. 왜냐하면 하나의 자산군에 1:1로 매칭되지 않는 금융상품은 컨셉과 운용성과가 아무리 좋더라도 액추얼 포트폴리오를 구성하는 단계에서 처음부터 배제되는 경우가 많기 때문이다. 예를 들어서 모델 포트폴리오가 미국주식 20%, 선진국채권 10%, 기타 70%로 구성되어 있다면, 보통은 이를 참고하여 액추얼 포트폴리오를 구성할 때 미국주식에 투자하는 펀드 중에서 한 개, 선진국채권에 투자하는 펀드 중에서 한 개, 그리고 기타에서 한 개의 상품을 선택하여 각각 20%, 10%, 70%를 배정함으로써 포트폴리오를 도출할 것이다. 그런데 만약 우수한 운용 프로세스를 갖추고 있으면서 성과도 좋은 미국주식과 미국국채에 절반씩 투자하는 미국투자 혼합형 펀드가 있다고 가정해보자. 이 펀드를 활용해서도 동일한 자산배분을 갖는 또 다른 액추얼 포트폴리오를 구성할 수 있다. 이 펀드에 20% 투자하여 미국주식과 선진국채권에 각각 10%씩 자산을 배분하고, 다른 미국주식형 펀드에 10%, 나머지 기타상품에 70%를 배정하면 된다. 그런데 이 미국투자 혼합형 펀드가 하나의 자산군에 1:1로 매칭이 되지 않는 상품이라는 이유로 미분류 상품으로 남겨놓았다면 두 번째 액추얼 포트폴리오는 도출하지 못했을 것이다. 왜냐하면 이 상품이 미분류 상태이므로 애초에 편입 후보군에 올려놓지도 않았을 것이기 때문이다. 이런 이유로 투자되는 자산군 개수를 기준으로도 상품을 분류해 놓을 필요가 있으며, 그 세부적인 상품정보도 주기적으로 업데이트하고 관리해야 한다.

1. 단일 자산군 상품(single asset product)

일반적으로 대다수의 금융상품들은 그 명칭과 집합투자규약, 투자설명서, 상품제안서 등을 통해 어떤 시장, 어떤 자산군에 투자되고 있는지 투자자가 쉽게 파악할 수 있도록 적극적으로 커뮤니케이션 하고 있다. 예를 들어 자본시장법에 근거하여 국내에 설정된 미국 주식시장에 투자하는 펀드들은 그 명칭에 '미국', 'US', '아메리카', '북미', '미주' 등의 키워드를 포함하고 있고, '(주식)'이라는 자산군 종류를 뒤쪽에 표기하여 명칭만 봐도 주된 투자대상이 무엇인지 짐작할 수 있도록 되어있다. 투자설명서 상에도 미국주식에 펀드 전체 자산의 60% 이상을 투자한다거나, 성과를 비교할 벤치마크 지수로 미국 주식시장을 대표하는 S&P500 지수를 사용한다는 식으로 설명이 상세히 되어 있는 편이다. 이렇게 명확하게 펀드의 주된 투자대상을 '미국주식'이라는 특정된 하나의 시장, 즉 단일 자산군으로 정하고 있는 상품을 '단일 자산군(에 투자하는) 상품'이라고 부른다. 역사가 오래되고 널리 알려진 상품 대부분이 바로 이 단일 자산군 상품 범주에 속하는 편인데, 투자자들이 복잡한 구조를 가진 상품보다 운용전략이 단순하고 투자대상이 명확하게 한정되어 있는 상품을 선호하기 때문으로 보인다. 자산관리사도 모형의 자산군 카테고리대로 상품유형을 간편하게 분류할 수 있는 단일 자산군 상품을 더 많이 활용하는 경향이 있다.

2. 복합 자산군 상품(multi asset product)

단일 자산군 상품과는 다르게 하나의 상품이 여러 가지 자산군을 편입하는 경우도 있다. 이러한 상품을 '복합 자산군(에 투자하는) 상품'이라고 하고, 그 중에서 주식과 채권 두 개의 자산군에만 분산투자하는 상품을 특별히 '혼합형 상품'이라고도 한다. 혼합형 상품은 요즘처럼 자산관리(wealth management)와 프라이빗 뱅킹(private banking) 비즈니스가 발달하지 않았던 2008년 금융위기 이전에 많이 출시되었는데, 개인 투자자를 대상으로 맞춤형 자산배분 서비스를 제공할 인프라가 충분하지 못했기 때문에 상품 레벨에서 이를 일괄적으로 수행하기 위해 활용되었다. 정해진 비율 내에서 주식과 채권에 수동적으로 분산투자 하도록 설계된 게 대부분인데, 채권혼합형 퇴직연금 펀드가 대표적인 혼합형 상품이다.

자산배분 펀드, 멀티에셋 펀드와 같은 다양한 자산군에 적극적으로 운용되는 복합 자산군 상품이 등장한 것은 최근의 일이다. 이 복합 자산군 상품들은 종전의 혼합형 상품과는 다르게 주식, 채권, 원자재 등 다양한 글로벌 자산에 적극적이고 탄력적으로 배분되도록 설계되어 있는 편이다. 이는 복합 자산군 상품의 출시 배경이 과거와 사뭇 달라졌다는 것을 의미하는 것으로 변동성을 줄이면서 기대수익률을 높일 수 있도록 고안된 자산배분 방법론 그 자체가 상품화된 것으로 이해할 수 있다. 따라서 이러한 복합

자산군 상품을 종전의 혼합형 상품과 구별하기 위해서 '자산배분형 상품,' '멀티에셋 상품,' '멀티전략형 상품'이라고 부르기도 한다.

3. 대체투자 상품(alternative investment product)

전통자산이 아닌 비전통자산에 주로 투자하거나, 파생상품 시장에서 전략적 포지션을 구축하여 이를 통해 수익이 창출되도록 설계된 금융상품을 통칭하여 '대체투자 상품'이라고 부른다. 대체투자 상품은 그 운용성과를 가늠해 볼만한 벤치마크 지수를 특정할 수 없다는 특징을 갖고 있다. 벤치마크가 존재하더라도 그 지수보다 좋은 성과를 내는 것이 목표라는 것이지 그 지수가 대표하고 있는 자산군에 주로 운용된다는 의미가 아님에 유의해야 한다. 국내 투자자들에게 익숙한 ELS 등 파생결합증권에 기초한 상품, 롱숏(long-short) 펀드, 글로벌 헤지펀드, PEF 등 절대수익을 추구하는 상품이 대표적인 대체투자 상품 범주에 속한다.

2 상품정보 업데이트

정책과 모형을 통해 일차적으로 모델 포트폴리오가 도출되면, 자산관리사는 이를 참고하여 고객 투자 성향에 맞는 액추얼 포트폴리오를 구성하게 된다. 이 때 어떤 금융상품을 액추얼 포트폴리오에 편입할 것인지는 자산관리사가 각 금융상품들이 가지고 있는 다양한 속성 중에서 어떤 면을 더 중요하게 생각하는지에 따라 달라지게 된다. 어떤 자산관리사는 장기 수익률이 좋은 금융상품을 선호할 것이고, 어떤 자산관리사는 변동성이 낮은 금융상품을 선호할 것이다. 또 다른 자산관리사는 주식형 상품에 대해서는 장기 수익률을 가장 중요하게 생각하고, 채권형 상품에 대해서는 변동성을 가장 중요하게 생각할 수도 있다. 이렇게 포트폴리오 편입상품을 선별하는 작업은 다양한 기준에 의해서 진행될 수 있고, 이는 상품정보 체계가 제대로 갖추어져 있을 때에만 비로소 가능하다.

1. 상품별 주요 업데이트 항목

전체 금융상품 라인업에 대해서 각 상품들이 어떤 자산군에 주로 투자되고 있는지를 채택한 자산배분 모형의 자산군 분류체계에 맞춰서 파악하고 있어야 액추얼 포트폴리오 구성이 합리적으로 이루어질 수 있다. 관리하기 버거운 수준으로 상품 라인업이 확장되어 있다면 시스템으로 관리될 수 있도록 정보체계를 구축해야 한다. [표 7-1]은 총 10개의 자산군으로 구성된 자산배분 모형을 채택했을 때 각 상품의 자산군별 투자 비중 현황을 일괄적으로 파악할 수 있도록 정리해놓은 예시이다.

[표 7-1] 자산배분 모형의 자산군 분류체계에 따른 상품별 자산군 투자비중 현황(예시)

주요 자산군	상품 이름	모형 자산군별 투자비중 현황(%)										대체 투자	비고
		국내 주식	선진국 주식	신흥국 주식	국내 채권	선진국 채권	신흥국 채권	하이 일드	원자재	부동산	단기 자금		
주식	A펀드	100											
주식	B펀드		100										
주식	C펀드		50	50									섹터
채권	D펀드				100								
채권	E펀드					25	50	25					
혼합	F펀드	40			60								
멀티	G펀드	15	15		20	10	10	10		10	10		인컴
대체	H펀드											100	롱숏
						⋮							

주: 모형의 자산군 분류체계는 [표 6-16] 자산군별 투자한도 설정(예시)의 소분류에 따름

이렇게 각 상품이 어떤 자산군에 얼마만큼씩 투자되고 있는지를 주기적으로 업데이트하여 정보를 관리하고 있다면 액추얼 포트폴리오에 편입하고 있는 상품의 개수가 많아지더라도 손쉽게 자산군별 투자비중 현황을 알 수 있다. 그러므로 모델 포트폴리오와의 자산배분 현황도 편하게 비교 가능하다. 그리고 어떤 상품이 특정 스타일, 섹터, 테마로 운용되거나 대체투자 카테고리에 해당한다면 구체적인 운용내역을 비고란에 추가적으로 부기해 놓으면 유용하다. 또한 필요에 따라서 [표 7-1]에 표시한 것 외에도 해당 상품의 과세체계가 어떠한지, 파생결합증권과 같은 구조화 상품이라면 기초자산은 무엇인지, 손익구조는 어떤지 등을 기입해 두는 것도 사후 관리를 위해서 중요한 부분이다.

그리고 개별 금융상품별로 상세 페이지를 만들어서 세부 운용내역을 저장해 두어야 한다. 상품별 상세 페이지에는 자산군별 투자비중 현황 정보를 포함하여 해당 상품의 운용회사와 매니저 변동 현황, 주요 투자종목 현황, 최초 설정일, 벤치마크 지수, 운용자산 규모, 수수료 및 보수현황, (과표)기준가격의 흐름, 기간별 수익률과 다양한 위험지표, 위험조정성과지표, 동일유형 내 상대순위 등 공시된 자료로부터 얻을 수 있는 모든 정량적 데이터가 포함되어야 한다. 그래야 액추얼 포트폴리오에 편입할 상품을 최종적으로 선택할 때 입체적 분석이 가능하다.

2. 신상품 트렌드 파악

기존 상품의 주요정보를 업데이트 하여 확인하는 것 외에도, 신상품 트렌드를 파악하는 것도 액추얼 포트폴리오를 구성하기 전에 추가적으로 진행해야 할 중요한 작업이다. 거시경제 지표, 인구구조, 경기사이클의 변화는 현재와 다른 형태의 투자수요를 창출하기 마련인데, 이러한 수요에 부응하는 금융상품들이 경쟁적으로 출시되어 신상품 트렌드로 나타나기 때문이다. 따라서 지금까지는 크게 주목 받지 못했던 자산군에 투자하는 상품들이 봇물을 이루거나, 생소한 방식으로 운용되는 대체투자 상품이 등장하지는 않았는지 주기적으로 조사하여 투자의 트렌드를 파악해야 한다. 그리고 그 트렌드를 자산배분 정책에 반영하여 모형 및 액추얼 포트폴리오 구성 방법론이 시대에 뒤쳐지지 않도록 해야 한다.

3 금융상품 스크리닝

점차 엄격해진 기준을 적용해 가면서 수많은 금융상품 중에서 옥석을 가려내어 최종적으로 포트폴리오에 편입할 상품을 골라내는 것을 금융상품 스크리닝(screening)이라고 부르는데, 본 단락에서는 전체 상품 라인업에서 투자 유니버스를 도출하는 1단계, 투자 유니버스에서 편입 후보군을 도출하는 2단계, 편입 후보군에서 실제 편입상품을 선택하는 3단계로 나누어서 스크리닝 과정을 살펴 보겠다. 금융상품 스크리닝이 반드시 소개할 세 단계의 프로세스로 진행되어야 하는 것은 아니므로 필요에 따라 그 절차를 간소화, 혹은 세분화 해도 무방하다.

1. 투자 유니버스

상품 포트폴리오 구축을 위해서 현재 투자 가능한 전체 금융상품 라인업을 대상으로 가장 기본이 되는 기준을 일차적으로 적용한 후 각 자산군 카테고리대로 분류해 놓은 것을 투자 유니버스(investment universe)라고 부른다. 정책에 따라 기준이 달라질 수 있으나 보통 해당 상품의 전체 운용규모[1], 운용기간, 운용사의 재무적 안정성 등이 1차 스크리닝 기준이 된다.

반드시 그러한 것은 아니나 책임 운용역이 운용중인 상품 가운데 해당 상품의 규모가 작을 경우에는 상대적으로 관심을 덜 쏟을 가능성이 있으며, 절대적 규모가 작을 경우에는 추후 자금 회수 시 번거로운 절차가 뒤따를 수도 있다. 공모펀드는 상대적으로

[1] 펀드의 경우 실제 운용되는 모펀드의 설정액 혹은 순자산총액이 이에 해당한다.

대규모 환매가 발생했을 때 잔존 수익자들의 자산가치가 하락할 개연성이 있다면 수익자 보호를 위해 환매를 지연시킬 수 있으며, 소규모 펀드라면 수익자 의사와 상관없이 해당 펀드가 청산절차를 밟을 수도 있다. 이런 이유로 운용규모를 1차적 스크리닝 기준으로 삼는 편이다. 그 밖에 운용기간이 짧은 상품은 성과가 충분히 검증되지 않았다는 이유로, 자산운용사의 재무 및 신용상태가 나쁘다면 전반적인 신뢰도가 낮다는 이유로 투자 유니버스에서 제외되는 경향이 있다.

이렇게 수 많은 금융상품 가운데 자산관리사가 접근 가능한[2] 금융상품 중, 규모가 작거나, 성과검증이 불가능하거나, 운용사를 신뢰하기 힘든 것들을 제외하고 나면 투자 유니버스를 얻을 수 있다. 따라서 유니버스를 도출하는 초기 스크리닝 단계에서는 수 많은 상품의 기본적인 정보가 필터링되어야 하기 때문에 상품정보 체계와 검색 및 활용 인프라가 얼마나 잘 구축되어 있는지가 가장 중요하다.

2. 편입 후보군

시장에 출시된 전체 금융상품을 모형의 자산군 카테고리대로 분류하면 피투자 자산군이 무엇인지에 따라 동일한 자산군에 투자되는 상품별로 묶을 수 있다. 이렇게 자산군별로 분류된 금융상품 부분집합을 동일유형 상품군[3]이라고 부른다. 그리고 투자 유니버스의 동일유형 중에서 다양한 기준으로 평가했을 때 종합적으로 우수하다고 판단되는 상품 몇 개를 추려놓은 것을 편입 후보군이라고 부른다. 상품 전문가 및 자산관리사들은 주로 이 편입 후보군 상품을 관심상품(watchlist)으로 플랫폼에 등록하여 모니터링하게 된다.

투자 유니버스에서 편입 후보군을 골라낼 때에는 수익률, 위험지표, 위험조정성과지표, 스타일 · 섹터 · 테마, 자금동향 등 정량적 분석과 매니저 미팅을 통해서 얻은 정성적 분석의 결과를 종합하여 스크리닝 기준으로 사용한다. 각 기준별 구체적인 내용은 이어지는 Section 2에서 다룰 예정이다.

편입 후보군을 스크리닝하는 단계에서는 좋은 상품을 선별하고 소싱(sourcing)하는 상품 전문가의 역할이 무엇보다 중요하다. 특정 자산군 카테고리에 편입 후보군으로 적합한 상품이 많지 않다면 역외 상품 중에서 적합한 상품을 찾아 역내로 들여오거나 새롭게 상품을 기획하여 선택의 폭이 좁아지지 않도록 해야 한다.

---

2 자산관리사가 속해있는 금융회사, 또는 사용하는 플랫폼(platform)에 라인업 되어있어 투자자에게 제안 가능하다는 것을 뜻한다.

3 동종유형, 동종그룹, 동류집단, 피어그룹 상품군이라 부르기도 한다.

3. 실제 편입상품 선택

편입 후보군이 추려졌다면, 그 중에서 실제 액추얼 포트폴리오에 편입할 금융상품을 최종적으로 선택해야 하는 문제만 남는다. 각 자산군별로 충분히 검증된 상품들이 후보군에 올라 있기 때문에 그 중에서 어떤 상품을 포트폴리오에 편입하는 게 좋을 것인지 선택하는 것은 매우 어려운 일이다. 자산관리사가 어떤 항목을 더 중요하게 생각하는지에 따라서 다양한 액추얼 포트폴리오가 만들어질 수 있는데, 성과가 실현되기 전까지 그 중에서 어떤 것이 더 좋은 포트폴리오라고 말하기 힘든 것이 현실이다. 따라서 이 단계에서는 자산관리사나 투자자 개인의 주관적 선호가 반영될 여지가 크다.

그럼에도 최대한 객관적이고 과학적인 액추얼 포트폴리오를 구성하고자 한다면 동일유형 내에서 개별 상품이 보여주는 특별한 경쟁력에 초점을 맞춰 최종 편입상품을 골라내기 보다는 특정 상품이 편입되었을 때 전체 포트폴리오 차원에서 얻어지는 긍정적 효과에 주목하여 선택해야 한다. 각 자산군별 수익률 기준 1등 상품만 골라서 포트폴리오를 꾸린 것보다 2등, 3등 상품을 편입 했더라도 서로 상관관계가 낮아져서 포트폴리오 분산효과가 더 커졌다면 결과적으로 더 나은 성과를 보일 수도 있기 때문이다.

[그림 7-1]은 본 Section에서 다룬 금융상품 스크리닝 프로세스를 도식화 한 것이다. 총 세 번의 스크리닝 작업을 거치면서 선택지를 좁혀갈 수 있다. 이렇게 다양한 기준으로 스크리닝하여 엄선한 금융상품으로 액추얼 포트폴리오를 구성하여 자산을 운용한다면 단일 상품에만 투자하거나, 검증되지 않은 방식으로 포트폴리오를 구성하였을 때보다 안정적인 성과를 거둘 가능성이 그만큼 높다고 볼 수 있다.

금융상품을 스크리닝하고 액추얼 포트폴리오를 최종적으로 구성하는 과정은 월드컵에 출전할 국가대표 축구선수를 선발하는 과정과 매우 흡사하다. 대표팀 감독은 협회에 등록된 축구선수 전체를 대상으로 포지션별로 어떤 선수들이 있는지 살펴볼 것이다. 여기서 등록된 선수는 전체 상품 라인업에, 포지션은 자산군에 비유할 수 있다. 그리고 일차적으로 국가대표에 뽑힐만한 자격을 갖춘 선수들을 선별하여 상비군을 조직하게 된다. 이 국가대표 상비군이 바로 투자 유니버스에 해당한다. 감독은 수 차례의 소집훈련과 평가전을 통해 상비군에 소속된 선수들 중에서 월드컵 본선에 출전할 최종 엔트리(entry)를 정하게 되는데, 그 최종 엔트리가 바로 편입 후보군에 해당한다. 그리고 본선 경기가 열릴 때 선발로 뛰는 11명의 선수, 즉 베스트 11(best eleven)을 선정하게 되는데 이 선발 라인업이 바로 실제 편입상품에 비유될 수 있다.

유능한 감독이라면 포지션별로 개인 기량이 최고인 선수만을 골라서 선발 라인업을 구성하지는 않는다. 개인 기량이 출중한 선수는 화려해 보이겠지만 그런 선수들로만

[그림 7-1] 액추얼 포트폴리오 구성을 위한 금융상품 스크리닝 프로세스 도식

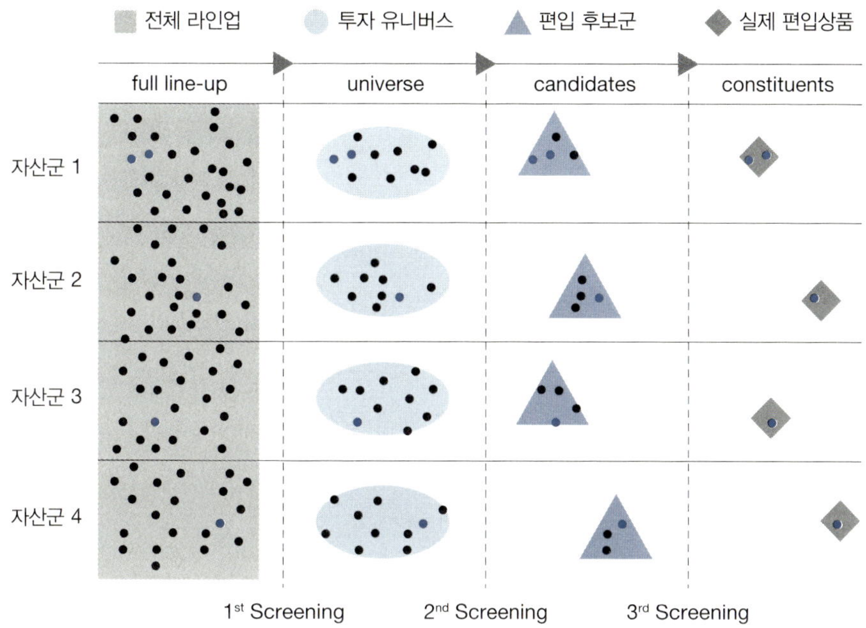

주: 각 점은 개별 금융상품을 의미함

구성된 팀은 공수의 밸런스를 맞추기 힘들 수 있기 때문이다. 따라서 화려하지는 않지만 팀플레이에 능하여 조직력을 극대화 해 줄 수 있는 선수들이 실제로 많이 중용되고 있다. 이는 액추얼 포트폴리오를 구성할 때 각 자산군별 1등 상품만 편입하는 게 최선은 아니라는 것과 일맥 상통한다. 따라서 상관관계, 즉 팀워크(teamwork)가 무엇보다도 중요하다는 점을 늘 염두에 두어야 한다.

SECTION 02

금융상품 분석하기

액추얼 포트폴리오 구성에 적합한 금융상품을 동일유형 중에서 선별해 내는 과정은 생각보다 간단하지 않다. 각 자산군별로 수익률이 월등히 우수한 상품이 군계일학(群鷄一鶴)처럼 보일 수 있으나 과거의 수익률 패턴이 미래에도 이어진다고 보장할 수 없으므로 단순히 수익률만 좋은 상품을 선택하는 방식은 지양되어야 한다. 수익률을 포함한 다양한 항목에서 종합적으로 우수한 상품을 객관적으로 선별하는 체계적 분석 프로세스를 갖추어야 객관성과 전문성에 기반한 투자로 투자자로부터 신뢰를 얻을 수 있다.

1 수익률 분석

금융상품의 정량적 분석은 크게 운용성과에 대한 부분, 자산배분 내역에 대한 부분, 자금동향에 대한 부분으로 나누어서 진행할 수 있다. 이 중에서 운용성과에 대한 부분이 가장 객관적인 분석 자료로 인식되는데, 각 상품의 매니저 역량이 성과로 집약되어 나타날 것으로 생각하기 때문이다.

1. 관점에 따라 달라지는 수익률 계산방식

수익률(rate of return)이란 기초시점 투자 원금 대비 그 자금의 운용 결과로 늘어나거나 줄어든 기말시점 평가금액 증감분을 비율로 나타낸 것이다. 그런데 만약 자금을 운용하는 기간 동안 입출금 거래가 여러 번 있었다면 그 입출금을 반영한 수익률을 계산하는 방식은 투자자의 총 손익을 점검하기 위해 산출하는 것인지, 아니면 매니저의 운용성과 평가를 위해 산출하는 것인지에 따라서 달라지게 된다.

투자자의 총 손익 관점에서 산출하는 수익률은 투자수익률, 또는 투자자수익률이라고 부른다. 투자수익률은 입출금, 즉 현금흐름과 그 시간가치를 반영한 투자 원금 대비 기말까지 누적된 이익금의 비율을 구한 것이다. 따라서 입금된 자금 중에서 규모가 컸던 부분의 운용결과가 상대적으로 좋았다면 전체 투자수익률도 좋게 나타난다. 이렇듯 자금의 규모가 가중치 역할을 하기 때문에 투자수익률을 금액가중수익률[4]이라고도 부

[4] 금액가중수익률은 현금유입의 현재가치와 현금유출의 현재가치를 일치시켜주는 할인율을 의미하는 내부수익률(IRR)과 개념적으로 동일하다.

른다.

운용성과 평가 관점에서 산출하는 수익률은 운용수익률, 또는 매니저수익률이라고 부른다. 운용수익률은 자금의 규모에 대한 고려는 배제한 채 입출금이 발생할 때마다 직전 시점 대비 단순 수익률(기간수익률)을 계산한 후 이를 누적하는 방식으로 구해진다. 따라서 각 기간수익률이 모두 양호해야 운용수익률 전체가 좋을 수 있다. 이렇듯 수익률 계산에 있어서 현금흐름에 의한 원금의 왜곡이 통제된 상태에서 각 시점 사이의 기간이 균일한 가중치 역할을 하고 있으므로 운용수익률을 시간가중수익률이라고도 한다. 펀드 매니저의 역할은 자금의 유치가 아니라 주어진 자금을 잘 운용하는 것에 있다. 시간가중수익률은 설명한 것처럼 입출금 효과를 제외한 수익률이기 때문에 매니저의 순수 운용 역량만을 평가하고자 하는 목적에 더 부합한다고 볼 수 있다. 그렇기 때문에 이를 매니저수익률이라고 부르는 것이다.

자산관리사는 관점에 따라 다르게 산출되는 두 가지 수익률의 개념을 이해하고, 상황에 맞게 이를 사용하여 의사소통 할 수 있어야 한다. 만약 투자자에게 자산운용의 결과를 요약적으로 보고해야 하는 상황이라면 투자자 입장에서 손익을 따져볼 수 있도록 투자수익률을 산출하여 설명해야 할 것이고, 액추얼 포트폴리오 구성 과정에서 각 상품의 성과를 비교분석 하려 한다면 운용수익률을 사용해야 할 것이다. [그림 7-2]는 매년 100만원씩 4년 동안 어떤 금융상품에 투자하여 각 연차 별로 +5%, −4%, +10%, +3%의 성과를 거둔 가상의 투자 사례를 그림으로 나타낸 것이다. 이 예시를 통해서 투자수익률과 운용수익률의 개념적 차이를 보다 쉽게 이해해보자.

[그림 7-2] 관점에 따라 다르게 산출되는 투자수익률과 운용수익률(예시)

기간수익률(R)		5%	-4%	10%	3%
시점(t)	t_0	t_1	t_2	t_3	t_4
t_0 투자분	**100.00**	105.00	100.80	110.88	114.21
t_1 투자분		**100.00**	96.00	105.60	108.77
t_2 투자분			**100.00**	110.00	113.30
t_3 투자분				**100.00**	103.00
평가금액					**439.27**

투자수익률(= 금액가중수익률): **3.78%**
운용수익률(= 시간가중수익률): **3.38%**

주: 투자 시점은 누적 연차를 의미, 금액 단위는 만원, 수익률은 연환산

[그림 7-2]의 가로선은 시간(년)을 의미하고, 이 가로선은 t_0부터 t_4까지 4개의 구간(4년간)으로 구분되어 있다. 가로선 아래에는 t_0투자분부터 t_3투자분까지 연초에 투자한 100만원의 투자원금이 시간에 따라 어떻게 변화했는지를 나타낸 것이다. t_0투자분 100만원은 첫해 5%의 수익을 내서 105만원이 되었고 다음해 −4%의 손실로 인해 105만원에서 100.8만원이 되었다. 그리고 3, 4년차에는 각각 10%와 3%의 수익률을 기록하여 최종적으로 114.21만원이 되었다. 이와 동일한 과정으로 위 그림을 이해해보면 매해 100만원씩 적립한 자금은 최종적으로 439.27만원이 된 것으로 나타난다. 이를 토대로 투자의 손익을 따져볼 때 일반적으로 간편하게 사용하는 투자원금대비수익률, 즉 손익률을 계산해보면 9.82%(연 2.37%)가 된다.

$$\text{투자원금대비수익률} = \text{손익률} = \frac{439.27 - 400}{400} = 9.82\%(\text{연 } 2.37\%)$$

그러나 이 손익률에는 화폐의 시간가치 개념이 반영되지 않아 투자자가 해당 기간 동안에 달성한 정확한 투자수익률이라고 보기 어렵다. 최초 투자금 100만원을 제외한 나머지 원금 300만원은 처음부터 투자된 자금이 아니고 중간에 순차적으로 입금된 것이기 때문이다.

또 다른 사례를 통해 단순 손익률의 한계를 쉽게 이해해보자. 1년 안에 100만원이 110만원이 되는, 즉 손익률이 10%인 투자 안이 두 개 있다고 가정해보자. 첫 번째 투자 안은 처음부터 100만원을 모두 투자하면 1년 후에 110만원을 돌려주는 것이고, 두 번째 투자 안은 처음 364일 동안은 투자하지 않다가 마지막 하루를 남겨놓고 100만원을 투자하면 단 하루 만에 10% 수익을 내어 110만원을 돌려주는 투자 안이다. 두 개의 투자 안 모두 손익률 측면에서는 1년 동안 10%를 달성한 것이다. 그런데 둘 중에 어떤 게 더 나은 투자냐고 묻는다면 대부분 후자가 더 나은 투자라고 대답할 것이다. 왜냐하면 후자는 자금이 유입되기 이전 364일 동안 100만원을 단기자금 상품 등으로 운용할 수도 있기 때문이다. 이런 이유에서 투자자 손익 관점에서 보다 합리적인 수익률을 산출하려면 일종의 기회비용에 해당하는 화폐의 시간가치 개념이 반영되어야 한다.

[그림 7-2]의 투자수익률은 연 3.78%로 앞에서 계산한 손익률(연 2.37%) 대비 연간 1.41%p 더 높게 나타났다. 이는 화폐의 시간가치가 고려되어 최초 투자금 100만원을 제외한 나머지 원금 300만원이 중간에 유입되기 전에도 산출된 투자수익률(연

3.78%)로 동일한 수익성을 유지하며 운용되었다고 가정[5]하고 있기 때문이다. 이런 맥락에서 예시의 투자수익률, 즉 모든 현금유입의 현재가치와 현금유출의 현재가치를 일치시켜주는 할인율인 금액가중수익률은 아래와 같이 계산된다.

$$\frac{439.27}{(1+r)^4} = 100 + \frac{100}{(1+r)} + \frac{100}{(1+r)^2} + \frac{100}{(1+r)^3}$$

식의 좌변은 현금유입의 현재가치, 우변은 현금유출의 현재가치를 의미.

이 식을 만족시키는 연 수익률 r, 즉 금액가중수익률을 구하면

$$\therefore r = 3.78\%$$

또한 현금흐름의 영향은 고려하지 않은 상태에서 시장의 움직임과 매니저의 순수한 운용 역량만 반영하는 운용수익률은 시간가중수익률을 통해서 산출하는데 수학적으로는 기하평균의 개념이 사용된다. 기하평균이란 여러 개의 수를 연속으로 곱해서 그 개수의 거듭제곱근으로 구한 값을 의미한다. 주로 성장률 데이터를 구할 때 사용하는 개념이다. 아래는 이 기하평균의 개념으로 시간가중수익률을 구하는 산식을 나타내었다.

[식 7-1] 기하평균수익률(geometric average rate of return)

$$\text{기하평균수익률} = \sqrt[T]{(1+R_1)(1+R_2)\cdots(1+R_T)} - 1$$

R_t : 기간수익률　　T : 총 시점 수

[그림 7-2] 예시의 데이터를 위 식에 대입하여 시간가중수익률을 구하면 아래와 같다.

$$\text{시간가중수익률} = \sqrt[4]{(1+5\%)(1+(-4\%))(1+10\%)(1+3\%)} - 1 = 3.38\%$$

위 식에서 볼 수 있듯이 시간가중수익률은 각 시점 사이의 기간수익률이 누적하여 곱해진 형태, 즉 기하학적으로 연결된 형태로 계산된다. 이는 각 기간수익률이 전체 운용수익률에 유기적으로 영향을 준다는 것을 의미하고, 구분된 기간마다 금액과 상관없이 균일하게 가중치가 부여되어 있다는 뜻이다. 그런 이유에서 이를 시간가중수익률이라고 하는 것이다.

연 3.38%로 나타난 운용수익률은 투자수익률 연 3.78% 대비 연간 0.4%p 낮은 수치이다. 이 차이는 자산가치가 등락을 보일 때 투자 시점을 잘 분산한 것에 기인한다. 즉,

[5] 투자원금 400만원을 100만원씩 네 차례 나누어서 투자한 것은 t_0 시점에 모든 투자금의 현재가치 합인 378.66만원을 한 번에 투자하여 연 3.78%로 4년간 운용한 것과 동일한 결과라는 것을 의미한다.

적립식 투자방식이 긍정적으로 작용했다고 볼 수 있다.

이렇게 누구의 관점에서 계산할 것인지에 따라 수익률은 투자수익률(투자자수익률, 금액가중수익률, 내부수익률)과 운용수익률(매니저수익률, 시간가중수익률, 기하평균수익률)로 개념이 구분된다. 따라서 투자자에게 특정 상품의 최근 운용성과가 어떠했는지 언급할 때에는 그 투자자 계좌에 표시되어있는 투자자수익률 혹은 손익률만 보고 판단해서는 안 된다. 왜냐하면 해당 투자자가 어떤 시점에 어떻게 매매 했는지에 따라서 투자수익률은 달라질 수 있기 때문이다.

2. 기간수익률 비교

기간수익률은 수익률 계산의 시작과 끝 시점을 정한 후 그 사이의 운용수익률을 구한 것이다. 따라서 기간수익률을 언급할 때에는 반드시 기준일과 함께 1개월, 1년, 3년 등의 기간을 표시하거나 '201X.01.01~201X.12.31' 처럼 시작과 끝 날짜를 표시해 주어야 한다. 왜냐하면 1년에 10%를 달성한 것과 한 달에 10%를 달성한 것이 다르고, 1개월 전 기준으로 최근 1년 수익률이 10%인 것과 어제 기준으로 최근 1년 수익률이 10%인 것이 다르기 때문이다.

[표 7-2]는 금융상품의 수익률을 분석할 때 흔히 사용되는 동일유형 상품의 기간수익률 비교표를 예시로 나타낸 것이다. 상품을 스크리닝하여 편입 후보군까지 정하게 되면 가장 먼저 살펴보는 정보 중 하나이다. 표에 의하면 최근 1개월 수익률은 C펀드가 1.69%로 가장 높고, 6개월은 D펀드가 20.41%로 가장 높으며, 3년은 B펀드가 38.37%로 가장 높다. 어떤 기간수익률을 주된 평가 기준으로 삼는 것이 합리적일까? 이에 대한 명쾌한 정답은 존재하지 않는다. 왜냐하면 이렇게 기간수익률이 천차만별로 나타나는 주된 이유가 매니저의 트레이딩 역량 차이보다 각 펀드의 주된 투자전략이 상이한데 있기 때문이다. 어떤 펀드는 전기전자 업종에 대한 상대비중이 높을 것이고, 어떤 펀드는 배당주 스타일에 배분을 많이 했을 수 있고, 어떤 펀드는 중소형주에 포커스를 두고 있을 수 있다. 따라서 특정 기간수익률 하나만으로 매니저의 역량을 평가하는 것은 바람직하지 못한 결과를 초래할 수 있으므로 미래에 대한 불확실성을 감안했을 때 각 기간수익률이 고르게 양호한 펀드에 높은 점수를 주는 것이 더 합리적이다.

동일유형의 기간수익률을 비교할 때 한 가지 더 주의해야 할 점이 있다. 장기의 기간수익률에는 단기간의 수익률이 포함되어 있다는 점이다. [표 7-2]에서 A펀드와 C펀드의 최근 3개월 수익률은 각각 4.29%와 4.30%로 거의 비슷하나 최근 1개월은 A펀드 −0.56%, C펀드는 1.69%로 C펀드가 2.25%p 더 높다. 두 기간 모두 성과가 좋은 C

[표 7-2] 국내주식형 주요 펀드 기간수익률(예시)

구분	최근 1개월	최근 3개월	최근 6개월	최근 1년	최근 3년	설정 이후[6]
KOSPI	-0.96%	2.92%	1.42%	5.74%	-4.59%	-7.03%
A펀드	-0.56%	4.29%	6.72%	14.35%	21.23%	18.45%
B펀드	1.49%	6.67%	9.00%	11.10%	38.37%	36.03%
C펀드	1.69%	4.30%	10.63%	16.69%	12.37%	10.20%
D펀드	0.52%	6.58%	20.41%	12.94%	13.04%	9.26%

기준일: 201X.12.31

펀드가 A펀드 보다 성과가 안정적이라고 생각할 수 있으나 과거 3개월 전 시점부터 1개월 전 사이의 수익률은 A펀드가 오히려 더 좋았을 것이다. 즉, 1개월 전에 동일한 기준으로 최근 1개월 수익률을 측정했다면 C펀드가 아닌 A펀드가 더 성과가 우수한 펀드로 평가되었을 것이란 뜻이다. 따라서 기간수익률을 통한 펀드 평가는 기준시점이 언제인지에 따라 그 결과가 달라질 수 있다는 점에 유의해야 하며, 그런 의미에서 과거 수익률이 평가의 절대적 기준이 되어서는 안 된다.

3. 수익률의 연환산

펀드 등 실적배당형 상품의 기간수익률을 예금상품의 금리, 보험상품의 공시수익률 등 확정금리형 상품의 수익성과 비교해서 그 매력도를 평가하는 경우도 있다. 또한 이와 비슷한 이유에서 기간수익률 보다는 연율화된 수익률로 소통하는 것을 선호하는 투자자들도 존재한다. 따라서 실적배당형 상품의 기간수익률을 연율화하여 '연 X%' 형태로 환산할 수 있어야 투자기간과 투자수단에 구애되지 않고 수익률을 비교 할 수 있다. [식 7-2]는 기간수익률을 연환산 수익률로 바꾸는 방법을 나타낸 것이다.

[식 7-2] 연환산 수익률[7]

$$\text{연환산 수익률} = [(1 + R)^{360/n}] - 1$$

R : 기간수익률 　 n : 운용일수 　 * 1년을 360일로 가정함

6 [표 7-2]에서는 생략했으나 일반적으로 설정 이후 누적수익률을 표시할 경우에는 각 펀드의 설정일을 표시해야 한다.

7 투자기간이 1년 미만인 기간수익률을 연율화할 때는 '연환산 수익률'로 표현하고, 투자기간이 1년 이상인 기간수익률을 연율화할 때는 같은 개념이지만 '연평균 수익률'로 표현하기도 한다.

[표 7-2]에서 D펀드의 최근 1개월 수익률 0.52%를 [식 7-2]를 적용하여 연율화하면 아래와 같이 6.42%가 된다.

$$\text{D펀드의 최근 1개월 연환산 수익률} = [(1 + 0.0052)^{360/30}] - 1 \fallingdotseq 6.42\%$$

*1년은 360일, 1개월은 30일로 가정함

위와 동일한 방법으로 [표 7-2]의 각 기간수익률을 모두 연율화해서 정리하면 [표 7-3]을 얻을 수 있다. 기간수익률을 연율화해보면 어떤 펀드가 전체 운용기간에 걸쳐서 꾸준한 수익률을 냈는지 보다 직관적으로 파악 가능하다. 왜냐하면 수익률 기간 단위가 모두 1년으로 통일되어 있기 때문이다. B펀드는 최근 1개월부터 최근 3년까지 전 기간에 걸쳐서 모두 두 자릿수 성과를 보였으며 각 수익률간 편차도 크지 않으므로 상대적으로 성과가 안정되어 있다고 평가될 수 있을 것이다.

[표 7-3] 국내주식형 주요 펀드 기간별 연환산 수익률(예시)

구분	최근 1개월	최근 3개월	최근 6개월	최근 1년	최근 3년	설정 이후
KOSPI	−10.93%	12.20%	2.86%	5.74%	−1.55%	−
A펀드	−6.52%	18.30%	13.89%	14.35%	6.63%	−
B펀드	19.42%	29.47%	18.81%	11.10%	11.43%	−
C펀드	22.28%	18.34%	22.39%	16.69%	3.96%	−
D펀드	6.42%	29.03%	44.99%	12.94%	4.17%	−

주: 1년은 360일, 1개월은 30일, 3개월은 90일, 6개월은 180일, 3년은 1,080일로 가정함

실무에서는 투자기간이 1년 이상인 기간수익률만 연율화하는 편이다. 왜냐하면 1년 미만의 기간수익률을 연율화해서 의사결정에 참고하다 보면 아직 실현되지 않은 단기간의 수익률이 연율로 왜곡되어 나타날 수 있기 때문이다. 특히 변동성이 큰 상품의 단기 기간수익률일수록 연환산 수익률이 과장되거나 축소될 가능성이 크기 때문에 제한적으로 사용해야 한다.

4. 롤링수익률(rolling return) 분포의 활용

상품의 운용수익률을 보다 입체적으로 분석하기 위해 각 상품의 롤링수익률 분포를 의사결정 참고지표로 활용하기도 한다. 롤링수익률 분포란 투자기간을 정해놓고 일정한 주기로 특정 시점부터 최근에 이르기까지 반복하여 투자했을 때 얻게 되는 수익률 분포이다. 예를 들어 12개월 일간 롤링수익률 분포를 2013년 초부터 구한다는 것은 2013

년 1월 2일부터 2014년 1월 2일까지의 12개월 기간수익률을 먼저 구한 후, 이 때의 시작과 끝 일자를 각각 하루씩 뒤로 옮겨서(rolling) 2013년 1월 3일부터 2014년 1월 3일까지의 기간수익률을 구하고, 다시 하루씩 뒤로 옮겨서 재차 기간수익률을 구하는 식으로 12개월 기간수익률을 여러 개 구하는 작업을 뜻한다. 이 롤링수익률은 일자별 기간수익률로 구성된 분포이기 때문에 Chapter 6에서 다룬 평균값[8], 최대값, 최소값 등의 다양한 요약 통계량을 산출할 수 있다.

[그림 7-3] **국내주식형 주요 펀드의 12개월 롤링수익률 분포 box plot(예시)**

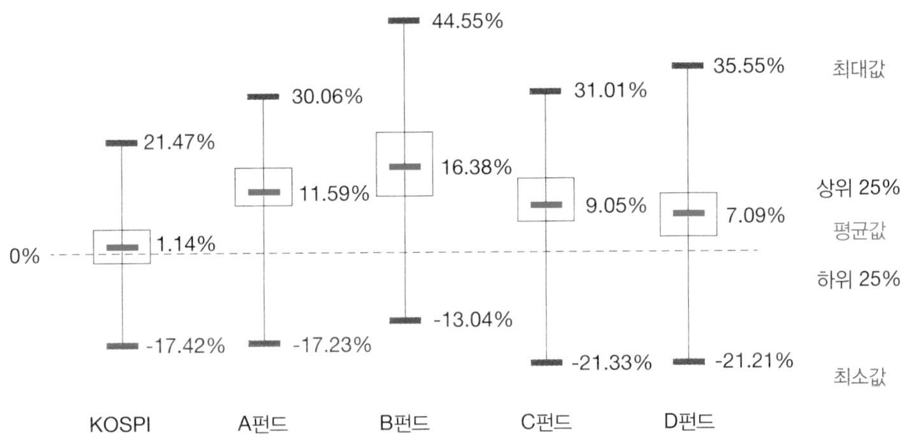

주: [표 7-2] KOSPI 지수와 펀드들의 최근 3년 기준가격을 통해 최근 2년 동안의 12개월 일간 롤링수익률을 계산함

[그림 7-3]은 최근 3년 전부터 최근 1년 전 사이의 모든 일자마다 신규로 투자를 시작해서 1년(12개월)간 유지했을 때의 롤링수익률 분포를 상자그림으로 비교한 것이다. 최소값은 해당 기간 동안 어느 시점에 투자했더라도 1년이 지난 후에는 최소 그 이상의 수익률을 얻었다는 뜻으로 마켓타이밍이 가장 안 좋았을 때의 수익률을 의미한다. KOSPI 지수에 투자했다면 가장 나쁜 경우 −17.42%의 손실이 발생했을 것이다. 최대값은 반대로 가장 좋은 경우이고, 평균값은 분포의 중심에 해당한다. 또한 네모상자의 상단과 하단은 수익률분포의 상위 25%와 하위 25%에 해당하는 위치를 표시한 것이다. 일반적으로 네모상자가 위쪽에 위치할수록 전반적으로 언제 투자해도 기간수익률이 좋았다는 뜻이다.

8 롤링수익률의 평균값이 대푯값으로 가장 많이 사용되므로 추가적인 설명 없이 '롤링수익률이 X%'라고 표현한다면 일반적으로 '롤링수익률 분포의 평균값이 X%'라는 것을 뜻한다.

최대값과 최소값의 차이인 범위(range)에 해당하는 가운데 세로선이 짧을수록 수익률이 안정적으로 창출되고 있다고 해석할 수 있다. 또한, 상자 상단의 세로선이 상자 하단의 세로선 보다 상대적으로 길다면 상승잠재력이 하락위험 보다 컸다는 뜻이다. 이 기준으로 예시의 펀드들을 비교해보면 전반적으로 상자의 위치가 높고, 가운데 세로선도 길지 않으며, 상대적 상승잠재력도 크게 나타난 B펀드가 가장 우수해 보인다. [표 7-4]는 롤링수익률 분포 상자그림을 볼 때 함께 보면 유익한 데이터를 나타낸 것이다.

[표 7-4] 국내주식형 주요 펀드의 12개월 롤링수익률 요약 통계량(예시)

구분	KOSPI	A펀드	B펀드	C펀드	D펀드
최대값	21.47%	30.06%	44.55%	31.01%	35.55%
상위 25%	4.62%	16.51%	23.22%	14.17%	11.22%
평균값	1.14%	11.59%	16.38%	9.05%	7.09%
하위 25%	−1.75%	9.22%	10.85%	5.88%	2.85%
최소값	−17.42%	−17.23%	−13.04%	−21.33%	−21.21%
전체 경우의 수	495	495	495	495	495
원금 이상인 경우	293	460	463	448	427
원금손실확률	**40.81%**	**7.07%**	**6.46%**	**9.49%**	**13.74%**

주: [그림 7-3]의 그래프와 동일한 데이터로부터 산출함

[표 7-4]의 하단부는 [그림 7-3]에 사용된 롤링수익률 표본을 가공하면 얻을 수 있는 통계량이다. 이 중에서 원금손실확률[9] 지표가 의사결정시 가장 유용하게 사용되는데, 가상이 아닌 실현된 데이터를 사용하여 시뮬레이션한 결과물이므로 비교적 합리적인 수치로 받아들여지기 때문이다. 원금손실확률은 전체 롤링수익률 관측치 가운데 0% 미만, 즉 손실이 발생한 관측치의 수를 비율로 나타낸 것이며 표에서는 A와 B펀드가 가장 양호한 것으로 나타났다. 물론 같은 기간에 KOSPI 지수의 원금손실확률이 40%를 상회했다는 점을 감안한다면 네 펀드 모두 우수한 결과를 보였다 할 수 있다. 목적에 따라서는 원금손실확률이 아닌 특정한 수익률을 하회할 가능성, 즉 허들수익률(hurdle rate) 이하로 낮아질 확률을 구해서 평가하기도 한다. 예를 들어 무위험이자율인 은행예금이자율을 허들수익률로 정한 후 이를 하회할 확률을 비교해 보는 것도 중요한 참고자료가 될 수 있다.

[9] Chapter 6 Section 4의 숏폴리스크(shortfall risk)에서 다룬 원금손실가능성과 유사한 개념이다.

5. 유형평균 수익률과 상대순위

동일유형으로 분류된 상품들의 기간수익률 평균값을 유형평균 수익률이라고 한다. 동일유형으로 분류한 상품이지만 개별 상품별 벤치마크 지수가 다르거나, 해당 자산군을 공통적으로 대표할 수 있는 인덱스를 특정하기 어려운 경우에는 유형평균 수익률이 상품간 수익률 비교의 기준점으로 활용된다. 예를 들어 PEF, 벤처투자펀드, 그리고 전환사채(CB)나 교환사채(EB) 등으로 운용되는 메짜닌 펀드 등은 특수한 목적성을 가지고 설립되어 있는 경우가 많아서 이들의 성과와 상관관계가 높은 공통의 대표 인덱스를 찾기가 쉽지 않다. 따라서 개별 상품들의 운용수익률을 집약한 유형평균 수익률을 비교의 잣대로 삼는 게 더 합리적일 수 있다.

물론 국내주식형처럼 그 유형의 성과를 대표할 수 있는 인덱스(KOSPI 지수)가 존재하더라도 유형평균 수익률이 의사결정의 참고자료로 활용되기도 한다. 동일유형의 평균 대비 특정 상품이 꾸준히 양호한 성과를 보였는지를 살펴봄으로써 해당 상품의 매니저의 역량을 간접적으로 가늠해 볼 수 있기 때문이다. 같은 맥락에서 각 기간별 운용수익률의 상대순위를 산출해보면 어떤 매니저가 더 안정적으로 성과를 창출하고 있는지 보다 직관적으로 비교해 볼 수 있다. 여기서 상대순위란 특정 펀드가 동일유형 중에서 수익률 기준으로 몇 등을 했는지 100분위 수로 나타낸 것을 뜻한다. 결과적으로 장기 누적수익률은 비슷하더라도 각 기간별로 꾸준히 상위 30% 이상을 유지했던 상품과 상위 10%와 90% 사이를 오르락 내리락 했던 상품이 있다면 전자가 더 안정적으로 운용되었다고 볼 수 있다.

2 투자위험 분석

투자위험 분석은 수익률 분석과 함께 운용성과 분석의 두 축을 이루고 있다. 기대수익률은 더 높고, 투자위험은 더 낮은 포트폴리오를 구축하는 것이 자산을 배분하는 주된 이유이기 때문이다. Chapter 6의 자산배분 정책과 모형을 다루는 부분에서는 기대하는 수익률이 달성되지 않을 수도 있는 불확실성(uncertainty)을 나타내기 위해서 투자위험, 즉 리스크(risk)라는 용어를 주로 사용하였으나 액추얼 포트폴리오를 다룰 때에는 자산의 가격이 일정기간 동안 상하로 얼마나 심하게 변동하였는지를 표현한다는 의미에서 변동성이라는 용어가 더 많이 사용되고 있다. 변동성은 각 상품, 혹은 구성된 포트폴리오의 과거수익률 데이터로부터 구한 표준편차로, 그 수치가 클수록 상대적으로 위험이 높다고 할 수 있다.

1. 변동성(표준편차)[10]

변동성, 즉 수익률의 표준편차가 크다는 것은 해당 상품의 기준가격이 매우 들쭉날쭉하다는 것을 의미한다. 표준편차는 각 데이터들이 평균값으로부터 얼마만큼씩 떨어져 있는지를 나타낸 것으로 그 값이 크다는 것은 평균값 근처에 데이터가 모여있지 않다는 뜻이기도 하다. [그림 7-4]는 최근 한 달간 동일한 기간수익률을 기록한 가상의 두 펀드 A, B의 가치변동을 나타낸 것이다.

[그림 7-4] **가상의 두 펀드 A와 B의 가치변동 비교**

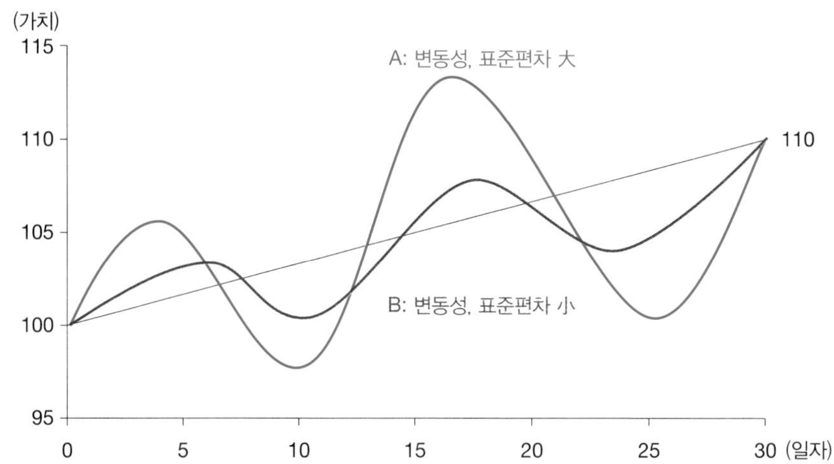

두 펀드 모두 가치가 100에서 110이 되어 운용수익률 10%를 기록했다. 그런데 그 변동의 궤적을 살펴보면 A펀드의 상하 움직임 폭이 상대적으로 더 크게 나타났다. 만약 투자자가 그림에서 가치가 가장 높았던 17일 경 고점에서 투자를 시작했다면 A보다 B펀드에 투자한 결과가 더 나았을 것이다. 물론, 반대로 10일 경 저점에서 투자를 시작했다면 A펀드의 결과가 더 나았을 수 있다. 그러나 투자와 관련한 모든 의사결정은 미래에 대한 불확실성을 전제한 상태에서 내려지므로 되도록이면 보수적인 관점으로 접근하는 것이 바람직하다. 따라서 투자를 시작하는 시점이 장기 트렌드상 저점이라는 강한 확신이 없는 한 변동성이 큰 A펀드보다는 상대적으로 적은 변동을 보이면서 상승하고 있는 B펀드에 투자하는 것이 합리적이다.

보다 직관적으로 수익률을 비교하기 위해서는 기간수익률을 연율화하는 것처럼 표준편차도 연간 단위로 환산하여 표시하는 것이 좋다. 왜냐하면 별도로 단위에 대한 언

10 표준편차에 대한 상세 개념설명은 Chapter 6 Section 2부분을 다시 참고하자.

급 없이 표기된 표준편차는 연환산 표준편차, 즉 연간 변동성으로 해석하는 게 관행이기 때문이다. [식 7-3]은 표준편차를 연율화하는 식이다.

[식 7-3] 연환산 표준편차

연환산 표준편차 (σ_{annual}) = 연간 단위로 환산하고자 하는 표본의 표준편차 × $\sqrt{T}$

T : 표본의 주기(일간, 주간, 월간 등)로 관측할 수 있는 연간 데이터 수

- 일간수익률 표준편차 연환산: $T = 252$(1년을 252 영업일로 가정한 경우)
- 주간수익률 표준편차 연환산: $T = 52$
- 월간수익률 표준편차 연환산: $T = 12$

표준편차를 연율화할 때는 표본으로 사용된 수익률 데이터의 주기를 먼저 파악한 후 이 주기대로 1년이 몇 개의 시점으로 나눠질 수 있는지 계산해야 한다. 위 [식 7-3]의 T가 바로 그렇게 계산된 수치이며, 이 수치의 제곱근에 환산하고자 하는 표본 표준편차를 곱하면 연율화 할 수 있다. [표 7-5]는 [표 7-2] A펀드의 최근 1개월 동안의 일간수익률 시계열 데이터를 나열한 것이다. A펀드의 최근 1개월 일간수익률 표준편차는 0.5%이었다.

[표 7-5] A펀드의 최근 1개월 일간수익률 데이터(영업일 기준)

	일간수익률		일간수익률
day 0		day 10	−0.18%
day 1	−0.13%	day 11	−1.09%
day 2	0.16%	day 12	0.11%
day 3	−0.27%	day 13	0.12%
day 4	0.15%	day 14	−0.82%
day 5	0.38%	day 15	0.34%
day 6	0.17%	day 16	1.01%
day 7	−0.14%	day 17	0.27%
day 8	−0.54%	day 18	−0.11%
day 9	0.63%	day 19	−0.62%
일간수익률 표준편차 = 0.50%			

주: [표 7-2] A펀드의 최근 1개월 기준가격으로부터 산출함

일간수익률의 표준편차가 0.5%라는 것은 대체로 '일간수익률 평균값±0.5%' 수준에서 기준가격이 매일 변동해왔다는 것을 뜻한다. 따라서 일간수익률의 표준편차를 해당

펀드의 일간변동성이라고도 부른다. 그리고 이를 연율화하면 A펀드는 최근 1개월 동안 연 7.97%의 변동성을 보였다고 말할 수 있다.

$$\text{연환산 표준편차} = 0.005 \times \sqrt{252} = 7.97\%$$

2. 시장 민감도 베타(β)계수[11]

표준편차가 투자위험을 나타내는 절대적 척도라고 한다면 베타(β)는 상대적 척도에 해당한다. 특정 펀드의 베타는 그 펀드의 개별 벤치마크 지수, 즉 주로 투자하고 있는 시장의 가격 변동폭 대비 그 펀드의 기준가격이 얼마나 변동했는지를 의미하는 것이다. 예를 들어서 국내주식형 펀드 중 KOSPI 지수 대비 베타가 1.2인 펀드가 있다고 가정해보자. KOSPI 지수가 10% 상승했을 때 대체로 그 펀드는 12% 상승했다는 의미이고, 반대로 KOSPI 지수가 10% 하락했을 때에는 −12% 수익률을 기록했다는 것을 뜻한다. 따라서 베타가 1보다 크면 벤치마크(자산군 대표 인덱스)보다 수익률이 민감하게 반응하는, 즉 시장보다 변동성이 큰 펀드라는 뜻이고, 반대로 베타가 1보다 작다면 시장보다 둔감한, 변동성이 작은 펀드라는 뜻이다. 이렇듯 베타는 경기, 인플레이션, 경상수지, 사회경제적 환경 등 거시경제 변화에 영향을 받아서 그 시장자체가 지니고 있는 투자위험과 연동되어 측정되므로 그 시장 내에서 아무리 다양한 종목에 분산투자하더라도 완전히 제거될 수 없는 위험에 해당한다. 따라서 이를 체계적 위험(systematic risk)라고도 부른다. 이런 이유에서 시장 자체가 상승할 것으로 예상될 때에는 베타가 큰 펀드 위주로, 하락할 것으로 예상될 때에는 베타가 작은 펀드 위주로 포트폴리오를 구성하기도 한다.

3. 수익률 고저차(高低差) 분석

최종적으로 편입상품을 선택할 때 수익률이 상대적으로 우수하고 안정적인 상품을 골라내는 것도 중요하지만, 과거 시장상황이 좋지 못했을 때 수익률이 상대적으로 덜 저조했고 하락 후 회복력도 좋았던 상품을 골라내는 것도 중요한 스크리닝 포인트가 될 수 있다. 이렇게 과거 최악의 상황에서 수익률을 얼마나 잘 방어했고, 며칠 만에 직전 고점수준을 다시 회복했는지에 대한 분석을 수익률 고저차 분석(drawdown analysis)이라고 한다. 표준편차와 베타계수는 일정한 주기(일간, 주간, 월간 등)로 측정한 수익

11 독립변수 한 단위 변화 시 종속변수 변화의 정도를 추정할 때 주로 사용하는 회귀분석상의 회귀계수와 동일한 개념이다.

률의 변동폭에 기초하여 투자위험을 분석하기 때문에 예상치 못한 높은 수익률도 변동의 폭을 키웠다는 측면에서 위험으로 간주하고 있다. 즉 상하 방향 상관없이 수익률 변동폭이 큰 것 자체가 위험한 것으로 인식되는 것이다. 반면에 수익률 고저차 분석은 하락할 위험에 대해서만 포커스가 맞춰져 있어서 기존 변동성 분석이 갖는 한계를 보완해줄 수 있는 대안적 위험분석 방법론이라 할 수 있다.

[표 7-6] 국내주식형 주요 펀드의 수익률 고저차 분석(예시)

구분		KOSPI	A펀드	B펀드	C펀드	D펀드
최대낙폭		−7.08%	−5.19%	−5.15%	−4.85%	−5.63%
하락일수		35일	20일	21일	52일	22일
회복일수		15일	13일	14일	not yet	27일
최고점 (일자/값)	일자	2012-06-21	2012-07-06	2012-07-05	2012-09-25	2012-06-21
	값	1904.12	3865.73	4087.18	1759.07	2212.82
최저점 (일자/값)	일자	2012-07-26	2012-07-26	2012-07-26	2012-11-16	2012-07-13
	값	1769.31	3665.25	3876.76	1673.73	2088.32
회복시점 (일자/값)	일자	2012-08-10	2012-08-08	2012-08-09	not yet	2012-08-09
	값	1940.59	3872.58	4090.22	–	2225.26

주: 최근 2년간의 가격지수(수정기준가)를 통해서 산출함

[표 7-6]은 국내주식형 주요 펀드의 최근 2년간 가격흐름을 바탕으로 수익률 고저차 분석을 수행한 결과를 요약한 것이다. 최대낙폭(MDD, maximum drawdown)은 분석기간 중 각 일자별 기준가격과 그 날 이후의 최저점 사이의 수익률을 구한 후 그 중에서 하락폭이 가장 큰 것을 의미한다. 예시의 네 펀드는 모두 KOSPI 지수 대비 최대낙폭이 상대적으로 양호한 것으로 나타났다. 하락일수는 최대낙폭 발생 기간의 일수를, 회복일수는 전고점까지 재차 상승하여 최대낙폭이 회복될 때까지 걸린 일수를 의미한다. 따라서 최대낙폭의 절대값이 작고, 하락일수와 회복일수가 짧을수록 하락장에 방어를 잘한 펀드라 할 수 있다. 이 기준에서 보자면 A와 B펀드가 하락 위험을 잘 제어한 것으로 보인다.

3 위험조정성과 분석

Chapter 6 Section 6에서 위험조정성과지표는 평가기간 동안에 달성한 수익률을 표준편차와 같은 위험지표로 나눠준 비율의 형태로 위험 한 단위당 얼마만큼의 수익률이 달성되었는지 알아보는 지표라고 소개한 바 있다. 즉 수익률과 투자위험이 골고루 양호한 상품이 하나만 극단적으로 양호한 상품보다 낫다라는 아이디어에 기초한 분석 지

표이다. 이러한 위험조정성과지표를 사용하면 동일유형 상품들의 성과를 하나의 수치로 요약하여 비교하기 용이하므로 실무에서 적극적으로 활용되고 있다.

1. 샤프비율

위험보상비율은 위험을 한 단위 늘릴 때 얻을 수 있는 초과수익률(리스크 프리미엄)의 정도를 측정하는 지표로 1990년 노벨 경제학상을 받은 윌리엄 샤프(William F. Sharpe)가 도입한 개념이라 하여 샤프비율, 또는 샤프지수라는 이름으로 더 많이 알려진 위험조정성과지표이다. 이미 Chapter 6 Section 2에서 자본배분선(CAL)의 기울기가 곧 샤프비율이라고 소개한 바 있으며 투자의 효율성을 평가하는 가장 대표적인 지표로 활용되고 있다. 샤프비율은 그 수치가 높을수록 투자가 효율적으로 진행되었다는 것을 의미하며 그 계산식은 아래와 같다.

[식 7-4] 샤프비율(Sharpe Ratio)

$$\text{샤프비율(지수)} = \frac{R_p - R_{Rf}}{\sigma_p}$$

R_p : 운용수익률 R_{Rf} : 무위험이자율 σ_p : 운용수익률의 표준편차

샤프비율을 구할 때 주의할 점이 있다. 계산에 사용되는 상품, 혹은 포트폴리오의 운용수익률과 그 표준편차, 그리고 무위험이자율의 기간단위를 일치시켜야 한다는 점이다. 예를 들어 어떤 펀드의 2년 기간수익률은 15%이고, 이 펀드의 동기간 일간변동성(표준편차)이 0.3%이며, 무위험이자율의 대용치로 사용할 한국은행 기준금리가 2%라고 가정해보자. 각 항목의 기간단위를 살펴보면 운용수익률은 2년, 표준편차는 1일, 무위험이자율은 1년을 기준으로 산출되어 있다. 이대로 샤프비율을 구한다면 기간단위가 서로 달라서 엉뚱한 값이 도출될 것이다. 따라서 [식 7-2], [식 7-3]을 활용하여 연환산 수익률과 표준편차를 구한 후 샤프비율을 산출하는 것이 바람직하다. 본 예시의 샤프비율을 아래와 같다.

$$\text{샤프비율} = \frac{7.24\% - 2\%}{4.76\%} = 1.1(\text{배})$$

[표 7-7]은 [표 7-2]에 나와있는 국내주식형 주요 펀드의 최근 1년 기간성과 데이터를 활용하여 샤프비율을 비교한 것이다. 계산 결과 네 펀드 모두 KOSPI 지수 대비

월등히 좋은 비율을 보이고 있는 것으로 나타났다. 특히 비율이 가장 높게 나타난 A와 C펀드가 최근 1년 동안 가장 효율적으로 운용되었다고 볼 수 있다.

[표 7-7] **국내주식형 주요 펀드의 최근 1년 성과 샤프비율 비교(예시)**

구분	KOSPI	A펀드	B펀드	C펀드	D펀드
기간수익률	5.74%	14.35%	11.10%	16.69%	12.94%
표준편차	11.90%	10.34%	9.44%	12.41%	14.22%
샤프비율	**0.314**	**1.194**	**0.964**	**1.184**	**0.769**

주: 무위험이자율은 2%로 가정함

한편, 샤프비율은 [식 7-4]의 분자에 해당하는 초과수익률($R_p - R_{Rf}$)이 양수일 때에만 의미를 갖는다. 샤프비율은 수익률은 크고(분자는 커지고), 위험은 낮아야(분모는 작아져야) 그 값이 크게 나타나는데, 분자가 음의 값을 가지면 오히려 위험이 높아야(분모가 커져야) 그 값이 더 크게 나타나기 때문이다. 이런 이유에서 초과수익률이 음의 값을 보일 때에는 조건부로 이 음의 초과수익률에 운용수익률의 표준편차(σ_p)를 곱하여 수정된 형태로 샤프비율을 나타내기도 한다.

2. 트레이너지수

트레이너지수는 샤프비율과 함께 가장 널리 사용되는 위험조정성과지표다. 트레이너지수는 해당 상품의 시장 민감도, 즉 체계적 위험 수준을 뜻하는 베타를 한 단위 늘릴 때 얻을 수 있는 초과수익률의 정도를 의미한다. 샤프비율이 초과수익률을 투자위험의 절대적 척도인 표준편차로 나누어서 구하는 것과 유사하게 트레이너지수는 초과수익률을 투자위험의 상대적 척도인 베타계수로 나누어서 구하게 된다. [식 7-5]는 트레이너지수의 계산식을 나타낸 것이다.

[식 7-5] 트레이너지수(Treynor Ratio)

$$\text{트레이너지수} = \frac{R_p - R_{Rf}}{\beta_p}$$

R_p : 운용수익률 R_{Rf} : 무위험이자율 β_p : 베타계수

[표 7-8]은 [표 7-2]에 나와있는 국내주식형 주요 펀드의 최근 1년 기간성과 데이터를 활용하여 트레이너지수를 비교한 것이다. 네 펀드 중에서 C펀드가 11.41%로 가장 높게 나타나서 체계적 위험 한 단위당 가장 높은 초과수익률을 보였다고 할 수 있다.

[표 7-8] **국내주식형 주요 펀드의 최근 1년 성과 트레이너지수 비교(예시)**

구분	KOSPI	A펀드	B펀드	C펀드	D펀드
기간수익률	5.74%	14.35%	11.10%	16.69%	12.94%
표준편차	11.90%	10.34%	9.44%	12.41%	14.22%
베타계수	1	0.83	0.74	0.96	1.04
트레이너지수	**–**	**10.32%**	**7.27%**	**11.41%**	**6.93%**

주: 베타는 KOSPI 지수를 대상으로 구했으며, 무위험이자율은 2%로 가정함

그리고 트레이너지수 역시 샤프비율처럼 음의 값을 보일 경우에는 그 수치의 해석이 불가하다는 점에 유의할 필요가 있다.

3. 젠센의 알파

젠센의 알파는 상품의 실제 운용수익률이 이론적으로 기대했던 수익률대비 얼마나 높게 나타났는지를 측정한 값이다. 즉, 젠센의 알파 자체가 초과수익률의 개념이며 이 값이 높다는 것은 체계적 위험을 감안한 이론상의 기대수익률에 '+알파(α)'의 성과를 더 창출했다는 것을 의미한다. 여기에서 이론상의 기대수익률은 Chapter 6에서 시장균형을 가정한 모형으로 언급한 바 있는 자본자산가격결정모형(CAPM)으로 도출한 수익률을 뜻한다.

[식 7–6] 젠센의 알파(Jensen's alpha)

$$\text{젠센의 알파}\ (\alpha) = R_p - [R_{Rf} + \beta_p \cdot (R_M - R_{Rf})]$$

R_p : 상품 수익률 R_{Rf} : 무위험이자율

β_p : 베타계수 R_M : 시장(벤치마크) 수익률

[식 7–6]은 젠센의 알파를 구하는 방법을 나타낸 것이다. 우변의 '$[R_{Rf} + \beta_p \cdot (R_M - R_{Rf})]$'부분은 CAPM의 증권시장선(SML, security market line)에 해당하여 개별 상품 또는 포트폴리오의 기대수익률과 체계적 위험(베타)간의 선형관계를 나타낸 것이다. [식 7–6]을 활용하여 [표 7–8]에 나와있는 펀드들의 젠센의 알파를 구해보면 아래와 같으며, C펀드가 가장 우수한 성과를 보인 것으로 나타났다. 베타가 0.96이므로 거의 시장과 유사한 수준의 민감도를 가지고 있음에도 불구하고 최근 1년 동안 11.1%p의 알파를 창출한 것으로 나타났다.

A펀드 젠센의 알파(α) = 14.35% − [2% + 0.83 · (5.74% − 2%)] = 9.23%

B펀드 젠센의 알파(α) = 11.10% − [2% + 0.74 · (5.74% − 2%)] = 6.34%

C펀드 젠센의 알파(α) = 16.69% − [2% + 0.96 · (5.74% − 2%)] = 11.10%

D펀드 젠센의 알파(α) = 12.94% − [2% + 1.04 · (5.74% − 2%)] = 7.05%

젠센의 알파는 다양한 액티브 운용전략이 얼마나 잘 이뤄졌는지 평가하는 척도로 사용되기도 한다. 따라서 이 값이 높으면 매니저의 운용역량이 뛰어났다고 보기도 한다. 그러나 액티브 운용에 의해 발생한 초과수익률을 자산배분, 종목선택, 마켓타이밍 효과로 분해하여 설명하지는 못한다는 한계점도 가지고 있다.

4. 정보비율

정보비율(Information Ratio)도 젠센의 알파와 더불어 매니저의 운용역량 평가에 자주 활용되고 있다. 정보비율은 상품의 운용수익률이 그 상품이 투자하는 시장(벤치마크)의 수익률을 상회하는 부분, 즉 시장 대비 초과수익률을 그 초과수익률의 표준편차로 나눈 값이다. 그리고 이 초과수익률을 얻는 원천이 매니저 자신들만의 고유한 정보를 사용하는 것에 기인한다고 하여 정보비율이라고 불리고 있다. 정보비율이 높을수록 매니저의 투자기법이 상대적으로 우수하다는 것을 의미하며 실무적으로 0.5 이상인 경우는 우수, 0.75인 경우 매우 우수, 1.0 이상인 경우에는 탁월한 것으로 평가한다. [식 7-7]은 정보비율을 구하는 식을 나타낸 것이다.

[식 7-7] 정보비율(Information Ratio)

$$\text{정보비율 } (IR) = \frac{R_p - R_M}{\sigma_{ER}}$$

R_p : 상품 수익률 R_M : 시장(벤치마크) 수익률

σ_{ER}[12] : 초과수익률(분자)의 표준편차

[표 7-9]는 [표 7-2]에 나와있는 국내주식형 주요 펀드의 최근 1년 기간성과 데이터를 활용하여 정보비율을 비교한 것이다. 정보비율 기준으로 네 펀드를 비교해보면 A와 C펀드가 시장 대비 초과수익률이 큰 편이고, 그 표준편차도 크지 않아서 정보비율이 양호한 것으로 조사되었다. 정보비율도 다른 위험조정성과지표와 마찬가지로 분자와 분모에 나와있는 모든 항목들 간의 기간단위가 일치되어야 한다는 점에 유의해야 한다.

12 σ_{ER} : 시장(벤치마크) 대비 초과수익률의 표준편차를 별도로 추적오차(TE, tracking error)라고 한다.

[표 7-9] 국내주식형 주요 펀드의 최근 1년 성과 정보비율 비교(예시)

구분	A펀드	B펀드	C펀드	D펀드
초과수익률	8.61%	5.36%	10.95%	7.20%
일간 σ_{ER}	0.27%	0.32%	0.35%	0.75%
연환산 σ_{ER}	4.36%	5.11%	5.49%	11.85%
정보비율	**1.98**	**1.05**	**2.00**	**0.61**

주: 초과수익률의 표준편차 연환산 시 1년을 252영업일로 가정함

5. 지표 간 비교

샤프비율은 총 위험을 기준으로, 트레이너지수와 젠센의 알파는 체계적 위험을 기준으로, 정보비율은 시장과 상품의 괴리수준을 기준으로 운용성과를 평가한 것이라 할 수 있다. 따라서 비체계적 위험이 많이 포함되어 있는 액티브 상품들의 성과를 비교할 때에는 샤프비율이 주로 사용되고, 반대로 인덱스 펀드 등 비체계적 위험이 거의 제거된 상품들의 성과를 비교할 때에는 나머지 지표들이 골고루 사용되는 편이다. [표 7-10]은 지금까지 살펴본 위험관련 지표를 종합 정리한 것이다. 위험조정성과지표를 의사결정 참고자료로 활용하고자 한다면 각 지표의 특성에 대한 정확한 이해가 선행되어야 하며 한 가지 지표에만 의존하기보다 평가의 목적에 맞게 다양한 지표에 적절히 가중치를 두는 방식을 사용하는 것이 보다 합리적이라 할 수 있다.

[표 7-10] 위험조정성과지표 요약

구분	지표	설명
위험지표	변동성(표준편차)	총 위험(체계적 위험 + 비체계적 위험)
	베타(β)	시장대비 민감도(체계적 위험)
	수익률 고저차	대안적 위험분석 방법론
위험조정지표	샤프비율	위험 한 단위당 무위험이자율 대비 초과수익률
	트레이너지수	체계적 위험 한 단위당 무위험이자율 대비 초과수익률
	젠센의 알파(α)	체계적 위험 하(CAPM 기대수익률) 기대치 초과한 정도
	정보비율	추적오차 한 단위당 시장 대비 초과수익률

4 스타일, 섹터, 테마 분석

금융상품의 정량적 분석에 있어서 과거 운용성과를 점검하는 것만큼 중요한 것이 자산배분 내역을 살펴보는 것이다. 같은 시장(자산군)에 투자하는 상품들이라 할지라도 각 상품마다 세부적인 투자전략을 다르게 가져갈 수 있으므로 스타일, 섹터(업종), 테마 배분현황을 충분히 검토해보아야 시장전망에 보다 부합한 상품을 선택할 수 있다.

1. 벤치마크와의 상관관계

벤치마크란 포트폴리오 또는 금융상품의 투자전략이 효과적으로 실행되고 있는지 여부를 판단하기 위해 사전에 정해놓은 기준잣대라 할 수 있다. 대부분의 벤치마크는 시장의 움직임을 쉽게 추적할 수 있도록 지수(인덱스) 형태로 공표되고 있으므로 벤치마크 지수라고 표현하기도 한다. 각 금융상품들은 매니저의 운용전략과 전문분야에 부합하는 벤치마크 지수를 특정하여 투자설명서 등을 통해서 공표하고 있다. 따라서 해당 금융상품의 벤치마크 지수만 보더라도 어떤 자산군에 주로 투자되는 상품인지 짐작해 볼 수 있으며, 그 벤치마크 지수가 대표하고 있는 시장 자체를 전망해봄으로써 상품의 운용성과도 간접적으로 예측할 수 있다. 따라서 각 개별 상품들의 벤치마크 지수가 무엇인지 파악하는 일은 정량적 분석 영역에서 매우 중요한 작업이다.

한편, 벤치마크 지수는 자산관리 분야에서 매우 다양한 의미로 사용되고 있어서 때로는 투자자를 혼란스럽게 한다. KOSPI 지수를 예로 들어보자. KOSPI 지수는 국내주식 '시장'과 '자산군'을 대표하는 의미로, 그리고 국내주식형 상품 '벤치마크'의 의미로도 사용된다. 같은 KOSPI 지수이지만 어떤 맥락에서 사용되었는지에 따라서 그 의미가 다른 것이다. 즉 시장의 움직임을 대변한다는 의미로 사용될 때에는 '시장'을 지칭하고, 자산배분 모형의 자산군 카테고리 및 상품분류를 구분 짓는 역할로 사용될 때에는 '자산군'을 지칭하고, 금융상품 및 포트폴리오의 성과를 비교하는 잣대로 사용될 때에는 '벤치마크(비교지수)'를 지칭하게 된다. 따라서 자산관리사는 벤치마크 지수가 어떤 의미로 사용되고 있는지를 각 상황별로 유연하게 해석하여 투자자에게 그 의미를 정확하게 전달 할 수 있어야 한다. 본 Section에서는 주로 비교지수를 지칭하고 있으며, 이와 관련하여 벤치마크 지수가 갖추어야 할 특성에 대해서는 Chapter 6 Section 4의 [정리 6-7]을 살펴보기 바란다.

[표 7-2]부터 계속 다루어 온 국내주식형 주요 펀드 예시에서는 KOSPI 지수를 A, B, C, D 네 펀드의 벤치마크 지수로 사용하였다. 즉, 네 펀드가 KOSPI라는 공통된 시장지수로 묶여 동일유형 상품으로 분류된 것이다. 만약 전략적 자산배분의 국내주식 자산군 대표 인덱스로도 KOSPI 지수가 사용되고 있고 다른 평가항목에서 네 펀드간 우열이 나타나지 않는 상황이라면, KOSPI 지수와 상관관계가 가장 높은 상품을 편입하는 것이 자산배분 모형과 정책에 부합하는 선택이다. 왜냐하면 똑같이 투자위험은 낮으면서 높은 수익률을 달성했다 하더라도 시장과 밀접한 관계를 보이면서 움직였던 상품이 성과의 예측가능성 측면에서 더 후한 평가를 받을 수 있기 때문이다. [표 7-11]은 [표 7-2]에 나와 있는 국내주식형 주요 펀드의 수익률 데이터를 활용하여 벤치마크인 KOSPI 지수와의 상관관계를 기간별로 나타낸 것이다.

[표 7-11] 국내주식형 주요 펀드의 KOSPI 지수와의 기간별 상관관계 비교(예시)

구분	최근 1개월	최근 3개월	최근 6개월	최근 1년	최근 3년	설정 이후[13]
KOSPI	1.00	1.00	1.00	1.00	1.00	1.00
A펀드	0.89	0.92	0.91	0.93	0.96	0.96
B펀드	0.86	0.90	0.89	0.91	0.93	0.93
C펀드	0.89	0.82	0.86	0.90	0.92	0.92
D펀드	0.32	0.43	0.57	0.59	0.86	0.87

주: 상관관계는 [식 6-8]의 상관계수를 통해서 수치화 하였음

[표 7-11]을 보면 A, B, C 세 펀드는 전 기간에 걸쳐서 벤치마크인 KOSPI 지수와 상당히 높은 상관관계를 보이면서 운용되었다. 따라서 이 세 펀드는 큰 틀에서 KOSPI 지수의 구성내역과 유사한 포트폴리오로 운용되었을 것이라 짐작할 수 있다. 다만, D 펀드는 최근으로 올수록 상관계수가 낮아지고 있어서 근래에는 KOSPI 지수의 구성내역과는 사뭇 다르게 운용되었을 가능성이 높아 보인다. 이 경우에는 D펀드의 상세 자산배분 내역을 확인하여 상관관계가 낮아진 원인이 무엇이며 그러한 투자전략이 성과에 어떻게 작용했는지 살펴보아야 한다.

2. 투자스타일 분석

[표 7-11]의 D펀드처럼 자산군 대표 인덱스와 낮은 상관관계를 보이는 상품들은 독특한 투자전략을 가지는 경우가 많다. 상품 고유의 투자전략은 스타일과 섹터배분의 차이, 그리고 매니저가 주목하는 투자 테마로 나타나게 된다.

투자스타일이란 사전에 정해놓은 정형화된 기준으로 그려질 수 있는 금융상품의 특색이라고 정의할 수 있다. 사람도 키, 몸무게, 얼굴모양, 피부색깔, 헤어스타일, 혈액형 등의 기준으로 피상적으로 나타나는 특색, 즉 그 사람의 스타일이 설명되는 것처럼 금융상품도 편입종목들의 시장규모와 성격을 분석하여 그 특색을 그려보면 정형화된 포맷으로 스타일이 설명된다. 한 여성이 지난 주말에 지인의 소개로 만났던 남성의 외모에 대해서 누군가에게 설명을 하는 상황을 떠올려보자. 아마도 '키는 175cm 정도로 보통이고 몸무게는 보통 수준이며 갸름한 턱과 짙은 쌍꺼풀을 가진 비교적 하얀 피부의 곱슬머리 A형 남성'이라는 식으로 설명할 것이다. 설명을 듣던 상대방은 이 순간 자연스럽게 이 남성의 캐릭터를 머릿속에 그려보게 된다. 금융상품도 '회사의 규모

13 [표 7-2]에서는 생략했으나 일반적으로 설정 이후 특정 지표를 표시할 경우에는 각 펀드의 설정일을 함께 표시해야 한다.

가 크고 향후 이익의 성장성이 높은 국내 상장기업에 투자하는 펀드'라는 식으로 설명한다면 그냥 국내주식형 펀드라고 설명할 때 보다 훨씬 쉽게 그 세부적 특색을 파악할 수 있다.

신문기사를 통해 '가치주 펀드', '성장주 펀드', '중소형주 펀드'라는 용어를 접하곤 하는데, 여기에 등장하는 가치주, 성장주, 중소형주 등의 용어가 바로 정형화된 투자스타일에 해당한다. 투자스타일을 시각적으로 편리하게 보여주는 도구로 스타일박스(style box)가 사용된다. 보통 스타일박스는 2차원 평면의 3 × 3, 혹은 5 × 5 형태의 매트릭스로 표현하는 편이다. 스타일박스의 기준이 되는 가로, 세로 양 축을 무엇으로 할 것인지는 사용자마다 다르게 설정할 수 있지만 보통 주식형 상품은 편입종목의 시가총액의 크기와 밸류에이션에 따른 상대적 성장잠재력을 기준으로, 채권형 상품은 편입종목의 듀레이션과 신용등급을 기준으로 나타내는 경우가 많다.

[그림 7-5]는 가장 일반적인 형태의 스타일박스(style box)를 나타낸 것으로 스타일 배분 현황을 나타내봄으로써 상품의 특색을 한 눈에 파악할 수 있다. 예시의 주식형 상품의 경우 대형 성장주 종목에 50%를 투자하고 있고, 채권형 상품의 경우 신용등급이 높고 만기가 긴 채권에 주로 투자하고 있다. 향후 경기가 좋아서 국내증시가 대형 성장주 위주로 상승할 것이라고 판단된다면 좌측 투자스타일의 주식형 상품에 투자하는 것이 좋을 것이고, 부도위험은 낮추고 금리하락의 수혜를 누리고 싶다면 우측 투자스타일의 채권형 상품에 투자하는 것이 적합할 것이다.

[그림 7-5] 3 × 3 스타일박스(style box)의 일반적인 형태(예시)

주식형 투자스타일

시가총액 \ 상대적 성장잠재력	가치	혼합	성장
대	11	15	50
중	5	2	11
소	3	1	2

채권형 투자스타일

신용등급 \ 듀레이션	단기	중기	장기
상	22	27	51
중	0	0	0
하	0	0	0

주: 각 상자의 수치는 해당 스타일에 투자된 비중(%)을 의미함

투자스타일을 활용한 액티브 운용법을 스타일 배분전략이라고 하는데, 편입상품을 선택할 때뿐만 아니라 투자가 실행된 이후 모니터링을 통하여 해당 상품을 계속 보유할 것인지에 대한 의사결정시에도 많이 사용된다. 최초에는 중소형 가치주에 투자하는 펀드로 파악하고 편입했는데 시간이 지나면서 상품의 투자스타일이 대형 성장주에 투자하는 것으로 바뀌었다면 자산관리사는 그 시점에도 계속 이 상품을 보유할 것인지, 아니면 다른 상품으로 교체할 것인지를 검토해야 한다.

3. 섹터 및 테마 분석

개별 상품의 투자전략은 섹터배분의 차이와 투자 테마에 의해서 달라질 수도 있다. 섹터(sector)란 특정 시장을 구성하고 있는 종목들을 동종 산업과 유사한 비즈니스 모델을 갖는 기업끼리 중복과 누락이 없이[14] 묶일 수 있도록 분류한 시장의 하위그룹을 의미한다. 예를 들어서 KOSPI와 KOSDAQ으로 구성된 국내주식시장은 한국거래소나 MSCI와 같은 글로벌 인덱싱 회사가 제시한 분류 기준[15]에 의해서 에너지, 소재, 산업재, 임의소비재, 필수소비재, 헬스케어, 금융, 정보기술(IT), 통신, 유틸리티 섹터 등으로 다시 나눠질 수 있다. 따라서 'KOSPI 200 정보기술 지수', 'KRX Health Care 지수'와 같은 섹터 인덱스가 있다. 섹터펀드, 섹터ETF 등이 이러한 섹터 지수를 구성하는 종목에 집중적으로 투자하는 상품이다. 만약 인구 고령화로 인해 향후 국내주식시장에서 헬스케어 섹터가 유망하다고 판단된다면 헬스케어 섹터에 대한 배분비중이 높거나, 헬스케어 섹터 지수를 상품의 벤치마크로 표방하고 있는 상품을 국내주식 자산군에 편입하는 것을 고려해 볼만 하다.

투자 테마(theme)는 인구구조, 사회 · 문화적 통념, 산업구조 등의 변화를 하나의 투자 주제로 삼아서 그 주제에 부합하는 종목들을 스크리닝 해놓은 투자 아이디어를 뜻한다. 따라서 어떤 종목은 다양한 테마에 중복되어 포함되기도 하고, 어떤 종목은 아무런 테마에도 속하지 않을 수도 있다. 또한 테마는 시간의 흐름에 새롭게 등장하기도 하고 사라지기도 한다. 섹터 지수와 유사하게 테마도 지수화 될 수 있고, 테마펀드, 테마 ETF 등으로 상품화될 수도 있다. 예를 들어 개인들의 소비나 여가산업의 성장을 기대하여 식료품, 게임산업, 레저산업 등에 투자하는 종목을 모아 컨슈머 펀드라는 새로운 테마펀드를 만들거나, 정기적으로 배당이나 이자가 발생하는 자산에 투자하여 월지급 인컴(income)을 테마로 하는 상품을 만들어 낼 수 있는 것이다.

---

[14] 이를 'MECE(Mutually Exclusive and Collectively Exhaustive)하다' 라고 줄여서 표현하기도 한다.

[15] 한국표준산업분류(KSIC)나 국제산업분류기준(GICS)이 이에 해당한다.

매니저가 특정 섹터에 대한 배분비중을 늘리거나 새로운 테마를 발굴하여 거기에 집중투자 하는 근본적인 이유는 시장 대표지수 대비 초과성과를 얻기 위함이다. 섹터펀드와 테마펀드는 그 투자대상의 범위가 비교적 한정되어 있기 때문에 시장전망과 트렌드의 변화에 더욱 민감하게 반응할 수 있다. 따라서 시장 대표지수를 벤치마크로 삼고 있는 상품 대신에 특정 섹터와 테마에 집중하는 투자전략을 사용하는 상품을 포트폴리오에 편입하는 전술적 자산배분을 검토할 때에는 그 어느 때보다 신중하고 철저한 리서치가 뒷받침 되어야 할 것이다.

4. 자산배분 내역 요약비교

지금까지 개별 상품의 투자전략을 분석하는 방법론이라 할 수 있는 스타일, 섹터, 테마 분석에 대해서 알아보았다. 이를 [표 7-12]의 형태로 요약하여 정리하면 한 눈에 편입 후보군 자산배분 현황을 비교할 수 있다. 또한 과거 시점별 자료를 현재까지 연결해서 검토한다면 자산배분 현황이 어떻게 변해왔는지 그 내역도 살펴볼 수 있어서 투자 의사결정시 큰 도움이 된다.

[표 7-12] 국내주식형 주요 펀드의 자산배분 현황 비교(예시)

구분	A펀드		B펀드		C펀드		D펀드	
벤치마크	KOSPI 90% +CD91일물 10%		KOSPI 90% +CD91일물 10%		KOSPI 95% +CALL 5%		KOSPI	
스타일	대형가치		대형혼합		대형혼합		중소형성장	
섹터	–		–		–		–	
테마	–		고배당주 압축		–		KOSDAQ 선호	
주요 섹터	전기전자	16.5%	전기전자	18.2%	서비스업	22.7%	KOSDAQ	51.6%
	KOSDAQ	16.3%	서비스	16.3%	전기전자	15.3%	화학	5.1%
	운수장비	12.9%	화학	10.6%	KOSDAQ	11.0%	전기전자	5.0%
	화학	11.1%	통신	7.1%	화학	10.3%	전기가스	4.6%
	철강금속	6.9%	운수장비	6.2%	운수장비	5.6%	통신	4.0%
주요 종목	삼성전자	10.6%	삼성전자	7.7%	삼성전자	10.4%	SK텔레콤	3.5%
	POSCO	3.3%	아모레퍼시픽우	4.8%	CJ	3.7%	ISC	3.3%
	OCI머티리얼즈	2.6%	KT&G	4.4%	SK텔레콤	3.3%	한전KPS	3.1%
	메가스터디	2.6%	LG하우시스	4.0%	NAVER	3.0%	고영	3.0%
	OCI	2.5%	맥쿼리인프라	3.8%	CJ E&M	2.9%	부광약품	3.0%
	TOP10합	35.2%	TOP10합	41.5%	TOP10합	35.1%	TOP10합	29.6%

출처: 제로인, 펀드 투자설명서

주: [표 7-2]에 나와있는 국내주식형 주요 펀드의 자산배분 현황을 비교한 것임

위 표를 보면 D펀드가 왜 KOSPI 지수와 상대적으로 낮은 상관관계를 보였는지 알 수 있다. D펀드는 KOSPI 지수를 벤치마크로 표방하고 있지만 KOSDAQ 종목을 선호하는 테마를 가지고 있다. 실제로 주요 섹터 배분현황을 보더라도 KOSDAQ 종목이 51.6%에 달하는 것으로 나타난다. 따라서 근래에 KOSDAQ 지수가 KOSPI 지수와 다른 방향성을 보였다면 D펀드는 KOSPI 지수와 낮은 상관관계를 보였을 것이다.

펀드의 주요 종목을 비교해 보는 것도 매우 흥미로운 결과를 제공한다. A, B, C 세 펀드는 모두 국내주식 시장에서 시가총액이 가장 큰 삼성전자를 높은 비중으로 보유하고 있다. 매니저가 시장과의 괴리를 염두에 두어 제한된 범위에서만 액티브 투자전략을 사용하고 있음을 간접적으로 시사하는 부분이다. 반면 D펀드는 이 종목에 투자하고 있지 않기 때문에 매니저가 벤치마크와의 괴리를 신경쓰기보다 중소형 성장주 투자 스타일과 KOSDAQ 선호 테마에 집중한다고 해석할 수 있다. 즉, D펀드가 상대적으로 더 적극적인 투자전략을 사용하고 있는 것이다. 또한 상위 10개 종목이 얼마나 많은 비중을 차지하는지 살펴보면 해당 상품이 포트폴리오를 얼마나 압축적으로 가져가는지도 가늠해 볼 수 있다. 위 표에서는 B펀드가 가장 압축적으로 운용되고 있는 것으로 나타난다. 따라서 B펀드는 상품선택 효과가 수익률에 상대적으로 더 크게 기여할 것이다.

5 자금동향 분석

펀드의 자금동향을 분석하는 것은 해당 펀드에 대한 투자자들의 선호를 가늠해보는 것이다. 흔히 이를 수급분석이라고도 하는데, 아무리 전망이 좋은 자산에 투자하는 상품이더라도 그 상품으로의 자금흐름이 좋지 못하다면 성과가 안정적으로 유지되기 힘든 편이다. 왜냐하면 자금의 유입보다 유출이 많다면 보유자산 중 일부를 지속적으로 시장에 매도하여 현금을 보유해야 하기 때문이다. 따라서 자금의 유출보다 유입이 많은 상품의 성과가 안정적일 가능성이 상대적으로 높다고 볼 수 있다.

1. 적정 운용규모

수급분석에 앞서 금융상품이 잘 운용되기 위한 적정 규모가 얼마인지에 대해서도 생각해볼 필요가 있다. 물론 이 물음에 대한 정답은 존재하지 않는다. 그러나 운용규모가 너무 작은 상품에 대한 투자는 피하는 것이 안전하다. 왜냐하면 절대적으로 운용규모가 작은 상품은 한 번에 큰 자금이 설정되거나 환매될 때마다 기존 수익자들의 투자수익률이 그 자금의 영향을 받기 때문이다. 금융상품 스크리닝의 1차 기준으로 운용규모를 주로 사용하는 이유도 여기에 있다.

그렇다면 운용규모는 크면 클수록 좋은 것일까? 정답은 아닐 수도 있다는 것이다. 국내 자산군에 투자하는 상품에 국한된 내용일 수 있으나, 운용규모가 커질수록 종목별 편입한도 규제처럼 법에서 정해놓은 제한사항으로 인해 새로운 투자제약들이 생겨날 수 있기 때문이다. 때에 따라서는 투자하고 싶은 종목이 있더라도 일정금액 이상 그 종목을 편입하지 못하는 상황이 발생하기도 하며, 이로 인해 최선이 아닌 차선의 종목을 선택하는 경우도 발생한다. 액티브 펀드임에도 대형화 될수록 벤치마크 지수와 자산배분 현황 및 운용성과가 비슷해지는 펀드의 인덱스화 현상은 일정 부분 이러한 제약에 기인한 것이다. 이러한 현상을 방지하기 위해서 일부 매니저 중에서는 펀드규모가 일정수준을 넘어설 경우 신규 자금유입을 제한시키기도 하는데, 매수를 완전히 제한하는 것을 하드 클로징(hard closing)이라고 하고 기존 수익자들의 추가 매수는 받아주되 신규 가입자의 매수를 제한하는 것을 소프트 클로징(soft closing)이라고 한다.

2. 수급과 투자자 선호

Chapter 5 Section 4에서 시장 수급에 대해서 다룬 바 있다. 글로벌 펀드의 자금흐름을 살펴보는 것은 거시적 관점에서 전반적인 투자심리를 파악하는데 매우 중요한 조사활동이다. 상대적으로 미시적이고 국내에 투자하는 상품에 국한된 내용일 수도 있지만, 동일한 관점에서 개별 상품 단위의 수급도 해당 상품을 향한 투자자들의 선호와 연결되어 있으므로 잘 살펴봐야 한다. 따라서 투자자들이 선호하는 상품, 즉 꾸준히 자금이 유입되는 상품을 선택하는 것이 결과적으로 좋은 성과로 이어질 가능성이 높다. 왜냐하면 그만큼 많은 투자자들이 해당 상품의 운용성과와 스타일, 섹터, 테마에 따른 투자전략이 합리적인지 검증했을 것이고, 자금이 지속적으로 유입되어야 매니저가 보다 생산적이고 미래지향적으로 사고할 수 있기 때문이다. 그러므로 자산운용사가 상품을 기획하고 투자자와 소통하는 홍보 · 기획 · 마케팅 조직과 역량을 얼마나 체계적으로 갖추고 있는지도 반드시 살펴봐야 할 부분이다.

[표 7-13]은 [표 7-2]에 나와있는 국내주식형 주요 펀드의 기간별 자금동향을 정리한 것이다. B펀드는 최근 1년에서 3년 사이에 설정액이 상대적으로 급증하였다가 최근 6개월부터는 자금흐름이 거의 제자리 수준에 있는 것으로 나타난다. 전체 운용규모가 1조 5천억원을 넘는 것으로 보아 근래에 운용수익률 관리를 위해 소프트 클로징 하였을 것이라 짐작할 수 있다.

[표 7-13] 국내주식형 주요 펀드의 기간별 자금동향 비교(예시)

구분	현재 설정액	1개월	3개월	6개월	1년	3년
A펀드	7,500억원	−5.20%	22.20%	33.39%	26.27%	−13.54%
B펀드	15,040억원	1.45%	0.45%	−0.44%	148.19%	226.78%
C펀드	370억원	6.28%	16.14%	24.52%	15.26%	−8.05%
D펀드	200억원	1.96%	153.66%	136.36%	100.00%	−0.95%

주: 설정액의 기간 성장률(기초대비 설정액 증감비율)을 통해 운용규모가 얼마나 커졌는지를 나타냄

개별 상품의 자금동향 분석과 관련해서 한 가지 유의할 사항이 있다. 큰 규모의 자금 유출입이 기관투자자 등 한 수익자에 의해서 발생했다면 그 자금흐름이 전반적인 투자심리를 반영한 것이라고 보기에는 무리가 있다는 점이다. 따라서 개별상품의 수급과 투자자 선호에 대한 분석결과는 제한적인 참고자료로 활용하길 추천한다.

6 정성적 분석

매니저와의 사전교감 없이 상품의 과거 운용내역에 근거한 정량적 분석 결과만 믿고 바로 투자를 실행할 경우 직 · 간접적 거래비용만 부담한 채 단기간에 이 투자를 철회하는 상황도 가끔씩 발생한다. 정량적 분석으로는 파악하기 어려웠던 이슈가 투자실행 직후 제기되기 때문이다. 상품의 핵심 투자전략이 수정되어 운용방식이 근본적으로 바뀌는 경우, 낙후된 운용 인프라의 문제점을 뒤늦게 알게 된 경우, 책임 매니저가 곧바로 이직한 경우 등이 대표적인 사례이다. 따라서 정량적 분석의 결과에만 의존해서는 안되며 정성적 분석을 병행하여 보다 신중한 투자가 이뤄질 수 있도록 노력해야 한다.

정성적 분석은 해당 상품의 운용사, 책임 매니저와의 인터뷰를 통해 주로 수행된다. 조직과 인력, 투자철학과 운용 프로세스, 향후 운용계획, 인프라와 직업윤리 등이 인터뷰의 주된 내용이며 그 결과를 바탕으로 운용성과의 지속가능성, 미래 성과에 대한 확신의 정도를 가늠해 볼 수 있다.

1. 운용조직과 인력

운용조직과 인력에 대한 질의응답은 주로 운용회사와 책임 매니저, 그리고 매니저가 속한 운용팀의 전문성을 파악하는 내용으로 채워진다. 회사에 대해서 전반적으로 이해하고 있어야 상호 신뢰가 형성될 수 있기 때문에 운용사가 언제 설립되었고, 전체 운용규모는 얼마나 되며, 지배구조는 투명한지, 재무상태는 건전한지, 인정받는 자산운용

분야가 무엇인지 등을 알아봐야 한다. 책임 매니저의 경력과 자격현황을 알아보는 것도 중요한 대목이다. 과거에 어떤 상품을 운용했고 그 성과가 어땠는지, 어떠한 자격을 보유하고 있는지, 전문 투자분야는 무엇인지 등을 살펴봄으로써 매니저에 대한 객관적인 신뢰를 얻을 수 있다. 만약 주식 리서치 경력만 가진 이가 채권형 펀드의 매니저 자격으로 인터뷰에 응하고 있다면 그 매니저가 포트폴리오에 대해서 실질적 권한과 책임을 가지고 있는지 다시 확인해봐야 할 것이다. 마지막으로 매니저가 속한 조직의 구성원들에 대해서 살펴봄으로써 그 운용조직이 전문성을 두루 갖추고 있는지 간접적으로 확인할 수 있다.

2. 투자철학과 운용 프로세스

뚜렷한 투자철학을 가진 회사일수록 장기적으로 일관된 성과를 실현할 가능성이 높다. 개인의 인격이 하루 아침에 형성될 수 없는 것처럼 운용회사의 투자철학도 장기간 일관된 정책이 지속되어야 문화로 정착될 수 있기 때문이다. 변동성을 줄이는 것을 가장 중요하게 여기는 회사와 수익률을 극대화 하는 것을 가장 중요하게 여기는 회사의 펀드 운용전략은 당연히 다른 모습을 보일 것이다.

유용 프로세스, 즉 각 단계별 의사결정 체계가 얼마나 합리적으로 구성되어 있는지도 중요한 부분이다. 프로세스가 잘 갖춰지지 않았다는 것은 매니저 한 사람에 대한 의존도가 상대적으로 크다는 것을 의미한다. 따라서 매니저 신상의 변화는 상품운용의 본질적 변화로 이어질 수 있다. 그러므로 운용 프로세스가 잘 갖춰졌는지는 펀드가 장기적으로 양호한 성과를 유지할 수 있느냐의 문제와 직결된다고 볼 수 있다.

운용 프로세스를 점검할 때 회사가 각 매니저, 혹은 운용팀에 포트폴리오 편입 종목 선택에 대해서 얼마만큼의 재량을 부여하고 있는지도 체크해야 할 내용이다. 개별 매니저들에게 재량권을 많이 부여한다는 것은 회사 내 동일유형 상품들이 서로 독립된 투자전략을 사용할 수 있음을 의미하기 때문이다. 다양한 투자전략은 다양한 성과로 이어질 것이므로 매니저들은 선의의 경쟁을 통해서 수익률 제고에 힘쓸 것이다. 그러나 지나친 경쟁이 리스크 관리 소홀로 이어질 수 있고, 매니저들이 서로의 포트폴리오를 공유하게 된다면 선의의 경쟁이 제대로 작동할 수 없게 된다. 반대로 개별 매니저의 재량을 제한된 범위로 한정하여 지정된 후보군 내에서만 투자할 수 있도록 하는 경우도 있다. 이러한 정책을 사용하면 회사 내 동일유형 상품간 포트폴리오가 유사해지므로 성과의 다양성이 줄어들게 된다. 그러나 매니저 한 명에 대한 의존도가 크지 않기 때문에 개인의 신상 변화가 펀드 성과로 직결되지는 않는다. 따라서 인력순환이 잦은 국내 자산운용업계의 현실을 감안한다면, 체계적인 운용 프로세스를 갖춘 집단 지성을 활용한 운용 방식이 장기적으로 안정적인 성과를 추구하는 데 적합할 수 있다.

3. 향후 운용계획

정성적 분석에서 가장 중요한 것은 바로 매니저의 투자전략을 점검하는 부분이다. 시장과 다른 모습의 스타일, 섹터배분을 보여왔다면 매니저가 추구한 바는 무엇이었는지, 주목했던 투자 테마는 합리적인 데이터와 가정 속에서 도출한 것인지, 그리고 이러한 투자전략이 성과에 긍정적으로 기여했는지 점검해봄으로써 매니저의 역량을 평가해 볼 수 있다. 본인이 관리하는 포트폴리오 변화사항을 제대로 파악하지 못하고 있거나 논리적이지 않은 답변을 한다면 운용중인 상품의 개수가 너무 많아서 해당 펀드에 집중하지 못하고 있는 것은 아닌지, 과거 운용성과가 우연의 결과는 아니었는지 의심해봐야 한다. 전문성을 갖춘 매니저라면 포트폴리오 내역에 대해서 누구보다 잘 알고 있을 것이고 관련 질문에 소신있게 답할 것이다.

향후 시장을 어떻게 전망하는지도 필수적으로 체크해야 한다. 현재 포트폴리오는 그 전망을 반영해서 구성되어 있는지, 매니저가 주목하는 새로운 투자 테마가 있다면 무엇인지, 예상할 수 있는 기회요인과 위험요인은 무엇이며, 그러한 시나리오에서 어떻게 포트폴리오를 꾸릴 예정인지 확인하는 과정이 필요하다.

4. 인프라와 직업윤리

매니저가 시장과 포트폴리오를 점검할 수 있는 인프라, 즉 운용 플랫폼이 시스템적으로 잘 갖추어져 있는지도 매우 중요한 점검 포인트다. 물론 인터뷰를 통해서 이 부분을 점검하기에는 한계점이 존재하겠지만 실사를 할 수 있다면 운용 플랫폼과 위험관리 시스템, 리서치 소스 등을 점검해봐야 한다.

또한, 매니저가 협회나 감독 기관으로부터 제재나 징계를 받은 적은 없는지, 운용성과에 대해서 공정하게 평가 받고 있는지, 조만간 전문분야를 바꾸거나 이직할 가능성은 없는지 등 직업윤리에 관해서도 확인해볼 필요가 있다.

7 종합 비교분석 및 요약

지금까지 수익률과 변동성, 투자전략, 자금동향, 그리고 정성적 측면에서 금융상품을 분석하는 방법을 알아보았다. 자산관리사는 이러한 분석 기준을 적절히 사용하여 본인이 원하는 상품을 자산군별로 골라낼 수 있어야 한다. 운용성과 부분을 중요하게 생각한다면 그 부분에 가중치를 더 높여야 할 것이고, 투자자가 트렌드에 민감하다면 자금동향 부분의 가중치를 높여야 할 것이다. 또한 상품 투자로 인해 발생하는 수수료와 보수 등 총 비용도 반드시 의사결정 시 고려해야 한다. [표 7-14]는 상품 종합 평가표 예시로 Section 2에서 다룬 다양한 기준들이 활용되어 있다. 이러한 표준화된 평가도구는 동일유형 상품을 종합적으로 비교하는데 유용하다.

[표 7-14] 상품 종합 평가표(예시)

<table>
<tr><th>구분</th><th colspan="2">평가항목</th><th>가중치</th><th>배점</th><th>B펀드</th><th>특이사항 메모</th></tr>
<tr><td rowspan="17">정량적분석</td><td rowspan="3">수익률</td><td>절대수익률</td><td rowspan="3">15%</td><td>0 ~ 5</td><td>5</td><td>장기 수익률 우수</td></tr>
<tr><td>상대수익률</td><td>0 ~ 5</td><td>5</td><td>상위 10% 꾸준히 유지</td></tr>
<tr><td>롤링수익률</td><td>0 ~ 5</td><td>4</td><td></td></tr>
<tr><td rowspan="3">투자위험</td><td>변동성지표</td><td rowspan="3">15%</td><td>0 ~ 5</td><td>4</td><td></td></tr>
<tr><td>베타계수</td><td>0 ~ 5</td><td>5</td><td></td></tr>
<tr><td>수익률 고저차</td><td>0 ~ 5</td><td>4</td><td></td></tr>
<tr><td rowspan="4">위험조정성과</td><td>샤프비율</td><td rowspan="4">16%</td><td>0 ~ 4</td><td>3</td><td></td></tr>
<tr><td>트레이너 지수</td><td>0 ~ 4</td><td>3</td><td></td></tr>
<tr><td>젠센의 알파</td><td>0 ~ 4</td><td>2</td><td></td></tr>
<tr><td>정보비율</td><td>0 ~ 4</td><td>2</td><td></td></tr>
<tr><td rowspan="4">자산배분 내역(투자전략)</td><td>벤치마크관계</td><td rowspan="4">16%</td><td>0 ~ 4</td><td>4</td><td>상관계수 0.9 이상 유지</td></tr>
<tr><td>스타일</td><td>0 ~ 4</td><td>2</td><td></td></tr>
<tr><td>섹터</td><td>0 ~ 4</td><td>2</td><td></td></tr>
<tr><td>테마</td><td>0 ~ 4</td><td>3</td><td>배당주 압축, 전망과 부합함</td></tr>
<tr><td rowspan="2">자금흐름</td><td>운용규모</td><td rowspan="2">8%</td><td>0 ~ 4</td><td>2</td><td></td></tr>
<tr><td>수급현황</td><td>0 ~ 4</td><td>2</td><td>소프트 클로징 해제함</td></tr>
<tr><td colspan="2">정량평가 소계</td><td>70%</td><td></td><td>52</td><td></td></tr>
<tr><td rowspan="5">정성적분석</td><td colspan="2">조직과 인력의 전문성</td><td>5%</td><td>0 ~ 5</td><td>4</td><td></td></tr>
<tr><td colspan="2">투자철학과 프로세스</td><td>5%</td><td>0 ~ 5</td><td>4</td><td></td></tr>
<tr><td colspan="2">투자전략과 운용계획</td><td>5%</td><td>0 ~ 5</td><td>5</td><td>현재의 고배당주 전략 유지</td></tr>
<tr><td colspan="2">운용 인프라</td><td>5%</td><td>0 ~ 5</td><td>4</td><td></td></tr>
<tr><td colspan="2">직업윤리 및 가치관</td><td>5%</td><td>0 ~ 5</td><td>4</td><td>매니저의 로열티 높음</td></tr>
<tr><td colspan="3">정성평가 소계</td><td>25%</td><td></td><td>21</td><td></td></tr>
<tr><td>비용 분석</td><td colspan="2">총 비용 및 과세수준</td><td>5%</td><td>0 ~ 5</td><td>2</td><td>평균수준 비용발생</td></tr>
<tr><td colspan="3">종합</td><td>100%</td><td></td><td>75</td><td></td></tr>
</table>

주: [표 7-2]의 B펀드를 대상으로 삼음

SECTION 03

상품 포트폴리오 구성

정량적, 정성적 분석을 통해 편입 후보군 상품이 최종적으로 선정되면 그 상품들을 조합하여 다양한 액추얼 포트폴리오를 도출할 수 있다. 자산관리사가 모델 포트폴리오의 자산배분안을 그대로 따르는 소극적 운용전략을 사용한다면 섹터, 스타일, 테마가 독특한 상품보다 인덱스를 추종하는 상품 위주로 포트폴리오를 구성해야 하고, 적극적 운용전략을 사용한다면 액티브 상품 위주로 포트폴리오를 구성해야 한다.

1 전략적 자산배분안 해석하기

자산배분 정책과 모형에 의해서 도출된 전략적 자산배분안은 액추얼 포트폴리오 구성 시 청사진 역할을 한다. 따라서 자산관리사는 모델 포트폴리오가 어떤 자산군에 상대적으로 집중되어 있는지, 그리고 전략적으로 어떤 스타일, 섹터, 테마에서 투자기회를 찾고 있는지 확인할 필요가 있다. 인덱스 펀드나 ETF를 활용한 소극적 운용전략을 채택했다면 자산군별 시장전망에 크게 주목할 필요는 없지만, 적극적 운용전략을 채택했다면 시장전망 부분을 유심히 살펴보고 Chapter 6 Section 5에서 소개한 액티브 운용 방법을 활용하여 자산관리사가 원하는 방향으로 포트폴리오를 꾸려야 한다.

예를 들어, 경기둔화로 원자재 가격 하락이 예상되므로 관련 국가와 섹터에 대한 비중은 축소하고 상대적으로 실적이 양호한 소비재 섹터에 대한 비중을 늘릴 것을 신흥국 주식에 대한 투자전략으로 제시하고 있다고 가정해보자. 라틴아메리카와 동유럽 국가들은 GDP에서 원자재 수출이 차지하는 비중이 높기 때문에 가급적 제외시키는 것이 나을 것으로 보이고, 최근 중산층이 증가하여 소비성장이 가시적으로 나타나고 있는 아시아 국가들을 적극 편입하는 것이 좋아 보인다. 최종적으로 자산관리사가 아시아 신흥국에 집중 투자하는 상품을 모델 포트폴리오의 신흥국 주식 비중만큼 투자하기로 결정했다면 전략적 자산배분안을 제대로 해석한 것이라 할 수 있으며, 매우 적극적으로 이를 반영했다고 볼 수 있다.

2 편입상품의 결정

정량적, 정성적으로 우수한 점수를 얻은 상품이 액추얼 포트폴리오 편입대상으로 가장 먼저 고려되어야 한다. 그러나 일등 상품만 모아놓았다고 해서 그 포트폴리오가 가장 효율적인 투자 안이 되는 것은 아니다. 물론 비교적 괜찮은 리스크-리턴 프로파일을 보일 수는 있겠지만, 편입상품 간의 상관관계가 서로 낮아야 포트폴리오의 변동성도 낮아질 수 있다는 점을 잊어서는 안 된다. 즉, 차순위 상품들로 구성된 포트폴리오라고 하더라도 서로 상관관계가 낮은 상품들이 조합된 것이라면, 일등 상품들 위주로 구성된 포트폴리오보다 더 좋은 리스크-리턴 프로파일을 보일 수도 있다는 것이다. 따라서 각 자산군별로 최고의 상품만 엄선하여 포트폴리오를 구성하겠다는 생각은 예기치 못한 비효율을 야기할 수도 있다는 점에 유의해야 한다. 상품 포트폴리오를 구성하는 것은 가장 좋은 상품들을 찾아서 조합하는 것이 아니라 가장 좋은 상품의 조합을 찾는 것이기 때문이다.

편입상품을 결정할 때 추가적으로 고려해야 할 사항들이 있다. 펀드의 경우 동일한 매니저에 의해서 운용되는 같은 명칭의 집합투자기구라 할지라도 수수료와 보수체계를 달리한 다양한 클래스가 존재한다. 선취수수료가 있는 대신에 환매에 대한 제약(환매수수료)이 없는 클래스, 선취수수료는 없지만 매일 차감되는 총 보수가 크고 일정기간 이내에 환매하면 환매수수료가 부과되는 클래스, 일정금액 이상 투자하는 경우에만 가입할 수 있는 클래스 등이 있다. 자산관리사는 이 중에서 어떤 클래스에 가입하는 것이 좋을지 투자자 입장에서 생각해봐야 한다.

해외상품에 투자할 경우에는 환헤지를 할 것인지 여부도 매우 중요한 의사결정 요소가 된다. 동일한 투자전략을 갖고 운용되는 상품이라 할지라도 환헤지를 한 것과 안 한 것은 전혀 다른 성과를 보이기 때문이다. 시장을 전망하는 부분에 해당 자산군의 표시통화가 명확하게 강세가 예상된다고 나와있다면 환율변화에 노출해 투자하는 게 주요할 수 있겠지만 환율이 가장 예측하기 힘든 거시경제 지표 가운데 하나이므로 개인투자자들은 환헤지형 상품을 더욱 선호하는 편이다.

또한 투자자의 절세에 대한 니즈도 편입상품을 결정할 때 추가적으로 고려해야 한다. 금융소득을 일정수준 이하로 유지하고자 한다면 포트폴리오가 얼마나 효율적으로 구성되었는지 보다 절세에 얼마나 도움이 되느냐가 더욱 중요한 의사결정 포인트가 될 수도 있기 때문이다. 따라서 이 경우에는 비과세, 감면 혜택이 있는 투자수단과 제도를 적극적으로 활용해야 한다.

3 투자비중의 결정

각 자산군별로 어떤 상품을 편입할지 결정했다면 그 상품들에 각각 얼마의 비중을 할당할지 결정해야 한다. 하나의 자산군에 반드시 하나의 상품을 매칭해야 하는 것은 아니므로 모델 포트폴리오 상에서 비중이 큰 자산군이 있다면 그 자산군에는 상품을 두 개 이상 매칭할 수도 있다. 개별 상품의 성과가 전체 성과에 미치는 영향력이 지나치게 커지는 것을 예방하기 위해서도 권장되는 부분이다.

그리고 몇 개의 상품으로 포트폴리오를 구성하는 것이 좋을지에 대해서도 고민이 필요하다. 이 물음에 대한 답을 명확히 제시하기는 매우 어려운데, 마치 자산배분 모형의 자산군 카테고리를 몇 개로 나누는 것이 좋은가와 유사한 질문이라 할 수 있다. 투자자 입장에서는 몇 개의 상품에 투자했는지는 큰 관심사가 아니며, 장기적으로 안정적인 성과를 창출 했는지가 중요한 관심사라 할 수 있다. 따라서 자산관리사는 고객의 투자 성향과 경험을 파악하여 최소한의 분산투자는 가능하면서 관리해야 할 상품의 수가 무분별하게 늘어나지 않도록 본인의 역량에 맞는 적정 수준을 스스로 찾아야 한다.

보통 각 상품별 투자비중은 모델 포트폴리오에서 결정한 자산군별 투자비중을 참고하여 결정하게 된다. 그런데 필요에 따라서는 자산관리사가 전술적 재량을 발휘하여 그 비중을 다르게 가져갈 수도 있다. 모델 포트폴리오 상에서 국내주식에 대한 투자비중이 2%로 나와있다고 가정해보자. 이 경우 국내주식형 상품에 2% 만큼을 할당해야 하는데, 적은 비중 각각마다 상품을 매칭하는 것이 관리상 비효율적이고 간접비용을 발생시킨다고 판단된다면 자산관리사는 이 비중을 다른 자산군에 할당하여 조정된 비중으로 포트폴리오를 구성할 수 있어야 한다.

[표 7-15]는 A부터 E까지의 다섯 개 자산군에 대한 모델 포트폴리오와 액추얼 포트폴리오의 투자비중을 비교하여 나타낸 것이다. 예시의 자산관리사는 본인의 재량으로 모델 포트폴리오의 E자산군에 배분되어있는 2%에 대해서 해당 카테고리 상품을 별도로 매칭하지 않고 C상품과 D상품에 각각 1%p씩 모델 대비 확대하여 투자함으로써 자산배분이 차이가 나도록 투자하였다. 이 예시에서는 총 2%p만 액티브 비중을 적용하고 있으므로 적극적 운용전략의 폭이 큰 편은 아니다. 그러나 이러한 액티브 운용 방법으로 인해 발생한 초과수익, 혹은 초과손실은 자산관리사의 역량을 평가하는 중요한 요소가 되기 때문에 신중하게 접근해야 한다.

[표 7-15] 모델 포트폴리오와 액추얼 포트폴리오의 투자비중 비교표(예시)

구분		투자비중(weight)		
액추얼 포트폴리오(AP)	모델 포트폴리오(MP)	(AP)	(MP)	차이(AP – MP)
A상품	A자산군	25%	25%	0%p
B상품	B자산군	25%	25%	0%p
C상품	C자산군	25%	24%	+1%p
D상품	D자산군	25%	24%	+1%p
E상품	E자산군	0%	2%	−2%p
합계		100%	100%	0%p

Box **기준가 조정 정책(Swing Pricing Policy)이란?**

대부분의 글로벌 운용사들은 펀드 기준가를 안정적으로 유지하기 위해서 필요에 따라 내부적으로 기준가 조정 정책(Swing Pricing Policy)을 시행하고 있다. 기준가 조정 정책이란, 펀드가 보유중인 종목을 매도하거나 매수하는 과정에서 자산가격이 급격하게 변화하여 펀드 순자산 가치에 일시적으로 충격이 발생하는 것을 방지하려는 정책이다.

예를 들어, 현재 펀드 순자산 총액이 10억 달러인데 최대 수익자가 5억 달러, 즉 절반에 달하는 자금을 환매 신청했다고 가정해보자. 이 경우 보유종목 절반을 시장에 팔아야 하므로 남겨진 절반 부분의 시장가치도 거래 호가가 낮아졌기 때문에 하락할 수밖에 없다. 따라서 남겨진 수익자들은 부득이하게 손실을 입어야 하는 상황에 처하게 된다. 그러므로 이를 방지하려면 큰 자금이 유출되는 날(매도기준가 적용일)에 기준가를 인위적으로 낮춘 후 다시 점진적으로 회복시키는 작업이 실행되어야 하는 것이다. 결국 자금 유출을 발생시킨 최대 수익자에게 일종의 페널티를 부과하는 것이라 생각하면 된다. 같은 이유로 큰 자금이 유입되는 날에는 펀드 기준가를 인위적으로 높여서 기존 수익자를 보호하게 된다.

기존 투자자를 보호하기 위해 고안된 제도이지만 글로벌 운용사들의 기준가 조정 정책은 현재 기준가에 대한 신뢰도를 낮추게 되고, 공교롭게도 큰 자금이 움직이는 시점과 동일하게 매매를 진행한 선의의 소액 투자자들에게 피해를 줄 수도 있다. 또한 기준가 조정이 있었던 기간의 기준가는 정확한 운용성과를 반영하지 못하게 된다.

SECTION 04 투자 실행 및 피드백

투자 실행은 최종적으로 확정된 액추얼 포트폴리오대로 금융상품을 매수하여 자금을 집행하는 것을 뜻한다. 즉 가상에서 존재했던 포트폴리오를 현실에 적용시키는 작업이라고 볼 수 있다. 그런데 포트폴리오를 현실에 적용하다 보면 새로운 현실적 제약들이 나타나기도 하고, 이러한 제약 요소가 가상과 현실 사이의 성과 차이를 발생시키기도 한다. 따라서 현실적 제약사항으로 어떤 것들이 추가적으로 고려되어야 하는지, 투자를 실행하고 피드백 하는 과정에서 이를 어떻게 반영할 것인지도 알아둘 필요가 있다.

1 금융상품 매수와 매도

실제 투자를 시작할 때 첫 번째로 고민되는 부분이 바로 매수주문을 내는 시점을 정하는 것이다. 최근 며칠 사이에 시장이 급격히 반등했거나 큰 변동성을 보이면서 하락한 자산군이 있다면 그 자산군에 매칭된 편입상품에 대해서는 선뜻 매수주문을 내기 어렵다. 즉, 마켓타이밍과 관련된 의사결정을 어떻게 할 것인지가 실행 단계에서 가장 민감한 이슈가 된다. 특히 개별 증권이나 ETF 등 거래소에 상장된 종목에 직접 투자하기로 정했다면, 장중 어떤 가격으로 매매가 체결되었는지가 투자수익률에 막대한 영향을 끼치게 된다. 따라서 자산관리사는 마켓타이밍과 관련된 사항이 투자정책으로 규정되어 있는지 확인해보고, 별도의 지침이 없다면 투자 시점을 분산하는 분할매수 전략을 사용하거나, 기술적 분석 기법을 활용하여 본인의 재량으로 투자 시점을 정해야 한다. 이런 측면에서 장중 가격변화에 대해서는 신경 쓰지 않아도 되는 펀드가 자산배분의 수단으로 가장 선호되고 있다.

펀드를 주요 투자수단으로 삼았다면 각 펀드의 기준가 적용일, 자금의 결제일, 환매수수료 부과기간 등을 투자설명서를 통해서 확인해봐야 한다. 특히 일정시간이 지난 후 포트폴리오를 조정해야 하는 시점이 도래했을 때 매도대상 펀드에서 환매수수료가 부과되거나 제도의 변경으로 매도 시 과한 비용이 발생할 가능성은 없는지 확인한 후 의사결정 해야 한다.

필요에 따라서는 계좌 내에 현금을 일정수준 보유하고 있는 게 좋다. 해외 ETF 등을 거래하다 보면 환전 수수료가 발생하기도 하고, 별도의 비용을 추가적으로 내야 되는 상황이 발생할 수도 있기 때문이다. 자산관리사가 랩어카운트 형태로 자산을 관리하고 있다면 예상되는 자산관리 보수만큼은 현금으로 보유하는 것이 동일한 맥락에서 현명한 처사라 할 수 있다.

2 포트폴리오 운용성과 점검

[표 6-18]을 통해서 포트폴리오 운용성과는 큰 틀에서 자산배분 성과, 상품선택 성과, 마켓타이밍 성과로 나눠지고, 상품선택 성과와 마켓타이밍 성과는 다시 자산배분 효과와 상품 및 타이밍선택 효과로 분해된다고 설명하였다. 이에 근거하여 포트폴리오 운용성과를 분석해보면 본인이 전술적으로 선택했던 액티브 운용법과 투자전략들이 전체 성과에 각각 어떻게 기여했는지 확인할 수 있다. 예를 들어 선진국 주식에 액티브 비중을 적용해서 투자한 결과가 긍정적이었는지, 컨슈머 테마를 적극 활용했던 투자전략이 유효했는지, 거래비용 절감을 위해 리밸런싱 시점을 유보했던 결정은 도움이 되었는지, 그리고 이러한 전술들이 필요 이상의 변동성을 야기하지는 않았는지 등을 종합적으로 확인 가능하다.

이 분석의 결과는 향후 운용계획 수립과 투자자와의 소통 과정에서 유용한 정보로 활용된다. 어떤 부분이 긍정적 혹은 부정적인 결과를 초래했는지 쉽게 알 수 있기 때문에 투자전략과 전술을 체계적으로 진단할 수 있고, 운용과정을 입체적으로 설명할 수 있어서 투자자 신뢰 형성에 도움이 된다.

성과요인 분석 방법론으로 Chapter 6에서 BHB 분석법, BF 분석법을 소개하였다. 이 중에서 실무에서 더 선호되는 방식인 [정리 6-9]의 BF 분석법으로 실제 예시의 포트폴리오 운용성과를 요인별로 나누어 분석해보자. [표 7-16]은 [표 7-15]에 운용수익률을 추가적으로 적용하여 다시 정리한 것이다.

[표 7-16] MP와 AP의 투자비중 및 운용수익률 비교표(예시)

구분		투자비중(weight)			운용수익률(return)		
AP	MP	AP	MP	±	AP	MP	±
A상품	A자산군	25%	25%	0%p	25%	15%	10%p
B상품	B자산군	25%	25%	0%p	15%	20%	−5%p
C상품	C자산군	25%	24%	1%p	15%	5%	10%p
D상품	D자산군	25%	24%	1%p	0%	10%	−10%p
E상품	E자산군	0%	2%	−2%p	5%	−10%	15%p
합계		100%	100%	0%p	13.75%	12.15%	**1.60%p**

1. 자산배분 효과(Weighting Effect)

자산배분 효과는 자산관리사가 액티브 비중을 적용하여 모델과 다르게 자산군별 투자 비중을 가져감으로써 발생한 수익률 차이가 얼마인지를 나타낸 것이다. [정리 6-9]의 BF 분석법을 적용하여 [표 7-16] 예시의 각 상품에 대해서 자산배분 효과를 구하면 아래와 같은 결과를 얻을 수 있다.

자산배분 효과(weighting effect) $= (w_{AP} - w_{MP}) \cdot (r_{MP} - R_{MP})$

A 상품 자산배분 효과 = (25% − 25%) · (15% − 12.15%) = 0%

B 상품 자산배분 효과 = (25% − 25%) · (20% − 12.15%) = 0%

C 상품 자산배분 효과 = (25% − 24%) · (5% − 12.15%) = −0.07%

D 상품 자산배분 효과 = (25% − 24%) · (10% − 12.15%) = −0.02%

E 상품 자산배분 효과 = (0% − 2%) · (−10% − 12.15%) = 0.44%

자산배분 효과 합계 = 0% + 0% + (−0.07%) + (−0.02%) + 0.44% = 0.35%

자산배분 효과에 가장 긍정적으로 기여한 전술적 의사결정은 바로 E상품에 투자하지 않기로 결정한 것이다. E자산군은 평가기간 동안 시장이 하락하여 모델 포트폴리오 운용수익률을 22.15%p만큼 하회하는 −10%의 수익률을 보였는데 보넬과 비교했을 때 2%p만큼 덜 투자한 것이어서 좋은 결과로 이어졌다.

2. 상품선택 효과(Selection Effect)

상품선택 효과는 편입된 각 상품들이 자산군 대표 인덱스 대비 얼마만큼의 초과수익률을 달성했는지 나타낸 것이다. BF 분석법을 적용한 [표 7-16] 예시의 각 상품선택 효과는 아래와 같다.

상품선택 효과(selection effect) $= w_{MP} \cdot (r_{AP} - r_{MP})$

A 상품 상품선택 효과 = 25% · (25% − 15%) = 2.5%

B 상품 상품선택 효과 = 25% · (15% − 20%) = −1.25%

C 상품 상품선택 효과 = 24% · (15% − 5%) = 2.4%

D 상품 상품선택 효과 = 24% · (0% − 10%) = −2.4%

E 상품 상품선택 효과 = 2% · (5% − (−10%)) = 0.3%

상품선택 효과 합계 = 2.5% + (−1.25%) + 2.4% + (−2.4%) + 0.3% = 1.55%

A와 C상품은 시장 대비 좋은 수익률을 보였으나 B와 D상품은 시장을 하회하는 수익률을 보였다. 그리고 E상품은 시장 대비 좋은 수익률을 기록했으므로 실제 자금이 할당되지 않았더라도 이 상품을 편입 대상으로 선택했던 의사결정 자체는 긍정적이었다는 피드백은 얻을 수 있다.

3. 상호작용 효과(Interaction Effect)

상호작용 효과는 자산배분과 상품선택 의사결정이 복합적으로 작용해서 나타나는 효과를 뜻한다. 음식을 조리할 때 싱거우면 짠 맛을 내기 위해 소금을 첨가하고, 감칠맛이 부족하면 단 맛을 내기 위해 설탕 같은 당류를 첨가하기도 한다. 그런데, 첨가된 소금과 설탕이 짠 맛과 단 맛만 강화시키는 것이 아니라 의외로 쓴 맛 등 다른 맛을 강화시키는 경우도 있다. 상호작용 효과는 바로 이때의 다른 맛처럼 자산배분과 상품선택 의사결정이 복합적으로 작용해서 수익률에 영향을 주는 효과라 할 수 있다.

BF 분석법으로 [표 7-16] 예시의 상품별 상호작용 효과를 구하면 아래와 같다.

상호작용 효과(interaction effect) $= (w_{AP} - w_{MP}) \cdot (r_{AP} - r_{MP})$

A 상품 상호작용 효과 = (25% − 25%) · (25% − 15%) = 0%

B 상품 상호작용 효과 = (25% − 25%) · (15% − 20%) = 0%

C 상품 상호작용 효과 = (25% − 24%) · (15% − 5%) = 0.1%

D 상품 상호작용 효과 = (25% − 24%) · (0% − 10%) = −0.1%

E 상품 상호작용 효과 = (0% − 2%) · (5%−(−10%)) = −0.3%

상호작용 효과 합계 = 0% + 0% + 0.1% + (−0.1%) + (−0.3%) = −0.3%

E상품의 상호작용 효과를 살펴보자. E상품에는 실제 투자가 이뤄지지 않았지만 시장 대비 우수한 수익률을 보였기 때문에 상품선택 효과가 0.3%만큼 있었다. 그런데 E상품의 상호작용 효과는 −0.3%인 것으로 나타나서 결과적으로 순수한 자산배분 효과를 제외한다면 E상품은 총 수익률에 기여한 바가 없는 것이 된다. 즉, 시장대비 15%p나 초과수익률을 올린 상품이었지만 모델 포트폴리오 대비 2%p 만큼 덜 담았기 때문에 이 둘의 상호작용은 결과적으로 부정적인 것으로 나타난 것이다.

4. 총 효과(Total Effect)

총 효과는 자산배분과 상품선택, 그리고 상호작용 효과가 모두 합해진 것으로 모델 포트폴리오 대비 액추얼 포트폴리오가 달성한 초과수익률인 상품선택 성과와 동일하다.

[표 7-17] **MP 대비 AP의 초과성과 요인분석(예시)**

구분		상품선택 성과(= AP수익률 − MP수익률)				
AP	MP	총 효과	자산배분 효과	상품선택(+상호작용) 효과		
					상품선택	상호작용
A상품	A자산군	2.50%	0%	2.50%	2.50%	0%
B상품	B자산군	−1.25%	0%	−1.25%	−1.25%	0%
C상품	C자산군	2.43%	−0.07%	2.50%	2.40%	0.10%
D상품	D자산군	−2.52%	−0.02%	−2.50%	−2.40%	−0.10%
E상품	E자산군	0.44%	0.44%	0%	0.30%	−0.30%
합계		**1.60%**	0.35%	1.25%	1.55%	−0.30%

[표 7-17]을 살펴보면 A자산군에 A상품을 편입한 의사결정이 전술적으로 가장 긍정적으로 기여한 것으로 나타났다. 액티브 비중은 적용하지 않았기 때문에 자산배분 효과는 없었으나 A상품이 시장 대비 좋은 수익률을 보였기 때문이다. 반면 D자산군에 D상품을 편입한 결정은 가장 부정적인 결과로 나타났다. 모델 포트폴리오 전체 운용수익률을 하회했던 자산군에 초과비중을 가져갔고, 편입했던 D상품이 시장성과 대비 하회했기 때문이다. 이런 식으로 포트폴리오 운용성과를 요인 별로 점검하면 어떤 부분에서 잘못된 판단을 내렸는지, 의사결정 프로세스 상에서 개선해야 할 부분은 무엇인지 쉽게 파악할 수 있다.

지금까지 예시로 살펴본 성과요인 분석은 액추얼 포트폴리오와 모델 포트폴리오의 성과 차이, 즉 상품선택 성과만 분해한 것이다. 그런데 실제 상품 포트폴리오 운용계좌의 수익률은 액추얼 포트폴리오를 소폭 하회하는 편이다. 왜냐하면 실제 계좌에서는 현실적 제약으로 인해 매매시점을 액추얼 포트폴리오대로 할 수 없는 경우도 있고, 수수료 등 직 · 간접 거래비용이 발생하기 때문이다. 위 예시와 동일한 기간에 운용계좌의 수익률은 12.75%였다고 가정해보자. [표 7-16]을 통해서 모델 포트폴리오와 액추얼 포트폴리오가 각각 12.15%, 13.75%의 성과를 기록한 것으로 나와있으므로 마켓타이밍 성과는 운용계좌 수익률 12.75%에서 액추얼 포트폴리오 수익률 13.75%를 차감한 −1%p가 된다. 즉 마켓타이밍을 액추얼 포트폴리오와 정확하게 일치시키지 못했거나 가상에는 존재하지 않았던 거래비용이 발생했기 때문에 1%p만큼 운용계좌의 수익률이 액추얼 포트폴리오 수익률을 하회했다고 볼 수 있는 것이다. 따라서 자산관리사는 성과요인 분석을 통해 액티브 리턴을 분해할 때 액추얼 포트폴리오와 모델 포트폴리오의 운용수익률만 비교해볼 것이 아니라 투자자의 실제 운용계좌의 수익률도 함께 비교해 봄으로써 과도한 비용이 발생하고 있지는 않은지 점검해봐야 한다. 아래는 위

예제의 복잡한 성과요인 분석 과정을 보다 쉽게 이해할 수 있도록 수식으로 표현한 것이다.

액티브 리턴	= 상품선택 성과			+ 마켓타이밍 성과
(active return)	= (AP − MP)수익률			+ (계좌 − AP)수익률
= 마켓타이밍 포함 총 효과	= 자산배분 효과	+ 상품선택 효과	+ 상호작용 효과	+ 마켓타이밍 효과
	= 자산배분 효과	+ 상품선택 효과(상호작용 효과 포함)		+ 마켓타이밍 효과
	= 자산배분 효과	+ 상품 및 타이밍선택 효과		

(예제) 총 효과 $= (r_{AP} - r_{MP}) + (r_{Account} - r_{AP}) = (13.75\% - 12.15\%) + (12.75\% - 13.75\%) = 0.6\%$

*r_{AP} : AP수익률, r_{MP} : MP수익률, $r_{Account}$: 계좌수익률

3 포트폴리오 피드백

지금까지 모델 포트폴리오에 맞춰 액추얼 포트폴리오를 구성하고 그 운용성과를 점검하는 과정에 대해서 살펴보았다. 단일 투자기간을 가정한다면 지금까지 살펴본 과정만으로도 투자 프로세스가 완료될 수 있다. 즉 포트폴리오를 구성하고, 투자를 실행한 후, 그 성과를 점검한 후에 현금화하면 모든 과정이 끝나는 것이다. 그러나 자산배분을 통한 포트폴리오 투자는 장기, 다기간 투자를 가정하고 이뤄지는 것이다. 그러므로 연결된 투자 프로세스 중간중간 운용 현황을 점검하고 필요에 따라 포트폴리오를 수정하는 피드백 활동이 계속되어야 한다. 포트폴리오 피드백은 초기 투자비중으로 되돌리는 재조정(rebalancing)과 자산배분 비율과 편입상품을 변경하는 재배분(reallocation)으로 나타나게 된다.

자산관리사는 시장의 움직임으로 인해 변화된 각 자산군의 가치를 원래의 투자비중대로 되돌리는 재조정은 언제 어떻게 이뤄지는 것이 합리적인지 이해하고 있어야 하고, 투자정책과 모델 포트폴리오의 변경, 편입 후보군의 우선순위 변경으로 인해 자산을 재배분할 때 어떤 점들이 고려되어야 하는지도 숙지해야 한다. 포트폴리오를 재조정, 재배분 하는 것은 투자를 계획하여 실행한 후 그 결과를 점검하는 단계를 압축적으로 진행하는 것과 같다. 따라서 반복되는 피드백이 체계적으로 이루어질 때 장기적으로 우수한 성과가 이어질 수 있다.

1. 재조정

액추얼 포트폴리오를 구성하여 투자를 시작하면 각 자산군의 등락에 따라 편입하고 있는 상품들의 가치도 오르거나 내리기 마련이다. 따라서 일정 시간이 경과한 후 각 편입

상품의 구성비를 보면 초기 포트폴리오 대비 비중이 확대되거나 축소된 상품들이 나타난다. 포트폴리오 재조정은 이렇게 확대되거나 축소된 비중을 초기 비중으로 되돌려 밸런스를 맞추는 작업을 의미하며, 어긋난 상품별 구성비를 다시 초기화함으로써 장기적으로 목표했던 리스크-리턴 프로파일이 달성될 수 있도록 포트폴리오 특성을 유지시켜주는 작업이라 할 수 있다.

재조정 방법론으로는 다음 두 가지 방식이 널리 사용된다. 하나는 일간, 주간, 월간, 분기간, 연간 등으로 사전에 정해놓은 주기에 따라 재조정하여 목표에서 어긋난 부분을 원상태로 복귀시켜 주는 것이고, 다른 하나는 각 자산군별로 상하 밴드를 미리 설정해둔 상태에서 그 밴드를 벗어난 상품이 나타나면 그 때 재조정하는 것이다. 흔히 전자를 주기 재조정(period rebalancing)이라 부르고, 후자를 밴드 재조정(band rebalancing)이라고 한다.[16]

주기 재조정을 채택하면 정해진 기간이 경과할 때마다 포트폴리오 현황을 점검하게 된다. 따라서 자산관리사를 비롯한 운용 참여자들이 정기적으로 점검자료를 마련하게 되므로 운용 프로세스 체계화 측면에서 유용한 방식이라 할 수 있다. 그러나 다음 재조정까지 긴 시간이 남아있는 상태에서 시장에 충격이 왔을 때 전술적 대응이 늦어질 가능성도 배제할 수 없으므로 적정 수준의 주기를 잘 선택해야 한다.

주기를 길게 잡을 경우 거래비용은 절감되지만 현재의 포트폴리오가 초기의 것과 상당히 괴리를 보이더라도 조정 없이 계속 왜곡된 비중으로 장기간 유지될 가능성이 높다. 반대로 주기를 짧게 잡으면 초기 포트폴리오 비중대로 되돌려주는 거래가 자주 발생하여 기대했던 리스크-리턴 프로파일이 달성될 가능성은 높지만 거래비용이 많이 발생한다. 잦은 매매는 재조정 대상 자금이 시장에 노출되지 않는 시간(idle time)을 늘리게 되어 각 시장과의 추적오차를 높이기도 한다. 또한 시장 급변기에 잘못된 방향으로 재조정 매매가 발생하면 저가에 매도하여 고가에 매수하는 악순환이 반복될 수도 있다. 따라서 비용은 최소화하면서 목표한 리스크-리턴 프로파일을 추구하는데 부족함이 없는 수준으로 신중하게 주기를 정해야 한다.

밴드 재조정을 채택하면 시간의 경과와 상관없이 특정 자산군 편입상품이 설정해놓은 상한을 초과하면 부분매도가, 하한을 하회하면 추가매수가 이뤄진다. 수익 난 부분은 실현해서 쌓아가고 손실 난 부분은 평균매입단가를 낮춰가는 분할매매 기법이 내재되어 있으므로 시스템적인 재조정 방식이라 할 수 있다. 그러나 밴드 재조정 역시 상하 밴드를 어떻게 설정할 것인지에 따라 주기 재조정에서 제기되었던 문제점들이 똑같이

16 남재우, 강병진 (2011), 전략적자산배분에 따른 포트폴리오 리밸런싱에 관한 연구, 국민연금연구원, 33-40.

발생한다. 밴드의 폭을 넓게 설정하면 주기를 길게 설정한 것과 유사하고, 반대로 밴드의 폭을 좁게 설정하면 주기를 짧게 설정한 것과 유사하다.

실무에서는 두 가지를 혼합한 재조정 방식을 주로 사용한다. 거래비용은 많이 발생하지 않으면서 각 자산군 시장을 쫓아가는데 무리 없는 재조정 주기로 분기가 적당하다고 보고 분기를 정기적인 포트폴리오 점검 주기로 삼는 편이다. 여기에 각 자산군별로 투자 허용범위를 벗어나는 편입상품이 있는지 수시로 모니터링하므로 일종의 밴드 재조정 방식이 결합되어 있다고 볼 수 있다. 분기를 정기 재조정 주기로 삼는 것은 대부분 금융상품의 환매수수료 부과기간이 매수 후 90일까지로 되어있는 편이며, 주요 거시경제 지표 중 일부는 분기단위로 업데이트 되고 있는 현실을 반영하기 위해서이기도 하다.

[표 7-18]은 [표 7-17]의 성과요인 분석 예시를 재조정 대상 포트폴리오 현황표로 다시 나타낸 것이다. A부터 E상품에 순서대로 25%, 25%, 25%, 25%, 0%씩 배분한 것이 초기 액추얼 포트폴리오이고 투자금은 1억원이었다고 가정해보자. 각 상품들은 순서대로 25%, 15%, 15%, 0%, 5%의 수익률을 기록했고 현재는 초기 포트폴리오 대비 각각 2.47%p, 0.27%p, 0.27%p, −3.02%p, 0%p만큼씩 비중이 확대되거나 축소된 상태다. 따라서 이 비중을 금액으로 환산하여 A상품 281.25만원과 B와 C상품 31.25만원씩을 매도한 후 D상품 348.75만원을 매수하면 재조정이 이뤄진다.

[표 7-18] 재조정 대상 포트폴리오 현황표(예시)

구분	초기 포트폴리오		수익률	현재 포트폴리오		재조정(만원)		
	비중	가치(만원)		비중	가치(만원)	목표금액	매매금액	비고
A상품	25%	2,500	25%	27.47%	3,125	2,843.75	281.25	매도
B상품	25%	2,500	15%	25.27%	2,875	2,843.75	31.25	매도
C상품	25%	2,500	15%	25.27%	2,875	2,843.75	31.25	매도
D상품	25%	2,500	0%	21.98%	2,500	2,843.75	348.75	매수
E상품	0%	–	5%	0%	–	–	–	
합계	100%	10,000	13.75%	100%	11,375	11,375	687.50	

[표 7-18]에서 추가적으로 얻을 수 있는 정보가 하나 더 있다. 바로 매매회전율과 관련된 것이다. 매매금액의 합계가 포트폴리오의 현재가치 합계 대비 어느 정도의 비율을 차지하는지를 구해보면 회전율을 알 수 있다. 위 예시에서는 포트폴리오 가치의 약 6%에 해당되는 금액이 재조정으로 인해 매매된 것으로 나타났다. 이 회전율이 누적

하여 연간 200% 수준이 되었다면 현재 보유중인 상품 전체를 연중에 한 차례 매도했다가 다시 매수하는 규모의 거래가 있었다는 뜻이 된다. 따라서 그 만큼 거래비용이 많이 발생했을 것이라고 짐작할 수 있는 부분이다. 회전율이 높아도 성과가 좋다면 문제되지 않겠지만 빈번한 거래는 실제 운용계좌와 액추얼 포트폴리오의 수익률 차이인 마켓타이밍 성과를 낮춘다는 점을 염두에 두어야 한다.

2. 재배분과 편입 상품의 변경

포트폴리오 재배분(reallocation)은 보다 효율적인 리스크-리턴 프로파일을 갖는 새로운 자산배분안을 도출하고 그 배분안에 부합하도록 자산군별 투자비중을 변경하거나, 액추얼 포트폴리오 편입상품을 다른 상품으로 교체하는 작업을 의미한다. 초기에 정한 포트폴리오 투자비중을 장기 목표 투자비중으로 삼아 이 비중이 유지되도록 조정해가는 과정이 재조정이라면, 재배분은 금융시장과 투자환경의 변화를 수용하여 새롭게 시장을 전망한 후 포트폴리오를 업그레이드해가는 과정이라고 볼 수 있다. 즉, 재조정은 소극적 조정행위에 해당하고 재배분은 적극적 변경행위에 해당한다. 따라서 재조정보다 재배분이 운용성과에 더 크게 영향을 미치게 된다.

투자정책이나 시장전망이 변화하여 자산배분 전략이 새롭게 제시되면 자산배분 실무자에 의해서 모델 포트폴리오가 변경된다. 이는 추구하는 리스크-리턴 프로파일을 새롭게 정의하는 것과 같다. 자산관리사는 이를 참고하여 Section 3에서 다룬 내용에 맞추어 액추얼 포트폴리오를 변경해야 한다. [표 7-18]의 초기 포트폴리오 대신에 업데이트된 모델에 근거해서 새로운 포트폴리오를 대입하면 재배분을 위해 필요한 거래내역을 파악할 수 있다.

그런데, 자산군별 투자비중의 변경 외에 기대 이하의 성과를 보이는 편입상품을 교체하고자 한다면 Section 1과 2에서 다룬 프로세스를 다시 수행하여 기존 상품을 대체할 새로운 편입상품을 골라내는 작업이 필요하다. 이렇게 편입상품을 교체하는 피드백 과정을 포트폴리오 스위칭(switching)이라고 표현하기도 하는데, 구체적으로 어떤 상황에서 스위칭을 고려해야 하고 어떤 방식으로 진행하는 것이 합리적인지 예시를 통해 알아보자.

불필요한 거래비용을 줄이고 운용의 일관성을 유지하기 위해서 특별한 이유가 없는 한 편입중인 상품을 가급적 유지하는 것이 좋다. 그러나 자산군별 세부 투자전략을 바꾸길 원하거나 매니저 변경 등 상품 내부적으로 변화가 있어서 앞으로의 성과 지속성에 의문이 생긴다면 적극적으로 스위칭을 고려해야 한다. 또한 편입 후보군 중에서 꾸준히 동일유형 대비 상대성과가 우수한 상품이 발견되었다면 현재 편입상품과의 분산투자 효과를 비교해보고 어떤 상품을 담는 것이 포트폴리오 차원에서 더 좋을지 검토해볼 필요가 있다.

[표 7-19]는 A자산군의 상품 스위칭을 검토하는 예시를 나타낸 것이다. 현재 액추얼 포트폴리오에는 A1상품이 편입되어 있고, 이 상품을 편입했을 때 포트폴리오 기대수익률과 변동성은 각각 연 14%, 10%를 기록했다. 그런데 동일유형 편입 후보군 중에서 A1상품보다 리스크-리턴 프로파일을 개선시켜 줄 수 있는 상품이 존재한다면 그 상품으로 교체하는 것이 타당할 것이다.

[표 7-19] **A자산군의 편입 후보군 분산투자 효과 비교표(예시)**

구분		개별상품 정량적 지표			편입 시 포트폴리오		
자산군	편입후보	수익률	표준편차	샤프비율	수익률	표준편차	샤프비율
A자산군	A1상품	25%	15%	1.53	14%	10%	1.20
	A2상품	10%	10%	0.80	12%	9%	1.11
	A3상품	19%	10%	1.70	15%	8%	1.63
	A4상품	15%	20%	1.65	13%	12%	0.92

주: 무위험이자율은 2%로 가정함

과거 투자시점에 만약 A1상품이 아닌 A2, A3, A4상품을 편입했었다면 포트폴리오 리스크-리턴프로파일은 [표 7-19]의 우측과 같은 수치를 나타냈을 것이다. 만약 A3상품을 편입 했더라면 샤프비율 1.63으로 현재 A1상품을 편입했을 때의 1.2보다 더 나은 위험조정성과를 보였을 것이다. 즉 A3상품 편입 시 수익률은 연 14%에서 연 15%로 증가하고 변동성은 연 10%에서 연 8%로 감소하면서 분산투자 효과가 더 커졌을 것이란 뜻이다. 상품 스위칭을 검토했는데 위 예시와 같은 결과가 나왔다면 기타 정량적, 정성적 분석 등에서 특별한 문제점이 발견되지 않는 한 A1상품 대신 A3상품을 편입하는 것이 바람직한 의사결정이라 할 수 있다.

경우에 따라 모델 포트폴리오 자산군에 1:1로 매칭할 수 없는 복합 자산군 상품이나 대체투자 상품을 포트폴리오에 편입하기도 하는데, 이러한 상품들은 성과를 상대적으로 비교할 수 있는 벤치마크를 찾기 힘들고 동일유형으로 묶는 합리적 기준도 제시하기 어렵기 때문에 향후 성과를 예측한다는 것이 불가능하다. 따라서 포트폴리오를 재배분하는 과정에서 매력적인 대체투자 상품을 발굴했다고 하더라도 이 상품에 대한 투자는 현재의 포트폴리오 차원에서 편입여부를 고려하기보다, 한 단계 상위 개념에서 전략적으로 결정하는 것이 바람직하다.

CHAPTER 8

자산배분 실전 사례

Chapter 6과 Chapter 7을 통해 투자자의 투자 목적과 성향을 파악하여 이를 충족시키는 포트폴리오를 구성하는 이론과 방법론에 대해서 살펴보았다. 이번 Chapter에서는 이를 종합하여 어떻게 자산을 배분하고 포트폴리오를 제안할 것인지에 대해서 실제 사례를 통해 정리해 본다.

“저녁에는 좋은 아이디어를 생각하고, 아침에는 비판적인 자세를 취하며,
점심에는 결정을 내려야 한다.”

–앙드레 코스톨라니(André Kostolany)–

SECTION 01 자산배분 프로세스 구축

자산배분 프로세스를 구축하는 것은 고객의 투자 목적과 성향이 반영된 자산배분 정책을 수립하고, 이 정책이 제한하는 범위 내에서 최적 포트폴리오를 도출할 수 있는 방법론을 채택한 다음, 그 방법론에 기초하여 투자를 실행하고 피드백하는 과정을 체계화하는 작업이다. 자산배분 프로세스를 구축할 때 어떤 사항들을 고려해야 하는지 사례를 통해서 알아보자.

1 투자자 니즈 파악

고객을 바로 알고 이해하는 일은 자산배분 프로세스의 첫 번째 단계라 할 수 있다. KYC(Know Your Customer)를 통해 고객의 투자니즈를 정확하게 파악했다면 종합적인 관점에서 자산배분 솔루션을 제시할 수 있겠지만, 그렇지 않다면 단편적인 정보만 가질 수밖에 없으므로 종합 자산관리 서비스 제공은 불가능 할 수밖에 없다. 따라서 고객의 자산을 종합적으로 관리하는 자산관리사 역할을 수행할 것인지, 아니면 단순 금융상품 중개자 역할을 수행할 것인지는 KYC를 어떻게 진행할 것인지에 달려있다. 또한 Chapter 6 Section 3에서 다룬 것처럼 자산배분 방법론은 매우 다양하므로 어떤 모형이 고객이 원하는 바를 가장 잘 반영할 수 있는지를 가늠하기 위해서도 KYC는 상세하고 충실하게 이행되어야 한다.

투자자의 니즈는 노후준비, 주택구입, 학자금 마련 등 투자의 목적이 무엇인지에 따라서, 투자자의 위험회피성향에 따라서, 투자기간을 얼마나 길게 설정하고 있는지에 따라서, 투자할 자금이 여유자금인지 아니면 필수자금인지에 따라서, 그리고 과거에 어떤 상품에 투자해봤는지 그 경험에 따라서 다양한 형태로 나타난다. 아래는 연금자산을 안정적으로 운용하여 여유로운 미래를 준비하고자 하는 직장인의 투자니즈를 가상의 사례로 기술한 것이다. 이 사례를 통해 자산배분 프로세스 구축 과정을 상세히 알아보자.

30대 직장인 현재씨는 금융자산 보유현황을 정리하던 중에 사회 초년생 시절부터 약 10년 동안 매월 일정금액씩 납입해 왔던 개인연금 펀드의 수익률을 오랜만에 확인해 보았다. 적어도 예금이자 수준의 이익금이 발생했을 거라 생각했지만, 평가금액이 납입원금수준에 머물러 있어서 적잖

> 게 실망하였다. 개인연금 펀드를 소득(세액)공제 받을 수 있는 절세수단으로만 인식해 왔던 것이 후회되는 순간이었다.
>
> 퇴직연금 수익률도 확인해 보라는 직장 동료의 말을 듣고 증권사 홈페이지를 통해 퇴직연금 운용 현황도 살펴보았다. 당연히 잘 운용되고 있을 줄 알았지만 결과는 그렇지 못했다. 신입사원 때 지정했던 신흥국(BRICs) 채권혼합형 펀드에 약 10년 동안 자금이 적립되고 있었고, 수익률도 매우 저조하다는 사실을 깨닫게 되었다. 현재씨는 이번 일을 계기로 연금자산을 한 개의 펀드로만 운용하는 것이 얼마나 위험한지 알게 되었다.
>
> 보다 적극적으로 연금자산을 관리하기로 마음먹은 현재씨는 친한 친구인 자산관리사 건엽씨의 도움을 받아 연금자산 포트폴리오를 구성하기로 하였다. 상담결과 현재씨는 다양한 글로벌 자산에 분산투자 하길 원하고 있으며, 연간 시중금리 대비 +3%p 수준의 수익률을 기대하는 것으로 파악되었다. 또한 예금, 펀드, 그리고 ELS에 투자해본 경험이 있다고 했다.

현재씨의 연금자산 운용에 대한 니즈를 투자 목적, 투자 성향, 투자기간, 그리고 투자경험으로 구분해서 살펴보자. 투자 목적은 은퇴 후 미래에 사용할 여유자금을 형성하는 것이고, 투자 성향은 시중금리 보다 다소 높은 수준을 기대하고 있으므로 중수익을 추구하는 것으로 보인다. 또한 투자기간은 은퇴까지의 시간을 감안하면 20년 이상이 될 것이고, ELS에 투자해본 경험이 있고 본인이 글로벌 자산에 대한 선호가 있다는 것이 확인되었다. 따라서 건엽씨는 다양한 글로벌 자산에 투자하는 연금펀드로 구성된 중수익 추구형 포트폴리오로 투자할 수 있도록 제안해야 할 것이다. 또한 투자기간이 상당히 길기 때문에 정기적으로 포트폴리오를 재조정해가는 프로세스를 구축해야 한다.

2 자산배분 정책의 수립

투자자의 니즈를 파악했다면 자산배분 정책을 수립하고, 자산배분 모형을 채택할 차례다. 자산배분 정책은 투자자와 상담을 통해 Chapter 6 Section 4의 내용을 참고하여 투자자와 상담한 후에 수립해야 한다. 자산군 카테고리와 벤치마크 지수를 설정하고, 목표와 제약조건을 수치화하는 작업이 필요하다.

사례와 같이 자산관리사가 투자자의 니즈에 맞춰 포트폴리오를 구성하여 자산을 운용할 경우에는 보통 Chapter 6에 있는 [표 6-13]의 투자정책서 구성에 부합하도록 만들어진 표준양식을 통해 투자일임계약을 체결하는 것이 일반적이다. 그리고 투자자로부터 일임받은 재산에 대해서는 계약으로 정한 범위 내에서 자산관리사가 재량권을 갖게 된다. [표 8-1]은 건엽씨가 현재씨와 협의해서 도출한 가상의 자산배분 정책과 프로세스를 정리한 것이다.

[표 8-1] **현재씨의 연금자산에 대한 자산배분 정책 및 프로세스 요약표(예시)**

자산배분 모형	• 본사에서 제공하는 방법론 채택(블랙-리터만 모형)
투자목표 설정	• 벤치마크 지수의 최근 1년 변동성 이하에서 수익률을 극대화함
벤치마크 설정	• 중수익 추구 성향을 감안, 글로벌주식 50% + 글로벌채권 50%
리밸런싱 정책	• 월간 단위 재조정, 혹은 미세조정 검토(투자자 피드백) • 분기 단위 재배분 실시
투자 유니버스	• 연금펀드에 한함
기타 가정사항	• 각 자산군의 시장규모와 접근성은 동일하다고 가정함

자산군 카테고리 및 제약조건 설정				
자산군	대표 인덱스(통화)	최소한도	최대한도	액티브 비중 허용 범위
국내주식	KOSPI (KRW)	0%	20%	±10% p
미국주식	S&P500 (USD)	0%	25%	±10% p
유럽주식	MSCI Europe (EUR)	0%	25%	±10% p
일본주식	TOPIX (JPY)	0%	25%	±10% p
중국주식	MSCI China (HKD)	0%	20%	±10% p
신흥국주식	MSCI EM (USD)	0%	20%	±10% p
국내채권	KAP All Bond (KRW)	0%	30%	±10% p
선진국채권	BofAML W0G1 (USD)	0%	30%	±10% p
신흥국 채권	BofAML IP00 (USD)	0%	30%	±10% p
하이일드채권	BofAML HW00 (USD)	0%	30%	±10% p
원자재	RICI ER (USD)	0%	10%	±10% p
부동산(리츠)	S&P GL REIT (USD)	0%	10%	±10% p
단기자금	KAP MMI (KRW)	0%	100%	±10% p

출처: Bloomberg, KRX, TSE, KAP, MSCI, S&P, RICI, BofAML

[표 8-1]에 나와있는 것처럼 건엽씨는 소속 금융회사에서 제공하는 자산배분 모형을 활용하기로 했고, 중수익을 추구할 수 있도록 투자목표를 설정하였으며, 매월 현재씨에게 운용현황을 점검하여 피드백 하기로 했다. 두 사람이 충분히 협의하여 수립한 것이므로 향후에도 원활한 소통을 기대할 수 있을 것이다.

SECTION 02

자산군별 시장전망

일반적으로 시장을 전망하고 모형을 운영하는 것은 자산관리사가 아닌 별도의 자산배분 솔루션 그룹에서 담당한다. 따라서 Section 2와 이어질 Section 3에서는 자산배분 솔루션 그룹이 수행하는 업무에 대한 내용을 주로 다룰 예정이다. 물론, 자산관리사 본인이 직접 시장을 전망하여 모형을 운영할 수도 있겠지만, 투자자와의 접점에서 모델 포트폴리오 대비 초과성과를 달성할 수 있는 액추얼 포트폴리오를 운용하는 것이 자산관리사 본연의 역할에 더 가깝다 하겠다.

1 자산군별 투자 매력도 및 투자전략 제시

시장전망을 통해서 기대수익률과 변동성(공분산 행렬)을 어떻게 추정했는지가 자산배분 결과에 가장 크게 영향을 미친다. [표 8-2]는 자산배분 솔루션 그룹이 자체적으로 작성한 시장분석 및 투자전략 보고서 목록을 나타낸 것이다. 자산배분 담당자들은 이러한 자체 리서치 자료 외에도 다양한 외부 기관으로부터 취합한 보고서를 검토하여 전망치를 생성하게 된다. 이 단계에서는 Chapter 5에서 다룬 금융시장 분석 방법론이 광범위하게 사용되며 글로벌 네트워크가 얼마나 잘 형성되어 있는지, 방대한 리서치 자료에서 효과적인 투자전략을 요약적으로 도출해 낼 수 있는지가 핵심 역량으로 작용한다.

[표 8-2] 시장 및 투자전략 보고서 리스트(예시)

제목	작성자	등록일
[전략 코멘트] 금리로 접근하는 금융시장 1	류**	2015.01.10
[Liquidity Tracker] 신흥국 통화, 너무 하락했다	이**	2015.01.09
[Liquidity Indicator] 금과 달러화의 불편한 동행	이**	2015.01.06
[Macro Trends] 달러 강세와 위험 선호의 공존	박**	2014.12.23
[Global Talk] 역시 Fed put	황**	2014.12.22
2015년 글로벌 자산배분	정**, 정**	2014.12.22
[글로벌주간증시] 12월 : 날씨는 추워져도 시장은 뜨겁다	정**	2014.12.01
[글로벌 마켓] 선진국 국채와 하이일드 채권 점검	정**	2014.11.21
[Global Focus] 일본 소비세 2차 인상 연기	정**	2014.11.19

출처: 미래에셋증권 홈페이지(http://www.smartmiraeasset.com)

2 스코어링 카드 작성

다양한 리서치 자료를 검토하여 자산배분 솔루션 그룹이 예상하는 시장전망이 도출되었다면 이를 자산배분 모형에 적용할 수 있게 요약된 수치로 표현하는 작업이 이어져야 한다. [표 8-1]의 자산배분 정책과 프로세스를 따른다고 했을 때 구체적으로 어떻게 모형의 입력 데이터를 얻을 수 있는지 살펴보자.

블랙-리터만 모형은 평균-분산 모형에 기반한 자산배분 방법론이나, 평균-분산 최적화에 사용할 입력 데이터로 자산군 대표 인덱스의 과거 수익률로부터 추출한 요약 통계량을 그대로 사용하지는 않는다. 대신 자산배분 솔루션 그룹이 예상하는 전망치를 과거 수익률 데이터로부터 얻은 요약 통계량과 결합시켜서 모형의 입력 데이터로 사용한다. 따라서 [그림 8-1]과 같은 형태의 스코어링 카드(scoring card)가 사전에 준비되어 있어야 모형에 적용할 최종 입력 데이터를 산출할 수 있다.

[그림 8-1] 스코어링 카드(예시)

자산군		기대 수익률	의견 확신도	투자 의견	투자전략 코멘트
주식				OW	• 글로벌 경기 회복세 선진국에서 신흥국으로 확산 전망 • 채권보다 주식을 선호하고, 신흥국 주식보다 선진국 주식을 선호함
	국내	8.0%	60	UW	• 주가 레벨 높아지고 있지만 이익전망 개선 뒷받침되지 못하면서 가격 메리트 감소 • 수출 회복 기운은 감지되나 내수 부진은 걸림돌
	미국	10.0%	80	OW	• 경기 회복으로 증시 여건 우호적. 글로벌 경기와 주가 상승의 견인차 역할 이어갈 것으로 기대 • 밸류에이션 높으나 이익전망이 완만하게 개선되며 주가 상승을 정당화하는 구도 전개해 나갈 것
	유럽	9.0%	65	N	• 6월 ECB 금리인하 기정사실화. 실제 인하 있어도 새로운 모멘텀 되기 어려울 것. 주가 상승에는 QE, LTRO 같은 공격적 부양 시그널 필요 • 일부 중심국에서 경제지표와 이익전망 약화되는 모습 있으나 부양 카드 남아 있는 점 염두
	일본	10.0%	60	N	• 글로벌 증시에서 기업 이익전망 양호하나 경기회복 시그널이 분명치 않아 주가 박스권에 갇힌 양상 • 의미 있는 주가 반등 위해서는 1) 경제지표 개선, 2) BoJ의 QE 확대 조치나 엔화 약세 재개 필요
	중국	7.0%	60	UW	• 선진국 경기 회복의 낙수 효과로 중국 경제지표 개선 움직임 미약하게나마 감지되고 있음 • 단, 경기회복에 여전히 시간 걸릴 전망, 증시는 미니 부양책 등 정책 기대감 반영해 빠르게 올라온 만큼 기대수익률 다소 낮추는 것이 합리적
	신흥국	9.0%	65	N	• 신흥국 내 펀더멘털 개선되거나(ex. 멕시코) 정책 모멘텀 있는 곳(ex. 인도) 중심으로 선별적인 강세 움직임 나타나고 있음 • 하반기 선진국 → 신흥국 경기회복 확산 시나리오 하에 점진적으로 비중 확대하는 전략이 바람직
채권				N	• 연준의 통화 정책 기조의 변화 여부에 대한 힌트는 올해 말에나 가서야 얻을 수 있을 것, 미국 금리 움직임 제한적 수준에 머무를 듯 • 신흥국 채권(USD표시) 투자 기회에 주목할 필요, 이표 높은 하이일드 채권 투자는 여전히 유효
	국내	3.1%	90	N	• 금리 상방과 하방이 모두 막혀 있는 박스권 흐름 예상
	선진국	1.5%	80	UW	• 미국 국채 투자는 박스권 내 트레이딩 관점에서 접근 • 중장기물은 최근 강세 랠리로 가격 부담 있는 편. QE Tapering에 따른 장기채 수요 감소 가능성 등 감안 시 변동성 나타날 수 있음
	신흥국	5.2%	75	OW	• 연내 미국 금리인상 가능성 낮아지며 캐리 트레이드 수요 증가. 일드(yield)가 높은 국가 채권에 대한 수요 지속될 것 • 펀더멘털 개선 가능성 있는 이머징 아시아 국가들 중심으로 스프레드 캐리 투자 유효. 추가적으로 동유럽 지역의 채권 가격 상승 기대
	하이일드	5.1%	70	UW	• YTM이 7% 수준으로 높으나, 향후 시장 수급에 의해 가격 변동성 나타날 수 있고, 미국 금리 인상 본격화되면 가격 조정 나타날 수 있음
실물				UW	
	원자재	1.0%	50	UW	• 달러 강세로 인한 원자재 가격 추가 하락 예상 특히 원유는 각국의 생산량이 높게 유지되면서 가격 조정 가능성 높음 • 농산물은 엘 니뇨 발생으로 수급 불안 지속, 투기적 수요도 증가할 것으로 예상
	부동산	3.0%	40	N	• 미국 주택 시장은 점진적 회복 예상 • 단기 모멘텀 약할 수 있지만 재무구조가 좋고 이익, 배당금 증가가 빠른 일부 섹터와 종목(공장/창고, 쇼핑몰)에 대한 전망 양호
단기자금		2.0%	95	N	

출처: Chapter 5 [그림 5-21]

[그림 8-1]의 스코어링 카드는 블랙-리터만 자산배분 모형을 이용할 수 있도록 최적화한 것이다. 자산배분 솔루션 그룹이 각 자산군에 대해서 전망한 연간 기대수익률, 그리고 기대수익률에 대한 의견확신도, 벤치마크 구성비율과 직전 시점대비 전반적인 투자의견의 변화, 판단의 근거에 해당하는 세부 투자전략 코멘트 부분으로 작성된다.

각 자산군에 대한 향후 기대수익률은 Chapter 4, 5에서 다룬 경제지표, 금리, 기업이익, 수급 등의 분석 내용을 포괄적으로 검토한 후 자산배분 담당자들의 분석을 거쳐 조직장 책임 하에 결정된다.

기대수익률을 제시했다면 그 전망치에 대한 의견확신도를 부여해야 한다. 블랙-리터만 모형의 의견확신도 반영법에 대해서는 Chapter 6 Section 3에서 베이지안 어프로치를 다루면서 이미 설명한 바 있다. [그림 8-1]은 이드조렉(Thomas M. Idzorek)이 제안한 방식[1]을 채택한 것으로, 제시된 기대수익률에 대한 자산배분 담당자들의 생각이 전반적으로 일치하여 확신의 정도가 높을수록 100에 가깝게, 의견이 분분하여 확신의 정도가 낮다면 0에 가깝게 부여해야 한다. [그림 8-1]의 미국주식과 한국주식에 대한 전망치를 예로 살펴보면, 미국주식이 연간 10%의 수익률을 달성할 것으로 기대하는 의견에 대한 확신의 정도가 한국주식이 동 기간에 8%의 수익률을 달성할 것으로 기대하는 의견보다 더 크다. 대다수의 자산배분 담당자들이 미국주식을 한국주식보다 긍정적으로 전망하고 있기 때문이다.

투자의견은 Chapter 5 Section 5에서 설명했듯, OW(overweight), N(neutral), UW(underweight)[2] 등으로 제시할 수 있다. 또한 추가적인 투자전략 코멘트를 통해 기대수익률 산출의 근거와 추천하는 스타일, 섹터, 테마 등을 언급함으로써 모델 포트폴리오와 스코어링 카드를 참고하여 액추얼 포트폴리오를 구성하고자 하는 자산관리사들에게 집약된 리서치 정보를 제공하게 된다.

---

1 Thomas M. Idzorek (2005), *A Step-By-Step Guide to the Black-Litterman Model: Incorporating User-Specified Confidence Levels*, Ibbotson Associates, 20–26.

2 자세한 설명은 Chapter 5 참고

SECTION

03 자산배분 모형의 적용

자산배분 정책과 모형이 확정된 상태에서 스코어링 카드가 확정되었다면 최종 입력 데이터를 생성하고, 이를 모형에 적용하여 전략적 자산배분안을 도출할 단계이다. 계속하여 블랙-리터만 자산배분 모형의 예시를 통해 이어지는 자산배분 프로세스를 살펴보자.

1 과거 수익률 분석

블랙-리터만 모형은 과거 수익률 데이터로부터 얻은 실현수익률과 공분산 행렬에 스코어링 카드에 나와있는 전망치를 결합시켜서 새로운 입력 데이터를 생성한 후, Chapter 6 [정리 6-2]의 평균-분산 최적화 과정을 통해 최적 자산배분안을 얻도록 설계된 모형이다. 따라서 먼저 [그림 8-2]와 같은 형태로 각 자산군의 실현수익률과 투자위험 지표를 정리해야 한다.

[그림 8-2] 과거 수익률 데이터 분석을 통해 산출한 실현수익률과 위험지표(예시)

자산군	실현 수익률	표준 편차	공분산 행렬												
국내주식	2.4%	12.0%	0.0145	0.0019	0.0048	0.0135	0.0138	0.0123	0.0004	0.0003	0.0026	0.0017	0.0009	0.0038	0.0000
미국주식	15.1%	11.2%	0.0019	0.0124	0.0077	0.0032	0.0029	0.0051	0.0003	−0.0004	0.0019	0.0013	0.0019	0.0080	0.0000
유럽주식	11.9%	11.8%	0.0048	0.0077	0.0140	0.0072	0.0084	0.0095	0.0002	−0.0008	0.0033	0.0017	0.0022	0.0064	0.0000
일본주식	−0.7%	23.3%	0.0135	0.0032	0.0072	0.0544	0.0171	0.0129	−0.0007	−0.0030	0.0026	0.0020	0.0010	0.0035	0.0000
중국주식	0.5%	18.2%	0.0138	0.0029	0.0084	0.0171	0.0332	0.0195	0.0003	−0.0004	0.0037	0.0024	0.0019	0.0041	0.0000
신흥국주식	1.7%	13.8%	0.0123	0.0051	0.0095	0.0129	0.0195	0.0191	0.0007	0.0010	0.0056	0.0029	0.0018	0.0083	0.0000
국내채권	2.3%	1.8%	0.0004	0.0003	0.0002	−0.0007	0.0003	0.0007	0.0003	0.0004	0.0006	0.0003	0.0003	0.0009	0.0000
선진국채권	4.5%	5.6%	0.0003	−0.0004	−0.0008	−0.0030	−0.0004	0.0010	0.0004	0.0032	0.0017	0.0010	0.0011	0.0025	0.0000
신흥국 채권	3.3%	6.6%	0.0026	0.0019	0.0033	0.0026	0.0037	0.0056	0.0006	0.0017	0.0043	0.0018	0.0016	0.0048	0.0000
하이일드채권	8.1%	3.3%	0.0017	0.0013	0.0017	0.0020	0.0024	0.0029	0.0003	0.0010	0.0018	0.0011	0.0009	0.0024	0.0000
원자재	5.3%	8.6%	0.0009	0.0019	0.0022	0.0010	0.0019	0.0018	0.0003	0.0011	0.0016	0.0009	0.0075	0.0021	0.0000
부동산	4.2%	11.9%	0.0038	0.0080	0.0064	0.0035	0.0041	0.0083	0.0009	0.0025	0.0048	0.0024	0.0021	0.0141	0.0000
단기자금	3.0%	0.1%	0.0000	0.0000	0.0000	0.0000	0.0000	0.0000	0.0000	0.0000	0.0000	0.0000	0.0000	0.0000	0.0000

주: [표 8-1]에 나와있는 각 자산군 대표 인덱스의 최근 1년 수익률 데이터 사용

만약 단순히 평균-분산 모형을 채택했다면 시장전망을 결합하는 과정 없이 [그림 8-2]의 실현수익률과 공분산 행렬을 사용하여 100% 과거 데이터에 의존하는 자산배분안을 도출하는 것도 가능하다.

2 전망이 결합된 입력 데이터 산출

[그림 8-3]은 이드조렉의 방식으로 [그림 8-1]의 스코어링 카드에 나와있는 전망치와 [그림 8-2]에 나와 있는 실현수익률과 위험지표를 결합하여 모형에 최종적으로 사용할 입력 데이터를 산출해낸 것이다. [표 8-1]의 자산배분 정책 및 프로세스에 부합하는 범위에서 이 입력 데이터를 모형에 적용한다면 모델 포트폴리오가 도출된다.

[그림 8-3] 블랙-리터만 자산배분 모형 최종 입력 데이터(예시)

자산군	기대 수익률	표준 편차	공분산 행렬												
국내주식	7.6%	13.7%	0.0187	0.0018	0.0049	0.0153	0.0151	0.0139	0.0004	0.0003	0.0026	0.0018	0.0009	0.0038	0.0000
미국주식	9.0%	12.1%	0.0018	0.0147	0.0082	0.0032	0.0028	0.0053	0.0003	−0.0005	0.0018	0.0013	0.0020	0.0089	0.0000
유럽주식	8.8%	13.3%	0.0049	0.0082	0.0178	0.0072	0.0088	0.0103	0.0002	−0.0010	0.0035	0.0019	0.0024	0.0068	0.0000
일본주식	10.0%	27.0%	0.0153	0.0032	0.0072	0.0728	0.0182	0.0136	−0.0007	−0.0034	0.0028	0.0023	0.0011	0.0040	0.0000
중국주식	8.7%	20.7%	0.0151	0.0028	0.0088	0.0182	0.0430	0.0224	0.0002	−0.0006	0.0036	0.0025	0.0021	0.0037	0.0000
신흥국주식	9.9%	15.1%	0.0139	0.0053	0.0103	0.0136	0.0224	0.0228	0.0007	0.0010	0.0060	0.0031	0.0016	0.0090	0.0000
국내채권	3.0%	1.9%	0.0004	0.0003	0.0002	−0.0007	0.0002	0.0007	0.0004	0.0004	0.0006	0.0003	0.0003	0.0010	0.0000
선진국채권	2.0%	6.1%	0.0003	−0.0005	−0.0010	−0.0034	−0.0006	0.0010	0.0004	0.0037	0.0018	0.0011	0.0011	0.0027	0.0000
신흥국 채권	5.5%	7.1%	0.0026	0.0018	0.0035	0.0028	0.0036	0.0060	0.0006	0.0018	0.0051	0.0020	0.0016	0.0052	0.0000
하이일드채권	4.2%	3.6%	0.0018	0.0013	0.0019	0.0023	0.0025	0.0031	0.0003	0.0011	0.0020	0.0013	0.0010	0.0024	0.0000
원자재	2.8%	10.5%	0.0009	0.0020	0.0024	0.0011	0.0021	0.0016	0.0003	0.0011	0.0016	0.0010	0.0109	0.0020	0.0000
부동산	7.8%	13.7%	0.0038	0.0089	0.0068	0.0040	0.0037	0.0090	0.0010	0.0027	0.0052	0.0024	0.0020	0.0188	0.0000
단기자금	2.0%	0.1%	0.0000	0.0000	0.0000	0.0000	0.0000	0.0000	0.0000	0.0000	0.0000	0.0000	0.0000	0.0000	0.0000

주: [그림 8-1]의 스코어링 카드 전망치와 [그림 8-2]의 실현수익률 데이터를 [표 8-1]의 가이드라인 내에서 결합함

[그림 8-3]을 보면 모형에 적용될 국내주식 기대수익률은 7.6%인 것으로 나와있다. 이 수치는 스코어링 카드 상의 8%도 아니고, 최근 1년 실현수익률 2.4%도 아닌 여타 자산군과의 상관관계가 고려된 상태에서 두 개의 수치가 결합되어 나타난 값이다. 다른 자산군들의 기대수익률도 마찬가지인데, 이 값들이 구해지는 방식은 Chapter 6의 [정리 6-5]에 나와있다.

3 모델 포트폴리오 도출

투자의 목표는 목표수익률, 목표변동성 혹은 허용위험한도 형태로 수치화하여 제시할 수 있는데, 사례의 건엽씨는 [표 8-1]에 나와있는 것처럼 목표변동성을 제시하는 방식을 택했다. 즉, 벤치마크 지수의 최근 1년 변동성 이하라는 것을 평균-분산 최적화를 위한 목표값으로 설정한 것이다. 벤치마크의 지수의 최근 1년 변동성이 6.9%였다면, 변동성 6.9% 이하에서 기대수익률이 최대화 되는 포트폴리오를 구해야 한다. [그림 8-4]는 이렇게 구해진 최적 포트폴리오를 나타낸 것이다.

[그림 8-4] 현재씨 연금 자산배분을 위한 모델 포트폴리오(중수익 추구형)

자산군	투자비중
국내주식	10.0%
미국주식	25.0%
유럽주식	12.0%
일본주식	4.0%
중국주식	–
신흥국주식	7.0%
국내채권	2.0%
선진국채권	–
신흥국 채권	20.0%
하이일드채권	20.0%
원자재	–
부동산	–
단기자금	–
비중합	100.0%
기대수익률	7.17%
변동성	6.84%

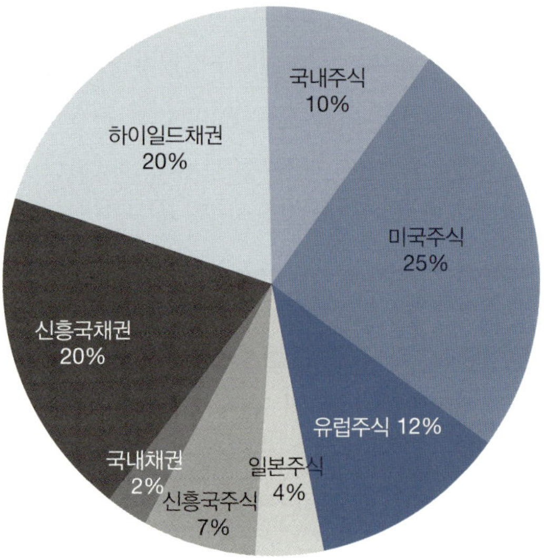

다시 앞으로 돌아가 [표 8-1]을 보면 최대 한도, 최소 한도 등을 통해 각 자산군별 투자비중만 제한하고 있고 자산군 그룹별 투자비중에 대해서는 별도의 제약조건이 설정되어있지 않다. 만약 주식자산의 합계가 50%를 넘지 않도록 설계하고자 한다면 '국내주식 + 미국주식 + 유럽주식 + 일본주식 + 중국주식 + 신흥국주식 ≤ 50%'와 같이 최적화할 때 제약식을 추가해야 한다. 또한 블랙-리터만 모형은 자산군별 상대적 시가총액 크기가 정의되어야 균형기대수익률이 산출 가능한 시장모형의 일종이다. 따라서 각 자산군의 상대적 크기가 정해져야 한다. 본 사례에서는 쉬운 이해를 위해 시장규모는 모두 동일하다고 가정[3]하였다.

[3] 블랙-리터만 모형은 각 자산군의 시가총액 비중대로 투자한 시장 포트폴리오와 개별 자산군의 실현된 과거 수익률로 역최적화(reverse optimization) 과정을 통해 산출한 자산군별 균형기대수익률에 시장전망을 가미하여 최종 입력 데이터로 활용할 블랙-리터만 기대수익률을 도출하나 여기서는 상대적 자산규모가 모두 동일하다고 가정한다.

[그림 8-5] 모델 포트폴리오의 상대 리스크 기여도 비교

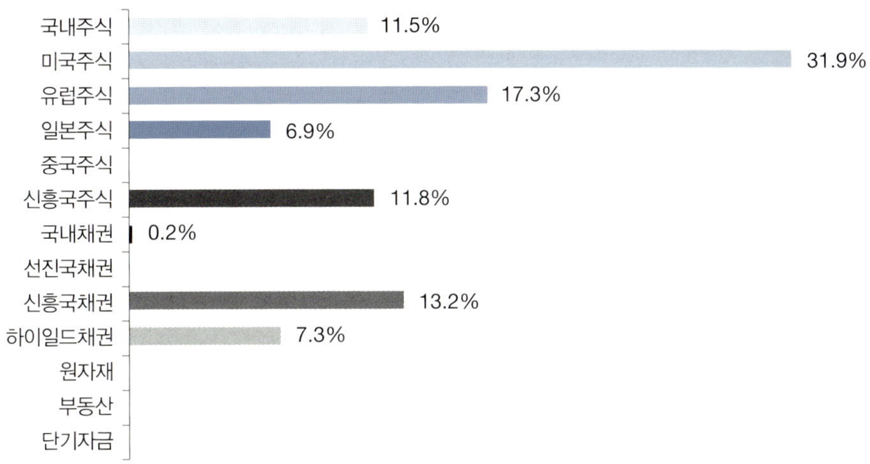

[그림 8-5]는 Chapter 6의 [정리 6-6]에서 설명한 포트폴리오 리스크 분해 개념을 활용해서 도출한 모델 포트폴리오 리스크 기여도를 나타낸 것이다. 리스크 기여도 현황이 자산배분 담당자가 의도했던 것에서 벗어나지는 않았는지 점검함으로써 모델 포트폴리오의 완성도를 높일 수 있다.

SECTION 04

모델을 응용한 전술적 자산배분

모델 포트폴리오의 구성이 마무리 되었다면 이를 바탕으로 액추얼 포트폴리오를 구성할 차례다. 모델 포트폴리오가 큰 틀에서 결정된 전략적 자산배분의 결과물이라면, 액추얼 포트폴리오는 매매가 수반되는 것이기에 단기적 시각이 반영된 전술적 자산배분의 결과물이다. 그러므로 자산관리사는 투자자와 협의하여 모델 포트폴리오의 자산배분을 그대로 따를 것인지, 아니면 능동적으로 조정한 액추얼 포트폴리오를 구성할 것인지 결정해야 한다. 본 Section에서는 이러한 내용을 사례를 통해 설명한다.

1 액티브 비중 의사결정

모델 포트폴리오는 효율적투자선[4] 위에 존재하는 수많은 투자기회집합 중에서 자산배분 솔루션 그룹에서 표준화된 투자 성향에 부합하도록 선택하여 제시한 몇 개의 점에 해당한다. 그렇기 때문에 투자자들의 자산배분에 대한 개별적 니즈가 몇 개의 점에 해당하는 모델 포트폴리오로 전부 충족되기 힘든 것이 사실이다. 따라서 모델 포트폴리오가 충족시켜줄 수 없는 투자자의 개별적 니즈를 파악하여 모델로부터 파생된 맞춤형 액추얼 포트폴리오를 제안하는 것이 자산관리사가 수행해야 할 가장 중요한 역할이라 할 수 있다.

건엽씨는 자산배분 솔루션 부서에서 제시한 중수익 추구형 모델 포트폴리오를 참고해서 현재씨의 개인연금 포트폴리오를 구성할 계획이다. 모델 포트폴리오의 투자비중을 그대로 적용해도 충분히 투자목표를 충족할 수 있을 것으로 보이지만, 주식에 대한 투자비중이 전체의 50% 이하가 되었으면 좋겠다는 현재씨의 의견을 반영하기로 했다. 모델 포트폴리오에는 주식의 합계가 58%로 나와있는데 상대적 리스크 기여도가 큰 미국주식과 유럽주식에 각각 5%p, 3%p씩 덜 투자하고, 이를 국내채권에 더 투자함으로써 액티브 비중을 적용한 포트폴리오를 꾸릴 계획이다.

위 내용은 Section 1에서 다루었던 현재씨의 연금 자산배분 사례를 건엽씨 관점에서 연장한 것이다. [그림 8-4]와 [그림 8-5]에 나와있는 중수익 추구형 모델 포트폴리오를 참고하되 현재씨가 추가적으로 원하는 바를 반영하여 액추얼 포트폴리오의 자산배분을 결정하였다. 모델 대비 주식비중을 축소하고 채권비중을 늘리는 의사결정이 포트폴리오 리스크-리턴 프로파일에 어떠한 변화를 주는지 살펴보자.

---

[4] Chapter 6 [그림 6-13] 참조

[그림 8-6] 모델 포트폴리오를 응용한 개인연금 자산배분안

자산군	투자비중
국내주식	10.0%
미국주식	20.0%
유럽주식	9.0%
일본주식	4.0%
중국주식	–
신흥국주식	7.0%
국내채권	10.0%
선진국채권	–
신흥국 채권	20.0%
하이일드채권	20.0%
원자재	–
부동산	–
단기자금	–
비중합	100.0%
기대수익률	6.70%
변동성	6.18%

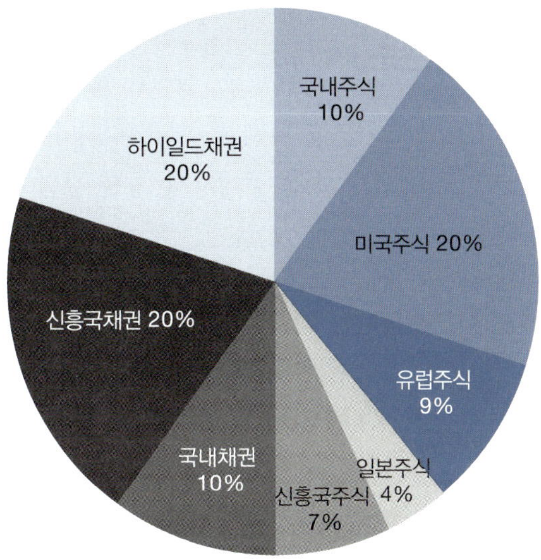

[그림 8-6]의 새로운 자산배분안은 [그림 8-4]의 모델 포트폴리오 대비 리스크-리턴 프로파일 상에서 기대수익률은 0.47%p, 변동성은 0.66%p 낮아지는 쪽에 위치하게 된다. 그러나 샤프비율은 둘 다 0.76[5] 수준이므로 투자의 효율성에는 변화가 발생하지 않았다. 또한 [그림 8-5]와 [그림 8-7]을 비교해보면, 미국주식에 집중되었던 리스크가 소폭 감소하여 다른 자산군에 고르게 분산되었다. 포트폴리오의 안정성은 오히려 개선되었다고 할 수 있다. 따라서 건엽씨의 액티브 비중 의사결정은 모델의 기본을 지키는 선에서 적절하게 이뤄진 것으로 보인다.

[그림 8-7] 개인연금 자산배분안의 상대 리스크 기여도 비교

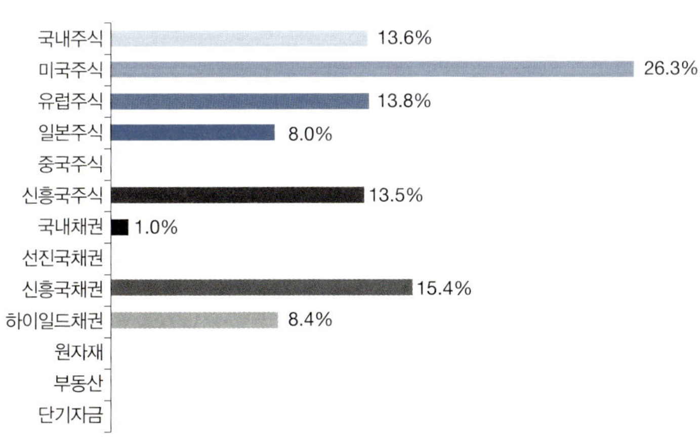

5 [그림 8-1] 스코어링 카드 상의 단기자금 기대수익률 2%를 무위험이자율로 간주하고 [식 7-4]에 적용하여 구한다.

2 편입 후보군 선정[6]

[표 8-3]은 건엽씨가 본사 상품부서로부터 얻은 개인연금 추천상품 분석정보를 보기 쉽게 요약한 것이다. 상품부서가 제공한 종합 평가표[7]를 활용하여 점수가 높은 상품을 편입 후보군에 올려놓았고, 상품 전문가의 검토의견과 정량분석 지표를 함께 정리하였다. 이 리스트에 있는 상품 중에서 몇 개를 선택하여 [그림 8-6]의 비중대로 배분하면 액추얼 포트폴리오가 완성된다.

[표 8-3] 개인연금 편입 후보군 리스트(예시)

자산군	순위	상품명	점수	상품 담당자 검토의견	정량지표
국내 주식	1	대형주	88	– 양호한 장기 운용성과 – 책임 운용역 장기 근속, 프로세스 안정됨	…
	2	중소형주	83	– 동일유형(중소형주) 중에서 수익률 양호 – 펀드로 자금이 지속적으로 유입 중	
	3	고배당주	80	– 해당 운용사의 플래그십(flagship) 펀드 – 안정적인 펀드 플로우	
	4	인핸스드인덱스	74	– 낮은 변동성, 안정적 성과	
미국 주식	1	미국대형주	90	– 최근 3년 성과 기준 유형 내에서 가장 우수 – 소비재 및 헬스케어 섹터 투자비중 높음 – 스타일 배분상 성장잠재력 높은 종목 편입	…
	2	미국중심컨슈머	86	– 미국 투자비중 70% 수준 – 선진국 인구 고령화, 신흥국 소비성장 테마 – 수익률 고저차 분석결과 회복력 우수	
	3	미국중심성장주	77	– 미국 투자비중 80% 수준 – 성장잠재력이 큰 종목, 하향식 접근	
	4	미국중형주	72	– 수익률은 매우 양호하나 변동성 높은 편 – 국내 설정규모 작음	
⋮					
신흥국 주식	1	아시아컨슈머	85	– 수익률 및 자금흐름 양호 – 홍콩거래소 종목 비중 높은 편 – 아시아 지역 각 국가의 대표 소비재 편입	…
	2	아시아퍼시픽exJP	79	– 5년 이상 장기 운용수익률 양호 – 금융주 비중이 높으나 고른 섹터배분 보임	
	3	신흥국일반	75	– 최근 1년, 3년 기준 유형평균 수익률 상회 – 신흥국 주식 인덱스 대비 상대수익률 양호 – 운용사 상품분석 지원이 좋지 않음	
	4	신흥국인덱스	71	– 운용규모 크고 시장대비 추적오차 적음	
⋮					
신흥국 채권	1	신흥국중심분산	87	– 위험조정성과 측면에서 가장 우수함 – 국내에서 규모가 가장 큰 글로벌 채권펀드	…
	2	신흥국소버린	85	– 편입한 소버린 채권 평균 듀레이션 6년 – 인덱스와 유사한 성과 보임	
	3	아시아달러채권	72	– 최근 성과 우수 – 국내 설정규모 작음	
⋮					

주: 정량지표 열(…)에는 Chapter 7에서 다룬 다양한 정량적 분석 결과를 필요에 따라 정리하여 삽입할 수 있다.

[6] 금융상품을 스크리닝하여 편입 후보군으로 압축하는 내용은 Chapter 7 에서 설명하였기 때문에 생략하였다.

[7] Chapter 7 [표 7-14] 참조

3 액추얼 포트폴리오 결정[8]

건엽씨는 자산군별로 상품 한 개씩만 편입하여 액추얼 포트폴리오를 구성할 계획이었다. 그런데 20%씩 배분한 미국주식, 신흥국주식, 하이일드채권의 경우에는 한 개 보다 두 개 이상의 상품을 편입하는 것이 더 안정적일 수 있어 추가적으로 검토해보기로 했다. 그 결과 미국주식과 신흥국채권은 스코어링 카드에 나와있는 투자전략을 감안하여 상품을 두 개씩 편입하기로 했고, 하이일드채권에는 1순위 펀드가 워낙 안정적인 성과를 보여주고 있었기 때문에 한 개만 편입하기로 했다.

미국주식에 대해서는 글로벌 경기 회복세가 신진국에서 신흥국으로 확산될 것으로 전망하고 있으므로 글로벌 전 지역에서 매출이 고르게 발생되는 기업들에 투자하는 테마를 가진 펀드를 추가했고, 신흥국 채권에 대해서는 원자재 시장 약세 영향을 덜 받으면서 일드(yield)가 높은 아시아 신흥국 채권 펀드를 추가했다.

계속해서 사례를 확장하여 살펴보면, 건엽씨는 [그림 8-6]의 새로운 자산배분안에 맞추어 총 10개의 상품으로 포트폴리오를 구성했다. 투자비중이 할당된 자산군은 8개이지만 미국주식과 신흥국 채권에 상품을 2개씩 편입했기 때문에 총 10개가 편입된 것이다. 처음 8개 상품은 후보군 중에서 순위가 높으면서 서로 상관관계가 낮아 분산투자 효과가 극대화되는 조합을 찾은 것이고, 추가한 2개의 상품은 전략적 자산배분의 세부 투자전략을 적극 활용한 결정이다. 이렇게 구성된 액추얼 포트폴리오는 [그림 8-8]과 같다.

8 실제 편입상품을 어떤 기준으로 선택해야 하는지, 그리고 투자를 실행할 때 어떤 것들을 고려해야 하는지에 대해서는 Chapter 7 에서 설명하였기 때문에 생략하였다.

[그림 8-8] **개인연금 액추얼 포트폴리오**

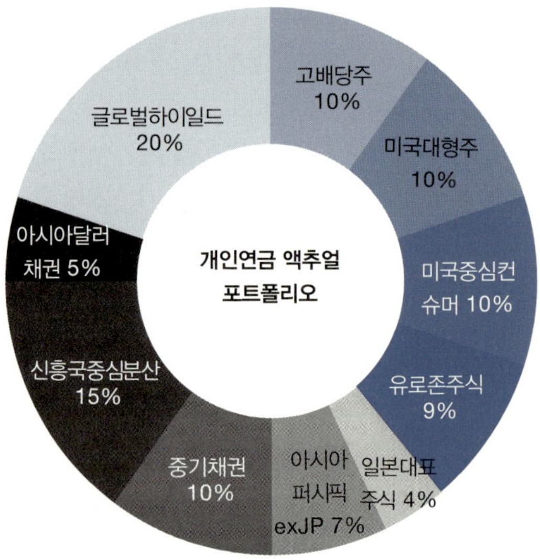

자산군	비중(%)	펀드명	순위	기간수익률(%)				변동성(%)
				1개월	3개월	6개월	1년	1년
국내주식	10	고배당주	3	2.04	3.77	5.48	10.71	10.86
미국주식	10	미국대형주	1	−0.52	−1.85	7.96	22.12	10.91
	10	미국중심컨슈머	2	−0.07	−5.05	−1.21	13.65	11.30
유럽주식	9	유로존주식	2	0.76	0.19	5.78	16.74	9.92
일본주식	4	일본대표주식	3	1.35	−3.59	−5.56	0.34	20.60
신흥국주식	7	아시아퍼시픽exJP	2	0.96	1.79	5.85	−	10.39
국내채권	10	중기채권	2	0.28	0.81	1.65	2.76	0.45
신흥국 채권	15	신흥국중심분산	1	1.11	2.35	4.02	2.84	2.47
	5	아시아달러채권	3	1.60	3.10	5.04	0.53	5.96
하이일드채권	20	글로벌하이일드	1	0.75	2.55	5.60	5.94	3.61
합계	100							

[그림 8-8]을 살펴보면 각 자산군 편입 후보군 중에서 1순위 펀드만 선택된 것이 아님을 알 수 있다. Chapter 7 [표 7-19]의 방법처럼 여러 상품들을 조합해보고 분산 투자 효과가 가장 높은 조합을 액추얼 포트폴리오로 결정했기 때문이다.

SECTION 05

자산배분 제안서/운용보고서 작성

자산배분 제안서나 운용보고서를 작성할 때는 투자자의 눈높이에 맞추어 필요한 정보만 간략히 표현하는 것이 좋다. 물론 전문투자자의 경우에는 다소 복잡한 개념이 포함되더라도 운용내역을 상세히 전달해주길 원할 것이다. 그러나 대부분의 개인투자자들은 아무리 유익한 정보라고 할지라도 너무 복잡하게 나열되어 있다면 불필요하게 느끼는 경우가 많다. 따라서 제안서나 운용보고서에는 반드시 필요한 내용만 요약적으로 담아내고, 부연설명은 투자자가 관심을 가지는 부분에 대해서 필요에 따라 제공하는 것이 좋다.

1 포트폴리오 제안서

앞에서 액추얼 포트폴리오를 도출하는 과정을 현재씨의 연금 자산배분 사례를 통해 살펴보았다. KYC를 통해 투자 성향을 파악하여 자산배분 솔루션 그룹이 제공하는 모델 포트폴리오를 응용하여 맞춤형 액추얼 포트폴리오를 도출하였는데, 그 결과를 요약된 제안서 형태로 작성했다면 [그림 8-9]와 같을 것이다.

[그림 8-9]의 신규 포트폴리오 제안서는 크게 네 파트로 구성되어 있다. 첫 번째 파트에서는 투자자의 투자 성향과 니즈를 반영해서 도출해낸 자산배분안이 자산배분 솔루션 그룹이 표준으로 제시한 모델 포트폴리오 대비 어떻게 다른지 비교해주고 있다. 건엽씨는 현재씨의 주식에 대한 투자비중 제한을 고려하여 중수익 추구형 모델 포트폴리오 대비 기대수익률과 투자위험 모두 소폭 하향된 자산배분안을 제안하고 있다.

두 번째 파트는 자산군 대표 인덱스의 과거 수익률 데이터를 활용하여 제안하는 자산배분안의 성과를 시뮬레이션하여 보여주는 부분이다. 물론 과거의 수익률 패턴이 미래에 그대로 반복되지는 않겠지만, 시뮬레이션 자료를 제시함으로써 투자자가 포트폴리오의 리스크-리턴 프로파일을 가늠하는데 도움을 줄 수 있다.

세 번째 파트는 실제로 어떤 상품들이 포트폴리오에 편입되었는지를 보여주는 부분이고, 네 번째 파트는 제안하는 포트폴리오가 어떤 특성을 갖는지 고객에게 설명하는 부분이다.

[그림 8-9] **신규 포트폴리오 제안서(예시)**

김현재 고객님을 위한
개인연금 포트폴리오 제안서

투자성향	포트폴리오 제안일	제안서 작성자	회사 LOGO
중수익추구형	201X/00/00 Friday	박건엽 수석 웰스매니저 ☎ 02)1234-5678	

투자성향에 따른 자산배분안

MP 기준월: 201X년00월

효율적 투자선

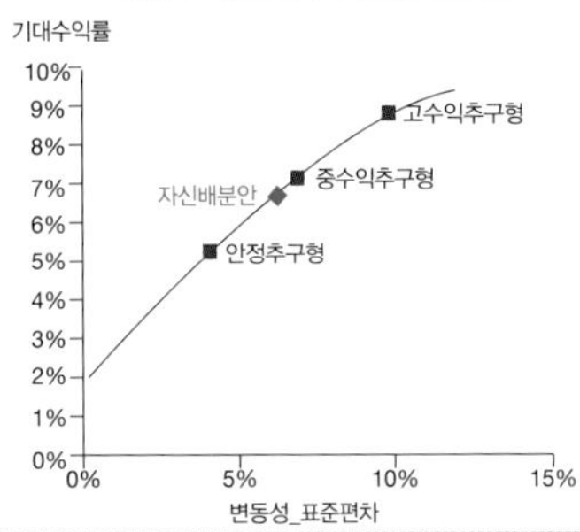

자산배분안

기대수익률	6.7%
연간변동성	6.2%

국내주식	10%
선진국주식	33%
신흥국주식	7%
국내채권	10%
선진국채권	0%
신흥국채권	20%
하이일드	20%
실물자산	0%
단기자금	0%

중수익추구형 MP

기대수익률	7.2%
연간변동성	6.8%

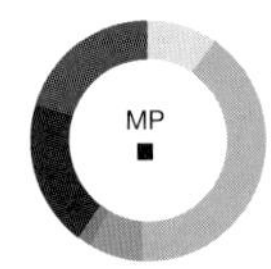

국내주식	10%
선진국주식	41%
신흥국주식	7%
국내채권	2%
선진국채권	0%
신흥국채권	20%
하이일드	20%
실물자산	0%
단기자금	0%

자산배분안 시뮬레이션

성과기준일: 201X.00.00

최근 5년 누적성과 비교

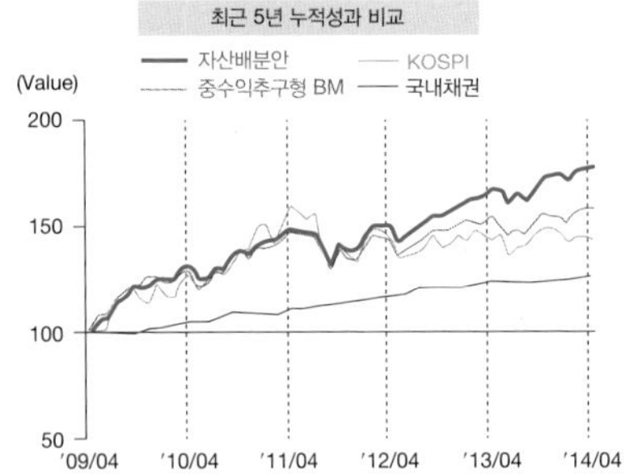

※ 최근 5년 각 자산군 인덱스의 월간성과를 바탕으로 매월 리밸런싱을 실시했다는 가정하에 산출된 Back Test 결과

※ 중수익추구형 BM = 선진국주식(25%) + 신흥국주식(25%) + 선진국채권(25%) + 신흥국채권(25%)

수익률 및 변동성

수익률/변동성 비교		(최근) 1Y	2Y	3Y	4Y	5Y
수익률 (연 %)	자산배분안	+6.01	+8.99	+6.13	+7.75	+12.16
	KOSPI 지수	−0.11	−0.51	−3.64	+3.02	+7.46
	국내채권 지수	+1.38	+3.97	+4.56	+4.57	+4.75
	벤치마크 지수	+2.73	+4.70	+2.42	+5.26	+9.60
변동성 (연 %)	자산배분안	7.33	7.10	9.00	9.19	9.32
	KOSPI 지수	10.23	10.74	13.71	14.74	15.47
	국내채권 지수	1.70	1.82	1.68	1.68	1.72
	벤치마크 지수	8.74	8.35	10.13	10.65	10.86

연 수익예상 범위

95% 신뢰구간 적용

개인연금 포트폴리오 제안

편입상품 투자유형

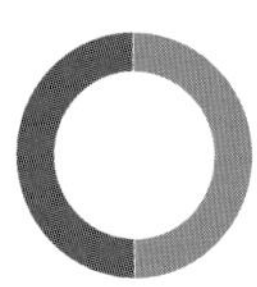

주식형상품	50%
혼합형상품	0%
채권형상품	50%
멀티형상품	0%

포트폴리오 상세내역

유형	자산군	상품명	비중	투자수단
주식형	국내주식	고배당주	10%	개인연금 펀드
주식형	미국주식	미국대형주	10%	개인연금 펀드
주식형	미국주식	미국중심컨슈머	10%	개인연금 펀드
주식형	유럽주식	유로존주식	9%	개인연금 펀드
주식형	일본주식	일본대표주식	4%	개인연금 펀드
주식형	신흥국주식	아시아퍼시픽exJP	7%	개인연금 펀드
채권형	국내채권	중기채권	10%	개인연금 펀드
채권형	신흥국채권	신흥국중심분산	15%	개인연금 펀드
채권형	신흥국채권	아시아달러채권	5%	개인연금 펀드
채권형	하이일드채권	글로벌하이일드	20%	개인연금 펀드
		합계:	100%	

Wealth Manager 안내 말씀

김현재 고객님, 안녕하세요? 박건엽 매니저입니다.

고객님을 위한 개인연금 포트폴리오를 위와 같이 구성해 보았습니다. 말씀주셨던 것처럼 주식에 대한 투자비중이 50% 이하가 되도록 설계하였습니다. 과거 수익률 데이터를 통해서 시뮬레이션 해 본 결과, 포트폴리오의 기대수익률은 연 6.7%이고 변동성은 연 6.2% 수준인 것으로 나타났습니다. 포트폴리오가 연간 −5.4%에서 +18.8% 사이의 수익률을 달성할 가능성이 높다는 뜻으로 고객님의 투자니즈에 부합하는 포트폴리오라 생각됩니다.

포트폴리오 편입상품에 대해서는 시간 내주시면 상세히 설명드리도록 하겠습니다. 필요하신 것이 있으시면 언제든지 연락해 주십시오. 감사합니다.

2 운용보고서

투자가 실행된 후 시간이 지나면 자산관리사는 정기적으로 포트폴리오를 점검하여 투자자에게 운용현황을 보고해야 한다. 그리고 포트폴리오를 재조정하거나 재배분할 계획이 있다면 운용성과와 함께 그 계획도 보고서에 포함시킴으로써 자산관리사가 신의성실을 다하여 투자자의 니즈에 부합하도록 포트폴리오를 운용하고 있음을 적극적으로 전달할 필요가 있다.

[그림 8-10]은 자산배분 솔루션 그룹에서 제공한 자산배분전략 보고서를 참고하여 건엽씨가 현재씨에게 제공하고 있는 월간 운용보고서의 예시이다. 보고서는 포트폴리오 및 편입상품의 운용성과를 나타내는 부분, 상품별 성과 기여도를 나타내는 부분, 현재 시장전망과 향후 운용계획을 기술하는 부분으로 구성되어 있다. 포트폴리오와 편입상품의 운용성과는 꺾은선 그래프와 수익률 표를 활용해서 나타냈으며, 상품별 성과 기여도는 막대 그래프를 활용하여 직관적으로 보여주고 있다. 그리고 시장전망과 향후 운용계획은 포트폴리오 비교 차트와 함께 기술함으로써 어떤 이유 때문에 무엇을 변경하려고 하는지 쉽게 파악할 수 있도록 돕고 있다.

연기금, 금융기관 같은 전문투자자들은 이러한 일반적인 형태의 보고서와는 별개로 세부적인 운용내역을 요청하기도 한다. 이 때에는 Chapter 7 Section 4의 예시를 참고하여 자산배분, 상품선택, 마켓타이밍과 관련한 의사결정이 포트폴리오 운용성과에 각각 어떻게 작용했는지 성과요인 분석 자료를 추가로 제공해야 한다.

[그림 8-10] 월간 운용보고서(예시)

회사 LOGO

김현재 고객님의 개인연금 포트폴리오 운용 보고서(00월)

기간수익률 현황 201X.00.00

구분	1 M	3 M	6 M	1 Y	운용개시 이후(201X.00.00)	변동성(1Y)
벤치마크(BM)	−1.77%	0.15%	−0.39%	−1.29%	3.63%	5.81%
모델 포트폴리오(MP)	−0.10%	2.37%	3.44%	3.90%	7.44%	5.28%
개인연금 포트폴리오	1.49%	3.60%	5.59%	7.70%	8.96%	4.86%

운용개시일 = 100

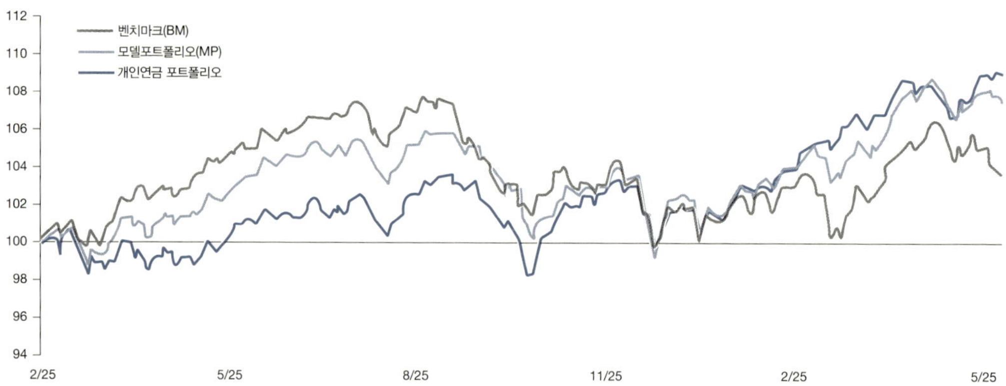

편입상품 현황 및 상품별 운용 성과(5월)

자산군	1M	펀드명	비중	편입일	수익률 1M	수익률 3M	수익률 6M	수익률 1Y	변동성 1Y
		개인연금 포트폴리오		201X-00-00	1.49%	3.60%	5.59%	7.70%	4.86%
		모델포트폴리오(MP) 대비 성과			1.59%p	1.23%p	2.15%p	3.80%p	
국내주식	−0.58%	고배당주	6%	201X-00-00	6.30%	19.26%	25.66%	−3.30%	11.17%
미국주식	1.05%	미국대형주	8%	201X-00-00	2.18%	2.17%	6.07%	12.34%	11.81%
		미국중심컨슈머	10%	201X-00-00	2.65%	0.89%			11.50%
유럽주식	0.78%	유로존주식	7%	201X-00-00	1.66%	2.83%	15.62%	18.37%	15.62%
일본주식	5.08%	일본대표주식	5%	201X-00-00	6.20%	13.16%	20.52%	39.99%	15.37%
신흥국주식	−4.16%	아시아퍼시픽exJP	13%	201X-00-00	0.39%	6.48%	5.22%	29.25%	11.26%
국내채권	0.56%	중기채권	21%	201X-00-00	0.17%	0.78%	1.54%		0.42%
신흥국 채권	−0.77%	신흥국중심분산	12%	201X-00-00	0.18%	0.84%	0.97%	3.45%	1.42%
		아시아달러채권	12%	201X-00-00	0.53%	1.10%	2.67%	7.37%	3.50%
하이일드채권	0.04%	글로벌하이일드	6%	201X-00-00	0.20%	0.93%	1.35%	0.86%	3.37%

월간 수익률 비교: 자산군 대표 인덱스 vs 개인연금 포트폴리오 편입상품

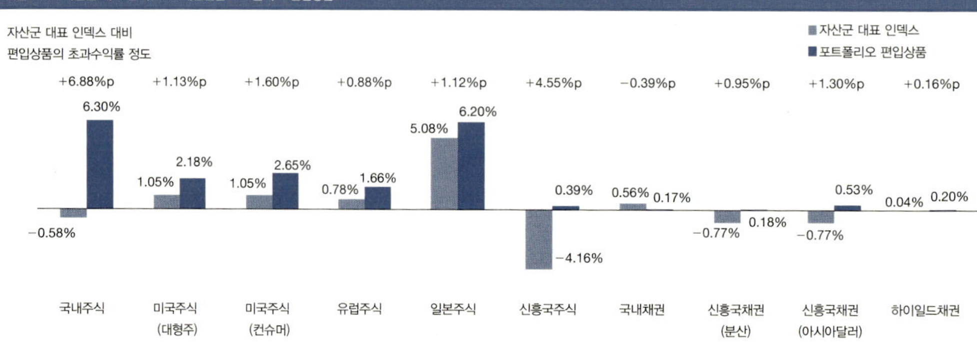

모델 및 개인연금 포트폴리오 투자비중 변경안(O월)

모델포트폴리오(중수익 추구형)

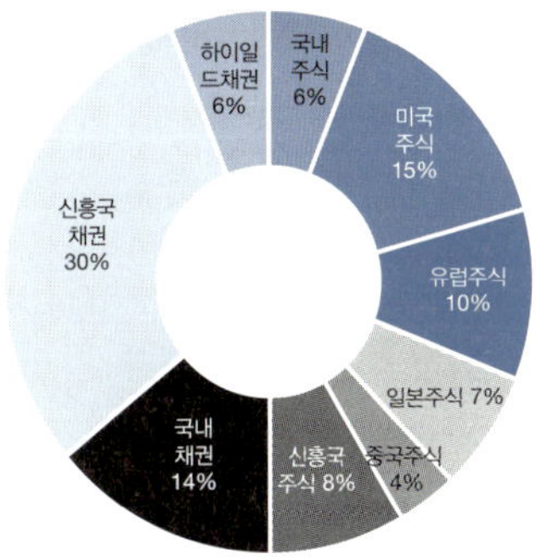

• 전월대비 변동없음

김현재 고객님 개인연금 포트폴리오

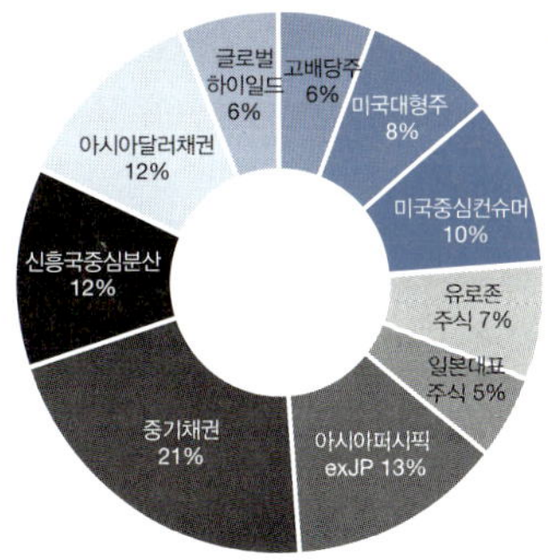

• 전월대비 변동없음

자산배분전략 및 운용계획

■ 자산군 점검 및 전망

O월 글로벌 주식시장을 되돌아보면, 국가별 차이는 있지만 전약후강으로 흔들렸던 주가가 제자리를 찾아간 느낌입니다. O월말~O월초 선진국을 중심으로 국채 금리가 가파르게 오르고, 월초 옐런 美 연준 의장은 주식-채권 고평가 논란을 자극했습니다. 이에 연초 이래 순항하던 글로벌 주식시장은 조정을 받다가 O월 중순부터 서서히 안정을 되찾고 있습니다. 펀더멘털 관점에서 눈에 띄는 개선도, 악화도 없었습니다.
지난 한 달 간(201X.00.00~00.00) 성과가 좋았던 자산은 선진국 주식(+0.6%)입니다. 상대적으로 눌려 있던 미국(+0.6%)이 반격에 나섰고, 정책/기업실적/수급 3박자 모멘텀을 갖춘 일본(+1.7%)의 성과가 좋았습니다. 반면, 같은 기간 동안 신흥국 주식(-2.6%), 선진국채권(-1.4%), 신흥국 채권(-0.8%)은 약세였습니다. 원자재(+2.3%)의 성과가 가장 좋긴 했는데 이는 달러 약세에 따른 일시적 반등으로 풀이됩니다.

O월 MP(모델 포트폴리오) 투자비중은 O월 MP와 동일합니다. 자산군별 향후 기대수익률의 미세조정이 있으나 투자의견이나 펀더멘털 상 큰 변화가 없고, 전체 포트폴리오의 위험 대비 기대 성과도 큰 변동이 없기 때문입니다. 선진국주식은 통화 완화와 기업이익전망 개선이 나타나는 일본과 유럽에, 신흥국주식은 아시아 공산품 수출국에 주목하는 관점을 유지합니다. 한편, 당초 '1분기 둔화-2분기 회복'이 예상됐던 미국 경기는 회복 속도가 다소 더뎌보입니다. 하지만 옐런 의장이 연내 금리인상 개시를 공식화한 것이 방증하듯 미국 경기는 완만한 회복세를 보일 것으로 기대됩니다.

채권에서는 신흥국 채권을 선호하는 스탠스를 유지합니다. 비록 연준의 O월 금리인상설이 탄력을 받고 있지만, 관건은 인상 개시 자체보다 그 속도이고, 경기나 인플레이션 등 제반 여건을 감안하면 연준의 금리 인상 템포는 느릴 가능성이 높습니다. 비교적 일드(yield)가 높고 달러 강세에도 통화가치 변동 확대 가능성에서 자유로운 신흥국 달러표시 국채와 투자등급 회사채의 메리트는 여전히 높다고 봅니다.

■ 개인연금 포트폴리오 성과분석 및 운용계획

자산배분위원회의 결정에 따라 201X년 O월 모델 포트폴리오 내 주식 비중(50%)은 전월과 동일하게 유지했습니다. 포트폴리오 내 주식형펀드도 동일 비중으로 유지될 예정입니다.

201X년 O월 고객님의 개인연금 포트폴리오는 MP 대비 1.59%p 우수한 성과를 보였습니다. 한 달 동안 성과가 가장 우수했던 펀드는 '고배당주'입니다. 동(同) 펀드는 O월 한 달 간 6.30%(자산군 대표 인덱스 대비 +6.88%p)의 수익률을 기록했습니다. 이 밖에 일본대표주식 펀드(+6.20%), 미국대형주 펀드(+2.65%) 등 선진국주식형 펀드들이 포트폴리오 성과에 기여했습니다. 주식형펀드 중 성과가 가장 부진했던 펀드는 -0.16%의 성과를 보인 신흥국주식 자산군의 '아시아퍼시픽exJP 펀드'입니다. 브라질, 러시아를 포함한 신흥국주식 자산군(-4.16%) 대비 높은 성과를 보였으나 펀드 내 높은 비중을 차지하고 있는 대만, 인도 주식이 상대적으로 부진했습니다.

국내채권형펀드인 '중기채권펀드'는 국채 금리가 급변동하는 과정에서 펀드의 수익률(0.17%)이 자산군 대표 인덱스의 수익률(+0.56%)를 따라가지 못했습니다. 그러나 동 펀드는 짧은 듀레이션(1.5년수준)으로 금리변동에 대한 대응이 수월하고 우량 기업회사채에 투자하여 낮은 수준의 변동성을 유지하고 있어 향후에도 예금금리+α 수준의 안정적인 수익을 실현할 것으로 기대하고 있습니다.

해당 자산군 내 상품은 변동성(위험), 운용성과, 위험방어능력, 자금유출입, 해당 자산군과의 상관 관계 등을 통한 정량적분석, 그리고 매니저의 운용기간과 능력 등을 감안한 정성적 분석 과정을 거쳐 선택됩니다. 고객님의 개인연금 포트폴리오는 자산배분전략, 시장여건, 운용 관련 제반 사항 등을 고려해 O월말에 정기 리밸런싱을 수행할 예정입니다. 이를 통해 안정적 성과를 달성할 수 있도록 노력하겠습니다.

compliance notice

참고문헌

남재우, 강병진 (2011), "전략적자산배분에 따른 포트폴리오 리밸런싱에 관한 연구," 국민연금연구원.

안성봉, 임형준 (2006), "Black-Litterman 모형을 이용한 외화자산 최적배분방법 및 시사점," 외환국제금융 리뷰 제8호, 195–239.

Bacon, Carl R (2005), *Practical Portfolio Performance Measurement and Attribution*, John Wiley & Sons.

Black, Fischer, and Robert Litterman (1992), "Global portfolio optimization," *Financial Analysts Journal*, 28–43.

Bodie, Zvi, Alex Kane, and Alan J. Marcus (2011), *Investment and portfolio management* (9th ed.), McGraw-Hill Irwin.

Brinson, Gary P., and Nimrod Fachler (1985), "Measuring non-US. equity portfolio performance," *The Journal of Portfolio Management* 11.3, 73–76.

Brinson, Gary P., L. Randolph Hood, and Gilbert L. Beebower (1986), "Determinants of Portfolio Performance," *Financial Analysts Journal* 42.4, 39–44.

Brinson, Gary P., Brian D. Singer, and Gilbert L. Beebower (1991), "Determinants of portfolio performance II: An update," *Financial Analysts Journal* 47.3, 40–48.

Fabozzi, Frank J., et al (2007), *Robust portfolio optimization and management*, John Wiley & Sons.

Gresham, Stephen D., Arlen S. Oransky (2008), *The New Managed Account Solutions Handbook,* John Wiley & Sons.

Ibbotson, Roger G., and Paul D. Kaplan (2000), "Does asset allocation policy explain 40, 90, or 100 percent of performance?," *Financial Analysts Journal* 56.1, 26–33.

Ibbotson, Roger G., and Rex A. Sinquefield (1976), "Stocks, bonds, bills, and inflation: simulations of the future (1976–2000)," *Journal of Business* 49.3, 313–338.

Idzorek, Thomas M (2005), *A Step-By-Step Guide to the Black-Litterman Model: Incorporating User-Specified Confidence Levels*, Ibbotson Associates.

Jorion, Philippe (2007), *Value at risk: the new benchmark for managing financial risk* (3rd ed.), McGraw-Hill.

Maginn, John L., et al., eds (2007), *Managing investment portfolios: a dynamic process* (3rd ed.), John Wiley & Sons.

Markowitz, Harry (1952), "Portfolio selection," *The journal of finance* 7.1, 77–91.

Pearson, Neil D (2003), *Risk Budgeting: Portfolio Problem Solving with Value-at-Risk*, John Wiley & Sons.

Rouwenhorst, K. Geert (2004), "The Origins of Mutual Funds," *Yale ICF Working Paper* No. 04–48, Yale School of Management.

Satchell, Stephen, and Alan Scowcroft (2000), "A demystification of the Black-Litterman model: Managing quantitative and traditional portfolio construction," *Journal of Asset Management* 1.2, 138–150.

Siegel, Jeremy J (2007), *Stocks for the Long Run: The Definitive Guide to Financial Market Returns and Long-Term Investment Strategies* (4th ed.), McGraw-Hill.

Walters, Jay (2014), "The Black-Litterman Model in Detail," *SSRN Working Paper Series*.

찾아보기

[국문]

[영문]

A

B

C

D

E

저자 소개

박 건 엽 (금융공학 박사)
정 승 재 (애널리스트)
정 유 정 (애널리스트)
김 지 원 (애널리스트)
양 은 석 (퀀트 애널리스트)
정 희 수 (포트폴리오 매니저)
심 재 현 (포트폴리오 매니저)
이 하 영 (포트폴리오 매니저)
박 세 환 (컨설턴트)

Wealth Manager를 위한 **자산배분**

2015년 9월 04일 | 1판 1쇄 인쇄
2015년 9월 11일 | 1판 1쇄 발행

지은이 | 미래에셋증권 자산배분센터
발행인 | 김은중
발행처 | 서울경제경영출판사
편집디자인 | (주)우일미디어디지텍

주소 | 03767 서울특별시 서대문구 신촌로 205
전화 | (02)313-2682
팩스 | (02)313-8860

등록 | 1998년 1월 22일 제5-63호

ISBN 978-89-97937-34-9 93320 정가 30,000원

※ 잘못된 책은 바꾸어 드립니다.